U0503792

2012 年度国家社科基金重大项目
“密教文献文物资料整理与研究”（批准号：12&ZD129）成果
第四届中国密教国际学术研讨会论文选集
陕西师范大学优秀学术著作出版基金资助出版

《密教研究》第7辑

密教经轨造像的文化互动与交融

吕建福／主编

中国社会科学出版社

图书在版编目（CIP）数据

密教经轨造像的文化互动与交融／吕建福主编．—北京：中国社会科学出版社，2022.9

ISBN 978－7－5203－9937－1

Ⅰ.①密…　Ⅱ.①吕…　Ⅲ.①密宗—文集　Ⅳ.①B946.6－53

中国版本图书馆 CIP 数据核字(2022)第 047420 号

出 版 人　赵剑英
责任编辑　孙　萍
责任校对　冯英爽
责任印制　王　超

出　　版　中国社会科学出版社
社　　址　北京鼓楼西大街甲 158 号
邮　　编　100720
网　　址　http://www.csspw.cn
发 行 部　010－84083685
门 市 部　010－84029450
经　　销　新华书店及其他书店

印　　刷　北京君升印刷有限公司
装　　订　廊坊市广阳区广增装订厂
版　　次　2022 年 9 月第 1 版
印　　次　2022 年 9 月第 1 次印刷

开　　本　710×1000　1/16
印　　张　49
插　　页　2
字　　数　828 千字
定　　价　268.00 元

凡购买中国社会科学出版社图书，如有质量问题请与本社营销中心联系调换
电话：010－84083683
版权所有　侵权必究

《密教研究》编辑委员会

主　编　吕建福

编　委　黄心川　温玉成　陈　兵　林光明
严耀中　刘永增　吕建福　索南才让
尕藏加　李　翎　严基杓（韩国）
释迦苏丹（日本）　侯慧明　张文卓
党　措

主　办　四川大学道教与宗教文化研究所

前　言

《密教研究》是研究密教的专题性学术集刊，以中国密教为中心，主要展现中国学术界研究密教的最新成果，同时也反映国外学者研究密教的相关成果。《密教研究》原作为陕西师范大学宗教学集刊之一，已连续出版6辑，其中第5辑因故延期至第6辑之后的2020年12月出版，而此时编者已从陕西师范大学退休，应聘至四川大学，故第5辑不再署“陕西师范大学宗教学集刊之一”字样，本辑同此，并改主办单位。本辑主题为“密教经轨造像的文化互动与交融”，分为三个专题，即经典与仪轨、图像与碑刻、历史与现状，共收入论文30余篇。凡外文均附原文，另增附英文目录，并以第四届中国密教国际学术研讨会报道和总结汇报附末。本辑论文主要选编自第四届中国密教国际学术研讨会递交论文，编者论文则会后另撰。

本辑以密教经轨造像的文化互动与交融为主题，意在不同文化背景视域下来看待密教经轨、造像所发生的变动与交互影响。密教在不同历史时期传播到不同国家和地区，与当地佛教传统及其文化相结合，形成不同体系的密教。最早从印度、西域传入中国的是陀罗尼密教，自魏晋直至南北朝时期成为中国密教的主流。其特点是陀罗尼与咒术相结合，重视祛病消灾、祈雨止雨、护国御敌的现实功能。隋唐时期持明密教以及真言、瑜伽密教流行一时，乃至形成密宗派别，但并没有改变简便易行的陀罗尼密教的主导地位，唐以后精致、复杂的密法体系趋于衰微，即便宋代大量翻译后期密教仪轨，也没有流传开来。诚如前人所指出的，中国佛教的性格至隋唐时期已形成基本格局，新传入的派别及其思潮并没有改变这一传统。密教的情况也是如此，它作为传统佛教的一个组成部分，唐宋时期传译的中后期密教只是丰富、扩展了传统密教的一些内容和范围，也并未能根本改变陀罗尼密教的发展轨迹。举例来说，中国密教史上最流行六字神咒，魏晋南北朝时期的六字神咒是佛陀教给阿难的陀罗尼咒，其经本历代翻译，多达十三种译本之多。唐代以佛陀波利在五台山面受文殊菩萨故事而广为流传尊胜陀罗尼咒，形成具有唐宋时期密教特色的陀罗尼经幢。元明清时期又有准提神咒、观世音六字真言流行，瑜伽焰口则按科仪方式行事。

唐代密教东传韩国、日本，这是汉传密教的延续。但传入韩国较早，形成神印宗和总持宗，仍然流行陀罗尼神咒，带有浓厚的传统密教色彩，被称为祈禳佛教，密宗法脉、宋辽仪轨反倒难觅踪迹。元明清时期，韩国密教仍然流行，刊印经轨，附注韩音，蔚然成风，而中韩两国密教之间也有密切交流和相互影响。密教传入日本较晚，是中晚唐时期密教的继续，保留着较为完整的密法系统。如果说唐代密宗是个传译的密教，那么日本密宗则是演绎的密教。或者说中期密教的翻译、流传在中国，而发展、继承则在日本。日本不仅有真言宗和天台宗两大密教宗派，其他佛教宗派也或多或少受到密教信仰的影响，日本密教是汉传密教流传至今的活态密教。中、韩、日三国密教同为汉传密教，同源异流，具有共同的特征，也有各自的不同特点。中韩密教之间具有更多早期密教的共同性，中日密教之间则以中晚唐密教为其共同点，也就是具有更多中期密教的共同性。三国密教的共性主要体现在基础性部分，诸如传译的基本经轨造像等，其相异点则体现在对经轨造像的传承、解读、发挥，以及修行实践中。当然，一经输出和传入，就有了各自的分别。

中期密教传入唐朝的同时，也翻越喜马拉雅山传入吐蕃，有真言密教和瑜伽密教的经轨及其注疏译为藏文，也有后期密教中较早的一些经轨如大瑜伽的翻译。但根据吐蕃时期的佛经目录以及敦煌出土的藏文佛经，翻译并流传最多的一类密教经典仍然是陀罗尼密教经咒以及持明密教仪轨。由于朗达玛灭佛以及吐蕃王朝的覆灭，前弘期佛教中断百年，直至后弘期（10 世纪中），民间流传的密教复出，称为宁玛派。至时印度佛教进入后期密教时期，流行大瑜伽尤其无上瑜伽密教，并先后形成以道果法为特色的萨迦派，以大手印法为特色的噶举两派，以六支瑜伽为特色的觉朗派，以大圆满法为特色的宁玛派，密教占有主导地位。显教派别甘丹－格鲁派最晚形成，最终后来居上，成为清代以来藏传佛教的主流派别。但也显密兼弘，吸收诸多密教内容。由此可知藏传佛教具有浓厚的密教色彩，是现存最大的活态密教系统。藏传密教以后期密教为主，其中多有印度教元素，还融合藏族原始宗教以及本教文化因素，其护法神系统中有充分表现。藏传密教从青藏高原向蒙古高原以及东北地区传播，也深受北方民族萨满教的影响，清代以来又随蒙藏民族的迁徙，广布亚洲和欧美各地，具有世界性影响。从唐代尤其西夏、元朝以来也不断传入内地，汉藏密教之间多有交流，互译经轨，互鉴造像，互有影响。本辑有两篇论文分别探讨藏传密教在藏区腹地的青海果治州拉加寺和北京故宫养心殿的曼荼罗，展现密教文化的现状和历史遗迹。

唐代密教又从印度东北部阿萨姆等地传入相邻的南诏，继之于大理国时期，与白族文化相融合，逐渐形成白传密教，后世称阿吒力教。由于白族通用汉文，译经传法，借用汉语文，因而受到汉传密教的影响较多，尤其明清时期，深受内地科仪佛教影响，造成其密法逐渐衰落，乃至沦落民间，世俗传承，至今仍然存在于民间。白传密教、藏传密教与唐代的汉传密教同处一个时代，传承的密法系统大致相当，三者之间也有一定程度的相互接触，但白传、藏传密教本身尚未发展起来。至宋代后期密教再次同时传入三地，在宋朝并没有产生多少影响，而在西藏和大理得到广泛传播，并形成各自的传承体系。就后期密教而言，白传密教更多地表现出大瑜伽密教特点，藏传密教则以胜乐法、喜金刚等瑜伽母以及无二时轮法为主。就业已形成的传统而言，白传密教从南诏直至元明时期并未中断，加之白族文化较多地受汉文化影响。与汉传密教之间有更密切的关系，这也是后来阿吒力教深受内地科仪佛教影响的一个主要原因。藏传密教在后弘期形成独立传统，元明清以来多次传入内地，终究没能与汉传密教深度融合。

尼泊尔密教继承印度后期密教传统，大乘与密教同时流传，显密融合程度较高，还与早期佛教的佛祖信仰相结合，形成尼瓦尔佛教特点。作为后期密教，与藏传密教有更多的共性。作为历史影响，也与汉传密教有较多的联系，尤其文殊菩萨信仰受到五台山佛教影响。元明清以来尼泊尔佛教也传入内地，在北京、五台山等地有一定影响。直至现在，尼泊尔密教仍然遗存于世，是尼瓦尔人信仰的佛教。

本辑编入的论文大都属于汉传密教研究范围，同时也有属于白传密教、藏传密教、尼泊尔密教内容，虽各自就某一个学术问题分别探讨，但相互之间有着内在的关联，无论经典仪轨还是造像碑刻，乃至历史与现状，其间的文化互动与交融则是显而易见的。

本辑论文选编自第四届中国密教国际学术研讨会递交论文，第四届中国密教国际学术研讨会由陕西师范大学宗教研究中心主办，浙江省绍兴市上虞区的卧龙山普净寺协办，于 2019 年 10 月 17—21 日举行。本辑学术集刊编辑出版之际，对全力承办并赞助会议的普净寺住持智正大和尚及其弟子妙卫居士等表示衷心感谢！也对支持本次会议的当地领导何思源先生等表示衷心感谢！

会议论文集原由主编者与王小蕾编辑，王小蕾、李博以及左金众校订。本辑在会议论文集基础上选编，由主编者编辑、校对，并补编摘要及关键词（除部分论文原有者外），王小蕾翻译目录为英文。因涉及多种文字，虽经多次校勘，难免有误，敬请读者指正。

吕建福

2021 年 1 月 6 日编辑完成于西安

目　　录

经典与仪轨

图像与碑刻

历史与现状

学术动态

Catalogue

Scriptures and Rituals

Statue and Inscription

Historical and Current/Present Status

Academic Trend

经典与仪轨

密教陀罗尼咒经与修持仪轨

吕建福

摘　要：密教的陀罗尼经与仪轨是佛经的两类新体裁，陀罗尼经分为陀罗尼契经与陀罗尼咒经，后者以陀罗尼神咒及其功德为主要内容，故称咒经，是陀罗尼密教特有的经典体裁。仪轨是密教用来修持佛说经典的规则、仪式及其方法，是持明密教以来的通称，从不同的角度分别称为道场经、灌顶经、念诵法、成就法等。最晚出现的仪轨是怛特罗，汉译大教、教王经、大教王经，也是晚期密教仪轨的通称。

关键词：陀罗尼咒经；仪轨；道场经；念诵法；教王经

佛教经典形式多样，内容丰富。早期佛教有九分教、十二分教的说法，主要就其体裁而言。其中十二分教中的方广一般认为指大乘经典，所谓方广，就是方正广大，教义正等正觉称方正，篇幅体大量多称广大。[①] 可见大乘经典以篇幅大、内容多为特点，并不以体裁形式而论。但晚期佛教却有新的体裁，这就是密教的陀罗尼咒经和修持仪轨。陀罗尼咒经也称神咒经、明咒经，简称咒经；修持仪轨一般称仪轨，也称仪轨经。但陀罗尼咒经、修持仪轨被称“经”者，则是汉译的习惯用法，梵文并非如此。

---

① 《瑜伽师地论》解释说：“云何方广？谓于是中广说一切诸菩萨道，为令修证阿耨多罗三藐三菩提、十力、无畏、无障智等一切功德，是名方广。”（卷25）《大乘阿毗达磨杂集论·法品》说：“方广者，文义广博，正菩萨藏摄。”（卷11）《阿毗达磨顺正理论》说：“言方广者，谓以正理广辩诸法，以一切法性相众多，非广言词不能辩故。亦名广破，由此广言能破极坚无智闇故。或名无比，由此广言理趣幽博，道余无比故。”（卷44）《显扬圣教论·摄净义品》说：“方广者，谓诸经中宣说，能证无上菩提诸菩萨，令彼证得十力、无障智等，是为方广。”（卷6）

这就是说陀罗尼咒经和修持仪轨完全是后期佛教中新出现的两种经典形式，那么这两种经典形式如何形成？又先后如何演变？各有哪些具体的体裁？学界并不明了，笔者在此略作讨论，敬请方家批评指正。

一　陀罗尼咒经及其类型

咒经，广义上泛指陀罗尼经，狭义上则指陀罗尼咒经，故咒经的规范名称是陀罗尼经。而陀罗尼经分为两大类，一类为陀罗尼契经，另一类为陀罗尼咒经。此处契经相对于咒经而称，即梵文 sūtra 的译称，sūtra 一般对译为“经”，只有强调其佛说经——四阿含经性质时才译作“契经”，以区别于戒律和对法以及一般意义上的佛经。但译称陀罗尼经，是汉文的经名译法，梵文经名中并没有 dhāraṇī-sūtra 这样的称谓，只有称某某名的 dhāraṇī。如《华积陀罗尼经》梵题 Ārya Puṣpakūṭa-nāma-dhāraṇī，《出生无边门陀罗尼经》梵题 Ārya Anantamukhasadhaka-nāma- dhāraṇī，《六门陀罗尼经》梵题 Ārya Saṇamukha-nāma-dhāraṇī。可见译称陀罗尼“经”者，只是表示此陀罗尼为一类经名，否则就与仅仅为陀罗尼章句或称陀罗尼咒者相混淆。梵文经名无“经”，汉译则题陀罗尼经，有助于对不同佛经形式的理解。但当陀罗尼经中出现咒经时，为了区别于一般陀罗尼经，并与之相对而言，从分类学上另称“陀罗尼契经”。这一称名出现于唐代菩提流志译《大宝积经》第二《无边庄严会》的《无上陀罗尼品》，有称“此陀罗尼契经之门”，说菩萨“于此契经陀罗尼门，演说诸法差别总持。”①《释摩诃衍论》及其唐代疏文中广泛运用此称，或意译总持契经、大总持契经。如说有十藏，其二“立二藏，总摄诸法，谓声闻藏及菩萨藏。《总持契经》中作如是说，法门虽无边，不出二种藏故。”② 又如说有十五种契经，其二摄无量大乘契经，其三慧明陀罗尼契经，其六金刚陀罗尼契经，第十文殊师利圆满因海大总持契经。③ 又有通契经文决疑门五种各说契经，其一文殊师利欢喜陀罗尼契经，其三大证得陀罗尼契经。④ 另

---

① （唐）菩提流志译《大宝积经》卷5，《中华藏》第8册，第429页中。

② （唐）佚名撰《释摩诃衍论》卷1，《大正藏》第32卷，第593页上。

③ （唐）佚名撰《释摩诃衍论》卷7，《大正藏》第32卷，第648页中。

④ （唐）佚名撰《释摩诃衍论》卷7，《大正藏》第32卷，第651页下—652页上。

有清净心地无垢陀罗尼契经。[①] 此诸所谓陀罗尼契经并非相对于“咒经”而言，但其称名用于学术上的分类再恰当不过。

至于咒经，梵文中也分为两类，即神咒经和明咒经，神咒经的梵文是dhāraṇī mantra，明咒经的梵文是dhāraṇī vidya，准确的对译应该是陀罗尼神咒经、陀罗尼明咒经，但梵文可以省略“经”，汉译可以省略“陀罗尼”，故通常简称咒经，实际上这是一种俗称，因为陀罗尼本身并没有咒语的含义。mantra被认为原出梵天以及其他天神所说，故译神咒，但汉文所译神咒大多是佛说陀罗尼，并非天神之mantra。实际上梵文中也很少有dhāraṇī mantra这样的用语。vidya则是一般鬼神所说，起源于禁咒，又与表示知识、学科的“明”同为一词，故译称明咒，以区别于陀罗尼咒以及神咒。

陀罗尼经起源于大乘经，早期大乘经大多有陀罗尼品，陀罗尼品的独立发展，最终形成陀罗尼经。陀罗尼，梵文dhāraṇī的音译，意译“总持”，就是听闻后记住不忘的意思，不仅记住听闻的语言形式，明白其内容，而且还能掌握、领会其中的精神实质和表达意义。故最初作为一种记忆术的陀罗尼，在口耳相传经典的时代得到迅速发展，并在大乘中成为一种必备法门，称为陀罗尼法门。在大乘佛教中，陀罗尼门与三摩地门、三解脱门、无碍辩才门同为菩萨具备的基本条件，其中宝积经类中陀罗尼与戒、定、慧三学并齐，称为菩萨四种璎珞庄严。陀罗尼法门中，由陀罗尼的语音形式而有陀罗尼字门，由陀罗尼的语词形式而有陀罗尼章句，由陀罗尼的教义内容而有陀罗尼句门。密教起源于大乘陀罗尼法门，在陀罗尼法门基础上建立起来的密教称为陀罗尼密教，是密教的最早形态。所以陀罗尼密教继承了大乘陀罗尼法门的陀罗尼字门、陀罗尼章句、陀罗尼句门三种形态，也因此我们称陀罗尼密教为原始密教，其意是说陀罗尼密教为大乘和密乘共同所有。但陀罗尼密教的核心则是陀罗尼章句，陀罗尼经就是以一个或一组陀罗尼章句为中心组成的。

陀罗尼章句，梵文dhāraṇī pada，章句是pada的意译，音译钵陀、跛大，也意译作文句、句、语、言等，另译步子、足迹、处、位、宗、见等，是一个多义词，但在这里就语言文字而言，原指具有独立意义的词根、词干。不过词根、词干虽有意义，但无法表达一个完整的句意，只有

---

① （唐）佚名撰《释摩诃衍论》卷6，《大正藏》第32卷，第641页上。

在词根、词干后加上词法和语法后缀，才能完整地表达意图，所以称章句、文句。章者章法，此指语法，用语法连缀，词、词可成句；文者成文，用文法连缀，句、句可成文。陀罗尼章句就是一种格式化的语言文句。按古代梵文的语文分类法，章句是语文的四种品类之一，也就是构成语文的四个因素之一。梵语文一般区分为音声、语言、文字、章句四类，[①] 或作言语、名字、章句、音声，或作名字、章句、言语、风声。还有三种分类法，有的作语言、文字、章句，[②] 有的作名字、章句、言语之音，有的作文字、言说、章句，有的作名字、章句、语言。其中音声或风声就是语言文字的声音，语言用声音表现，文字也用声音诵读。语言或言语就是音素、音节，名字或文字就是词语、概念，章句就是语法和句子。按汉译词义，章者章法，就是语法规律和句子格式。句者语句，就是能够表达完整意义的句子，或一句，或数句。汉文中章与句连称者，正与梵文之钵陀义符合，文句以语法与句子格式构成。称陀罗尼章句者，也是因为陀罗尼被视为一种特定的体裁，尤其以陀罗尼的意思不可解释，其文其句有严密的格式，不可断章取义，所以不仅有陀罗尼章句之称，而且直称陀罗尼为章句。大乘经的陀罗尼品以及密教的陀罗尼经，大多以陀罗尼章句为中心内容，而汉译时往往译为咒、神咒，陀罗尼章句与陀罗尼、陀罗尼咒、咒、神咒均属同位语，有的陀罗尼咒经的名称也译为某某陀罗尼章句经。由此也可见陀罗尼章句与密教的密切关系，陀罗尼经以陀罗尼章句为中心构成，后来的陀罗尼咒经即由陀罗尼章句经演变而来。

从陀罗尼章句到陀罗尼神咒的演变，此以形成时间最早，也是翻译次数最多、流传地区最广的陀罗尼经——《微密持经》为例来分析。该经最早译于3世纪前期的三国时代，其中吴国支谦译本题《无量门微密持经》，无量门，另有魏吴失译本作“无端底门”，唐智俨译本、不空译本译“无边门”。西晋安法钦译本音译“阿难目佉”，刘宋求那跋陀罗译本音译“阿难陀目佉”，即梵文 ananta-mukha，均指陀罗尼法门的功德无量无边、无始无终。求那跋陀罗译本、元魏佛陀扇多译本音译“尼诃离

---

① （唐）不空译《仁王护国般若波罗蜜多经·二谛品》，卷上，《大正藏》第8卷，第839页中。

② （后秦）鸠摩罗什译《大智度论》卷79，《大正藏》第25卷，第619页中；（隋）达磨笈多译《大方等大集经菩萨念佛三昧分·见无边佛广请问品》，卷6，《中华藏》第11册，第340页中。

陀”，即梵文 nirhāra，隋唐译本意译“出生”，藏译梵题 sādhaka，即出生义。微密即秘密、神秘、神妙、深奥，梵文 gūhya，这是密教最早以“秘密”自称，也是“密教”之称的来源。持即总持，陀罗尼的意译。持经，即总持经，音译陀罗尼经，这是后来所称陀罗尼经、咒经这种新体裁经名的缘由。而微密持经，可译为神咒经，微密即神秘、神妙，持即总持，音译陀罗尼，俗称咒语，故微密持即神秘之咒语，可简称神咒，被视为一种如同咒语的特定文句，可称陀罗尼咒，故秘密陀罗尼咒即陀罗尼神咒，功德直译本即译“陀罗尼咒神妙章句”。按神咒的吠陀梵文为 mantra，但陀罗尼与吠陀 mantra 无关，故称陀罗尼为神咒者，必定与以陀罗尼作为神妙章句所具有的神秘意义有关，如此神咒之称来自其神妙章句、神秘之咒，而不是吠陀－婆罗门教的天神之咒 mantra。

该经名虽标新立异，但其内容则采用大乘经的形式，有“如是我闻”的说法背景，说佛游维耶离国大树精舍，佛弟子大目揵连召集四十万比丘众，十菩萨召集一千八百亿十方一生补处菩萨众聚会。佛弟子舍利弗先说四清净、四愿悦、四持门，然后请佛说疾入无量门微密持之持要句及其念法句义。佛又说三种四法行、四功德，并说此持要句的渊源及其功德，即往昔无数劫前西方无量寿佛的往世转轮王光秉的太子无念德首，从宝首曜王如来闻持奉行此持要句以及获得功德的本生故事，最后佛说行持此法要，有雪山八大神及八天菩萨拥护。其中舍利弗所说的四持门，就是后来四种陀罗尼（忍陀罗尼、法陀罗尼、义陀罗尼、咒陀罗尼）的最早模式；三种四法行中第三种四法行的八字义，就是密教经典中最早出现的陀罗尼字门；念诵持要句而得到雪山八大神及八天诸菩萨护持则是密教与鬼神信仰结合的开端，也是密教神祇往往以八数组合的模本。而所谓持要句、极法之要，就是陀罗尼章句。

陀罗尼章句最早既称“持要句”“极法之要”，就表明陀罗尼章句不仅有意义，而且还是其“要句”，是其“法要”，也就是诸法的提要之句。此持要句，共有 13 种汉译本，2 种藏译本。现存 9 种汉译本中，支谦译本、东晋佛陀跋陀罗译本、刘宋求那跋陀罗译本均意译，其中支谦、佛陀跋陀罗按句译，支谦译 27 句，佛陀跋陀罗译 37 句。从 3 世纪前期的三国时支谦译本，至 5 世纪初期的东晋时佛陀跋陀罗译本，陀罗尼章句按句意译，说明陀罗尼作为“持要句”“诸法要”具有的稳定性质。而至 5 世纪的南北朝时，刘宋求那跋陀罗按词译为 48 名，并音译持句为陀邻尼，又称“现在佛所说如是神咒四十八名”，这是最早译陀罗尼为“神咒”者，而此神咒为现在佛所说，显然这是以佛说陀罗尼为神咒。稍后功德直译本题《无量门破魔陀罗尼经》，音译其中的陀罗尼，也按词译为58名，并称其“陀罗尼咒神妙章句”，也说明所谓陀罗尼、陀罗尼咒即是神妙之章句，而不是神之咒语。至6世纪，梁僧伽婆罗译本音译47句，称其陀罗尼咒、咒。元魏佛陀扇多译本也将陀罗尼按词音译为48名，其注文与求那跋陀罗意译完全一致，说明有人取求那跋陀罗译文作注。从此可以看出，陀罗尼章句被译为陀罗尼神咒、陀罗尼咒乃至直接称为神咒、咒，是在5—6世纪的东晋至南北朝前期完成的。而这一时期也正是西域咒术传入中国的历史阶段，东晋时帛尸梨蜜多罗翻译《大孔雀王神咒》《孔雀王杂神咒》，史称他“善持咒术，所向皆验。”① 刘宋时求那跋陀罗译称陀罗尼为神咒，史亦载其“本婆罗门种，幼学五明诸论，天文、书算、医方、咒术靡不博贯”。来中国途中历经海难时，“乃密诵咒经，恳到礼忏”②。可知当印度、西域的咒术流传中国之时，佛教的陀罗尼也被视为一种特定的神咒、咒语，这样导致陀罗尼与神咒、禁咒的混淆，也造成佛教陀罗尼法门与外道以及民间咒术的结合，这就是南北朝以来流行中国的陀罗尼密教的基本形态。

从《微密持经》不同时代的不同译本变化可以看出，随着陀罗尼章句向陀罗尼神咒的变化，陀罗尼经分化为两种类型，一种仍按说理型的陀罗尼经原型发展为陀罗尼契经，另一种以持诵陀罗尼神咒为中心发展为陀罗尼咒经。陀罗尼契经包罗法、义、持、忍四种陀罗尼为主的多种陀罗尼形式，其中除了陀罗尼章句，还有陀罗尼字门、陀罗尼句门以及种种菩萨陀罗尼行。按篇幅分类有大小两种类型，小型陀罗尼经除《微密持经》外，还有《无崖际总持经》《金刚上味陀罗尼经》等，大型陀罗尼经如《大法炬陀罗尼经》《大方等陀罗尼经》《大威德陀罗尼经》等。而陀罗尼咒经则成为密教经典的主体，具体可划分为三种类型，其一章句型陀罗尼经，这是陀罗尼经的原型，也是主流类型。这类经虽称陀罗尼咒经，其

① （梁）僧祐撰《出三藏记集》卷13，苏晋仁、萧錬子点校本，中华书局1995年版，第522页。

② （梁）僧祐撰《出三藏记集》卷14，苏晋仁、萧錬子点校本，中华书局1995年版，第547页。

实就是陀罗尼经的主体，狭义的陀罗尼经。其陀罗尼以“咒”相称者，仅仅就其形式而言，相对于契经的说理形式以及可以解读转释的陀罗尼字门、句门而言。所以陀罗尼章句经仍然保留着陀罗尼教义的一些内容。说陀罗尼咒语者也以佛说为主，菩萨以及佛弟子是主要的对话者，其功用则偏重于拥护佛法、僧侣安隐。这类陀罗尼咒经出现最早，流行时间也持久，直至晚期密教时仍有编纂，但魏晋南北朝时期最为盛行。这类咒经如《佛说吉祥咒经》《华积陀罗尼经》《六门陀罗尼经》等。其二咒术型陀罗尼经，这是数量最多的一类陀罗尼咒经，带有浓厚的巫术性质，具有陀罗尼万能思想。这类咒经大量来自婆罗门神咒以及民间禁咒，附带有行咒法，陀罗尼在这里完全被咒术化。这类咒经中，《摩登伽经》是密教咒术和占星术的鼻祖，由于该经的宣传，咒术堂而皇之地走入佛教，取得合法的地位，也影响了陀罗尼发展的方向。其中佛说六字神咒被另编为咒经流行开来，东晋时有失译《六字咒王经》《六字神咒王经》，梁代有失译《六字大陀罗尼咒经》，宋代施护译《圣六字增寿大明陀罗尼经》《佛说圣六字大明王陀罗尼经》，以及法天译《佛说大护明大陀罗尼经》等，都是由此改编而成的咒经。类似的经还有《佛说护诸比丘咒经》《持句神咒经》《佛说护诸童子陀罗尼咒经》《佛说檀特罗麻油述神咒经》《阿咤婆拘鬼神大将上佛陀罗尼》《集法悦舍苦陀罗尼经》等。其中《持句神咒经》为失译经，其异译有《陀邻尼钵经》《陀罗尼章句经》《东方最胜灯王陀罗尼句》，后来阇那崛多又译《东方最胜灯王如来经》，直至宋代尚有施护译为《圣最上灯明如来陀罗尼经》。其三名号型陀罗尼经，名号型咒经中，有小型经典，也有大型经典。小型名号咒经如《八吉祥神咒经》《阿弥陀鼓音声王陀罗尼经》《孔雀咒王经》《请观世音菩萨消伏毒害陀罗尼咒经》《十二佛名神咒校量功德除障灭罪经》《一切如来名号陀罗尼经》《大吉祥天女十二名号经》等，大型名号咒经，如《大灌顶经》，旧本就长达十卷之多。

需要指出的是陀罗尼经的名称，即便后来出现不同性质的经典类型，这种名称还在继续沿用，所以不能仅仅按经名来确定该经的性质，尚需根据经典的实际内容来确认。一般的规律，后世经名往往沿用传统名称，直到另一类性质的经名流行并取而代之为止。

二 修行仪轨及其类型

修行仪轨是在密教发展的第二个阶段出现的一类经典，也就是持明密教的主要经典形式。顾名思义，仪轨是用来修行密法的规则、仪式和方法。所谓密法，就是以消灾、增益、勾召、降伏以及敬爱为目的的修行规则及其方法，主要有以三密为内容的陀罗尼持诵法、结手印法、瑜伽观想法，以曼荼罗为内容的择地法、坛场法、造像法，以供养为内容的护摩法（火供法）、花香法、歌舞法、净水法、燃灯法，以悉地成就为内容的三种成就法，以乘空而进为最上成就，藏形隐迹为中成就，世间诸事为下成就，其中世间成就法有药物法、贤瓶法、雨宝法、光显法、伏藏法等。还有以师徒传授为内容的灌顶法、阿阇梨相法以及弟子法、事师法等。

仪轨是梵文 kalpa 的汉译，藏文对译 cho-ga。按汉译的仪轨，有广狭两种意义，广义上泛指佛教的行法仪轨，诸如仪式、规则、规范、程序、威仪、律仪等，可以看作威仪轨则的简称，其中律仪轨则也往往简称仪轨。狭义上仅指密教的修行轨则和方法，但密教的仪轨在汉文中是个通称，相对于陀罗尼经、咒经而称“仪轨经”，以表明经典的性质是修行的具体做法，而不是说理型的佛说陀罗尼经或佛说咒经。

密教行法译为仪轨，始于唐代开元十三年（725）善无畏译《大日经供养法》，沙门宝月译语，一行笔受。该经供养法一开始即称：

> 稽首毗卢遮那佛！开敷净眼如青莲！
> 我依大日经王说，供养所资众仪轨。①

这是《供养法》作者在初品《真言行学处品》中所说，第三品《供养仪式品》说受持真言有内外仪轨之分，第四品《持诵法则品》说“或依彼说异仪轨，或以普通三密门”皆可成就，又说“设余经中所说仪轨”有所亏缺，也可用此法修持。其中仪轨也称“轨仪”，如品首即说：“四种

① （唐）善无畏译《大毗卢遮那成佛神变加持经》卷 7，《中华藏》第 23 册，第 636 页上。

静虑之轨仪，能令内心生喜乐。"① 相应地，不可思议《大日经供养法次第疏》解释说，供养分理、事两种，其中理供养即运心供养，即内仪轨，事供养显外相，即外仪轨。至于所谓"众仪轨者，诸印、真言等也"②。此可知供养仪轨分为内外两大类，但结印、诵咒等修行方法都属仪轨。僧一行《大日经疏》在正文解释中也使用"仪轨"，如第一《住心品》的解释中说，如真言行者已具足的坚固信力，"佛已略说如是心实相印，若行者与此相应，当知已具坚固信力。然此信力本从真言门供养仪轨行法，如说修行，得至净菩提心，故云供养行修行从是初发心也"③。第二《具缘品》中也解释说："今此大乘真言行所乘之道——法则仪轨，以汝是大乘器量故，堪能信受，我今当正说之也。"④ 该疏的《义释》本同样将受持真言次第、成就法、供养法、承事法次第等均称为仪轨，并说该经与持明藏常途所说大同，⑤ 也就是《大日经》与持明密教经典所说的一般仪轨相同。此诸可见，《大日经》及其《供养法》所说的供养仪式以及所有真言行法都称为"仪轨"，与持明密教仪轨基本相同。

但善无畏主持翻译的持明密教经典中并未使用"仪轨"的概念，此前只有义净翻译的《佛说拔除罪障咒王经》中使用了这个概念，其中说曼殊室利菩萨白佛言："此大法门甚深微妙，实为希有。""彼于咒法所有威力神通变现，于诸国土随其方处，求者获益，功德成就。念诵仪轨、祭祠法式，皆不信受，亦不依行，谓非佛说而为谤毁，恶障缠心，即便命过，堕大地狱，受极苦恼，无有出期。"⑥这是说只使用咒法，而不信受、不依行念诵仪轨、祭祠法式，还诽谤说这些不是佛说的，有如此心理障碍的人，不但咒法不灵验，而且死后堕大地狱，受极苦恼，永无出期。这就恰好表明了仪轨是根据佛说经文的内容及其精神所制定的修行规则和方法，本身当然不是佛说的，但确是遵从、落实、执行佛说教义的必要措

---

① （唐）善无畏译《大毗卢遮那成佛神变加持经》卷7，《中华藏》第23册，第642页中、第643页中、第645页上。

② （唐）不可思议撰《大毗卢遮那经供养次第法疏》卷上，《大正藏》第39卷，第790页下、第803页中。

③ （唐）一行撰《大毗卢遮那成佛经疏》卷1，《大正藏》第39卷，第592页中。

④ （唐）一行撰《大毗卢遮那成佛经疏》卷3，《大正藏》第39卷，第614页下。

⑤ （唐）一行撰《大日经义释》卷8，《新纂卍续藏》第23册，第397页中下、第401页中。

⑥ （唐）义净译《佛说拔除罪障咒王经》，《中华藏》第24册，第80页上。

施，是修行的实现途径，二者并不矛盾，由此仪轨取得佛经中的合法地位，其概念也从律仪规范合理借用到密法仪轨。实际上密教仪轨从南朝梁代传译至唐，已有两个世纪，义净此译是对这一历史阶段的一个总结和概括。按《开元录》的著录，该经译于景龙四年（710）大荐福寺翻经院。该经虽非持明密教仪轨，但按此说有念诵仪轨、祭祠法式，则知该经自持明仪轨译出其中咒法。义净在印求法期间，屡入道场，修习密法，对密教仪轨自是熟知，其译著中多使用仪轨概念，以指戒律之仪轨，唯此经以此指称密教之仪轨，是其借用戒律用语为密教概念，诚属创发，为开元中密宗中人一行等承用，不空翻译密典，推而广之，成为密教行法的通称。

仪轨是密教修行规则和方法的通称，其他称谓就某种密法及其特征而称，诸如道场法、灌顶法、念诵法、供养法、成就法、瑜伽法等，与仪轨之间有种属关系，都可称道场仪轨、灌顶仪轨、供养仪轨、成就仪轨、瑜伽仪轨，但这类分属仪轨也有一度作为通称使用的情况。

最早汉译的仪轨是南朝梁代失译的《牟梨曼陀罗咒经》，其名“咒经”者指其大类，“牟梨曼陀罗”者则为该经的本名，其中“牟梨”是梵文 mūla 的音译，意译根本。曼陀罗是梵文 maṇḍala 的音译，后世译曼荼罗，意译坛场、道场。牟梨曼陀罗，就是根本陀罗尼坛场经、根本陀罗尼道场经的意思，因经中说三种陀罗尼咒坛场，除牟梨曼荼罗外，还说于梨曼荼罗、乌波罗曼荼罗。于梨，当梵文 phala 的音译，意译核心，经内译“心”。乌波罗，梵文 upara 的音译，意译下品、低位，相对于前者译“随心”，有时也译“小心”。心、随心也就陀罗尼咒而言，与根本陀罗尼咒组成上、中、下或大、中、小三品陀罗尼咒，该经就是这三品陀罗尼的仪轨，其中以根本陀罗尼代为仪轨名称。考诸译经史，道场经曾是仪轨的最早名称，唐代阿地瞿多翻译《陀罗尼集经》其序说：“此经出《金刚大道场经》，《大明咒藏》分之少分也。”① 唐代经录中也说《陀罗尼集经》从《金刚大道场经》中撮要译出。《观自在菩萨如意轮念诵仪轨》等还说：“依《灌顶道场经》说修陀罗尼法门。”② 这就说明《牟梨曼陀罗咒经》《陀罗尼集经》等都出自《金刚大道场经》，《观自在菩萨如意轮念诵仪轨》等出自《灌顶道场经》，“道场经”是持明密教仪轨的早期名称。道

① （唐）阿地瞿多译《陀罗尼集经》卷首，《中华藏》第 20 册，第 1 页中。

② （唐）不空译《观自在菩萨如意轮念诵仪轨》，《中华藏》第 65 册，第 793 页中。

场是密教仪轨最显著的特征，无论诵咒结印，还是召请圣众、造像供养，都要设立坛场，在一个特定的结界道场行法，故早期持明密典以道场称其仪轨，凸显出与陀罗尼经的不同特征。

以上提及的《灌顶道场经》，以“灌顶”为经名主词，这类经名早在南北朝时期就有《灌顶章句七万二千神王卫护比丘咒经》等九卷，总名《大灌顶经》，简称《灌顶经》。至唐代还真有《大灌顶经》的记载，如菩提流志译《一字佛顶轮王经·大法坛品》说：“此坛广法，从初作日乃至竟日，种种仪则，修坛方法、阿阇梨法、教弟子法、入坛之法、灌顶之法，准诸《大灌顶经》，坛法用同。”① 不空译《金刚手光明灌顶经最胜立印圣无动尊大威怒王念诵仪轨法品》，按经题从《金刚手光明灌顶经》译出《不动尊念诵法》一品。可知《灌顶经》也是一类仪轨的总称，或者说从密教仪轨的灌顶法特征立经名。灌顶本为印度习俗，国王登基时举行的一种以大海水浇灌头顶的仪式，密教用作阿阇梨灌顶弟子以授法传承之位，亦象征佛、菩萨灌顶受法人以作护持。不空曾在上代宗的奏表中解释说：“毗卢遮那包括万界，密印真言吞纳众经。准其教，宜有顿有渐，渐谓声闻小乘登坛学处，顿谓菩萨大士灌顶法门，是诣极之夷途，为入佛之正位。顶谓头顶，表大行之尊高；灌谓灌持，明诸佛之护念，超升出离何莫由斯。”② 灌顶法有很多种，其中持明密教灌顶法如《蕤呬耶经》所说，凡入曼荼罗，必有四种灌顶，一者除难，二者成就，三者增益己身，四者得阿阇梨位。凡蒙灌顶，诸佛菩萨及与诸尊，并持真言行菩萨等皆悉证明，加被护念。③ 瑜伽密教有金刚灌顶，《佛说秘密三昧大教王经》说：“所言金刚灌顶者，谓于一切曼拏罗中获得大乐甘露金刚水，灌注心顶故，说名为金刚灌顶。”④《大乐金刚不空三昧大教王经》说，阿阇梨以金刚灌顶法自受灌顶，观想求请金刚手菩萨金刚杵，金刚手菩萨即现本身亲授与之，是阿阇梨持此金刚杵求诸最上成就，于一刹那中皆悉获得。⑤

---

① （唐）菩提流志译《一字佛顶轮王经》卷4，《中华藏》第23册，第453页下。

② （唐）不空撰《请为国置灌顶道场表》，《代宗朝赠司空大辨正广智三藏和上表制集》卷1，《大正藏》第52卷，第830页上。

③ （唐）善无畏译《蕤呬耶经》卷3，《大正藏》第18卷，第772页上。

④ （宋）施护译《佛说秘密三昧大教王经》卷4，《中华藏》第67册，第842页上。

⑤ （宋）法贤译《佛说最上根本大乐金刚不空三昧大教王经》卷1，《大正藏》第64册，第951页下。

念诵法，亦称念诵经、陀罗尼念诵法，顾名思义，就念诵陀罗尼而言，因而也是最早出现的修行方法。但陀罗尼密教中除念诵陀罗尼之外，只有一些简略的结缕、数珠以及供养等法。到持明密教时，念诵中包含了结印法，这是因为最初编纂的《持明咒藏》主要以咒印相配合来修持的，最早从中翻译出来的《牟梨曼陀罗咒经》主要内容就是诵咒结印，配之于坛场及其供养法等。即便后来的真言密教、瑜伽密教增加观想法，汉译"念诵"之"念"也具有观想、观念、念想的含义。观想种子字等，瑜伽密教称"三摩地念诵"，即心念诵，不但观念真言种子字，而且也观想本尊。由此念诵法的概念本身就有"三密"修法的意义，所以瑜伽密教往往将其仪轨译作"念诵法"。《金刚顶瑜伽中略出念诵经》就说："作四种念诵，作四种者所谓音声念诵，二金刚念诵合口动舌默诵是也，三三摩地念诵心念是也，四真实念诵如字义修行是也。由此四种念诵力故，能灭一切罪障苦厄，成就一切功德。"① 金刚智初译《金刚顶瑜伽中略出念诵经》，不空多译瑜伽诸部仪轨为念诵法、陀罗尼念诵法、念诵法门、念诵仪轨、念诵仪轨经等。

成就法，梵文 sādhana，音译悉地，藏译 sgrub-thabs，这是出现于持明密教晚期的一种特定密法，并不与一般作动词概念的成就等同，但其意义密切，因而成就法有时也作为一种通称，如说念诵成就法、供养成就法、护摩成就法、瑜伽成就法等。藏传佛教中成就法多归入注疏类，是密教注疏中数量较多的一类。最早汉译的成就法持明密典是《苏悉地经》，全称《苏悉地羯罗经》，其名《开元录》解释"唐言妙成就法"②，即以成就法命名的仪轨。但该经的藏译梵题 Susiddhikaramahātantrasādhanopāyikapaṭala，汉译可为《妙成就大教中成就法品》。妙是最高之义，佛教以成就菩提为最终目的，故苏悉地就是成就菩提义。《大日经疏》解释最上悉地时说："夫言成就悉地者，谓住菩提心也，此菩提心即是第十一地成就最正觉。如是悉地，诸地中最在其上故。"③ 又解释持明者时说："谓持诵人得妙成就悉地之果，即能遍游一切佛土，供养诸佛，成就众生

① （唐）金刚智译《金刚顶瑜伽中略出念诵经》卷 4，《中华藏》第 23 册，第 730 页上。
② （唐）智昇撰《开元释教录》卷 9，《中华藏》第 55 册，第 197 页下。
③ （唐）一行撰《大毗卢遮那成佛经疏》卷 39，《大正藏》第 39 卷，第 738 页上、中。

也。”[①]《大日经供养法疏》也解释说：“悉地者成就，亦云成菩提。”[②] 按《苏悉地经》将悉地成就分为上、中、下三种，乘空而进为最上成就，藏形隐迹为中成就，世间诸事为下成就。其中更分别上、中、下成就，如持明仙乘空成就五通，以及得诸漏尽或辟支佛，或证菩萨位地，或知解一切事，或辩才多闻，或成就眼药、器物、珍宝，或得无尽伏藏等上等事，为上中上成就。[③] 善无畏译的另一部持明密典《苏婆呼童子请问经》，也是一部成就法仪轨，除前三品之外，都集中说成就法。其中说成就之法总有八种，谓成真言法、成金水法、成长年法、出伏藏法、入修罗宫法、合成金法、土成金法、成无价宝法等。[④] 其他汉译经轨也多有成就品、悉地品，其中持明密教经轨《不空罥索神变真言经》有《罥索成就品》《世间成就品》《护摩成就品》《然顶香王成就品》《点药成就品》《护摩秘密成就品》《斫刍眼药成就品》《灌顶真言成就品》《清净莲华明王成就品》《功德成就品》，《不空罥索陀罗尼经》有《受持成就品 》《见成就品》《见不空王成就品》《见如来成就品》，《一字佛顶轮王经》有《印成就品》《供养成就品》《世成就品》，《菩提场所说一字顶轮王经》有《末法成就品 》《世成就品》，《大佛顶广聚陀罗尼经》有《辨七种佛顶持诵遍数成就品》，《五佛顶三昧陀罗尼经》有《修证悉地品》，《一字奇特佛顶经》有《最胜成就品 》等。晚期密教中也有类似的成就法，如宋代法贤译的《佛说妙吉祥最胜根本大教经》第八《焰鬘得迦明王本法仪轨分》、第九《焰鬘得迦明王最上仪轨分》。其前法贤译的另一部仪轨《大方广菩萨藏文殊师利根本仪轨经》有《说一字大轮明王画像成就品》（kakṣara-cakravarti-karma vidhipaṭa-nirdeśa-paṭalavisaraḥ）。真言密教的《大日经》有《世间成就品》《悉地出现品》《成就悉地品》，瑜伽密教的《金刚峰楼阁一切瑜伽瑜祇经》有《金刚萨埵菩提心内作业灌顶悉地品》。后世汉译的瑜伽、大瑜伽类仪轨虽不设品目，但其中说的成就法也很多。

---

① （唐）一行撰《大毗卢遮那成佛经疏》卷12，《大正藏》第39卷，第707页下。

② （唐）不可思议撰《大毗卢遮那经供养次第法疏》卷上，《大正藏》第39卷，第791页下。

③ （唐）善无畏译《苏悉地羯罗经》卷中，《中华藏》第23册，第799页中。

④ （唐）善无畏译《苏婆呼童子请问经》卷下，《中华藏》第23册，第679页中。

三 大教王经的汉译

大教王经是密教仪轨最后出现的名称，梵文 mahātantra-rāja 的汉译，最初由金刚智始译，不空继此译法，并译大教、大教王、大教王经、教王经，由此推而广之，世代沿袭。按《开元录》著录，开元十一年（723），经一行请译流通，金刚智于资圣寺诵出《金刚顶瑜伽中略出念诵经》，东印度婆罗门大首领、直中书伊舍罗译语，嵩岳沙门温古笔受。经首即称："我今于百千颂《金刚顶大瑜伽教王》中，为修瑜伽者成就瑜伽法故，略说一切如来所摄真实最胜秘密之法。"① 此称《金刚顶经》为"金刚顶大瑜伽教王"，教王即是 tantra-rāja 的汉译，"教"即是 tantra 的汉译，大瑜伽教王即是"瑜伽大教王"。不空译二卷本《金刚顶大教王经》开首译称："我今归命礼，瑜伽大教王！开演一佛乘，如来三密藏。"② 则知前之"大瑜伽教王"即此"瑜伽大教王"，"大教王"为 mahātantra-rāja 的汉译，亦可知后来不空译"大教王""大教王经"即从此而来。梵文的 tantra 有多重含义，作为一类经典仪轨，金刚智汉译"教"，即教法之义。教，既有教义、教理、教法、原则、精髓、要点之义，也有教规、法规、规范、规则、标准、仪式、仪轨之义。佛教的"教"，就是指佛陀的教导，教导的思想内容就是教义，教导的结集形式就是教法、经法。tantra 汉译"教"，即表明其性质为佛说的经法、教法，附加"经"字，既表明其经典性质，又强化其中心词的教义、教法内涵，汉文的这种译法显然比梵文的 tantra 更能显示其意义。

不空译的2部经题名"大教王经"，另有1部经题注"教王经"，有5部经内文使用教王经、大教王经的概念。其中作为《金刚顶经》初会的《金刚顶一切如来真实摄大乘现证大教王经》及其他会仪轨都称教王经，说明《金刚顶经》系列早在金刚智、不空时代已被称作 tantra 的大教王经。不空撰《金刚顶瑜伽十八会指归》，介绍初会时说："《金刚顶经瑜伽》有十万偈、十八会，初会名《一切如来真实摄教王》"，不空译的三

---

① （唐）金刚智译《金刚顶瑜伽中略出念诵经》卷1，《中华藏》第23册，第687页中。

② （唐）不空译《金刚顶一切如来真实摄大乘现证大教王经》卷上，《中华藏》第69册，第600页上。

卷初会，至宋代扩编为三十卷，题名《说一切如来真实摄大乘现证三昧大教王经》，但该经藏译梵题 Sarvatathāgata-tattvasaṃgraha-nāma-mahāyāna-sūtra，其中并无 tantra 之名。不空译《大乐金刚萨埵修行成就仪轨》，题注“出《吉祥胜初教王瑜伽经》”。同译《金刚顶经一字顶轮王瑜伽一切时处念诵成佛仪轨》开首也说：“我依金刚顶，瑜伽大教王，为修瑜伽者，纂集此微妙，成佛理趣门。”① 并自称瑜伽中教王、瑜伽教王。《成就妙法莲华经王瑜伽观智仪轨》开首也说：“我今依于大教王，如是教王菩萨道法。”② 不空译的其他仪轨，如《金刚顶瑜伽降三世成就极深密门》自称真实教王，《菩提场所说一字顶轮王经》自称教王、大教王、教王仪，《一字奇特佛顶经》自称教王、大教王，《大宝广博楼阁善住秘密陀罗尼经》自称陀罗尼大教王法、陀罗尼教王、大宝广博楼阁教王。《菩提场庄严陀罗尼经》自称菩提场庄严陀罗尼教王、菩提场庄严陀罗尼大教王、菩提场庄严陀罗尼法要大教王仪轨。《文殊师利菩萨根本大教王经金翅鸟王品》不仅题名“根本大教王经”，而且内文亦有教王、大教王之称。该经后来有宋译《大方广菩萨藏文殊师利根本仪轨经》，藏译梵题略作 Ārya-Mañjuśrīmūlatantra，则知梵题与唐译一致。

不空之后，大教王经作为新的仪轨名称，也为记述历史者采纳。赵迁撰《大唐故大德赠司空大辨正广智不空三藏行状》，记述昔者毗卢遮那佛以金刚顶瑜伽秘密教王真言法印付嘱金刚手菩萨。吴殷撰《大唐青龙寺三朝供奉大德行状》，记述惠果于大兴善寺三藏和上边，求授金刚顶大瑜伽大教王经法。海云撰《两部大法相承师资付法记》，不仅上卷题《略叙金刚界大教王经师资相承付法次第记》，称《金刚顶经》为金刚界大教王、金刚顶大教王，而且下卷也题《略叙传大毗卢遮那成佛神变加持经大教相承付法次第记》，称本经及其教法为大毗卢遮那大教王经、大毗卢遮那大教王，并称《金刚顶经》为二本大教王，也称《苏悉地经》为苏悉地教。另外，唐代伪经《大乘瑜伽金刚性海曼殊室利千臂千钵大教王经》也标以大教王经，经内亦自称其法是瑜伽大教王经、一切如来大教王经瑜伽秘密金刚三摩地三密圣教法门。可知有唐一代，教、教王、大教

① （唐）不空译《金刚顶经一字顶轮王瑜伽一切时处念诵成佛仪轨》，《中华藏》第 66 册，第 196 页中。

② （唐）不空译《成就妙法莲华经王瑜伽观智仪轨》，《中华藏》第 66 册，第 1 页中。

王不仅是瑜伽密教经典及其教法的名称，也几乎成为所有密教仪轨的流行名称。

但金刚智之前是否已有tantra的仪轨出现？根据《瞿醯经》全译《瞿醯坛跢罗二合经》《瞿醯旦坦啰》，异译《玉呬怛跢罗经》《玉呬坛那经》《掬呬耶亶怛罗经》来看，该经显然是被叫作tantra的，因为坛跢罗、旦坦啰、怛跢罗、亶怛罗与梵文tantra完全对音。前文瞿醯、玉呬、玉呬耶、蕤呬耶、掬呬耶则是梵文guhya的对译，意为秘密，故该经全译当《秘密教法经》《秘密教王经》。按该经或作不空译，但在一行《大日经疏》中屡被征引，说明该经在一行时已有传译。此疑同为善无畏翻译，善无畏先后在兴福寺南塔院、菩提寺、西京内道场、东京大福先寺、圣善寺译经，此经当缺著录。该经有失译藏文本，梵题Sarvamaṇḍa lasāmānyavidhīnām guhya-tantra，意译可为一切曼荼罗诸成就法秘密教。汉译即取其guhya-tantra略译，或者说藏译梵题保留全文或后加定义补充为sarvamaṇḍalasāmānyavidhīnām。但藏译不见吐蕃时期三大目录，当属后弘期翻译。按此，汉译《瞿醯旦坦啰经》是目前最早以tanrra见诸记载的大教王经仪轨。

善无畏同时翻译的《苏悉地经》《苏婆呼童子经》，其藏译梵题中都有tantra的名称，《苏悉地羯罗经》梵题Susiddhikaramahātantrasādhanopāyikapaṭala，其中mahātantra即是“大教”之意。不空译《圣迦柅忿怒金刚童子菩萨成就仪轨经》说：“若修行具诸律仪，依《苏悉地教王》。”①也说明不空视《苏悉地经》为大教王仪轨，大教mahātantra或可译“教王”。《苏婆呼童子经》，宋法天译《妙臂菩萨所问经》，藏译梵题Ārya-Subāhuparipṛcchā-tantra，意译可为《妙臂所问教法经》，其中tantra充当独立的经名。这三部经的藏译时间虽晚，但其梵文经题都以tantra定义，都属晚期持明密教的成就法类型，由此可知tantra作为密教仪轨名称与成就法相交叉，或者说随成就法之后出现的仪轨名称，至瑜伽密教时期与“瑜伽”之名并行，且渐趋定型，而至后期密教时期成为密教仪轨的通称，故宋代汉藏翻译的仪轨普遍称为大教王经。

晚期密教以大教王经分别事、行、瑜伽、无上瑜伽四部经轨，按布顿

① （唐）不空译《圣迦柅忿怒金刚童子菩萨成就仪轨经》卷下，《中华藏》第66册，第179页中。

佛教史目录分类，无上瑜伽再分大瑜伽续、无二瑜伽续二类。其中事部按神灵体系分为文殊、观音、金刚手、不动金刚、救度母、顶髻、一切教王以及显密陀罗尼咒八类，这就包括了持明密教仪轨以及之前的陀罗尼经咒。行部真言密教经轨，主要经轨为《大日经》本续及后续、《金刚手灌顶续》《忿怒阎摩内现尊胜本续》及其后续、再后续。瑜伽续即瑜伽密教，包括《吉祥根本续》及其后续、《金刚顶注释续》《三世间胜超密续》等 8 部仪轨。大瑜伽续分为方便续与智慧续两大类，方便续又分为密集续 8 部、克制阎摩死敌续 11 部，智慧续分为喜金刚续、胜乐金刚续、大手印明点续等 3 类。方便与智慧无二续，有《时轮根本续》等 9 部仪轨。

（吕建福，四川大学讲席教授、道教与宗教文化研究所研究员）

六卷本《略出念诵法》考

——以百八名赞为中心

[日] 苫米地诚一

摘　要：本文对圆仁请来六卷本、东寺本、石山寺所藏的四卷调卷本《略出念诵法》，以及金刚智译四卷本《略出念诵经》的百八名赞文本进行比较。同时参考不空译三卷本《金刚顶一切如来真实摄大乘现证大教王经》的百八名赞，发现圆仁本的百八名赞字数，几乎是金刚智译四卷本的二倍，多出的部分内容是后加入的十六大菩萨出生的内容。此外，石山本中百八名赞内容虽然与金刚智译四卷本一致，但是其前后内容却与圆仁本、东寺本一致。金刚智译四卷本的百八名赞与三卷本《金刚顶经》基本一致，反过来说，只有六卷本是特殊的版本。笔者认为石山本可能又在这个特殊版本中替换进了金刚智译四卷本的内容，从而修订出了两倍字数的百八名赞。

关键词：略出念诵法；百八名赞；石山寺本；六卷本；四卷本

一　前言

在第三届中国密教国际学术研讨会上，本人所发表的“六卷本《略出念诵法》与《金刚顶经义诀》”的论文对传到日本的六卷本《略出念诵法》诸写本和六卷本《略出念诵法》注释《金刚顶经大瑜伽秘密心地法门义诀》（《金刚顶经义诀》）的校对结果进行了再考证，本次将对之前没有涉及的金刚智（671—741）译四卷本《略出念诵经》的百八名赞进行检讨。

二 上篇论文内容简介

六卷本《略出念诵经》是由圆仁、惠运、宗睿请到日本。其中圆仁请来本（以下简圆仁本）抄写本众多，成为流通本。另两个写本只发现东寺藏本（东寺本）和四卷调卷的石山寺藏本（石山本），除此以外尚未发现其他抄写本，可以说是孤本。

东寺本内容与圆仁本基本一致，只是真言的音写汉字有些差异，并且加有梵字标记。现存写本中也有几处明显的错误，并且传抄时有错页的迹象。本文将对该写本资料进行比对，指出其与圆仁本的相同之处。

石山寺所藏的四卷《略出念诵法》（石山本），与三卷圆仁本有相当一部分内容是相同的。并且该写本的第四卷与金刚智译四卷本有很多相同之处，是个很特别的写本。这符合安然《八家秘录》中所说的“治六为四”，也就是说原来是六卷本，后来调整成四卷本。与圆仁请来本相比，石山本很多内容与金刚智译四卷本一致，大部分真言也与四卷本相同。关于用词习惯问题，请参考第三届中国密教国际学术研讨会发表的论文。六卷本《略出念诵法》系统的诸写本中，石山寺本与金刚智译四卷本接近，与《金刚顶经义诀》的相同之处也很多。现存的《金刚顶经义诀》只存留上卷经文内容，却依然可见该经文内容被其后翻译的经典引用，但其内容与六卷本《略出念诵法》基本一致。也就是说《金刚顶经义诀》上卷形成时间早于六卷本《略出念诵法》。此外，《金刚顶经义诀》诠释的六卷本《略出念诵法》的文本比圆仁本更接近石山本。笔者认为六卷本《略出念诵法》的译者与《金刚顶经义诀》作者为同一人，译者对六卷本《略出念诵法》进行重新翻译，并同时对其进行了注释。那么，这个译者、作者很可能就是不空。

上届会议论文是讨论以石山寺本为底本的《略出念诵法》圆仁请来本和东寺本的形成过程，并推测该底本曾与金刚智译四卷本《略出念诵经》进行过校对、修订，从而形成石山寺四卷本《略出念诵法》。圆仁本最初是六卷本译本，石山本是把圆仁本的一部分换成金刚智译的四卷本。石山寺的第四卷内容与金刚智译四卷本内容相同，推测是先译本圆仁本（六卷本）与金刚智译本四卷本校对，替换其中一部分，作成石山本的可能性比较高。但是这只是推测，不是确定的事实，也存在其他的可能性。

本文将重新比较圆仁请来本和金刚智译文，进而考察圆仁本（六卷本）和石山本之间的关系。

三　六卷本的百八名赞

本文对圆仁请来六卷本、东寺本、石山寺所藏的四卷调卷本《略出念诵法》，以及金刚智译四卷本《略出念诵经》的百八名赞文本进行比较，同时参考不空译三卷本《金刚顶一切如来真实摄大乘现证大教王经》（初会《金刚顶经》的汉译）的百八名赞。

圆仁本的百八名赞字数，几乎是金刚智译四卷本的二倍。多出的部分内容是后加入的十六大菩萨出生的内容。此外，石山本中百八名赞内容虽然与金刚智译四卷本一致，但是其前后内容却与圆仁本、东寺本一致。金刚智译四卷本的百八名赞与三卷本（初会《金刚顶经》）基本一致，反过来说，只有六卷本是特殊的版本。笔者认为石山本可能又在这个特殊版本中替换进了金刚智译四卷本的内容，从而修订出了两倍字数的百八名赞。

首先是金刚萨埵。圆仁本中如资料②【圆仁】所示，偈颂的前半内容是："我今敬礼诸如来 普贤金刚尊上首 执金刚威降三世 摩诃金刚大萨埵"，这部分内容，四卷本和三卷本基本一致。但是在"威降三世"处有一点需要注意，不明白此处为何加入这四个字。降三世明王虽是《金刚顶经》的明王（忿怒尊），但是在其他汉译《金刚顶经》系仪轨类的百八名赞、十六大菩萨出世中，并没有降三世明王的身影。也许在更大范围的经典中可以找到金刚萨埵和降三世明王的关系，但是暂时确实没有相关资料。

偈颂的后半是："普现月轮降心秽 五股金刚住佛掌 五峰光明遍世界 转正法轮引众生 宝冠缯綵授灌顶"，加入了金刚萨埵出世的内容，这在文本校对中体现得很明显。十六大菩萨出世的内容中关于每个菩萨的记述篇幅都较长，不能简单地作概要，但圆仁本中关于金刚萨埵出世的内容却行文精简，其文言文内容如："普贤之心为众多月轮出现普净一切众生大菩提心已"，"满虚空界成五峰光明时于华光明中化一切如来金刚身语意所成五股跋折罗住佛掌"，"跋折罗出种种色相光明遍照一切佛世界"，"转正法轮教化成就无量众生"。但在圆仁本金刚萨埵出世段内容中却看不到"宝冠缯綵授灌顶"的说法。而金刚智译四卷本和根本坦特罗汉译三卷本中都有："为彼普贤大菩萨应以一切如来转轮位故，以一切如来身宝冠缯综而灌顶之，既灌顶已，而授与之""一切如来转轮王灌顶，以一切佛身宝冠缯综，灌顶已，授与双手。"百八名赞的"宝冠缯综授灌顶"也是出自金刚萨埵出世的内容。此外，石山本中有："金刚萨埵现神通，执金刚威降三世，摩诃金刚大萨埵。"圆仁本的内容中有残存，只有本来的百八名赞，应是摘抄金刚萨埵出世的内容时删除导致的痕迹。

其次是金刚王菩萨，圆仁本中"敬礼如来不空王、妙觉最上金刚钩、金刚钩身住佛掌、从钩出现微尘佛、金刚请引入道场"的下划线部分是百八名赞的内容，但"妙觉最上金刚王"中的"王"变成了"钩"。"身住佛掌"是出世内容的"金刚钩住佛掌中""为作神变等佛事"是"一切如来作种种神变等事""金刚钩授不空王"是"以金刚钩授彼不空王大菩萨双手""金刚钩名授灌顶"是"以金刚钩名号而与灌顶"的摹写。圆仁本的金刚萨埵出世段落中没有关于灌顶内容，但金刚王出世段落中却有灌顶内容。也是与金刚智译四卷本对应的部分："以为一切如来之大钩，出已便即于世尊毗卢遮那掌中而住""及一切佛神变作""即于彼不空王大菩萨如上于双手而授之""以金刚钩召名号而灌顶之"，但词语的运用上与圆仁本的出世段极为相近。

石山本中有："我今敬礼如来不空王、妙觉最上金刚金刚王、金刚王金刚钩金刚请引"，这部分用语几乎与金刚智译四卷本一致，却与圆仁本完全不同。同属《略出念诵经》的译本，大概内容相同，但仔细看每句话，圆仁本和金刚智译本的内容相差很大（以下资料中三卷本的内容在此省略，请参见后文）。

金刚爱菩萨中，圆仁本中的"我今敬礼能调伏、摩罗诸欲华器仗、金刚弓身住佛掌、金刚箭现微尘佛、金刚爱染无怯畏、摩诃安乐喜悦敬、摩诃金刚坏杂染"的下划线内容与金刚智译四卷本百八名赞一致。其中附加的"华器仗""住佛掌"等词，在金刚爱出世段都有。"现微尘佛"应是"从彼金刚箭出现一切世界微尘等如来身"的略抄。没有和"无怯畏""喜悦敬""坏杂染"完全一致的翻译，尚需要进一步确认出处。"由至极杀得清净""金刚箭名受灌顶"与圆仁本、金刚智译本中金刚爱出世段内容相近。而"故现染已能调伏"在圆仁本是"能以染故而调伏之"，金刚智本四卷本中有"染故能调伏"，从词语用法来看与圆仁本出生段内容接近。

从此处开始，石山本的百八名赞内容，与金刚智译四卷本内容一致，与圆仁本不同。

金刚喜菩萨段的“敬礼金刚大善哉”“金刚欢喜”“摩诃悦喜”“欢喜王”“妙观萨埵智上首”“金刚首”“金刚喜跃”都是出自百八名赞的内容。此外句中添加的“出魔境”“发心者”“音同赞美”尚不知出处。“住佛掌”在圆仁本出世段可见“为金刚欢喜体住佛双手掌”，金刚智译四卷本中有“为金刚欢喜体，住于双手掌中”，但没有“佛”字。其后的“从欢喜生微尘佛”对应“从欢喜体中出一切世界微尘等如来身”，而“一尘佛身现无边、灭惑必至金刚智”的出处尚不可知。“若闻我名众生喜”是偈颂“若闻我名、常生欢喜”，而“踊跃善哉授灌顶”相对的是“以金刚踊跃名号而与灌顶”。由此可见，都是出自出世段内容。金刚智译四卷本中有“分别断除、闻常欢喜”“为金刚踊跃、以其金刚名而灌顶之”，与圆仁本相近。

石山本和金刚智四卷本完全一致。

金刚宝菩萨段，圆仁本中的“我今敬礼金刚宝”“摩诃摩尼”“妙金刚”“义金刚”“金刚富饶”“金刚藏”“金刚虚空”顺序有些不同，但金刚智译四卷本的百八名赞中都有。而“无价宝”“净如琉璃”“智能了性”“雨鬘璎珞”的出处尚未可知。此外，“住佛掌”“示佛刹”这样的表达虽然在金刚宝菩萨出世段中没有看到，但在其他菩萨出世段中却看到了。比如“虚空宝藏授灌顶”的出世段中有“以金刚宝名号而与灌顶”，四卷本出生段中有“以金刚宝藏灌顶”。但因为金刚宝菩萨在虚空藏菩萨的出世段中出现，反而是一个好证据。“散宝成云在空住”一句是实叉难陀译八十卷《华严经》“十地品”的第七开头偈颂“散宝成云在空住”，与“金刚宝香遍世界”相连，却出处不明。整个六卷本、四卷本中的出世段都找不相似的表达，但因为金刚宝菩萨在虚空藏菩萨的出世段中出现，不禁让人联想到虚空藏菩萨与金刚宝菩萨的关系。

不仅是汉译资料，去探查梵文原典也应该可以找到一些证据。但这次时间仓促，尚未准备。

以下内容石山本也和金刚智译四卷本一致。

金刚光菩萨，圆仁本中的“敬礼金刚大威德！超过微尘众日威，天龙光明灭无余，由如法王得自在。金刚日身住佛掌，最胜光明现佛刹，经书辞论悉明现，尔乃踰于心境界，金刚辉显佛神力，摩诃威德住三昧，摩诃光焰普明了，智轮清净与佛会。金刚光净遍三界，无垢威光授灌顶”，是引自金刚智译四卷本百八名赞。而“超过微尘众日威”相当于出世段的“从金刚日中出一切世界微尘等如来身”。“金刚日身住佛掌”也可以在出世段找到，“无垢威光授灌顶”是出世段的“以金刚光明名号而与灌顶”。与此相对，“由如法王得自在”可见于《华严经·毗卢遮那品》第六的大威光菩萨中的偈颂“当如法王得自在”。“经书辞论悉明现”可见于《华严经·十地品》第七地中的“经书词论普明了”。“尔乃踰于心境界”与第七地中的“若住第八智地中，尔乃逾于心境界”偈颂相同。其他的尚未确认。

此处，石山本与金刚智译四卷本一致。

金刚幢菩萨，圆仁本中的“我今敬礼金刚幢！善利众生檀波罗，金刚光威灭贫苦，善欢喜心能普护，无比幢身住佛掌，金刚宝幡现佛刹，宝幢雨鬘宝缨珞，大金刚宝千万种，金刚宝杖起菩提，金刚表刹授灌顶”的下划线部分，与百八名赞一致。“善利众生檀波罗”中的檀波罗和出世段中的“彼金刚幢令一切如来于檀波罗蜜相应”，以及“即是檀度门”“一切如来檀波罗蜜智”相应。此外“无比幢身住佛掌”是出世段的“金刚幢身住佛掌”，“金刚宝幡现佛刹”与出世段的“从金刚幢中出一切世界微尘等如来身皆建立一切如来宝幢等事”内容相对，“金刚表刹授灌顶”是出世段的“以金刚表刹名号与其灌顶”。这些内容在《华严经》中没有看到。

石山本与金刚智译四卷本一致。

金刚笑菩萨，圆仁本中的“我今敬礼金刚笑，金刚微笑诸含识，摩诃笑身住佛掌，摩诃希有现佛刹，乐生欢喜示供养，金刚受涂香供养，金刚欢喜同佛笑，金刚笑名授灌顶”的画线部分内容与百八名赞一致。东寺本中虽有“欠”字，但内容与圆仁本一样。“摩诃笑身住佛掌”原句出自出世段，“摩诃希有现佛刹”相当于“从金刚笑出一切世界微尘等如来身皆现一切如来希有神变游戏等”的内容。而“金刚笑名授灌顶”出自“金刚笑授与常爱欢喜根大菩萨双手，是时一切如来共以金刚爱名号而与灌顶”。

石山本和金刚智译四卷本一致。

之后是阿弥陀、不空成就的各四亲近菩萨相关比较，在此省略，详细内容请看后附的文本校对，特征与本文列举的内容基本相似。

四 总结

综上所述，圆仁本完整本与金刚智译四卷本的比较，形成了《略出念诵法》完整写本。本文中与四卷本相异的地方很多，包括用词、金刚智翻译的“密语”和《金刚顶经义诀》中的“真言”在这里翻译为“陀罗尼”，还有“三摩耶”在这里变成“三摩地”等。还可以看到百八名赞中加入了十六大菩萨出世的内容，其内容与圆仁本的出生段内容相近，与金刚智译四卷本和根本坦特罗的汉译三卷本，在词句上有很大差异。此外，百八名赞中十六大菩萨出世段内容的混入，是圆仁本、东寺本的六卷本的特殊性。其他汉译经轨类还没有出现类似情况。在金刚宝、金刚光菩萨段落中，可见出自八十卷《华严经》的偈颂，而在其他菩萨处却没有看到这种情况。这些引用自汉译《华严经》的内容，是否从《华严经》混入，至今还不能断定。但是从词句上来看应该是引自《华严经》。

石山本的大部分内容与六卷本一致，并且在《金刚顶经义诀》引用部分和百八名赞的内容上，与金刚智译四卷本一样都进行过修订。

如果把全文进行严谨的对照，会有更多的发现。但本文仅就目前发现的问题做一下总结，来作为本稿的结论。

原典六卷本《略出念诵法》与原典四卷本《略出念诵经》是异本异译。虽然广义上称其为同本异译，但是其梵文原典不同的可能性很大。“三摩耶”和“三摩地”，“密语、真言”和“陀罗尼”的汉译用词不同很可能是梵文原典不同所致。

石山寺本，将汉译六卷本和金刚智译四卷本进行完整对照的同时，又对六卷本内容进行了校订，在校订的同时撰述了《金刚顶经义诀》。这项修订工作，有可能是译者考虑到六卷本的梵文原本不全，又想治定出正确的文本内容所以才做的（虽然没有具体的根据，只是根据用词来推测。根据百八名赞的本文、三卷本和其他汉译经轨来看，都觉得这个版本奇怪，因此认为是修订版）。那么，这个修订工作自身是否曾是一种错误的尝试呢？石山本第四卷就是金刚智译第四卷的内容，似乎是想将这部分内容完全变成金刚智译，但似乎也并不尽然。六卷本中添加了金刚智译本中没有的品题，其品题（其位置也是问题）又被石山本所沿袭。第四卷虽然是金刚智译本内容，但其又没有品题的汉译，难道不是因为这个石山本的修订工作只做到第三卷就结束了，第四卷尚未着手（未完成品）吗？第三届密教会议的论文中阐述过，经录中没有六卷本《略出念诵法》，所以这个版本就是修订工作未完成的结果吧。也就是说六卷本的汉译和石山本形成乃至修订工作，都是发生在空海入唐之前，发生在空海把《金刚顶经义诀》带到日本之前。由此可见，其汉译、修订、注释（《金刚顶经义诀》的撰述）是由不空，或者在不空指挥下进行的可能性很高。与第三届密教会议的论文一样，没有得到具体的、直接的证据，存在很多臆测，但这是目前为止，笔者所能考虑到的可能性结论。

（以下“资料”略，详见原文）

（作者苫米地诚一，大正大学教授；译者赵新玲，高野山大学博士生）

六巻本『略出念誦法』について－百八名讃を中心に－

苫米地誠一

一　はじめに

前回（第三回中國密教國際學術検討會における発表「六巻本『略出念誦法』と『金剛頂経義訣』」）において報告した、日本に伝来した六巻本『略出念誦法』諸写本と、六巻本『略出念誦法』の注釈とされる『金剛頂経大瑜伽秘密心地法門義訣』（『金剛頂経義訣』）との比較の結果について再確認した後、金剛智（六七一～七四一）訳四巻本『略出念誦経』との比較の中で前回触れ得なかった百八名賛について少しく検討したい。

二　前報告の内容

六巻本『略出念誦経』は円仁・恵運・宗叡によって日本へ将来されている。円仁将来本（以下、円仁本）は多く転写され流布したが、それとは別本の東寺所蔵本（東寺本）と四巻調巻の石山寺所蔵本（石山本）とは、現在まで単一の伝本しか発見されていない。

東寺本の本文は円仁本とほぼ一致しているものの、真言の音写漢字に相違が見られ、また各々に梵字表記が加えられている。現存写本では明らかな誤写と見られる箇所があり、また転写過程での乱丁の跡も見られる。今回の検討では、本文の比較資料に上げ、確認はするが、おおむね円仁本と同じものとして扱う。

石山寺所蔵の四巻『略出念誦法』（石山本）は、その前三巻が円仁本の相当部分とかなりな程度で一致し、また第四巻が金剛智訳四巻本と一致する所の多い特異な伝本であるが、初め六巻本であったものを後に四巻に調巻し直したものであり、安然が『八家秘録』で「治六爲四」と述べていることと符合する。円仁将来本に比べて金剛智訳四巻本と一致する部分が多く、真言の大半は四巻本に同じである。用語の問題については前回の報告を参照されたい。六巻本『略出念誦法』系統の諸本の中で石山寺本は金剛智訳四巻本に近く、また『金剛頂経義訣』とも一致点が多いということができる。現存の『金剛頂経義訣』は、残存する上巻所釈の経本文だけでは無く、それより以降の経本文をも引用するが、それも六巻本『略出念誦法』に一致している。即ち『金剛頂経義訣』上巻の成立時には六巻本『略出念誦法』が先に成立していたことを示している。また『金剛頂経義訣』所釈の六巻本『略出念誦法』の本文は円仁本より以上に石山本に最も良く一致していた。また六巻本『略出念誦法』訳者と『金剛頂経義訣』作者は同一と考えて良く、六巻本『略出念誦法』を新たに訳しながら、同時にその新訳経に対する註釈を作っていったということであろう。その訳者・作者は不空と考えることが妥当性の高いものと考える。

前回は石山寺本の祖本として成立した六巻本『略出念誦法』を改変して円仁将来本と東寺本が成立し、またこの同じ祖本を金剛智訳四巻本『略出念誦経』と校合しながら修正したものが石山寺本四巻『略出念誦法』であった可能性を推測した。もっとも円仁本は六巻全体が訳されており、それに対して石山本は円仁本の本文の一部を金剛智訳四巻本に入れ替えたもののように思われる。石山本の第四巻が金剛智訳四巻本と同じであることは、先に円仁本（六巻本）の全体が訳出され、それと金剛智訳四巻本を校合し、一部の本文を入れ替えながら石山本が作られていったと考える方が妥当性が高いように思われる。しかし必ずしも確定的なものではなく、他の可能性も考えうるものではあろう。今回は改めて円仁将来本と金剛智訳本とを比較しながら、円仁本（六巻本）と石山本との関係を考えてみたい。

三　六巻本の百八名讃

今回もまた円仁将来六巻本と東寺本、石山寺所蔵の四巻調巻『略出念誦法』、そして金剛智訳四巻本『略出念誦経』の百八名讃本文を比較して見てみたい。また合わせて不空訳三巻本『金剛頂一切如来真実摂大乗現証大教王経』（初会の金剛頂経の漢訳）の百八名讃も参考にしたい。

ここで円仁本の百八名讃は、金剛智訳四巻本と比較して分量が二倍近くになっていることに気づく。またその増広分は十六大菩薩出生段から取り込まれたものであろうことが指摘できる。また石山本は、百八名讃については金剛智訳四巻本に一致しており、しかしその前後は円仁本・東寺本と一致している。金剛智訳四巻本の百八名讃は、基本的に三巻本（初会の『金剛頂経』）に一致しており、逆に言えば六巻本のみが特異な本文になっているともいうことができる。したがって石山本は、その特異な本文を金剛智訳四巻本の本文と入れ替えることによって、当たり前の百八名讃へ修正したという見方が可能になる。

先ず金剛薩埵について円仁本では資料②【円仁】の如くであるが、偈前半の「我今敬禮諸如來　普賢金剛尊上首　執金剛威降三世　摩訶金剛大薩埵」については四巻本や三巻本ともほぼ対応しよう。ただしここに「威降三世」とある点には注意される。この語句がここに入った理由については直ちに明らかにできない。降三世明王は金剛頂経の明王（忿怒尊）であるが、その他の漢訳『金剛頂経』系儀軌類の百八名讃・十六大菩薩出生段には、管見の範囲、見られないようである。もっと広い範囲で見れば金剛薩埵と降三世明王との関係を示すテキストは探しうるであろうが、今はその指摘だけに止めておく。

また偈の後半の「普現月輪降心穢　五股金剛住佛掌　五峯光明遍世界　轉正法輪引衆生　寳冠繒綵授灌頂」が金剛薩埵出生段から取り込まれたものであることは、本文の比較から明らかであろう。勿論、十六大菩薩出生段の各菩薩の記事は長文であり、単純に要略したものという事はできないが、円仁本の金剛薩埵出生段の中に対応する語句を拾ってみると「普賢之心爲衆多月輪出現普浄一切衆生大菩提心已」「滿虚空界成五峯光明時於華光明中化一切如來金剛身語意所成五股跋折羅住佛掌」「跋折羅出種種色相光明遍照一切佛世界」「轉正法輪教化成就無量衆生」などの文言を見ることができる。しかし円仁本金剛薩埵出生段には「寶冠繒綵授灌頂」相当文が見られない。しかし金剛智訳四巻本や根本タントラの漢訳である三巻本には「爲彼普賢大菩薩應以一切如來轉輪位。故以一切如來身寶冠繒綵而灌頂之。既灌頂已而授與之。」または「一切如來轉輪王灌頂。以一切佛身寶冠繒綵。灌頂已。授與雙手。」などとあり、百八名讃の「寶冠繒綵授灌頂」の語も金剛薩埵出生段によるものと見られる。また石山本は「金剛薩埵現神通　執金剛威降三世　摩訶金剛大薩埵」とあり、円仁本の本文を残しながら、本来の百八名讃相当分のみとし、金剛薩埵出生段から取り込まれた部分を削除した形となっている。

次に金剛王菩薩について見ると、円仁本の「敬禮如來不空王　妙覺最上金剛鉤　金剛鉤身住佛掌　從鉤出現微塵佛　金剛請引入道場」の下線部が百八名讃によるものであるが、「妙覚最上金剛王」とあるべき「王」が「鉤」となっている。「身住佛掌」は出生段の「金剛鉤住佛掌中」、「爲作神變等佛事」は「一切如來作種種神變等事」、「金剛鉤授不空王」は「以金剛鉤授彼不空王大菩薩雙手」、「金剛鉤名授灌頂」は「以金剛鉤名號而與灌頂」にトレースできる。円仁本の金剛薩埵出生段に見られなかった灌頂の記述も金剛王出生段には見ることができる。金剛智訳四巻本の対応箇所は「以爲一切如來之大鉤。出已便即於世尊毗盧遮那掌中而住」「及一切佛神變作」「即於彼不空王大菩薩。如上於雙手而授之」「以金剛鉤召名號。而灌頂之」ということになろうが、語句的には円仁本の出生段本文に近い。

石山本は「我今敬禮如來不空王　妙覺最上金剛金剛王　金剛王金剛鉤金剛請引」とあり、一部に余分な語句があるが、ほぼ金剛智訳四巻本と一致し、円仁本とは異なったものとなっている。勿論、同じ『略出念誦経』の異本であるから、大凡の文は同じであるが、語句を詳細に見れば円仁本から金剛智訳本の本文へ変更されているといえよう。（以下、資料における三巻本の本文掲載は省略した）

金剛愛菩薩では、円仁本の「我今敬禮能調伏　摩羅諸欲華器仗　金剛弓身住佛掌　金剛箭現微塵佛　金剛愛染無怯畏　摩訶安樂喜悦敬

摩訶金剛壊雜染」の下線部が金剛智訳四巻本の百八名讃に一致する。夫々の語句に付けられた「華器仗」「住佛掌」は金剛愛出生段に見られる。「現微塵佛」は「從彼金剛箭出現一切世界微塵等如來身」の略抄であろう。「無怯畏」「喜悦敬」「壊雜染」については、全く一致するという訳ではないが内容的に相当するものは確認できよう。また「由至極殺得清淨」「金剛箭名受灌頂」は円仁本・金剛智訳本の金剛愛出生段のどちらとも近いが「故現染已能調伏」は円仁本が「能以染故　而調伏之」とあり、金剛智本四巻本が「染故能調伏」であって、語句的に見れば円仁本の出生段に近い。

一方で石山本はこれより以下の百八名讃において金剛智訳四巻本の本文に一致し、円仁本とは異なっている。

金剛喜菩薩では「敬禮金剛大善哉」「金剛歡喜」「摩訶悦喜」「歡喜王」「妙觀薩埵智上首」「金剛首」「金剛喜躍」については百八名讃によるものであろう。夫々の語句に付く「出魔境」「發心者」「音同讃美」については不明であるが「住佛掌」は円仁本出生段に「爲金剛歡喜體住佛雙手掌」と見られる。金剛智訳四巻本は「爲金剛歡喜體。住於雙手掌中」とあり「仏」が抜けている。その後の「從歡喜生微塵佛」は出生段の「從歡喜體中出一切世界微塵等如來身」であろうが「一塵佛身現無邊　滅惑必至金剛智」については不明。「若聞我名衆生喜」は偈頌に「若聞我名　常生歡喜」と見られ「踴躍善哉授灌頂」は「以金剛踴躍名號而與灌頂」とあって、やはり出生段にトレースできる。金剛智訳四巻本では「分別斷除　聞常歡喜」「爲金剛踊躍。以其金剛名而灌頂之」であり、円仁本に近い。

石山本は金剛智訳四巻本に全く一致している。

金剛宝菩薩は、円仁本の「我今敬禮金剛寶」「摩訶摩尼」「妙金剛」「義金剛」「金剛富饒」「金剛藏」「金剛虚空」は、順序の異なる所はあるが、金剛智訳四巻本の百八名讃にトレースできる。しかし「無價寶」「淨如瑠璃」「智能了性」「雨鬘瓔珞」は、そのままの表現の典拠は不明である。また「住佛掌」「示佛刹」は金剛宝菩薩出生段にその表現は見られないが、他の菩薩の出生段で確認できる。「虚空寶藏授灌頂」は出生段には「以金剛寶名號而與灌頂」とあり四巻本出生段には「以金剛宝蔵潅頂」とあるが、金剛宝菩薩が虚空蔵菩薩であることは出生段中に示されているので、これによるといって良い。「散寶成雲在空住」の句は実叉難陀訳八十巻『華厳経』「十地品」第七地冒頭の偈頌に見られるが「金剛寶香遍世界」についても直接の典拠は不明。全体として六巻本・四巻本の出生段にトレースできない表現が見られるが、虚空蔵菩薩の功徳との関係から考えれば理解できないものでは無い。漢訳資料だけではなく、還梵した原典探査を行えば何らかの典拠を見出すことができるかも知れないが、今その準備はない。

ここでも石山本は金剛智訳四巻本に一致している。

金剛光菩薩は円仁本の「敬禮金剛大威徳　超過微塵衆日威　天龍光明滅無餘　由如法王得自在　金剛日身住佛掌　最勝光明現佛剎　經書辭論悉明現　爾乃踰於心境界　金剛輝顯佛神力　摩訶威徳住三昧　摩訶光焔普明了　智輪清淨與佛會　金剛光淨遍三界　無垢威光授灌頂」も下線部が金剛智訳四巻本百八名讃にトレースできる。また「超過微塵衆日威」は出生段の「從金剛日中出一切世界微塵等如來身」が相当しよう。「金剛日身住佛掌」の句は出生段に見られ、「無垢威光授灌頂」は出生段に「以金剛光明名號而與灌頂」とある。これに対して「由如法王得自在」は八十巻『華厳経』「毗盧遮那品」第六の大威光菩薩の偈頌に「當如法王得自在」の句が見られ、「經書辭論悉明現」は『華厳経』「十地品」第七地に「経書詞論普明了」とあり、「爾乃踰於心境界」は同じ七地に「若住第八智地中　爾乃逾於心境界」見られる。その他についてはまだ確認できていない。

石山本は、ここでも金剛智訳四巻本と一致する。

金剛幢菩薩は、円仁本の「我今敬禮金剛幢　善利衆生檀波羅　金剛光威滅貧苦　善歡喜心能普護　無比幢身住佛掌　金剛寶幡現佛剎　寶幢雨鬘寶纓珞　大金剛寶千萬種　金剛寶杖起菩提　金剛表剎授灌頂」の下線部が百八名讃に一致する。「善利衆生檀波羅」の檀波羅は出生段に「彼金剛幢令一切如來於檀波羅蜜相應」また「即是檀度門」「一切如來檀波羅蜜智」とある。また「無比幢身住佛掌」は出生段に「金剛幢身住佛掌」とあり、「金剛寶幡現佛剎」は出生段の「從金剛幢中出一切世界微塵等如來身皆建立一切如來寶幢等事」に相当し「金剛表剎授灌頂」は出生段に「以金剛表剎名號與其灌頂」とある。ここには『華厳経』の本文は見られないようである。

石山本は金剛智訳四巻本に一致。

金剛笑菩薩は、円仁本の「我今敬禮金剛笑　金剛微笑諸含識　摩訶笑身住佛掌　摩訶希有現佛刹　樂生歡喜示供養　金剛受塗香供養　金剛歡喜同佛笑　金剛笑名授灌頂」の下線部が百八名讃に一致する。東寺本には欠字があるが、円仁本と同じと見られる。「摩訶笑身住佛掌」はそのままが出生段に見られ、「摩訶希有現佛刹」は「從金剛笑出一切世界微塵等如來身皆現一切如來希有神變遊戯等」が相当するであろう。「金剛笑名授灌頂」は「金剛笑授與常愛歡喜根大菩薩雙手是時一切如來共以金剛愛名號而與灌頂」から導かれる。

石山本は金剛智訳四巻本に一致。

以下阿弥陀・不空成就の各々の四親近菩薩に関する個別の比較は省略し、詳しくは資料の本文比較を参照していただきたいが、ほぼ同様の特徴を指摘できよう。

四　まとめ

これまでの所を再確認すると、円仁本の全体は金剛智訳四巻本と対応し、『略出念誦法』の完本ということができる。本文は四巻本と相違する点が多く、用語的にも、金剛智訳の「密語」や『金剛頂経義訣』の「真言」が「陀羅尼」となっている、或いは「三摩耶」が「三摩地」となっているなどの点が指摘されている。百八名讃は十六大菩薩出生段の内容を取り込んだ記述が見られ、その本文も円仁本の出生段本文が近く、金剛智訳四巻本や根本タントラの漢訳である三巻本とは語句的に相違するようである。また百八名讃における十六大菩薩出生段からの竄入は、円仁本・東寺本という六巻本独特のものと思われ、他の漢訳経軌類には検出できていない。また金剛宝・金剛光菩薩において、八十巻『華厳経』にトレースされる語句を見出せたが、それ以外の菩薩においては確認されない。これが漢訳『華厳経』から採られたか、原典に『華厳経』からの竄入があったのかは断言できないが、独自の字句の見られる所からすると、原典におけるものと考えたい。

それに対して石山本は、その本文の大部分が六巻本と一致していながら『金剛頂経義訣』引用部分や百八名讃などにおいて金剛智訳四巻本と一致する本文に修正（治定）されている。

全体を厳密に対照すれば、もっと多くの箇所が見られるであろうが、いままで見てきたところから考えられる可能性について指摘し、本稿の結論としたい。

即ち六巻本『略出念誦法』は、四巻本『略出念誦経』の原典とは異なった原典から別個に漢訳されたもので、広い意味では同本異訳であるが、原典の本文には相違があった可能性がある。その場合「三摩耶」と「三摩地」、「密語・真言」と「陀羅尼」といった用語の相違も原典によるものであることが考えられる。

石山寺本は、完成した漢訳六巻本と金剛智訳四巻本を対照しながら、六巻本の本文を修正（治定）したもので、その修正作業に並行しながら『金剛頂経義訣』が撰述された。その修正（治定）作業は、恐らく六巻本の原典を十全ではないと考えた訳者が、より正しい本文にしようとした（治定しようとした）ものでは無いかと想像する（具体的な根拠は上げ得ないが、用語の問題にしても。百八名讃の本文にしても、三巻本やその他の漢訳経軌からみておかしいと思われるところを修正しようとしているように思われる）。またその修正（治定）作業自体も試行錯誤しながらのものであったのではないか。石山本第四巻が金剛智訳第四巻のままであることは、この部分を完全に金剛智訳へ変更したという考え方もあり得ようが、必ずしもそうとばかりはいえないであろう。六巻本には金剛智訳にない品題が付けられており、その品題は（位置に問題は残るものの）石山本にも踏襲されている。第四巻が金剛智訳本のままであることは、その品題も存在しない訳で、これは石山本の修正（治定）作業が第三巻までで終り、第四巻部分が未着手であった（未完成であった）ことを示すものでは無いか。前報告でも述べたことであるが、経録に六巻本『略出念誦法』が著録されないのは、この修正（治定）作業が未完であったからでは無いか。既に空海が『金剛頂経義訣』を日本へ将来している以上、六巻本の訳出も、石山本作成に至る修正（治定）作業も、空海の入唐以前であったことが考えられる。とすればその漢訳・修正（治定）・註記（『金剛頂経義訣』の作成）といったことが、不空による、或いは不空の指揮下に行われた可能性があるのではないか。前報告同様に、具体的・直接的な証拠は提示し得ないし、多く憶測とも言うべきレベルに止まるものではあるが、現時点で考え得る可能性として、以上を結論としておきたい。

〈資料〉

六巻本『略出念誦法』円仁将来本・東寺所蔵本・石山寺所蔵本・金剛智訳四巻本対照

①百八名讚

【円仁】爾時世尊告言持誦修瑜伽者念誦畢已晨中午後初夜初夜半五更皆須讚誦此一百八異名時時皆不得闕若能常誦持誦所求果願速成就而誦讚曰

【東寺】爾時世尊告言持誦修瑜伽者念誦畢已晨中午後初夜初夜半五更皆須讚誦此一百八異名時時皆不得闕若能常誦持誦所求果願速得成就而誦讚曰

【石山】爾時世尊告言持誦修瑜伽者念誦畢已晨中午後初夜初夜半五更皆須讚誦此一百八異名時時皆不得闕若能常誦持誦所求果願速成就而誦讚曰

【四巻】次誦如上所説一百字密語。及以遏伽水而奉献之。次修習金剛薩埵大契。速疾誦最上一百八名一遍

【三巻】奉請婆伽梵一切如來主宰金剛薩埵　無始無終大持金剛。以此一百八讚而請

②金剛薩埵

【円仁】我今敬禮諸如來　普賢金剛尊上首　金剛薩埵現神通　執金剛威降三世　摩訶金剛大薩埵　普現月輪降心穢　五股金剛住佛掌　五峯光明遍世界　轉正法輪引衆生　寶冠繒綵授灌頂

【東寺】我今敬禮諸如來　普賢金剛等上首　金剛薩埵現神通　執金剛威降三世　摩訶金剛大薩埵　普現月輪降心穢　五股金剛住佛掌　五峯光明遍世界　轉正法輻引衆生　寶冠繒綵授灌頂

【石山】金剛薩埵現神通　執金剛威降三世　摩訶金剛大薩埵

【四巻】我今敬礼一切如来普賢　金剛上首金剛薩埵　執金剛　摩訶金剛薩埵

【三卷】金剛勇大心　　金剛諸如來　　普賢金剛初　　我禮金剛手
十六大菩薩出生

【円仁】普賢菩薩授寶冠繒綵金剛菩提心智灌頂品第七

爾時佛言入金剛界毗盧遮那佛持一切如來身以爲其體體入一切如來普賢摩訶菩提薩埵三摩地生攝一切薩埵加持金剛三摩地已從其心出一切如來大乘阿毗三摩地名一切如來心說此陀羅尼曰

跋折囉　薩埵

佛言說陀羅尼時以從一切如來發普賢之心爲衆多月輪出現普淨一切衆生大菩提心已於諸佛所周圍而住又於月輪中復出一切如來種種智跋折羅以令普賢行願住故金剛薩埵三摩地極堅牢故一切如來神力加持普賢以得入毗盧遮那佛心合同一體性又從心出滿虛空界成五峯光明時於華光明中化一切如來金剛身語意所成五股跋折羅住佛掌中復從跋折羅出種種色相光明遍照一切佛世界於光明峯中出現一切世界微塵等如來身遍周法界滿虛空中量等雲海現一切如來大圓鏡智性種種神變及現成等正覺能令一切衆生發菩提之心能令衆生成就普賢無量行願能令衆生奉事一切如來眷屬能令衆生向大菩提場復次以能摧伏一切諸魔眷屬速悟一切大圓鏡智性證大菩提轉正法輪教化成就無量衆生令入如來神通最上悉地既示現已爲普賢故金剛薩埵住三摩地極堅牢故合一體相爲普賢摩訶菩提薩埵身住毗盧遮那佛心已說此嗢陀喃曰

奇哉希有　我是普賢　堅固薩埵　自然出現　雖離身相　自性清淨
爲堅牢故　現薩埵身

【四卷】爾時金剛界如來。以持一切如來身以爲同體。一切如來普賢摩訶菩提薩埵三摩耶所生。名攝一切薩埵。名金剛加持三摩地入已此一切如來大乘阿毗三摩耶心。名一切如來心。從自身心而出即說密語曰

跋折囉　薩埵

纔說此密語時。從一切如來心。即是彼世尊。以爲普賢月輪。出以淨治一切衆生摩訶菩提心已。各住於一切如來方面。於彼諸月輪中。而出一切如來。金剛智已。皆入毗盧遮那如來心中。以其普賢故及堅牢故。從金剛薩埵三摩地中以一切如來神力。以爲同一密體。遍滿虛空界量。具足光明以爲五頂。以一切如來金剛身口意所成五股跋折囉。即成就已。又從一切如來心出。置於右掌中。爾時復從跋折囉。出種種色相。光明照曜遍滿一切世界。又想於諸光明峯上。一切世界微塵等如來出現。既出現已。盡

遍法界滿虛空中。及一切世界周流海雲。於一切如來平等性智神通。現成等正覺。能令發一切如來大菩提心。成就普賢種種行相。亦能奉事一切如來。眷屬能令趣向大菩提場。復能摧伏一切諸魔。悟一切平等性。證大菩提轉正法輪。乃至救護一切世界衆生。成就一切如來神通智最上悉地等。現一切如來神變已。爲普賢故。復爲金剛薩埵三摩地極堅牢故。同一密體。成普賢大菩薩身已。住於毗盧遮那佛心。而高聲唱是言奇哉曰

我是普賢　堅固薩埵　雖非身相　自然出現　以堅牢固　爲薩埵身

爾時普賢大菩薩身。從佛心出已。於一切如來前。依於月輪復請教示。爾時世尊毗盧遮那。入一切如來智三摩耶金剛三摩地已。現一切如來尸羅三摩地。慧解脱知見。轉正法輪展轉利益衆生。大方便力精進大智三摩耶。盡遍一切衆生界。救護一切。爲自在主。一切安樂悦意受用故。乃至一切如來平等性智神通摩訶衍那。阿毗三摩耶。剋果成就最上悉地故。一切如來以此悉地跋折囉。爲彼普賢大菩薩應以一切如來轉輪位。故以一切如來身寶冠繒綵而灌頂之。既灌頂已而授與之。爾時諸如來。以彼執金剛之名灌頂故。便號爲執金剛。是時執金剛菩薩。屈其左臂現威猛力士相。右手執跋折囉。向外抽擲弄而執之。高聲作是言曰

此跋折囉　是諸如來　無上悉地　我是金剛　授與我手　以我金剛執持金剛

此是金剛薩埵三摩地一切如來菩提心智第一

【三卷】即入一切如來普賢摩訶菩提薩埵三昧耶。出生薩埵加持金剛三摩地。一切如來大乘現證三昧耶。名一切如來心。從自心出

嚩日羅二合薩怛嚩二合下同

纔出一切如來心。即彼婆伽梵普賢。爲衆多月輪。普淨一切有情大菩提心。於諸佛所。周圍而住。從彼衆多月輪。出一切如來智金剛。即入婆伽梵毗盧遮那如來心。由普賢堅牢故。從金剛薩埵三摩地。由一切如來加持。合爲一體。量盡虛空。遍滿成五峯光明。一切如來身口心。出生金剛形。從一切如來心出。住佛掌中。復從金剛。出金剛形種種色相。舒遍照曜一切世界。從彼金剛光明門。出一切世界微塵等如來身。遍周法界。究竟一切虛空。遍一切世界雲海。遍證一切如來平等智神境通。發一切如來大菩提心。成辨普賢種種行。承事一切如來。往詣大菩提場。摧諸魔軍。證成一切如來平等大菩提。轉正法輪。乃至拔濟一切。利益安樂盡無餘有情界。成就一切如來智最勝神境通悉地等。示現一切如來神通遊戲普賢

故。金剛薩埵三摩地。妙堅牢故。聚爲一體。生普賢摩訶菩提薩埵身。住世尊毗盧遮那佛心。而説嗢陀南

奇哉我普賢　堅薩埵自然　從堅固無身　獲得薩埵身

時普賢大菩提薩埵身。從世尊心下。一切如來前。依月輪而住。復請教令。時婆伽梵。入一切如來智三昧耶。名金剛三摩地。受用一切如來戒定慧解脱解脱知見。轉正法輪。利益有情大方便力。精進大智三昧耶。無盡無餘拔濟有情界。一切主宰。安樂悦意故。乃至得一切如來平等智。神境通。無上大乘現證。最勝悉地果故。一切如來成就金剛。授與彼普賢摩訶菩提薩埵。一切如來轉輪王灌頂。以一切佛身寶冠繒綵。灌頂已。授與雙手。則一切如來。以金剛名。號金剛手。金剛手灌頂時。金剛手菩薩摩訶薩。左慢右舞。弄跋折羅。則彼金剛安自心。持增進勢。説此嗢陀南

此是一切佛　成金剛無上　授與我手掌　金剛加金剛

③金剛王

【円仁】敬禮如來不空王　妙覺最上金剛鉤　金剛鉤身住佛掌　從鉤出現微塵佛　金剛請引入道場　爲作神變等佛事　金剛鉤授不空王　金剛鉤名授灌頂

【東寺】敬禮如來不空王　妙覺最上金剛鉤　金剛鉤身住佛掌　從鉤出現微塵佛　金剛請引入道場　爲作神變等佛事　金剛鉤授不空王　金剛鉤名授灌頂

【石山】我今敬禮如來不空王　妙覺最上金剛金剛王　金剛王金剛鈎金剛請引

【四巻】我今敬礼如来不空王　妙覚最上金剛王　金剛鈎金剛請引

【三巻】金剛王妙覺　金剛鉤如來　不空王金剛　我禮金剛召

十六大菩薩出生

【円仁】不空王大菩薩授金剛鉤召智集一切如來灌頂品第八

爾時世尊毗盧遮那復入不空王大菩薩三摩地所生加持薩埵金剛三摩地已從其心出口召請一切如來三摩地名一切如來心説陀羅尼

跋折囉囉闍

説陀羅尼時從一切如來心即彼薄伽梵執金剛爲一切如來衆多大鉤身出已還同一體入毗盧遮那心爲金剛鉤住佛掌中復從鉤中出現一切世界微塵等如來身召請一切如來作種種神變等事已由不空王大菩薩故及金剛薩埵三摩

地極堅牢故還一體相爲不空王大菩薩身住於毗盧遮那佛心説此嗢陀喃曰

奇哉甚希有　我是不空王　從彼金剛出　現爲大鉤者　能遍一切處召請諸如來

時彼不空王菩薩從佛心出依諸如來右邊月輪中住而請教示

爾時世尊入一切如來鉤召金剛三摩地已爲一切如來鉤召三摩地盡衆生界攝召一切如來爲一切安樂歡喜悦意受用故乃至爲得一切如來三摩地智所持增上悉地故以金剛鉤授彼不空王大菩薩雙手爾時一切如來復以金剛鉤名號而與灌頂時金剛鉤菩薩以彼金剛鉤召請一切如來已説此嗢陀南曰

我是諸如來　無上金剛智　成就諸佛事　最上鉤召者

此是不空王大菩薩三摩地一切如來鉤召智第二

【四卷】爾時世尊毗盧遮那。復入不空王大菩薩三摩耶。出生加持薩埵金剛三摩地已。從自心而出召請一切如來三摩耶。名一切如來心。即説呪曰

拔折囉　囉穰而伽反上

纔説此密語時。於一切如來心中。則彼執金剛菩薩。以爲一切如來之大鉤。出已便即於世尊毗盧遮那掌中而住。爾時從彼大鉤身中。出現一切世界微塵等如來。既出現已。鉤召請入一切如來等事。及一切佛神變作已。由不空王故。及由金剛薩埵堅牢故。同一密合。以爲不空王大菩薩身。成就已。住於世尊毗盧遮那佛心。而高聲唱言奇哉曰

我是不空王　從彼金剛生　以爲大鉤召　諸佛成就故　能遍一切處鉤召諸如來

時彼不空王菩薩。從佛心出已。便依於諸如來右邊月輪復請教示

爾時世尊。入一切如來鉤召金剛三摩耶三摩地已。爲一切如來鉤召三摩耶。盡遍衆生界。一切攝召。一切如來爲一切安樂悦意受用故。乃至爲得一切如來三摩耶智所持。增上悉地成就故。即於彼不空王大菩薩。如上於雙手而授之。爾時一切如來。以金剛鉤召名號。而灌頂之。是時金剛鉤召菩薩。以彼金剛鉤鉤召一切如來已。而高聲唱言曰

我是諸如來　無上金剛智　能成就佛事　最上鉤召者

此是不空王大菩薩三摩耶一切如來鉤召智第二

【三卷】爾時世尊。復入不空王大菩薩三昧耶。所生薩埵加持。名金剛三摩地。名一切如來鉤召三昧耶一切如來心。從自心出

嚩日囉二合邏引惹

從一切如來心。纔出已。則彼婆伽梵金剛手。爲一切如來大鉤。出已。入世尊毗盧遮那心。聚爲一體。生金剛大鉤形。住佛掌中。從金剛大鉤形。出現一切世界微塵等如來身。召請一切如來等。作一切佛神通遊戲。妙不空王故。金剛薩埵三摩地極堅牢故。聚爲一體。生不空王大菩薩身。住毗盧遮那佛心。説此嗢陀南

奇哉不空王　金剛所生鉤　由遍一切佛　爲成就鉤召

時不空王大菩薩身。從佛心下。依一切如來右月輪而住。復請教令。時婆伽梵。入一切如來鉤召三昧耶。名金剛三摩地。受一切如來鉤召三昧耶。盡無餘有情界。一切鉤召。一切安樂。悦意故。乃至一切如來集會加持。最勝悉地故。則彼金剛鉤。授與不空王大菩薩雙手。一切如來以金剛名。號金剛鉤召。金剛鉤召灌頂時。金剛鉤召菩薩摩訶薩。以金剛鉤。鉤召一切如來。説此嗢陀南

此是一切佛　無上金剛智　成諸佛利益　最上能鉤召

④金剛愛

【円仁】我今敬禮能調伏　摩羅諸欲華器仗　金剛弓身住佛掌　金剛箭現微塵佛　金剛愛染無怯畏　摩訶安樂喜悦敬　摩訶金剛壞雜染　由至極殺得清淨　故現染已能調伏　金剛箭名受灌頂

【東寺】我今敬禮能調伏　摩羅諸欲華器仗　金剛弓身住佛掌　金剛箭現微塵佛　金剛愛染無怯畏　摩訶歓樂喜悦愛　摩訶金剛懷雜染　由至極殺得清淨　故現染已能調伏　金剛箭名授灌頂

【石山】我今敬礼能調伏　魔羅諸欲　金剛愛染　摩訶安楽　金剛弓　金剛箭　摩訶金剛

【四巻】我今敬礼能調伏者　魔羅諸欲　金剛愛染　摩訶安楽　金剛弓　金剛箭摩訶金剛

【三巻】金剛染大樂　金剛箭能伏　魔欲大金剛　我禮金剛弓

十六大菩薩出生

【円仁】摩羅大菩薩授金剛華器仗智灌頂品第九

爾時世尊復入摩羅大菩薩三摩地出生加持薩埵金剛三摩地已從其心出一切如來奉事三摩地名一切如來心説此陀羅尼曰

跋折囉　囉伽

説陀羅尼時從一切如來心即彼薄伽梵執金剛爲一切如來華器仗出已還

同一體性入毗盧遮那佛心爲金剛弓箭身出住佛掌又從彼金剛箭出現一切世界微塵等如來身作一切如來神變佛事已由至極殺故住於金剛薩埵三摩地已極堅牢故合同一體性爲摩羅大菩薩身已住於毗盧遮那佛心説此嗢陀南曰

我實希有　自性清淨　以愛染故　奉事如來　雖有離染　得清淨者能以染故而調伏之

爾時摩羅大菩薩從佛心出依一切如來左邊月輪中住復請教示

爾時世尊入一切如來愛染奉事加持金剛三摩地已爲一切如來摩蘭拏金剛三摩地盡衆生界喜愛一切安樂悦意受用故乃至獲一切如來摩羅業最勝悉地果故授彼金剛弓箭與摩羅大菩薩双手已是時一切如來以金剛弓箭與其灌頂時金剛弓菩薩摩訶薩以其金剛箭殺一切如來時説此嗢陀南曰

此是諸佛　無垢染智　能以染愛　害離染者　悉能受與　一切安樂

此是金剛弓大菩薩三摩地奉事一切如來智第三

【四卷】爾時世尊。復入摩羅大菩薩三摩耶。出生加持薩埵金剛三摩地已。即從己身。出一切如來奉事三摩耶。名一切如來心。即説密語

跋折囉　囉伽

纔説此呪時。從一切如來心中。即彼世尊執金剛。以爲一切如來花器仗。既出已同一密體。入於世尊毗盧遮那佛心中。於彼便以爲金剛弓箭身。而住於掌中。即從彼金剛箭身。一切世界微塵等如來身出現已。爲作一切如來奉事等。及一切如來神變。作已由至極殺故。復由金剛薩埵三摩地極堅牢故。同一密合。以爲成就摩羅大菩薩身已。即住於世尊毗盧遮那佛心中。住已而高聲唱是言奇哉曰

我自性清淨　能以染愛事　奉事於如來　以離染清淨　染故能調伏

爾時彼摩羅大菩薩身。即從毗盧遮那佛心而下。於一切如來左邊月輪中。而住已復請教示

爾時世尊。入一切如來愛染奉事三摩地加持金剛。既入定已。一切如來摩蘭拏金剛三摩耶。盡遍衆生界喜愛。一切安樂悦意受用。乃至一切如來摩羅業最勝悉地獲果故。彼金剛箭爲彼摩羅大菩薩。如上雙手而授之。是時一切如來。皆號彼爲金剛弓。以金剛弓名而灌頂之。爾時金剛弓菩薩摩訶薩。以其金剛箭殺一切如來時。即以高聲唱如是言曰

此是一切佛　離垢愛染智　以染害離染　一切受安樂

此是金剛弓大菩薩三摩地奉事一切如來智第三

【三卷】爾時婆伽梵。復入摩羅大菩薩三昧耶。出生加持。名金剛三

摩地。一切如來隨染三昧耶。名一切如來心。從自心出

嚩日囉二合　邏哦

從一切如來心。纔出已。即彼婆伽梵持金剛。爲一切如來花器仗。出已。入世尊毗盧遮那佛心。聚爲一體。生大金剛箭形。住佛掌中。從彼金剛箭形。出一切世界微塵等如來身。作一切如來隨染等。作一切佛神通遊戲極殺故。金剛薩埵三摩地。極堅牢故。聚爲一體。生摩羅大菩薩身。住世尊毗盧遮那佛心。説此嗢陀南

奇哉自性淨　隨染欲自然　離欲清淨故　以染而調伏

時彼摩羅大菩薩身。從世尊心下。依一切如來左月輪而住。復請教令。時世尊。入一切如來隨染加持。名金剛三摩地。受一切如來能殺三昧耶。盡無餘有情界。隨一切。安樂悦意故。乃至得一切如來摩羅業最勝悉地果故。則彼金剛箭。授與摩羅大菩薩雙手。則一切如來。以金剛名。號金剛弓。金剛弓灌頂時。金剛弓菩薩摩訶薩。以金剛箭。殺一切如來。説此嗢陀南

此是一切佛　染智無瑕穢　以染害厭離　能施諸安樂

⑤金剛喜

【円仁】敬禮金剛大善哉　金剛歡喜出魔境　摩訶悦喜發心者　歡喜王音同讃美　妙觀薩埵智上首　金剛首中最尊上　金剛喜躍住佛掌　從歡喜生微塵佛　一塵佛身現無邊　滅惑必至金剛智　若聞我名衆生喜　踴躍善哉授灌頂

【東寺】敬禮金剛大善哉　金剛歡喜出魔境　摩訶悦喜發心者　歡喜王音同讃美　妙觀薩埵智上首　金剛首中置尊上　金剛喜躍住佛掌　從歡喜生微塵佛　一塵佛身現無邊　滅惑必至金剛智　若聞我名衆生喜　踴躍善哉授灌頂

【石山】我今敬礼金剛善哉　金剛歓喜　摩訶悦意歓喜王　妙薩埵上首　金剛首　金剛喜躍

【四巻】我今敬礼金剛善哉　金剛歓喜　摩訶悦意歓喜王　妙薩埵上首　金剛首　金剛喜躍

【三巻】金剛善薩埵　金剛戯大適　歡喜王金剛　我禮金剛喜

十六大菩薩出生

【円仁】歡喜王大菩薩授金剛善哉智灌頂品第十

爾時世尊復入歡喜王大菩薩三摩地所生薩埵加持金剛三摩地已從其心出一切如來歡喜善哉名一切如來心說此陀羅尼曰

跋折囉　娑度

說陀羅尼時從一切如來心即彼薄伽梵執金剛以爲一切如來善哉相出已同一體性入毗盧遮那佛心爲金剛歡喜體住佛雙手掌中又從歡喜體中出一切世界微塵等如來身作一切如來善哉及神變等事已以極歡喜故金剛薩埵三摩地已極堅牢故合一體相爲歡喜王大菩薩身住於毗盧遮那佛心說此嗢陀南曰

我今奇哉　實爲希有　諸佛所歎　最勝善哉

雖離無相　無分別者　若聞我名　常生歡喜

爾時歡喜王菩薩從佛心出於諸如來背後月輪中住復請教示

爾時世尊入一切如來歡喜金剛三摩地已現一切如來無上極歡喜智三摩地爲盡衆生界一切歡喜安樂悅意受用故乃至獲一切如來無上踴躍最勝味悉地果故以金剛歡喜受彼歡喜王大菩薩雙手中

爾時一切如來皆以金剛踴躍名號而與灌頂時金剛踴躍菩薩以其金剛歡喜悅相以善哉聲令一切佛歡喜已說此嗢陀南曰

此是諸佛　殊妙金剛　能作歡喜　增善哉者

此是金剛踴躍摩訶薩三摩地一切如來作善哉智第四

已上四菩薩竝是金剛部東方阿閦佛大圓鏡智眷屬都號爲一切如來摩訶金剛三摩地薩埵

【四卷】爾時世尊復入歡喜王摩訶薩埵三摩耶。所生薩埵加持金剛三摩地已。從自身心而出一切如來歡喜。名一切如來心即說密語

跋折囉　娑度

纔說此呪時。從一切如來心。即彼執金剛以爲一切如來善哉想已。同一密合。便入毗盧遮那如來心。既入心已。而爲金剛歡喜體。住於雙手掌中。爾時從彼金剛歡喜體中。出現一切世界微塵數等如來身。既出現已。作一切如來善哉等事。一切如來神變已作。以極歡悅故。復以金剛薩埵三摩地。極堅牢故。同一密合。便成歡喜王摩訶薩身。住於毗盧遮那如來心。而高聲唱如是言奇哉曰

我是最勝　一切智者　所共稱說　若諸妄想　分別斷除　聞常歡喜

爾時歡喜王摩訶薩身。從佛心下。於諸如來背後月輪中住復請教示

爾時世尊入一切如來歡喜金剛三摩地已。一切如來無上極歡喜智三摩耶爲盡遍衆生界。一切歡喜一切安樂悅意受用故。乃至一切如來無上踊

躍。獲最勝味悉地果故。其金剛歡悦。爲彼歡喜王摩訶菩提薩埵。如上授與雙手爾時一切如來皆號之。爲金剛踊躍。以其金剛名而灌頂之。于時金剛踊躍菩薩摩訶薩。以其金剛歡悦相。以善哉聲令諸佛歡喜已。高聲作如是言曰

此是諸佛等　善哉能轉者　此殊妙金剛　能增益歡喜

此是金剛踊躍摩訶薩三摩耶一切如來作善哉智第四

以上四菩薩。並是金剛部中阿閦佛眷屬。都號爲一切如來摩訶三摩耶薩埵

【三巻】爾時婆伽梵。復入極喜王大菩薩三昧耶。所生薩埵加持。名金剛三摩地。一切如來極喜三昧耶。名一切如來心。從自心出

嚩日囉二合　娑度

從一切如來心。纔出已。則彼婆伽梵持金剛。爲一切如來善哉相。入世尊毗盧遮那佛心。聚爲一體。生大歡喜形。住佛掌中。從彼歡喜形。出一切世界微塵等如來身。作一切如來善哉相。作一切佛神通遊戲極喜故。金剛薩埵三摩地。極堅牢故。聚爲一體。生歡喜王大菩薩身。住世尊毗盧遮那佛心。説此嗢陀南

奇哉我善哉諸一切勝智　所離分別者　能生究竟喜

時歡喜王大菩薩身。從世尊心下。依一切如來後月輪而住。復請教令。時世尊入一切如來等喜加持。名金剛三摩地。已受一切如來等喜一切安樂悦意故。乃至得一切如來無等喜一切安樂悦意故乃至得一切如來無上喜味最勝悉地果故。則彼金剛喜。授彼歡喜王大菩薩摩訶薩雙手。則一切如來。以金剛名。號金剛喜。金剛喜灌頂時。金剛喜菩薩摩訶薩。以金剛喜善哉相。歡悦一切如來。説此嗢陀南

此是一切佛　能轉善哉相　作諸喜金剛　妙喜令增長

大菩提心。一切如來鉤召三昧耶。一切如來隨染智。大歡喜。如是。一切如來大三昧耶薩埵

⑥金剛宝

【円仁】我今敬禮金剛寶　摩訶摩尼無價寶　妙金剛淨如瑠璃　義金剛智能了性　金剛富饒住佛掌　金剛藏雨鬘瓔珞　金剛虛空示佛刹　金剛寶香遍世界　散寶成雲在空住　虛空寶藏授灌頂

【東寺】我今敬禮金剛寶　摩訶摩尼無價寶　妙金剛淨如瑠璃　義金

剛智能了性　金剛富饒住佛掌　金剛藏雨鬘瓔珞　金剛虚空示佛刹　金剛寶香遍世界　散寶成雲在空住　虚空藏寶授灌頂

【石山】我今敬礼金剛宝妙金剛義金剛金剛虚空摩訶摩尼虚空蔵金剛富饒金剛蔵

【四巻】我今敬礼金剛宝　妙金剛　義金剛　金剛虚空　摩訶摩尼　虚空蔵　金剛富饒金剛蔵

【三卷】金剛寶金剛　金剛空大寶　寶藏金剛峯　我禮金剛藏

十六大菩薩出生

【円仁】虚空藏大菩薩授金剛七寶灌頂智品第十一

爾時世尊復入虚空藏摩訶菩提薩埵三摩地所生寶加持金剛三摩地已從其心出一切如來灌頂三摩地名一切如來心説此陀羅尼曰

跋折囉　囉怛娜

説陀羅尼時從一切如來心即彼薄伽梵執金剛出現平等性智遍滿虚空由善決了故金剛薩埵三摩地極堅牢故同一體性以爲光明遍滿虚空界普皆照曜爾時以諸如來加持力故彼光明界悉入毗盧遮那佛心爲遍世界滿虚空等量大金剛寶所成身安住如來掌中復從金剛寶中出一切世界微塵等如來身於諸世間作一切如來灌頂等事及諸神變已盡以世界藏善出生故金剛薩埵三摩地堅牢故還爲一體爲虚空藏大菩薩身住於毗盧遮那佛心説此嗢陀南曰

我能爲灌頂　無上金剛寶　雖無住著者　然爲三界主

時彼虚空藏菩薩從佛心出於一切如來前依於月輪中住復請教示

爾時世尊入大摩尼寶金剛三摩地已現一切如來有所樂求皆令圓滿三摩地盡衆生界令得一切利益安樂悦意受用故乃至得一切如來事最上悉地故授彼金剛摩尼與虚空藏菩薩雙手令彼菩薩得金剛寶故以金剛寶英灌菩薩頂是時一切如來共以金剛寶名號而與灌頂爾時金剛寶摩訶菩提薩□摧? 金剛摩尼於已灌頂処置已説此嗢陀南曰

此是諸佛有　能灌衆生頂　我從佛手受　能授諸衆生　以我金剛寶　還用寶莊嚴

此是寶生如來部金剛寶大菩薩三摩地一切如來灌頂寶智第一

【四巻】爾時世尊復次従虚空蔵心。出現摩訶菩提薩埵三摩耶。所生宝加持金剛三摩地已。此一切如来潅頂三摩耶。名一切如来心。従自心而出即説密語

跋折羅　阿羅怛那二合

纔出此呪時。従一切如来心中遍満虚空。平等性智善決了故。金剛薩埵三摩地及堅牢故。同一密合。即彼執金剛以為流出光明。尽遍虚空。猶彼尽遍虚空光明照曜故。以尽遍為虚空界。爾時以諸仏加持力。一切虚空界。悉入世尊毗盧遮那心中。善修習故。金剛薩埵三摩地。以為遍虚空蔵。周流一切世界等量。摩訶金剛宝所成身。安住如来掌中。是時従彼大金剛宝身中。出現一切世界微塵等已。而作一切如来潅頂等事。一切如来神変。於一切世間作已。以尽遍世界蔵善出生故。以金剛薩埵三摩地極堅牢故。同一密合。成就虚空蔵大菩薩。既成就已。住於毗盧遮那心。而高声唱如是言奇哉曰

我是自潅頂　金剛宝無上　雖無住著者　然為三界主

時彼虚空蔵摩訶菩提薩埵。従毗盧遮那仏心下。向一切如来前。依於月輪復請教示

爾時世尊入大摩尼宝金剛三摩地已。一切如来有所楽求皆令円満三摩耶。尽遍衆生界。為得一切利益故。一切安楽悦意受用故。乃至得一切如来事成就最上悉地故。此金剛摩尼。為彼虚空蔵大菩提薩埵。以為金剛宝転輪故。又以金剛宝蔵潅頂。既潅頂已而双手授之。是時一切如来以潅頂之号名金剛蔵。爾時金剛蔵摩訶菩提薩埵。将彼金剛摩尼。於已潅頂処置已。而高声作是言曰

此諸如来許　能潅衆生頂　我是手授者　及授与我者　以宝而飾宝

此是宝生如来部金剛蔵大菩薩三摩地一切如来潅頂宝智第一

⑦金剛光

【円仁】敬禮金剛大威徳　超過微塵衆日威　天龍光明滅無餘　由如法王得自在　金剛日身住佛掌　最勝光明現佛刹　經書辭論悉明現　爾乃踰於心境界　金剛輝顯佛神力　摩訶威徳住三昧　摩訶光焔普明了　智輪清浄與佛會　金剛光浄遍三界　無垢威光授灌頂

【東寺】敬禮金剛大威徳　超過微塵衆日威　天龍光明滅無餘　由如法王得自在　金剛日身住佛掌　最勝光明現佛刹　經書辭論悉明現　爾乃踰於心境界　金剛輝顯佛神力　摩訶威徳住三昧　摩訶光焔普明了　智輪清浄與佛會　金剛光浄遍三界　無垢威光授灌頂

【石山】我今敬礼金剛威徳金剛日最勝光摩訶光焔金剛躍（耀カ）摩訶威光　金剛光

【四卷】我今敬礼金剛威德　金剛日最勝光摩訶光焔金剛輝　摩訶威德　金剛光

【三卷】眞剛威大炎　金剛日佛光　金剛光大威　我禮金剛光

十六大菩薩出生

【円仁】大威光大菩薩授金剛日輪智灌頂品第十二

爾時世尊復入大威光摩訶菩提薩埵三摩地所生加持金剛三摩地已從其心出一切如來光明三摩地名一切如來心說此陀羅尼曰

跋折囉　帝闍

說陀羅尼時從一切如來心即彼薄伽梵執金剛爲衆多大日輪出已還同一體入毗盧遮那佛心成金剛日身住掌中又從金剛日中出一切世界微塵等如來身皆放一切光明現種種神變等事已以極大威光故金剛薩埵三摩地極堅牢故合一體相爲大威光摩尼菩提薩埵身住於毗盧遮那佛心說此嗢陀南曰

無比妙威光　普照衆生界　能淨諸佛故　是名淨中淨

爾時無垢威光大菩薩從佛心出依於右邊月輪中住而請教示

爾時世尊入一切如來圓光加持金剛三摩地已現一切如來光明三摩地無比威光盡衆生界爲悅意受用故乃至得一切如來光明最上成就故持金剛日授彼大威光大菩薩雙手是時一切如來共以金剛光明名號而與灌頂時金剛光明大菩薩以其金剛曰照曜一切如來已說此嗢陀南曰

此諸佛所生　能滅無智闇　設聚微塵日　超越於彼光

此是金剛光明大菩薩三摩地一切如來圓光智第二

【四卷】爾時世尊。復入大威光摩訶薩埵三摩耶。所生宝加持金剛三摩地已。彼自出一切如来光明三摩耶。名一切如来心。從自身心而出此密語

跋折羅　帝壤

纔出此密語時。從一切如来心。即彼薄伽梵執金剛以為大日輪。同一密合。入於毗盧遮那仏心。便成金剛日身。住於如来掌中。於時即從彼金剛日身中。出現一切世界微塵等如来身。出已放一切如来光明等事。一切如来神変作已。以極大威光故。金剛薩埵三摩地摩訶菩提薩埵身成就已。住於毗盧遮那心。而高声唱是言奇哉曰

無比大威光　能照衆生界　令諸仏依護　雖復浄即是　浄中能復浄

時無垢威光摩訶菩提薩埵身。從仏心下已。即依於如来右辺月輪中住復請教示

爾時世尊。入一切如来以円光加持金剛三摩地已。一切如来光明三摩耶。尽遍衆生界無比威光。為一切安楽悦意受用故。乃至一切如来自身光明。為最上悉地成就故。将彼金剛日。与彼大威光摩訶菩提薩埵。於双手而授之。是時一切如来。共号為金剛光明。以金剛名而潅頂之。爾時金剛照曜菩薩摩訶薩。以其金剛日照曜一切如来已。而高声唱是言曰

此是諸仏智　除滅無智闇　以微塵等量　超越於日光

此是金剛光明大菩薩三摩地一切如来円光智第二

⑧金剛幢

【円仁】我今敬禮金剛幢　善利衆生檀波羅　金剛光威滅貧苦　善歡喜心能普護　無比幢身住佛掌　金剛寶幡現佛刹　寶幢雨鬘寶纓珞　大金剛寶千萬種　金剛寶杖起菩提　金剛表刹授灌頂

【東寺】我今敬禮金剛幢　善利衆生檀波羅　金剛光威滅貧苦　善歡喜心能普護　無比幢身住佛掌　金剛寶幡見佛刹　寶幢雨鬘寶纓珞　大金剛寶千萬種　金剛寶杖起菩提　金剛表刹授灌頂

【石山】我今敬礼金剛幢善利衆生金剛光善歓喜宝幢大金剛金剛宝仗

【四巻】我今敬礼金剛幢　善利衆生金剛光善歓喜宝幢大金剛金剛宝仗

【三巻】金剛幢善利　金剛幡妙喜　寶幢大金剛　我禮金剛刹

十六大菩薩出生

【円仁】寶幢大菩薩授如意滿願幢灌頂智品第十三

爾時世尊復入寶幢大菩薩三摩地所生寶加持金剛三摩地已從其心出能滿足一切如來所求三摩地名一切如來心説此陀羅尼曰

跛折羅　計都

説陀羅尼時從一切如來即彼薄伽梵執金剛以爲種種殊妙雜色形狀嚴具幢幡出已還同一體入毗盧遮那佛心成金剛幢身住佛掌中復從金剛幢中出一切世界微塵等如來身皆建立一切如來寶幢等事作一切如來神變已以大寶幢故金剛薩埵三摩地極堅牢故合一體相爲寶幢摩訶菩提薩□即住於毗盧遮那佛心説此嗢陀南曰

此無比量幢　能利益一切　有求悉地者　我能滿其願

爾時寶幢菩薩從佛心出依一切如來左邊月輪中住而請教示

爾時世尊入一切如來廻立加持金剛三摩地已能廻立一切如來思惟王摩

尼幢三摩地爲盡衆生界滿一切希求安樂悦意受用故乃至得一切如來大利益最上悉地果故持彼金剛幢授彼寶幢菩薩雙手是時一切如來共以金剛表刹名號與其灌頂時金剛表刹菩薩摩訶薩以彼金剛幢令一切如來於檀波羅蜜相應已説此嗢陀南曰

諸佛如意幢　能滿衆生願　者皆滿足　即是檀度門

此是金剛幢菩薩三摩地一切如來檀波羅蜜智第三

【四卷】爾時世尊。復入宝幢菩薩三摩耶。所生宝加持金剛三摩地已。能満足一切如来所求三摩耶。名一切如来之心。従自心而出即説密語

跋折羅　計都

纔出此密語時。従一切如来心。即彼薄伽梵執金剛。以種種殊妙雑色厳具以為宝幢。出已同一密合。入於毗盧遮那心。便成金剛幢身。既成就已而安住於仏掌中。爾時従金剛幢身中。出一切世界微塵等如来身。出已。而建立一切如来宝幢等事。作一切如来神変已。以大宝幢故。金剛薩埵三摩地極堅牢故。同一密合。以為摩訶菩提薩埵身。即住於毗盧遮那世尊心中。而高声唱是言奇哉曰

無比量幢　我能授与　一切利益　満足悉地　一切所求　一切能満

時彼宝幢摩訶菩提薩埵。従仏心下已。依於諸如来左辺月輪中住復請教示

爾時世尊。入一切如来建立加持金剛三摩地已。能建立一切如来思惟三摩尼幢三摩耶。為尽遍衆生界。能円満一切希求。一切安楽悦意受用故。乃至獲得一切如来大利益最上悉地果故。彼宝幢如上授与双手掌中。是時一切如来以金剛表刹而名号之。復以金剛名号而潅頂之。爾時金剛表刹菩薩摩訶薩。以彼金剛幢。令一切如来。於檀波羅蜜相応。而高声唱是言

此是諸如来　希求能円満　名為如意幢　檀波羅蜜門

此是金剛幢菩薩三摩地一切如来檀波羅蜜智第三

⑨金剛笑

【円仁】我今敬禮金剛笑　金剛微笑諸含識　摩訶笑身住佛掌　摩訶希有現佛刹　樂生歡喜示供養　金剛受塗香供養　金剛歡喜同佛笑　金剛笑名授灌頂

【東寺】我今敬禮金剛笑　金剛微笑諸含識　□□□□住佛掌　摩訶

希有現佛現　樂生歡喜示供養　金剛受塗香供養　金剛歡喜同佛笑　金剛笑名授灌頂

【石山】我今敬礼金剛笑金剛微笑摩訶笑摩訶希有楽生歓喜金剛歓喜

【四巻】我今敬礼金剛笑　金剛微笑摩訶笑　摩訶希有楽生歓喜金剛愛金剛歓喜

【三巻】金剛笑大笑　金剛笑大奇　愛喜金剛勝　我禮金剛愛

十六大菩薩出生

【円仁】常歡喜根大菩薩授金剛笑灌頂智品第十四

爾時世尊復入常樂歡喜根摩訶菩提薩埵三摩地所生寶加持金剛三摩地已從其心出一切如來受三摩地名一切如來心説此陀羅尼曰

跛折囉　訶娑

説陀羅尼時從一切如來心即彼薄伽梵執金剛爲一切如來笑出已同一體相入毗盧遮那佛心成金剛笑身住佛掌中從金剛笑出一切世界微塵等如來身皆現一切如來希有神變遊戲等事已以常愛歡喜根故金剛薩埵三摩地極堅牢故合一體相爲欲歡喜根大菩薩身住於毗盧遮那佛心説此嗢陀南曰

我爲大笑者　希有勝中尊　善住常定者　以爲佛事用

爾時彼歡喜菩薩從佛心出依一切如來背後月輪中住而請教示

爾時世尊入一切如來希有加持金剛三摩地已現一切如來出現三摩地盡衆生界得無上安樂悦意受用故乃至獲得一切如來根淨治智神通果故持彼金剛笑授與常愛歡喜根大菩薩雙手是時一切如來共以金剛愛名號而與灌頂時金剛愛摩訶菩提薩埵以金剛笑向一切如來笑已説此嗢陀南曰

諸佛之所生　示現希有者　能作歡喜智　二乘不能知

此是金剛愛大菩薩三摩地一切如來歡喜笑希有智第四

【四巻】爾時世尊。入一切如来建立加持金剛三摩地已。能建立一切如来思惟三摩尼幢三摩耶。為尽遍衆生界。能円満一切希求。一切安楽悦意受用故。乃至獲得一切如来大利益最上悉地果故。彼宝幢如上授与双手掌中。是時一切如来以金剛表刹而名号之。復以金剛名号而潅頂之。爾時金剛表刹菩薩摩訶薩。以彼金剛幢。令一切如来。於檀波羅蜜相応。而高声唱是言

此是諸如来　希求能円満　名為如意幢　檀波羅蜜門

此是金剛幢菩薩三摩地一切如来檀波羅蜜智第三

爾時世尊。復入常愛歓喜根摩訶菩提薩埵三摩耶。所生宝加持金剛三

摩地已。従自身心。出此一切如来愛三摩耶。名一切如来心而説密語

跋折羅　訶婆

纔出此密語時。従一切如来心。即彼薄伽梵執金剛。以為一切如来微笑。同一密合。便入毗盧遮那如来心而成金剛微笑身。於如来掌中而住

爾時従彼金剛微笑身。出現一切世界微塵等如来。一切如来希有事等。一切如来神変遊戯作已。常愛歓喜根故。金剛薩埵三摩地極堅牢故。以為大菩薩身。既成就已。住於世尊毗盧遮那心中已。而高声作是言奇哉曰

我是為大笑　一切勝中上　恒常善住定　以為仏事用

爾時常愛歓喜根摩訶菩提薩埵身。従仏心而下。依於一切如来背後月輪中而住復請教示。於時世尊入一切如来希有加持金剛三摩地已。出現一切如来三摩耶。尽遍衆生界。諸根無上安楽悦意受用故。乃至獲得一切如来根浄治智神通果故。彼金剛微笑。為彼常愛歓喜根摩訶菩提薩埵。如上授与於双手掌中。爾時一切如来。以金剛愛名而為之号。便以金剛名而為潅頂。於時金剛愛摩訶菩提薩埵。以其金剛微笑。於一切如来微笑。而高声唱是言曰

此是諸如来　示生現希有　大智能踊躍　二乗所不知

此是金剛愛摩訶菩提薩埵。一切如来微笑希有智第四

⑩金剛法

【円仁】我今敬禮金剛法　善利薩埵眞大悲　善清淨心即三昧　觀音變現難可測　觀世自在無障碍　無有慈悲能比類　大蓮華身住佛掌　光出蓮華華有佛　妙觀察智遍十方　妙金剛眼視一切　金剛眼慈福無量　金剛眼名授灌頂

【東寺】我今敬禮金剛法　善利薩埵眞大悲　善清淨心即三昧　觀音變現難可測　觀世自在無障碍　無有慈悲能比類　大蓮花身住佛掌　光出蓮華花有佛　妙觀察智遍十方　妙金剛眼視一切　金剛眼慈福無量　金剛眼名授灌頂

【石山】我今敬礼金剛法　善利薩埵　金剛蓮花善清浄　観世自在金剛妙眼　金剛眼

【四巻】我今敬礼金剛法　善利薩埵　金剛蓮花善清浄　観世自在金剛妙眼　金剛眼

【三巻】金剛法善利　金剛蓮妙淨　世貴金剛眼　我禮金剛眼

十六大菩薩出生

【円仁】觀自在大菩薩授金剛開敷白蓮華智灌頂品第十五

爾時世尊復入觀自在摩訶菩提薩埵三摩地出生法加持金剛三摩地已從其心出一切如來法三摩地名一切如來心説此陀羅尼曰

跋折囉　達摩

説陀羅尼時從一切如來心即彼薄伽梵執金剛爲法界妙光明出現普照一切世界滿同法界由自性清淨故一切妙觀察智善決了故彼光明法界還同一體相入毗盧遮那佛心爲虚空界量大蓮華身住於佛手中從彼蓮華出一切世界微塵等如來身於一切世界現一切如來三摩地智作種種神變遊戯已以觀自在故金剛薩埵三摩地極堅牢故合一體相爲觀自在摩訶菩提薩埵身住於毗盧遮那佛心説此嗢陀南曰

我希有第一　自性清淨生　應彼筏喩機　隨現勝淨法

爾時觀自在菩薩摩訶薩從佛心出依一切如來前月輪中住而請教示

爾時世尊入一切如來三摩地智三摩地所生金剛三摩地已現能清淨三摩地盡衆生界令得清淨爲一切安樂悦意受用故乃至獲得一切如來法智神通果故持彼金剛大蓮華授與觀自在菩薩摩訶薩雙手爲令轉正法輪故以一切如來法身灌頂爾時一切如來共以金剛眼名號而與灌頂時金剛眼菩薩摩訶薩以彼金剛蓮華開敷故觀察貪愛自性清淨離諸染便説嗢陀南曰

此從佛所生　能覺了貪愛　我乃所愛者　體性倶清淨

此是蓮華部中金剛眼大菩薩三摩地一切如來妙觀察智第一

⑪金剛利

【円仁】我今敬禮金剛利　摩訶衍那大乘器　摩訶器仗鎭摧魔　文殊師利慧猛利　金剛藏法辨無窮　金剛甚深梵音美　金剛劔身住佛掌　智慧神力名吉祥　金剛覺分斷習氣　般若揮破授灌頂

【東寺】我今敬禮金剛利　摩訶衍那大乘器　摩訶器仗鎭摧魔　文殊師利恵猛利　金剛藏法辨無窮　金剛甚深梵音美　金剛劔身住佛掌　智恵神力名吉祥　金剛覺分斷習氣　般若揮斫授灌頂

【石山】我今敬礼金剛利摩訶衍那摩訶器仗文殊師利金剛蔵金剛甚深金剛覚

【四巻】我今敬礼金剛利摩訶衍那摩訶器仗文殊師利金剛蔵金剛甚深

金剛覚

【三卷】金剛利大乘　金剛劍仗器　妙吉金剛染　我禮金剛慧

十六大菩薩出生

【円仁】文殊師利大菩薩授金剛猛利劔智灌頂品第十六

爾時世尊復入文殊師利摩訶菩提薩埵三摩地所生法加持金剛三摩地已從其心出一切如來大智慧三摩地名一切如來心説此陀羅尼曰

跋折羅　底瑟那

説陀羅尼時從一切如來心即彼薄伽梵執金剛爲衆多智劔出已還同一體入毗盧遮那佛心便爲金剛劔身住於佛手復從劔中出一切世界微塵等如來身現一切如來智慧神變遊戲已由極妙吉祥故金剛薩埵三摩地堅牢故合一體相爲文殊師利摩訶菩提薩埵身住於毗盧遮那佛心説此嗢陀南曰

我是佛所有　號爲文殊聲　以離形色慧　音聲可得知

爾時文殊師利摩訶菩提薩埵從佛心出依一切如來右邊月輪中住而請教示

爾時世尊入一切如來智慧三摩地金剛三摩地已現一切如來斷除煩惱三摩地爲盡衆生界斷除一切苦故及一切安樂悦意受用故乃至一切如來隨順音聲慧円滿最上悉地故以金剛劔授文殊師利摩訶薩埵雙手是時一切如來共以金剛覺名號與其灌頂時金剛覺大菩薩以其金剛劔揮斫已説此嗢陀南曰

此是諸如來　般若波羅蜜　能破諸怨敵　除障中爲最

此是金剛覺大菩薩三摩地一切如來智慧第二

⑫金剛因

【円仁】我今敬禮金剛輪　摩訶理趣纔發心　金剛因智最第一　大堅實心難退敗　金剛起初轉法輪　金剛道場隨應現　金剛輪身住佛掌　金剛輪現微塵佛　無量無數諸如来　由纔發心轉法輪　金剛成就不退轉　金剛眼輪授灌頂

【東寺】我今敬禮金剛輪　摩訶理趣纔發心　金剛因智最第一　大堅實心難退敗　金剛起初轉法輪　金剛道場隨應現　金剛輪住身佛掌　金剛輪現微塵佛　無量無數諸如来　由纔發心轉法輪　金剛成就不退轉　金剛眼輪授灌頂

【石山】我今敬礼金剛輪摩訶理趣金剛因大堅実妙転輪金剛起金剛道場

【四巻】我今敬礼金剛輪摩訶理趣金剛因大堅実妙転輪金剛起金剛道場

【三巻】金剛因大場　金剛輪理趣　能轉金剛起　我禮金剛場

十六大菩薩出生

【円仁】纔發心大菩薩授金剛輪道場智灌頂品第十七

爾時世尊復入纔發心能轉法輪摩訶菩提薩埵三摩地所生法加持金剛三摩地已從其心出一切如來法輪三摩地名一切如來心説此陀羅尼曰

跋折囉　曳都

説陀羅尼時從一切如來心即彼薄伽梵執金剛爲金剛界一切如來大壇場等出現還同一體入毗盧遮那佛心爲金剛輪身住佛掌中又從金剛輪出一切世界微塵等如來身現無量佛事已由纔發心能轉法輪故金剛薩埵三摩地極堅牢故合一體相爲纔發心能轉法輪摩訶菩提薩埵身住於毗盧遮那佛心説此嗢陀南曰

希有金剛輪　金剛之所成　我於執金剛　其中最第一　我纔發心時便能轉法輪

爾時纔發心轉法輪大菩薩從佛心出依一切如來左月輪中住而請教示

爾時世尊入一切如來金剛眼輪三摩地已現一切如來大壇場三摩地爲盡衆生界令入不退轉法輪一切安樂悦意受用故乃至一切如來轉正法輪最上悉地故以金剛輪授彼纔發心轉法輪大菩薩雙手是時一切如來以共金剛道場名號而灌其頂時金剛道場大菩薩以其金剛輪爲一切如來安立不退轉已説此嗢陀南曰

此是諸佛法　能浄一切法　名不退法輪　菩提之道場

此是金剛道場大菩薩纔發心能轉一切如來法輪智第三

⑬金剛語

【円仁】我今敬禮金剛語　金剛念誦無音響　能授悉地自在願　無言説法難可測　金剛念誦住佛掌　金剛速獲聞持藏　金剛自在成實言　金剛智性暁密語　金剛上悉地難遇　金剛言説授灌頂

【東寺】我今敬禮金剛語　金剛念誦無音響　能授悉地自在願　無言説法難可測　金剛念誦住佛掌　金剛速獲聞持藏　金剛自在成實言　金剛智性暁密語　金剛上悉地難過　金剛言説授灌頂

【石山】我今敬礼金剛語言金剛念誦能授悉地無言説金剛上悉地金剛

言説

【四巻】我今敬礼金剛語言金剛念誦能授悉地無言説金剛上悉地金剛言説

【三巻】金剛説妙明　金剛誦妙成　無言金剛成　我禮金剛語

十六大菩薩出生

【円仁】無言大菩薩授金剛陀羅尼速成就智灌頂品第十八

爾時世尊復入無言摩訶菩提薩埵三摩地所生法加持金剛三摩地已從其心出一切如來念誦三摩地名一切如來心説此陀羅尼曰

跛折囉　婆娑

説此陀羅尼時從一切如來心即彼薄伽梵執金剛爲一切如來教法文字生已同一體性入毗盧那佛心爲金剛念誦身住佛掌中出一切世界微塵等如來身住一切如來神變遊戲已以自性語言故金剛薩埵三摩地極堅牢故合一體相爲無言摩訶菩提薩埵身住於毗盧遮那佛心説此嗢陀南曰

自性秘密法　我爲密語言　於語説法時　遠離語戲論

爾時無言大菩薩從佛心出依一切如來背後月輪中住而請教示

爾時世尊復入一切如來秘密語言三摩地已爲一切如來語言智三摩地盡衆生界成語言悉地故一切安樂悦意受用故乃至獲一切如來語言秘密性勝上悉地故以金剛念誦故授彼無言摩訶菩提薩埵雙手是時一切如來共以金剛語言名號而與灌頂時金剛語言大菩薩以金剛念誦與一切如來談論已説此嗢陀南曰

此是諸佛　金剛念誦　是諸如來秘密語言　以此念誦　能速成就

此是華方金剛語言摩訶菩提薩埵三摩地一切如來離語言戲論智第四

已上四菩薩竝是蓮華部中西方阿彌陀一切如來妙觀察以法灌頂智三摩地菩提薩埵

⑭金剛業

【円仁】敬禮金剛巧毗首　金剛羯磨速成就　金剛妙教不唐捐　善遍一切所受用　金剛羯磨住佛掌　光出蓮華羯磨輪　金剛輪現微塵佛　羯磨輪成佛法事　金剛大寛廣方便　大金剛持無怯畏　金剛巧智證悉地　羯磨光明授灌頂

【東寺】敬禮金剛巧毗首　金剛羯磨速成就　金剛妙教不唐捐　善遍一切所受用　金剛羯磨住佛掌　光出蓮花羯磨輪　金剛輪現微塵佛　羯磨

輪成佛法事　金剛大寛廣方便　大金剛持無怯畏　金剛巧智證悉地　羯磨光明授灌頂

【石山】我今敬礼金剛毗首金剛羯磨金剛妙教善遍一切処金剛大寛広金剛不空

【四巻】我今敬礼金剛毗首　金剛羯磨金剛妙教善遍一切処金剛大寛広金剛不空

【三巻】金剛業教令　金剛廣不空　業金剛遍行　我禮金剛巧

十六大菩薩出生

【円仁】毗首羯磨大菩薩授金剛羯磨輪智灌頂品第十九

爾時世尊復入一切如來毗首羯磨摩訶菩提薩埵三摩地所生羯磨加持金剛三摩地已從其心出一切如來羯磨三摩地名一切如來心説此陀羅尼曰

跋折囉　羯磨

説陀羅尼時從一切如來心即彼薄伽梵執金剛爲一切如來羯磨光明遍照一切世界成一切羯磨境界由一切羯磨成所作智得善曉了故還同一體相入毗盧遮那佛心由金剛羯磨界故滿虚空界量爲羯磨金剛身住佛掌中復從金剛羯磨身中出一切世界微塵等如來身皆於一切世界作一切如來羯磨神變遊戲等已由無邊羯磨故住金剛薩埵三摩地極堅牢故合一體相爲毗首羯磨摩訶菩提薩埵埵身住於毗盧遮那佛心説此嗢陀南曰

諸佛羯磨不唐捐　以無功用作佛事　金剛羯磨之所轉　無量無數悉能成

爾時摩訶毗首羯磨大菩薩從佛心出依如來前月輪中住而請教示

爾時世尊入一切如來不空三昧地已爲一切如來轉供養等無量不空一切羯磨儀式廣大三摩地爲成就盡衆生界一切羯磨及一切安樂悦意受用故乃至獲得一切如來金剛羯磨性智神通最上果故以彼金剛羯磨授與毗首羯磨大菩薩雙手爲令轉一切如來羯磨輪故是時一切如來共以金剛羯磨名號而與灌頂時金剛毗首羯磨大菩薩以其金剛羯磨置於心上作一切如來羯磨事已説此嗢陀南曰

我今所愛者　金剛巧羯磨　是一切如來　最上羯磨智　一切妙佛事普皆能作之

此是業方羯磨部中金剛毗首羯磨大菩薩三摩地一切如來所作事業智第一

⑮金剛護

【円仁】我今敬禮金剛護　摩訶無畏普遍覆　金剛甲冑大精進　大堅固威魔恐怖　金剛甲身住佛掌　甲冑現出微塵佛　神變遊戲金剛友　擁護一切欲成就　難可敵對鬪戰勝　上首精進爲親友　金剛精進進衆生　甲冑堅牢授灌頂

【東寺】我今敬禮金剛護　摩訶無畏普遍覆　金剛甲冑大精進　大堅固威魔恐怖　金剛甲身住佛掌　甲冑現出微塵佛　神變遊戲金剛友　擁護一切欲成就　難可敵對鬪戰勝　上首精進爲親友　金剛精進進衆生　甲冑堅牢授灌頂

【石山】我今敬礼金剛守護摩訶無畏金剛甲冑大堅固難可敵対上首精進金剛精進

【四巻】我今敬礼金剛守護　摩訶無畏金剛甲冑大堅固難可敵対上首精進金剛精進

【三巻】金剛護大勇　金剛甲大堅　難敵妙精進　我禮金剛勤

十六大菩薩出生

【円仁】鬪戰勝精進大菩薩授金剛甲冑智灌頂品第二十

爾時世尊復入鬪戰難勝勇健精進摩訶菩提薩埵三摩地所生羯磨加持金剛三摩地已從其心出一切如來擁護三摩地名一切如來心說陀羅尼曰

跋折囉　阿囉叉

説陀羅尼時從一切如來心即彼薄伽梵執金剛爲衆多堅固甲冑出已還同一體入毗盧遮那佛心爲大金剛甲冑身住佛手中又從甲冑出一切世界微塵等如來身現一切如來擁護廣大事業及神變遊戲等已由鬪戰難勝勇精進故金剛薩埵三摩地極堅牢故合一體相爲難勝精進摩訶菩提薩埵身住於毗盧遮那佛心說此嗢陀南曰

希有精進甲　堅牢之所成　以我極堅牢　能受堅牢者　故於無色身能作金剛身

爾時難勝精進大菩薩從佛心出依諸如來右邊月輪中住而請教示

爾時世尊入一切如來堅固金剛三摩地已現一切如來精進波羅蜜三摩地爲救護盡衆生界得一切安樂悦意受用故乃至獲得一切如來金剛身最上悉地果故以金剛甲冑授彼難勝精進菩薩雙手是時一切如來以金剛友名號而與灌頂時金剛友菩薩摩訶薩以其金剛甲冑而被一切如來已説此嗢陀南曰

此是諸如來　最上慈甲冑　爲護精進者　名爲大親友
此是金剛友大菩薩三摩地一切如來慈擁護甲冑智第二

⑯金剛牙

【円仁】敬禮金剛大藥叉　摩訶方便顯忿怒　金剛牙口銜器仗　甚可怖畏能調伏　金剛上現暴惡身　摧伏魔王憍慢心　初修佛福生天界　一念勝負魔王位　金剛牙身住佛掌　金剛牙現微塵佛　佛神力故現奮迅　調伏暴惡自在者　金剛獷惡無能喩　金剛牙威授灌頂

【東寺】敬禮金剛大藥叉　摩訶方便顯忿怒　金剛牙口銜器仗　甚可怖畏能調伏　金剛上現暴惡身　摧伏魔王憍慢心　初修佛福生上界　一念勝負魔王位　金剛牙身住佛掌　金剛牙現微塵佛　佛神力故現奮迅　調伏暴惡自在者　金剛擴惡無能喩　金剛牙威授灌頂

【石山】我今敬礼金剛薬叉　摩訶方便金剛牙甚可怖畏　金剛上摧伏魔　金剛暴悪

【四巻】我今敬礼金剛薬叉　摩訶方便金剛牙甚可怖畏　金剛上摧伏魔　金剛暴悪

【三巻】金剛盡方便　金剛牙大怖　摧魔金剛峻　我禮金剛忿

十六大菩薩出生

【円仁】摧伏一切魔大菩薩授金剛牙器仗智灌頂品第二十一

爾時世尊復入摧伏一切魔摩訶菩提薩埵三摩地所生金剛三摩地已從其心出一切如來方便三摩地名一切如來心説此陀羅尼曰

跋折囉　藥叉

説此陀羅尼時從一切如來心即彼薄伽梵執金剛爲衆多大牙器仗而出還同一體入毗盧遮那佛心成大金剛牙身住於佛掌又從金剛牙出一切世界微塵等如來身現一切如來調伏暴惡等一切神變戲已由摧一切魔故金剛薩埵三摩地極堅牢故合一體相爲摧伏一切魔大菩薩身住於毗盧遮那佛心説此嗢陀南曰

奇哉大威德　顯斯大方便　爲利寂靜者　現作暴惡身

爾時摧魔大菩薩從佛心出依諸如來左月輪住而請教示

爾時世尊入一切如來暴悪金剛三摩地已現一切如來調伏［麁悪］三摩地爲盡衆生界施無怖畏一切安樂悦意受用故乃至獲得一切如來大方便智神通最上悉地果故以金剛牙器仗授彼摧伏魔大菩薩雙手是時一切如來共以

金剛暴惡名號而與灌頂時金剛暴惡摩訶菩提薩埵以其金剛牙器仗置已口中恐怖一切如來已説此嗢陀南曰

此是諸如來　金剛牙器仗　哀愍大方便　最上調伏者

此是金剛暴惡大菩薩三摩地一切如來大方便智第三

⑰金剛拳

【円仁】我今敬禮金剛密　善現驗縛身口意　金剛縛身住佛掌　縛印出現微塵佛　一一印契是神力　金剛拳上勝無比　三摩地中金剛拳　善能解放授灌頂

【東寺】我今敬禮金剛密　善現驗縛身口意　金剛縛身住佛掌　縛印出現微塵佛　一一印契是神力　金剛拳上勝無比　三摩地中金剛拳　善能解放授灌頂

【石山】我今敬礼金剛密令　善現験金剛縛善能解放金剛拳上勝三摩耶金剛拳

【四巻】我今敬礼金剛密令　善現験金剛縛善能解放金剛拳上勝三摩耶金剛拳

【三巻】金剛令威嚴　金剛能縛解　金剛拳勝誓　我禮金剛拳

十六大菩薩出生

【円仁】如來拳大菩薩授金剛印縛智灌頂品第二十二

爾時世尊復入一切如來拳摩訶菩提薩埵埵三摩地所生羯磨加持金剛三摩地已從其心出一切如來身口意金剛縛三摩地名一切如來心説陀羅尼曰

跋折囉　散地

説此陀羅尼時從一切如來心即彼薄伽梵執金剛爲一切如來印縛出已還同一體入毗盧遮那佛心成金剛縛身住於佛掌又從金剛縛出一切世界微塵等如來身現一切如來印縛智作一切如來神變已由一切如來拳牢縛故金剛菩薩三摩地極堅牢故合一體性相爲一切如來拳摩訶薩身住於毗盧遮那佛心説此嗢陀南曰

今此極牢縛　堅固身所生　我是三摩地　成就願求者　雖已得解脱方便現此縛

爾時一切如來拳大菩薩從佛心出依諸如來背後月輪而請教示

爾時世尊入一切如來三摩地金剛三摩地已現一切如來印縛三摩地盡衆生界作一切如來大神力現驗作事故一切安樂悦意受用故乃至獲得一切如來

智印爲主最上悉地果故以彼金剛縛授與一切如來拳摩訶菩提薩埵埵雙手是時一切如來共以金剛拳名號而與灌頂時金剛拳大菩薩以其金剛縛一切如來已説此嗢陀南曰

此諸佛所説　極牢金剛縛　若爲一切印　速疾得成就　以此三摩地最尊無有上

此是金剛拳大菩薩三摩地縛一切如來身口意智第四

已上四菩薩於羯磨部中不空成就如來成所作智眷屬若有衆生與心念誦一切事業速得成就都名一切如來羯磨智

⑱百八名讃の後

【円仁】爾時一切衆會皆悉雲集已諸佛歡喜加持行者令得堅固又以金剛薩埵爲其親友能成行者一切事業

想毗盧遮那結觸地契請一切聖衆品第三十四

【東寺】爾時一切衆會皆悉雲集已諸佛歡喜加持行者令得堅固又以金剛薩埵爲其親友能成行者一切事業

想毗盧遮那結觸地契請一切聖衆品第三十四

【石山】想毗盧遮那結觸地契請一切聖衆品第三十四

爾時一切衆會皆悉雲集已諸佛歡喜加持行者令得堅固又以金剛薩埵爲其親友能成行者一切事業

【四巻】爾時以雲集故、一切如來皆歡喜。便復堅固。又金剛薩埵自爲親友。能成一切事。

《总释陀罗尼义赞》略考

［日］释宏涛

摘　要：《总释陀罗尼义赞》的作者一般作不空释或译，但并不见于有关著录不空的记录。本文通过对《义赞》内容的梳理，探讨其密教判教思想，指出其与不空译著所体现的密教思想和教学特色具有共通之处。并进一步探究《义赞》与慧琳《一切经音义》、智慧轮《明佛法根本碑》的关联，提出《义赞》或为不空弟子慧琳撰写的推测。

关键词：总释陀罗尼义赞；不空；判教；慧琳；智慧轮

《总释陀罗尼义赞》（以下简称《义赞》）收录于《大正新修大藏经》（以下简称《大正藏》）第十八册，全文约860字，作者题为“三藏沙门大广智不空奉诏解释，”[①] 意即不空（705—774）作之释文。其题目也可见于入唐留学日僧圆行（789—852）、惠运（798—869）、宗睿（809—884）等人所撰之《求法目录》中。如圆行于日本承和六年（839）撰《灵岩寺和尚请来法门道具等目录》，[②] 以及惠运撰《惠运律师书目录》[③]、宗睿撰《禅林寺宗睿僧正目录》之中，[④] 皆题为“总释陀罗尼义赞一卷”。另在惠运撰《惠运禅师将来教法目录》题为“总释陀罗尼义一卷。”[⑤] 其中，《灵岩寺和尚请来法门道具等目录》作“三藏不空奉诏

① （唐）不空撰《总释陀罗尼义赞》，《大正藏》第18册，第898页。

② ［日］圆行撰《灵岩寺和尚请来法门道具等目录》，《大正藏》第55册，第1071页。

③ ［日］惠运撰《惠运律师书目录》，《大正藏》第55册，第1089页。

④ ［日］宗睿撰《禅林寺宗睿僧正目录》，《大正藏》第55册，第1111页。

⑤ ［日］惠运撰《惠运禅师将来教法目录》，《大正藏》第55册，第1088页中。

译”，《惠运律师书目录》作“不空三藏译”，而《惠运禅师将来教法目录》及《禅林寺宗睿僧正目录》则未录入译者名字。又据宗睿《新书写请来法门等目录》记载曰“总释陀罗尼义鑽一卷，不空三藏译，二纸，策子，”[①] 其“鑽”字应为“赞”字的误写。

另外，《义赞》在日本平安时代前期天台宗僧安然（841—?）所集《诸阿阇梨真言密教部类总录》卷上题写为“总释陀罗尼义经”；同书卷下则题为“总释陀罗尼义赞”。由此可知，此文曾被视为不空三藏所译之经典，但若从其具体内容来看，应如《大正藏》所说属不空作之释文。事实上，后世之人也多持此观点，如日本平安时代院政期密教僧重誉（？—1143）撰《秘宗教相钞》卷六就曾引用《义赞》中的“菩萨与此相应，顿集福德、智慧资粮”句，并将其文视为不空所作。[②] 吕建福《中国密教史》中亦称：“按其内容属释文，或即不空所释。”[③]

然而《义赞》于不空《三朝所翻经请入目录流行表》、圆照《贞元录》以及空海《御请来目录》中未见其名，却在不空圆寂六十余年后，始见于入唐日僧所作之求法目录中，所以此文到底是否为不空之真作又成为疑点。如赖富本宏就曾提出“将其认为不空之真作，或有少许探讨的必要”之观点。[④] 吕建福《中国密教史》中，虽在叙述不空之判教思想时引用了《义赞》，但仍将其文列入不空“疑伪托名译著”中。[⑤] 氏家觉胜曾在其《陀罗尼的世界》专著中对《义赞》的内容进行过解读，惜未深入探讨其密教思想及与其他密教经典的关联性。

本文将通过对《义赞》内容的梳理探讨其密教判教思想，指出其与不空译著所体现密教思想和教学特色的共通之处。并进一步探究《义赞》与慧琳《一切经音义》、智慧轮《明佛法根本碑》的关联，提出《义赞》或为不空弟子慧琳撰写的推测。

---

① ［日］宗睿撰《新书写请来法门等目录》，《大正藏》第55册，第1110页中。

② ［日］重誉撰《秘宗教相钞》卷6，《大正藏》第77册，第609页上。

③ 吕建福：《中国密教史》（修订版），中国社会科学出版社2011年版，第351页。

④ ［日］赖富本宏：《中国密教研究》，大东出版社昭和54年（1979）版，第142页。

⑤ 吕建福：《中国密教史》（修订版），中国社会科学出版社2011年版，第351、380页。

一 《总释陀罗尼义赞》中的密教判教思想

所谓判教，即是将释迦如来一代所说诸类经典，基于其教法的形式、方法、顺序、用意、内容等方面，对各种教说进行高低、优劣的判定和解释，从而对整体佛法进行分类和体系化的解读。由于诸家判教立场各异，遂形成了宗派之别，所以判教也是佛教宗派成立的原因之一。将真言密教之判教思想进行理论化梳理的诸类专著中，颇有代表性的应属日僧弘法大师空海之《辨显密二教论》[①] 和《秘密漫荼罗十住心论》[②]。其中，《辨显密二教论》从“能说之佛身”“所说之教法”“成佛之迟速”以及“教益之胜劣”等角度来成立“显、密二教判”学说。本文亦将从以上相关角度略述《义赞》的判教思想。

若以佛教传统的“三分科经”诠释方法来看待《义赞》整体内容，亦可将其分为“序分”“正宗分”和“流通分”三个部分。其序分和流通分的内容如下所记：

> （序分）如来于百千俱胝阿僧祇劫，积集菩提资粮，加持陀罗尼、真言文字，令顿悟菩萨与此相应，顿集福德、智慧资粮。于大乘修菩萨道二种修行证无上菩提道，所谓依诸波罗蜜修行成佛、依真言陀罗尼三密门修行成佛。
>
> （流通分）如上陀罗尼、真言、密言、明，义依梵文，复于显教修多罗中称说，或于真言密教中说如是四称。或有一字真言乃至二字、三字乃至百字、千字、万字，复过此数，乃至无量无边，皆名陀罗尼、真言、密言、明。若与三密门相应，不暇多劫难行苦行，能转定业，速疾易成，安乐成佛速疾之道。

流通分中可直接见到关于“显、密二教”判别的文字，如说在“显教”经典以及“真言密教”中皆有对“陀罗尼、真言、密言、明”的称说。值得一提的是，此处的“显教”和“密教”皆属大乘菩萨道所修，

① ［日］空海撰《辨显密二教论》，《大正藏》第 77 册，第 374 页。

② ［日］空海撰《秘密漫荼罗十住心论》，《大正藏》第 77 册，第 303 页。

其“修行之方法”分别对应为“依诸波罗蜜修行”和“依真言陀罗尼三密门修行”两种。

迨至印度大乘佛教中期，对于“佛身观”的认识已从“二身说”发展至“三身说”。所谓三身，即法身、报身和化身；或称为自性身、受用身和变化身。如亲光《佛地经论》所说，自性法身体常不变，亦即真如理性，为诸功德法所依止处；受用身则是如来在三大阿僧祇劫因地修行时所积聚而成的圆满功德之身，能令自、他受用种种法乐；变化身即是为欲利益众生从而示现的种种变化之身。① 若将受用身视为“自受用”和“他受用”两种，则又构成了“四身说”的观点。《义赞》首句称“如来于百千俱胝阿僧祇劫，积集菩提资粮”，可知此中所举“能说之佛身”当是指佛陀三身中的“受用身”。

若依三身说的观点，以佛之受用身作为说法主，那么所被机应为大乘见道位以上的“十地菩萨”，《义赞》中则称之为“顿悟菩萨”。而顿悟菩萨若能与如来加持之“陀罗尼、真言”相应，即可“顿集福德、智慧资粮”。此即彰显出“真言密教”或是“真言陀罗尼三密门”教义的优胜之处。

有关显、密二教“成佛之迟速”的观点，则在文末最后一句体现出来，意指与真言陀罗尼三密门相应的修行属于“成佛速疾之道”，不似显教那样须修行多劫的难行苦行。

真言陀罗尼三密门中的“所说之教法”，即为《义赞》正宗分体现出来的陀罗尼思想，其中主要阐述了“陀罗尼”“真言”“密言”“明”之四称分别所具备的四种含义。而“陀罗尼”义亦通于显教经典，则又体现出“显密不二”之义。

二 《总释陀罗尼义赞》中的“真言陀罗尼”思想

陀罗尼是梵语 dhāraṇī 的音译，原有保持记忆、精神集中之义，后引申为“应记诵的咒语”。意译为总持、能持和能遮，亦即持令一切善法不

① （唐）玄奘译《佛地经论》卷7，《大正藏》第26册，第325页。

失、遮止一切恶法不起。① 佛教中咒语最初的作用，本是为防止心的散乱、保持对教法和教理的记忆，这样的修行方法伴随着大乘佛教的弘传而盛行起来，密教流行时期则更强调咒语语言本身所蕴含的内在效能以及通过唱念所能获得的现世利益。②

诸经典中亦有时使用“真言”一词来表示咒语。梵文 mantra，意为神圣的语言，玄奘译经典中曾翻为“咒”或“神咒”，善无畏和不空则多译为“真言”或是“密言”“密语”，意即“佛之真实语”或“佛之秘密语”。③ 像这样将真言、陀罗尼作为咒语之同义词来使用的，又有明咒（vidyā）、心咒（hṛdaya-mantra）等用语，然其词义产生的语源和意义虽不尽相同，但在大乘诸经典中通常不作区别理解。如在《法华经》《华严经》以及《大集经》等经典中，陀罗尼、真言和明咒常作为相同的含义。④ 是以，或可将佛教大乘中使用的咒语统称为“真言陀罗尼”（dhāraṇīmantra）。⑤

善无畏、一行在《大毗卢遮那成佛经疏》卷十二中，曾将“真言”和“明咒”的含义分别解释，如说：“破除一切无明烦恼之暗故，名之为明。然明及真言义有差别：若心口出者，名真言；从一切身分任运生者，名之为明也。”⑥ 但这并非是将“真言”和“明咒”作为两种事物来区别对待。不空译《金刚顶一切如来真实摄大乘现证大教王经》中，亦曾将 hṛdaya（心）翻译为“心真言”。⑦ 又如施护译《佛说一切如来真实摄大

---

① （后秦）鸠摩罗什译《大智度论》卷 5，《大正藏》第 25 册，第 95 页。原文作：“云何陀罗尼？答曰：陀罗尼，秦言能持，或言能遮。能持者，集种种善法，能持令不散不失。譬如完器盛水，水不漏散。能遮者，恶不善根心生，能遮令不生；若欲作恶罪，持令不作。是名陀罗尼。”

② 参见《岩波佛教辞典》，日本岩波书店 2015 年第 2 版，第 474、633、688 页。

③ （唐）一行撰《大毗卢遮那成佛经疏》卷 1，《大正藏》第 39 册，第 579 页中。《大毗卢遮那成佛经疏》卷 1：“真言梵曰漫怛揶，即是真语如语、不忘不异之音。龙树释论谓之祕密号，旧译云咒，非正翻也。”

④ ［日］氏家觉胜：《陀罗尼的世界》，东方出版社 2017 年版，第 213 页。

⑤ 如作为初期大乘佛教经典之一的《正法华经》中有“总持句”（dhāraṇīmantrapadāni）一词，即是将“dhāraṇī”和“mantra”作为同等的意义。亦可见于梵本《宝星陀罗尼经》《佛顶尊胜陀罗尼经》等陀罗尼经典中。

⑥ （唐）一行撰《大毗卢遮那成佛经疏》卷 12，《大正藏》第 39 册，第 708 页上。

⑦ ［日］乾仁志：《金刚顶经校注》，《新国译大藏经》密教部 4，大藏出版 2011 年版，第 51 页，注 21。

乘现证三昧大教王经》中言“大明咒句二差别，是中差别无所有，”[①] 可知在金刚顶系经典中，陀罗尼、真言、心真言以及明咒等用语亦未做出特别区分。

然而，诸如“咒、陀罗尼、真言、心咒、神咒、心真言、明、密言”等散见于各类显、密经典中的用语，虽皆可作为咒语来理解，但其混淆使用的原因，以及其中含义的差别，又或是在显、密经典中所指代的不同意义，似乎是无法规避的问题。这些均在《义赞》中给出了正面解释，或许正是某位通晓梵、汉语言和显、密经典的人物，以其密教学者的自身立场所作出的思考和追究吧。

（一）陀罗尼四义

《义赞》的正宗分中，则首先讨论“陀罗尼”的意义：

> 陀罗尼者，梵语，唐翻名为总持义。有四种持：法持、义持、三摩地持、文持。此四种持，多依显教大乘教中所说也。法持者，由得此持，摧灭一切杂染之法，证得清净法界等流教法。义持者，由得此持，于一字义中悟百千无量修多罗经，演说逆顺自在。三摩地持者，由此持故，必不散动，三昧现前，悟无量百千三摩地门。悲增菩萨故于六趣以愿受生，不被烦恼、随烦恼坏其三昧，由此三摩地证五神通，成就利乐无边有情。文持者，由此受持陀罗尼成就所闻，所谓一切契经。于一切如来、诸菩萨所闻百千无量修多罗永不忘失。

依陀罗尼之总持义，又可分为“法持、义持、三摩地持、文持”四种，《义赞》称此为显教中所说。考显教经论中与此说相似者，应即玄奘译《瑜伽师地论·菩萨地》（以下简称《菩萨地》）中所说之“法陀罗尼（dharma-dhāraṇī）、义陀罗尼（artha-dhāraṇī）、咒陀罗尼（mantra-

① （唐）不空译《金刚顶一切如来真实摄大乘现证大教王经》，《大正藏》第18册，第44页下。

dhāraṇī)、能得菩萨忍陀罗尼（bodhisattva-kṣāṃti-lābhāya dhāraṇī）”① 四种。简言之，法陀罗尼指菩萨以念、慧力之修行，能将无数经典在一切时持令不忘；义陀罗尼即是对经典中的无量义理和旨趣可在一切时能持不忘；咒陀罗尼即是以三摩地等持的自在力，能令诸咒皆有效验，以除种种灾患；能得菩萨忍陀罗尼则进一步指深刻思维诸咒章句皆是“唯识无义”，以期通达诸法“离言自性”。若凡位菩萨修此四陀罗尼，虽未坚住、广大，但可依修行忍陀罗尼而获得的“上品胜忍”超过“胜解行地”，得入圣位初地菩萨的“净胜意乐地”。

《义赞》中称“法持”为“证得清净法界等流教法”，此说与《菩萨地》所言“法陀罗尼”意义相近。因为在瑜伽行派奉行的经论中即将佛陀之教法称为“清净法界等流”，如世亲《摄大乘论释》卷三：“从最清净法界所流经等教法，名最清净法界等流。”②

“义陀罗尼”则更侧重于对经典所蕴含之教理和教义的能持，其功能正是“义持”所言之“于一字义中悟百千无量修多罗经，演说逆顺自在”。其中差别在于《义赞》中强调通过一字之义可领悟一切经典义趣，此说虽不见于《菩萨地》文中，但可见于《成唯识论》卷九：

> 于无量所说法陀罗尼自在者：谓义无碍解，即于所诠总持自在，于一义中现一切义故。于无量名、句、字陀罗尼自在者：谓法无碍解，即于能诠总持自在，于一名、句、字中现一切名、句、字故。于后后慧辩陀罗尼自在者：谓词无碍解，即于言音展转训释总持自在，于一音声中现一切音声故。③

另外，《义赞》在解释陀罗尼之“三摩地持”时，亦采用了唯识宗的教义。如说“悲增菩萨故于六趣以愿受生，不被烦恼、随烦恼坏其三

① （宋）施护译《佛说一切如来真实摄大乘现证三昧大教王经》卷29，《大正藏》第30册，第542页下。梵文引自 Wogihara, Unrai ed. 1971. *Bodhisattvabhūmi*. Tokyo: Sankibo Buddhist Book Store. p. 272. 24: 13 - 14。另，昙无谶译《菩萨地持经》作“咒术陀罗尼”和“得菩萨忍陀罗尼”（《大正藏》第30册，第934页上）；求那跋摩译《菩萨善戒经》作“辞陀罗尼”和“忍陀罗尼”（《大正藏》第30册，第996页中）。

② （唐）玄奘译《摄大乘论释》卷3，《大正藏》第31册，第333页下。

③ （唐）玄奘译《成唯识论》卷9，《大正藏》第31册，第53页下。

昧”，此处之“悲增菩萨”即是唯识宗所立十地菩萨中的“智增上”和“悲增上”的一种。[①] 所谓“三摩地（samādhi）持”，意即“必（心）不散动，三昧现前”，正是《菩萨地》在解释“咒陀罗尼”时所说的“等持自在”（samādhi-vaśitāṃ）[②]。然而《义赞》并未使用“咒持”或是“真言持”的用语，应是有意突出显教之“依诸波罗蜜”与密教之“依真言陀罗尼三密门”修行的不同之处，故可引出下文所要解释的“真言四义”。

由于《义赞》已将“法持”立为证得“清净法界”之圣智境界，“三摩地持”亦是如悲增等圣位菩萨所拥有，故而未将《菩萨地》所说凡位菩萨所修之“忍陀罗尼”引入，是以别立“文持”。其义虽与“法持”或“法陀罗尼”相似，而更强调“陀罗尼”本具之“成就所闻、永不忘失”的忆持力含义。

（二）真言四义

以上“陀罗尼”四义多依显教唯识宗经论解释，接下来的“真言”“密语”“明”则特指密教所说。同“陀罗尼”一样，真言也具备“法、义、三摩地、文”之四义：

> 其真言亦具四义。真者真如相应，言者真诠义。四义者：法真言，清净法界以为真言。义真言者，胜义相应，一一字中有实相义。三摩地真言者，由瑜伽者用此真言，于心镜智月轮上布列真言文字，专注心不散动，速疾证三摩地，故名三摩地真言。文持真言者，从唵字至娑嚩贺，于其中间所有文字，一一字皆名为真言。

早期佛教经典翻译中即有对“真言”一词的使用，多指世尊之言教，

---

① 可参考窥基撰《成唯识论述记》卷7：“即十地菩萨，有起烦恼，谓悲增上者；有不起烦恼，谓智增上者。”（《大正藏》第43册，第483页上）或法藏《华严一乘教义分齐章》卷3所述唯识宗观点：“如说八地已还菩萨略有二类：一悲增上，二智增上。悲增者，留惑受分段身故；智增者，伏惑受变易身故。”（《大正藏》第45册，第492页上）

② （唐）玄奘译《瑜伽师地论》卷45，《大正藏》第30册，第542页下。《瑜伽师地论》卷45：“云何菩萨咒陀罗尼？谓诸菩萨获得如是等持自在。”Wogihara，Unrai ed. 1971. *Bodhisattvabhūmi*. Tokyo：Sankibo Buddhist Book Store. p. 272. 24：samādhi-vaśitāṃ。

如《增一阿含经》卷四十二："比丘不承事佛，不信真言，是谓比丘成就第二之法，不得久住。"[①]大乘经典中亦多承袭此说，如《大方等大集经菩萨念佛三昧分》卷六："世尊真言及实语，人中法王转正轮。"[②] 而在密教经典中则多指咒语，亦有处将其理解为"法性"。如《大毗卢遮那成佛神变加持经》卷二在解释"真言相"时称："此真言相非一切诸佛所作，不令他作，亦不随喜。何以故？以是诸法法如是故。若诸如来出现，若诸如来不出，诸法法尔如是住。谓诸真言，真言法尔故。"[③]善无畏弟子新罗僧不可思议所撰《大毗卢遮那经供养次第法疏》中曰："真言者，简虚妄也。"[④] 此说更是与《成唯识论》对"真如"的定义相合。[⑤] 不空所译经典中亦可见此种解释，如《菩提场所说一字顶轮王经》卷五："一切诸如来，说真言法性。"[⑥] 而《义赞》在解释法、义两种真言时，亦继承了这样的观点。

若将法真言作为清净法界，义真言作为胜义实相，则是从本体上把真言视为真如之当相，即将外在表现为文字、音声的咒语提升至最高的境界无疑。因此，当行者修三摩地时，在如明镜般的自心智月轮上布设种种真言文字形相，并以此为所缘专注不散，即可速证法界三昧，此即为"三摩地真言"所修。而"文持真言"指真言咒语中的一一文字，比如在一段完整的咒语中，其句首唵（oṃ）字至句尾娑嚩贺（svāhā）字中间的所有文字。

（三）密言四义

《义赞》对密言的阐述是从"法、义、三摩地、闻持"四个方面进行，更具有密教特色：

---

① （东晋）瞿昙僧伽提婆译《增一阿含经》卷42，《大正藏》第2册，第777页下。

② （隋）达磨笈多译《大方等大集经菩萨念佛三昧分》卷6，《大正藏》第13册，第851页下。

③ （唐）善无畏译《大毗卢遮那成佛神变加持经》卷2，《大正藏》第18册，第10页上。

④ ［新罗］不可思议撰《大毗卢遮那经供养次第法疏》卷上，《大正藏》第39册，第790页下。

⑤ （唐）玄奘译《成唯识论》卷9，《大正藏》第31册，第48页上。《成唯识论》卷九："真谓真实，显非虚妄；如谓如常，表无变易。"

⑥ （唐）不空译《菩提场所说一字顶轮王经》卷5，《大正藏》第19册，第223页下。

> 亦云密言，亦具有四义：法密言者，非非法外道及二乘境界，唯修真言行菩萨，所闻、所持轨则、印契、曼荼罗、修行所求悉地名法密言。义密言者，真言中一一字，唯佛与佛大威德菩萨乃能究尽。三摩地密言者，由此中真言文字三摩地相应威力，遍布真言者身支分，变粗重身易得微妙色身，获得五神通威德自在寿量无尽。闻持密言者，从师密受三密轨则，唯师及弟子自知，非令余人之所知也，乃至本尊形像、印契、观门皆密受持，获得心所希望三摩地闻持，不忘天眼、天耳、他心、上中下悉地。

"法密言"排除了非法外道以及小乘之境界，称唯真言行菩萨所修，可知仍将真言陀罗尼门教法归摄为大乘，具体内容指诸密教经典中所示之仪轨、印契、曼荼罗，以及修行所获悉地（siddhi）。[①]

"义密言"则唯"佛与佛大威德菩萨"才能究尽，所谓"佛大威德菩萨"当指作为如来之教令轮身的诸位明王。如不空译《成就妙法莲华经王瑜伽观智仪轨》卷一曰"第三院诸天八部并四大威德菩萨各于四隅"[②]，此处所说之四大威德菩萨即指乌蒭沙摩、军吒利、不动尊和降三世等明王。

"三摩地密言"侧重宣说转妙色身、获五神通的功德，其"真言威力遍布身分"的教说亦常见于《大日经》和《金刚顶经》系统经轨中。"闻持密言"则非"文持"，特指弟子从阿阇梨处听闻的三密轨则，由于此种种本尊形像、结印方法以及观想内容皆须灌顶传授，是以不可令他人所知。如《金刚顶瑜伽中略出念诵经》卷四言："然汝亦不应与未入此等坛场人说此法事。汝傥说者，非但违失汝三摩耶，自招殃咎耳。"[③]

（四）明四义

梵文 vidyā 一词的语根为√vid，意为知识，作为阴性词汇的 vidyā 即指学问、智慧，大乘佛教又常以光明（prabhā、āloka）作为智慧的象征。

---

① （唐）一行撰《大毗卢遮那成佛经疏》卷12，《大正藏》第39册，第708页上。《大毗卢遮那成佛经疏》卷十二："悉地是真言妙果，为此果故而修因行。"

② （唐）不空译《成就妙法莲华经王瑜伽观智仪轨》，《大正藏》第19册，第598页上。

③ （唐）金刚智译《金刚顶瑜伽中略出念诵经》卷4，《大正藏》第18册，第249页下。

是以《义赞》对于“明”的解释也兼具了智慧和光明二义：

亦名为明，具四义：法明者，修行者称诵一一字中光明，遍照十方世界。一切有情沉溺生死苦海，皆破无明烦恼，悉得离苦解脱，故名法明。义明者，由瑜伽者与真言义相应故，通达明了般若波罗蜜，远离无义道理。三摩地明者，由真言种子想于心月轮中，获得大光明作自他照明三摩地成就。闻持明者，证得闻持法，能破废忘之惑，证得菩提心成就。

“法明”是咒语所带来的光明，因其一一文字皆可总持佛法，可破无明，故称法明。“义明”是修行者因与真言实性相应，从而获得明了诸般若波罗蜜的智慧。“三摩地明”指修行三昧，其修法则特指对“真言种子”的观想。密教中尤重视对种子（bījākṣara）的观修，即是将本尊名字的首字或是本尊真言中某一重要音节作为独立象征，并认为其一字之中亦含摄万法功德。“闻持明”则特指密教之菩提心的成就。

以上，是《义赞》对“陀罗尼、真言、密言、明”的解释，其中不仅探讨了显、密经典中的用例，体现了作者的真言陀罗尼思想，同时也从本体论和认识论深刻解读了每个词汇中蕴含的道理，并指出其相互的关联以及具体的修法。《义赞》在文末自称其诠释方法为“义依梵文”，实际上这并不是单纯从语言学上进行的解读，其间亦可见有鲜明的显、密判教思想。值得一提的是，对“真言、密言、明”的解释皆依善无畏、不空所译之经典，具有明显密教特色；而所谓依显教大乘义解释的“陀罗尼”之四义，则多依据唯识宗所奉行的经论和思想。

三　《总释陀罗尼义赞》与不空之密教思想

《义赞》称依大乘密教修行的法门为“真言陀罗尼三密门”，可“顿集福德、智慧资粮”，相似的用语亦可见于不空所作《略述金刚顶瑜伽分别圣位修证法门序》中：

夫真言陀罗尼宗者，是一切如来秘奥之教、自觉圣智顿证法门。亦是菩萨具受净戒无量威仪，入一切如来海会坛，受菩萨职位，超过三界，受佛教敕三摩地门。具足因缘，顿集功德、广大智慧。[1]

此中，不空称密教为“真言陀罗尼宗”“一切如来秘奥之教”“自觉圣智顿证法门”以及“受佛教敕三摩地门”，可令菩萨“顿集功德、广大智慧”。《义赞》亦是沿用了这样的观点。

另外，不空之密教佛身观在其《略述金刚顶瑜伽分别圣位修证法门序》中也有论及：

证佛四种身，谓自性身、受用身、变化身、等流身。满足五智、三十七等不共佛法。然如来变化身，于阎浮提摩竭陀国菩提场中成等正觉，为地前菩萨、声闻、缘觉、凡夫说三乘教法。……不同报身毗卢遮那，于色界顶第四禅阿迦尼吒天宫，云集尽虚空遍法界一切诸佛、十地满足诸大菩萨证明，警觉身心，顿证无上菩提。自受用佛从心流出无量菩萨，皆同一性，谓金刚性，对遍照如来受灌顶职位。

此中可明显看出不空将密教的“说法主”视为佛之“自性、受用、变化、等流”四身中的“受用身”，亦即报身毗卢遮那佛。相同的观点也可见于不空译《金刚顶瑜伽金刚萨埵五秘密修行念诵仪轨》等经轨、《大乐金刚不空真实三昧耶经般若波罗蜜多理趣释》等注疏，以及《略述金刚顶瑜伽分别圣位修证法门》的正文中。[2] 如前文所说，《义赞》提出的“能说之佛身”亦沿袭了不空的思想，采用“受用身”的观点。

长谷川岳史在研究中指出，不空之佛身观的大部分内容受到玄奘译

① （唐）不空撰《略述金刚顶瑜伽分别圣位修证法门序》，《大正藏》第18册，第287页下。

② （唐）不空译《金刚顶瑜伽金刚萨埵五秘密修行念诵仪轨》，《大正藏》第20册、第535页下。《金刚顶瑜伽金刚萨埵五秘密修行念诵仪轨》：“若依毗卢遮那佛自受用身所说内证自觉圣智法，及大普贤金刚萨埵他受用身智，则于现生遇逢曼荼罗阿阇梨，得入曼荼罗。”又，《略述金刚顶瑜伽分别圣位修证法门》：“尔时金刚界毗卢遮那佛，在色界顶阿迦尼吒天宫，初受用身成等正觉……然受用身有二种：一自受用、二他受用。毗卢遮那佛于内心证得自受用四智：大圆镜智、平等性智、妙观察智、成所作智。外令十地满足菩萨他受用故，从四智中流出四佛……”（《大正藏》第18册，第288页中）又，《大乐金刚不空真实三昧耶经般若波罗蜜多理趣释》：“毗卢遮那如来，名遍照，报身佛。于色界顶第四禅色究竟天成等正觉，为诸菩萨说四种自证自觉圣智。”（《大正藏》第19册，第610页中）

《成唯识论》思想教义的影响。[①] 吕建福《中国密教史》中也列举了诸多不空思想与唯识经论的关联之处。[②] 同样，如前文所说，《义赞》在阐述显教义理时亦多引用唯识宗经论的教说。

由以上可知，《义赞》所体现出来的观点与不空之密教思想和教学特色有诸多称合之处。

四 《总释陀罗尼义赞》与慧琳《一切经音义》

《义赞》将显教和密教皆归于大乘，同时又提出显教为“依诸波罗蜜修行”、密教为“依真言陀罗尼三密门修行”的判别。这种观点与般若译《大乘理趣六波罗蜜多经》有相似之处：

> 复次，慈氏！云何名为第三法宝？所谓过去无量殑伽沙诸佛世尊所说正法，我今亦当作如是说，所谓八万四千诸妙法蕴，调伏纯熟有缘众生，而令阿难陀等诸大弟子，一闻于耳皆悉忆持，摄为五分：一素怛缆、二毗奈耶、三阿毗达磨、四般若波罗蜜多、五陀罗尼门。此五种藏教化有情，随所应度而为说之。……此五法藏，譬如乳、酪、生酥、熟酥、及妙醍醐。契经如乳，调伏如酪，对法教者如彼生酥，大乘般若犹如熟酥，总持门者譬如醍醐。醍醐之味，乳、酪、酥中微妙第一，能除诸病，令诸有情身心安乐。总持门者，契经等中最为第一，能除重罪，令诸众生解脱生死，速证涅槃安乐法身。复次，慈氏！我灭度后，令阿难陀受持所说素怛缆藏，其邬波离受持所说毗奈耶藏，迦多衍那受持所说阿毗达磨藏，曼殊室利菩萨受持所说大乘般若波罗蜜多，其金刚手菩萨受持所说甚深微妙诸总持门。[③]

经中所述“五种藏教观”亦可作为显密判别的思想来认知，如将经、律、论三藏分别对应乳、酪、生酥，文殊菩萨受持之“般若波罗蜜多”

① ［日］长谷川岳史：《〈成唯识论〉与不空译经典的自受用身说》，《印度学佛教学研究》47，1998年。及《不空译经典与中国佛教》，《印度学佛教学研究》49，2000年。

② 吕建福：《中国密教史》（修订版），中国社会科学出版社2011年版，第363页。

③ （唐）般若译《大乘理趣六波罗蜜多经》卷1，《大正藏》第8册，第868页中。

对应为熟酥，而金刚手菩萨受持之“陀罗尼门”或曰“总持门”则判属为微妙第一的醍醐之味。是以可以推测《义赞》对显、密两种修行的称谓源自《大乘理趣六波罗蜜多经》。

《大乘理趣六波罗蜜多经》的译成时间在其御制序文中有所提及，谓“以贞元四年岁次戊辰十一月二十八日，于西明寺译成上进”，即公元788年，此时已在不空圆寂之后。

另外，空海在公元805年于青龙寺惠果处得法之后，曾在其师的帮助下广泛搜集不空三藏新译经典，其中有相当一部分在唐地也少有所存，所以曾延请写经生二十余人精心抄写完成，而这其中却也未见《义赞》。直到圆行于公元839年所撰《灵岩寺和尚请来法门道具等目录》中才见其名。

由此推知，《义赞》虽然承袭了诸多不空之密教思想，但它并非不空本人之作品，应是继承了不空思想的弟子托名而作。

考察活跃于空海至圆行来唐期间的不空三藏之弟子众人，若称得上熟悉显密经典、详解梵汉名义的，应首推出身于疏勒（今新疆喀什）的慧琳。

慧琳本人对于印度声明、中国训诂等学问皆有深入研究，曾依不空学习密藏，参与不空译经事业，撰有训诂学音义类的专书《一切经音义》一百卷。景审《〈一切经音义〉序》云：“有大兴善寺慧琳法师者，姓裴氏，疏勒国人也，则大广智不空三藏之弟子矣，内精密教，入于总持之门；外究墨流，研乎文字之粹。印度声明之妙，支那音韵之精，既瓶受于先师，亦泉泻于后学。”[①]《宋高僧传》卷五称：“姓裴氏，疏勒国人也，始事不空三藏为室洒。内持密藏，外究儒流。印度声明、支那诂训靡不精奥。撰成《大藏音义》一百卷，起贞元四年，迄元和五载，方得绝笔。”[②]可知《一切经音义》是他在不空圆寂以后的公元788年至810年的二十二年间撰成，另据景审说是于建中末年（783）至元和二年（807）写成[③]。以慧琳作为翻译家、语言文字学家的背景来看，他在编撰《一切经音义》时也一定会留心“陀罗尼”“真言”“明咒”的不同字义，并给出

① （唐）景审撰《〈一切经音义〉序》，《大正藏》第45册，第311页上。

② （宋）赞宁撰《宋高僧传》卷5，《大正藏》第50册，第738页上。

③ （唐）景审撰《〈一切经音义〉序》，《大正藏》第54册，第311页下。

相应的解释：

> 此云总持，按诸经中有多种：有旋陀罗尼是定也，有闻持陀罗尼是法也，有咒陀罗尼秘密语也①（释云公撰，慧琳再加补《大般涅槃经音义》）。
>
> 陀罗尼云总持，以少略含多②（窥基撰，慧琳再审定《妙法莲花经音训》）。
>
> 总持有四，此即明咒③（同上）。梵语云陀罗尼，唐云持盟，或云总持。案持盟者，则真实言也。古译云咒，即是设盟立誓、不二真实之言也。共依此约，不敢违越，名曰持盟。俗语尚云共设咒誓，是此义也。真言者，真实无二之言也，与前义何别④（慧琳撰《不空羂索经音义》）。

由此可知，慧琳已注意到了显教中《菩萨地》所说之四种陀罗尼，以及“陀罗尼”和“真言”的相同含义。值得一提的是，此中亦可见“旋陀罗尼是定（三摩地），闻持陀罗尼是法，咒陀罗尼是秘密语”的解释。目前可知不空直传弟子所述文献中，与《义赞》所述“陀罗尼、真言、密言、明”之四称分别具有“法、义、三摩地、文（闻）”之四义的解读最接近者，当属慧琳所撰之《一切经音义》。

五　《总释陀罗尼义赞》与智慧轮《明佛法根本碑》

不空三藏第三代传法弟子智慧轮（？—876）曾作《明佛法根本》和《示教指归》二文，《大正藏》第四十六册将其并录，称为《明佛法根本碑》⑤，此亦是具有明显密教判教性质的短文。例如，《明佛法根本碑》规定法身大毗卢遮那佛为一切自受用身、他受用身和变化身的所依，持受用身说法的观点，并将密教称为“真言陀罗尼门”，此说与不空思想颇为一

① （唐）释云公撰《大般涅槃经音义》，《大正藏》第54册，第478页上。
② （唐）窥基撰《妙法莲花经音训》，《大正藏》第54册，第482页下。
③ （唐）窥基撰《妙法莲花经音训》，《大正藏》第54册，第492页中。
④ （唐）慧琳撰《不空羂索经音义》，《大正藏》第54册，第560页中。
⑤ （唐）智慧轮撰《明佛法根本碑》，《大正藏》第46册，第988页。

致。其在经、律、论三藏之上将密教别立为“最上乘三藏”的判教思想亦是如《义赞》同样源自般若译《大乘理趣六波罗蜜多经》的五种藏教说。而对于真言陀罗尼门之“总持”的解释更与《义赞》本文有着直接关系：

> 唐言总持者，持一切恶法不生，持一切善法不灭，摧却一切杂染之法，证得清净法界等流教法。言总持藏者，于一字义中悟无量百千甚深妙义，修行宣说逆顺自在。言三摩地总持者，由此陀罗尼故，三摩地现前，悟无量百千三摩地门。是故菩萨常于六趣示现受生，不被烦恼随烦恼坏，证大神通，成就利乐无边有情。言文字总持者，由此陀罗尼，成就于一字中所闻、所诵无量苏多罗永不忘失（《明佛法根本碑》）。
>
> 法持者，由得此持，摧灭一切杂染之法，证得清净法界等流教法。义持者，由得此持，于一字义中悟百千无量修多罗经，演说逆顺自在。三摩地持者，由此持故，必不散动，三昧现前，悟无量百千三摩地门。悲增菩萨故于六趣以愿受生，不被烦恼、随烦恼坏其三昧，由此三摩地证五神通，成就利乐无边有情。文持者，由此受持陀罗尼成就所闻，所谓一切契经。于一切如来、诸菩萨所闻百千无量修多罗永不忘失（《义赞》）。

由上二引文可知，《明佛法根本碑》在解释“总持、总藏持、三摩地总持、文字总持”时，出现了与《义赞》中对“陀罗尼四义”解释的相同文字。而《明佛法根本碑》的成立时间在咸通十年（869），[①] 可知《明佛法根本碑》直接引用了《义赞》中的文字。

像这样大量直接引用前人所述文献内容的情况，在智慧轮的其他著作中也有出现。如宗睿《请来目录》中记有《最上乘瑜伽秘密三摩地修本尊悉地建立曼荼罗仪轨》一卷（下简称《建立曼荼罗仪轨》），小字注曰：“智慧轮传文，七纸，具说次第法则。”[②] 此文现虽佚失，但在日本真言宗

---

① 《唐明佛法根本碑》僧智慧轮撰，僧绍明正书并篆额，咸通十年立。转见吕建福《大兴善寺遍觉大师智慧轮生平及其思想》，《人文杂志》2012年第2期12页引。

② ［日］宗叡撰《新书写请来法门等目录》，《大正藏》第55册，第1109页中。

僧杲宝（1306—1362）所著《大日经疏演奥钞》中，曾对法全撰《建立曼荼罗护摩仪轨》、慧琳集《建立曼荼罗及拣择地法》以及智慧轮《建立曼荼罗仪轨》等密教仪轨的内容进行过比对，提供了一些研究信息。如杲宝所言："智慧轮仪轨亦同此文，慧琳、智慧轮俱为不空三藏弟子，其所著述文言是同，定知（不空）三藏口说，若然无畏、不空两祖所传同一耳。"①由此可知，智慧轮所传之《建立曼荼罗仪轨》与慧琳所集仪轨"文言是同"，并与善无畏、法全所传内容有多处相异。

智慧轮为不空三藏第三代传法弟子的记载，可见于圆珍《请弘传真言止观两宗官牒款状》与《天台宗延历座主圆珍传》中②，又据圆珍亲书《圆珍请传法公验奏状案》中，曾将法全称为"唐故中天竺大那烂陀寺三藏善无畏阿阇梨第五代传法弟子"③，此说正与海云编《金胎两界师资相承》记载之"善无畏—玄超—惠果—法润—法全"④胎藏界付法系谱相合。由此推知，所谓不空三藏第三代传法弟子应指不空之徒孙。杲宝所言慧琳和智慧轮俱为不空三藏弟子的说法应属错解。

然而，智慧轮到底师承何人，这在曾亲自受学于智慧轮本人的圆珍亦未可知，如圆珍在《上智慧轮三藏书》中就曾向其请教："又大师祖师即先三藏也，文师是阿难，必垂付脉图。"⑤

据甲田宥吽考证，智慧轮的师父为大兴善寺惠应。⑥ 又，吕建福依《唐兴善寺普照大师碑》与《金胎两界师资相承》考证其师应为青龙寺法

---

① ［日］杲宝撰《大日经疏演奥钞》，《大正藏》第59册，第68页下。

② ［日］圆珍撰《请弘传真言止观两宗官牒款状》，《大日本佛教全书》第28册，第1311页下："复冬至日，至左街大兴善寺不空三藏院，礼拜三藏和尚骨塔，并见三藏第三代传法弟子三藏沙门智慧轮阿阇梨。参入道场，礼拜坛像。"及《天台宗延历座主圆珍传》，《大日本佛教全书》第28册，第1369页下："复冬至日，至街东大兴善寺不空三藏和尚院，礼拜三藏和尚骨塔，并见三藏第三代传法弟子沙门智慧轮阿阇梨。参入道场，礼拜圣众，谘承两部大曼荼罗教秘旨，兼授新译持念经法。"

③ ［日］圆珍撰《圆珍请传法公验奏状案 自笔本》，《园城寺文书》第一卷，日本讲谈社平成十年（1998）版，第322页上。

④ （唐）海云撰《金胎两界师资相承》，《大正藏》第59册，第213—214页。

⑤ ［日］圆珍撰《上智慧轮三藏书》，《大日本佛教全书》第28册，第1337页上。

⑥ ［日］甲田宥吽：《惠果和尚以后的密教僧》，《密教文化研究所纪要》15，2002年，第45—49页。

全①，然而此说虽有证据，却与“不空三藏第三代传法弟子”的记载有所出入。如果我们从智慧轮所传《建立曼荼罗仪轨》的内容与慧琳集《建立曼荼罗及拣择地法》文言相同的记载，以及慧琳和智慧轮二人所处之时代、二人皆通晓梵文和汉文的背景来看，亦可作出智慧轮师承于慧琳的推测。而慧琳之名虽不见于海云编《金胎两界师资相承》系谱中，但慧琳确为不空三藏之弟子，并且“内精密教，入于总持之门”，不妨为智慧轮传授密法。

另外，《宋高僧传》中称智慧轮“善达方言，深通密语，”②《兴善寺普照大师碑》又称他为“姓丁氏，京兆杜陵人”③，这不免让人生起疑问：作为一名土著中国人，又不见其远赴西域求法的文献、实物记载，是如何能翻译《般若波罗蜜多心经》，拥有三藏法师之名的呢？而慧琳出身于疏勒，熟知胡语方言，又通晓梵藏，智慧轮若在少年时代就从其受学，自然亦可“善达方言”了。

又，吕建福依据圆珍《上智慧轮三藏书》中的“文师是阿难”一句考证智慧轮的梵文老师为大兴善寺难陀三藏。然而《园城寺文书》第一卷所载之圆珍《上智慧轮三藏书》真迹字迹颇为潦草，似乎无法断言此文即指“文师是阿难，”④ 如小野胜年就曾将其理解为“父师是阿谁”⑤，亦即询问智慧轮的师父是何人；陈金华则理解为“文（璨）师是阿谁”，亦即询问文璨的师父是何人。⑥ 而笔者认为，若从《上智慧轮三藏书》的前后文脉来看，当解为“父师是阿谁？”

若依《宋高僧传》所记，可知慧琳世寿八十四岁，生卒年在公元737年至820年，⑦ 又据吕建福和陈金华考据，智慧轮圆寂时间在公元876年，

① 吕建福：《大兴善寺遍觉大师智慧轮生平及其思想》，《人文杂志》2012年第2期，第7—17页。

② （宋）赞宁撰《宋高僧传》卷3，《大正藏》第50册，第732页上。

③ （唐）张同撰《兴善寺普照大师碑》，《宝刻从编》，《文渊阁四库全书》卷661，台湾商务印书馆1983—1986年版，第41页。

④ ［日］圆珍撰：《上智慧轮三藏书》，《园城寺文书》第一卷，第123页上。

⑤ ［日］小野胜年：《圆珍〈上智慧轮三藏书〉附译注》，《龙谷史坛》1978年第73、74合并号，第67页。

⑥ 陈金华：《“胡僧”面具下的中土僧人：智慧轮（？—876）与晚唐密教》，《汉语佛学评论》2014年第4期，第191页。

⑦ 另依景审《一切经音义序》所记，可推测为公元733年至817年。

可推测智慧轮于少年时师事慧琳受学，待慧琳圆寂之后又至法全处灌顶受法。是以在《金胎两界师资相承》所记法全门下录有其俗名，而他所传《建立曼荼罗仪轨》又继承了慧琳的见解。

再者，由于《宋高僧传》称通晓诸方语言的智慧轮为“西域人”，此说或是从其再传弟子处听来[①]，加之智慧轮的僧名来自梵文 prajñā-cakra，不免让人倾向其西域出身的背景。然而记载智慧轮行状概要的《唐兴善寺普照大师碑》又称他为京兆丁氏，因碑刻史料的参考性远高于传记史料，所以陈金华的研究则更倾向于认为他的父亲为汉人，而母亲则有来自西域的背景[②]。笔者亦赞同智慧轮确有西域血统的说法。假如智慧轮父亲的“丁”姓亦来自唐代之西域的话，那么目前已知元、明时代西域丁姓胡人移居至汉地的记载则提前至唐代。事实上，唐时确有西域国家的王室后裔常居京兆的记载，如杜佑纂《通典》卷一百九十二“疏勒”条所载：“唐贞观中朝贡，今其国王姓裴，并有汉时莎车、捐毒、休循三国之地，侍子常在京师。”[③] 或许，因智慧轮与慧琳一样拥有着西域血统，则成为他在年少时就师从慧琳的主要原因之一。

结　论

由于《义赞》未录入不空《三朝所翻经请入目录流行表》、圆照《贞元录》以及空海《御请来目录》，加之其教判思想有来自般若译《大乘理趣六波罗蜜多经》的成分，是以可推断此文并非不空亲作。但其中对密教佛身观的认知，以及依显教唯识经论来理解“陀罗尼”之总持义，依密教诸经轨义理来解释“真言、密言、明”之四义的教说方式确与不空思想有诸多共通之处，甚或是将密教定义为“真言陀罗尼三密门”的观

① 据《大日本佛教全书》第116册，《入唐五家传考》第521页上记载：“六月十八日、（入宋日僧奝然）洛中逢崇智阇梨，问受法事。答云：崇智只习金刚藏教灌顶，胎藏界未受。又问血脉，答云：金刚智三藏授不空，不空授智慧轮三藏，后当京天寿寺径保阿阇梨授演秘大师，大师授法界观阿阇梨，阿阇梨授崇智。”此中所言智慧轮之再传弟子如径保、法界观（守真）及崇智等人皆住于宋京汴梁，径保其人更是与编撰《宋高僧传》的赞宁同住在天寿寺内，可知《宋高僧传》对智慧轮的记载以及所引《明佛法根本》《示教指归》均来自智慧轮弟子。

② 根据陈金华的研究，元代与明代时确实存在着一些从中亚而来的以丁（dîn）为姓的人。但由于没有相关材料指向于隋、唐时期，所以仍持智慧轮其父为丁姓汉人的观点。

③（唐）杜佑撰《通典》，王文锦等人点校，中华书局1982年版，第1638页。

点更是直接源自不空，可推测其文应是不空之弟子托名而作。

在不空之后，其弟子慧琳所撰《一切经音义》出现了与《义赞》对“陀罗尼、真言、明咒”的相似解读，虽未成严谨体系，但也可视为《义赞》所述真言陀罗尼思想的萌芽。此后，不空再传弟子智慧轮在其著作《明佛法根本碑》中大量植入了《义赞》原文，这不免让人联想到智慧轮与《义赞》作者之间的关系。另外，从“不空—慧琳—智慧轮”之师承关系的可能性，以及智慧轮亦曾在所传《建立曼荼罗仪轨》中引用慧琳集《建立曼荼罗及拣择地法》文言的事迹来看，则更加佐证了《义赞》或为慧琳撰写的推测。

在目前已知的文献中，《义赞》是唯一一部对诸如“陀罗尼、真言、密言、明”等散见于各类显、密经典中的用语进行体系化整理，并试图通过词义的解读来彰显密教之判教思想的著作。其对真言陀罗尼门之总持义的总结和阐发不仅直接影响了晚唐密教，辽代时道㲀所著《显密圆通成佛心要集》亦承接其真言思想，并引发了元、明时期“准提独部法”的流行。

（释宏涛，高野山大学博士生）

《诸阿阇梨真言密教部类总录》的诸刊本

——以高野山大学图书馆所藏本为中心

［日］赵新玲

摘　要： 本文将安然《真言密教总目录》的编撰流传过程分为十六部类初稿版、二十部类合并版、平安后期至江户前期写本、江户中期木刻本、《大正藏》铅字本五个阶段，重点介绍江户中期的十一部木刻本，指出其错误，又对卷首增补的“往生院记云”和“十六部类目录”序文内容详加介绍。

关键词： 真言密教总目录；木刻本；往生院记；十六部类；二十部类

一　前言

《诸阿阇梨真言密教部类总录》（大正 No. 2176），简称《真言密教总目录》。《真言密教总目录》是汉译密教东传日本后，天台宗学僧安然对密教经论、注疏、仪轨、梵字、曼荼罗等资料进行系统的分类整理的密教资料专题目录。

《真言密教总目录》的文本内容，从 10 世纪的古写本到 18 世纪江户时代的木刻本，乃至《大正藏》的铅字本，其内容不断增加，发展过程烦冗复杂。对此问题极具参考价值的论文有桥本进吉的《安然和尚事迹考》①

① ［日］桥本进吉：《安然和尚事迹考》，《山家学报》第 11 号，1919 年版，第 13—61 页。

和苫米地诚一的《〈诸阿阇梨真言密教部类总录〉解题》① 两篇论文。桥本在《安然和尚事迹考》中，将《真言密教总目录》的诸写本分为元庆本、仁和本和延喜本三个系统。苫米地在沿用桥本的分类方法的基础上，对诸写本的谱系关系进行了简单的探讨。笔者据《真言密教总目录》诸本的形成年代及内容，将其发展过程分为五个阶段：

第一阶段，安然编撰的十六部类版《真言密教总目录》，为《真言密教总目录》的初稿，据序文可知其形成于日本元庆九年（885）一月。

第二阶段，安然编撰的二十部类版《真言密教总目录》。据序文可知编撰于日本仁和元年（885 年改元）三月，安然将十六部类的初稿与《贞元新入目录真言教并真言》《贞元录前释陀罗尼法抽录》等合并编撰成二十部类。

第三阶段，平安后期（10 世纪中期）到江户前期（17 世纪初期）的写本。在此期间，《真言密教总目录》的传播主要依靠抄写。抄写过程中时常存在对原文的添削补正，由此形成不同写本之间存在诸多差异。

第四阶段，江户中期（18 世纪）的木刻本。随着印刷技术的发展，木刻版《真言密教总目录》的出现，使其文本内容变得固定化，摆脱了一直以来写经过程中因底本的差异或抄写过程的校对、增补等因素引起的文本内容不断演变的局面。

第五阶段，大正时期的《大正藏》铅字本。

目前，高野山大学图书馆藏有第四阶段的十一部木刻本《真言密教总目录》。本文以高野山大学图书馆所藏木刻本为中心，对第四阶段《真言密教总目录》内容的形成进行讨论。

二　木刻本书志概要

高野山大学图书馆现存木刻本《真言密教总目录》的特点是不同于古写本的一卷式，均分卷为上下两册，同时在古写本仅有的“二十部类目录”序文的基础上，在其前添加有“往生院记云”和“十六部类目录”序文的内容。此外，纸质均为绢纸，采用四孔一线的装订方法。上册卷尾

① ［日］苫米地诚一：《〈诸阿阇梨真言密教总目录〉解题》，《真福寺古目录集》二，临川书店 2005 年版，第 604—617 页。

有“真言密教总目录卷上终”，下册卷尾有“真言密教总目录卷下终　小本批云一千七百五十五卷”字样。

这十一部木刻本是来自各寺院的寄存本或寄赠本。具体如下：

1. 金刚三昧院寄存本，文化八年十月印制。
2. 金刚三昧院寄存本，印制日期不详。
3. 持明院寄存本，印制日期不详。
4. 三宝院寄存本，元文元年十月印制。
5. 光台院寄存本，印制日期不详。
6. 宝城院寄存本，印制日期不详。
7. 金藏寺寄存本，印制日期不详。
8. 正祐寺寄存本，元文元年十月印制。
9. 增福院寄存本，印制日期不详。
10. 增福院寄存本，印制日期不详。
11. 大山公淳寄赠本，印制日期不详。

下面对十一部木刻本进行详细介绍：

①金刚三昧院寄存本：封皮为土黄色。封面右上方以黑笔写有“二卷内”，其下以红笔写有“二十箱入”。上卷封皮左侧有签题脱落的印记。上、下卷封面：正中上方均以红笔写“盤”，旁边为用红笔勾掉的“地”，封面下方红笔写有“张”。“盤”“地”“张”，均属为《千字文》。《千字文》是中国古代儿童的启蒙教材，文章、文献的编号常使用《千字文》。从封面的“盤”“地”“张”字可知日本寺内文献整理曾用《千字文》进行编号的史实。

此外，右下角有被刻意涂毁掉的墨色字迹，上卷封面残有一“院”字，疑为寺院名字。推测该本曾被转手收藏，因此收藏者试图涂掉原收藏寺院的名字。值得注意的是上卷卷尾有黑笔书写的“文化八辛未十月吉良日东南院宽光隆”。下卷卷尾有黑笔书写的“文化八辛未十月吉日东南院宽光永之”。由此可知，该木刻本至少印制于文化八年（1811）十月之前。

②金刚三昧院寄存本：封皮微黄泛白。上卷封面有轻微虫蛀及明显水渍。装订线脱落严重。上卷左侧写有“八家秘录 上”。右侧上写有“六之箱入”。其中“六之”二字上有用红笔划的删改的竖批，其左侧有似红笔字迹，因被图书馆编号标签贴上而不得见。右下角题有“仁龙”二字。

下卷封面清洁，左侧书有“八家秘录 下”，右下角写有“仁龙”。卷尾下部有轻微虫损，卷尾下侧边缘有水浸过的痕迹。

③持明院寄存本：封皮为藏蓝色。上卷封面有轻微脱色及虫蛀，边缘磨损严重。左侧用黑笔写有“八家秘录 上”。右侧写有“廿×之箱，共二，持明院”。下卷封面清洁，有轻微虫损，装订线脱落，封面用黑笔写有“八家秘录 下”，右侧写有“十二之箱”，下方写有“持明院”。该木刻本的文本有红笔标注重点的笔迹。

④三宝院寄存本：封皮为浅蓝色。上卷封面题签上写有“八家秘录 上”。下卷题签脱落。上卷封面和下卷封底均有虫损脱色现象。尾页印有“元文元 丙辰 十月吉且 寺町五条上ル町 书林 井上忠兵卫求版”。由此可知，④的印刷时间为元文元年（1736）十月，木刻雕版属于京都的寺町五条上ル町井上忠兵卫书林（出版社，书房）。

⑤光台院寄存本：封面为土黄色。上、下卷有轻度磨损及虫损。上卷封面贴有白色贴纸，其上写有“二十三 冬 共二”。封页右下有“密门藏书”红色印章。

⑥宝城院寄存本：封皮为土黄色，签题脱落。上卷封面中央写有“字”，右上角有一个用黑笔画圈的“证”字。其右上有一字，被图书馆书签遮挡，不可见。下卷封面右上方有一“证”字。文献内部有轻微虫蛀，但不影响阅读。下卷首页有手写第十一至十九部类名。文本有用朱批标注的点或线的笔迹。

⑦金藏寺寄存本：封面为藏黑色。上、下两册线装合订。封面白色贴纸上写有：“能登国 金藏寺”。文本内容的最后一页缺失。卷尾写有“西生院宥智”。木刻本底边印有“八家秘录上”“八家秘录下”。

⑧正祐寺寄存本：封皮呈水蓝色，有云纹。上下册封面的签题分别用黑笔写有“八家秘录 甲”“八家秘录 乙”。右下角均有“桑门 元能藏”字样。首页盖有红色章“元应藏”。封底隐约可见“元文元 丙辰 十月吉且 寺町五條上ル町 书林 井上忠兵卫求版”。可知⑧印制于元文元年（1736）十月。

⑨增福院寄存本：封皮为藏蓝色。上卷的封皮左侧用黑笔写有“八家秘录 上”，其左侧写有“真言密教总目录”，右上方写有“日 共二”，右下方写有“日光院藏”。下卷的封皮与上卷品相基本一致，只是用黑笔写的字为“八家秘录”“真言密教总目录下”，而其右上方写的则是“共

二”。此外，扉页印有“日光院英仙”的印章。可见该木刻本曾是日光院英仙（1666—1745?）的藏书。

⑩增福院寄存本：封皮为土黄色。上卷可见题签脱落痕迹，其上用黑笔补写有“真言密教惣目录”，其右侧写有“八家秘录 上”。下卷保有“八家秘录下”的题签。上、下卷的封皮用黑笔写有“行 タ 二 人”，右下方写有“常贤”二字。此外，上、下卷的卷尾印有两方印章，一枚为圆章，内容为“金毗罗”章，另一枚为方章，内容为“本觅?”。

⑪大山公淳寄赠本：由大山公淳于1965年三月九日寄赠。封皮为藏青色。上卷的封皮左侧有签题“八家秘录 上下”。

以上是十一部木刻本的书志概要。此外，这些木刻本的尺寸（270mm × 190mm）、装订方法、文本字体都完全一致，推测是由同一木刻雕版印制。

此外，诸木刻本在内容上均存在相同的谬误。具体内容如下：

诸佛顶部第六、一字佛顶法四的“《奇特佛顶经》三卷，内云《一字奇特佛顶经现威德品》不空译，《贞元新入目录》圆觉海仁珍云《一字奇特佛顶经》三卷，不空”。

诸世天部第十三、蘘虞梨法八的“《金毗罗常瞿利毒女陀罗尼经》一卷　睿”。

诸礼忏部第十六的“《六菩萨名》一卷，序入藏云《六时菩萨名持》，贞元私云上十宜亦当诵，傍见之”。

诸观音部九、青颈法八的“《大慈大悲救苦观世音自在菩萨广大圆满无碍自在青颈大悲心真言》一卷，不空，仁”。

在诸木刻本的文本中，以上四种经轨题目中的“现”“利”“时”字均为补刻，“世音”二字旁边补刻有“二字无异本”字句。由此可以进一步确认该十一部木刻本均由同一雕版印制。

据前文可知，十一部木刻本中的八部印制时间不明，三部有时间记载。即①印制于文化八年（1811）十月之前、④印制于元文元年（1736）十月、⑧印制于元文元年（1736）十月。因为诸木刻本均由同一雕版印制，可知该雕版制作于元文元年（1736）之前，是由京都的寺町五条上ル町的井上忠兵卫书林求版制作。

江户中期，日本出现众多出版、贩卖书籍的书林。京都的寺町、二条、五条桥附近的各街区是书林最为密集之地。其中二条附近的书林多是与古典、诗词相关的书林，寺町、五条桥附近因为寺院林立，所以与佛教相关的书林鳞次栉比。由此推测，寺町五条上ル町的井上忠兵卫书林，恐怕也是出版佛教相关书籍的出版社。

此外，东京大学、大谷大学、佛教大学、龙谷大学的图书馆分别藏有一部木刻本《真言密教总目录》。其中东京大学、大谷大学、佛教大学的图书馆所藏的木刻本《真言密教总目录》是由贝叶书院印制。京都木屋町贝叶书院至今仍在运营，并且保存了《真言密教总目录》的木刻雕版，而且该雕版现在还可以用于印制《真言密教总目录》。经过比对，可以确认其就是井上忠兵卫书林曾使用的雕版。目前我们能确认时间的木刻本为元文元年（1736）印制，距今已有近三百年历史，其雕版能被保存并且依然在发挥印刷作用，让人不得不叹服日本对雕版的保养和珍视。

三　往生院记云

如前文所述，木刻本《真言密教总目录》内容最显著的特点，是相较于古写本而言，在卷首增加"往生院记云"和"十六部类目录"序文的内容。这两部分内容的增补应发生在制作雕版之际。目前，笔者尚未找到十六部类《真言密教总目录》文本，桥本在《安然和尚事迹考》（1919）中提及其曾见过该写本，并言及该写本仅有"十六部类目录"序文。如果不是在制作雕版过程中将该序文增补进去，想必也同十六部类文本一样，已经消失在历史的长河。因此"十六部类目录"序文的添加，不仅是完整地保存该序文，也为我们呈现出《真言密教总目录》从十六部类发展到二十部类的编撰过程。那么，为何要在卷首增补"往生院记云"的内容呢？

首先，由"往生院记云"可知其内容是引自"往生院记"。关于这个问题，川瀬一马在《平安末期抄本〈入唐记〉解说并释文》[①] 一文中有如下阐述：

> 编撰八家秘录是以整理唐传来的新经卷的目录等为目的。安然以请来目录为中心，同时附记入唐诸家的事迹及学法等次第编撰出

① ［日］川瀬一马：《平安末期抄本〈入唐记〉解说并释文》，《阪本龙门文库覆制藏丛刊》之三，阪本千代出版社 1960 年版，第 1—8 页。

《诸阿阇黎真言密教部类总录》(第1页)。

心觉的八家总录是在安然的八家秘录的基础上增订的目录，本书的内容应是心觉录的部分内容。据该书的内容量来看，应该不是心觉的总录的全文（第4页）。

本书中的“里书云”部分中有引用八家录的内容。由此可见，心觉的总录和安然的秘录中关于入唐八家的传记的记载，在内容上存在差异（第5页）。

由此可见，川濑认为《往生院记云》是安然的作品，同时认为《入唐记》是心觉的《八家总录》内容的一部分。对此，笔者持有完全不同的见解。川濑在文章中将《入唐记》《八家总目录》三卷私加里书等、《八家总录》所漏舍利道具等一卷[①]、《八家（录）》等几部完全不同的作品杂糅在一起论述。虽然这几部作品都与安然的《真言密教总目录》存在一定关联，其实都并非安然的《真言密教总目录》。

《入唐记》中记载包括入唐八家在内的三十位僧侣入唐、求法、归朝等事迹。目前高山寺藏有《入唐记》的写本。书中有红笔批注，批注中言及“八家云”，经比较发现其内容与《八家》的内容一致。其卷尾题有“心觉阇黎撰记　僧觉杲本比较了”。由此可知，《入唐记》是由平安末期的高野山僧侣心觉（1117—1180）撰写。心觉是真言宗常喜院流初祖，常喜院流为真言宗三十六流派之一。因心觉初到高野山住在常喜院而得名，后迁居往生院，其流派也被称为往生院流。[②]

高山寺所藏的写本中的红字推测是由觉杲批注。觉杲其人已无可考证。书中红笔所说的“八家录云”实际上是指快全[③]的著作《八家》。也就是说，高山寺所藏的《入唐记》写本是觉杲在抄写后，参考快全的

① 据《诸宗章疏录》卷三“常喜院心觉觉印付法，一兼意付法。本朝第十二”的记载，可知心觉曾撰有《八家总目录三卷 私加里书等》、《八家总录所漏舍利道具等一卷》。此外，高野山大学图书馆馆藏的《常喜院目录》中，也记载心觉的《八家总目录三卷 私加里书等》《八家总录所漏舍利道具等一卷》等作品目录。其中《八家总目录三卷 私加里书等》《八家总录所漏舍利道具等一卷》目前未见存本。

② 《密教大辞典》全　缩刷版、法藏馆，1984年，第180页。同时参考高野山大学图书藏本《纪伊续风土记》17。

③ 快全是应永时期的高野山释迦门院僧侣。应永十二年（1405），高野山荒废之际，曾代表高野山前往奈良学习论议，由此可见，快全是名优秀的学僧。

《八家》对其进行批注。《八家》的内容为入唐八家的入唐、学法、归朝、上表等四项事迹，体裁完全不同于诸家求法目录。通常作为传承印信，密封供奉在寺院。

下面来看木刻本《真言密教总目录》卷首的《往生院记云》的全文：

传教入唐延历二十三年七月六日随清公上第二船浮海未久着明州于时唐贞元二十一年。学法道隧习天台顺晓入壇灌顶受三部稣悉地法　归朝延二十四五月十八日上历野麻吕船却归于本朝　上表请来录朝辛丑云大唐贞元二十一年岁次乙酉二月十九日巳未日本国比叡山求法僧冣证 记录

弘法入唐延历二十三年六月　日随葛野叡上第一船八月到 福州　学法惠果六月上旬入胎藏学法灌顶壇七月上位之旬金刚界灌顶八月上旬亦受傳法阿阇梨灌顶　归朝大同元年　月　日　上表请来录云大同二入唐学法沙　年十月二十元日门空海上表

法琳寺

常晓入唐承和五年夏月随管原朝臣　善主上第四舶六月着扬州　学法文受金刚大法等 瑑并阿阇梨位灌顶　归朝录云常晓本谓果三十年经历 汉里缘唐朝不听随使 归国　上表请来录云承和六年九月有五日入唐 学法沙门传灯大法师位常晓上

灵岩寺

圆行入唐承和五年本朝臬 邻为附法上足　学法青龙寺义真受两部大法并传法阿阇梨灌顶　归朝唐開成四年冬月入京即本朝承和六年　上表录云承和六年十一月十九日入唐 叡学沙门传灯大法师位国行上表

延历寺慈觉

圆仁入唐承和五年六月十三日随常 翩上第一船八月著扬州唐開成三年　学法全雅受金刚界大法元政受金刚界并传法灌顶义真受灌顶竝大毗叡遮那经及稣悉地经玄法寺法全受胎藏大法竝传法灌顶宝月受悉叡宗叡受止观　归朝唐大中元年九月著太宰府即承和十四年也　上表录云承和十四年四月日入唐天 台宗请益传灯大法师位圆仁上

安祥寺

惠运入唐承和九年五月五日上大唐商客船八月 著江州唐曾昌二年也本朝宝惠附法资　学法义真学真言义 味竝传法灌顶　归朝唐大中元六月二十一日乘船三叡 日夜著肥前国日本承和十四年也　上表录云承和十四年十月日入唐运 学沙门传灯大法师位惠运上表

国城寺智证

国珍入唐三十九岁仁寿三年八月九日值大唐商 人钦良晖进发过海十五日著福州矣

学法船若怛罗三藏学悉业兼受两部竝梵经等法全受两部大法竝阿闍梨位灌顶惠输受两部大教祕旨　上表录云巨唐大中十二年五月十五日日 本国上都比叡 山延历寺比丘国珍录

圆觉式

宗睿入唐贞观四年与真如亲王共渡海 大唐咸通三年也本朝真绍资　学法玄叡和尚习金刚界大学竝灌顶青 龙寺法全受胎藏界大法竝 灌顶　归朝咸通六年望海三个日夜閤著本国日本贞观七年　上表录云日本贞观七年十一月十二日却来于左京 东寺重勘定入唐请益僧大法师位为后 记之

这段内容同样是略述入唐八家入唐、学法、归朝、上表的经过。因为《真言密教总目录》是基于入唐求法的最澄、空海、常晓、圆行、圆仁、惠运、圆珍、宗睿八家的请来目录编撰而成，所以在雕版制作时增补该序文与目录内容可谓极为恰当。从行文来看，这段序文与快全《八家》的前半部分内容相似度极高。心觉住过的往生院和快全住过的释迦门院均属于高野山，推测这种略述八家求法事迹的行文方式可能是真言宗内部固定的书写传统。

四　结论

《真言密教总目录》雕版，是日本江户中期的元文元年（1736）前，由京都的寺町五条上ル町的井上忠兵卫书林制作，并进行印制、流通。《真言密教总目录》的文本也因此得以固定化，普及化。该木刻本也因此被称为流布本。该雕版在编辑之际，在“二十部类目录”序文的基础上，增补“往生院记云”和“十六部类目录”序文的内容。其雕版至今依然完好地保存于京都贝叶书院。

（作者赵新玲，高野山大学博士生）

附录　高野山大学图书馆馆藏《八家》

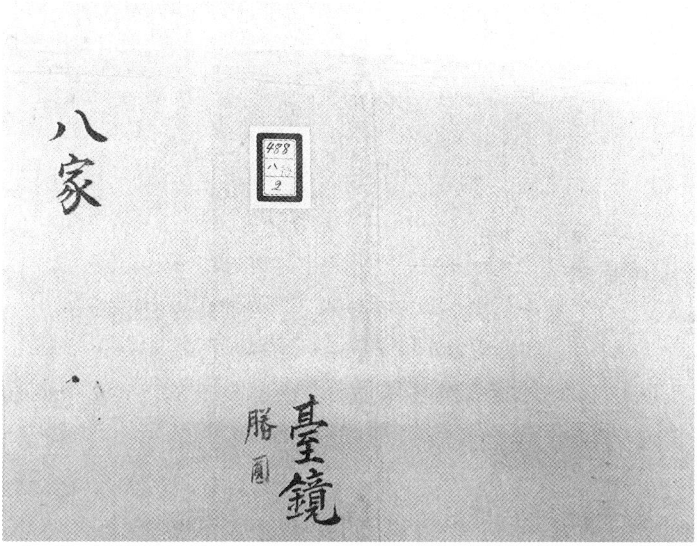

图 1

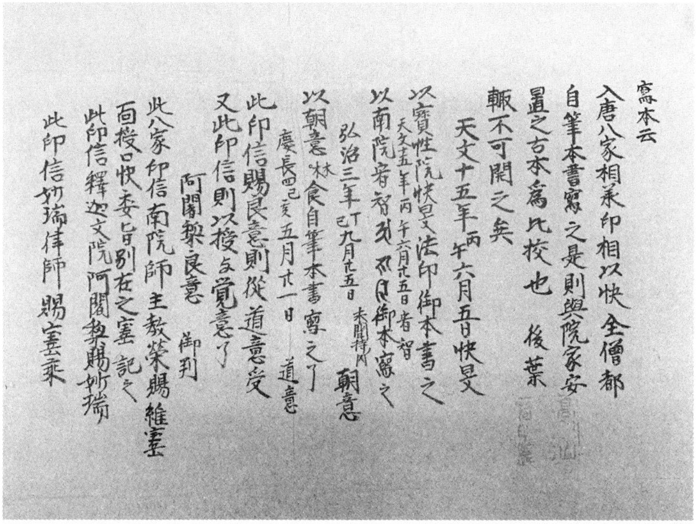

图 2

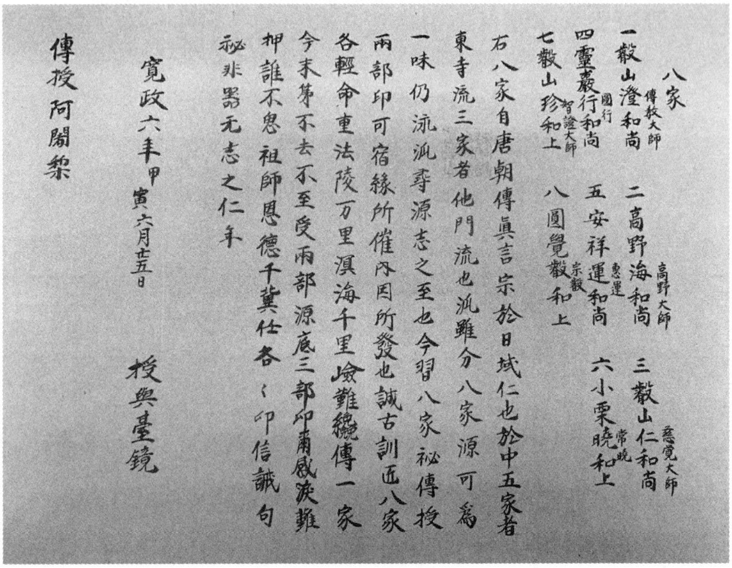
八家
一叡山澄和尚 傳教大師 二高野海和尚 高野大師 三叡山仁和尚 慈覚大師
四霊巌行和尚 圓行 五安祥運和尚 恵運 六小栗暁和上 常暁
七叡山珍和上 智證大師 八圓覺叡和上 宗叡
右八家自唐朝傳眞言宗於日域仁也於中五家者
東寺流三家者他門流也沠雖分八家源可爲
一味仍流沠尋源志之至也令習八家秘傳授
兩部印可宿縁所催內因所發也誠古訓匹八家
各輕命重法陵万里溟海千里嶮難纔傳一家
今末葉不去不至受兩部源底三部印甫感淚難
押誰不思祖師恩德千葉仕各々印信誡句
秘非器无志之仁矣
寛政六年甲寅六月廿五日 授與臺鏡
傳授阿闍梨

图3

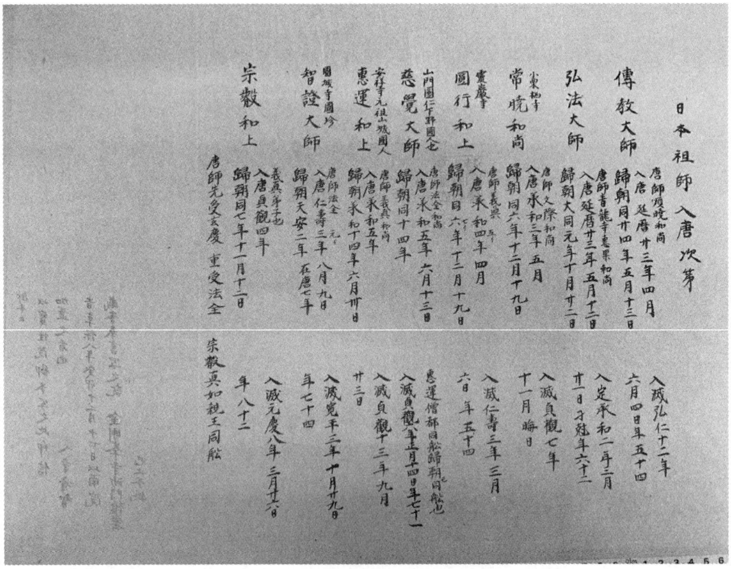
日本祖師入唐次第
傳教大師 唐師順暁和尚 入唐延暦廿三年四月 歸朝同廿四年五月十三日 入滅弘仁十三年六月四日年五十四
弘法大師 唐師青龍寺恵果和尚 入唐延暦廿三年五月十二日 歸朝大同元年十月廿二日 入定承和二年三月廿一日才魁年六十二
常暁和尚 小栗栖寺 唐師文𤪌和尚 入唐承和三年五月 歸朝同六年十二月十九日 入滅貞觀七年十一月晦日
圓行和上 靈巖寺 唐師義興 入唐承和四年四月 歸朝同六年十二月十九日 入滅仁壽二年三月六日年五十四
慈覺大師 山門圓仁下野國仝 唐師法全和尚 入唐承和五年六月十三日 歸朝同十四年 恵運僧都同船歸朝同船也
恵運和上 安祥寺元祖山城國人 唐師義眞和尚 入唐承和五年 歸朝承和十四年六月廿日 入滅貞觀八年五月十四日年七十一
智證大師 園城寺圓珍 唐師法全 入唐仁壽三年八月九日 歸朝天安二年 在唐七年 入滅貞觀十三年九月廿三日
宗叡和上 義眞弟子也 入唐貞觀四年 歸朝同七年十一月十二日 唐師先受玄慶 重受法全 宗叡眞如親王同船 入滅寛平三年十月廿九日年七十四
入滅元慶八年三月廿六日年八十二

图4

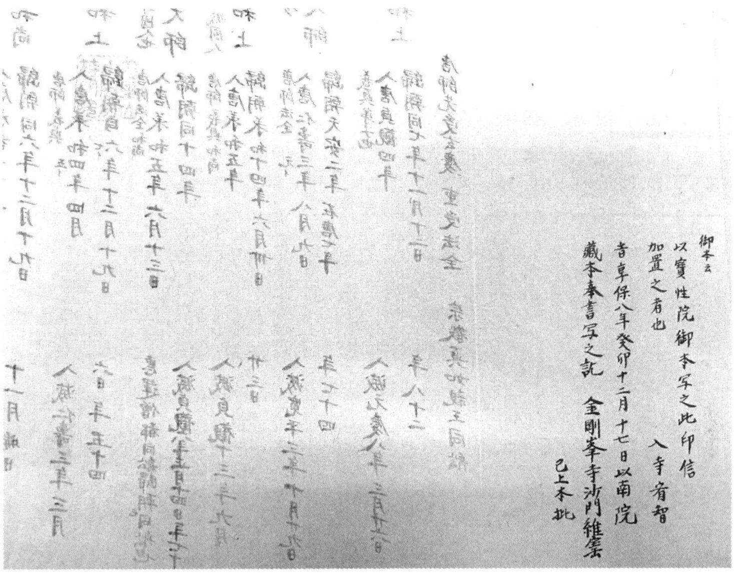
御本云
以寶性院御本写之此印信
加置之者也　入寺肴智
享保八年癸卯十二月十七日以南院
藏本奉書写之訖　金剛峯寺沙門維寔
已上本批

图5

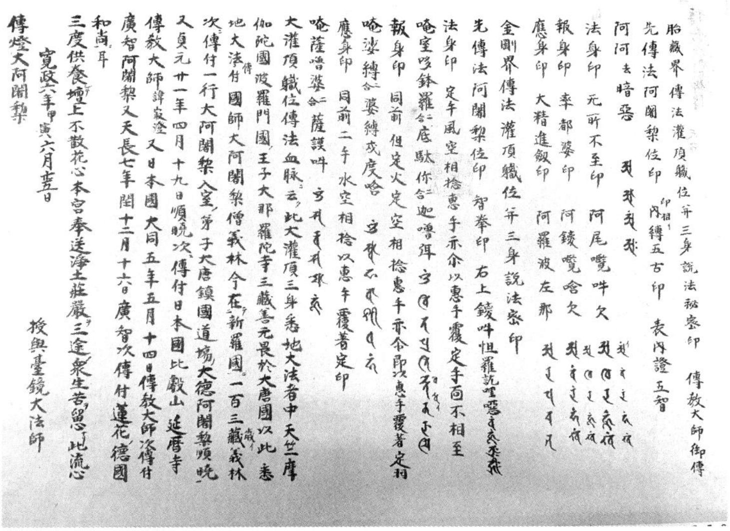
胎藏界傳法灌頂職位并三身說法秘密印　傳教大師御傳
先傳法阿闍梨位印　印相内縛五古印　表内證五智
阿阿暗惡
法身印　无所不至印　阿尾囉吽欠
報身印　率都婆印　阿鑁覽唅欠
應身印　大精進鉤印　阿羅波左那
金剛界傳法灌頂職位并三身說法密印
先傳法阿闍梨位印　智拳印　右上鑁吽怛羅訖哩惡
法身印　定手風空相捻惠手亦介以惠手覆定手面不相至
唵室哆鉢羅底馱你迦嚕弭
報身印　同前　但定火定空相捻惠手亦介即以惠手覆著定
唵婆縛婆縛戍度唅
應身印　同前二手水空相捻以惠手覆著定印
唵薩嚩婆薩護吽
大灌頂職位傳法血脉云此大灌頂三身秘地大法者中天竺摩
伽陀國波羅門國王子大那羅陀寺三藏善元畏於大唐國以此秘
地大法付國師大阿闍梨僧義林今在新羅國一百三藏義林
次傳付一行大阿闍梨入室弟子大唐鎮國道場大德阿闍梨順曉
又貞元廿一年四月十九日順曉次傳付日本國比叡山延曆寺
傳教大師諱最澄又日本國大同五年五月十四日傳教大師次傳付
廣智阿闍梨又天長七年閏十二月十六日廣智次傳付蓮花德國
和尚耳
三度供養壇上不散花心本宮奉送淨土莊嚴三途衆生苦留此流心
寬政六年甲寅六月廿五日
傳燈大阿闍梨　授與臺鏡大法師

图6

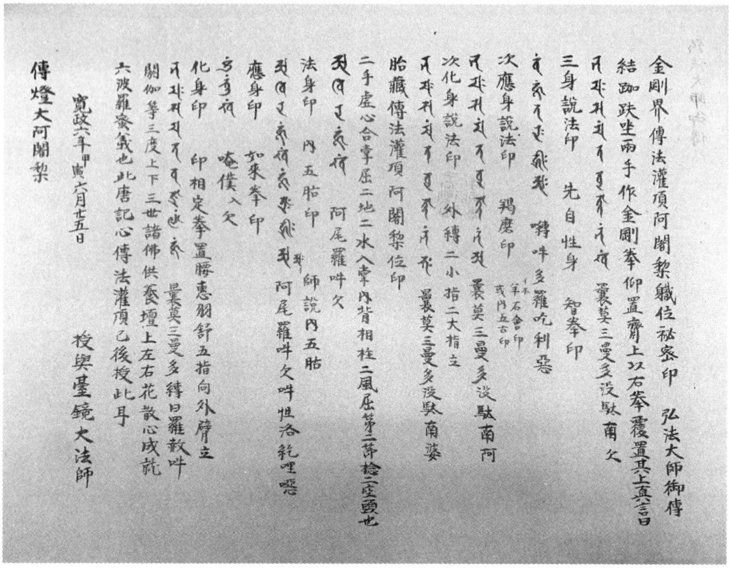

金剛界傳法灌頂阿闍梨職位祕密印　弘法大師御傳
結跏趺坐兩手作金剛拳仰置臍上以右拳覆置其上真言曰
曩莫三曼多沒馱南欠
三身說法印　先自性身　智拳印
鑁吽多羅吃利惡
次應身說法印　羯磨印　一本羊石會印 或內五古印
曩莫三曼多沒馱南阿
次化身說法印　外縛二小指二大指立
曩莫三曼多沒馱南婆
胎藏傳法灌頂阿闍梨位印
二手虛心合掌屈二地二水入掌內背相柱二風屈第二節捻二空頭也
阿尾羅吽欠
法身印　內五胋印　師說內五胋
阿尾羅吽欠吽怛洛紇哩噁
應身印　如來拳印
唵僕入欠
化身印　印相定拳置腰慧羽舒五指向外臂立
曩莫三曼多縛日羅赦吽
閼伽等三度上下三世諸佛供養壇上左右花散心成就
六波羅蜜義也此唐記心傳法灌頂已後授此耳
寬政六年甲寅六月廿五日　授與臺鏡大法師
傳燈大阿闍梨

图 7

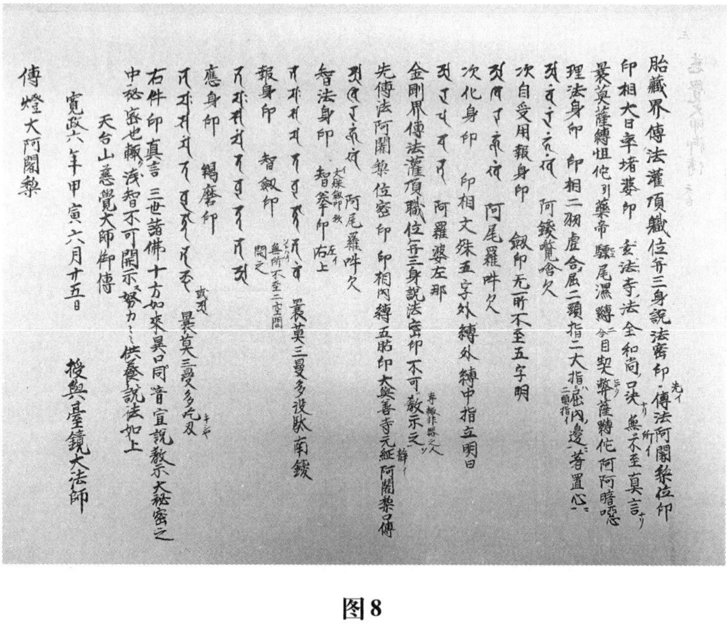

胎藏界傳法灌頂職位并三身說法密印・傳法阿闍梨位印
印相大日率堵婆印　玄法寺法全和尚口決無所不至真言
曩莫薩縛怛他引糵帝驃尾濕縛目契弊薩嚩他阿阿暗噁
理法身印　印相二羽虛合屈二頭指二大指屈內邊著置心
阿鑁覽唅欠
次自受用報身印　斂印無所不至五字明
阿尾羅吽欠
次化身印　印相文殊五字外縛外縛中指立明曰
阿羅婆左那
金剛界傳法灌頂職位并三身說法密印不可敘示之
先傳法阿闍梨位密印　印相內縛五胋印大興善寺元紐阿闍梨口傳
阿尾羅吽欠
智法身印　智拳印右上
曩莫三曼多沒馱南鑁
報身印　智斂印
應身印　羯磨印
曩莫三曼多[illegible]叉
右件印真言三世諸佛十方如來異口同音宜說教示大祕密之
中祕密也輙淺智不可開示努力努力供養說法如上
天台山慈覺大師御傳
寬政六年甲寅六月廿五日　授與臺鏡大法師
傳燈大阿闍梨

图 8

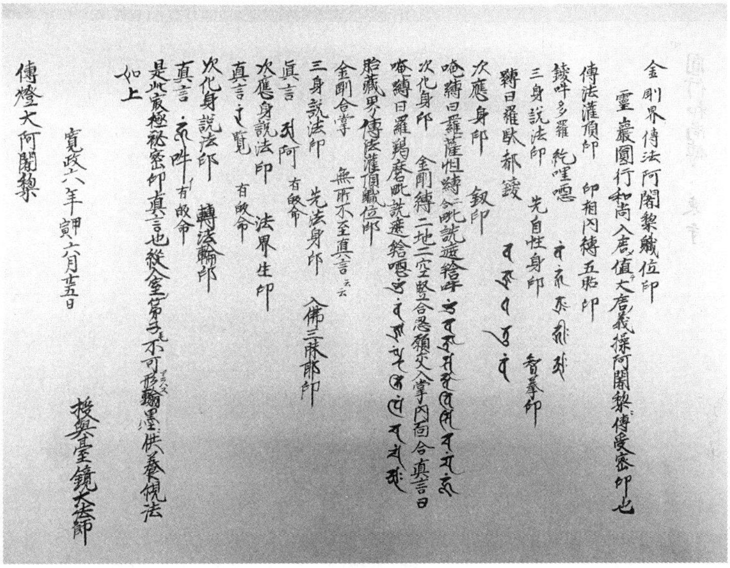

金剛界傳法阿闍梨職位印
靈巖圓行和尚入唐值大唐義操阿闍梨傳受密印也
傳法灌頂印 印相内縛五股印
鑁吽多羅 紇哩噁
三身説法印 先自性身印 智拳印
縛日羅馱都鑁
次應身印 釵印
唵縛日羅薩怛縛二合毗詵遮給吽
次化身印 金剛縛二地二空竪合忍願交入掌内面合真言曰
唵縛日羅羯磨毗詵遮給噁
胎藏界傳法灌頂職位印
金剛合掌 無所不至真言云云
三身説法印 先法身印 入佛三昧耶印
真言 阿 有暇命
次應身説法印 法界生印
真言 覽 有暇命
次化身説法印 轉法輪印
真言 吽 有暇命
是此最極秘密印真言也從入室弟子外不可輙 供養觀法
如上
寛政六年甲寅六月廿五日
授與瑩鏡大法師
傳燈大阿闍梨

图 9

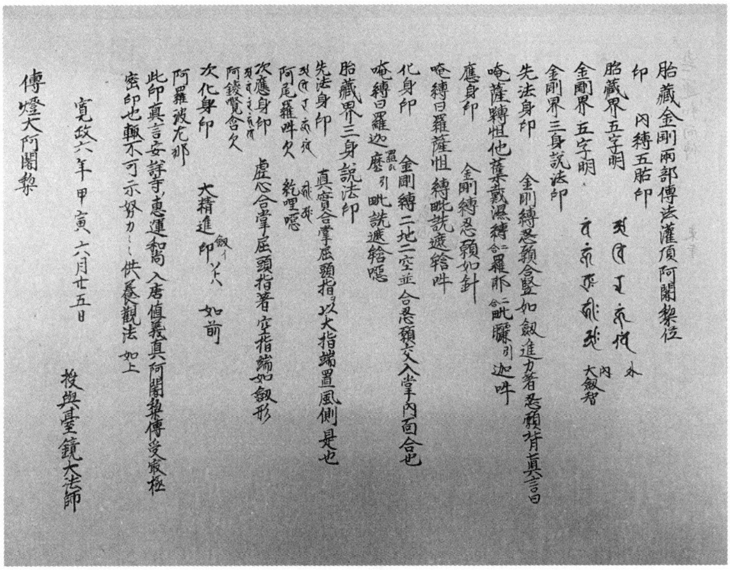

胎藏金剛兩部傳法灌頂阿闍梨位
印 内縛五股印
胎藏界五字明
金剛界五字明 内 大鉞智
金剛界三身説法印
先法身印 金剛縛忍願合竪如劍進力著忍願背真言曰
唵薩嚩怛他蘖多縛日羅二合毗曬引迦吽
應身印 金剛縛忍願如針
唵縛日羅薩怛縛毗詵遮給吽
化身印 金剛縛二地二空並合忍願交入掌内面合也
唵縛日羅迦麼毗詵遮給噁
胎藏界三身説法印
先法身印 真實合掌屈頭指以大指端置風側是也
阿尾羅吽欠
次應身印 虚心合掌屈頭指著空指端如劍形
紇哩噁
阿鑁覽含欠
次化身印 大精進印 如前
阿羅跛左那
此印真言妥許寺惠運和尚入唐值義真阿闍梨傳受最極
密印也輙不可示努力 供養觀法 如上
寛政六年甲寅六月廿五日
授與瑩鏡大法師
傳燈大阿闍梨

图 10

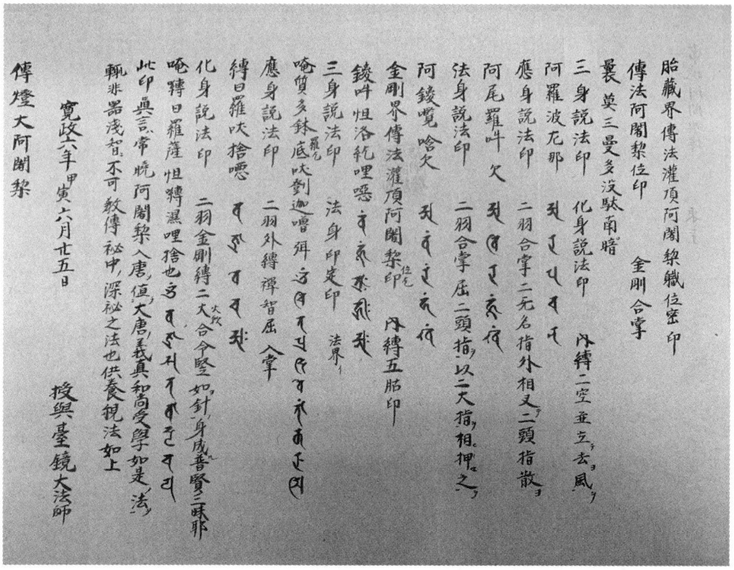
胎藏界傳法灌頂阿闍梨職位密印
傳法阿闍梨位印　金剛合掌
曩莫三曼多沒馱南暗
三身說法印　化身說法印　內縛二空並立去風
阿羅波左那
應身說法印　二羽合掌二无名指外相叉二頭指散
阿尾羅吽欠
法身說法印　二羽合掌屈二頭指以二大指相押之
阿鑁覽唅欠
金剛界傳法灌頂阿闍梨印　內縛五股印
鑁吽怛洛紇哩惡
三身說法印　法身印定印　法界
唵質多鉢底吠劉迦嚕弭
應身說法印　二羽外縛禪智屈入掌
縛日羅吠捨噁
化身說法印　二羽金剛縛二大合令豎如針身成普賢三昧耶
唵縛日羅薩怛縛湛哩捨也
此印與言常曉阿闍梨入唐值大唐義真和尚受學如是法
輒非器淺智不可教傳秘中深秘之法也供養覲法如上
寬政六年甲寅六月廿五日　授與臺鏡大法師
傳燈大阿闍梨

图 11

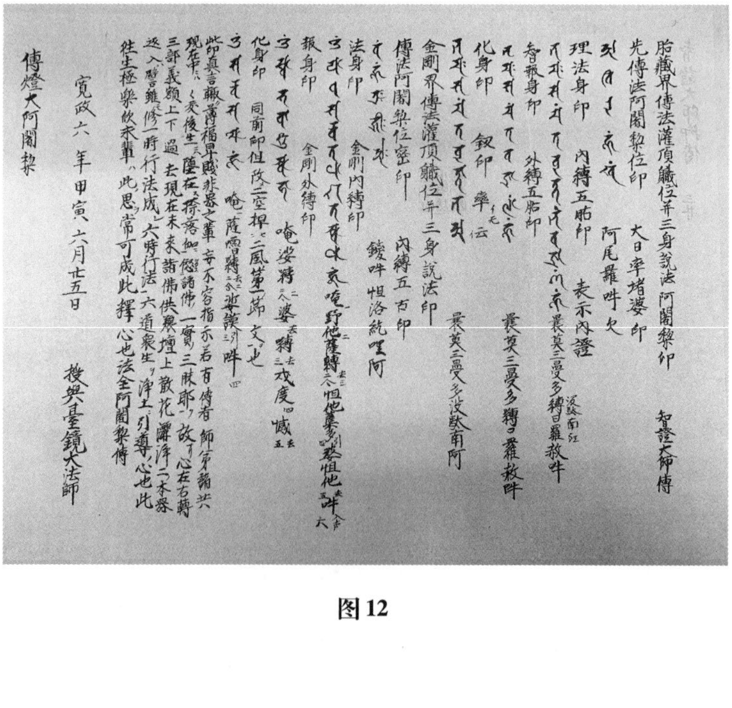
胎藏界傳法灌頂職位并三身說法阿闍梨印　智證大師傳
先傳法阿闍梨位印　大日率堵婆印
阿尾羅吽欠
理法身印　內縛五股印　表示內證
曩莫三曼多縛日羅赦吽
智報身印　外縛五股印
曩莫三曼多縛日羅赦吽
化身印　釼印
曩莫三曼多沒馱南阿
金剛界傳法灌頂職位并三身說法印
傳法阿闍梨位密印　內縛五古印
鑁吽怛洛紇哩阿
法身印　金剛內縛印
報身印　金剛外縛印
化身印　同前印但改二空捏二風第一節文也
寬政六年甲寅六月廿五日　授與臺鏡大法師
傳燈大阿闍梨

图 12

高野山平安时代(794—1192)的密教宝藏目录*

[日] 静慈圆

摘　要：自空海创建高野山密教道场1200年来，高野山保存的密教文物难以计数，近代以来成立高野山图书馆和灵宝馆，分别收藏各寺院捐献的图书文物，其中灵宝馆收藏了80%的文化遗产，但至今尚未进行系统的整理。本文在前人部分整理的基础上，重点就其中平安时代的文物进行系统的分类整理，并作高野山灵宝馆收藏的平安时代密教文物目录，在此分三部分简要介绍高野山密教文物的价值和意义、写本收藏、文物整理情况。

关键词：高野山灵宝馆；平安时代；写本；文物；密教

日本历史大概可分为以下几个时代：大和时代（？—710）、奈良时代（710—794）、平安时代（794—1192）、镰仓时代（1192—1333）、南北朝时代（1333—1392）、室町时代（1392—1573）、安土桃山时代（1573—1603）、江户时代（1603—1868）、明治时代（1868—1912）、大正时代（1912—1926）、昭和时代（1926—1989）、平成时代（1989—2019）以及令和时代（2019—　）。

日本密教始于空海（774—835），其于31岁（804）时入唐，在当时的长安师从惠果阿阇梨学习密法，33岁（806）时学成回国。在43岁

---

* 相关研究详细内容见于《高野山的密教宝藏目录——平安时代(794—1192)的宝藏》(日文原题为《高野山の密教宝蔵目録——平安時代(794—1192)の宝蔵——》,静慈圆编,高野山灵宝馆发行),在此仅列举编号。

（816）时，空海开创了高野山。

自从高野山开创至今已有1200余年，在这期间高野山一直被视为信仰之山、学问之山，乃至在日本历史中占有重要地位。在各个时代，日本中央政权的统治者天皇、皇族都与高野山关系密切，其中很多人都曾来此朝拜，而且每次都有朝礼布施的记载流传下来。这些记载就成为研究日本历史的第一手资料。

同时，空海的密教学说由其弟子继承下来，在高野山传承千余年之久。也就是说，这里密教文献汗牛充栋，异常丰富。不仅如此，还有大量密教修法所必需的道场、佛像、佛画、工艺品等保存至今。

空海之后1200年间，高野山保存的密教文物难以计数，因此时至今日都没有形成一个完整的目录。

一　高野山的文物在日本历史上的地位

高野山是一座拥有千余年历史的宝山，这个密教文物宝库可以称为“无尽藏”。空海开创高野山之后，随着时代发展，寺院数量逐渐增多。到了江户时代（1603—1868），已经坐拥1200余座寺院。高野山的文物也都是由信徒捐赠给寺院而积累起来的。

由于明治维新（1868）“废佛毁释”和“废藩置县”制度的实施，高野山的经济从根本上遭到破坏。原来的1200余座寺院有的荒废，有的分离到山外，同时寺院合并现象也很严重。到今天，只有117个寺院存留下来，其中宿坊寺院（对外提供住宿）有53所。在明治维新时期，大量文物流出高野山，甚至流失海外。

明治21年（1888）发生火灾之后，高野山的文物保护运动就兴盛起来了。

在日本各个财团的支持下，文物馆的建设运动顺利进行，于大正10年（1921）高野山建成了“灵宝馆”——这是一座保存和展示高野山内约80%文化遗产的场馆。现在，这里总共收藏着包括21件国宝、143件重要文物在内的28000件重点文物，其他文物还有50000件之多。当然，高野山内的各种塔庙建筑、隔扇画等并没有计算在内，还有不少寺院的文物没有保存在灵宝馆。

二　高野山写本资料的保存概况

高野山的写本多数保存在高野山大学图书馆和灵宝馆。

高野山大学图书馆是昭和 4 年（1929）建成的，藏有光明院、金刚三昧院、三宝院、持明院、宝城院、高台院、真别所、龙光院、正祐寺等委托保管的写本。

灵宝馆所藏的寄存写本主要来自金刚峰寺、宝寿院。虽然也有其他寺院的写本，但是数量较少。

除高野山大学图书馆和灵宝馆以外，高野山山内寺院里还存有写本资料。其中，正智院书籍资料尤多，并且独立刊行了《正智院圣教目录》（上下二卷，山本信吉编，吉川弘文馆出版）、《高野山正智院连歌资料集成》（全二册，高野山正智院经藏史料集成四、五，思文阁出版）。

以上为写本保存概况，总结来说高野山的写本资料并没有得到全面而系统的整理。

本文将借鉴上述内容，对高野山平安时代的写本进行整理。

之前曾有《平安遗文》（竹内理三编，东京堂出版）一书整理并出版了平安时代的写本。此书主要收集了平安时代写本典籍的卷末跋文，对每一则跋文原文进行了探讨研究等工作。在《平安遗文》中，高野山相关的写本被编辑为《高野山文书》，但是并没有对其进行详细的调查研究。本文则将《高野山文书》中所记载的平安时代写本全部收录使用。

三　高野山灵宝馆收藏的宝藏

雕　刻——	01	02	03	04	05	06	07	08	09	10
	11	12	13	14	15	16	17	18	19	20
	21	22	23	24	25	26	27	28	29	30
	31	32								
绘　画——	01	02	03	04	05	06	07	08	09	10
	11	12								
工　艺——	01	02	03	04	05	06	07	08	09	
——	01	02	03	04	05	06	07	08	09	10

11 12 13 14 15 16 17 18 19 20
21

工 艺（高野山奥之院御庙及其周边的出土品）

22 23 24 25 26 27 28 29 30 31

写本

宝寿院写本（灵宝馆收藏）

在昭和四年（1929）时，对宝寿院的写本进行过调查；昭和四十九年（1972）这些写本从宝寿院转移到灵宝馆，当时有75箱，每箱的写本放置杂乱。在转移到灵宝馆之后，依次将其整理为《宝寿院圣教目录》［高野山灵宝馆编，平成十一年（1999）5月21日发行］。当时的灵宝馆馆长山本智教将其在《密教学会报》（高野山大学密教学会编）的第14号、第15号、第16号、第17/18合并号、第19/20合并号上以“宝寿院藏书”为题出版。这里提到的是其中的平安时代写本，按照箱号列举如下：

特别部一　他部（密经部）、宗部教相第一（经轨部）

大般若经六百卷—— 01 02 03 04 05 06 07 08 09 10
11 12 13 14 15 16 17 18 19 20
21 22 23 24 25 26 27 28 29 30
31 32 33 34 35 36 37 38 39 40
41 42 43 44 45 46 47 48 49 50
51 52 53 54 55 56 57 58 59 60
61 62 63 64 65 66 67 68 69 70
71 72 73 74 75 76 77 78 79 80
81 82 83 84 85 86 87 88 89 90
91 92 93 94 95 96 97 98 99

密教经轨类（卷轴本） 100 101 102 103 104 105
106 107 108 109 110 111
112 113

诸宗章疏 114 115 116 117 118 119

特别部二　宗部教相第二（密教注疏部）　120　121　122　123　124

宗部教相第三（祖典并同注疏部）125　126　127　128　130　131

十住心论抄物［此书箱函康永四年（1345）四月订做］132　133

三教指归抄物 134　135　136

特别部三　宗部事相各流圣教

御作末注广泽诸流　137　138　139　140　141　142　143　144　145　146　147　148　149　150　151　152　153　154　155

安流四度灌顶　156　157

灌流灌顶　158　159　160　161　162　163　164　165　166　167　168　169　170　171　172　173　174　175

三宝院流圣教　176　177　178　179　180　181

诸尊法　182　183　184　185　186

理性院圣教　187　189

瑜祇经疏并灌顶式　190　191　192　193　194　195　196　197　198　199　200　201　202　203

无量寿院宝性院过去帐　204

正智院写本（已发现1900件，其中平安时代的有如下56件）

正智院写本保存在正智院，此寺院曾独立调查这些写本并制作了目录，即山本信吉编《正智院圣教目录》上卷、《正智院圣教目录》下卷（吉川弘文馆出版）。在此将平安时代的写本部分整理如下：

写　经（6件）

——　01　02　03　04　05　06

教　相（21件）

——　01　02　03　04　05　06　07　08　09　10　11　12　13　14　15　16　17　18　19　20　21

事　相（13件）

—— 01 02 03 04 05 06 07 08 09 10
11 12 13

诸 宗（13件）

—— 01 02 03 04 05 06 07 08 09 10
11 12 13

汉 籍（3件）

—— 01 02 03

正智院写本（平安遗文记载）

—— 01 02 03 04 05 06 07

光明院写本（高野山大学图书馆寄存书）

从高野山各寺院收集而来的“高野山大学图书馆寄存书”的目录，并非由各个寺院共同完成的。只有光明院文库进行了目录编写的工作。

光明院文库的文书典籍是明治初期从京都劝修寺带到高野山的圣教中保管在光明寺的部分，共收在15个木箱之中，现在整理了10箱。《高野山大学论丛》所公布的资料如下：

《高野山大学论丛》第40卷　　第一箱、第二箱、第三箱、第五箱
《高野山大学论丛》第41卷　　第四箱、第六箱、第七箱
《高野山大学论丛》第43卷　　第九箱
《高野山大学论丛》第44卷　　第八箱（前半）
《高野山大学论丛》第48卷　　第十箱

其次，上述文书整理中发现的平安时代写本如下所示：

第一箱	01 02 03 04 05
第二箱	无
第三箱	06
第四箱	07 08 09 10 11 12 13 14 15 16
第五箱	17 18 19
第六箱	无
第七箱	无
第八箱	20 21 22 23 24 25 26 27 28 29 30 31 32 33 34 35 36 37 38 39 40 41 42 43 44 45 46 47 48 49 50 51 52 53 54 55 56 57 58 59 60

61 62 63 64 65 66 67 68 69 70
71 72 73 74 75 76 76

第九箱 77 78 79 80 81 82 83 84 85 86
87 88 89 90 91 92 93 94 95 96
97 98 99 100 101

第十箱 无

光明院写本（平安遗文记载） 01 02 03

以下所示各个寺院的写本没有经过整理，今后有必要进行系统的梳理工作。其中包括短篇论文所公布出来的内容，仅供参考。

三宝院写本（平安遗文记载）

—— 01 02 03 04 05 06 07 08 09 10
11 12

三宝院写本（灵宝馆收藏）

—— 13 14

龙光院写本（平安遗文记载）

—— 01 02 03

龙光院写本（灵宝馆收藏）

—— 04 05 06 07 08 09 10

西南院写本（平安遗文记载）

—— 01 02 03 04 05 06 07 08 09 10
11 12 13 14 15 16 17 18 19 20
21 22 23 24 25 26 27 28 29 30
31 32 33 34 35 36 37 38 39 40
41 42 43 44 45 46 47 48 49 50
51 52 53 54 55 56 57 58 59 60

金刚三昧院写本（平安遗文记载）

—— 01 02 03

亲王院写本（平安遗文记载）

—— 01 02 03 04

持明院写本（平安遗文记载）

—— 01 02 03 04 05

成福院写本（平安遗文记载）

—— 01

法明院写本（平安遗文记载）

—— 01

金刚峰寺写本（灵宝馆收藏）

—— 01 02 03 04 05 06 07 08 09 10
11 12 13 14 15 16 17 18 19 20
21 22

宝龟院写本（灵宝馆收藏）

—— 01

释迦文院写本（灵宝馆收藏）

—— 01

大乘坊写本（灵宝馆收藏）

—— 01

樱池院写本（灵宝馆收藏）

—— 01

高野山文书　《宝简集》《续宝简集》《又续宝简集》

高野山文书记载了高野山与各个时代中央政府、贵族、皇室的关系，是研究日本历史的第一手资料。《宝简集》收录了 692 种文本，《续宝简集》收录了 831 种文本，《又续宝简集》收录了 1979 种文本。其中，《宝简集》《续宝简集》《又续宝简集》分别收入平安时代的写本 82 种、23 种、74 种。

—— 01 02 03 04 05 06 07 08 09 10
11 12 13 14 15 16 17 18 19 20
21 22 23 24 25 26 27 28 29 30
31 32 33 34 35 36 37 38 39 40
41 42 23 44 45 46 47 48 49 50
51 52 53 54 55 56 57 58 59 60
61 62 63 64 65 66 67 68 69 70
71 72 73 74 75 76 77 78 79 80
81 82 83 84 85 86 87 88 89 90
91 92 93 94 95 96 97 98 99 100
101 102 103 104 105 106 107 108 109 110
111 112 113 114 115 116 117 118 119 120
121 122 123 124 125 126 127 128 129 130

131	132	133	134	135	136	137	138	139	140
141	142	143	144	145	146	147	148	149	150
151	152	153	154	155	156	157	158	159	160
161	162	163	164	165	166	167	168	169	170
171	172	173	174	175	176	177	178	179	

上述内容是《高野山的密教宝藏目录——平安时代（794—1192）的宝藏》（日文原题《高野山の密教宝蔵目録——平安時代（794—1192）の宝蔵——》）的内容。

本文仅仅列举了各个写本的编号，而其具体内容在上述目录中有详细记录。

（作者静慈圆，高野山大学名誉教授、灵宝馆原馆长；译者释来海，高野山大学博士生）

高野山の密教宝蔵目録

——平安時代（794～1192）*

静慈圓

日本の歴史を時代別に大別すれば、大和時代（ ～710）、奈良時代（710～794）、平安時代（794～1192）、鎌倉時代（1192～1333）、南北朝時代（1333～1392）、室町時代（1392～1573）、安土桃山時代（1573～1603）、江戸時代（1603～1868）、明治時代（1868～1912）、大正時代（1912～1926）、昭和時代（1926～1989）、平成時代（1989～2019）、令和時代（2019～）となっている。

日本の密教は、空海（774～835）に始まる。空海は31歳（804）に入唐し、当時の長安で恵果阿闍梨を師とし、密教を継承して33歳（806）で帰朝した。空海が高野山を開創したのは43歳（816）である。

高野山は、空海の開創以来今日まで、信仰の山として・学問の山として1200有余年、日本歴史の中で大きな位置をしめてきた。高野山は、各時代において中央の政権支配者・天皇・皇族との関係等が密であり、多くの人々が高野山に参詣した。彼らはその都度、参詣記録・寄進の記録を残した。これ等の資料は、日本歴史の研究の第一資料である。

また空海密教の学問は、空海の弟子に継承されていき、学問の山として1200年余続いている。つまり密教学問の記録が、山の如く残っている。密教の実践においても、必要な道場・仏像・仏画・工芸品が多く

---

* 注※本研究の詳細は、『高野山の密教宝蔵目録——平安時代（794～1192）の宝蔵——』（静慈圓編。高野山霊宝館発行）にある。ここでは、番号のみを記載した。

残っている。

空海以後、高野山が残してきた密教宝蔵は、1200年に渡りあまりにもその量が多いため今日も統一された目録がない。

高野山の宝物を日本歴史の中で位置づけておこう。

高野山において、密教関係の宝蔵は無盡蔵である。空海以来の千二百余年の歴史は、高野山を宝の山とした。高野山は、空海の開創以後以来順次時代を経ながら、寺院の数が多くなっていった。江戸時代(1603~1868)には、千二百を超える寺院名を誇っていた。高野山の宝物は、これら寺院への寄進として集まったものでる。

明治維新（1868）の廃仏毀釈・廃藩置県の制度によって、高野山の経済は根底から崩れた。千二百余の寺院は、廃寺となるもの、離散して山外に移るもの、また合併等を繰り返していった。現在は117の名を残すのみとなった。その内宿坊寺院（宿泊が出来る寺）は、53ケ寺である。明治維新によって、宝物の多くは。山外に流れた。海外に渡ったものも多い。

明治21年（1888）の火災で、山の宝物（文化財）を守る運動がおこった。

宝物館建設の運動に、日本の財閥の方々が賛同し、大正10年(1921）高野山に「霊宝館」が完成した。「霊宝館」は、高野山内の文化遺産の約80パーセントを預かり保存・展示する施設である。現在は、国宝21件、重要文化財143件などの指定文化財28000点の彫刻・絵画・工芸品・書跡などを収蔵している。未指定のものは、この外に50000点にのぼる。高野山内の各種の堂塔・襖絵等は預かれないのは当然である。「霊宝館」に宝物を預けていない寺院も多くある。

さて高野山の書跡の保存について概観しておこう。

高野山の書跡の多くは、「高野山大学図書館」と「霊宝館」が預かっている。

「高野山大学図書館」は、昭和4年（1929）に完成した。次の各寺院から寄託書として書跡を預かっている。光明院寄託書、金剛三昧院寄託書、三宝院寄託書、持明院寄託書、宝城院寄託書、高台院寄託書、真別所寄託書、龍光院寄託書、正祐寺寄託書である。

「霊宝館」で預かっている書跡は、金剛峯寺寄託書、宝寿院寄託書が中心である。その他の寺院から預かっているものもあるが、数は少ない。

「高野山大学図書館」と「霊宝館」以外にも、高野山内寺院が各寺で所有している書跡がある。正智院は、書籍の数は特に多い。正智院は、独自に『正智院聖教目録』上・下二巻、（山本信吉編。吉川弘文館)。『高野山正智院連歌資料集成』全二冊（高野山正智院経蔵史料集成四・五。思文閣出版）を発刊した。

以上、概観である。高野山の書跡は、完全に整理さていないというのが結論である。

今回は、已上を鑑みながら、高野山の書跡で平安時代のものを整理していく。

平安時代の書跡を整理し出版したものに、『平安遺文』がある（竹内理三編。東京堂出版)。『平安遺文』は、平安時代に書写された典籍の奥書を集めたものである。しかし、その一々については、直接原本を見て検討したもののみではない。『平安遺文』の中に高野山関係の書跡は『高野山文書』として編集されている。しかし詳細に調査し編集したものではない。本書は、『高野山文書』に記載されている平安時代の書跡は、すべて取り入れた。

高野山霊宝館収蔵の宝蔵

彫　刻——	01	02	03	04	05	06	07	08	09	10
	11	12	13	14	15	16	17	18	19	20
	21	22	23	24	25	26	27	28	29	30
	31	32								
絵　画——	01	02	03	04	05	06	07	08	09	10
	11	12								
工　芸——	01	02	03	04	05	06	07	08	09	
工　芸（高野山奥之院御廟とその周辺出土品）										
——	01	02	03	04	05	06	07	08	09	10
	11	12	13	14	15	16	17	18	19	20
	21									
工　芸（高野山奥之院出土品天永四年在銘經遺物比丘尼法薬埋納品）										
——	22	23	24	25	26	27	28	29	30	31

書　跡

宝寿院の書跡（霊宝館収蔵）

宝寿院の書跡は、昭和四年（1929）に調査された。宝寿院から『霊宝館』に移されたのは、昭和四九年（1972）である。箱数にして七五箱あり、各箱の中は、乱雑に入れられていた。『霊宝館』へ移され、順次整理され「宝寿院聖教目録」（高野山霊宝館編）として整理されたものがある（平成11年5月21日発行）。山本智教館長（当時霊宝館長）は、これを基本に『密教学会報』（高野山大学密教学会編）第14号、第15号、第16号、第17・18合併号、第19・20合併号に「宝寿院の蔵書」と題し活字化した。ここで扱うのは平安時代の書跡である。函番号の順序による。

特別部一　他部（密経部）、宗部教相第一（経軌部）

大般若经六百巻——01　02　03　04　05　06　07　08　09　10
11　12　13　14　15　16　17　18　19　20
21　22　23　24　25　26　27　28　29　30
31　32　33　34　35　36　37　38　39　40
41　42　43　44　45　46　47　48　49　50
51　52　53　54　55　56　57　58　59　60
61　62　63　64　65　66　67　68　69　70
71　72　73　74　75　76　77　78　79　80
81　82　83　84　85　86　87　88　89　90
91　92　93　94　95　96　97　98　99

密教経軌類（巻子本）　100　101　102　103　104　105　106　107　108　109
110　111　112　113

諸宗章疏　114　115　116　117　118　119

特別部二　宗部教相第二（密教註疏部）　120　121　122　123　124

宗部教相第三（祖典並同注疏部）　125　126　127　128　130　131

十住心論抄物（此書函康永四年（1345）四月調製）　132　133

三教指帰抄物　134　135　136

特別部三　宗部事相各流聖教

御作末注広沢諸流　137　138　139　140　141　142　143　144　145　146
147　148　149　150　151　152　153　154　155

安流四度灌頂　156　157

滝流滝頂　158　159　160　161　162　163　164　165　166　167　168　169
170　171　172　173　174　175

三宝院流聖教　176　177　178　179　180　181

諸尊法　182　183　184　185　186

理性院聖教　187　189

瑜祇経疏並潅頂式　190　191　192　193　194　195　196　197　198　199
200　201　202　203

無量寿院宝性院過去帳　204

正智院の書跡（1900件見いだせるが、その内平安時代は、次の56件である。）

正智院の書跡は、正智院で保存されている。正智院独自で精査され作成された目録がある。山本信吉編『正智院聖教目録上巻』、『正智院聖教目録下巻』がそれである（吉川弘文館出版）。この中から平安時代の宝蔵に必要部分を取り出すと、次の如くの内容で整理される。

写　教（6件）

——　01　02　03　04　05　06

教　相（21件）

——　01　02　03　04　05　06　07　08　09　10
11　12　13　14　15　16　17　18　19　20
21

事　相（十三件）

——　01　02　03　04　05　06　07　08　09　10
11　12　13

諸　宗（十三件）

——　01　02　03　04　05　06　07　08　09　10
11　12　13

漢　籍（三件）

——　01　02　03

正智院の書跡（平安遺文記載）

——　01　02　03　04　05　06　07

光明院の書跡（高野山大学図書館寄託書）

高野山の各寺院から「高野山大学図書館への寄託書」の目録は、各寺院共に完成されたものはない。ただ光明院文庫だけが、目録作りの仕事が進められている。

光明院文庫の典籍文書は、明治の初め、京都勧修寺から高野山へもたれされた聖教の内、光明院において保管さているものである。十五の木箱に収められ、現在十箱まで整理が終わっている。『高野山大学論叢』に、以下の如く発表されている。

『高野山大学論叢』第 40 巻　　第一箱・第二箱・第三箱・第五箱
『高野山大学論叢』第 41 巻　　第四箱・第六箱・第七箱
『高野山大学論叢』第 43 巻　　第九箱
『高野山大学論叢』第 44 巻　　第八箱（前半）
『高野山大学論叢』第 48 巻　　第十一箱

次に、上記の整理から平安時代の書跡名を摘出する。

第一箱	01	02	03	04	05						
第二箱	無										
第三箱	06										
第四箱	07	08	09	10	11	12	13	14	15	16	
第五箱	17	18	19								
第六箱	無										
第七箱	無										
第八箱	20	21	22	23	24	25	26	27	28	29	30
	31	32	33	34	35	36	37	38	39	40	
	41	42	43	44	45	46	47	48	49	50	
	51	52	53	54	55	56	57	58	59	60	
	61	62	63	64	65	66	67	68	69	70	
	71	72	73	74	75	76	76				
第九箱	77	78	79	80	81	82	83	84	85	86	
	87	88	89	90	91	92	93	94	95	96	
	97	98	99	100	101						
第十一箱	無										

光明院の書跡（平安遺文記載）　01　02　03

次に示す各寺院の書跡は、整理されたものがない。今後新たに整理しなければならない。ただ短編的に発表されているものがあるので、一瞥しておきたい。

三宝院の書跡（平安遺文記載）

—— 01 02 03 04 05 06 07 08 09 10
11 12

三宝院の書跡（霊宝館収蔵） 13 14

龍光院の書跡（平安遺文記載）

—— 01 02 03

龍光院の書跡（霊宝館収蔵） 04 05 06 07 08 09 10

西南院の書跡（平安遺文記載）

—— 01 02 03 04 05 06 07 08 09 10
11 12 13 14 15 16 17 18 19 20
21 22 23 24 25 26 27 28 29 30
31 32 33 34 35 36 37 38 39 40
41 42 43 44 45 46 47 48 49 50
51 52 53 54 55 56 57 58 59 60

金剛三昧院の書跡（平安遺文記載）

—— 01 02 03

親王院の書跡（平安遺文記載）

—— 01 02 03 04

持明院の書跡（平安遺文記載）

—— 01 02 03 04 05

成福院の書跡（平安遺文記載）

—— 01

法明院の書跡（平安遺文記載）

—— 01

金剛峯寺の書跡（霊宝館収蔵）

—— 01 02 03 04 05 06 07 08 09 10
11 12 13 14 15 16 17 18 19 20
21 22

宝亀院の書跡（霊宝館収蔵）

—— 01

釋迦文院の書跡（霊宝館収蔵）

—— 01

大乗坊の書跡（霊宝館収蔵）

—— 01

櫻池院の書跡（霊宝館収蔵）

—— 01

高野山文書　『宝簡集』・『続宝簡集』・『又続宝簡集』

高野山文書は、高野山と各時代の中央政府・貴族・皇室関係の歴史であり、日本歴史の第一級の資料である。『宝簡集』には692の書跡が収められており、『続宝簡集』には831の書跡が収められており、『又続宝簡集』には1979の書跡が収められている。このうち平安時代のものは、『宝簡集』に82、『続宝簡集』に23、『又続宝簡集』に74が収められている。

——	01	02	03	04	05	06	07	08	09	10
	11	12	13	14	15	16	17	18	19	20
	21	22	23	24	25	26	27	28	29	30
	31	32	33	34	35	36	37	38	39	40
	41	42	23	44	45	46	47	48	49	50
	51	52	53	54	55	56	57	58	59	60
	61	62	63	64	65	66	67	68	69	70
	71	72	73	74	75	76	77	78	79	80
	81	82	83	84	85	86	87	88	89	90
	91	92	93	94	95	96	97	98	99	100
	101	102	103	104	105	106	107	108	109	110
	111	112	113	114	115	116	117	118	119	120
	121	122	123	124	125	126	127	128	129	130
	131	132	133	134	135	136	137	138	139	140
	141	142	143	144	145	146	147	148	149	150

151	152	153	154	155	156	157	158	159	160
161	162	163	164	165	166	167	168	169	170
171	172	173	174	175	176	177	178	179	

以上、高野山の密教宝蔵目録——平安時代（794 ~ 1192）の宝蔵——を示した。ここでは番号のみを書いたが、その一つ一つは目録の中で詳述してある。

高丽时代密教经典的刊印

［韩］郭　磊

摘　要：中国佛教之密教分杂密与纯密。在杂密、纯密盛行的两个阶段都有海东僧人前来请益研习，使得密法得以传播至朝鲜半岛。新罗时代是密教的传来时期，高丽时代可称为继承发展时期。高丽时代有国家主导的大藏经刊行，以及民间佛典刊印。其中包含了大量的密教文献。在这些密教文献中，不仅有常见的书籍形式，还有单张的陀罗尼形态。通过民间的密教文献的刊印情况可知，在高丽时代个人是通过刊印密教经典而祈求现世的平安。

关键词：密教；新罗；高丽；典籍；刊行

一　绪论

考察中国佛教传入朝鲜半岛的情况可知，最初是在高句丽的小兽林王时期（372），百济的枕流王元年（384）。新罗有种种异说，其一是在法兴王14年（572）。自佛教传入朝鲜半岛三国以后，有很多的僧人前往中国求法，在求法的兴盛时期（590—907）总计有185名僧侣①，其中和密教有关的求法僧约有11名，所学的密法为初期的杂密和中期的纯密。

密教传入新罗，始于唐贞观九年（635），即是善德女王四年，据《三国遗事》卷五的记载，是由于明朗于善德王元年（632）入唐，入龄宫传密教。但明朗的事迹不详，入龄宫似亦传说的附和。此后有沙门惠通于第三十代文武王五年（唐高宗麟德二年，665）传入密教。据《三国遗

① 陈景富：《中韩佛教关系一千年》，宗教文化出版社1999年版，第22—23页。

事》卷五记载惠通入唐，是依善无畏三藏传受印诀而归，并且颇多神异，为王女驱除毒龙，治愈怪疾。然而，考诸史实，善无畏是玄宗开元四年（716）来华，比高宗麟德二年晚了五十一年，所以颇有可疑。惠通所传密教，可能是西晋帛尸黎密多罗以来所译的密典。

新罗僧入唐研习纯密者虽不少，回国亦有弘扬，但纯密在新罗乃至后来的高丽、朝鲜王朝都未形成气候，更多的是方术性的咒术普及民间，总而观之，朝鲜半岛的密教偏重行事而不重教理。[①]

密教自新罗传入以来，到了高丽时代得以普及与弘扬。如果说新罗时代是密教的传来，那么高丽时代可称为继承发展时期。高丽初期密教的展开与王室对密教信仰的保护是同步的。高丽在建国之时就非常关注密教信仰。因为他们把包括密教在内的佛教思想作为建国理念，将密教修行定期化，并全力支援各种佛事活动。因此，在以王室为中心确立了密教信仰传统后，历代高丽王在很长一段时间内，都继承并进一步发展了这种传统。

本文对高丽时代密教经典的刊印情况进行研究，首先对高丽时代密教的发展情况做一番整理，然后对密教文献刊印的情况作重点考察。

二　高丽的建国与密教的发展

高丽太祖王建在建国之初颁布了《训要十条》[②]，由此揭开了崇佛护法的篇章，这也就使得密教得以更加快速地传播开来。对于王建来说，对其产生重要影响的是两位密教高僧。《三国遗事》中有如下记载：“及我太祖创业之时，亦有海贼来扰，乃请安惠、朗融之裔，广学、大缘等二大德作法禳镇，皆朗之传系也。故并师而上至龙树为九祖，又太祖为创现圣寺。”[③] 对于是否由广学、大缘二大德在现圣寺创立神印宗一事，韩国学者之间存在不同见解，有些学者认为神印宗是在高丽开宗，但是大部分学者认为其早在新罗时代就已经成立。[④]

高丽时代除了传承了新罗的神印宗，还有总持宗的创立，在《太宗

① 陈景富：《西安与海东》，西安出版社 2005 年版，第 177 页。

② ［韩］郑麟趾撰《高丽史》卷 2，太祖 26 年 4 月条。

③ ［韩］一然撰《三国遗事》卷 5，神咒六，明朗神印条。

④ ［韩］金贤南：《韩国密教研究现状与课题》，《韩国宗教史研究》第六辑，第 21 页。

实录》中列举了到太宗六年（1406）三月止存在的11个宗派，其中有密教的神印、总持两宗。[①]

高丽时代佛教的特征，一句话，就是祈福攘灾、镇护国家。在新罗佛教由全盛转向停滞时，禅门兴起。但是由于国政混乱和世态不宁，禅法未能救济人心。之后的高丽政权也是非常地信奉佛教，不过自高丽太祖建国以来，镇护国家、消灾免难的祈福思想占有很大比重，从而使高丽时代的佛教庸俗化。甚至于可以说，高丽时代的佛教特点在太祖对于佛教的态度中就已经有了确定。

太宗以后的许多国王对密教保有很大的热心，时有建寺印经。其中特别值得一提的是第26代忠宣王——王璋（1275—1325），其父为忠烈王，其母为元世祖忽必烈之女忽都鲁揭里迷失公主。王璋生于忠烈王元年（1275），忠烈王三年（1277）正月被立为世子。1307年，他拥立武宗，立功第一而被封为沈阳王（后进封沈王）。忠宣王一生的大部分时间都是在元朝度过的，他有很高的儒学修养。元武宗、仁宗时期，忠宣王王璋在元朝廷中极有权势，有资格对帝国的政策提出建议和批评。如延裕元年，对科举制的恢复起到了非常重要的作用。忠宣王不仅对程朱理学在高丽的传播有着不可替代的作用，同时对佛教也有非常浓厚的兴趣，对元丽两国的佛教、文学、艺术及科学技术交流都做出了重要贡献。[②]

高丽佛教的特征可从很多方面来说明，其中一个就是各种各样的佛事仪轨。特别是从高宗十八年（1231）到恭愍王的蒙古入侵时期，为了克服内外危机而奉行的各种仪式，如祈雨、除病、消灾、退兵、攘贼等，可知密教对国民之影响。

《高丽史·世家》中记录的佛教仪轨大多和密教相关，可知其影响，通过佛事仪轨获得两种安心——即世间与出世的成就，世间的成就是克服内忧外患；出世的成就是修习波罗蜜至明心见性[③]，这些通过密教仪轨是可能实现的。

像这样以王室对密教的爱护为基础开始的高丽时代密教，大体上的发展情况如下。

---

① 《太宗实录》卷13。

② 额尔敦巴特尔：《忠宣王在元朝的文化活动》，[韩]《蒙古学》21，第186—194页。

③ [韩] 徐润吉：《韩国密教思想史研究》，佛光出版部1994年版，第45页。

第一，高丽初期形成的总持宗、神印宗及高丽中期的持念业等密教宗派的成立和发展，奠定了信仰的基础。高丽时代密教的两大宗派“总持宗”和“神印宗”虽然在成立时间上存在争议，但两个宗派都已经在高丽前期确立了宗派特征。①故宗派成立后，神印宗以现圣寺为中心，多次举行法会以防止外敌入侵。而总持宗则非常重视观法之修行，一方面通过念经持咒治疗疾病，另一方面则是为国家祈祷平安。

第二，对密教的信仰和信任以各种实践面貌表现出来。比如以王室和执政者为中心，展开了各种密教仪轨的奉行。据统计，在高丽时代有80多种国家级别的佛教仪式法会。这些仪式中的燃灯会举办了157次，消灾法会举办了147次，仁王法会举办了121次，八关会举办了115次。②最引人注目的是，在这样的佛教仪轨中，大部分是密教仪轨，其中有：文豆娄道场、百高座仁王道场、孔雀明王道场、无能胜道场、大日王道场、曼荼罗道场等。③

第三，由于密教信仰，形成了对多种密教文献的收集、整理以及刊印和流通。这可以观察到成为密教信仰基础的典籍，即密教经典的收集，整理及刊行活动也是在国王和王室的主导下有系统地计划进行的。王室之所以如此倾力搜集密教典籍，整理发行，是因为国王对密教有着浓厚的兴趣和深厚的信仰。

第四，在高丽密教的传播过程中，值得注意的是，这一时期密教信仰与当时流行的其他思想或宗派不断相互交涉和融合。这种倾向是高丽建国初期的密教立足于纯密教信仰意识的传统宗派，而高丽中期和后期却越来越流行于同一时期的不同宗派，即法华（即天台），像这样的密教思想和其他思想的交涉形式和相互关系，已经多少积累了一些先学的研究成果。

高丽不同时期密教的特点：

高丽一朝从918年到1392年，共计474年。有关时代的划分，因研究者不同而存在观点差异，从方便的角度来看，从建国到武臣纷争不断的12世纪后半期为止，可以视为高丽前期。之后，武臣执政将近一个世纪。

---

① ［韩］金修贤：《高丽时代密教史研究》，博士学位论文，梨花女子大学，2012年，第40页。

② ［韩］徐润吉：《高丽密教思想史研究》，佛光出版部1993年版，第28页。

③ 《高丽史》列传 卷八十九，后妃 忠烈王济国大长公主条。

在武臣政权结束后的元宗十一年（1270）以后的时间都被划分为高丽后期。

高丽前期密教最突出的特征是，国家层面的密教仪轨已经开始出现，而且这些仪式已经是定期举行。在这一时期，有依托《佛顶尊胜陀罗尼经》的佛顶道场以及仁王道场等密教仪轨的陆续登场。据《高丽史》记载，像这样的密教寺院在每次举办佛事仪轨时都有祈愿，一般主要是为了消灭树木的害虫，消除干旱以及传染病等。

另一方面，在高丽前期，密教经典的收集和发行得到了国家的全力支持。以从北宋和辽获得的大藏经为基础，在高丽国也发行了大藏经，其中包含了很多的密教经典。虽然没有直接记载，但在密教信仰的教义和教学方面，也是谋求体系化的一个时期。

武臣执政时期是前一时期开始持续数十年的外敌入侵和内部叛乱，权力斗争等社会混乱持续的时期。

这一时期密教的特点，首先是相对高丽前期来说，密教意识更加盛行。这是因为当时的周边环境外敌入侵和政治混乱，干旱和瘟疫横行，政治和社会混乱不断。

如此混乱的时代现象，在密教礼仪中也如实地反映出来。因此，在这一时期，为了抵御天灾，在各个寺院举行的密教仪轨更加频繁。而且在这些寺院中举行的佛教仪式主要是希望防止战争或外敌入侵，以及解除干旱等天灾和传染病。

这个时期的另一个特点是社会混乱，民心极度动摇。因此，密教的神秘性也起到了安抚不安的民心的作用。即比起对密教教理的系统性理解或对佛教教理的探索，人们更喜欢当下就能消除眼前不安要素的、具有神秘力量的信仰。由于这种倾向，这个时期与之前不同，使得短小的真言陀罗尼信仰在广大信众中得以迅速扩散。其结果就是当时非常流行《佛顶心陀罗尼》《佛说梵释四天王陀罗尼经》《佛说炽盛光大威德轮王消灾吉祥陀罗尼》《佛说长寿灭罪护诸童子陀罗尼经》等。

高丽后期，从元宗十一年（1270）一直到朝鲜建国之前，从社会发展角度看，大部分与元朝重叠。因此，高丽后期无论是自愿还是他人的强迫，总是受到元朝文化影响，当时国内的佛教也在受元朝信奉的藏传佛教的影响。14 世纪初，忠宣王曾是藏传佛教信徒的事实早已为人所知。

从密教的观点来看，这一时期最突出的特征是国家密教仪式的规模明显缩小，与此形成鲜明对比的是个人层面密教的仪式扩大。这被认为是以国家为单位的大规模佛教仪式在受到元朝的影响和统治后不可避免地缩小了，因此密教意识也不得不被个人化。最终，高丽后期的密教仪式呈现出了克服现世苦难的倾向，同时，随着陀罗尼信仰的扩散，与净土信仰等融合，逐渐渗透到百姓的生活当中。

当然，在这一时期，密教文献的流通及刊印也持续进行，忠肃王十五年（1328）国王下令抄写《密教大藏》①，当时已经有 90 册《密教大藏》，在此基础上又增加了 40 册，共 130 册，全部是用金粉抄写而成的。

三　高丽时代刊行的密教典籍情况

高丽时代，无论官吏、寺庙还是私家，都积极刊印各种佛教典籍。在上述多个出版主体的刊印活动中，包括《大藏经》在内的佛教经典的发行，以国王和大臣们主导的《大藏经》刊印，以及地方多个寺庙的刊印活动最为突出。最重要的是，高丽时代形成的《大藏经》排版活动和单行本流通的多种佛经版本。在这一时期寺院刊印发行的多种佛教经典中，密教文献占很大比重。

高丽时代刊行的许多密教典籍，简述如下：

☆《一切如来心秘密全身舍利宝箧印陀罗尼经》，高丽穆宗（980—1009）十年（1007）由总持寺主持真念广济大师弘哲刊行。

☆ 初雕大藏经，显宗（992—1031）到文宗（1019—1083）年间完成，但因蒙古入侵，毁于战火。具体的目录不得而知，残存本中有《无量门破魔陀罗尼经》《圣持世陀罗尼经》等 24 卷密教经典。②

☆ 再雕大藏经，高宗二十三年（1236）到三十八年（1251）编撰完成，有众多密教经典，如《大毗卢遮那经》七卷、《金刚顶经》三卷等，共计有 191 种、356 卷。

---

① 《金书密教大藏序》，《益斋乱稿》卷 5。

② ［韩］千惠凤：《罗·丽印刷术的研究》，景仁文化社 1996 年 4 月版，第 73—84 页。

此外，高丽王室共计编撰了两次大藏经（初雕、再雕），可见其佛教信仰之深厚。说起来密教思想占据了多半，高丽王室对于密教的信仰不仅表现在建寺、印经、弘扬上，对于各种仪轨教法他们也积极实践。[①]如此密教随着佛教在高丽时代的广泛影响而扩大，并得以普及。

从现存版本传入的高丽时代密教文献来看，可以分为两种。一是国家主导的版刻活动，在现存版本的数量方面是其他经典所不能比的，大部分收藏在高丽大藏经中。二是私人或寺庙主导的经典刊印。

高丽时代，密教文献不断从中国流入，各大寺庙也纷纷收集并刻板刊印发行。根据前人的研究可知，在《初雕大藏经》《再雕大藏经》中包含的密教文献共计有356部、660卷。关于《初雕大藏经》的实物资料，根据之前的调查可知，散见于韩国国内的有157种、214册，收藏在日本南禅寺的有548种、1763册。

1.《初雕大藏经》

本节首先将针对韩国国内现存的《初雕大藏经》中的密教经典的刊印情况做一番整理，相关经典的排列顺序遵循了千字文的次序。学术界认为《初雕藏》是从高丽显宗二年（1011）至宣宗四年（1087）雕刻完成的。

显宗元年（1010），契丹军队入侵，夺走义州、宣川，包围了平壤。国王避难罗州，为了克服困难，打退敌人，着手雕刻大藏经板。国王雕刻大藏经板的目的是，祈愿通过佛法的力量，击退敌兵、克服国难。

后来契丹撤退了，接着经过德宗、靖宗、直至文宗的前后四十年的努力，大藏经雕版终于完成，共计1106部、5048卷。这就是高丽旧藏经或称初雕大藏经。但对这次经板是在显宗时期完成还是在文宗时期完成的问题，学术界还没有定论。

这次大藏经板奉安在岭南八公山符仁寺，以镇护国家，集中国民信仰。但是，高宗十九年（1232），蒙古兵入侵，烧掉了符仁寺的藏经板和皇龙寺的九层塔。

---

① ［韩］徐润吉：《高丽密教信仰的展开及其特征》，《佛教学报》19，第219—221页。

表1　韩国《初雕大藏经》中的密教经典

	经名	主译者	卷次	册数	函次	收藏处
1	药师琉璃光如来本愿功德经	玄奘	单卷	1	恭	岭南大学
2	佛说陀罗尼集经	阿地瞿多	卷3	1	效	圣严
3	舍利弗陁罗尼经	僧伽婆罗	单卷	1	良	湖林
4	妙臂印幢陀罗尼经	实叉难陀	单卷	1	良	个人
5	无量门破魔陀罗尼经	玄畅	单卷	1	良	个人
6	大法炬陀罗尼经	阇那崛多	卷19	1	彼	湖林
7	大威德陀罗尼经	阇那崛多	卷8，10，17	3	短，靡	圣严
8	大方等陀罗尼经	法众	卷3	1	使	圣严
9	金刚顶瑜伽中略出念诵经	金刚智	卷3	1	诗	圣严
10	圣持世陀罗尼经	施护	单卷	1	壁	修国寺
11	舍头谏太子二十八宿经	竺法护	单卷	1	思	延世大学
12	佛说无能胜幡王如来庄严陀罗尼经	施护	单卷	1	杜	圣严
13	消除一切闪电障难随求如意陀罗尼经	施护	单卷	1	隶	圣严
14	佛说大吉祥天女十二名号经	法贤	单卷	1	佐	湖林
15	读诵佛母大孔雀明王经	不空	卷上	1	时	湖林
16	佛说一切如来真实摄大乘现证三昧大教王经	施护	卷21	1	沙	圣严

以上所见，从现存《初雕大藏经》中收录的密教经典来看，相关密教经典的汉译时期是从3世纪竺法护到8世纪的不空，以及高丽初雕大藏经刻板之前的11世纪初，包括宋朝的法贤、施护等人。

遗憾的是，对于个别密教经典，不能详细说明各经典的具体传入时间和传播过程。不过，尽管如此，在《初雕大藏经》的目录中，可以看到收录了从3世纪开始翻译的密教经典，一直到11世纪初翻译的相当数量的密教经典。从这种倾向来看，不仅是在中国翻译的初期密教经典，到了11世纪初的北宋，僧侣们所著的汉译本密教经典也通过各种渠道传入了高丽。于是，这些密教经典与其他经典一起被收录到《初雕大藏经》中。

大藏经中的密教经典被编入其中的事实如实反映了高丽时代密教在佛教中所占的比重和密教倾向的深度。因此，如果同时进行对这些个别经典的研究，结合经典的主题研究，就可以找到推测高丽佛教密教倾向的线索。

2.《再雕大藏经》

下面再来看看《再雕大藏经》中收录的密教经典的相关情况。有关《再雕大藏经》的刊刻时间为高宗二十三年（1236）至三十八年（1251）。还有一点，《再雕藏》经典的卷尾通常有"××岁高丽国大藏都监奉敕雕造"的刊记，通过刊记我们可以了解到雕造时间最早的是丁酉年（1237），最晚的则是戊申年（1248）。

第二十三代高宗十九年（1232），蒙古兵入侵，国都迁都江华岛，以克服国难。高宗二十三年（1236），设置大藏都监，着手再雕大藏经。依据上次显宗以雕大藏经击退外敌的经验，于是这次也祈求佛神力的加被，保家卫国。

在江华设大藏都监本司，于晋州设分司，竭尽国力，经过16年，在高宗三十八年（1251）大藏经雕刻完成。

再雕藏经的经板，总共81258块，两面刻字，总计162516面。经板的大小是：长8寸，宽2尺3寸，厚1寸2分至1寸3分。每面刻有23行，每行有14个字。这次雕刻的经有1512部、6791卷。当时守真等30余人校对各种不同的经板，精密地进行校正，现在这些经板收藏在海印寺，俗称八万大藏经。

通过考察可知，《再雕大藏经》中收录的密教经典可以体现出高丽时代对于密教的认知，即是"纯密"和"杂密"的混合。这种倾向在个人以及寺院的刊行过程中也有体现。

高宗二十三年（1236）刊刻了《佛说梵释四天王陀罗尼经》。这部陀罗尼经作为海印寺的一个版本流传至今，是刻手大升在海印寺刊刻出的密教经典。通过卷末的跋文可知，刊印此经典是为了击退外敌，谋求国家安宁而发愿所成。

高宗二十八年（1241）尚书部侍郎李某为祈求崔怡的修福无疆而刊行《佛说长寿灭罪护诸童子陀罗尼经》。此外，高宗年间应该刊行过《佛顶心观世音菩萨大陀罗尼经》。

3. 高丽后期刊刻的密教经典

进入 13 世纪后半期，忠烈王四年（1278）在新荷寺刊刻了《佛说长寿灭罪护诸童子陀罗尼经》。之后，在忠烈王十八年（1292）刊刻有《一切如来心秘密全身舍利宝箧印陀罗尼经》，该陀罗尼经是由赞成事廉康硕和供物色员李芝等人一同发愿刊刻而成。

在 1293 年，仁兴寺刊刻了《大悲心陀罗尼经》，是由僧侣禅邻主持刊印的。除这部经典之外，禅邻还刊刻了《人天宝鉴》《法华经·普门品》等经典。刊印这些经典是为了强调观音信仰，同时也有对陀罗尼信仰的崇奉。

如上所述，13 世纪刊印的密教经典有明显的现世祈福倾向。换言之，据密教文献中收录的发愿文可知，有多种内容记载着执政者希望击退外敌或祈求国家和平的内容。从这种倾向来看，可以推测出在武臣执政的 13 世纪，人们对于陀罗尼信仰更加关注的事实。

而且，即使作为单张的印刷品，当时刊印的陀罗尼和曼荼罗也都被认为是密教信仰的核心资料。所以，刊刻此类陀罗尼的功德不亚于其他大部头的密教经典。

表 2　韩国现存 13 世纪的密教经典

顺序	时间	经典名称	刊刻处
1	熙宗二—高宗六年（1206—1219）	佛顶心观世音菩萨大陀罗尼经	私刻本
2	高宗三年（1216）	佛说炽盛光大威德金轮王消灾吉祥陀罗尼经	私刻本
3	高宗五年（1218）	梵书总持集	开泰寺
4	高宗十五年（1228）	梵［书］总持集	
5	高宗二十三年（1236）	佛说梵释四天王陀罗尼经	海印寺
6	高宗二十八年（1241）	佛说长寿灭罪护诸童子陀罗尼经	私刻本
7	高宗年间	佛顶心观世音菩萨大陀罗尼经	私刻本
8	忠烈王四年（1278）	佛说长寿灭罪护诸童子陀罗尼经	新荷寺
9	忠烈王十八年（1292）	宝箧印陀罗尼经	僧斋色
10	忠烈王十九年（1293）	大悲心陀罗尼经	仁兴寺
11	忠烈王二十一年（1295）	梵字圆相胎藏界曼荼罗	

如上所述，可以观察到高丽时代密教文献的刊印发行情况。在这种刊印的背景中，战争时期的不安民心和王朝末期的不安因素被看作密教信仰兴盛的动因，同时直接导致了密教文献的刊刻和印刷活动。

特别是陀罗尼经类的经典的刊刻流通增加了高丽时代太宗对于佛教咒术的关心和信奉。因为不安的民心希望依赖于真言和陀罗尼的神秘力量给予他们想要的身心之安宁。

到了高丽时代的后期，密教的影响扩大到了整个社会，但随着朝鲜时代的崇儒抑佛政策，高丽时代的密教信仰受到了巨大的冲击。尽管如此，当时的密教信仰并没有在朝鲜时代完全消失，而是在缩小的范围内以特定的方式延续了其固有的命脉。

四　结论

新罗时代是密教的传来时期，高丽时代可称为密教的继承发展时期。高丽太祖王建在建国之初颁布了《训要十条》，由此揭开了崇佛护法的篇章，使得密教广为传播。高丽佛教的特征可从很多方面来说明，其中一个就是各种各样的佛事仪轨。特别是从高宗十八年（1231）到恭愍王的蒙古入侵时期，为了克服内外危机而奉行的各种仪式，可知密教对国民之影响。

再者，高丽时代有国家主导的两次大藏经刊行，同时还有民间的佛典刊印。其中包含了大量的密教文献。在这些密教文献中，不仅有常见的书籍形式，还有单张的陀罗尼形态。通过民间的密教文献的刊印情况可知，在高丽时代不管是国家还是个人都希望通过刊印密教经典而祈求现世的平安。

（作者郭磊，东国大学副教授）

宋金元时期法门寺大藏经的搜集整理概说

王仓西

摘　要：20世纪80年代扶风法门寺塔坍塌并拆除之际，有关部门先后两次清理塔内出土文物文献，共计宋、元、明、清、民国年间木版雕印佛经千余卷，铜、石、泥佛造像108尊，铜制舍利塔1尊。在一千多卷大藏经中，有宋版《毗卢藏经》16残卷，元版《普宁藏》507余卷，元版《秘密经》33残卷，明代《妙法莲华经》手抄本7卷，特别版式经卷约20多个残卷，民国时期手抄石印佛经200余卷及部分散经。本文分五个专题重点介绍其中宋代毗卢藏、元代普宁藏、秘密经、特别版式的金代法门寺大藏经、明代《妙法莲华经》手抄本等。

关键词：法门寺塔；毗卢藏；普宁藏；秘密经；法门寺大藏经

1981年秋，陕西关中地区淫雨连绵，加之四川松潘地区地震的波及，8月24日早9时、晚19时许，法门寺明代建造的真身宝塔从裂缝处分两次向西南方向坍崩约三分之一，塔上佛像跌落，佛经飘散。宝塔坍崩后，经陕西省人民政府批准，在省文物局、宝鸡市文化局的指导下，扶风县文化局、博物馆及法门寺文管所，从1982年4月至1985年6月30日，对宝塔坍塌废墟进行了第一次清理。1985年7月1日，省政府决定拆除残塔，并责成扶风县博物馆对残塔上佛龛中留存和废墟中积压的文物，随工彻底清理（图1）。两次共清理出宋、元、明、清、民国年间木版雕印佛经千余卷，铜、石、泥佛造像108尊，铜制舍利塔1尊。在一千多卷大藏经中，有宋版《毗卢藏经》共16残卷，20多张散页；元版《普宁藏》共507余卷，其中15卷全帙，余皆残损；元版《秘密经》33残卷，1卷全帙；明代《妙法莲华经》共7卷，手抄本，同装一封套；特别版式的经卷共约20多个残卷。同时还清理出民国时期手抄石印佛经200余卷及部分散经。清理时，凡宋、元版藏经均盛装于长方形木盒内，上塔时似未作整理，经卷版次卷号散乱。凡是民国时期的手抄石印经均盛装在铁皮盒内。

图1-1 明代真身宝塔

图1-2 坍崩后的半壁残塔

图1-3 明塔佛龛中放置的佛经佛像

图1　明建宝塔及佛经原放置情况

一　宋代《毗卢藏经》的发现

《毗卢藏》，又称“福州开元禅寺版藏经”，发现有16卷，20多张散叶，天字文编号“始天终平”，经折装，版高32厘米，宽67厘米，经高29厘米。每版36行，折为6面，每面6行，每行17字。行款雷同宋、元各藏经款识，唯每版比其他藏经多刻6行，即一个折页。一般在第二、三面之间折叠处有千字文号，经名缩写及卷次，下有版次及刻工名。纸张较厚，表面粗涩，烟水入潢，呈黄褐色。字体仿颜体，刀法劲挺（图2）。卷首有原经文题记，卷末发现有刻经题记、附记五条。

现举宋版《毗卢藏》刻经题记五条：

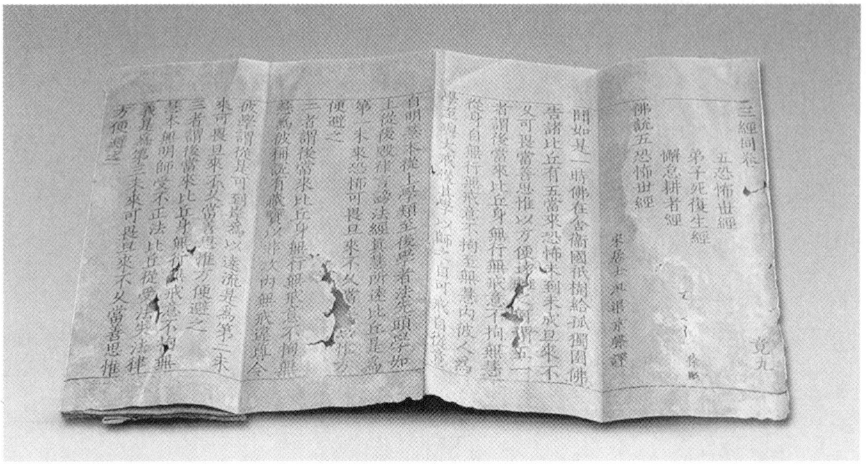

图 2-1

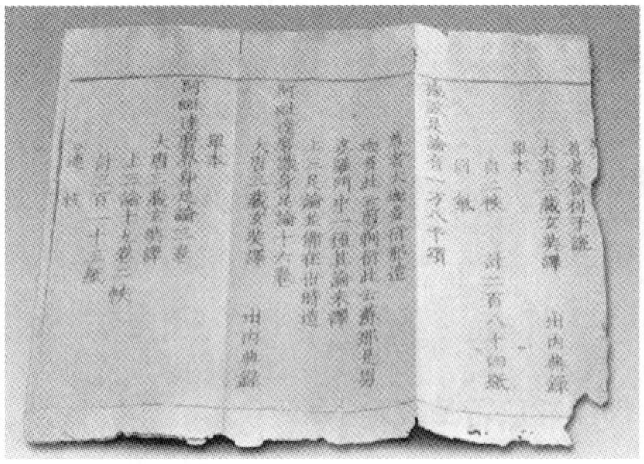

图2-2

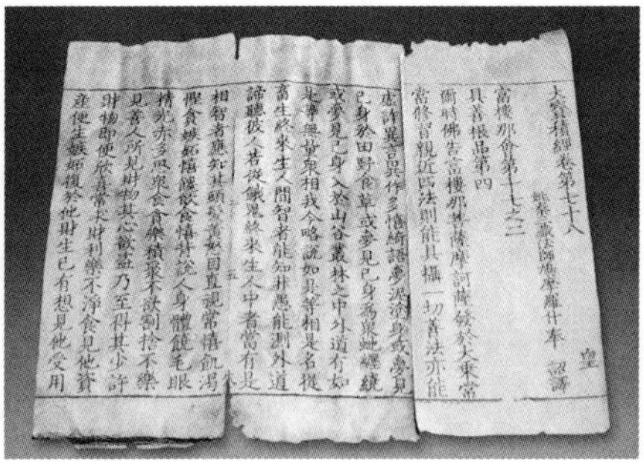

图2-3

图2 法门寺塔出土宋版《毗卢藏经》

天 卷七

福州众缘寄开元寺雕经都会蔡俊臣、陈珣、陈靖、刘渐兴，证会住持沙门本明，恭为今上皇帝祝延圣寿、文武官僚同资禄位，雕造毗卢大藏经印版一副计五百余函，时政和乙未岁六月 日，劝缘沙门行崇谨题。

师八 卷十八

福州众缘寄开元寺雕经都会蔡俊臣、陈珣、陈靖、刘渐兴，证会住持沙门本明，恭为今上皇帝祝延圣寿、文武官僚同资禄位，雕造毗卢大藏经印版一副计五百余函，时政和壬辰岁十月　日，劝缘沙门本悟谨题。

火十卷　版5

版中心记有“住漳州天永山龙华寺圆照大师定月舍”字样。

火十卷　版6

版中心记有“嘉熙己亥经可收单上文分□六十斤”字样。

果四卷　版3

版中心记有“咸淳己巳常住余利刊□”字样。

《毗卢藏》是继《开宝藏》《契丹藏》《崇宁藏》之后，我国宋代木版雕造印刷的又一部大藏经。宋徽宗政和二年（1112）开始雕造，雕经局设在福州开元禅寺，由福州知名之士蔡俊臣、陈靖、葛龟年等任都会，开元禅寺历代住持行崇、本悟、本明、净慧、法超、宗鉴等大师先后任证会，在福州地区劝募集资，管理事务，组织刻工多名从事雕版，宋室南迁后，都会、证会废除，由开元寺住持一人主管刻经事宜，该藏经才得以完成。

关于《毗卢藏》雕造年代问题历来争议者甚众，各家所说雕版开始时间有“政和二年”，“政和五年”（1115）等，这次法门寺所出该藏《大宝积经》卷十八，师字函刻题记为“福州众缘寄开元寺，雕经都会蔡俊臣、陈询、陈靖、刘渐兴，证会住持沙门本明，恭为今上皇帝祝延圣寿，文武官僚同资禄位，雕造《毗卢大藏》印版一副，计五百余函，时政和壬辰岁十月　日，劝缘沙门本悟谨题”。壬辰岁即政和二年（1112）。由此证明，《毗卢藏》开雕时间为宋徽宗政和二年以前。关于此藏经的完成年代，争议更多，尚无定论。但有共同一点，即此藏经雕版完成于南宋初年。据法门寺发现的《大宝积经》卷三十，火字函六版中夹缝有宋嘉熙三年（1239）“经司收净土文钱，换六十片”。卷四果字函四版夹缝有咸淳三年（1267）“常住余利”刊换板木的附记，这就说明该藏加上续版及印刷，可能延续至南宋咸淳年间，迄至元初。

在存世《毗卢藏》极少的情况下，这次法门寺发现的《毗卢藏》不仅丰富了我国的佛经印刷珍藏，并为进行该藏经刊印的研究提供了新资料。

二　大量元版大藏经的发现

有元一代，法门寺处于极度萧条时期，史书不见记载，文化遗存也很少。一是由于法门寺远离元朝京都，得不到朝廷的重视。二是元蒙信奉喇嘛教，此实系佛教密宗派系分支，对内地佛教其他派系既不反对亦不扶持，使得内地佛教发展缓慢，一般都保持现状。所以法门寺与内地其他佛教寺院一样，只是默默平稳地向前发展，亦无昔日的辉煌，但也可维持现状。

有关元代法门寺史料及文化遗存，现只保存了1983—1986年从明建宝塔倒塌废墟和半壁残塔佛龛中清理出的五百余卷《普宁大藏经》及三十三余卷《秘密经》。这批大藏经的出土，填补了元代法门寺历史的空白。

1. 元版《普宁藏》

《普宁藏》是这次清理佛经最多的一类，共570余卷，其中15卷全帙，余皆残损。千字文编号“始天终詠”，经折装，版高24.7厘米，宽56厘米。每版30行，折为5面，一面6行，行17字。纸质细光，不吸水，呈淡褐色，似经压光，涂蜡。字体刚劲，刻印俱精。刻经题记均出现在卷末，全以“藏经局”出面伏承，题记末署普宁寺住持之名。其时间在至元十五年（1278）到至元二十六年（1289）之间。在每版的一、二面折叠处，上有千字文号，中间标记“一、二……”，疑为版次号，下有刻工姓名，有的刻工姓名在第一版上，是全姓名，余皆简写姓氏或名字。与宋版《毗卢藏》不同者，是在折缝处没有经名缩写，千字文号、版号、刻工名均刻在一、二面中间夹缝中，而宋版将这些刻在二、三面中间的夹缝中。另外，每版比宋版少了一个折面，即少了6行字。在这批残经中，发现刻工多人，其中姓名俱全者62人，在15卷全帙末发现刻经题记15条，题记款式皆同，都是刻经时的普宁寺住持所作。一般开头记“杭州路南山普宁寺大藏经局伏承”，接下来记施财之人住址、姓名、施财数，刊造经名及卷数，施财助刊人的发愿文，及刊经时间，最后署名当时普宁寺住持题记。还有几条题记款式稍有变化（图3）。现举几例：

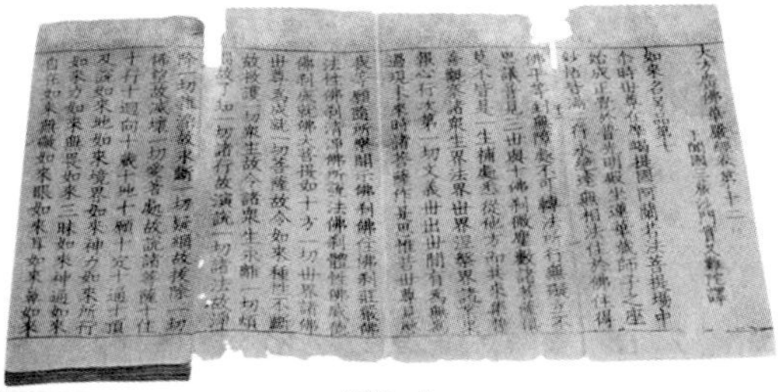

图3-1

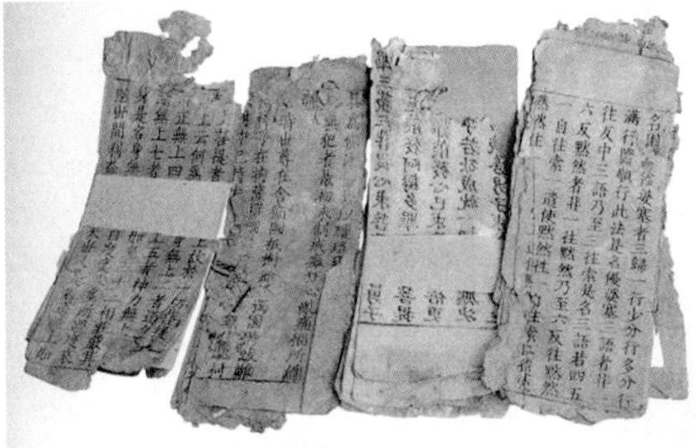

图3-2

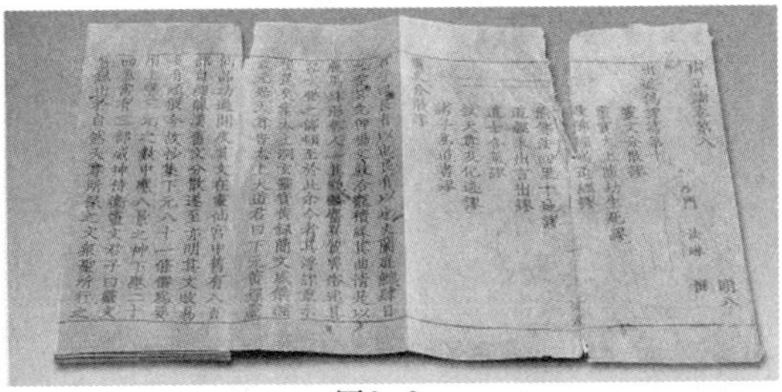

图3-3

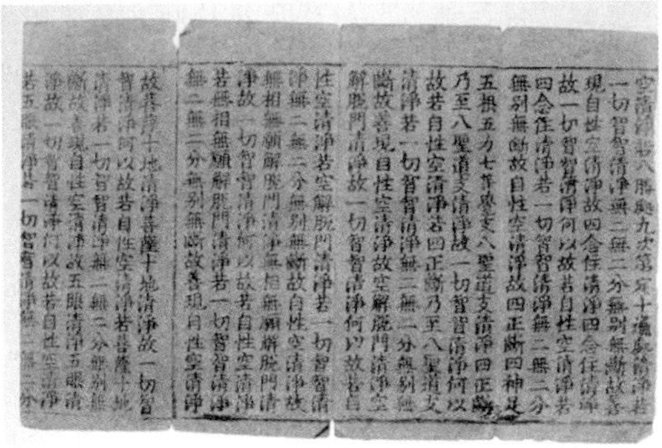

图3-4

图3　元版《普宁藏经》

律二 卷二百八十三

大藏经局伏承嘉兴府路嘉兴县奉贤乡三十九路都坡界刺史泾东居奉佛弟子陈宥圭家眷等舍助米壹拾伍硕刊造大般若经壹卷所集殊勋祝献诸天界祈福荫祐家庭吉庆长幼□宁者至元十六年八月日杭州路南山普宁寺住山释道安题。

藏 卷二百三十五

杭州路南山普宁寺大藏经局伏承嘉兴路里汇村居奉佛弟子费道源施财助刊半卷次承湖州路乌锁普静寺戒阇梨蒋氏一娘圆座主丁坟圆山主请经沈大百七娘金四九道丘四一公息塘关十五道沈十七道姑共十员助宝钞壹拾陆贯贰百文刊造尊经壹卷功德仰报四恩三有至元十九年正月日住山释如一题（大多数题记与上记款识相同）。

得八 卷□□□□八

杭州路南山大普宁寺大藏经局伏承湖州路乌程县德政乡钱村居奉佛女弟子丘廿六娘丘五娘共施净财刊开尊经壹卷功德伏愿忏除罪瑕求生净土者至元二十二年六月日住□山释如志题。

八九 版9末

杭州路南山大普宁寺比丘崇礼尝闻诸佛之心与众生之心无异良因众生舍本从末一心之理违背时常展转沦滑曾未知觉是以世尊垂愍应迹中夫于无说中说三藏教俾诸有识咸获本心切念崇礼宿乘何善得产人伦获预缁流深生庆幸其奈身虽入道心想攀缘念念迁移那能□往倏穿异趣求教何门幸逢刊藏因缘躬刻尊经一卷以斯胜利投入释迦本师誓愿海中等与众生开佛知见伏愿佛力加被法所摄持师友良明善言策发肩创宿舍善种圆成比世功勋顿忘婬怒痴心增长戒定慧力然原四生六道八难三涂多生父母及亲冤咸仗此缘成正觉比丘崇礼谨愿至元二十六年十月日大藏经局比丘明坚杭州南山大普宁寺住持比丘如贤题。

《普宁藏》是宋元木版雕印所有佛经中最大、收集经卷最全最多的一部藏经，它是元代白云宗派于至元十四年（1277），由大明寺寂堂思宗师提出雕造，后由元中央“大藏经局伏承”，普宁寺历代住持道安、如一、如志、如贤等相继主持募捐而雕造的。

关于该藏的雕刻年代与完成年代，至今争论不休。始刻年代归纳为三种说法：一是南宋度宗咸淳五年（1269）说，即元世祖至元六年。二是至元十四年（1277）说。三是至元十五年（1278）说。完成年代有至元二十二年、至元二十三年、至元二十六年、至元二十七年说，还有元代末年说等。从这次发现该藏刻经题记所署时间看，开雕于至元十五年（1278，因为有人提出由雕经到开雕，中间应有一个准备阶段），完成于至元二十六年（1289）较为合乎史实。由于目前还没有发现该藏全卷，这还是一个有待于进一步考证和研究的问题。

2. 元版《秘密经》

共出土33残卷，1卷全帙，千字文编号“始丁终尊”，经折装，版高24厘米，版宽55厘米，每版30行，折为5面，每面6行，行17字。纸质细软，韧性较差，色淡而泛白，左边框外阴文数字。发现刻经题记多条，刻工多人（图4）。现举题记几条：

图4-1

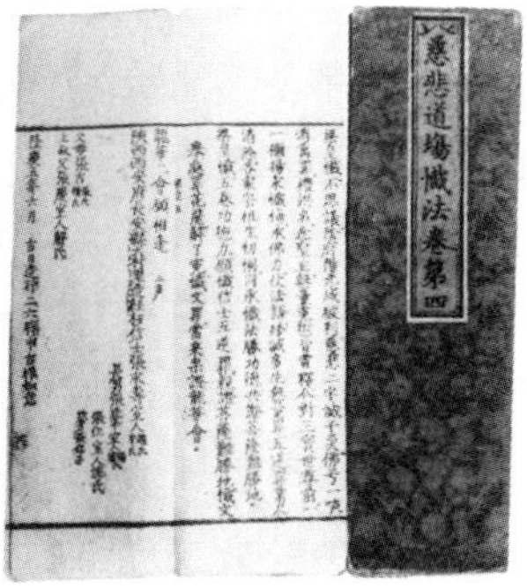

图4-2

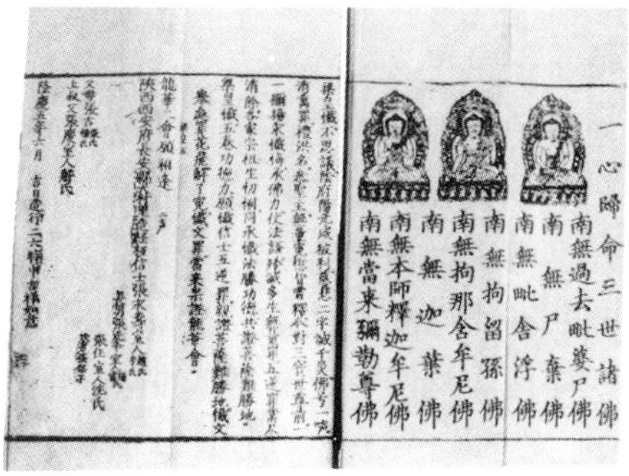

图4-3

图4　元版《秘密经》

生一　卷四百一十一

窃以释迦应运昙华示现于前二千年尊者集经贝叶传持于后五百岁根深蒂固源远流长读诵受持作众生标月之指解说书写为像教济川之舟亘三世以同遵支千古而无对耿光斯道复有伟人法伏睹宣授江淮福建等处释教总统佛智弘辨大师古佛重来宰居出现提出山法门之正令玉洁冰兑释教之宏纲云行雨施得诸佛之智慧弘四辨而具八音演百法之宗乘利十方而益三际普使人天敬仰广效树石流通岐山法门乃受之精舍汴水兴国又学法之招提及故友得业洪福实古邠弘教佛刹三寺皆缺大藏一心印施经文言念在兹食息靡解百法唯识三处三十倍以增添四众齐心二论二六时讲演琅函耀日宝盖施空因果难量功勋莫尽遍刹海而弘宣真教历尘劫而常转法轮新集鸿因恭祝皇帝万岁仍期胜利仰愿太子千秋祈国界四海宴安福檀门千祥鼎至师僧父母咸悟上乘思有□灵同开藏觉大德元年月日古邠劝缘讲论沙门喜吉祥谨题宣授江淮福建等处释教总统佛智弘辨大师讲经律论沙门苑吉祥谨施。

宁一　版17末

杭州路观音净性寺住持僧维宙谨发诚心施中统钞叁锭命工刊雕大藏秘密经三卷以斯功德上报四恩下资三有保持色身轻利法乐弥隆进道修行长叨佛荫者大德十一年岁次丁未良月日观音净性寺住持僧维宙题。

附　粘纸题记

上师三宝佛法持之德皇帝太子诸王覆护之恩管主八誓报四恩流通正教累年发心印施汉本大藏经五十余藏四大部经三十余部华严大经一千余部经律论疏钞五百余部华严道场忏百余部津济滔口施食仪轨梁皇宝忏藏经目录诸杂经典不计其数金银字书写大华严法等经共计百卷装严佛像金彩供仪刊施佛像图本斋供十万余僧开建传法讲席日逐自诵大华严经一百部心愿未周钦睹圣旨于江南浙西道杭州路大万寿寺雕刊河西大藏经版三千六百二十余卷华严诸经忏版至大德六年完备管主八钦此胜缘印造三十余藏及华严大经梁皇宝忏华严道场忏各百□□□□□□轨千有余部施于宁夏永昌路寺院永远流通装□□□□□□若白伞盖三十余件经咒各千部散施土番等处流通读诵近□□江路碛砂延圣寺大藏经版未完遂于大德十年闰正月为始施财□缘节续雕刊已及一千余卷观江南闽浙教藏经版比直比教藏缺少秘

密经律论数百余卷管主八发心愿敬于大都弘法寺取到经本就于杭州路立局命工刊雕圆齐装印补足直比腹里五台关西四川江南云南高丽等处大藏教典悉命圆满集斯片善广大无为回向真如实际装严无上佛果菩提西方教主无量寿佛观音菩萨势至菩萨清净海众菩萨祝延（下缺佚）。

此藏经雕刻于元大德、至大年间（1297—1311），法门寺发现该藏题记内记有大德元年、五年、十年、至大三年等年代。此藏实系《普宁藏》的续藏，是在原普宁藏的基础上补刻进部分“秘密经”卷。在法门寺发现的普宁藏中有些刻工名字，在秘密经藏中又出现了。例如，普宁藏有名的刻工“管主八”在秘密藏中又出现了，以时间推算，若管主八在刻普宁藏时二十岁左右，在刻秘密经时已是八十多岁高龄了。

由于发现的这批元版藏经，均为元代初期，可见宋、金、元代初年，法门寺藏经的搜集、收藏、整理事项从未终辍，而与之相应的法事活动亦很多。但此时的法门寺已走完了它最为辉煌的历史时期，自唐以来的皇家御用寺院已接近尾声，元代中叶以降，法门寺已步入了它的衰落期。

三　特别版式的经卷

在两次清理佛经中，我们发现一些特殊版式的经卷，共23残卷（或称23残版）“特别”款识的经卷，说它特别，是由于它有别于宋元各版藏经款识。其特点是，有些原并非经折装，现看到的折装，为上塔时所折叠，大部分每面折装处无宽疏行，无千字文编号，每版行数字数不等，行字多则25字，少则14字，版号所在位置不定，字体纸质各异，并非手抄本，这批佛经版式特别，很值得重视与研究。

现列表图示如下：

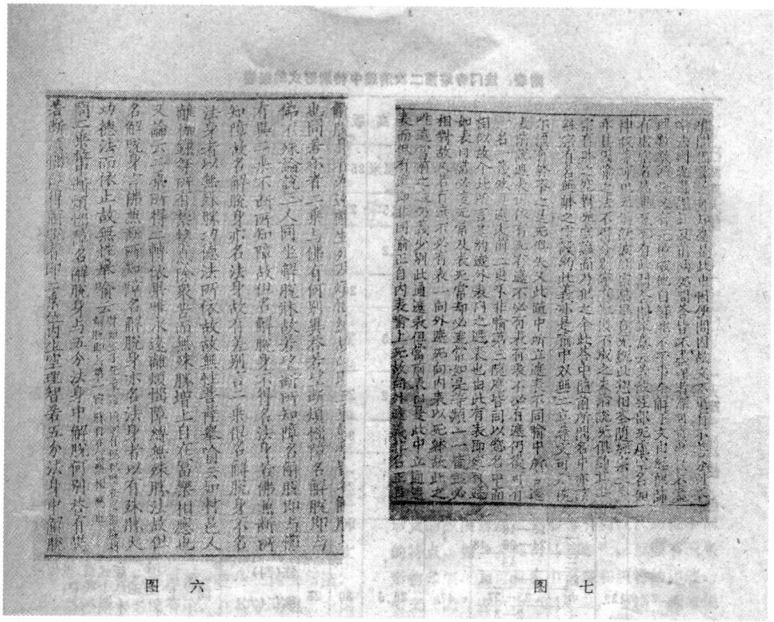

图5　特别版式的经卷

表1　　　　特别版式经卷简况表

经名	页数	卷号	版号	版宽	版高	版行	行字	刻工	纸质	备注
				（厘米）						
仁王护国般若波罗蜜多经观如来品	12	第一第二		53	24.5	25行	15字		柔软细薄色黄白	
大方广佛华严经	6	六 四十九			23.5	25	15		同上	
	5	六十二	2		23.2		14 15		柔软细薄色黄褐	因版残版宽、行数不明。卷、版号在版头
	13	六	12 87—88	48	25	20	16		同上	卷、版号在版头

续表

经名	页数	卷号	版号	版宽（厘米）	版高（厘米）	版行	行字	刻工	纸质	备注
	11				30.3	14			纸质粗涩色黄褐	无经名及卷版号。因二次装裱，版宽版行不明。背面有手抄经
大乘百法明论疏	30	上	20—25	47	26.2	25	20		同上	版号在一、二行之间。22版后手抄经接续
	8	一	3	53	22	30	20		同上	卷、版号在六、七行之间
使□劝无量佛甘露疏		疏一 疏二	1—2 18	44	22	26	20		柔软粗涩色黄	卷、版号在一、二行之间
	132	一	15—18 24—26 48	47	26.5	30	25	永（一） 陈（四） 徐仁（九） 永严（十一）	同上	卷、版号在一、二行之间。刻工名在版头下面。从字体、纸质、版式看，当为一经的八个残卷（图6）
		三	45							
		四	8—9 14							
		九	25—27							
		十	2—3							
		十一	11—12							
		十四	6 26—30							
		十六	37—39							

续表

经名	页数	卷号	版号	版宽（厘米）	版高（厘米）	版行	行字	刻工	纸质	备注
	3				25.8		21		粗涩较厚色黄褐	无卷号、版号、刻工。版残
	13	颚论十四	3 23—24	58	25.8	35	23	承祖	同上	3、23 版版号、刻工在八、九行之间，24 版在十四、十五行之间
	41	群焰八	8—10 23—25	55	25.3	40	25	荣、夫		卷版号、刻工在八、九行，十六、十七行之间两种。当为一经的两个残卷（图 7）
		群焰九	18—20					祖、芦		

关于这批藏经的来源，我们有三种推测，一是依据金承安五年（1200）所立《法门寺大藏经碑》（下文再论）记载，宋、金时，法门寺也有所刻印的一套大藏经，原有 10000 余卷，经宋金的兵燹战火损毁，到金代晚期仅存 2000 余卷，那么，明塔上发现的这 20 多个残卷应该是法门寺所刻印的藏经残存。二是此碑文又记载，宋、金时法门寺僧人，为雕刻印制大藏经，历经四十九年广泛征集佛典，流通搜索，求得典籍 5000 余卷，作为法门寺大藏经的蓝本底稿。以此而论，这 20 多个残经卷时代要早于宋版《毗卢藏》和元版《普宁藏》。三是《法门寺大藏经》的底本分两部分，一为本寺固有装藏之轮藏，二为广泛搜索流通所得。这批藏经的最大特点就是，它本身不是经折装，折叠处无宽疏行，倒很像卷轴装，那它有可能就是法门寺固有装藏之轮藏蓝本底稿。法门寺刻印大藏经凡经

四十九年，上启宋哲宗元祐七年（1092），下至金皇统元年（1141），比宋版《毗卢藏》开雕的宋徽宗政和二年（1112）整整早了二十年，但这并不是它的下限年代，时间应更早一些。

四 明代《妙法莲华经》

共7卷，手抄本，同装一封套，封套为硬纸，外粘丝绸，外装精致。无千字文号和版号，经折装，版高20.5厘米，宽39厘米，每版20行，折为4面，面5行，行17字。纸质细光，薄厚两种，呈深蓝色，经压光，涂蜡。

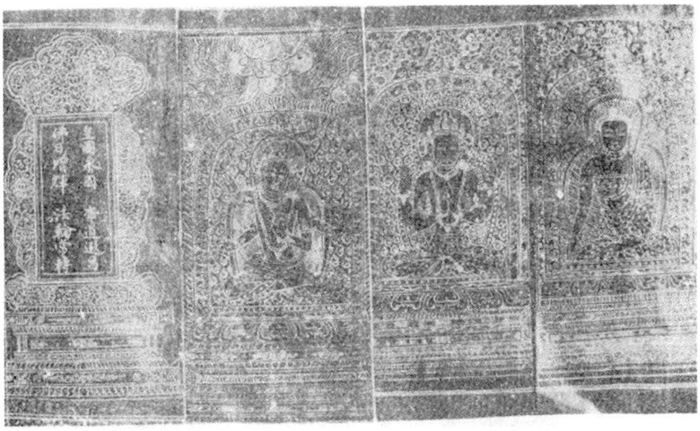

图6-1

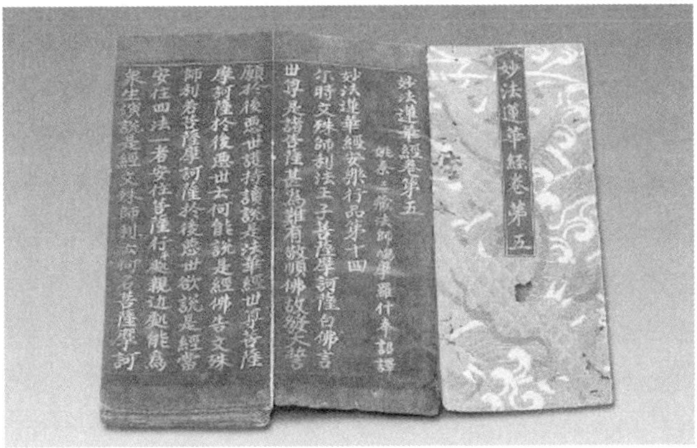

图6-2

图6 明代手抄《妙法莲华经》

通观字体，为多人抄写，铅（银）粉为墨，凡“佛、菩萨”及其他佛名、经名等，均以金粉为墨，经卷内有错字的地方，贴黄纸片以更正。第一卷前，用金粉线描佛像三尊，应为禅宗的三世佛，上书竖文两行：“皇图永固，帝道遐昌；佛日增辉，法轮常转”（图6）。卷首有“妙法莲华经弘传序”，署名“终南山释道宣述”。

此经卷出土于宝塔十一层巽面佛龛上40厘米处塔体内，外用一单砖封藏，当为明万历年间修塔时所贮。以卷首牌匾所写十六字观之，可能为宫廷之物，赐赠予法门寺，经佛学界专家认证，此经卷时代应为明嘉靖年间（1522—1566）。

除以上所述外，同时还清理出民国时期手抄经200余卷及部分散经（图7），法门寺塔上珍藏的这批佛经，为研究我国佛经史、雕版印刷史提供了宝贵的实物资料。

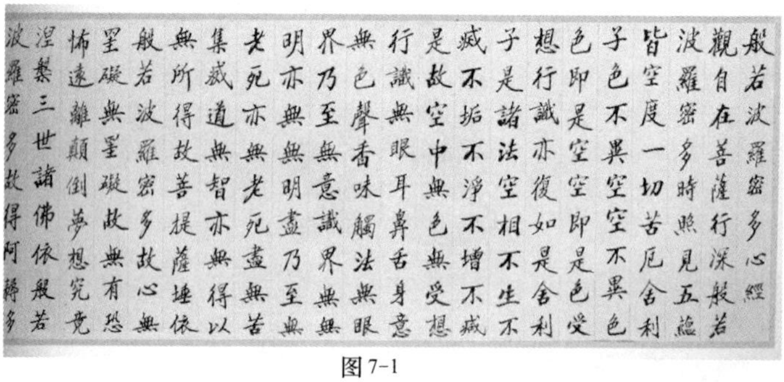

般若波羅密多心經
觀自在菩薩行深般若
波羅密多時照見五蘊
皆空度一切苦厄舍利
子色不異空空不異色
色即是空空即是色受
想行識亦復如是舍利
子是諸法空相不生不
滅不垢不淨不增不減
是故空中無色無受想
行識無眼耳鼻舌身意
無色聲香味觸法無眼
界乃至無意識界無無
明亦無無明盡乃至無
老死亦無老死盡無苦
集滅道無智亦無得以
無所得故菩提薩埵依
般若波羅密多故心無
罣礙無罣礙故無有恐
怖遠離顛倒夢想究竟
涅槃三世諸佛依般若
波羅密多故得阿耨多

图7-1

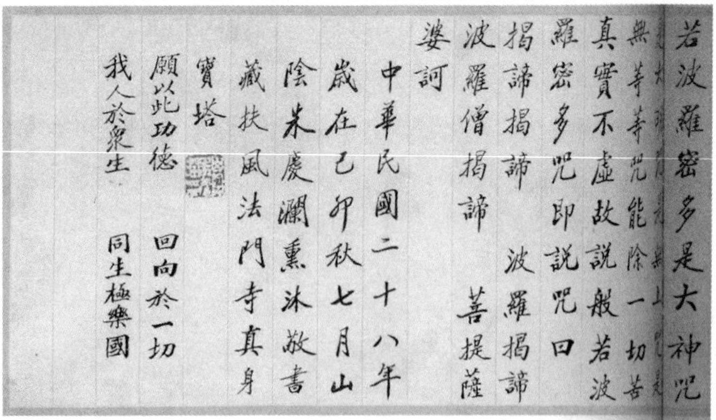

若波羅密多是大神咒
無等等咒能除一切苦
真實不虛故說般若波
羅密多咒即說咒曰
揭諦揭諦　波羅揭諦
波羅僧揭諦　菩提薩
婆訶
中華民國二十八年
歲在己卯秋七月山
陰朱慶瀾熏沐敬書
藏扶風法門寺真身
寶塔
願以此功德　回向於一切
我人於衆生　同生極樂國

图7-2

图7　民国年间手写石印经

五　金代法门寺大藏经的搜集整理

1986年在拆除明代残塔时，塔基中出土了一通碑石的九个残块，经拼对，碑为横卧式，高约55厘米，宽140厘米，厚22厘米。碑面无碑题，周边刻二方连续纹栏界，铭文楷书，共38行，正文满行15字，共约405字。残存碑文内容为金代法门寺僧人募捐修造佛教藏经的史实，故暂称碑名为《金法门寺藏经碑》，碑系金承安五年（1200）所立。我们依据此碑铭，再结合塔基内出土的又一块金大安二年（1210）所立《金烛和尚焚身感应碑》，碑阴结衔题名，发现在中国大藏经史上曾有过一部法门寺搜集整理修造的大藏经。我们就金代法门寺藏经的搜集、整理、修造等历史问题作了简略讨论。现将此碑原文摘录于后。

碑铭文辑录：

施主萧政/（行隔“/”笔者加）
□□□□□□□进于三千鹫岭玄/
□□□□□缵大乘兮两铁山内/
□□□□□间曼殊首请阿
□□□□□□□□庆喜也阇□□
□□□□侍用苍颉□□□□□宁听/
□□□重音遂证□□□□贝叶灵文/
半满十二分教累□□□□国流通搜/
索穷四十九年□□五千余卷自尔有/
转轮法藏琅琅函并诸贤圣集记/
不啻万卷从古□□故不朽耳本院大/
讲经者元有僧崇□门人永显永贤师/
孙义全等于皇统元年纠率众人修/
完未足偶遇兵革损坏散佚仅二千卷/
至大定二十四年主僧义高虑恐灭此/
法灯何由破彼昏暗适值敬法之贤如/
实赞助意令不或□始终修葺积有岁/
年一志坚成岂云小补苟非□□□□/

承当□是钩深之义备缮□□□□/
□□□□名刊列如左/
扶风县郭坚□□/
朱村西□□□寺庄吕端□□/
樊村云□□□庠邵村刘□□/
纠化诸人□□□杜城窦谌□□/
本寺罗汉院讲经传戒沙门□□/
邠州三水县经像院讲论传戒劝缘沙门□□/
右今集经备总此方休止□□□□□/
皇帝万岁重臣千秋雨□□□□□□/
国泰法轮永转/
佛日增晖法界□亲同圆种智/
会首沙门义高受业门□□□/
库主维摩院僧义端千僧□□□□□/
本府阎家村福严院僧□□/
检校僧子（了）密受戒僧□□/
本府真兴寺释迦院助缘僧福珪/
维摩院僧晋监仲珪　本院仲琏/
本镇王邦杰书漳川张福刊/
承安五年岁次庚申孟冬望日扶风龙光寺持经僧普辉立石/（图8）

其中偶遇兵革事，指金海陵王完颜亮（1149—1161 执政）发动的侵宋战争。绍兴议合（1141）之后，宋金之间暂得相安，至金海陵王亮执政后，战事再起。金正隆六年（1161）九月，海陵王统三十二总管兵分四路攻宋，西路由西蜀道行营兵马都统制徒单合喜率领，由凤翔攻大散关。金军得大散关后，分兵攻黄牛堡（今陕西凤县黄牛铺），遇四川宣抚使吴猛烈反击，金军败退，宋军收复陕西十多州府。十一月，海陵王采石渡江失败，为部下耶律元宜杀死。金世宗继位后，大定二年（1162），为夺回陕西失地，又令徒单合喜为陕西统军使，并增兵继续进攻，最终击败川陕宋军，重占陕西。

金大定二十四年，即公元 1184 年。大定为金世宗完颜雍年号，世宗在位的二十八年（1161—1189）为金代治世，史称“世宗治世”。和平安

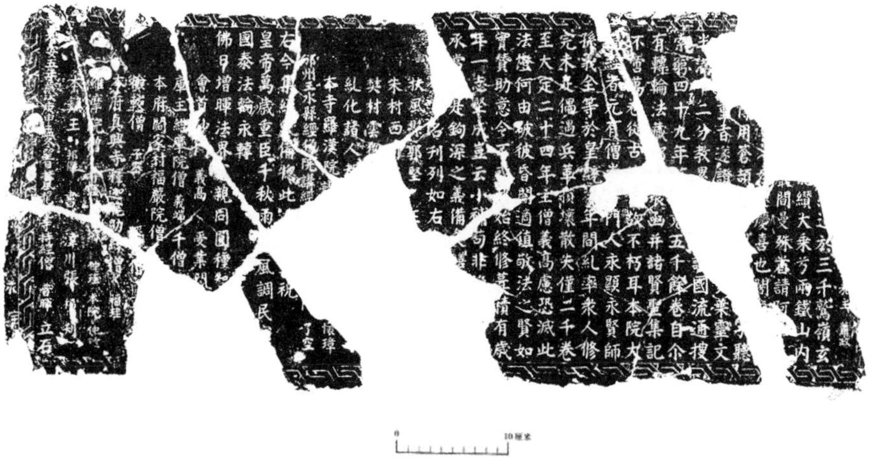

图8　金《法门寺藏经碑》

定，经济、文化获得一定恢复与发展。

法门寺现存金代碑石多通，此碑结衔题名中的“僧崇、永显、永贤、义全、义高、了密”等僧人在其他碑刻中多次出现，这就说明了在宋金时期，法门寺有一个庞大的刻印佛经的僧团。

根据碑文内容，《法门寺大藏经》的修造始于宋哲宗元祐七年（1092），完成于金承安五年（1200，南宋宁宗庆元六年），共经历了108年，其时正当宋金时代官私募刻《大藏经》风气最为炽盛的年代。

《法门寺大藏经》的底本分两部分，一为本寺固有装藏之轮藏，二为广泛“搜索流通”所得。据碑铭所述，法门寺僧人自宋哲宗元祐七年（1092）开始广泛征集佛典，经过四十九年“流通搜索”，求得典籍5000余卷，加上本寺装藏之“转轮法藏琅琅函并诸贤圣集记”，总数超过万卷。金皇统元年（1141），经藏院大讲经者僧崇□纠率徒众永显、永贤、义全等着手修造。未及竣工，宋金战争爆发，被迫停止。战乱中穷四十九年募集万余卷经籍损失，劫余仅2000卷。至金大定二十四年（1184），本寺主僧义高获“敬法之贤如实赞助”，重新组织地方四众弟子建立“藏经会”，并自任会首，恢复刻补工程。其“一志坚成”，经十数年的努力，终于圆满完成结藏功德，于金章宗承安五年（1200）树碑志之。

修造《大藏经》，工程至为浩繁，没有相当雄厚的人、财、物力之聚集很难实施，尤其需要一批精通三藏、博学多闻的高僧大德。据金卫绍王完颜永济大安二年（1210）《金烛和尚焚身感应之碑》，在《法门寺大藏经》修成十年之后，法门寺仍维持有一个颇具实力的庞大僧团。该碑阴刻铭为《遗教经》，后面结衔题名为一庞大僧团：

本寺众僧碑上助缘法号
普济大师前僧录赐紫讲经论传戒沙门义泉
讲经论传大乘戒沙门了密
讲经论传大乘戒沙门法宛
讲经论传大乘戒沙门洪太
南禅院副祖传法沙门志臻
讲经论传大乘戒沙门子千
讲经论传大乘戒沙门广秀
讲经论传大乘戒沙门子隆
讲经律论传法沙门洪海
讲经论传法沙门文高
讲经论传法沙门义信
□□院
讲经论传大乘戒沙门善真
□□经论传大乘戒赐紫沙门海泱
□□□□正赐紫讲经论沙门惠宥
□□□□□大乘戒沙门曦景
□□□□□□济
善□守枢子端彦俊洪玠普渐
仲珆子直义伦祖□祖应祖渊
义林惠元彦晖普玉子林慈栋
惠越慈暌义泉慈霭惠资道真
智琮显达道坚怀琪子诠慈□
善学怀玠惠深慈□仲璨淳宥
惠安子郁仲柯道高德朗宝琋
□信
讲经论传大乘戒沙门□方
讲经论传法沙门子□

龙泉山住持僧善越 慈□

文殊殿上助缘房村寺住持沙门守□

文殊殿上助缘施主塔院住持普渐

文殊殿上助缘施主□高社高显母史氏

龙光寺僧海清 云亭寺僧智珂

圆觉院僧子卓

龙泉寺僧宝真

陈马寺僧师悦

《金烛和尚焚身感应之碑》还记载金烛和尚法爽："复寓重真寺修塔院，披阅藏教。"是为目前仅见的一例披阅《法门寺大藏经》的史料。

然而，宋金之季，变故特多，在战火中产生的《法门寺大藏经》最终毁于重重劫难之中。金大定以降，全真道风行北方，关中为全真道的发源地，其势力尤盛。及至金宣宗南迁汴梁之后，"名蓝精刹，半就荒芜，全真代兴，辄改为观"（陈垣《南宋初河北新道教考》）。金宣宗兴定五年（1221），丘处机率领众门徒远赴大雪山（今阿富汗兴都库什山）投靠成吉思汗。于是，全真道人借蒙古之恩威厉行，往往强占佛寺，驱逐僧人，夺占寺产，给佛教各宗派造成重大的损失。

1247 年，吐蕃萨迦派教主萨班·贡噶坚赞到凉州（今甘肃武威）会见成吉思汗之孙阔端，以乌斯藏全境归属蒙古。由于藏传佛教上层人物深受蒙古人青睐，加上北方汉地佛教以少林寺僧人为代表，一再接近蒙古政权，蒙古统治者转而重视佛教。蒙古宪宗蒙哥汗于 1255 年、1258 年两次召集释道辩论，以胜败论真伪。两次辩论，全真道均遭败北，蒙哥汗下令焚毁道藏伪经，勒令全真道退还释教寺产，并将一批道士削发为僧。经过此番反复，全真道的势力有所收敛。元至元十八年（1281），世祖忽必烈再次下诏焚烧道经，全真教最终居于释教之下。

根据金元之交佛道二教之沉浮变化，《法门寺大藏经》也极有可能毁于 1258 年之前全真道的浩劫之中。不仅《藏经》被毁，连记载藏经募修的碑石及《金烛和尚焚身感应之碑》也被一并打碎，使后人无从知晓。以此之故，《法门寺大藏经碑》暨《金烛和尚焚身感应之碑》均失载于历代金石文献。

直至元大德元年（1297），江淮福建等处释教总统佛智统辨大师、讲

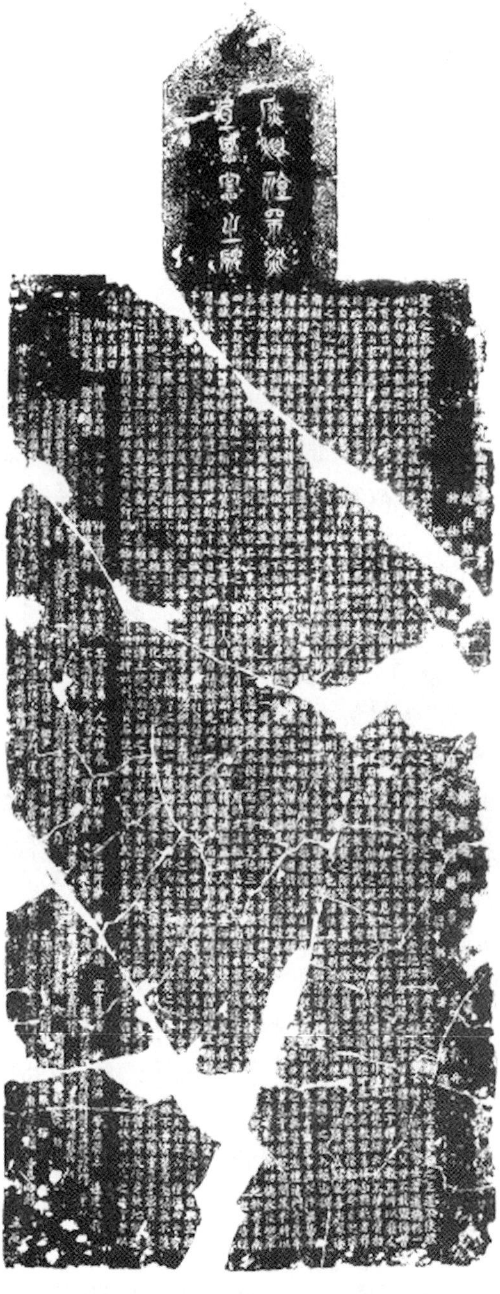

图9　金烛和尚法爽焚身感应碑阳面

经律论沙门苑吉祥以法门寺、兴国寺、洪福寺缺少大藏，专为三寺施印《普宁藏》三十部以为供养，本次发现的元代雕印之《普宁藏》即来源于此。

（王仓西，陕西省考古研究所研究员）

西夏元明清时期传译的观音六字经轨考

王小蕾

摘　要：“六字经轨”特指以观音六字陀罗尼（真言）为主要内容的显、密结合的经轨。夏元明清时期，中国佛教发展进入新的历史阶段，汉、藏、蕃、印等佛教融合并行，大量密教观音经轨不断传译，“六字”陀罗尼及其修法在几乎所有夏元明清时期新译及新编译的密教观音经轨中都有出现。六字陀罗尼出自宋代新译经《大乘庄严宝王经》，自译出后广传开来，西夏王朝更将此类陀罗尼经进行重新编译、刊印及流通。此时期印、藏一系的佛教在西夏等地区渐行，藏传体系中密教观音经轨陆续被译出，此类传译经轨属于瑜伽及无上瑜伽类经典，注重本尊观音及六字“种子字”的观想法，通过观想达到与本尊合二为一的目的，并以此获得世间及出世间利益。通过对夏元明清时期诸多六字经轨类别考察，推测六字陀罗尼经轨应为汉、藏双向传播，一方面依《宝王经》汉译本传播，另一方面则为印、藏系下由师承关系口耳相传。

关键词：夏元明清；六字经轨；大乘宝王经；观音信仰；陀罗尼

从西夏、元、明、清时期新译密教文献中可见种类丰富的六字观音经轨，这些经轨都以六字陀罗尼为主要内容，并围绕六字咒的功能、功德、六字种子观想等内容展开。此类经轨中的“六字”出于宋代译《大乘庄严宝王经》，经中说六字为“大明总持之门”，具有无尽功德。从已搜集的密教观音类文献来看，几乎所有密教观音经中都有六字内容，一部分文献以宣说六字功德及劝诵六字陀罗尼为主要内容，这部分文献以西夏流传的陀罗尼经为主，属于陀罗尼密教；另一部分为夏、元、明、清时期印藏体系传译及流传至中土以外地区的六字经轨，这类文献属于瑜伽密教及无上瑜伽密教。

一 西夏元明清时期流传的观音六字经轨

（一）西夏新编译陀罗尼类观音经

从已刊布的西夏佛教文献来看，西夏王朝尊崇观音信仰，帝王及王后刊印散施了大量佛教经典，“散施佛教典籍如《金刚经》《普贤行愿经》《观音经》等数以万计。”① 显教经典以《法华经·普门品》为主，密教经典以《六字大明陀罗尼经》为主。

黑水城汉文文献中有三部西夏新编观音经，分别是TK102《观自在菩萨六字大明心咒》、TK136《六字大明王功德略》与TK137《圣六字大②明王心咒》。

《观自在菩萨六字大明心咒》，编号TK102，刊布于《俄藏黑水城文献》第二册，与《佛顶放无垢光一切如来心陀罗尼》合为一部。

《六字大明王功德略》，编号TK136，刊布于《俄藏黑水城文献》第三册，第174页至第175页上。原件为刻本，卷轴装，经末有“乾祐乙巳十六年（1185）季秋八月十五日，比丘智通施”题记。

《圣六字大明王心咒》，编号TK137，原件为刻本，刊布于《俄藏黑水城文献》第三册，第192页。此文献由四部经本构成，原目录分别由《佛说业报差别经》《佛说无常经》《大佛顶白伞盖心咒》《圣六字大明王心咒》四部分构成。其中《圣六字大明王心咒》与黑水城TK136、TK102/2内容相似，经本宣说观世音六字神咒的功德利益。

此处需要指出的是，黑水城文献中有一部《圣六字增寿大明陀罗尼经》（编号TK135），题记“右愿印施此经六百余卷，资荐亡灵父母及法界有情同往净方，大夏天庆七年（1200）七月十五日，袁子、仇彦忠等人谨施”，是一部流传较广的陀罗尼密典。有学者也将此经归入观音经类，但考察经文内容可知，虽然经题有六字，实际上并非观音六字经。此经由宋朝印僧施护译于988年，其内容是佛知晓阿难患大病后为其宣说的

① 方广锠：《宁夏西夏方塔出土汉文佛典叙录》，《藏外佛教文献》第7册，第406页上。

② 大，原作“太”，形讹，今改。

六字大明陀罗尼，属于南北朝时期流行的六字陀罗尼经。其咒作：“难底黎难底黎难觌哩$_{\text{去}}$都摩哩$_{\text{半}}$拏哩俱嘛致$_{\text{引}}$摩度摩帝$_{\text{引}}$娑嚩$_{\text{二合}}$,$_{\text{引}}$ 贺$_{\text{引}}$。”① 其功德说，通过诵陀罗尼可以获得能消灾患、增寿命的功德，还可以治疗各类疾病。在经录中也宣传说：“若持诵者，增益胜行，灭除烦恼，一切所求无不成就。”②

西夏所传三部汉译观音陀罗尼经都未见著译者，只有《六字大明王功德略》经末有智通印施题记。但三部经均出于《大乘庄严宝王经》中的部分内容，此《宝王经》共 4 卷，为宋印僧天息灾译出。经文宣说“佛在舍卫国，有无量菩萨，及八部男女集会，从大地狱出大光明，遍照园中，现大庄严。除盖障菩萨请问因缘，佛为说圣观自在菩萨历劫救苦之事，及说所住种种三昧之名，又说身诸毛孔希有功德，普贤菩萨行十二年不得边际，次求六字大明陀罗尼，并见波罗奈城法师，最后佛告阿难，具说伽蓝中所造恶业，所招恶报。”③ 这里所说六字大明陀罗尼功德部分主要集中在第四卷，从佩戴、诵持、书写等利益分别解释。再对比西夏黑水城三部文献来看，三经内容基本一致，仅有繁、略差异，从《观自在菩萨六字大明心咒》《圣六字大明王心咒》《观自在菩萨六字大明心咒》经文内容可以看出，此三经明显受到《大乘宝王庄严经》的影响，开经均有“《严宝王经》云……”“唵麻祢钵啼$_{\text{二合}}$铭吽，《宝王经》云……”“谨依《大庄严宝王经》云……”等经句，经内也仅宣说了佩戴、书写六字陀罗尼的功德利益，即抄取《宝王经》第四卷其中一小部分。如说“若念此六字大明王一遍，所获功德而我不能数其数量。又念此陀罗尼一遍，所有功德者，如一俱胝佛在于一处，经天一劫而亦不能数尽功德。若有人书写此六字大明王陀罗尼者，则同书八万四千法藏。若有人以天金宝造作如微尘数佛像已，一日中庆赞供养，所获果报不如写此六字大明王陀罗尼中一字所获功德……如是功德不可具述。”④ 三汉译本都提到，六字咒是观世音菩萨微妙本心，若诵持或佩戴可以获得智慧、辩才、净生死、具六度等无尽功德。再通过对照《大乘庄严宝王经》汉译本可以看出，西夏

---

① （宋）施护译《圣六字增寿大明陀罗尼经》，《大正藏》第 20 册，第 46 页下。

② （宋）杨亿等撰《大中祥符法宝录》卷 6，《中华藏》第 111 册，第 738 页上。

③ （明）智旭汇辑《阅藏知津》卷 14，《嘉兴藏》第 32 册，第 41 页。

④ （西夏）佚名编《六字大明功德》，编号 TK136，《俄藏黑水城文献》第三册，第 174 页至第 175 页上。

三部汉译经并没有完全引据原文，而是对《大乘庄严宝王经》原经文进行了删改及再编撰，其目的是宣扬及夸大六字陀罗尼的功德。三本西夏六字经的内容大体一致，三种文献均以"经"命题，可能也不完全符合大乘经典之特点，从文献内容来看，应该是西夏时期依据《宝王经》新编撰的经典，将其称作劝导民众念诵陀罗尼的"劝诵文"更合适。

这三部经都是以宣说观音六字咒功德为中心，并对其中的书写、佩戴、读诵的功德加以增删，形成新的经典，其目的在于宣扬六字咒的功德，通过读诵获得现世利益。此类形式的汉译经典在西夏黑水城文献中还有很多，这些经典均保留有大乘经典部分内容，并摘出其中的陀罗尼部分进行再编撰，并刊印流通。推测这类陀罗尼经应该是由于西夏时期陀罗尼信仰较为流行，受到上层及民众的喜爱，故上层有针对性地对一些大乘经典进行再加工与编撰，形成行持方便的新经典。

除三篇六字观音陀罗尼经外，黑水城文献中还有一部西夏新译密教观音经《圣观自在大悲心总持功能依经录》（TK164、165），此经亦未被历代汉文大藏经所收录，属于西夏新译密教经轨。《圣观自在大悲心总持功能依经录》与佛顶尊胜经《胜相顶尊总持功能依经录》合刻为蝴蝶装一册，编号 TK164、165，刊布于《俄藏黑水城文献》第四册，第 29—51 页。其中 TK164 由《佛经版画》《圣观自在大悲心总持功能依经录》《胜相顶尊总持功能依经录》《御制后续发愿文》四部分构成。卷首有三幅版画，其后经文首题"诠教法师番汉三学院兼偏袒提点，口褒卧耶沙门鲜卑宝源奉敕译，天竺大般弥怛五明显密国师在家功德司正口褒乃将沙门拶也阿难捺传"。

传本经者拶也阿难捺，梵文 Jayānanda，亦名胜喜，是迦湿弥罗国僧。据考，这位僧人在 12 世纪中期"曾与前藏桑浦乃乌陀寺与该寺住持的西藏最著名应成中观派的反对者之一乔巴溯思结桑哥进行公开辩论，结果败北，遂离开西藏而转往五台山"[①]，之后前往西夏国。"拶也阿难捺"是梵语音译，在西夏出土的汉文文献中，此上师名还被译为"金刚座师"，到达西夏后，他被仁宗授与"西天大师大波密坦五明国师功德司正"，并加

① Leonard W. J. van der Kuijp, *Jayānanda. A Twelfth Century Guoshi from Kashmir Among Tanggut*, CAJ37/3 -4 (1993), pp. 188 -197；引自沈卫荣主编《西藏历史和佛教的语文学研究》，上海古籍出版社 2010 年版，第 328 页。

封为五明显、密国师。作为西夏国师传译了多部密教经轨，除《圣观自在大悲心总持功能依经录》外，在明代传抄抄本《修习法门》中也有他传承的经轨，其中第 17 经《大悲如意轮观音菩萨求修》题款“西天大成就金刚座师造，习密沙门法性译”，另外还有一部西夏文观音经《圣观自在大悲心求法》，编号 No. 6502，其中传承次第“金刚座师——皇帝—为皇帝—大菩提惠心—勤师—白衣思—意宝师—遮勒钵师。”① 这样看来，这位西夏国师至少曾传过三部密教观音经。按照孙伯君相关考证，他还是“大黑求修法”的传承上师。此外，《大乘要道密集》中有两部经轨都出现他的名字，莎南屹啰译《阿弥陀佛临终要》经末附有传承上师系谱：文殊菩萨—胜一切冤接怛哩上师—大金刚座师—小金刚座师—八哩啰嘐斡师—大萨思加斡师—大晢尊巴师—萨思加班帝怛师—思纳哩探斡师。在这个传承系谱中有大小两位金刚座师，虽然不能确定这里出现的大、小金刚座师到底哪位是嘐也阿难捺，但至少可以证明他是作为传承上师传过此经的。《要道密集》收录的另一经典《成就八十五师祷祝》经首明确记载有“金刚座师造”的款题。

另根据巴日译师传承《巴日百法》(*Ba ri brgya rtsa*) 木刻本经末题款载，此法门传承依次为：金刚持、金刚座上师、巴日译师（1040—1111)、萨迦贡嘎宁布（1092—1158)、萨迦索南孜摩、杰尊扎巴坚赞、萨迦班智达贡嘎坚赞（四世)、八思巴（1235—1280)、迦瓦罗桑东知、结桑吉益西、四世班禅洛桑曲吉坚赞、阿阇梨班觉伦珠等。② 按照这一传承，《圣观自在大悲心总持功能依经录》应为萨迦派传承体系观音修法。

TK165 由《圣观自在大悲心总持功能依经录》《胜相顶尊总持功能依经录》《御制后续发愿文》三部分构成。其中《圣观自在大悲心总持功能依经录》与 TK164 内容基本一致，但 TK165 第一叶阙佚。TK165 卷首阙，无译经者及著者，经末附御制《圣观自在大悲心总持》并《胜相顶尊总持依经录》后序发愿文，发愿文末残损。此经未被《大藏经》收录，属西夏新译密教经典。孟列夫据序文所署崇宗封号“奉天显道耀武宣文神谋睿智制义去邪惇亲睦懿恭皇帝”，猜测刻经时间不早于崇宗去世三周年

① 孙伯君、聂鸿音：《西夏文藏传佛教史料——“大手印”法经典研究》，中国藏学出版社 2018 年版，第 40 页。

② 参见当增扎西《藏族观音文化研究》，中国藏学出版社 2013 年版，第 23 页。

(1141)，不晚于曹皇后去世三周年（1167），孙伯君在此基础上依据经末发愿文推测此经的刊刻时间在天盛元年（1149）前后。① 早在20世纪80年代，陈炳应就发现了此经的西夏本残卷（编号T25-1），并依据经本内容做了初步研究。② 另外，还有三件同名西夏译经，分别是No. 6841、No. 6881、No. 7054。克恰诺夫编著《西夏佛典目录》，将这三件中的No. 6881译为《顶尊相胜总持功德韵集》。③ 据段玉泉考证，这两部经本与台北故宫博物院所藏明代泥金写本《大乘经咒》卷二中《大悲观自在菩萨总持经咒》与《佛顶尊胜总持经咒》的内容非常接近，说："就《大悲观自在菩萨总持经咒》而言，其经文几乎就是在鲜卑宝源汉译本基础上去掉梵语经题、传译者、敬礼语后稍作改动，除经题外变化非常之少。其陀罗尼用字虽然较宝源译本变化较大，但对应的梵文音节及数量完全一致，这应该是鲜卑宝源汉译本基础上改译过来的，或者说是参照鲜卑宝源译本改译同一藏文本的结果。"④

从《圣观自在大悲心总持功能依经录》经文内容看，此经主要以大悲心陀罗尼为中心，并与唐伽梵达摩译《千手千眼观世音菩萨广大圆满无碍大悲心陀罗尼经》较为接近，不同之处主要有：唐本中开首有诸佛菩萨、天龙八部、山神、海神、地神、河神等一切神祇，西夏本则无；偈颂部分，唐本"南无大悲观世音，愿我速知一切法"中"南无"为音译，在西夏本中为意译"敬礼"；西夏本中有观音六字神咒，唐本无；唐本中有诸善神及神龙王等二十八部众护持的偈颂，西夏本无；唐本中也多出咒法、结缕法、念诵法等密法，日光、月光菩萨陀罗尼，以及千手千眼四十手的功用，这些在西夏本中都无。总体上来讲，唐本内容较广，西夏本较略，而且西夏本仅仅围绕圣观自在大悲心陀罗尼与赞偈展开。除唐本与夏本可以简单对比外，沈卫荣认为，此本也可能是由梵文原典译出，但迄今为止，学术界还没有发现相关梵文文本，但沈卫荣将《西藏大藏经》中

① 参见孙伯君《西夏宝源译〈圣观自在大悲心总持动能依经录〉考》，《敦煌学辑刊》2006年第2期；转引自孟列夫著，王克孝译《黑水城出土汉文遗书叙录》，宁夏人民出版社1994年版，第153页。

② 陈炳应：《天梯山石窟西夏文佛经译释》，《考古与文物》1983年第3期。

③ 孙伯君：《西夏宝源译〈圣观自在大悲心总持动能依经录〉考》，《敦煌学辑刊》2006年第2期。

④ 段玉泉：《两部西夏文佛经在传世典籍中的流变》，《西夏学》2015年第11辑。

卓弥译师译 *'Phags pa spyan ras gzigs dbang phyug thugs rje chen po'i gzungs phan yon mdor bsdus pa zhes bya ba* 与黑水城藏文文书 XT-67《圣观自在大悲心总持功能依经录》进行了对比，他认为，这两个文献仅有细微差别，他提出藏文本 XT-67《圣观自在大悲心总持功能依经录》应该是由卓弥译师藏译，而非宝源与拶也阿难捺。①

（二）西夏传译的瑜伽密教观音类文献

西夏黑水城文献中有一篇偈颂体风格的密教观音文献——《亲集耳传观音供养赞叹》（No. 311），此经刊布于《俄藏黑水城文献》第六册，第110—126页。经首缺，尾全，经末落款“皇建元年（金大安二年，南宋嘉定三年，1210）十二月十五日由门资宗密沙门本明依修剂门摄授中集，皇建二年（1211）六月二十五日重依观行对勘定”。从经轨内容来看，是一部显、密结合的观音经类。经文以“观想”为主，包括观音礼赞、召请、供养、观想观音本尊，并依修持此法所得加持力作勾召亡魂、施财安位、通念五夫、摄授众生等功德的一部完整的修法仪轨。其中也涉及了四臂观音、马头观音、六字观音、六字咒、大悲总持及《大乘庄严宝王经》的内容。

除黑水城文献中收录的密教观音经轨外，三部明代传抄的善本文献，分别是《观音菩萨六字大明王秘密神咒禅定亦名捨寿定》《白色圣观自在修习要门》《大悲如意轮观音菩萨求修》。这三部经虽是明代抄本，但依据经首传译者“中分真师姪昝厮多智慧译，中国无比金刚三尖上师大乐金刚传，大宝成就上师传”；“晋夏府祐国宝塔寺讲经论沙门智明译”；“西天大成就金刚座师造，习密沙门法性译”，这三部经应该是西夏传译流传至明代的密教观音经典。

《白色圣观自在修习要门》经首题传译者“西番中国班尼怛大法王师莎宗传，晋夏府祐国宝塔寺讲经论沙门智明译”，本经的传者为莎宗班尼怛，“班尼怛”一词来源于印度，此为音译，意为学识渊博的大学者，今多用“班智达”。西番即指西藏，而“中国”一词在西夏文献及遗迹中多有出现，这一词的使用在学术界也颇具争议，陈庆英认为西夏

① 沈卫荣主编：《西藏历史和佛教的语文学研究》，上海古籍出版社2010年版，第320—346页。

王朝使用“中国”并非指元代，而是有意为之，其原因是李元昊曾向宋朝声明不能称臣，故自建国及年号并自诩为皇帝，实际上是欲在思想上与宋争正统之位，故西夏人有称自己国土为“中国”的习惯。[①] 沈卫荣认为，吐蕃为“蕃中国”的省称，指吐蕃中部。但传此经者大法王师莎宗，依题款中“西番”，推测应是西藏来西夏的僧人，其身份尚不明确，待考。

题款中译者智明是西夏国师之一。据史金波考，西夏国师共有十四位，智明是其中一位，另据孙伯君相关考证，“圆通法师沙门智明”或即“西夏兰山通圆国师智冥”，他还译有《四分律行事集要显用记》。[②] 此外，智明所驻寺庙为“祐国宝塔寺”，这一寺名不见于汉文资料，但在俄罗斯圣彼得堡东方学研究所手稿部藏黑水城出土文献 ИНВ. No. 2852 中记载了西夏文《亥年新法》西夏寺庙的相关政策，并罗列出西夏五十多座寺庙的名称：“大德皇敬寺、旺气寺、会州寺、帝师寺庙、大觉普渡寺、五月遍显寺、孝诚普贤寺、吉祥净碧寺、度民众宫寺、保靖金刚座寺、救拔佛母寺、五台观音普贤殿寺、普净记口寺、五台文殊殿、弥勒广长寺、祷国宝塔寺、番汉五台福盛寺等，”[③] 由于这些寺名为西夏文所译，其中“祷国宝塔寺”与本经题款“祐国宝塔寺”有一字之差，“祷”与“祐”同为祐护祝祷之意，极有可能这两寺同为一寺，“祷国宝塔寺”就是“祐国宝塔寺”。而《白色圣观自在修习要门》署名为讲经论沙门，也说明此经是在他尚未被封国师前所译。虽然此经为西夏时期译出，但明代还在传抄，说明这一观音经自西夏至明代一直有传承。

（三）明清时期传译的六字经轨

国家图书馆善本部藏有两部密教观音经轨《修习法门》和《观音密集玄文》，两部经轨是明代遗留下来的汉译密教抄本，按其内容来说，是两部密教观音修法合辑本。这两部文献最早在周叔迦《宋元明清译经图纪》中著录，吕建福《中国密教史》“元明清时期密教”章节中也有略

---

① 参见陈庆英《西夏大乘玄密帝师的生平》，《西藏大学学报》2000 年第 3 期。

② 孙伯君：《西夏文献丛考》，上海古籍出版社 2015 年版，第 172 页。

③ 史金波著，陈高华、徐吉军编：《中国风俗通史丛书：西夏风俗》，上海文化出版社 2017 年版，第 380 页。

述。沈卫荣在《文本与历史：藏传佛教历史叙事的形成和汉藏佛学研究的建构》第五章对国图藏这两部文本的名称及译者作了略考。安海燕在《明代汉译藏传密教文献研究》第四章“观音修法：国家图书馆藏明抄本《观世音菩萨修习》《观音密集玄文》与汉地的藏传佛教”专门对这两部经进行专项研究。以下对这两部经作一个大致介绍。

《修习法门》是一部密教观音修法合辑本，经首有“卷五”字样，正文部分每页 15 行，行 22 字，共计 76 页，页面为黑格，黑口，四周双边，现存藏本 1 卷。由以下 18 部仪轨构成：

《大悲观自在菩萨六字禅定》

《圣观世音菩萨禅定要门》

《观音菩萨六字大明王秘密神咒禅定亦名捨寿定》（西夏译）

《白色圣观自在修习要门》（西夏译）

《观音禅定》

《求修观世音菩萨智慧要门》

《大悲圣海求修方便》

《圣大悲观音求修要门》

《大悲观自在略密修俱生禅定》

《大悲观自在密修求主戒仪》

《金刚乘圣观自在十三佛中围自入受主法行仪》

《密修十三佛中围现前解》

《金刚乘圣观自在俱生密求修十三佛中围现证仪》

《圣观自在求修十三中围要门》

《观音密智中围》

《金刚乘圣观自在密修内殊胜八种法事仪》

《大悲如意轮观音菩萨求修附出现缘由》（西夏译）

《上师本佛共禅定》

在 18 部抄本中有十部经中刊刻有详细的著译者信息，这十部经本分别是第 3 经《观音菩萨六字大明王秘密神咒禅定亦名捨寿定》由“中分真师姪峇厮多智慧译，中国无比金刚三尖上师大乐金刚传，大宝成就上师传”；第 4 经《白色圣观自在修习要门》由“西番中国班尼怛大法王师莎宗传，晋夏府祐国宝塔寺讲经论沙门智明译”；第 5 经《观音禅定》由“葛哩马上师传，涅啰呃纳啰译”；第 7 经《大悲胜海求修方便》由“大宝葛哩麻巴上师览荣尕儿只集，落行菩提依利帝汉译”；第8经《圣大悲观音求修要门》由“大宝白头葛立麻上师传，大护国仁王寺勒布上师具恩师处取受语敕”；第13经《金刚乘圣观自在俱生密求修十三佛中围现证仪》由“观音化身米得兰左吉造，吃啰二合室僧吉屹巴鞞赞布译”；第14经《圣观自在求修十三中围要门》由“西天北印土五明上师沙说荅呃资啰传”；第15经，原卷经题缺，据经末“上师那达室利五峰山八功德水述吉祥者矣竟”载，其述者为那达室利；第16经《金刚乘圣观自在密修内殊胜八种法事仪》为“观自在化身法王米得兰左吉述”；第17经《大悲如意轮观音菩萨求修》由“西天大成就金刚座师造，习密沙门法性译”，余下诸经无著译者。其中《观音禅定》《大悲胜海求修方便》《圣大悲观音求修要门》三部经，同为“葛立麻上师”所传。另据安海燕、沈卫荣研究，“葛立麻”指第三世“噶哩麻上师（1284—1339）”，故此3部文本当源自元代。在安海燕最新研究中提到，这部《修习法门》与《观音密集玄文》所收录的修法主要是藏传噶举与萨迦派两派教法，“《修习法门》主要为噶玛噶举和枯噜布噶举两支之传规；《观音密集玄文》主要为传自枯噜布噶举和萨思加派的修法。”①

《观音密集玄文》九卷本与上面《修习法门》相同，也是一部密教观音修法合辑本，周叔迦在《宋元明清译经纪》中有著录，九卷观音经轨分别为：

《圣观自在菩萨求修》

《大悲观音密修现前解》

《大悲观音俱生身中围》（捺塔室哩集）

《圣观自在略求修》

《青项大悲观自在菩萨修习要门》

《大悲观音求修》（发思巴集）

《狮子吼观音求修》

《观音菩萨辨梦要门》

《大悲观音常修不共要门》。

抄本每页10行，行23字，红格，白口，四周单边。

① 安海燕：《明代汉译藏传密教文献研究》，中国藏学出版社2019年版，第140页。

以上九卷经被认为是由明代智光译出，[1] 其中第1卷《圣观自在菩萨求修》经首刊刻“大明天竺迦湿弥罗国板的达善世禅师俱生吉祥传，门资雅纳啰释迷智光”，由此推断，此经是由印度西北部迦湿弥罗国传至中土，天竺僧俱生吉祥传其弟子智光；第2卷《大悲观音密修现前解》经末题“观世音尊密啰得二合佐𠯗师，慈氏洛拶自在名称贤，彼处伽哩二合端思二合闻已述此文”，可知此经为密啰得二合佐𠯗师所传，伽哩二合端思二合撰写而成。又据沈卫荣研究，第2卷与第4卷及第7卷可以确定为印度大成就者米德兰左吉传入，[2] 与《修习要门》多部观音修法属于同一渊源，[3] 其中第7卷《大悲观音求修》经末题“按萨思加巴要门利初机故癹思巴集”（发思巴集），藏文原本出自《法王八斯巴全集》。[4]

（四）明清时期传至朝鲜的六字经轨

除西夏新编六字经外，还有两部明代和清代新译观音六字经轨，两本均为韩国藏本。一本为韩国京畿道博物馆所藏观音经复刻本，经名《观世音菩萨经六字》（经内名为《圣观自在求修六字禅定》），经末题“嘉靖四十二年癸亥三月日清洪道沃川地苦鲜山甘露开板”。由此可知，此本是1563年（明代）在朝鲜国刊刻而遗存下来的珍贵文本，此经由“木活字本”刊刻而成，共1册，首尾全，每页7行，行15字，14.6厘米×21.8厘米，刊行：“朝鲜明宗十八年三月”。整本文献由四部分构成：第一部分为刊前记：“佛氏祸福之说虽无所据，然参禅定志者，实去欲之本也，善乎！古人之言曰：禅以定其心，道以和其气，焉以养其余尔，故用刊是经，以勉后学。梅竹轩志。”第二部分为经文。其内容为观自在禅定的仪轨次第，包括供养、观想、持诵、禅定等。第三部分宣说六字大明王

---

① 吕建福：《中国密教史》，中国社会科学出版社1995年版，第660页。

② 沈卫荣、侯浩然：《文本与历史：藏传佛教历史叙事的形成和汉藏佛学研究的建构》，中国藏学出版社2016年版，第317页。

③ 参见沈卫荣、侯浩然《文本与历史：藏传佛教历史叙事的形成和汉藏佛学研究的建构》，中国藏学出版社2016年版，第317页；安海燕《两部明代流传的汉译藏传观音修习法本集——中国国家图书馆〈观世音菩萨修习〉〈观音密集玄文〉初探》，《西域历史语言研究集刊》第5辑，科学出版社2012年版。

④ 沈卫荣、侯浩然：《文本与历史：藏传佛教历史叙事的形成和汉藏佛学研究的建构》，中国藏学出版社2016年版，第316页。

真言的功德利益。第四部分为尾题及刊后记。

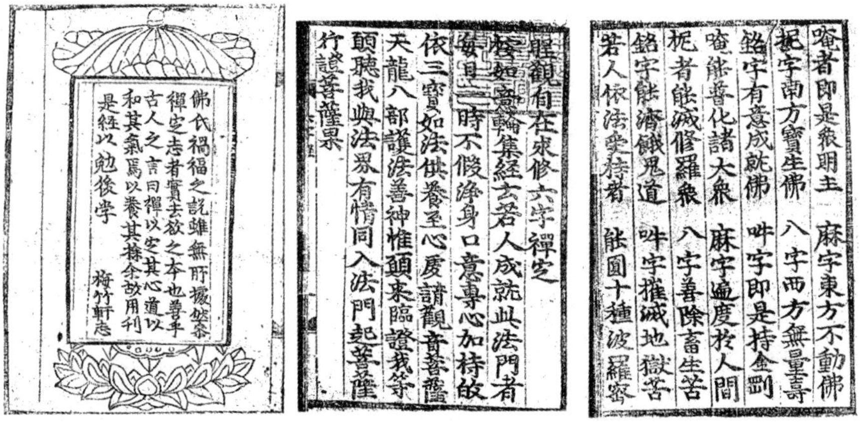
佛氏禍福之説雖無所據然參
禪定者實去欲之本也善乎
古人之言曰禪以定其心道以
和其氣焉以養其操余故用利
是經以勉後学
梅竹軒志

聖觀自在求修六字禪定
按如意輪集經云若人成就此法門者
毎日三時不假淨身口意專心加持故
依三寳如法供養至心虔請觀音菩薩
天龍八部護法善神惟願來臨證我等
願聽我與法界有情同入法門起菩薩
行證菩薩果

唵者即是衆明主　麻字東方不動佛
抳字南方寳生佛　八字西方無量壽
銘字有意成就佛　吽字即是持金剛
唵能普化諸大衆　麻字遍度於人間
抳者能滅修羅衆　八字善除畜生苦
銘字能濟餓鬼道　吽字摧滅地獄苦
若人依法受持者　能圓十種波羅蜜

图1　《观世音菩萨经六字》内页

另一本是韩国甘露社藏本，经名《观世音菩萨六字大明王陀罗尼神咒经》，1908 年木刻本。全经 40 页，四周双边半郭 16.4 厘米 ×11 厘米，每页 10 行，行 20 字，上 2 叶花纹鱼尾；22.4 厘米 ×14.9 厘米。全经由经序、观世音菩萨六字大明王陀罗尼神咒经、发愿文、旧跋及刊印同缘录构成，其中的陀罗尼神咒经再由“圣观自在求修六字禅定”“初入禅定法”“六字观念法”“自己观音密咒观念说”四部分组成，原卷主要由汉文字书写而成，其间杂少量韩文及梵文。经末有题记，记载此经之传承“南无无量寿佛大慈悲心亲说六字大明王广大功德，传授师思驮麻上师，传授师思八剌”，再对比经本内容可知，此经与中国国家图书馆所藏《修习法门》中的第一经《大悲观自在菩萨六字禅定》与第八经《圣大悲观音求修要门》有部分重叠，都宣说六字陀罗尼的功德利益及修法。甘露社藏本与韩国京畿道博物馆藏《观世音菩萨经六字》部分内容一致。按其内容判断，两部韩国藏观音经均属密教观音类经典。从上述经本刊刻的流传区域及时间来看，密教观音及观音六字陀罗尼从西夏至明清都非常兴盛，而且流传范围扩大至韩国地区。

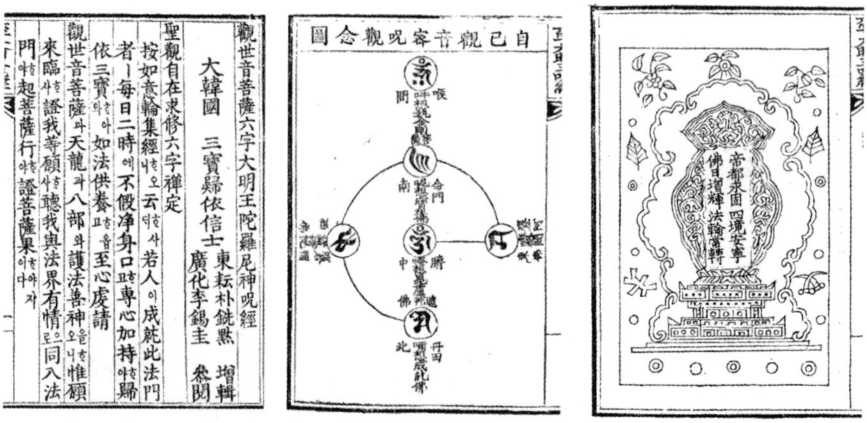

图2 《观世音菩萨六字大明王陀罗尼神咒经》内页

二 六字经轨中六字来源

六字真言，亦称“六字陀罗尼”，梵文 Avalokiteś vara-guna-kūranda-vyūha，藏文 Za-ma-tog-bkod-pa。佛教中的六字真言主要有四类：（一）观音之六字章句陀罗尼；（二）观音之六字真言；（三）文殊之六字真言；（四）佛为救阿难之女难、病难及仅以阿难为对告众而说三种之六字大明①。本文所探讨之六字真言，即观世音菩萨六字真言——“唵嘛呢叭弥吽”（Oṃ-maṇi-padme-hūṃ）。观音六字真言，又称六字大明咒、六字大明陀罗尼、六字大明咒、六字咒、嘛呢咒等，此真言意为“归依莲华上之摩尼珠”，被认为是观音菩萨的微妙本心，具有不可思议的功德和利益。六字真言自宋元明清以来流传甚广，11 世纪时传入西藏，尤被藏传佛教所推崇。

吕建福《六字真言源流考》一文中对六字真言的起源及演变进行了详细的考证，他认为：（1）最早的六字真言起源于三国时期竺律炎所译的《摩登伽经》，此经是佛陀为阿难断除邪道而说神咒的故事，后由于此经极力宣说六句神咒是七佛所说，故广传开来，东晋十六国及南北朝时期流传《六字大陀罗尼咒经》及《六字神咒王经》。（2）较早的观音经

① 慈怡主编：《佛光大辞典》“六字陀罗尼”词条，北京图书馆 2004 年版，第 1261 页。

《请观世音菩萨消伏毒害陀罗尼咒经》中引用了六字神咒，至唐代菩提流志译《不空羂索神变真言经》中也有观世音菩萨十地真言，并说观世音大悲心观六法，这两部经的真言都与观世音菩萨有着紧密联系。（3）现行的观世音菩萨六字真言初见于《大乘庄严宝王经》，而此经中也有两处宣说观自在菩萨六字大明陀罗尼——“唵麽抳钵讷吽”，即为宋元明清至今所广传的观音六字真言。

现行的观世音菩萨六字真言初见于《大乘庄严宝王经》（四卷本，梵文：*Guṇa-kāraṇḍavyūha*，*Avalokiteśvara-guṇa-kāraṇḍavyūha*），汉译本由印僧天息灾于983年3月译出，经文主要内容是“除盖障菩萨请问因缘，佛为说圣观自在菩萨历劫救苦之事，及说所住种种三昧之名，又说身毛诸孔希有功德……，”[①] 经中有两处宣说观自在菩萨六字大明陀罗尼——“唵麽抳钵讷铭吽”的功德。关于这部经的形成地，据学者研究表明，此经在公元6世纪就已出现，其根据是发现了吉尔吉特梵文写本[②]，故也有学者推定其至迟在6世纪就已被编纂。日本学者金枝由郎在《敦煌藏文写本中六字真言简析》一文中亦持相同意见，他认为含有六字真言的《大乘庄严宝王经》最早在六七世纪即有梵文版本，他还通过解读敦煌藏文文书《调伏三毒》（ITJ420和IYJ421－1号）发现了其中的“类六字真言”（oṃ maṇipadme hūm myitra svaha和oṃ maṇipad me//hūm myi），但当时六字真言为“清除邪恶道路”之用，而非“每一个音节是一种摆脱轮回转世和六道的职能。”[③] 与今野认为的《大乘庄严宝王经》在六七世纪即有梵文版本的研究较为贴近的还有日本学者佐久间留理子，佐久间在《〈カーランダ・ヴューハ・スートラ〉における六字真言と准胝陀羅尼》[④] 一文中认为，已知《大乘庄严宝王经》（Kāraṇḍavyūha-sūtra）的梵

① 《新续高僧传》卷1，《宋京师传法院沙门释天息灾传》，《大正藏补编》，第27册，第32页上。

② ［日］塚本啓祥、松长有庆、矶田熙文编著《梵语佛教研究4・密教经典篇》（《梵語仏典の研究4・密教経典篇》），平乐寺书店1989年版，第142页；Constantin Regamay：Le pseudo-hapax ratikara et la lampe qui rit dans le《Sutra des orgesse》bouddhique，*Asiatische Studien* XIX，1965，pp. 175－206.

③ 参见李婵那《9—11世纪的吐蕃观音崇拜——以敦煌古藏文文献研究为中心》，载于沈卫荣主编《文本中的历史——藏传佛教在西域和中原的传播》，第39页。

④ ［日］佐久间留子：《〈カーランダ・ヴュー ハ・スートラ〉における六字真言と准胝陀羅尼》，《印度学佛教学研究》第64卷第1号，平成27年12月。

文本有三个（或两本[①]），分别是被推定为7世纪初的吉尔吉特写本（G1和G2），其中G1本开头、中间及经末部分残，G2本也仅剩残片；第二个版本为12世纪尼日瓦贝叶经本，此本在1961年（Vaidya）再版，藏文译本也是由这一版本翻译而来；第三个版本则是15世纪尼泊尔再编撰本，此版是在12世纪版本的基础上再编撰而成（Lokesh Chandra 1999）。

迄今为止，此经的梵文写本被陆续发现，版本也非常多，故依日本学者相关研究引录如下：

（1）ASB A19[②]；

（2）BauDV[③]290（32），65（33），289（34），6850（35），7458（36）；

（3）Bedall[④]Add. 1267，1275，1321，1330，1347；

（4）Bir[⑤]118；

（5）BM[⑥]542，543；

（6）BSP[⑦]pra1117（1－143），pra1679（1－145），ca337（1－149）；

（7）Velankar[⑧] 4；

（8）Cowell Eggeling[⑨]24；

---

① 两个梵本分别收录于：Satyavrata Samasrami：*Karandavyuhah mahayanasutram*，Calcutta，1873；与 P. L. Vaidya：MYS I（BST17），第258—308页。

② K. V. Kāvyatīrtha：*Catalogue of Printed Books and Manuscripts in Sanskrit Belonging to the Oriental Library of the Asiatic Society of Bengal*，Calcutta，pp. 243－257："Buddhist MSS. Collected from Nepal by B. H. Hodgson."

③ *Nepālarā ṣ triyapustakālayasthahastalikhitapustakānām Sucipatram*，*Bauddhadarsanavisayah prathamabhagah*，prathamakhandah（Purātatva prakāsanamālā 26），Kathmandu，1964.

④ C. Bendall，*Catalogue of the Buddhist Sanskrit Manuscripts in the Bendall University Library*，Cambridge，Cambridge，1883.

⑤ Sanskrit Seminar of Taisho University：Buddhist Manuscripts of Bir Library，《大正大学研究纪要（文学部·佛教学部）》40，1955年，第1—30页。

⑥ C. Bendall，*A Catalogue of the Sanskrit Manuscripts in the British Museum*，London，1902.

⑦ *ŚriNepālarājakiyavirapustakālayasthapustakānām Brhatsucipatram Bauddhavisayakah saptamo bhagah*，khanda 1－3（Purātatvaprakālasanamālā 29，38，39），Kathmandu，1964－1966.

⑧ H. D. Velankar，*A Descriptive Catalogue of Sanskrit and Prakrit Manuscripts in the Library of the Bombay Branch of the Royal Asiatic Society*，Vol. 3/4，Appendix Buddhist Manuscripts，Bobay，1930.

⑨ E. B. Cowell & J. Eggeling，*Catalogue of Buddhist Sanskrit Manuscripts in the Possession of the Royal Asiatic Society*（*Hodgson Col-lection*），JRAS，1876，pp. 5－50.

(9) Filliozat[1]22 - 24;

(10) Fort William 81;

(11) Goshima Noguchi[2] 17;

(12) IASWR[3]MBB - I - 9, - 10, - 99;

(13) Iwamoto[4]7, 11;

(14) Kodama[5]12 = Śata-piṭaka 10 (7);

(15) Matsunami[6] 86 - 94;

(16) Nagao[7]5, 111 - 113, 498;

(17) Private Lib 89;

(18) Śastrī[8]29 - 32;

(19) Śata-piṭaka 268 (1MS.);

(20) Takaoka[9]A4, 24, 101, 149, KA28, GA2, 11, CH32, 166, 321, 370, 384, 443, 477, 523, 566, DH43 - 3, 66, 68, 266, 288, 319, 323, 333, 405, 407;

(21) Thomas[10]7705, 7706;

(22) VRS928;

---

① J. Filliozat, *Catalogue du fonds sanscrit*, *Fascicule I*, Paris, 1941.

② K. Goshima & K. Noguchi, *A Succinct Catalogue of the Sanskrit Manuscripts in the Possession of the Faculty of Letters*, Kyoto University, Kyoto, 1983.

③ *Buddhist Sanskrit Manuscripts*, *A Title List of the Microfilm Collection of The Institute for Advanced Studies of World Religions*, New York, 1975.

④ Y. Iwamoto: *Catalogue of the Buddhist Sanskrit Manuscripts in the Library of Tokai University*, 《东海大学纪要(文学部)》2, 1958 年, 第 1—137 页。

⑤ [日] 小玉大圆: カシュミール仏教研究の課題と展望 (1), 《龙大论集》420, 1982 年, 第 54—72 页。

⑥ [日] S. Matsunami:《东京大学图书馆梵文写本目录》(*A Catalogue of the Sanskrit Manuscripts in the Tokyo University Library*), Tokyo, 1965.

⑦ [日] 长尾雅人:《加德满都佛教写本》(カトマンドゥの仏教写本典籍),《岩井纪念论集》第 10—15 页。(Kaiser Collection)

⑧ H. P. Shastri, *A Descriptive Catalogue of Sanscrit Manuscripts in the Government Collection under the care of the Asiatic Society of Bengal*, Vol. I: Buddhist Manuscripts, Calcutta, 1917.

⑨ H. Takaoka, *A Microfilm Catalogue of the Buddhist Manuscripts in Nepal*, Vol. I, Nagoya (佛教资料文库), 1981。

⑩ F. W. Thomas, *Catalogue of the Sanskrit and Prakrit Manuscripts in the Library of the India Office*, Vol. II, by A. B. Keith, Oxford, 1935, D. Buddhist Literature (pp. 1391 - 1428).

（23）Winternitz Keith[①]1403（I）

除上述写本外，在孟加拉国的拉杰沙希（Rajshahi）博物馆（原名瓦伦德拉 Varendra 研究协会）也发现了一部孟加拉文字书写的贝叶经，日本学者若原雄昭在其调查报告中对这部新发现的经做了概述，将此经汉译为《迦兰陀庄严经》，但根据这部写本目录所使用的梵文拉丁转写名称可知，这部《迦兰陀庄严经》就是《大乘庄严宝王经》。这部经 1970 年代末被收录、刊布于 Sachindra Nath Siddhanta ed.，*A Descriptive Catalogue of Sanskrit Manuscripts in the Varendra Research Museum Library*，Vol. I（Varendra Research Museum，University of Rajshahi，Rajshahi 1979）中，编号 No. 852，Kāraṇḍavyūha，整本经为贝叶经写本，共 67 叶，首尾全，尺寸 30 厘米×6 厘米，每叶 6 行，经文是古孟加拉文字，其年代大致推定为 11—12 世纪，经本中有 6 叶有插画（1b，2a，28b，29a，66b，67a）；各叶背面两端标有不同字体的数字，正面左侧有藏文页码，第 22 叶下有尼瓦尔文字，此文字大致在 12—13 世纪使用，经末有施印者名字，书写年代无，据写本使用的文字可以推测出这部经的书写年代约 11—12 世纪[②]。为呈现出梵文本原貌，本文谨将日本学者若原雄昭这篇报告中《大乘庄严宝王经》的梵文转写引附如下：

首部 1b1：siddham oṃ namo bhagavate āryāvalokiteśvarāya // evam mayā śrutam

ekasmin samaye bhagavānśrāvastyām viharati sma // jetavane . . .

30 叶 a5：āryakārandavyūhasya mahāyānasūtraratnarājasya prathamo nirvyūhaḥ //

尾部 67a3 – b2：. . . / te ca devanāgayakṣagandharvāsuragaruḍakinnara-mahoragamanu –ṣyāmanuṣyāḥprakrāntāḥ // idam avocad bhagavān āttamanāḥ sā ca sarvāvatī

parṣan sadevamānuṣāsuragandharvaśca loko bhagavato bhāṣitam abhyanan-

① M. Winternitz & A. B. Keith，*Catalogue of the Sanskrit Manuscripts in the Bodleian Library*，Vol. II，Oxford，1905.

② ［日］若原雄昭：《孟加拉保存的佛教梵文写本》［《バングラデシュ国内に保存されるサンスクリット仏教写本（BARCユニット1 第 2 回バングラデシュ調査報告）》］，龙谷大学亚洲佛教文化研究中心（龍谷大学アジア仏教文化研究センターワーキングペーパー）No. 11 – 01（2011 年 10 月 1 日）。

dan iti //

āryakāraṇḍavyūhan nāma mahāyānasūtraṃ samāptaṃ // ye dharmā hetup-rabhava

[67b1] hentun teṣān tathāgato hy avadat [/] teṣāñ cā yo nirodha evamvādī mahā -śravaṇaḥ // deyadharmo ['] yaṃ pravaramahāyānayāyi ājaparapādākāvasitā naiśūpaḍivadhu paramopāsikā sāhākāyā ……

iti // siddham // ○ shrī'dzarmakumḍhra……（藏语）○ [①]

此外，本经与另外一部梵文经——Guṇakāraṇḍavyūha 非常相似，而这部经（Guṇakāraṇḍavyūha）只有梵本存，无汉译本与藏译本。有学者也指出，这两部经（Kāraṇḍavyūha 与 Guṇakāraṇḍavyūha）内容上基本相同，只是体裁各异，他们之间的关系紧密，因此非常值得关注及研究。在《梵语佛典研究》（《梵语仏典の研究》）一书中提到，这两部经有两种理解，其一认为，Guṇakāraṇḍavyūha 是由《大乘庄严宝王经》改写而成的偈颂本，另一说法持相反观点，认为《大乘庄严宝王经》是由 Guṇakāraṇḍavyūha 偈颂体改写而成的“长行”体[②]。与此相同，学者 Studholme，Alexander 在其研究《六字真言来源考：〈大乘庄严宝王经〉研究》（*The Origins of Om Manipadme Hum: A Study of the Karandavyuha Sutra*）[③] 中也提到，《大乘庄严宝王经》有两个不同的版本，一个为长行，另一个则是偈颂体，两个版本分别保留在法国巴黎图书馆（Bibliothèque Nationale）和亚细亚学会（The Société Asiatique），其中一本为 67 页，包含两个部分；另一本则有 18 章，共 185 页之多，包含了 4500 个偈颂。Studholme 推测，后一个版本（长版）为最晚的版本，而《大乘庄严宝王经》最早的写本可追溯至公元 7 世纪初。

《大乘庄严宝王经》藏译本（北京版）收录于《甘珠尔》诸经部第

① ［日］若原雄昭：《孟加拉保存的佛教梵文写本》［《バングラデシュ国内に保存されるサンスクリット仏教写本（BARCユニット1 第 2 回バングラデシュ調査報告）》］，龙谷大学亚洲佛教文化研究中心（龍谷大学アジア仏教文化研究センターワーキングペーパー）No. 11－01（2011 年 10 月 1 日）。

② ［日］塚本啟祥、松长有庆、矶田熙文编著：《梵语佛教研究·密教经典篇》（《梵語仏典の研究·密教経典篇》），平乐寺书店 1989 年版。

③ Studholme Alexander, *The Origins of Om Manipadme Hum: A Study of the Karandavyuha Sutra*, State University of New York Press, 2002.

30卷，第68策，No. 783经，藏文经名：*Hphags-pa bde-ba-can-gyi bkod-pa shes-bya-ba theg-pa chen-pohimdo*。有研究也表明，梵文本及藏文本是将汉译本第1与第2卷的内容合为梵本第1章。另一需要注意的问题是，关于此“经”归属体系差异的问题，《大正藏》将此经的汉译本收录于“密教部”，但《西藏大藏经》将此经藏译本纳入“经部”，非密教部。

据《大中祥符法宝录》载，该经出自中天竺梵本，施护证梵文，沙门清沼、常谨笔受，沙门法进缀文，沙门惠温、守峦、道真、寘显、慧超、慧达、可环等证义，沙门法云、智逊、善祐校勘，光禄卿汤悦、兵部员外郎张洎润文，殿直刘素监译。是月十五日监使引三藏等诣崇政殿捧所译经具表上进，其词曰：

> 臣天息灾等言：“臣等今译就《大乘庄严宝王经》一部四卷，伏以此经理契上根，文诠妙义，庄严表德，秘密为宗。究其道也，灭迹匿端；体其名也，入流亡所。慈心爰启，乃咨善逝之尊；悲愿聿兴，遂见普门之力；广设方便，以趣菩提。惟妙教之传，通赖圣朝之显发；伏惟应运统天、睿文英武、大圣至明、广孝皇帝陛下，尊齐释梵，道迈羲农；多能彰天纵之才，十善运神明之化；探微言于鹫岭，广真诰于龙宫。臣等德谢腾兰，才非奘什；临玉华之法席，译贝筒之至言；契幸弥深，覃研备至。庶假贯花之了义，仰资拂石之鸿图。前件新译经，谨缮写上进以闻。”是日命坐赐茶，亲加抚慰，仍赐束帛，诏以其经入藏颁行。①

关于此经之内容，《大中祥符法宝录》中亦载：“佛在舍卫国祇树给孤独园说，第一卷明观自在菩萨现光瑞相，入大地狱救度有情。第二卷明观自在菩萨入金银地中示八圣道，后证六字大明，获总持门，令诸有情断贪瞋等。第三卷明佛为除盖障菩萨广说观自在菩萨诸三摩地。第四卷明六字大明有大胜力，若受持者速获悉地。此总意者先显观音之神力，具彰利益之悲心，除盖障伸请于前，薄伽梵广明于后，宣六字之咒句，增益法成，现三密之灵通，悉地行满，总而言之，即秘密神通不思议之用也。”②

① （宋）杨亿等编《大中祥符法宝录》卷3，《赵城金藏》第111册，第685页上。

② （宋）杨亿等编《大中祥符法宝录》卷3，《赵城金藏》第111册，第684页。

在《显密圆通成佛心要集》中，六字真言被认为是诸佛之母，并引述诸经，说其功德："六是诸佛母教行本源门者，谓一切诸佛皆从陀罗尼所生。《楼阁经》云，'真言是诸佛之母，成佛种子，若无真言，终不能成无上正觉'。又三藏教尽从陀罗尼所出，故《最上大乘宝王经》中说有四乘：一声闻乘，二缘觉乘，三方广大乘，四最上金刚乘，谓陀罗尼藏是也，一切法皆从金刚乘陀罗尼中流出。《神变钞》云'千流万派起自昆仑积石之山，十二分经出乎总持秘密之藏。又万行总从陀罗尼所流，谓真言中每一一字全是无相法界，万行无不从法界所流'。故《持明藏仪轨经》说'唵字即是无相法界'。《神变疏》说'无相法界全是真言，真言全是无相法界'。又真言，亦名三藏，有持咒者皆号三藏，谓真言中每一一字皆含戒、定、慧三。且万行不出六度，六度不离三学。既真言名三藏，即知真言总含万行，真言是总行。"①

汉译六字真言在诸经中的用例见下表。

表1　　六字真言对照表

文献名称	年代	译者	oṃ	ma	ṇi	pa	dme	hūṃ
《大乘庄严宝王经》	宋	天息灾	唵	么	抳	钵	讷铭	吽
《总持功能依经录》	西夏	宝源	唵	麻	祢	钵	嚨铭	吽
《六字大明王功德略》	西夏②		唵	麻	祢	钵	捺铭	吽
《补陀洛迦山传》	元代		唵	麻	尼	巴嚨	谜	吽
《显密圆通成佛心要集》	辽	道㲀	唵	么	抳	钵	讷铭	吽
《大明仁孝皇后梦感佛说第一希有大功德经》	明		唵	嘛	呢	叭	弥	吽
《准提净业》	明	谢于教	唵	嘛	尼	八	讷铭	吽
《唐会要、五代会要、明书、明会典选辑》	明		唵	嘛	呢	叭	咪	吽
《五灯全书》			唵	嘛	呢	叭	谜	吽

① （辽）道㲀撰《显密圆通成佛心要集》卷下，《大正藏》第46册，第1001—1002页。

② TK136文献《六字大明王功德略》，刊载于《俄藏黑水城文献》汉文部分第三册，第174页至第175页上。经末题记：乾祐乙巳十六年季秋八月十五日，比丘智通施。

续表

文献名称	年代	译者	oṃ	ma	ṇi	pa	dme	hūṃ
《修习法门——大悲胜海求修方便》	明	落行菩提依利帝 译	唵	麻	尼	八	迷	吽
《观世音菩萨救诸难咒》①	明		唵	嘛	呢	叭	噤	吽
《圣大悲观音求修要门》	明	葛立麻上师传	唵	嘛	呢	叭	咴	吽
《大悲观自在菩萨六字禅定》	明		唵	嘛	呢	叭	噤	吽
韩国《观世音菩萨经六字》	明		唵	麻	柅	八	铭	吽
韩国藏《诵咒陀罗尼经》②			唵	麼	尼	钵	铭	吽
韩国藏《观世音菩萨六字大明王陀罗尼神咒经》③	清	朴铣默增辑	唵	嘛	呢	咩	哺	吽

① 《观世音菩萨救诸难咒》一卷，附《观音灵感真言》一卷，为日本弘治 2 年（1489）刊刻的观音真言写本，现藏于早稻田大学图书馆，此本的刊刻者及刊刻地不详。此本为折本，卷本首题残，高 17 厘米，行 15 字，经卷首尾分别刊刻观世音菩萨画像及韦陀菩萨像，经卷内题上有“风陵书屋藏本 泽田瑞穗”朱印。全本由四部分构成：观音灵感真言、观世音菩萨救诸难咒、诵咒灵验事疏及重刊的者及重刊日期。

② 《诵咒陀罗尼经》，写本，刊写者及年代不详，现藏于韩国国家图书馆。此本照片格式，1 册（72 张），页面无界，每页 10 行，行 16 字，无鱼尾，24.8 厘米 ×22.3 厘米。

③ 韩国甘露社藏《观世音菩萨六字大明王陀罗尼神咒经》为 1908 年木板本，全经 40 页，四周双边半郭 16.4 厘米 ×11.0 厘米，每页 10 行，行 20 字，上 2 叶花纹鱼尾；22.4 厘米 ×14.9 厘米。全经由经序、观世音菩萨六字大明王陀罗尼神咒经、发愿文、旧跋及刊印同缘录构成，其中的陀罗尼神咒经再由“圣观自在求修六字禅定”“初入禅定法”“六字观念法”“自己观音密咒观念说”四部分组成，原卷主要由汉文字书写而成，其间杂少量韩文及梵文。经末有题记，记载此经之传承“南无无量寿佛大慈悲心亲说六字大明王广大功德，传授师思驮麻上师，传授师思八剌”，再对比经本内容可知，此经与中国国家图书馆所藏《修习法门》中的第一经《大悲观自在菩萨六字禅定》与第八经《圣大悲观音求修要门》有部分重叠，与韩国京畿道博物馆藏《观世音菩萨经六字》部分内容一致，是一部具有独特风格的密教观音法经本。

三　六字真言的比较研究

西夏时期统治阶层对佛教采取全面吸纳的态度，西夏不仅从宋多次请来汉文藏经，更有大批僧人前往印度求法，同时对吐蕃佛教也兼收并蓄，极大丰富了佛教内容，并将佛教的地位提升至国教地位。从已刊布的佛教文献来看，西夏尊崇观音信仰，帝王及王后刊印散施了大量佛教经典，“散施佛教典籍如《金刚经》《普贤行愿经》《观音经》等数以万计。”[①] 显教经典以《普门品》为主，密教经典以“六字大明陀罗尼”为主。

“六字大明陀罗尼”的文献主要有《六字大明王功德略》《观自在菩萨六字大明心咒》《圣六字大明王心咒》等，这三本经的内容极为相似，开经都有“《严宝王经》云……”“唵麻祢钵𠽾二合铭吽，《宝王经》云……”“瑾依《大庄严宝王经》云……”等引句。如前所述，六字真言“唵么抳钵讷铭吽”（oṃ-maṇi-padme-hūṃ）即出自上面所提到的《大庄严宝王经》。经中说：“有六字大明陀罗尼难得值遇，若有人能称念其名，当得生彼毛孔之中不受沉沦，出一毛孔而复往诣入一毛孔，于彼而住乃至当证圆寂之地。”[②] 又说持念六字大明可获诸多功德：“依法念此六字大明陀罗尼，是人而得无尽辩才，得清净智聚，得大慈悲。如是之人日日得具六波罗蜜多圆满功德，是人得天转轮灌顶，是人于其口中所出之气触他人身，所触之人发起慈心，离诸瞋毒，当得不退转菩萨，速疾证得阿耨多罗三藐三菩提。若此戴持之人，以手触于余人之身，蒙所触者是人速得菩萨之位。若是戴持之人，见其男子女人、童男童女，乃至异类诸有情身，如是得所见者，悉皆速得菩萨之位。如是之人而永不受生老病死苦、爱别离苦，而得不可思议相应念诵”等。经文从持诵、佩戴、书写等多方面详述了六字大明陀罗尼的功德及利益。西夏所传的这三部经典，只是截取了《大乘庄严宝王经》部分内容。以下对三经作一个简单对比。

① 方广锠：《宁夏西夏方塔出土汉文佛典叙录》，《藏外佛教文献》第 7 册，第 406 页上。

② （宋）天息灾译《佛说大乘庄严宝王经》卷 3，《大正藏》第 20 册，第 59 页中。

表 2　　六字大明王咒经对照表

	《六字大明王功德略》TK136	《圣六字大明王心咒》TK137	《观自在菩萨六字大明心咒》TK102
性质	瑾依《大庄严宝王经》云：佛告除盖障菩萨：善男子，彼观自在菩萨摩诃萨有微妙本心六字大明王陀罗尼，难得值遇。	唵麻祢钵𠺁二合铭吽，《宝王经》云：此六字咒是观世音菩萨微妙本心。若有知是微妙本心，即知解脱。	《庄严宝王经》云：此六字大明是观自在菩萨微妙本心，此六字大明。是观自在菩萨微妙本心。
称念诵持	若人能称念其名者，得生于观自在菩萨身毛孔世界之中，不受沉沦，当证圆寂之地。若人持诵此咒之时……若念一遍者，七代种族皆得解脱。于自身中所有诸虫当得不退菩萨之位。 若有人闻见持咒人之声色及触其身者，皆得不退转菩萨之位。	若人受持六字咒时，有九十九殑伽河沙数如来，复有微尘数菩萨悉皆集会，一切天龙八部等皆来卫护，七代种族皆得解脱，腹中诸虫得不退转。	若人持诵此咒，于持诵时有九十殑伽河数如来、微尘菩萨集会，天龙药叉、虚空神等而来卫护，七代种族皆得解脱，腹中诸虫当得不退菩萨之位。
依法念诵功德	若能依法念此六字者……若念此六字大明王一遍，所获功德而我不能数其数量。又念此陀罗尼一遍，所有功德者，如一俱胝佛在于一处，经天一劫而亦不能数尽功德。	依法念诵陀罗尼者，得无尽辩才，清净智聚，得大慈悲，日日得具六波罗蜜圆满功德。口中所出之气触他人身，发起慈心，离诸嗔毒，速疾证得无上菩提……速得菩萨之位而永不受生老病死，爱别离苦，其余功德广如□说。卍卍	又若依法念诵，是人则得无尽辩才，清净智聚及大慈悲，日日得具六波罗蜜圆满功德，是人口中所出之气触在人身，蒙所触者即起慈心，离诸嗔毒，当得不退菩萨，疾证阿耨菩提。
书写佩戴功德	若有人书写此六字大明王陀罗尼者，则同书八万四千法藏。若有人以天金宝造作如微尘数佛像已，一日中庆赞供养，所获果报不如写此六字大明王陀罗尼中一字所获功德。然此陀罗尼者，是一切诸佛、菩萨之所敬礼，若念一遍，即同供养一切诸佛，如是功德不可具述，即说陀罗尼曰：唵麻祢钵捺铭二合吽	身中项□带持咒者，若有得见，带持之人则同□，于金刚之身，又如见于舍利宝塔及见如来等无有异。	若以此咒戴持之者，则同如来金刚之身，以手触于余人之身，其蒙所触者及所见有情，皆速得入菩萨之位，而永不受生。又如满四大洲男女等人，一切皆得七地菩萨之位。彼菩萨众所有功德，与念此咒一遍功德而无有异。若人书写此六字大明陀罗尼，则同书写八万四千法藏而无有异。若人以天金宝造作，如微尘数老病死，爱别离苦。

通过对比，大致可以看出，三本六字经篇幅都比较短，其中《圣六字大明王心咒》字数最少，其内容均围绕六字咒的功德撰述，大致可以将其判定为“劝诵经”。此种类型的经典在西夏及敦煌文书中较多见，通常流传于民间，其目的是劝导大众皈信佛教。夏元明清时期，随着观音信仰逐渐本土化、世俗化，其信仰方式也呈现多元化趋势，最显著的变化是僧俗编纂了大量疑伪经，这一类的观音经数量也有很多。虽然西夏传译的六字陀罗尼不能归为伪经范畴，但编纂的目的是更加符合民众现实需求。另外，陀罗尼具有简便易行持的特点，没有大乘经冗长，再加上陀罗尼本身具有神异色彩及万能思想的特点，也极易被大众所接受与喜爱。

韩国藏《观音六字经》说六字咒的来源，极尽夸张六字咒的功德利益，可以看出本土发挥的一些特点。如说：

> 昔日，西天宝陀山西北有一石岩，名曰马里凹地，是观音菩萨摄授岩，(?) 面无量寿佛，一化莲华，师德求长命，修行得见无量寿佛，佛言：汝可修大悲菩萨。师白佛言：大悲菩萨有何功能？佛言：唵麻梶八铭吽，此大悲六字大光明王咒。若人将自己皮为纸，骨为笔，血为墨，书此神咒，功德无量。此咒功能无数，世间一切众生，身中毛（窍?）取数有尽，此咒圣功德无尽；大千世界应有尘土取数有尽，此咒功德无尽；将世间山崖、大地，一切捣罗为丸，如芝麻大，取勘有数，此六字神咒圣功能无数；世间大海水用毛一根含水枯干有尽，此咒功德无尽；世间犹如大房一座，方圆一百旬内盛放芝麻，满宝有一不生不死人，遭一劫过去，取芝麻一粒，如此取数有尽，此神咒功德无尽；四大神洲内善男子、善女人修行得道，如此功能有数，此咒功德无数；十二个月内昼夜两下无有休息，取其两点，数月有尽，［此神咒功德无尽］；又如须弥山用西天吃？吃国布百年揩一遍，将须弥山揩尽，此六字神咒功德无尽；十方国土、洹河沙数有佛国，每一国中香花灯涂供养，其供养福善功德有比，此六字神咒功德无比；世界之中，佛舍利宝塔处不断绝种种供养，善福取勘有数，此六字神咒功德无数；念一遍善福胜如放生一个，专心持念一遍，灭五逆罪。日念一百八遍，不堕三涂，每日持念不绝，必得亲见观音，得知前生。智慧聪明，音声清澈，一切法门所取者无不知解。四大病痛不害，于命不生惊怖，不致横死，吉祥如意，罪业消灭，魔

障不生，八万四千邪魔不能侵近，福气增长，世世生处观音自在不离，千劫之中不堕三涂。

综合来说，六字经大多与《大乘庄严宝王经》中的内容极为相似，虽然不完全相同，但其功德与经意大体一致。如《大乘庄严宝王经》中说："以四大洲满中七宝布施以为书写，世尊，若乏纸笔，我刺身血以为墨，剥皮为纸，析骨为笔"，"积以大海水充满其中，皆为墨汁……悉皆书写，妙高山量，所积币聚，书尽无余。如是我能数其一一字数，善男子，施如来食所获福德，而我不能说尽数量"。"又如大海所有沙数，我能数其一一数量。善男子，若念六字大明一遍所获功德，而我不能数其数量。……贮积脂麻，盈满其中而无容针。彼守护者不老不死，过于百劫，掷其一粒脂麻在外，如是仓内掷尽无余，我能数其数量。善男子，若念六字大明一遍所获功德，而我不能数其数量。"① 从文体来看，韩国藏的六字经与汉语表达方式存在差异，很有可能是此经传至朝鲜国后，经过再译与改编、增辑而在其国内所流传的经本，但其依据的原经本应该是汉译《大乘庄严宝王经》。另据韩国学者许一范研究，六字真言与《大乘庄严宝王经》关系甚密，按照初雕大藏经与高丽史料记载，1050 年初雕《高丽藏》虽然部分损毁，但从 1236—1251 年再雕版来判断，《大乘庄严宝王经》大概是这一时期被收录进去的。另据《高丽史》载，丙午 3 年（1063）3 月，《大藏经》从契丹进贡入宫，当时的高丽王特为迎请。② 自此《大乘庄严宝王经》及六字真言开始在高丽流传。从现存韩国佛教刊刻本的数量来看，六字真言在韩国流传甚广，韩国六字真言的流传最初被辑于《真言集》中。这部《真言集》中辑录的陀罗尼，现存最古版本是 1218 年高丽时期开国寺刊印的《梵书总持集》，1463 年再版《真言集》

---

① （宋）天息灾译《佛说大乘庄严宝王经》，《大藏经》第 20 册，第 60 页。

② 参见［韩］许一范《六字真言的观想法——以韩国六字真言的受容和观想法为中心》（《六字真言の観法化について韓国における六字真言の受容と観法化を中心として》），《印度学佛教学研究》第 44 卷第 2 号，平成八年（1996）3 月；［韩］金武生《六字真言信仰史的展开与特质》，《韩国密教思想研究》，东国大学校佛教文化研究院，1986 年，第 567 页；《高丽史》《世家卷》第八：（文宗 2 年）三月丙午（A. D. 1063）"契丹送大藏经，王备法驾迎于西郊"。

写本中收录了六字真言，1569 年至 1800 年再编刊行数回。①

此外，这些经本为宣说观世音之功德利益与凸显六字大明咒的功德，即对六字陀罗尼进行了分别诠释，在所有版本的观音类经本中，韩国藏《观世音菩萨六字大明王陀罗尼神咒经》与《观世音菩萨经六字》两本对六字的释义基本相同，在此将《观世音菩萨六字大明王陀罗尼神咒经》六字部分照录如下：②

"唵"字念天道众生种决破坏；
"麻"字念修罗道众生种决破坏；
"柅"字念人道众生种决破坏；
"八"字念畜生道生种决破坏；
"铭"字念饿鬼道生种决破坏；
"吽"字念地狱道生种决破坏。

"唵"字念天道门决闭；
"麻"字念修罗道门决闭；
"柅"字念人道门决闭；
"八"字念畜生道门决闭；
"铭"字念饿鬼道门决闭；
"吽"字念地狱道门决闭。

"唵"字念天道不生；
"麻"字念修罗道不生；
"柅"字念人道不生；
"八"字念畜生道不生；
"铭"字念饿鬼道不生；
"吽"字念地狱道不生。

---

① ［韩］许一范：《六字真言的观想法——以韩国六字真言的受容和观想法为中心》（《六字真言の観法化について韓国における六字真言の受容と観法化を中心として》），《印度学佛教学研究》第 44 卷第 2 号，平成八年（1996）3 月。

② 《观世音菩萨经六字》六字释义基本相同，此不录。

“唵”字念决破天道生苦；
“麻”字念决破修罗道生苦；
“柅”字念决破人道生苦；
“八”字念决破畜生道生苦；
“铭”字念决饿鬼道生苦；
“吽”字念决破地狱道生苦。

“唵”字念布施波罗密成就；
“麻”字念持戒波罗密成就；
“柅”字念忍辱波罗密成就；
“八”字念进精波罗密成就；
“铭”字念禅定波罗密成就；
“吽”字念智慧波罗密成就。

“唵”字念后世毗卢佛国中生；
“麻”字念后世阿闳佛国中生；
“柅”字念后世宝生佛国中生；
“八”字念后世阿弥陀佛国中生；
“铭”字念后世成就佛国中生；
“吽”字念后世金刚杵菩萨国中生。

“唵”字念后世得毗卢佛身；
“麻”字念后世得阿闳佛身；
“柅”字念后世得宝生佛身；
“八”字念后世得阿弥陀佛身；
“铭”字念后世得成就佛身；
“吽”字念后世得金刚杵菩萨身。

“唵”字念毗卢佛国中成道；
“麻”字念阿闳佛国中成道；
“柅”字念宝生佛国中成道；
“八”字念阿弥陀佛国中成道；

"铭"字念成就佛国中成道；
"吽"字念金刚杵菩萨国中成道。

"唵"字念后世得身坛内十地菩萨根前说法；
"麻"字念后世得清净坛内十地菩萨根前说法；
"柅"字念后世得功德坛内十地菩萨根前说法；
"八"字念后世得语坛内十地菩萨根前说法；
"铭"字念后世得作法坛内十地菩萨根前说法；
"吽"字念后世得意坛内十地菩萨根前说法。

"唵"字念变帝释身为天神说法；
"麻"字念变支度母王为修罗说法；
"柅"字念变人王释迦牟尼化人间说法；
"八"字念变兽中王为畜生说法；
"铭"字念变焰口鬼王为饿鬼说法；
"吽"字念变地狱为地狱众生说法。

从上引录内容可以看出，六字真言之六字分别对应不同的含义，强调通过对六字念诵可以获得诸多功德，而日本学者 Onosojo Ninkai 在 1023 年所著的 chushimmom 将密教六观音亦分别对应佛教理论体系下的六道众生，六尊观音分别示现为千手观音、十一面观音、马头观音、准提观音、如意轮观音、圣观音的形象来救度化导六道众生。以千手观音救度饿鬼道众生，圣观音救度地狱道众生，马头观音救度畜生道众生，十一面观音救度阿修罗道众生，准提观音救度人道众生，如意轮观音救度天道众生。①上引文中共有十组对六字的释义，不仅涵盖六字对应六观音救度六道众生的相关内容，而且还增辑并结合了六般若蜜、密教五佛等内容，更加突出六字的功能与威力，形成具有独特形式与风格的密教经轨。

六字经轨中的"六字"在近代传承及传译的密教经典中也有新的诠释，在近代编撰的《中国藏密宝典》中收录有藏传破瓦修法，其中一篇题《弥陀长寿合修法流通集》中也有关于"六字"的释义："六字顺次表

① 《六字经曼荼罗》，原京都六角堂能满院大愿律师本，1857 年。

法，以六道轮回言之，‘嗡’表天道，‘嘛’表阿修罗道，‘呢’表人道，‘白’表畜生道，‘墨’表鬼道，‘吽’表地狱道，念此六字即能断轮回，出三界，证圣果，此六凡之表法也。又‘嗡’字由菩提心发生，出入十信位，由是增进；‘嘛’字入十住位，‘呢’字入十行位，‘白’字入回向位，‘墨’字入十地位，‘吽’字入金刚乘至大觉位，故念此六字即能立超十地，成无上正等觉”①，在此表义基础上还附加了各种行法。从这段摘录可以看出，近代所传六字的含义与清代以来所传文献中的六字之含义又有很大不同，不但每个字所表六道之义与前文献顺序上有颠倒，而且在六字功能上较前加以扩展与延伸，更加突出六字的功能。

《大乘庄严宝王经》为宋代印僧天息灾于983年译出，现行的观音六字真言即出自此经。迄今为止，诸多版本的贝叶梵文写本被陆续发现，依据这些梵文写本可以推定此经可能在公元6世纪就已出现，至11世纪才有汉译本出现。此经以宣说观音六字真言功德为中心，夏元明清时期所传译的密教观音经亦以六字真言持诵与观修为中心。本文认为，六字经轨是基于密教观音信仰而形成的密教经典，依照文献类别，可以分为陀罗尼类六字经与瑜伽类密教观音经轨两大类。陀罗尼类六字经以西夏王朝重新编译、刊印及流通的陀罗尼经为代表，由于其持诵简单易行，具有亲民性、普适性等特点，故推测这类陀罗尼经的刊行流通主要为民众服务，并主要在民间传播。瑜伽类密教观音经则以夏元明清时期新译的印、藏体系密教观音经轨为主，诸经轨题款中附有传承上师的名字，故可以确定其带有师徒口耳相传的特征。此类经轨注重本尊观音及六字“种子”的观想法，通过观想达到与本尊合二为一的目的，并以此获得世间及出世间利益，其中密法较陀罗尼密教复杂，且需要师承，推测主要在上层及各教派内传承。

（王小蕾，陕西省社会科学院助理研究员）

① 则一编：《藏密宝典》第3册，民族出版社2001年版，第22—23页。

瑜伽焰口施食仪轨编纂者不动金刚考

[日] 释来海

摘　要：近代喻谦编著的《新续高僧传》记载说，宋西夏时代的僧人“不动金刚”（又称“释不动”）依据唐译瑜伽施食仪轨编撰了焰口仪轨。关于不动金刚的资料主要散见于汉文和西夏文文献中，由考证可知，这是一位传承了天竺显密佛法、在西夏享有崇高地位且为汉传佛教留下珍贵遗产的密教高僧。尤其是，其在整理唐代经典仪轨的基础上所编纂的“焰口仪轨”“蒙山施食法”“礼佛大忏悔文”这三类仪轨，对汉传佛教产生了巨大的影响。

关键词：不动金刚；焰口仪轨；施食；西夏；密教

前　言

焰口法会是中国汉传佛教极为重视的佛事活动之一。法会所依仪轨现存多种版本，为不同朝代编集，本文将其统称为“瑜伽焰口施食仪轨”（略为“焰口仪轨”）。根据唐代不空译《佛说救拔焰口饿鬼陀罗尼经》[①]可知，阿难在静处修定时，名为“焰口”的饿鬼现身告言：“却后三日，汝命将尽，即便生于饿鬼之中。”[②] 由此怖畏因缘阿难面见世尊，而世尊向其宣说了施食饿鬼道众生以及供养三宝和诸婆罗门仙的修法，以此免除饿鬼之难，增长寿命。这就是广为流传的施食法的来源，而上述经典也是焰口仪轨所依的根本经典之一。

---

① （唐）不空译《佛说救拔焰口饿鬼陀罗尼经》，《大正藏》第21卷，第464页中。

② （唐）不空译《佛说救拔焰口饿鬼陀罗尼经》，《大正藏》第21卷，第464页下。

关于焰口仪轨的编纂者，近代喻谦编著的《新续高僧传》提到，说宋西夏时代的僧人“不动金刚”（又称“释不动”）依据唐译瑜伽施食仪轨编撰了“焰口”施食法。① 这则材料虽然曾在段玉泉、郑祖龙等学者的研究中被提及，② 但到目前为止还没有对于不动金刚的系统研究。焰口仪轨对于中国汉传佛教影响甚巨，其核心内容既承继唐代密教且又显密融合，故而关于编纂者不动金刚的深入研究对于了解唐代密教的变迁、宋以及西夏的密教传播和仪轨编纂等具有重要意义。

本文主要依据现存的焰口仪轨及相关汉文文献，梳理不动金刚的生平事迹，并依此按图索骥，从近年被公开和解读的西夏文文书中搜寻与之相关的历史资料。在尽可能还原不动金刚历史形象的基础上，对其著作、著作特点以及研究价值进行概述。

一　汉文资料所记述的密教高僧不动金刚

目前笔者收集的焰口仪轨和相关汉文文献之中，有数则资料包含了不动金刚的生平事迹。

首先，清代天台高僧受登（1607—1675）编纂的《瑜伽集要焰口施食仪》是焰口仪轨现存版本之一，其内题下记有“唐兴善寺三藏法师大广智不空译 西夏护国仁王寺法师不动金刚重集 清天溪香乳行者受登诠次”③ 一段文字。这表明一方面此仪轨是由不空所译唐代密教经轨而来，另一方面显示曾驻锡“西夏护国仁王寺”的“不动金刚”对其进行过重新编纂，而不动金刚则与西夏佛教密切相关。其中，在仪轨注释“佛顶尊胜陀罗尼神咒”的内容中提到了如下信息：

> （前略）宋时法天三藏两译之，一名《最胜佛顶陀罗尼经》，但咒无文；一名《佛说一切如来乌瑟腻沙最胜总持经》，乌瑟泥二合摄翻

① （民）喻谦撰《新续高僧传》，《嘉兴藏》第27册，第32页中。

② 段玉泉：《两部西夏文佛经在传世典籍中的流变》，《西夏学》2015年第11期，第50—59页。郑祖龙：《山嘴沟石窟出土的几件西夏文献残卷考证》，《西夏学》2015年第11期，第94—101页。

③ “诠次”为“编纂”之义。

> 为顶。两处咒句，望唐五译[①]较多一倍。不动上师以此修润语音长短，冠心真言于首，入此施食法中以助往生。[②]

由此可知，不动金刚重集焰口仪轨时，将宋代法天三藏译佛顶尊胜陀罗尼的发音进行了修润，在其前加上心真言“唵普嚧二合莎引诃引”，并编入焰口仪轨中以助往生成就。

其次，清代律学高僧书玉（1645—1721）在《大忏悔文略解》序文中也提道：“赵宋不动三藏”根据不空译《三十五佛名经礼忏法》，前增加五十三佛名，后续普贤十大愿偈颂而成《大忏悔文》。[③] 而正文中书玉记载说，此忏悔文是“宋西夏护国仁王寺金刚法师不动集”——此处“金刚法师不动”与受登所说的“西夏护国仁王寺法师不动金刚”应是同一人物，而书玉对其生平的记述较为详细。

> 二，集人：宋西夏护国仁王寺金刚法师不动集。
>
> 宋，朝代也。西夏，国名也，谓地在宁夏西边故。宋真宗封赵德明为夏王，仁宗又封其子赵元昊为夏国王。法师西来，先至彼处，弘法利生也。护国等五字，寺名也，谓师以《护国仁王般若经》，普令缁素诵持，祝国祐民故。金刚等六字，人号也，上四字通称，下二字别名。法师者，谓通显密三藏法中最上之称也。金刚者，谓瑜伽有五部，曰佛、曰金刚、曰宝生、曰莲华、曰羯磨也。师现传金刚一部，故名金刚法师，此乃灌顶时所授称也。梵语阿闪撇，此云不动，谓师最初依阿闪部法而行持故。集者，显德也，谓师欲令道俗修证，故以唐三藏不空金刚所译三十五佛名经礼忏文，前增五十三佛德号，后缀普贤十大愿偈，前后共成一百八礼，期断百八烦恼故。后迁四川蒙山，又集施食仪文，为出生轨范。因以甘露度孤，复称甘露法师。今时诸方丛林静室目为课诵，以山彰名，所谓蒙山施食也。此实法中二

---

① 唐代的佛陀波利、杜行觊、地婆诃罗、义净、善无畏都曾译过此咒。

② （清）受登撰《瑜伽集要焰口施食仪》，《嘉兴藏》第19册，第211页上。

③ （清）书玉《大忏悔文略解序》：“今此文者，乃大唐不空三藏所译三十五佛名经礼忏法也，五天竺国遵行，甚有灵应。迨于赵宋不动三藏，复以五十三佛洪名增之于前，普贤十大愿偈续之于后，共成一百八礼，题云大忏悔文。始从赞礼称名，终于发愿回向，事理一贯，权实双彰。令人朝夕礼诵，期断百八烦恼。”《大忏悔文略解》，《嘉兴藏》第30册，第917页上。

利行用之要，大有功于佛门者也。余诸神应，备载别记。[①]

引文表明，宋时不动金刚自西而至西夏弘扬佛法，因为广教僧俗读诵护国经典《护国仁王般若经》，驻锡寺院被称为“护国仁王寺”。除编集《大忏悔文》之外，其于四川蒙山集出名为“蒙山施食”的施食仪文，但这里没有提及焰口仪轨的编纂。因传金刚部法，其又名“金刚法师”；因依阿閦部得受灌顶且行持此部密法，故而又名“不动”（梵文 Akṣobhya，音译“阿閦撇”）；因“以甘露度孤”，又被称为“甘露法师”。由此可以推断，“不动金刚”是其灌顶名，法名则没有记载。

笔者查阅了宋、元《高僧传》，但没有找到“不动金刚”或“不动法师”的记载。直到二十世纪初，喻谦才将这位密教高僧的传记正式收录到《新续高僧传》中。[②] 在《新续高僧传》卷一〈译经篇〉中，以“宋西夏护国仁王寺沙门释不动传”为题详细记载了“释不动”的生平。

《宋西夏护国仁王寺沙门释不动传》：

释不动，梵名阿闪（閦）[③] 撇斡[④]资罗，华言不动金刚，止行二字，略也。本天竺人，初出家时，遍游五天竺，显密俱彻，性相备知，道誉流闻，播于邻封。及来西夏，栖止护国寺，翻译密部，弘扬般若金刚。谓瑜伽有五部：一曰佛部、二曰金刚部、三曰宝生部、四曰莲华部、五曰羯磨部。不动独传金刚一部，故名金刚上师，乃灌顶时所授称也。阿闪（閦）撇者，谓其最初依阿闪（閦）撇部法而行持也。不动勤修五悔，广演三坛。尝以唐三藏不空所译三十五佛名经礼忏文，前增五十三佛，后缀普贤十大愿偈，都为百八拜，期断百八烦恼。后迁四川蒙山，取唐金刚智[⑤]瑜伽施食仪轨，重与译述，名曰焰口；又演小施食，号曰蒙山法。因以甘露法食度孤，复称甘露法师。弟子勒布传其法，再传于保安，三传于威德幢，今所传尤众，舍是若

---

① （清）书玉撰《大忏悔文略解》，《嘉兴藏》第30册，第919页下。

② 应北京法源寺住持道阶法师之请，喻谦于民国八年（1919）至十三年（1924）期间编纂了这部高僧传，收录于《大藏经补编》第27册，台北华宇出版社1985年版。

③ 参照书玉注释《大忏悔文略解》，“闪”字应为“閦”字。

④ “斡”可能为“斡”字的误写。

⑤ 翻译施食类经典仪轨的应该是金刚智的弟子不空，此处记载与史实有出入。

无佛事者，甚矣说法之难也。不动不测所终。[①]

上述传记内容与书玉在《大忏悔文略解》中的记载吻合度较高，同时也记录了一些新信息。关于不动金刚的出身，书玉只提到“西来”二字，而喻谦记述说其为天竺人，出家后曾遍游天竺各地，兼通显密，声闻邻国，曾于西夏“护国寺”（“仁王护国寺”的简称）翻译密教经典，并且弘扬“般若”和“金刚”二法——可以推断“般若”是指《仁王护国般若经》，“金刚”则是指金刚部（或称阿閦部）的密法。关于传法弟子，有“勒布”“保安”“威德幢”三人留下名字。需要注意的是，除了编纂“忏悔文”和“蒙山法”，不动金刚还将瑜伽施食仪轨重新译述成“焰口”仪轨，与受登在《瑜伽集要焰口施食仪》中的记述相一致。

另外，清代《禅门日诵》中的《蒙山施食仪》题目之下，注有“传言外国甘露法师驻锡四川蒙山集”[②] 一段小字，依据上文可知“外国甘露法师”正是来自天竺的密教高僧不动金刚。关于“甘露法师”这一尊称的由来，《大忏悔文略解》和《新续高僧传》都给出了“因以甘露法食度孤”的解释。不空译《施饿鬼饮食及水法》中的“蒙甘露法味真言”观想文说，“诵此咒施甘露真言一七遍，能令饮食及水变成无量乳及甘露，能开一切饿鬼咽喉，能令饮食广得增多，平等得吃也。”[③] 据此可以说，“甘露法师”是对不动金刚以施食法令饿鬼道众生得到无量甘露这一功德利益的赞叹。

但是，近代的兴慈法师（1881—1950）在其所著《重订二课合解》卷第五《蒙山施食仪解》中提出了另一种解释，认为“蒙山”位于四川雅州名山县，宋代不动金刚曾在此地出产甘露的“上清峰”修行，故而被称为甘露法师。[④] 蒙山现今又被称为“蒙顶山”，此地的永兴寺在古代名为“蒙泉院”，据说与不动金刚关系密切。[⑤] 明代梁梅芳于天启六年（1626）撰写的《思修蒙泉院记》一文记载了蒙山佛教的传入和发展历

① （民）喻谦撰《新续高僧传》，《嘉兴藏》第 27 册，第 32 页中。

② 《禅门日诵》，天宁寺刻本，福建莆田广化寺翻印，1999 年版。

③ （唐）不空译《施诸饿鬼饮食及水法》，《大正藏》第 21 卷，第 467 页中。

④ 兴慈：《重订二课合解》，卷五：“蒙山，在四川雅州名山县西十五里有五峰，前一峰最高，曰上清峰，产甘露。宋不动法师于中修道，故名甘露法师。”扬州藏经院 1921 年版。

⑤ 吕明原：《台湾当代蒙山施食仪式研究》，玄奘大学宗教学研究所修士论文，2008 年。

史，并称蒙泉院是唐代建立，宋代曾繁盛一时。[①]

《重订二课合解》在注释《蒙山施食仪》《礼佛大忏悔文》时简述了不动金刚的生平，内容不出上述几则材料。其中“既而达夏，为国主所重，常诵护国仁王经甚灵，以护国佑民，夏主命其寺额曰护国仁王”[②] 这段文字，与《大忏悔文略解》中“护国等五字寺名也，谓师以护国仁王般若经普令缁素诵持，祝国祐民故”和《新续高僧传》中“及来西夏，栖止护国寺，翻译密部，弘扬般若金刚”的记载相呼应，可见不动金刚在西夏弘法有较强的护国色彩，曾受到统治者的支持，必然在西夏佛教中也曾占有一席之地。

综上汉文文献所述，生活在宋和西夏时代的不动金刚是一位来自天竺的密教高僧，曾依阿閦部（即金刚部）受灌顶且行持此部密法，在西夏时驻锡护国仁王寺（或简称“护国寺”）弘扬护国经典《仁王护国般若经》与密法，后来又迁至四川蒙山。不动金刚曾编纂了“焰口仪轨”“蒙山施食法”“礼佛大忏悔文”三种仪轨的宋代本，对中国佛教产生了深远影响。

二　与不动金刚相关的西夏佛教文献

曾经繁荣一时的西夏佛教虽然在中国佛教史上占有重要的位置，但是汉文典籍中留下的记载相对较少。幸而随着西夏古文书等考古资料公开以及解读研究的深入，西夏佛教的神秘面纱才逐渐被揭开。

在西夏国，统治阶级崇尚和支持佛教发展，其国内不仅多民族共居，而且会聚了党项僧、天竺僧、汉僧、藏僧、维吾尔僧、鲜卑僧等各民族僧人，西夏文、汉文、藏文等诸多语言的佛教经典被刊行流通。西夏佛教与周边的宋和吐蕃保持着密切的联系，不仅从宋吸收了汉传佛教华严宗、天台宗、净土宗、禅宗、律宗、密宗等宗派的典籍和思想，自其王朝中期还

---

① 可具体参考（明）梁梅芳撰《思修蒙泉院记》，《巴蜀佛教碑文集成》，巴蜀书社 2004 年版。

② 兴慈：《重订二课合解》，卷四：“师西域人，修金刚部功勲，将此法宏传也。既而达夏，为国主所重，常诵《护国仁王经》甚灵。以护国佑民，夏主命其寺额曰护国仁王。师依《三十五佛名经礼忏悔文》，前增五十三佛，后缀普贤十大愿偈，共成一百八礼，期断百八烦恼也。《蒙山文》，亦师所集。”扬州藏经院 1921 年版。

从吐蕃迎请僧人，藏传佛教的噶举派、萨迦派等对西夏佛教影响较大。[①]

在目前已发现和解读的西夏古文献中，有四种资料与不动金刚密切相关。

第一，不动金刚曾驻锡的“护国寺”或“护国仁王寺”确有其寺，原建于此寺的“凉州重修护国寺感通塔碑”也被发现。如明代文学家李梦阳“云锁空山夏寺多”[②] 的诗句所说，佛国西夏境内建有诸多寺院和佛塔。史金波著《西夏佛教史略》一书将这些佛教建筑按地域划分为都城兴庆府中心、贺兰山中心、凉州中心、甘州中心、黑水城中心等五组，有众多寺名存留在历史记载之中。[③] 其中，位于凉州（现甘肃省武威市）的“护国寺”[④] 比较符合汉文资料所反映的信息。

原属护国寺的“凉州重修护国寺感通塔碑”发现于清代，现藏于甘肃省武威市西夏博物馆。天祐民安四年（1093），西夏崇宗乾顺发愿修缮因地震毁坏的护国寺感通塔和佛殿，次年工事完成之后立此碑。其碑篆额题为“凉州重修护国寺感通塔碑铭”，阳面刻有楷书西夏文 28 行 64 字，阴面刻有汉文 25 行 70 字，记述了感通塔的由来兴废以及感应事迹，赞颂了皇帝皇后修缮寺院的功德。碑文中记载说，此塔是阿育王供奉舍利的八万四千塔之一，五胡十六国时期的前凉（313—376）张氏政权的张轨在塔旧址之上建造宫殿，张天锡时因有祥瑞出现而喜舍宫殿建为塔寺；同时，因感通塔护佑而使西夏在与邻国的战事中多次得利的灵验事迹也被记录下来。[⑤] 可以推测，护国寺是一座西夏皇族极其重视的护国道场，这与汉文记载中不动金刚注重佛教护国的特征相符。

而在蒙古灭西夏 52 年之后的至元十六年（1279），元朝第一位皇帝世祖忽必烈在大都（现北京市）建立了“大护国仁王寺”，并设置了该寺的专属机关总管府。元朝较多地继承了西夏佛教特色，其在首都设立同名寺院一事，恐怕也是受到了西夏佛教护国思想的影响。[⑥]

---

① 详细内容可参考史金波著《西夏佛教史略》，宁夏人民出版社 1988 年版。

② 胡汝砺编《嘉靖宁夏新志》卷 7，上海古籍书店 1961 年版。

③ 史金波：《西夏佛教史略》，宁夏人民出版社 1988 年版，第 117—124 页。

④ 此寺在唐武则天时被命名为“大云寺”，西夏时代名“护国寺”，现在寺院建筑仅存一部分，仍沿用“大云寺”一名。

⑤ 史金波：《西夏佛教史略》，宁夏人民出版社 1988 年版，第 241—254 页。

⑥ ［日］野川博之：《黄檗宗常用的西夏佛教遗文》，《黄檗文华》第 129 号，第 305 页。

第二，不动金刚常持诵的护国经典《护国仁王般若经》极受西夏朝廷的推崇和重视。所谓的“仁王护国类经典”有晋竺法护译《仁王般若经》一卷、后秦鸠摩罗什译《佛说仁王般若波罗蜜经》二卷、梁真谛译《仁王般若经》一卷、唐不空译《仁王护国般若波罗蜜多经》二卷等多个译本，唯独不空译本有“护国”二字，故而此处应指不空译本。不空译本在西夏也被翻译为西夏文，有不少西夏文残卷留存于世。

俄罗斯科学院东方文献研究所藏有西夏文《仁王护国般若波罗蜜多经·护国品》第五卷下，其经题之后“特进试鸿胪卿大兴善寺三藏沙门大广智不空奉诏汉译 救德主国增福正民大明皇帝依汉本御译”一句表明，本经是由夏惠宗（1067—1086 在位）从不空汉译本翻译为西夏文的。在天庆元年（1194）夏仁宗的一周年忌法会上此经被颁布刊行，同年皇太后命僧人智能召集“番汉学人”（即西夏僧和汉僧）共同校订了此经的汉文诸本。[①] 从西夏国主亲自翻译《护国仁王般若经》以及皇室组织颁布和校订此经的史实可以看出其受重视的程度。

另外，夏仁宗天盛年间（1149—1169）公布的西夏文法典《天盛改旧新定律令》规定，凡求出家为僧的番羌人（指党项人与吐蕃人）和汉人都必须分别能诵读 11 部经典，而“仁王护国”均被列为首部。[②] 可见，当时护国经典《护国仁王般若经》从国家法令的层面上被赋予了极高的地位。

第三，俄罗斯社会科学院的西夏研究学者 K. B. 克平[③]指出，1914 年出土、现藏于中国国家图书馆的《西夏译经图》[④] 中有一位名为“不动金刚”的人物。

《西夏译经图》是元代翻刻的西夏文《现在贤劫千佛名经》卷首一幅

---

① 聂鸿音：《〈仁王经〉的西夏译本》，《民族研究》2010 年第 3 期。

② 史金波、聂鸿音、白滨译注《天盛改旧新定律令》，北京法律出版社 2000 年版，第 404—405 页。原文作：番汉羌行童中有能晓诵经全部，则量其业行者，中书大人承旨当遣一二□，令如下诵经十一种，使依法行之。量其业行，能诵之无障碍，则可奏为出家僧人。番羌所诵经颂：仁王护国、文殊真实名、普贤行愿品、三十五佛、圣佛母、守护国吉祥颂、观世音普门品、竭陀般若、佛顶尊胜总持、无垢净光、金刚般若与颂全。汉之所诵经颂：仁王护国、普贤行愿品、三十五佛、守护国吉祥颂、佛顶尊胜总持、圣佛母、大□□、观世音普门品、孔雀经、广大行愿颂、释迦赞。

③ K. B. Kepping 俄语原为 K. Б. Кепинг。

④ 《西夏译经图》，收录于宁夏大学西夏学研究中心、国家图书馆、甘肃五凉古籍整理研究中心编《中国藏西夏文献》，兰州：甘肃人民出版社、敦煌文艺出版社 2005 年版。

长宽各约 27 厘米的版画，描绘了西夏朝廷支持下的译经场景。版画中绘有僧俗二十五人，十二条西夏文榜题记录了主要参与人物的身份和姓名。其中，位于中心的是译经主持者“安全国师白智光”，两侧分别为八名手持笔或经卷的助译僧侣和八名官僚。在图下半部两侧，“子盛明皇帝”和“母梁氏皇太后”各与三名侍者端坐，二人分别为夏惠宗秉常（1067—1086 在位）和母后梁氏。根据史金波的研究，助译僧侣八人的西夏文僧名翻译为汉文是“北却慧月、赵法光、嵬名广愿、吴法明、曹广智、田善尊、西玉智园、鲁布智云”，其中北却、嵬名、西玉、鲁布是党项姓氏，余为汉族姓氏。①

然而，K. B. 克平在《西夏版画中的吐蕃和印度法师肖像》一文中对于将白智光左侧第一人“[illegible]”（pu ngwi zi lhie）翻为“北却慧月”的译法提出异议。K. B. 克平认为，第一个字“[illegible]”（西夏语发音为 pu）对应“不动”一词中“不”（汉语发音为 bu），将“[illegible]”视作“不动”的省略。而后，根据喻谦《新续高僧传》中记载的不动金刚的梵名“阿闳撇幹（斡）资罗”，推断“[illegible]”（西夏语发音为 ngwi zi lhie）三字是由“幹（斡）资罗”（梵语 vajra 的汉字音译，意译为“金刚”）的汉字发音转译而来，即指“金刚”之义。从而得出“[illegible]”是梵汉混合语“不动幹（斡）资罗”直接被转译为西夏文这一结论，进而指出白智光左侧上首可能是不动金刚。另外 K. B. 克平还提到图中“鲁布智云”与《新续高僧传》中记载的不动金刚弟子“勒布”发音相像这一细节。②

此外，当前的西夏佛教研究中，包括印度僧人在内的数十名高僧的名字已经得到确认。其中一位名为“米啰・不动金刚”③ 的藏传僧人曾在西夏被尊称为“四续善巧国师”，但是生平事迹不详，应该不是编纂焰口仪轨的不动金刚。

第四，从西夏故地出土的古文书之中，已经发现汉文和西夏文焰口仪

① 史金波：《西夏佛教史略》，宁夏人民出版社 1988 年版，第 76 页。

② ［俄］K. B. 克平：《西夏版画中的吐蕃和印度法师肖像》，彭向前译，《西夏研究》2011 年第 3 期，第 3—6 页。

③ 西夏文佛经《吉祥遍至口和本续》的序文中有“四续善巧国师米啰不动金刚师传”的记载。“四续”是指四种续部，也就是藏传密教中的事部、行部、瑜伽部、无上瑜伽部。详细内容可参考孙昌盛《西夏文佛经〈吉祥遍至口和本续〉题记释考》一文，《西藏研究》2004 年第 2 期。

轨的残页数种。文献列举如下：

1. 中国国家图书馆藏汉文断片二件[①]

2. 俄罗斯藏黑水城汉文刻本残页五枚（TK－147）[②]

3. 中国内蒙古博物馆藏西夏文残页文字22行[③]

4. 法国国家图书馆藏敦煌西夏文文献收录西夏文断片一枚［Pelliot Xixia924（Grotte181）111］[④]

5. 贺兰山山嘴沟石窟出土西夏文残页三枚（K2：186－1、K2：186－2、K2：186－3）[⑤]

6. 英国藏黑水城残页三种（Or. 12380－3211RV、Or. 12380－3219、Or. 12380－0254，语种不明）[⑥]

① 参见林世田、全桂花、李际宁、郑贤兰编《国家图书馆藏西夏文献中所见汉文文献释录》，北京图书馆出版社2005年版。

② 崔红芬：《西夏汉传密教文献研究》，社会科学文献出版社2015年版，第63—64页。

③ 宁夏大学西夏学研究中心、国家图书馆、甘肃五凉古籍整理研究中心编《中国藏西夏文献》，北京图书馆出版社2005年版，第75—78页。

④ 参见西北民族大学、上海古籍出版社、法国国家图书馆编《法国国家图书馆馆藏敦煌西夏文文献》，上海古籍出版社2007年版。

⑤ 郑祖龙：《山嘴沟石窟出土的几件西夏文献残卷考证》，《西夏学》2015年第11期，第94—101页。

⑥ Or. 12380－3211RV，为《瑜伽集要焰口施食仪》中颂文的一部分。崔红芬：《西夏汉传密教文献研究》，社会科学文献出版社2015年版，第63—64页。

其中，第 3、4、5 的西夏文残页已经在黄延军《内蒙古博物馆西夏文〈瑜伽集要焰口施食仪〉残页考》[①] 和《法藏敦煌西夏文文献考补》[②]、郑祖龙《山嘴沟石窟出土的几件西夏文献残卷考证》中被解读，其内容与现存的汉文《瑜伽集要焰口施食仪》相符合，而第 1、2 的汉文残页也均为此仪轨的片段。《瑜伽集要焰口施食仪》[③] 收录于嘉兴藏和《大正藏》，从内容可以判断其为现存焰口仪轨诸本中最古老的版本。这部焰口仪轨的汉文与西夏文残页在西夏遗址被发现一事，说明焰口仪轨与西夏佛教有着密切的联系，也印证了编纂者不动金刚曾在西夏传法的史实。

总结来说，上述第一、第二则材料反映出西夏佛教中护国思想备受重视的史实，而汉文记述的不动金刚驻锡护国寺和弘扬《护国仁王般若经》的弘法活动，也很好地适应了这种趋势；第三则材料表明，不动金刚曾经参与西夏译经活动之中；从第四则材料可以得知，不动金刚编纂的焰口仪轨曾被译成西夏文，且对西夏佛教有过影响。因此，不动金刚不仅对汉传佛教做出了重要的贡献，而且其具有护国色彩的弘法活动以及著作对西夏佛教曾产生过一定的影响。

三　不动金刚的著作及其研究价值

根据史料记载，不动金刚已知的著作有“焰口仪轨”“蒙山施食法”“礼佛大忏悔文”这三种仪轨的宋代本，其所依的根本经轨主要是不空译《佛说救拔焰口饿鬼陀罗尼经》一卷（大正藏 No. 1313）、《施饿鬼饮食及水法》一卷（大正藏 No. 1315）、《瑜伽集要焰口施食起教阿难陀缘由》一卷（大正藏 No. 1319）、《瑜伽集要救阿难陀罗尼焰口仪轨经》一卷（大正藏 No. 1318）、《佛说三十五佛名礼忏文》一卷（大正藏 No. 326）等。以不动金刚的仪轨为底本，后世逐渐衍生出一系列修订本仪轨。

其中，明末莲池大师祩宏（1535—1615）因焰口法会形式繁杂，且日趋功利化，所依仪轨版本混乱等原因，而对焰口仪轨进行了修订[④]。其

① 黄延军：《内蒙古博物馆藏西夏文〈瑜伽集要焰口施食仪〉残页考》，《西夏学》2007 年第 2 期，第 125—126 页。

② 黄延军：《法藏敦煌西夏文文献考补》，《西夏研究》2010 年第 2 期，第 110—112 页。

③ 《瑜伽集要焰口施食仪》，《嘉兴藏》No. B047，《大正藏》No. 1320。

④ 刘红梅：《晚明三教融合背景下的佛教礼仪改革》，《铜陵学院学报》2008 年第 6 期，第 84 页。

于万历三十四年（1606）参考诸多刻本编成《瑜伽集要施食仪轨》（卍续藏 No. 1080），并作注释书《修设瑜伽集要施食坛仪》（卍续藏 No. 1081）。同时代的法藏法师在天启六年（1626）著《于密渗施食旨概》（卍续藏 No. 1082）一书解释焰口施食的观想法，并寻访善本校订出版了《修习瑜伽集要施食坛仪》（卍续藏 No. 1083）。到了清代，天台宗受登（1607—1675）编纂了《瑜伽集要焰口施食仪》（嘉兴藏 No. B47）。康熙十四年（1675），寂暹法师编著《瑜伽焰口注集纂要仪轨》（卍续藏 No. 1084），并在卷首附有《瑜伽焰口仪轨六则》一文。之后的康熙三十二年（1693）宝华山的定庵法师（？—1700）编纂、圣性法师增补的《瑜伽焰口施食要集》① 刊行。另外，近代的意定法师于民国壬戌年（1922）重刊有《焰口施食》一卷。

这类明清仪轨和上文提及的《瑜伽集要焰口施食仪》都是不同版本的焰口仪轨，基本结构类似，内容互有增减。其中，作为现存最早的版本，《瑜伽集要焰口施食仪》具有重要的研究价值，其编纂时期应为宋元，详细考证暂不详述。

关于蒙山施食法和礼佛大忏悔文，目前所见的明清版本，其主要内容也基本相同。明末袾宏在万历十八年（1600）编纂的《诸经日诵集要》（收于《云栖法汇》）中收录了《蒙山施食仪》（嘉兴藏 No. B277）和《忏悔文》（嘉兴藏 No. B277）。在清代，康熙元年（1662）翻刻的《诸经日诵集要》的晚课部分中分别有《蒙山施食文》（嘉兴藏 No. B44）和《八十八佛名经》（又名《三十五佛五十三佛名忏悔经》，嘉兴藏 No. B44）两种仪轨。之后，光绪二十六年（1900）刊行的《禅门日诵》的暮时课诵里面包含《蒙山施食仪》和《礼佛忏悔文》。② 此外，前述书玉法师于康熙四十八年（1709）所著的《大忏悔文略解》也收入了礼佛大忏悔文的原文。到了现代，汉传佛教通行的《佛教念诵集》中也有《蒙山施食仪》、《礼佛大忏悔文》。③

笔者根据《二十五种藏经目录对照考释》一书，对明代以前的经藏以及经藏目录进行了查阅。然而，在宋代的开宝藏、崇宁藏、毗卢藏、圆觉

① 定庵编集、圣性增补《瑜伽焰口施食集要》，河北省佛教协会虚云印经功德藏 2009 年版。

② 《禅门日诵》，天宁寺刻本，福建莆田广化寺翻印，1999 年版第 75 页。

③ 《佛教念诵集》，北京八大处灵光寺佛经法物流通处翻印，1995 年版。

藏、资福藏、碛砂藏（甲本）、《大藏经纲目指要录》、《大藏圣教法宝标目》、金代的赵城金藏、元代的普宁藏、碛砂藏（乙本）、《至元法宝勘同总录》中，目前没有发现焰口仪轨、蒙山施食法、礼佛大忏悔文三种仪轨的宋元版本。此处将三类文献进行简要的梳理，其流传演变的脉络如下图所示。

* 焰口仪轨、蒙山施食、礼佛大忏悔文的流传概图

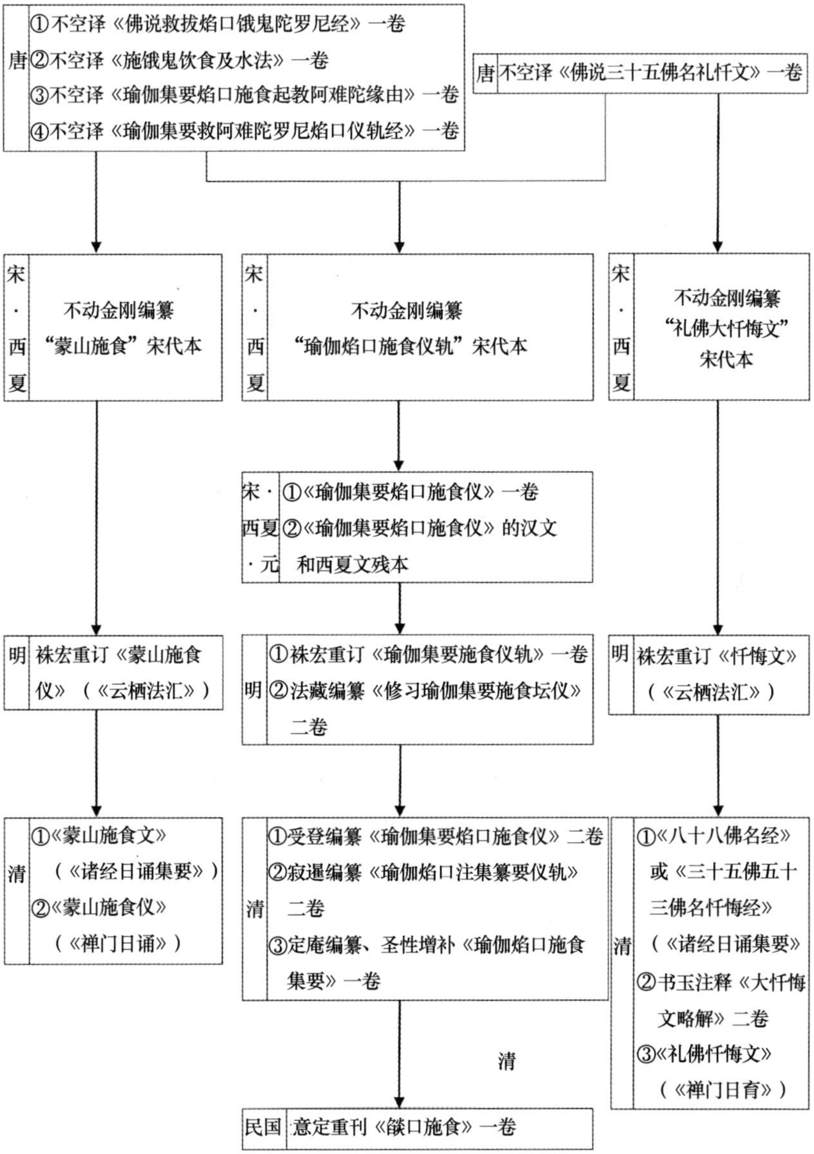

再从三类文献的内容构成来看，蒙山施食法、礼佛大忏悔文被部分地融入焰口仪轨之中。此外，值得注意的是，这三类文献最为突出的特征是具有“四皈依”和“三根本”等藏传佛教因素。

其中，焰口仪轨和礼佛大忏悔文中吸收了藏传佛教“四皈依”的皈依文。例如，《瑜伽集要焰口施食仪》的开头便是“归依上师三宝 发菩提心云 归依上师 归依佛 归依法 归依僧”的皈依文；[①] 祩宏《诸经日诵集要》中收录的《忏悔文》中也有“南无皈依金刚上师 皈依佛 皈依法 皈依僧”的内容[②]——强调皈依三宝之前先要归依上师。而“上师”一词，最早出现于西夏天盛年间（1149—1170）编纂的西夏文法典《天盛改旧新定律令》第十卷中，[③] 先于元代被使用。

同时，在焰口仪轨和“蒙山施食法”中也有表示藏传佛教“三根本”的偈颂。例如，《瑜伽集要焰口施食仪》和祩宏《诸经日诵集要》的《蒙山施食仪》中都含有“吉祥偈”，[④] 其内容是祈愿“上师、三宝、护法”摄受加持的祈祷文；而在《瑜伽集要焰口施食仪》中也有向“上师、本尊、空行”祈愿的偈颂[⑤]。此处，将“上师”置于“三宝”或“本尊”之前也是基于“四皈依”的教义。同时，这让人联想到噶举派在三宝之外加上作为“三根本”的“上师、本尊、护法”而形成的“六皈依”的传统。[⑥]

---

① 《瑜伽集要焰口施食仪》，《大正藏》第 21 卷，第 473 页下。

② （明）祩宏编《诸经日诵集要》，《嘉兴藏》No. B277，第 32 卷，第 571 页。

③ 史金波、聂鸿音、白滨译注《天盛改旧新定律令》，北京法律出版社 2000 年版，第 365 页。皇帝皇太子诸王等之师名，皇帝之师：上师、国师、德师，皇太子之师：仁师、诸王之师、忠师。

④ 《瑜伽集要焰口施食仪》（《大正藏》No. 1320，第 21 卷，第 483 页）：

愿昼吉祥夜吉祥　　　　┌——○上师愿摄受
昼夜六时恒吉祥　┌○愿诸｜○—○三宝愿摄受
一切时中吉祥者○┘　　　└——○护法恒拥护

《蒙山施食仪》（《嘉兴藏》No. B277，第 32 卷，第 573 页下）：

愿昼吉祥夜吉祥　　　┌——上师哀摄受
昼夜六时恒吉祥　┌—愿诸｜——三宝哀摄受
一切时中吉祥者—┘　　└——护法常拥护

⑤ 《瑜伽集要焰口施食仪》（《大正藏》No. 1320，第 21 卷，第 482 页下）：

我等善根缘起法性力，上师本尊空行摄受力，
三宝真谛密咒威神力，所发愿时行愿速成就。

⑥ 孙娟《藏传佛教的皈依研究》，《法音》2015 年第 12 期，第 25 页。

这些内容有可能是随着元代藏传佛教进入内地而在后世被编入仪轨的。但是与不动金刚同时的高僧四明知礼（960—1028）编纂的《金光明最胜忏仪》《千手千眼大悲心咒行法》[①]、遵式（964—1032）编纂的《请观世音菩萨消伏毒害陀罗尼三昧仪》《炽盛光道场念诵仪》[②] 等仪轨中，并没有被加入类似的内容。因此，不动金刚在西夏时是否受到藏传佛教影响一事仍值得深入研究。

时至今日，“焰口仪轨”成为汉传佛教盛行的焰口法会的所依仪轨，“礼佛大忏悔文”和“蒙山施食法”则被收入汉传佛教每日的五堂功课之中，而为僧俗二众修习忏悔法和施食法的所依仪轨，由此不动金刚对于汉传佛教的贡献之广大、影响之深远可见一斑。

不仅如此，焰口仪轨和蒙山施食法从根本上都是依唐代密教经轨编集而成，在承袭唐代密教的基础上，其从宋代到清代约千年的时间，又经历了多次编纂，因而融汇了极其丰富的文化因素。通过对上述三类仪轨的文本内容和演变过程的研究，不仅可以明确唐代密教残存修法的变迁轨迹，而且能够一窥汉传佛教、西夏佛教和藏传佛教的交流史，故而具有较高的研究价值。

结　语

约一百年前，曾在日本高野山师从金山穆绍学习密法的中国留学僧显荫法师（1902—1925）曾著有《真言密教与中华佛法之关系》[③] 一文，提出“真言密教虽失传于中华，而中华之佛教随在皆真言密教也”的观点，并指出“瑜伽焰口则密教之一小支流耳”这一事实。如其所说，唐代以后密教虽在中国式微，但是其传统并没有完全消失。其中唐代密教所重视的施食法被宋代的不动金刚整理为焰口仪轨和蒙山施食法，流传至今。

关于不动金刚，通过对汉文和西夏文文献的考证可知，这是一位传承了天竺显密佛法、在西夏享有崇高地位且对西夏佛教有一定影响、为汉传

① （宋）知礼编《金光明最胜忏仪》《千手千眼大悲心咒行法》，《大正藏》No. 1946、No. 1950。

② （宋）遵式编《请观世音菩萨消伏毒害陀罗尼三昧仪》《炽盛光道场念诵仪》，《大正藏》No. 1949、No. 1951。

③ 显荫《真言密教与中华佛法之关系》，《真言宗义章》，佛教书局1924年版，第43页。

佛教留下珍贵遗产的密教高僧。尤其是，其在整理唐代经典仪轨基础上所编纂的三类仪轨，至今对汉传佛教影响甚巨。

关于其著作，还有诸多问题值得注意。比如，三类仪轨中包含的藏传佛教因素是何时编入的，是否意味着不动金刚在西夏时受到过藏传佛教的影响；焰口仪轨是怎样从唐译密教经轨编纂而成的，而在元明清时期是如何被增补内容的等，将在进一步的研究中进行探讨。

（释来海，高野山大学博士生）

九、十世纪敦煌斋会的密教化

——以敦煌文献《结坛散食文》为中心

段　鹏

摘　要：集中出现于九世纪、十世纪的斋会文本，是隋唐以来佛教完成中国化，并与社会进一步融合的产物。与莫高窟的密教壁画、藏经洞所出的密教经典一样，斋会文本亦是认识中古时期密教在敦煌传播的重要材料。其中诸如“结坛”“真言”“诵咒”等密教因素，折射出斋会作为当时密教在敦煌传播的一种重要形式存在。密教自身在注重息灾、增益、降伏等现世利益及消灾祈福方面的优势，被斋会吸收利用，斋文中所呈现借密法以使诉求圆满的描述，即是斋会明显密教化的体现。

关键词：九、十世纪；敦煌；斋会；密教化

敦煌文献的发现，为学术研究拓展了极其广阔的空间，提出了许多新的课题。敦煌莫高窟中的壁画和藏经洞所出的密教文献，引起了学者极大的关注，前贤对敦煌密教的研究，主要集中于文献的汇编整理、洞窟、图像方面，也有以敦煌文献与传世文本来讨论道教与密教之间的关系，均取

得了丰硕的研究成果。[①] 敦煌文献中保存有大量的反映当时宗教社会生活的斋会文本，这类文本与莫高窟的密教壁画、藏经洞所出的密教经典一样，亦是认识密教在敦煌传播的重要材料。然而从密教的视角对于这一类材料的认识，未见专文讨论。笔者不揣浅陋，以斋会文本中的《结坛转经发愿文》为中心，结合佛教史及相关文献、图像，对九世纪、十世纪敦煌社会中密教在斋会中的流传情况及斋会密教化问题做初步探析，不当之处，请方家批评指正。

一　九、十世纪敦煌斋会的盛行

印度佛教自两汉之际传入中土，佛教在中国的传播，大致经历了魏晋之前的输入时期，东晋南北朝的传播期，隋唐兴盛期。佛教传入中国的过程中即不断的中国化，经过汉魏六朝几百年的吸收与消纳，逐渐与中土文化融合。唐代佛教达到兴盛时期，完成中国化并与社会进一步的融合，呈现出明显的社会化特征。[②] 大乘佛教的入世、重视现世利益的观念及社会中以抄经、造像获功德的思想在这一时期更加盛行。九、十世纪的敦煌社会中，人们在岁时节令；与生命相关之生、老、病、死；禳灾祈福等均要

① 相关研究主要有：［日］牧田谛亮编：《讲座敦煌 7 · 敦煌与佛教》，大东出版社 1984 年版；宿白：《敦煌莫高窟密教遗迹札记》（上下），《文物》1989 年第 9、10 期；［日］赖富本宏著、孙学雷译《敦煌文献在中国密教史上的地位》，《北京图书馆馆刊》1997 年第 4 期；林世田、申国美：《敦煌密宗文献集成》（上中下），中华全国图书馆文献缩微复制中心 2000 年版；林世田、申国美：《敦煌密宗文献集成续编》（上、下），全国图书馆文献缩微复制中心 2000 年版；［日］田中公明：《敦煌密教与美术》，法藏馆 2000 年版；彭金章主编《敦煌石窟全集 · 密教画卷》，香港，商务印书馆 2003 年版；李小荣：《敦煌密教文献论稿》，人民文学出版社 2003 年版；郭丽英：《敦煌汉传密教经典研究：以〈金刚峻经〉为例》，《敦煌吐鲁番研究》第七卷，中华书局 2004 年版；彭建兵：《敦煌石窟早期密教状况研究》，硕士学位论文，兰州大学，2006 年；刘永增：《敦煌密教菩萨研究》，博士学位论文，高野山大学，2009 年；阮丽：《敦煌石窟曼荼罗图像研究》，博士学位论文，中央美术学院，2012 年；阮丽：《敦煌藏经洞出土金刚界五佛图像及年代》，侯冲：《水陆法会与密教：以藏外水陆法会仪式文本及斋僧背景为切入点》，载吕建福主编《密教文物整理与研究》，中国社会科学出版社 2014 年版；赵晓星：《吐蕃统治敦煌时期的密教研究》，博士学位论文，兰州大学，2007 年；赵晓星：《吐蕃统治时期敦煌密教研究》，甘肃教育出版社 2017 年版；萧登福：《道教星斗符印与密宗典籍》，新文丰出版有限公司 1993 年版；萧登福：《道教术仪与密宗典籍》，新文丰出版有限公司 1994 年版；等等。

② 参见马德《中古佛教社会化论略》，中国社会科学出版社 2010 年版；［日］镰田茂雄：《中国佛教通史》第六卷，小林静乃译，高雄市：佛光文化事业有限公司 2012 年版。

举办各种斋会，斋会中通过宣读斋意文来表达诉求。明显表现出当时人们对现世利益的追求。

密教作为印度后期大乘佛教和婆罗门教相互融合的一个特殊教派，以灵验、神通、重密咒，以求即身成佛和侧重于现世性，带有满足各种社会需求的特色。密教起源于大乘佛教中的陀罗尼，陀罗尼的演化最终导致密教的形成，最早形成的密教就是陀罗尼密教。或者说密教起源于大乘佛教，它是大乘佛教进一步神秘化、通俗化、世俗化的结果，是从大乘佛教的胚胎中孕育成长、并最终从此诞生出来的新的派别。① 唐代开元间，印度高僧善无畏、金刚智、不空相继入华，推动了密教的发展，将密教完整、全面地推向高潮。中国密教在唐代的发展与统治阶层的推广，开元年间（713—741）达到最高峰，标志着密教在中土的传播进入正纯密教阶段。

敦煌的特殊地理位置，使得长安兴盛的密教很快传入该地区。九世纪、十世纪密教能在敦煌地区流行，有一定的社会文化心理，密教一方面以宣传正法护国思想适应了上层统治阶级护国安邦的需要，另一方面密教以融汇中国传统的重祭祀鬼神的阴阳五行和道教的成仙、咒术等思想，迎合了民众的心理。当时敦煌社会动荡不安，人们普遍希望禳灾获福的思想盛行，密教的咒法与以祈求功德的斋会融合，迅速向社会各阶层渗透。九世纪、十世纪敦煌斋会文本中出现的密教因素，即是这一时期密教流行于敦煌的真实写照。对斋会文本中出现的密教因素进行分析，有助于我们进一步认识密教的传播及斋会密教化。

二 《结坛散食文》

（一）《结坛散食转经文》概述

结坛即做法事时结就用于沟通凡圣的神圣空间，其中有散食、转经、燃灯等各种节次，均以结坛为中心，因此这类文献多以《结坛散食文》《结坛转经文》定名。敦煌文献中的《结坛散食转经文》多为九世纪、十

① 吕建福：《中国密教史》（修订版），中国社会科学出版社 2011 年版，第 24 页。

世纪写本，笔者在前贤相关研究基础上①，进一步翻检图版，统计共有28件。28件全部为写本，有些仅存一行数字，如S. 1160V仅存“结坛散食回向发愿文”一行，其余大多夹杂于其他内容之中。如辽宁省博物馆所藏编号“书462”（图1）②（以下简称“辽博书462”），在之前即有庆金刚文（原题）、庆幡文（原题）、禳灾文（拟）等。

（二）《结坛转经发愿文》释录

兹将S. 4511、P. 2058依次逐录如下：

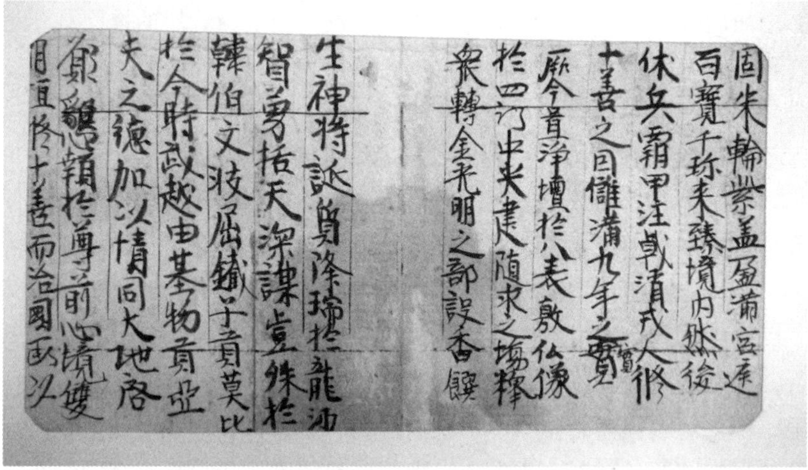

图1　辽博书462《结坛转经发愿文》　辽宁省博物馆藏　（局部）

S. 4511《结坛散食文》：

1. 夫慈悲旷极（劫），资力难思。功圆于十地十心，身生于千
2. 手千眼。莫不示迷徒于觉路，极（接）颠坠于昏衢。回六道
3. 而普遍大千，历三只而行愿如一。四弘誓重，六度
4. 齐修。拔危难而与安，改苦原而获乐。加又真言

① 李小荣统计13号，侯冲收录2号，王书庆统计2号，黄征、吴伟《敦煌愿文集》收录7号。

② 原件藏于辽宁省博物馆，承业师马德先生以图片见示，适当摘引以证。

5. 秘蜜（密），持念者，灭恶死而得善生；神力无边，归依者，

6. 除祸患而成福利。至于邪魔魍魉、惑人妖精，闻号

7. 则尽皆消亡，得名则自然降伏。有求必应，无愿不

8. 从。魏魏（巍巍）大圣，雄威穷劫，不可测谈者哉。

9. 厥今信珠内发，志意外舒。备妙供而转经结坛、

10. 供慈等（尊）而祈恩告福者，△△奉为先发愿力，

11. 报佛弘威之作也。伏惟我府主大王祥金耀菜（彩），瑞玉

12. 含辉；纬地经天，九（究）文怀武。威望素超于耿邓，勳庸

13. 早万（迈）于萧张；符五百之休征，膺千年之景祚。

14. 盛貌巍巍，疑梵天之降化；英姿荡荡，虑帝释

15. 分身。伏自抚育生灵，统临龙（陇）右；爱宏旅而皆同

16. 赤子，恩臣民而不异儿孙。故得弘化五乘，绍隆

17. 三宝；无一日而不兴佛事，无一时而散乱身心。深

18. 悟真如，妙知法印。即晓浮生而有限，唯凭胜

19. 善而无余。所以倍加恳意，种今身后世之良

20. 缘。年年而偏次安坛，件件别舍珍玩。今于三春

21. 肇律，四序初开，选岁首之加晨（嘉辰），奉先愿而姿（资）

22. 福。是以挂真容于内阁，结神坛于宝台；守净

23. 戒于三晨（辰），供斋僧而二七。其坛乃安五佛之蜜（密）铺，

24. 严百花之秘方，益五趣之群生，解三涂之罪垢。

25. 而又唐言阐奥典之宝偈，梵音念蜜（密）教之真

26. 言；声声不绝于晨昏，句句无休于昼夜。点

27. 银灯而明朗，照无间之幽冥；散谷食之香

28. 花，施水陆之含识。火坛烧香物种种，咒印

29. 而想念般［般］；供一切之圣贤，救六道之苦厄。更乃去冬值相衔之月，遂邀释众之明僧。①

① 中国社会科学院历史研究所等编：《英藏敦煌文献（汉文佛经以外部分）》第6卷，四川人民出版社1992年版，第120—121页；黄征、吴伟：《敦煌愿文集》，岳麓书社1995年版，第592—593页。据图版分行及录文略有改动。

P. 2058《结坛转经发愿文》（黄征拟名）：

1. 窃以三乘演妙，功超色相之门；七觉明因，理出名言之际。佛日之日，悬大像于昏衢；天

2. 中之天，道郡（群）生于净域。威神自在，示现无方；玄风波（被）于大千，实际光于不二。法雄

3. 利见，其大矣哉！厥今置净坛于八表，敷佛像于四门；中央建随求之场，缁众

4. 转《金光明》之部。遂得香烟合务交驰，气霭于八隅；玉句连之声，骤降十方之净

5. 土。昼陈百味，献佛像及水陆生灵；夜请真身，佛声以与深云争响。如斯恳仰，谁

6. 之作焉？则我节度使曹公先奉为龙天八部，拥护疆场；四天大王，荡除灾孽。当今

7. 帝主，常坐莲叶；十道争驰，誓心献款。次为我河西节度使令公宝位遐

8. 长，公主、夫人长承大荫之所建也。伏惟我令公天假英雄，神资灵

9. 智。惣怀圣计，德美孙吴之俵（俦）；怗静西戎，量越田韩之兽。故能

10. 留情像教，望慈善以增修；渴仰虔恭，启洪门而恳切。是时也，

11. 三冬才毕，正岁初临；僧徒课诵于八台，灌顶神方于五日。惣斯多善，莫

12. 限良缘，先用庄严梵释四王、龙天八部、散诸（旨）大将、护界善神：伏愿

13. 威光炽盛，神力弥增；兴运慈悲，救人护国。遂使年消九横，月殄

14. 三灾；万姓饶丰乐之祥，合境无伤离人（之）厄。当今帝主圣寿

15. 克昌，将相百寮尽邦形国。又持胜福，次用庄严河西节度使令公贵

16. 位。伏愿，敷弘至道，济育苍生；宝位以与干像而不倾，遐寿共坤仪而

17. 不易。又持胜福，次用庄严常（尚）书、郎君贵位。伏愿，金柯益茂，玉叶时

18. 常荣；盘（磐）石增高，维城作固。天公主助治，以秋月而长圆；夫人应祥，保

19. 闺颜而永泰；郎君俊哲，忠孝成名；小娘子贞明，芳姿皎洁。四方开泰，使人不滞

20. 于关山；垄亩嘉禾，竞唱南风雅韵。灾殃务廓，障沴消除。辜命负财，领

21. 兹福分；行香寮佐，竭诚尽忠；随喜见闻，同增上愿。然后河清海

22. 宴（晏），不闻刁斗之声；四寇降阶，永绝烟尘之战。三灾殄灭，尽九横于

23. 海嵎；励（疠）疫消除，送荒饥于地户。摩诃。①

三 《结坛散食文》中所体现的密教特征

对于敦煌文献中的《结坛散食文》，前贤多从水陆法会的角度进行研究，取得了一些成果②。而其中所反映出的密教特征，则有待进一步认识。

（一）诵持真言

密教修行重三密，即身密、语密、意密。口诵真言或陀罗尼是密教最早最流行的修行方法。语密，或称口密，就是口诵真言。密教往往通过诵持真言以达到某种功用。如 S. 4511 中“加又真言秘蜜（密）”以达到“灭恶死而得善生，除祸患而成福利”。真言，按其种类大略有五种，有

① 黄征、吴伟：《敦煌愿文集》，岳麓书社 1995 年版，第 338—339 页。

② 李小荣：《敦煌密教文献论稿》，人民文学出版社 2003 年版，第 263—289 页；谢生保、谢静：《敦煌文献与水陆法会：敦煌唐五代时期水陆法会研究》2006 年第 2 期；侯冲：《中国佛教仪式研究：以斋供仪式为中心》，上海古籍出版社 2018 年版，第 310—313 页；戴晓云：《水陆法会的功能在唐五代的嬗变》，《敦煌学辑刊》2019 年第 2 期。

五部真言之说。《大日经疏》说："大判真言，略有五种：谓如来说，或菩萨、金刚说，或二乘说，或诸天说，或地居说，谓龙、鸟、修罗之类，又前三种通名圣者真言，第四名者诸天众真言，第五名者地居真言，亦可通名诸神真言也。"[①] 敦煌斋会文献中有使用"五部真言"的情况，P. 2642《难巷文》为太保曹元德病重时期（939 年前后），坊巷组织的一次驱除疫鬼的仪式，斋文中有通过使用"五部真言"，以达到"弈（抑）邪魔而静（靖）难"的描述。可见，斋文中出现的咒，并非简单的一个词语概念，而是具有相应功能性的，咒的密教性质得到强调。

（二）护摩法

"护摩"意译"火祭""火供"，是向火中投掷祭品以表示崇奉不同神祇的仪式。[②] 护摩为婆罗门烧火祭天之仪式，后为密教所沿袭。其主旨是以火烧祭品，用来供养神灵，称为火祭。《佛说瑜伽大教王经 · 护摩品》说："其火天总摄于诸天，而皆恒住护摩真实之理，善作种种事。此护摩能祭一切天，能作诸成就。若持诵者文句阙少，仪法不具者，作此护摩即得圆满。是故三世诸佛十方菩萨，皆悉称赞护摩法。"[③] 密教护摩法按照种类与功用可分为息灾、增益、降服、钩召四大类。S. 4511 中"火坛烧香物种种，咒印而想念般［般］"，以"供一切之圣贤"的描述，虽未见"护摩"一词，但以火烧贡品供养圣贤的做法，即体现了护摩的核心思想，而且还以"咒印而想念般［般］"加持。

（三）结坛

坛场起源于古代印度，最初为作法的土坛，于坛上置密教诸佛、菩萨像，并设众多供物，也有将坛场绘于石窟壁画、布画与绢画等形式。《密宗要旨》说："坛者积土于上，平治其面，而以牛粪涂其表，使之巩固，于此坛上管宗教之神圣行事。"[④] 作为沟通凡圣的神圣空间，坛场在密教中显得尤其重要。敦煌文献中描绘坛城的画稿，多定名为《坛城图》。

---

① （唐）一行撰《大日经疏》卷 7，《大正藏》第 39 册，第 650 页中。

② 周一良：《唐代密宗》，钱文忠译，赵和平主编《周一良全集》第三编《佛教史与敦煌学》，高等教育出版社 2015 年版，第 206 页。

③ （宋）法贤译《佛说瑜伽大教王经》卷 5，《大正藏》第 18 册，第 581 页中。

④ 转引自李冀城、丁明夷《佛教密宗百问》，中国建设出版社 1989 年版，第 73 页。

P. 2012、P. 4009 为绘画稿本，《坛图式稿》。学者研究认为，坛城图与《坛法仪则》有关，在《坛法仪则》中可以找到与图中的佛、菩萨、金刚的名字并配合使用[①]。进一步研究，坛城图亦是理解斋会文献中“四门设像”的重要材料。大多结坛文开篇均描述“四门设像”，如辽博书 462“敷佛像于四门”，P. 2058“敷佛像于四门”S. 663“敷佛像于四门”P. 3149“结坛于四门四隅”，S. 4511“其坛乃安五佛”中还出现安五佛。结坛相应的仪轨和范式，可从现存坛城图中进一步认识，P. 2012 中绘有佛、菩萨于坛城中的位置及身色，沙武田教授曾对其色标进行研究，指出这类画稿为敦煌画以至于中国画史之绘画技法提供了十分珍贵的资料。[②]其中一幅坛城图的四周题写有：第一门东门阿閦佛身白色，第三（二）门宝生佛身青色，第三西门阿弥陁佛赤色，第四北门不空成就佛绿色。（图2）四方的佛像可与坛城图的四门相对应。

敦煌写本 BD. 2074 题为不空奉诏译《金刚峻经金刚顶一切如来深妙秘密金刚界大三昧耶修行四十九种坛法经作用威仪法则　大毗卢遮那佛金刚心地法门密法戒坛法仪则》（以下简称《坛法仪则》）为归义军时期写本，其中详细记录了由金刚藏菩萨发问请求佛宣说“安坛之法、菩萨名字”。佛为分别解说：安坛之法、佛萨名字、座位之处，兼及身色，在开篇即交代了安五佛之法：

> 先安五佛，后安菩萨并四摄：中心安卢舍那佛，身黄色，手持总持之印，顶戴五佛之冠。第二阿閦佛，在东门，身白色，顶戴五佛冠。手结身忍印，右手垂触地，左手安脐偃，是名身忍印。第三宝生佛，在南门，身青色，顶戴五佛冠。右手垂膝偃，左手如意宝，是名施愿印，愿一切众愿满足。第四阿弥陀佛，在西门，身赤色，顶戴五佛冠。二羽仰相叉，进力竖相背，禅智横其端，等心青莲花，是名长寿印。第五不空成就佛，在北门，身是绿，顶戴五佛冠。左手安总

① ［日］田中公明：《敦煌密教と美术》，京都：法藏馆，2000 年；郭丽英：《敦煌汉传密教经典研究：以〈金刚峻经〉为例》，载季羡林等主编《敦煌吐鲁番研究》第七卷，2004 年；侯冲：《中国佛教仪式研究：以斋供仪式为中心》，上海古籍出版社 2018 年版，第 312 页。

② 沙武田：《敦煌画稿研究》，中央编译出版社 2007 年版，第 375 页。

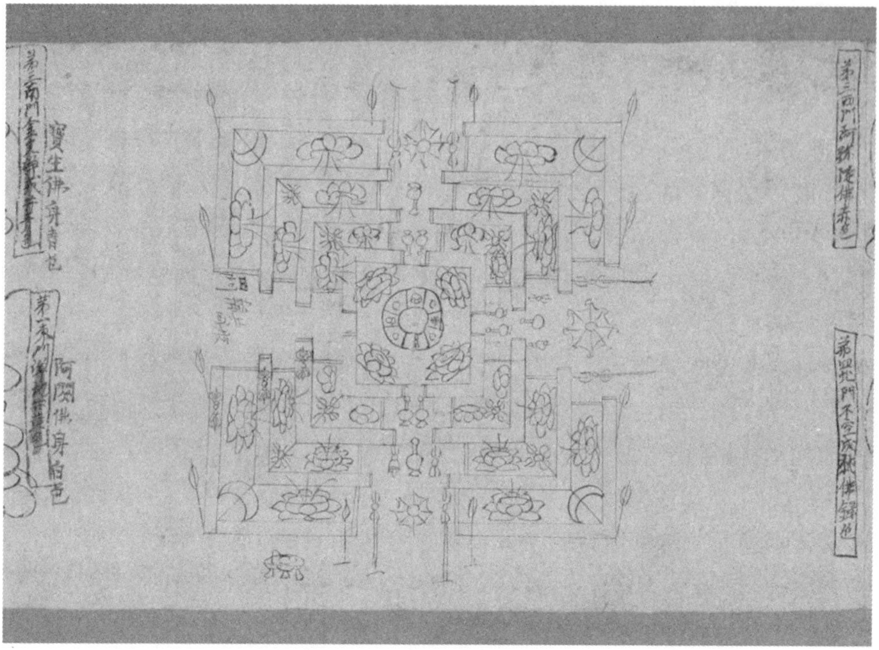

图 2　P. 2012《坛图式稿》（局部）

持，右手施无畏，愿一切众生，速证无畏法。①

《坛法仪则》中于东、南、西、北四门安佛的描述，其佛名和身色均与 P. 2012《坛图式稿》所记一致，其中央安卢舍那佛的记录与辽博书 462、P. 2058 等略有出入。辽博书 462、P. 2058 中描述“中央建随求之场”，这体现出九、十世纪敦煌社会中以密教观音主尊，以“随诵随求、随得满愿”② 之意建立中央坛城。结坛法的出现，一则显示了坛城在密教中的重要性，再者拓展了仪式的空间，如辽博书 462 所描述，可“置坛场于郊荒”，以方便法门利益众生。

① 侯冲整理《金刚峻经金刚顶一切如来深妙秘密金刚界大三昧耶修行四十九种坛法经作用威仪法则　大毗卢遮那佛金刚心地法门密法戒坛法仪则》，方广锠主编《藏外佛教文献》第二编总第十一辑，中国人民大学出版社 2008 年版，第 49 页。

② 吕建福：《中国密教史》（修订版），中国社会科学出版社 2011 年版，第 488 页。

（四）转诵《金光明经》

在密教兴盛的背景下，很多大乘经典趋向密教化，在敦煌文献中《金光明经》即为典例，在斋会中，时有出现转诵《金光明经》，如P. 2058、辽博书462中均明确转诵的经典为"《金光明》之部"。佛教修持中，读经是重要修行之一，读经就是读诵经典，又称为转经、讽经、诵经、看经、念经、转读等，慧皎在《高僧传》卷十三"经师篇"中说："至于此土，咏经则称为转读，歌赞则号为梵呗。"① 唐代为护佑国家、民生安稳所举行的祈求法会诵经，称为转经，或称为转读。② 当时大乘佛教经典《金光明经》被当作护国安邦的经典而受到崇奉，其中《四天王品》中说，护国四天王代表诸天，陈述了护持此经的誓愿，而保护尊重此经的国主于国土。与此相关，在《金光明经》中说四方四佛，有很多密教的教理。③

四 斋会：九、十世纪密教在敦煌社会传播的重要形态

九世纪、十世纪敦煌密教的兴盛，与唐代密教兴盛及统治者推广这一社会背景有密切关联。从密宗发展史上看，通过善无畏、金刚智的倾力弘教，密教渐次为高层人物玄宗和贵族官僚所接受，密教向更为广泛的民间民众之间渗透，一行禅师与不空二人，功不可没。④ 不空于天宝十二年（753）受哥舒翰"请福疆场"之请，于天宝十三年（754）抵达武威"译佛经，兼开灌顶，演瑜伽教，置曼荼罗，使幕官僚咸皆咨受五部三密，虚往实归"⑤。《坛法仪则》即在此期间所译⑥。不空在河西的弘传，

① （唐）道宣撰《大唐内典录》，有延兴寺沙门玄琬撰有《十种读经仪》等，《大正藏》第五十册，第281页上。

② ［日］镰田茂雄：《中国佛教通史》第六卷，小林静乃译，高雄市：佛光文化事业有限公司2012年版，第33页。

③ ［日］平川彰：《印度佛教史》，庄昆木译，北京联合出版公司2018年版，第295页。

④ 夏广兴：《密教传持与唐代社会》，上海人民出版社2008年版，第56页。

⑤ （唐）圆照撰《贞元新定释教目录》卷十五，《中华藏》第55册，第881页中。

⑥ 吕建福：《中国密教史》（修订版），中国社会科学出版社2011年版，第337页。

一定程度上促进了敦煌密教的盛行。一行不仅积极助善无畏译密教经典《大日经》，而且亲自撰述《大日经疏》二十卷，自上自下，积极弘传密教。S. 2454V 原题《一行大师十世界地轮灯法》，学者多以伪托一行大师之名来看待，若从密教传播的角度思考，可以看出一行在当时社会中的影响，而且远播敦煌。

密教是注重实践，以事相修持为主，它最初就是作为大乘佛教的一个方便法门而诞生。[①] 北宋赞宁（919—1001）在《大宋僧史略》卷上"传密藏"说："密藏者，陀罗尼法也。"[②] 赞宁的阐释，展示了唐宋之际中国一般社会上对于密教认同的角度，即密教就是陀罗尼法。九世纪、十世纪密教信仰在敦煌的流行，除洞窟中的密教造像、壁画以及经典传抄这些形式之外，密教化的斋会在当时敦煌社会中也有很大影响。诸如救产难、印沙佛、行城文、度亡等斋会中，均能看到密教的影响。密教重视息灾、增益、降伏、敬爱等在现世利益上消灾祈福的功能，给当时动荡的社会带来了心灵上的慰藉。上至归义军节度使，下至普通的庶民百姓，于护国修法、降灾招福的法事莫不热衷。有学者认为：在中国佛教的八大宗派中，就其宗教倾向性而言，密宗属于皇家佛教，密宗在古代只在王公贵族间流行，有"密不下庶民，刑不上大夫"之谓。[③] 通过对九世纪、十世纪流行于敦煌斋会文本的考察，则可认识到密教传播的另一番情景。

五　结语

敦煌文献中保存的大量九世纪、十世纪的斋会文本，不仅呈现出敦煌宗教生活，也折射出当时密教盛行、佛教进一步与社会融合的背景。密教重视息灾、增益、降伏、敬爱的现世修持功能，给当时动荡社会中的人们带来了心灵上的慰藉。密教"结坛""真言""诵咒"等因素多见于斋会文本之中。这提供了两个重要信息：斋会是当时密教传播的一种重要形

---

① 吕建福：《中国密教史》（修订版），中国社会科学出版社 2011 年版，第 73 页。

② （宋）赞宁撰《大宋僧史略校注》，富世平校注，中华书局 2015 年版，第 63 页。

③ 陈坚：《天台宗：一种"海洋性"佛教》，载洪修平主编《佛教文化研究》第 2 辑，江苏人民出版社 2015 年版，第 110 页。

式；斋会吸收利用密教因素以促成斋功圆满，这一时期的斋会则体现出明显的密教化特征。

（段鹏，兰州大学博士生）

论龙王信仰的密教化

王　航

摘　要：龙王是民众信仰的重要佛教神灵，伴随着大乘佛教的密教化，龙王信仰也逐渐具有密教化的特点。龙王密教身份的确立和龙部体系完善、龙王密教经典的编纂及发展，及龙王密教画像法的形成等，标志着密教龙王信仰的形成和成熟。

关键词：龙王信仰；密教化；龙部；龙王经轨

龙，梵文 nāga，音译作那伽等。诸龙之首是为“龙王”“龙尊”“龙主”等。汉译密典中，龙也多译为“毒龙”“恶毒龙”“大毒蛇”等。龙来源于印度土著居民信仰之蛇神，其象征着生命力和财富，原型是眼镜蛇。部派佛教时期龙蛇信仰为僧团所吸收，成为佛教护法神，位列诸天之列，称为“龙天”。“（它们）居住在地下或海中地下世界里，特别居住在河流、湖泊、深井和海洋这样的地下王国里。……他们被派到须弥山的最底层……是地下宝物和‘伏藏’的守护者。它们能幻现蛇形、半蛇形或人形。”① 随着原始佛教咒语信仰的不断发展，龙王信仰也逐渐具有密教化的特点。

一　早期佛教陀罗尼咒与龙王信仰

咒语崇拜是古代印度民间风俗，社会上流行婆罗门祭祀阶层的神咒（梵文 mantra）与印度民间社会的禁咒（梵文 vidyā），人们每天祭祀和其

① ［英］比尔（Beer，R）：《藏传佛教象征符号与器物图解》，向红笳译，中国藏学出版社 2007 年版，第 78 页。

他活动都需要诵持咒语。印度古代《阿达婆吠陀》（Atharvaveda）收录了不少印度土著民的咒语，以治病的咒语最多，其中包括一些防止蛇咬及祛除蛇毒的咒语。咒语信仰是佛教发展过程中最早的密教因素，一般认为密教由大乘佛教陀罗尼信仰发展而来。

原始佛教时期，因咒语信仰是外道风俗，佛教戒律不允许僧人持诵咒语。《摩诃僧祇律》言："口邪命者，诵咒行术，咒蛇、咒龙、咒鬼、咒病、咒水、咒火，如是种种求食，是名口邪命。"①释迦认为诵持禁咒属于外道邪命行为，无益于僧人解脱。但僧人郊外修行、安居，时常遭到蛇类袭击，佛教戒律又随顺印度习俗，允许僧人诵持龙蛇咒以护身及祛毒。《五分律》载："有一比丘欲燃浴室中火，破薪，蛇从木孔中出，螫脚即死……佛言：彼比丘不知八种蛇名，不慈心向，又不说咒，为蛇所害。八种蛇者：提楼赖吒蛇、怛车蛇、伊罗漫蛇、舍婆子蛇、甘摩罗阿湿波罗呵蛇、毗楼罗阿叉蛇、瞿昙蛇、难陀跋难陀蛇。咒蛇者：我慈诸龙王，天上及世间，以我此慈心，得灭诸恚毒。我以智慧力，用之杀此毒，味毒无味毒，破灭入地去。佛言：若彼比丘以此咒自护者，不为毒蛇之所伤杀……听作咒术，随宜治之。"②戒文提出僧人要念八龙王名号，然后诵持龙蛇咒，可以免遭毒蛇侵害。文中的咒语"我慈诸龙王，天上及世间，以我此慈心，得灭诸恚毒。我以智慧力，用之杀此毒，味毒无味毒，破灭入地去"有具体含义，咒语内容与早期佛教僧团的咒愿法很相似。可以推测此咒语是在佛教咒愿法的基础上吸收了印度民间龙蛇咒语的成分改编而成。《摩诃僧祇律》亦载："彼若慈心称四大龙王名者，应不至死。何等四？持国龙王、伊罗国龙王、善子龙王、黑白龙王。我有慈，无足众生我有慈，两足众生我有慈，四足众生我有慈，多足众生我有慈。无足众生莫害我，两足众生莫害我，四足众生莫害我，多足众生莫害我。一切众生应得无漏，一切贤圣善心相视，莫兴恶意。"③戒文亦提出僧人要念四龙王名号，念诵护身龙蛇咒，可以免遭毒蛇侵害，文中的咒语亦有具体含义。

原始佛教时期，龙蛇信仰属于外道风俗，是佛教僧团排斥和贬低的对象。但是僧团惧怕龙蛇之威力，佛教戒律遂随顺印度习俗，允许僧人诵持

① （晋）佛陀跋陀罗译《摩诃僧祇律》卷7，《大正藏》第22卷，第287页上。

② （刘宋）佛陀什译《五分律》卷26，《大正藏》第22卷，第171页上中。

③ （晋）佛陀跋陀罗译《摩诃僧祇律》卷20，《大正藏》第22卷，第389页上。

龙蛇咒以护身。从龙蛇咒的功能来看，只能用来护身，戒律不允许僧人诵咒以役蛇，可见沙门信仰与外道信仰的界限比较明显。从龙王的密教化历程来看，原始佛教时期龙蛇信仰已经与咒语信仰密切结合，龙蛇信仰咒语化的特征明显。不过僧团是以咒语信仰为主，只是咒语信仰中混杂了印度社会龙蛇信仰的成分。总之，原始佛教的龙蛇信仰已经有了密教的因素，出现了龙王信仰咒语化的倾向，并在后期越来越明显。

二　龙王身份的密教化

原始佛教时期龙蛇属于外道信仰，龙蛇在佛教教义中被作为恶的象征，其为僧团所排斥和贬低。随着佛教世俗化，印度民间的龙蛇信仰逐渐被佛教信仰所吸收和利用。通过佛陀及其弟子降伏龙蛇神话故事的编纂，龙王成为佛陀弟子和佛教护法神。密乘时期，随着佛教的本土化倾向加剧，印度教的龙蛇信仰通过佛教经典的改编被全盘接收，密教经典中的龙王身份逐渐密教化。

（一）密教龙王地位的确立

从显教大乘经典来看，诸佛、菩萨是佛教集会的主持者和讲法者，龙王主要身份是听法者、大乘经典护持者和大乘信徒保护者。龙王在大乘佛教神祇体系中地位并不高，职能也单一，仅属于护法神体系。密教经典的一个新特点是，印度教的诸天、阿修罗、仙人、夜叉、罗刹、乾闼婆等鬼神信仰进入佛教，这些鬼神的咒语和仪轨等通过佛教经典的编撰转变为佛教体系的仪轨。《妙臂菩萨所问经》言：“彼世间、世间外道及天、人、魔、梵等真言之教，汝当谛听。大自在天说十俱胝真言，那罗延天说三十千真言……诸龙王说五千真言，鬼主说二千真言……如是天等各各具说种种真言、印契并曼拏罗仪轨等，可依法受持。”① 经文表明印度教鬼神的咒语、手印及坛法依照佛教教义和仪式可以受持，文中“龙王所说二千真言”即是此类，表明龙王咒语信仰在密教教义上取得了合法地位。

《七佛八菩萨所说大陀罗尼神咒经》亦言：“我难陀龙王欲说一头陀罗尼，名耆那膩置晋言护诸众生拔其四毒箭。若不帝梨那一伊帝帝梨那二

① （宋）法天译《妙臂菩萨所问经》卷4，《大正藏》第18卷，第758页中下。

伊无帝梨那三若书尔帝梨那四伊不帝梨那五耆呼咤帝那六莎呵。诵咒五遍，黄羊毛缕结作六结，系项。此大神咒乃是过去十恒河沙诸佛所说。”①经文表明，龙王身份已经密教化，并取得了诸佛传法的嫡系地位，成为佛陀密法的继承者。龙王拥有与菩萨同等的说法权，可以代替诸佛、菩萨宣讲神咒、手印及其他仪轨，龙王的身份也正式密教化。

（二）密教龙王部族体系的发展

密教神灵体系的一个突出特点是部族化，一个部族通常有部主、部母、明王、愤怒尊等，尤其是后期密教女神体系的加入。在大乘显教经典中的《陀罗尼品》《鬼神品》和密教经典等中，龙王的部族体系逐步确立并完善。《大方等大集经·陀罗尼品》言：“今此世界四天下中，诸龙、大龙及龙眷属、男龙、女龙、龙男、龙女，所有龙趣生者，彼一切皆已来集。”② 文中，龙王的部族体系还比较简略，仅有大龙、龙眷属、龙男、龙女几个类别，密教特点的龙王部族体系没有形成。P. 3916《大佛顶如来顶髻白盖陀罗尼经》言：“敬礼如来种姓世尊，敬礼莲华种姓世尊，敬礼金刚种姓，敬礼摩尼珠种姓，敬礼白象种姓，敬礼童子种姓，敬礼龙种姓。”③ 经中，龙部取得了密教部族体系的独立地位，位列佛部、莲华部、金刚部、宝部等之后。《作世水宅心陀罗尼》亦载：“此善住龙王为一切象龙主，此难陀龙王、婆难陀龙王为一切蛇龙主，此阿耨达龙王为一切马龙主，此婆楼那龙王为一切鱼龙主，此摩那苏婆帝龙王为一切虾蟆龙主。”④经文提出龙有四个形象来源，分别是象、蛇、马和虾蟆。并依据这四个来源对密教龙王部族作了分类，分别为象龙、蛇龙、马龙、虾蟆龙四大部族，四部各有龙王部主。关于密教龙王体系，密教经典常有二龙王、八龙王，此外《不空罥索陀罗尼》中提到“四龙王”、《陀罗尼集经》有“五龙王”，佛典还有“十龙王”的提法。密教经典还依据印度的种姓制度，对密教龙部的等级体系作了详细规定。“龙可以分为五个等级，东方是白色的刹帝利，南方是黄色的吠舍，西方是红色的婆罗门，北方是绿色

---

① 《七佛八菩萨所说大陀罗尼神咒经》卷 3，《大正藏》第 21 卷，第 551 页上。

② （北齐）那连提耶舍译《大方等大集经》卷 58，《大正藏》第 13 卷，第 388 页中。

③ 《大佛顶如来顶髻白盖陀罗尼神咒经》，《法藏敦煌西域文献》第 39 册，上海古籍出版社 2003 年版，第 347 页。

④ 《作世水宅心陀罗尼》，《卍续藏经》第 2 册，第 880 页中。

的首陀罗，而位于中央的是黑色的无种姓者或不可接触者。”① 显然密教龙族体系得到了发展和完善。

女神体系的加入也是龙部体系密教化的显著特征。大乘佛教早就有龙女的信仰，如《法华经》中有八岁龙女发菩提心，献宝成佛的故事。但大乘显教经典中的龙女形象很少有密教特色，也没有形成部类体系。瑜伽密教中后期，密教龙女部类体系逐步形成。北宋天息灾译《佛说大乘庄严宝王经》言：“复有百千诸龙王女，所谓妙严持龙女、母呰邻那龙女、三髻龙女、和容龙女、胜吉祥龙女、电眼龙女、电光龙女、妙山龙女、百眷属龙女、大药龙女、月光龙女、一首龙女、百臂龙女、受持龙女、无烦恼龙女、善庄严龙女、白云龙女、乘车龙女、未来龙女、多眷属龙女、海腹龙女、盖面龙女、法座龙女、妙手龙女、海深龙女、妙高吉祥龙女，如是诸龙女等亦来集会。”② 文中共列出26位龙女，龙女名号被一一列出，这些百千龙女与百千天女、百千彦达嚩女、百千紧那啰女共同出席佛教秘密集会，成为听法的佛教女神体系。北宋法天译《佛说金刚手菩萨降伏一切部多大教王经》文中出现了龙女主的尊号，经言：“尔时会中有龙女主，即从座起五体投地，礼金刚手菩萨足。”③ 此经本中还提到“八大龙女主成就法”和“八大龙女主真言”。推断可知，瑜伽密教时期龙部女神体系得到了发展和完善，出现了龙与龙女、龙主与龙女主、八大龙王与八大龙女主、八大龙王成就法与八大龙女成就法、八大龙王真言与八大龙女真言的对立。龙部的女神取得与龙部男神同样的地位，成为密法的受持者和宣讲者，并形成了八大龙女主体系。

总的来看，大乘佛教时期龙王主要身份是护法神，它被认为是大乘佛典和释迦遗物的保留者、大乘信徒的保护者。密乘时期，通过密教经典的编纂，印度佛教龙蛇信仰开始密教化，龙王地位进一步提高，它被认为佛陀真言和佛教仪轨的受持者和传承者，密教龙部体系也逐渐完善，内部等级秩序明显，形成了具有密教特色的八大龙王体系和八大龙女主体系。

---

① ［英］比尔（Beer，R）：《藏传佛教象征符号与器物图解》，向红笳译，中国藏学出版社2007年版，第79页。

② （宋）天息灾译《佛说大乘庄严宝经》卷1，《大正藏》第20卷，第47页中。

③ （宋）法天译《佛说金刚手菩萨降伏一切部多大教王经》卷3，《大正藏》第20卷，第559页下。

三　龙王经典的密教化

原始佛教经典阿含经主要是人生哲学，没有太多的神话色彩，也没有形成以龙王为主题的佛教经典。部派佛教时期，随着佛陀神话兴起，在编纂的佛传和佛经中出现了佛陀及其弟子降伏龙蛇的记载。如东汉康孟祥译《中本起经·化迦叶品》、西晋支谦译《太子瑞应本起经》及《增一阿含经·高幢品》等都记载了佛陀度化大迦叶时以神通力降伏毒龙之事。《增一阿含经·听法品》记载了佛陀弟子目连降伏难陀和优槃难陀二龙王之事。在佛陀及其弟子降伏龙蛇神话影响下，佛教徒编撰形成了小乘的龙王经典。据汉文佛教经录，小乘龙王经典有吴支谦《龙王兄弟经》一卷、刘宋求那跋陀罗译《目连降龙经》一卷，经本主要内容是佛陀及其弟子降伏龙王，龙王皈依佛教。大乘佛教兴起以后，龙王的地位得到提升，大乘显教龙王经典也逐渐编纂形成。依据汉文佛教经录，有西晋白法组译《海龙王经》一卷、西晋竺法护译《海龙王经》四卷、昙无谶译《海龙王经》四卷、失译《盘达龙王经》一卷、西晋竺法护译《阿耨达龙王经》二卷、唐义静译《佛为海龙王说法印经》一卷、宋施护译《佛为娑伽罗龙王说大乘经》一卷。这些大乘显教龙王经典，主要以佛教义理为中心，很少密教特色的内容。

（一）密教的龙王类经轨

此外根据汉文藏经目录，汉地曾翻译、编纂一批以龙王信仰为主的密教经轨，这些经典按密教分期，分别属于陀罗尼密典、持明密典和瑜伽密教经典。南北朝时期，汉地编纂形成了一些以龙王信仰为中心的佛教疑伪经，大多属于陀罗尼密典。汉文大藏经内现存《灌顶召五方龙王摄疫毒神咒经》一卷，出自东晋帛尸梨蜜多译《大灌顶经》十二卷。此外据《出三藏记集》载还有：“《龙王咒水浴经》一卷、《龙王结愿五龙神咒》一卷、《五龙咒毒经》一卷，《十八龙王神咒经》一卷。”[①]考察这些密典，都不存其文，均属于遗失佛经。据佛经目录考，《龙王咒水浴经》一卷、

---

① （梁）僧祐撰《出三藏记集》卷4，苏晋仁、萧錬子点校，中华书局1995年版，第179页。

《十八龙王神咒经》一卷，《祐录》著录，《长房录》作东晋昙无兰译，为大本别出经。《龙王结愿五龙神咒经》一卷，《祐录》著录，《长房录》作东晋昙无兰译，经本出《大灌顶经》十二卷本。《五龙咒毒经》一卷，《祐录》著录，南北朝失译经。这些密教龙王经典从经名来看，都属于密教陀罗尼经典。

隋唐时期，汉地曾翻译了一些龙王密教经典，主要以龙王祈雨为主题。据汉文经录，有北周阇那耶舍译《大云请雨经》一卷，隋那连提耶舍译《大云轮请雨法》二卷，隋阇那崛多等译《大方等大云请雨经》二卷，唐不空译《大云轮请雨经》二卷和《大云经祈雨坛法》一卷。从这些经典在咒语的基础上，增加了设坛法、画像法、供养法、手印等之类的仪轨来看，应属于持明密教经典。

日本还保留了一些龙王密教经轨，据文献目录有《说矩里迦龙王像法》一卷，又名《矩里迦龙王像法》或《尊敕龙王像法》，日本丰山大学藏享保年间刊本。《佛说俱利迦罗大龙胜外道伏陀罗尼经》一卷，尾题“俱利迦罗龙王陀罗尼经”，日本丰山大学藏享保年间刊本。《俱力迦罗龙王仪轨》一卷，题唐金刚智译，日本东寺菩提院藏平安时代写本，瑜伽密教经典。从三部经典的内容来看，其中两部在咒语、仪轨的基础上又增加了观想的内容，有瑜伽密教经典的内容。

（二）密教龙王经轨的类别及性质

小乘和大乘显教龙王经典主要以哲学理论为主，基本不涉及实用仪轨。密教龙王经典的显著特点是，以佛教仪轨为主要内容，注重实用性，宣扬龙王密法的息灾、增益、降伏等现实功效。龙王在印度文化中被认为是祛除蛇毒者、宝藏持有者、降雨止雨者，与百姓生活息息相关。密教龙王经典全面吸收印度民间的龙王信仰，仪轨以役使龙王为目标，通过咒语、坛法及观想等法，可以实现祛毒护身、求宝及驱使龙王降雨等现实利益。早期龙王陀罗尼密典，如《灌顶召五方龙王摄疫毒神咒经》之类佛教疑伪经，经文以祛除瘟疫和疾病为主题，宣扬咒语崇拜和龙王信仰。

持明密典和瑜伽密典则以降伏龙法为中心，龙宫求宝则成为重要目的。信徒可通过设坛并念咒，可以召唤并役使龙王，从龙宫获取如意宝珠、钱财、衣物、龙女、神药等种种宝物。《不空罥索陀罗尼自在王咒经》言："若彼咒人欲于龙宫有所游观，忆念彼龙其龙即能应念而至。而作是言：仁者复何所须。咒人报言：欲往龙宫有所游观……即采龙宫所有珍宝。衣服、饮食、香华、缯彩及诸乐器、画缋等事，悉皆殊胜，人中所无。龙与咒人赍持彼物，于须臾顷还至本处。"①《观世音菩萨秘密藏如意轮陀罗尼神咒经》亦言："十三七日着，龙宫自然开辟，宝物出现，随所见者，皆无障碍。"② 经文宣扬信众念诵咒语，依照密法，就可从龙宫获取种种生产生活所需的各种资料。

祈雨类经典是持明密教龙王经典的一个独立类别，它适应了农业国家植物对雨水的现实需要。汉地流行的《大云轮请雨经》《大云经祈雨坛法》等经是以祈雨为中心的密教经典，集中宣扬龙王的水神地位。在这类密教经典中，集会的主要参与者是龙王。法师可以通过念诵佛号、念龙王名号、持诵咒语、塑像设坛等仪式，启请龙王降雨。不过密法更多的是使用咒语、手印等密法等迫使龙王降雨。《佛说大摩利支菩萨经》言："复有成就法，用白芥子、油、蜜、迦罗尾罗花、龙花，合和为丸。诵真言八百遍，药一千丸，送入龙池，一切龙神皆生欢喜，实时降雨。若不降雨，彼一切龙速得头痛，受大苦恼。"③ 经文中，通过合药、诵真言，可以役使龙王，强迫其降雨。《佛说瑜伽大教王经》亦言："复次降雨法，持诵者观想八叶莲花上有八大龙王，所谓阿难多龙王、酤哩哥龙王、嚩酥枳龙王、怛叉哥龙王、摩贺钵讷摩龙王、羯哩酤吒哥龙王、商珂播罗龙王、钵讷摩龙王。如是龙王各各依法色相装严及执捉等。一一观想已。于夜分中往四衢道，用香水以左拇指涂四方曼拏罗，于四隅中画金刚钩等。时持诵者于曼拏罗前敷座而坐，复想八大龙王，真言与名同诵。如是依法，能降大雨。"④ 经文中提到了一种求雨法，在街道中画坛场，法师作其中，心观想八大龙王，口念诵真言与八大龙王名号，则必降雨。

---

① （唐）宝思维译《不空罥索陀罗尼自在王咒经》卷下，《大正藏》第20卷，第430页上。

② （唐）实叉难陀译《观世音菩萨秘密藏如意轮陀罗尼神咒经》，《大正藏》第20卷，第199页中。

③ （宋）天息灾译《佛说大摩里支菩萨经》卷3，《大正藏》第21卷，第272页上。

④ （宋）法贤译《佛说瑜伽大教王经》卷5，《大正藏》第18卷，第579页中。

四　龙王图像的密教化

龙蛇崇拜来自印度原住民的生殖崇拜文化，古印度河城邦遗址出土的刻章中已经出现了蛇的图像。[①] 佛教艺术产生后，龙王图像也出现于早期佛传故事雕刻中，这类故事主要描述了佛陀降伏龙蛇的神话。公元前 2 世纪中印度巴尔胡特大塔（Stupa at Bhārhut）雕刻的佛陀本生故事《伊罗钵蛇王礼佛》（Nagaraja Elapatra the Buddha），图像描绘了龙王礼佛的场景："有五个眼镜蛇头兜的蛇王伊罗钵从莲池中浮出，化作人形，向佛陀（以圣树和台座象征）跪拜。"[②] 从图像和解说可知，早期佛教龙王的原型是眼镜蛇，龙王图像有蛇形和人形两种。蛇形龙王，有五蛇头、蛇身和蛇尾。人形龙王，人头和人身，不过头顶出五蛇兜，具有半人半蛇的特点。早期佛传中的龙王图像吸收了印度民间蛇神信仰及形象，已经具备密教龙王画像法的基本要素。随着大乘佛教的密教化，龙王密教画像法和象征意义也逐步完善。

（一）龙蛇饰身是密教忿怒像的重要特点

大乘显教神灵图像主要是慈悲像。密教神灵图像更多吸收了印度教神灵忿怒像的特点，印度民间社会信仰的湿婆（Śiva）和女神杜尔迦（Durgā）等都以恐怖像（Aghora-Mūrti）而受到崇拜。密教的诸佛、菩萨、诸天等神灵通过密教教义的阐释都有慈悲像和忿怒像，而密教忿怒像的一个突出特点是龙蛇饰身。"怒相神佩戴着八大龙王或五大种姓的龙作为'八大尸林服饰'之一，也称作'旋龙饰'。怒相神佩戴着几对或几串令人生畏的毒蛇饰物。"[③] 龙蛇在佛教教义中象征着嗔恚、忿怒，又具有力量，与密教忿怒神祇特征和画像法存在天然的契合。

许多密教神灵忿怒像都以龙蛇作为装饰，尤其是密教的金刚、明王画像法。《一字佛顶轮王经》言："次顶轮王左画难胜奋怒王，四面四臂，

① 王镛：《印度美术》，中国人民大学出版社 2010 年版，第 7 页。

② 王镛：《印度美术》，中国人民大学出版社 2010 年版，第 49 页。

③ ［英］比尔（Beer，R）：《藏传佛教象征符号与器物图解》，向红笳译，中国藏学出版社 2007 年版，第 79 页。

身白色相，示耽肚相。形手臂脚，矬象侏儒。腰画虎皮，蛇为耳珰，德叉迦龙王以为腰绳，婆修吉龙王以为络髆，诸恶毒蛇严身臂胫。编发为冠，遍身火焰，立赤莲华上。”① 顶轮王即是密教的明王，文中佛顶轮王的画像法，四头、四臂，周身火焰形，二龙王饰于腰和脖，诸毒蛇缠于全身及手脚，以龙蛇饰身。《佛说幻化网大瑜伽教十忿怒明王大明观想仪轨经》亦言：“十大忿怒明王，各有三面，面各三目，目大赤色，作忿怒顾视相。以黑色难那龙王及俱梨迦龙王系于发髻，以金色得叉迦龙王为耳环，如赤金色摩贺钵讷摩龙王为手钏，以白色羯哩俱咤迦龙王为络腋，如红莲花色嚩苏枳龙王为系腰，白色如螺钵讷摩龙王为足上铃铎，如是八大龙王以为装严。”② 经文讲述密教忿怒明王画像法，三面、三眼、赤目、作忿怒相，以黑色、金色、赤金色、白色、红色共八龙王饰身。密教金刚、明王画像法明显吸收了印度教湿婆（Śiva）忿怒像的特点，多以龙蛇、虎皮、象皮、火焰饰身，象征着忿怒的情绪和强大的威力。

（二）密教龙王画像法

佛教早期龙王图像一直具有密教的特色，具有人首蛇身的特点，但早期佛教文献中龙王画像法比较简略。持明密教时期伴随着佛教坛法仪轨的编纂，龙王画像法逐步发展和完善，形成了比较规范的密教龙王画像法。《金刚光焰止风雨陀罗尼经》言：“如法塑捏五龙王等。当坛东面，三头龙王，头上出三蛇龙头。南面五头龙王，头上出五蛇龙头。西面七头龙王，头上出七蛇龙头。北面九头龙王，头上出九蛇龙头。中央一头龙王，头上出一蛇龙头。是等龙王身量十二指，面目形容状如天神，皆半跏坐八叶莲上。”③ 文中描述五龙王画像法，皆人首，但是头上出蛇头，分别出一蛇龙头、三蛇龙头、五蛇龙头、七蛇龙头、九蛇龙头，具有蛇图像的要素。莫高窟361窟东壁有千钵文殊经变有二龙王画像：“二龙王，人面，人上身，戴五蛇冠，合掌，蛇身缠绕于须弥山腰。”④ 此二龙王半身以下蛇形，半身以上人形，以戴五蛇冠代替了头出五蛇头。《大云经祈雨坛

① （唐）菩提流志译《一字佛轮顶王经》卷1，《大正藏》第19卷，第231页上。

② （宋）法贤译《佛说幻化网大瑜伽教十忿怒明王大明观想仪轨经》，《大正藏》第18卷，第587页中。

③ （唐）菩提流志译《金刚光焰止风雨陀罗尼经》，《大正藏》第19册，第730页中。

④ 彭金章编《敦煌石窟全集·密教画卷》，香港商务印书馆2003年版，第73页。

法》还描述了一种龙王画像法："半身已下如蛇形，尾在池中，半身已上如菩萨形。"① 此龙王半身以下蛇形，半身直以上菩萨形，具备半人半蛇、人首蛇身的艺术特点。

《说矩里迦龙王像法》集中记载龙王画像法，经言："其形如蛇作雷电之势，身金色，系如意宝，三昧焰起，四足蹴蹹之形。背张竖七金刚利针，额生一支玉角……若作人相者，面目喜怒，遍身甲胄犹如毗噜博叉王。左托腰把索，右臂屈肘向上执剑，顶上置龙王蟠，立金刚山。别本云：迦里龙王如天神熙怡之相。头上画出七头龙，胡跪仰视如来。"② 经文记载了三种密教龙王画像法：一种是蛇形，一种是人形，一种是天神形。其中天神形，头上出七蛇头。总的来看，密教时期龙王画像法逐步完备，成为密教神灵画像法的一个类别，并且龙蛇饰身成为密教忿怒像的重要特点。

结　语

龙王最早属于印度土著人信仰，原始佛教时期僧团吸收了印度民间龙蛇咒语信仰的成分。伴随着大乘佛教的密教化，佛教龙王信仰更多吸收印度教龙王信仰的仪轨，通过密教经轨的编纂和改编，龙王身份、龙王职能、龙王图像逐渐密教化，并形成了独立的密教龙王经轨。尤其是密教龙部神灵体系的完善及密教龙部经轨不断编撰，是龙王密教信仰完成的重要标志。

（王航，信阳师范学院副教授）

① （唐）不空译《大云经祈雨坛法》，《大正藏》第19卷，第493页上。

② 《说矩里迦龙王像法》，《大正藏》第21卷，第38页上。

白文经疏释读

张保胜

摘　要：本文根据对35年前赵衍荪先生委托的“白文”经疏进行解读，发现所谓白文经疏是借用汉文的草书和行书以及汉字的偏旁、字素构成白文词汇，有的则借用汉字音读附白文词义，有的利用汉语的“反切”注音，还有的用汉字和自造字为梵文注音，而习语用一、二首字等，根据这些规律，对《仁王护国般若经》的疏文加以对照释读。

关键词：白文；经疏；释读；汉字；音注

先引白族史学家赵衍荪先生35年前的一封短信：

保胜同志：

今天上午和您相见，真使我高兴。现将我1979年搜集的“白文”资料85张（中略），请杜建军同志带上，请您和北大研究古文字的同志看看（如季先生有空看一看就更使人感到高兴了）。如经您和北大的同志的研究把现在还没有解决的白文问题加以解决那就太好了。另外还附上《民资古文字》一本，内收有拙文一篇，但此文系临时受命写出的，错误缺点很多，请您随便翻一翻。不知能提供一点关于“白文”的情况否？（略）

代向季先生致敬问候。

祝教祺。

赵衍荪

1984年8月21日

这里先介绍一下这封信的背景。

1984 年 8 月季羡林先生转给我几张四川凉山博物馆刘宏同志送给他考证的白族佛塔上的拓片，季先生让我处置一下。此铭文看上去似梵非梵，难以辨识。季先生和我都考虑到与白族文化有关系，于是让我到中国社会科学院民族研究所找白族学术专家赵衍荪先生请教。我将几张拓片交给了赵先生。赵先生很认真，他请教了中央民族学院历史系教授石钟健先生。石先生也不能断定是不是白文，但也不能说这种文字绝对不是过去本地的彝族人写的，也许是彝族人记它们的语言时自己创造的文字。（略）

就在我初次见到赵先生之后，赵先生写信给我，并将 85 张“白文”佛教经疏托杜建军（从民族所转到我们南亚研所的研究人员）转给我，让我们看一看，希望对“白文”的解读有所进展。赵先生之前对此文物做过研究，并释读了一些文字符号，这对我之后的释读有很大帮助。白族曾有过非统一的文字记载，但大都荡然无存，虽然还有罕见的碑刻存世，但不成气候。现在发现的这样一部《白文经疏》，被视为白族的瑰宝。我从未接触过白族文化，面对这样一部天书，感到莫名的困惑。但《经疏》既然送来，就不得不硬着头皮看一看。根据赵衍荪先生的提示，我找到了《仁王护国波若波罗蜜多经》，经对勘发现了一些与汉文相应的白文文字，如：“表起正智犹如金刚能断我法微细障故”（见图 4，行 2—3）等，这真是应了那句“踏破铁鞋无觅处，得来全不费工夫”的谚语，喜出望外，我把意外的收获写信告诉了赵衍荪先生。过了些时日，收到了赵先生的复信：

您好！九月间来信收到了。我本来要回信向您致谢。但因数月来琐事较多，前数星期又因指甲碰破感染，所以，一直没给您写信请原谅。

您在看了我提供的“白文”文物后就发现好多特殊转写佛经的文字。使我得到很大启发和帮助……（后略）。

赵衍荪

1984 年 11 月 18 日

今天复读赵衍荪先生 35 年前的复信感到十分亲切。赵衍荪先生学养深厚，成就卓著，为人诚挚，即之也温。他是著名的白族文化史专家，一位令人尊敬的长者。在我们初次交换了信息之后，赵先生希望我能继续释读，但不巧的是，当时我要到印度进修两年。1986 年回国后，在北京大学南亚与东南亚研究所继续兼任一些非业务工作，加之我的印度学本职的研究工作，无暇旁顾。这样就把“白文”的释读放了下来。让我终生遗憾的是赵衍荪先生于 1994 年（?）不幸逝世。这样一位令人敬佩的，和蔼可亲的长者，学术界的明星陨落了。之后每每想起赵先生，心中不由地涌出一股悲伤！

现在从赵衍荪先生的《白文》（载于《中国民族古文字》1982 年），发现有这样一段话：1956 年在凤仪北汤天村白族董氏祠发现了大理国及明代手写佛经（《仁王护国波罗蜜多经》）的《奉持品》第七半卷，《嘱累品》第八全卷和无名佛经残卷，现藏云南省博物馆。赵衍荪先生说：“经卷上有朱笔旁注和大段墨笔疏记，字体绝大部分与汉文的简、草书相似，当系大理国时白文。此外，明天顺五年（1461）董灶君抄写的一卷无名佛经上面也有类似的白文注解。以所见《仁王护国波罗蜜多经》为例，经文汉文 1876 个，旁注白文约 1778 个，疏记白文约 4326 个。旁注、疏记中亦有汉语词和成语。还有简笔字如“户国”（护国）、合体字如“草字头 + 开 - 上一竖”或“草字头 + 卅”（菩萨）。少数字与元、明时期的碑刻所见白文相同，大量白文则多不可识。（见赵衍荪先生的《白文》）

今天我于耄耋之年，偶然发现了赵衍荪先生 35 年前送我的几张白文图片，便勾起往事，长者之托不能违。于是，又进行了一番释读。

现在我这里仅发现六张图片，就此做了些释读尝试，虽不能释读全部，但还是有可喜的收获。现将其公之于众，以抛砖引玉，为后来者提供些微借鉴。恕我孤陋寡闻，对白文的研究情况了解无多，也许这部《白文经疏》已经被他人释读，我想，我这点努力或许还有点参考价值。如若没有，也就弃如废纸，毫不足惜。今释读既然有所发现，就将其公布，贻笑大方。

经初步释读，发现《白文经疏》的几点规律：

第一，借用汉语文字，主要是草书和行书（见图 4，行 2—3）。

第二，借用汉字的偏旁，如：

障 =（障 - 章）

修 =（修 - 右旁）

行 =（行 - 左旁）（见图 3，行 11）

种 =（禾）

轮 =（仑）

衆≈(血)

护 =（户）

让 = 良

恼 = 㞢

金刚之“刚” = 刂（仅右侧戳刀）（见图 3，行 3、4），等等。

第三，借用汉字字素构成白文词汇，如：

修行 =（修的左旁 + 行的右旁）

菩萨 = 𦬁或卄

波罗蜜多 = 艾，罗≈(类似草写“归”字)，蜜 = 宀，多≈㕹。（见图 3，行 3 下）。

第四，借用汉字音读？附白文词义，如：

“毛” = 白文的“解曰”或“解释”（见图 1，行 5，第五字，图 3，行 3；注：白文的“解释”，“注释”音读可能近似于 mao?）

“电” = 白文的问话字符“呢”（见图 1，行 1，第 4，图 3，行 3，第 4；注：白文的“呢”的音读可能近似于 dian）

“欠” = 白文“众”（见图 1，行 2，往字的旁注）

“火” = 白文“者”（图）

“口土” = 白文“国土”（见图 2，行 21）

“国” = 国土

“丘” = 白文的“中”（见图 1，行 1 国的旁注“土丘”，即“国土中”；行 2，“过去”旁注“也丘”，即“过去世中”）

“米” = 第

行书“女” = 五

“法”≈十

摩醯首罗 =（摩自造字 + 每 + 首 + 类归字，这是梵文 mahesvara“大自在天”的音译）（见图 4，行 8）。

第五，利用汉语的“反切”注音，如：

1，五示 = 往（往，见图 3，行 19 往字的旁注，示为白文）。

第六，用汉字和自造字为梵文注音，如：

“铃”的梵文 ghanta，音译“乾陀”，其中的“陀”为自造字（见图 6，行 20，第 5、6 字；图 2，行 20“陀罗尼”中的“陀”）。

第七，习语首一、二字，后用省略号，如使用两点“:::”，或只用首字。

还有许多难以用电脑描述的，请参看释文。

要说明的是：（1）括弧的字，表非肯定义；（2）括弧内的“?”号数目，表非释读字数；（3）我不懂白文的音读，这里的白文疏解仅凭字形、汉文字义以及梵文音译释读的。释读如下：

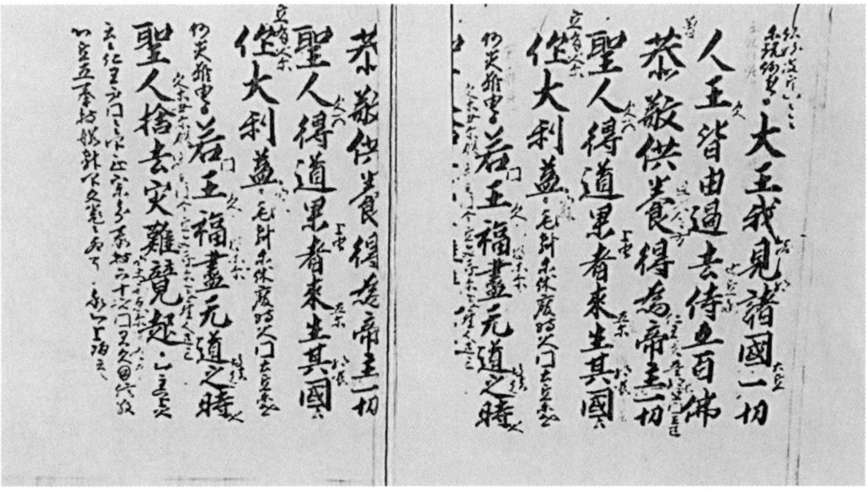

图1

經：大王我見諸國一切人王皆由過去侍五百佛恭敬供養得爲帝王一切聖人得道果者來生其國作大利益。

行1，前4个字：示现（为）何呢（旁注:????????）?（注：“电”为白文的问话的提示字，相当于汉文的“呢”）。大王！我（旁注：看）见（旁注：如）诸国（旁注：土中）一切

行2，人王（旁注：众）皆由过去（旁注：世中服）侍五百佛，

行3，（旁注：曾）恭敬供养（旁注:?? 方）得为（旁注：仁王）帝主（旁注?????）一切

行4：圣人（旁注：者方）得道果者（旁注:??）来（旁注：往）生其（旁注:??）国。

行5：（旁注：中）作（旁注:???）大利益（旁注:??）。解曰（毛）:

教尽废时者国土中存在

行6：何灾难呢？若（旁注：国）王（旁注：众）福尽（旁注：福尽）无道（旁注：道德？）之时

行7，8，9，10与前重复。

行11：圣人舍去，灾难竞起（??? ……）。此（??）

行12：（??）仁王护国波罗蜜多经正宗分奉持（六）十次，国王众（因）信敬，

行13：心中（五）奉持（佛说般若波罗蜜多经）

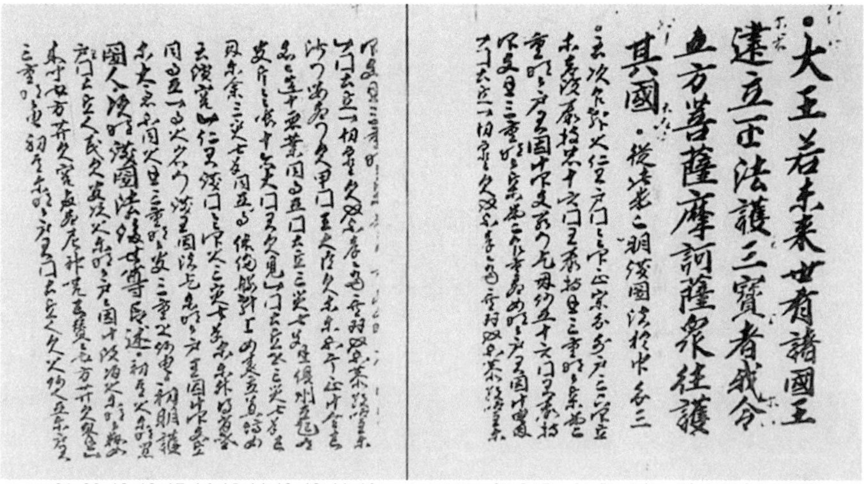

21 20 19 18 17 16 15 14 13 12 11 10　　　　9 8 7 6 5 4 3 2 1

图2

（图2）行1：大王 若未来世有诸国王

行2：建（旁注：两个字，可能是为“建”的白文注音，犹如汉语的“反切”，如果这两个字是汉语“丁术”，按反切规则，其读音应为“du”？就是说“建”这个字，在白文中应读“du”。如果不是汉语“丁术”则另当别论了）立正法护三宝者，我令

行3：五方菩萨摩诃萨众往护

行4：其国。从此第二明护国法于中分三

行5：（云次圣教）者仁王护国般若波罗蜜多经正宗分分户三（???）

行6：（???）奉持，（五）十六国王奉持，且三重明（??）。第二

行7：重明（守）护王国法（??），因何（五?）十六国王奉持

行8：（??）且三重明（??）第二圣（??）如（何?）守护王国法呢？因（接行10）

行10：此国土中一切众生众（?）不孝父母（生身，又）不恭敬皈依

行11：沙门婆罗门（众?），甲国王大臣（众??）不行正法，会让

行12：众生造十恶业，（同样）五国土中三灾七难且俱（生?）互起（?）。

行13：（????）十六大国王（众）见此国界中（有?）三灾七难（?）

行14：因尔余三灾七难同五（国一事），依据（佛）教上（规定——笔者加）要建立坛场，要

行15：云演宣此仁王护国（般若波罗蜜多陀罗尼）经者，三灾七难（??）（皆得）消灭。

行16：（同样，五国一样者?）名为护王国法（???），守护王国法经（?）中

行17：尔大意不同者，且三重明者，（波罗蜜多）三重明（是）何呢？初明护

行18：国人，次明护国法。后世尊印述。初（首）者（表?）明（保）

行19：护（旁注：王）国中人民众（?），次者表明守护王国法（??）数如

行20：（来闻）五方菩萨众宣陀罗尼神咒。（? 赞颂）五方菩萨众。（?? 此）

行21：三重明呢？初（首表）明（守）护王国土中人众者，何人往护（＝五＋示）王（下接图3，行3）

图3译文接上图：

行3：国土（?）呢？方言，解曰：五方菩萨为何呢？东方者为金刚手菩萨

行4：大菩萨，南方者为金刚宝菩萨大菩萨，西方者为金刚利菩萨大

行5：菩萨，北方者为金刚药叉菩萨大菩萨，中央者为金刚波罗蜜多

行6：菩萨大菩萨，解曰：五方菩萨众（依）何（立即）示现身（??）呢？彼五方

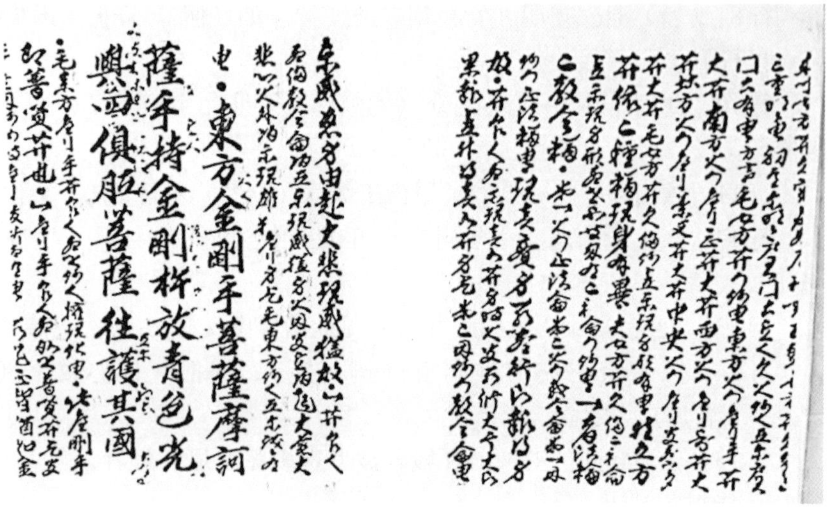

21 20 19 18 17 16 15 14 13 12 11 10 9 8 7 6 5 4 3 2 1

图3

行7：菩萨依二种轮现身有异。夫五方菩萨众依二种（=禾）轮（=仑）

行8：立即示现身形（??）不等，（另有）二种轮是什么呢？一者法轮，

行9：二教令轮。第一者为正法轮，第二者为教令轮。第一因

行10：何为正法轮呢？现真实身。所修行愿报得身

行11：故。菩萨（圣）人（当）示现真人菩萨身时者，发愿修行（修左旁+行的右侧）大行大愿。

行12：果报立即（便）得真人菩萨身（已）。第二因何为教令轮呢？（接行14）

行13：重复上行。

行14：（示现）威怒身，由起大悲现威猛故，此菩萨（圣）人

行15：当依教令轮（?）示现威猛身者，因发（愿方）起大慈大

行16：悲心者（? 方）示现（??）金刚身已。解曰：东方何人往（往=五示）护（其国）

行17：呢（=电）?（汉文:）东方（旁注：者为）金刚手菩萨摩诃

行 18：萨手（旁注：中，?）持金刚杵放青色光，

行 19：与四俱胝菩萨往（＝五尔）护其国。

白文释读：

行 20：解曰（毛）：东方金刚手菩萨（圣）人，（当是）何人（拥）现化呢（＝电）？此金刚手

行 21：即普贤菩萨也。此金刚手菩萨（圣）人（当？是）普贤菩萨也（?）。

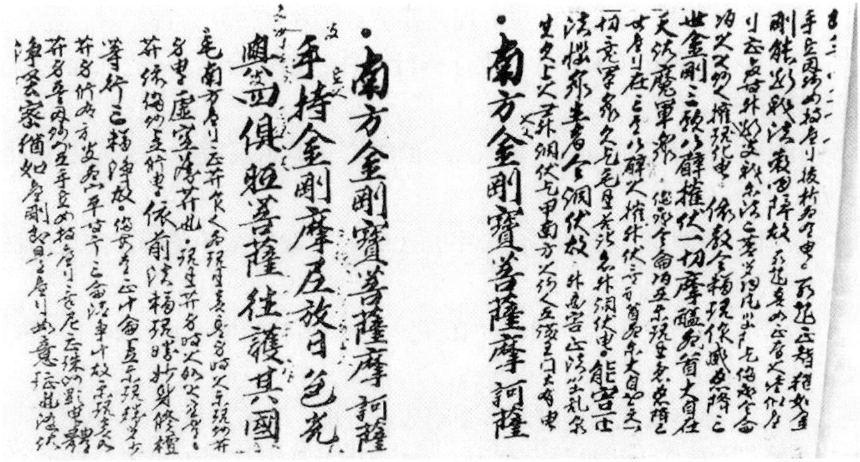

22 21 20 19 18 17 16 15 14 13 12 11 10 9 8 7 6 5 4 3 2 1

图 4

行 2：手中因何要持金刚拔杵（??）呢？表起正智犹如金

行 3：刚能断我法微细障故。表起真如正智者（恰）似金

行 4：刚宝（杵）等能断（灭）我（尔）法二（????）烦恼障（也?）。依教令轮

行 5：（）者（为）何人拥现化（身）呢？依教令轮现作威怒降三

行 6：世金刚三头八臂催伏一切摩毓罗首（应为“首罗”）大自在

行 7：天诸魔军众。依教令轮（?）往（＝五尔）现显忿怒降三

行 8：世金刚有（在?）三首八臂者，催能（因为“能催”）伏摩毓首罗（即）大自在天一

行 9：切魔军众者（也）。解曰（＝毛）：（???）能调服呢？能害正

行 10：法恼众生者令调服故。（于）离害正法（恼）乱众

行11：生（?）者，（则不于?）调服（之?）。甲南方者何人往（五）护王国（）呢?

行12：汉文：南方金刚宝菩萨摩诃萨

行13：重复上文。

行14：手（旁注：中,?）持金刚摩尼放日色光

行15：与四俱胝菩萨往护其国。

行16：解曰：南方金刚宝菩萨（圣）人，当现显真实身时者，示现何菩萨

行17：身呢?虚空菩萨也。现显菩萨身时者，（?）是虚空藏

行18：菩萨依（靠）什么立即修行（注：两字合一）呢?依前法轮现胜妙身修施（檀?）

行19：等行三轮净故。依（?）正法轮立即示现胜妙（妙分为两个字）

行20：菩萨身，修行（合一字）（般若）波罗蜜平等行三轮清净法故，示现真人

行21：菩萨身（?）。因何（在其?）手中要持金刚摩尼宝珠（一颗）呢?体

行22：净坚密犹如金刚即是金刚如意宝也。随诸（接图5，行3）

行3：有情所求皆得也。（尔似）摩尼宝珠性者（＝火）大（????）

行4：（????????）密二种（＝禾）由上（恰）似金刚宝（珠）等（以是）

行5：金刚如意宝珠者（往护）诸众生，（众生）心中所愿求（不无?能）

行6：得者（火）。因为（?）此金刚宝菩萨圣人，（当）护王国时者手中持

摩尼

行7：宝珠一颗（?）更示现威怒金刚身时者，显何种金刚身呢?

行8：现作威怒甘露军荼利金刚，示现八臂，

行9：现显忿怒金刚身时者，（以是）甘露军荼利金刚身，现示

行10：八臂已，因何（需）要显示甘露军荼利金刚呢?催伏一切阿

行11：修罗众，炎魔眷属诸恶鬼神。恼害有情，

行12：行疫疾者令调伏故。因（何）降伏消灭一切阿修罗众

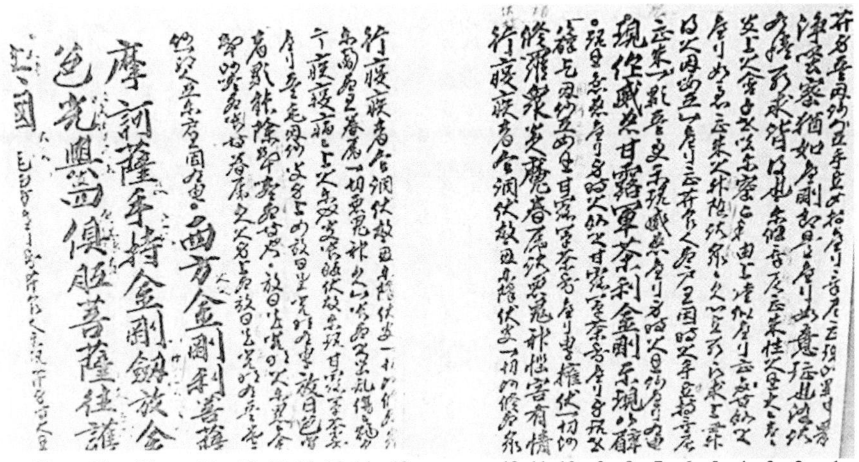

22 21 20 19 18 17 16 15 14 13 12 11 10 9 8 7 6 5 4 3 2 1

图5

行13：同12

行14：（和）阎罗王眷属一切恶鬼神众？此阎罗是恼乱伤害祸众

行15：行疾疫病痛（上）者，（????）（摧）伏故，示现甘露军荼利

行16：金刚（?）。解曰：因何（其）身上要放日色光明（?）呢？放日色

行17：光者显能除毕（舍阇）、修（罗）、罗（刹）、阎（罗）等也，放日色光明者，示现军（“荼利”，用省略号“：”代之）尔显示令

行18：毕（舍阇）修（罗）阎（罗）等眷属众者。身上（均?）放日色光明（??）。第三

行19：何一（?）人往护王国（）呢？中文：西方金刚利菩萨

行20：摩诃萨手持金刚剑放金

行21：色光与四俱胝菩萨往护

行22：其国。解曰；西方（?）金刚利菩萨圣人示现菩萨身等者中（接图6）

行1：恶毒龙众者现显愤怒身（者是）因何要降伏波（罗蜜多?）一切

行2：恶毒龙众呢？其恶风雨损有情者令调服故。

行3：（?）似此一切恶毒龙众者（表）起恶毒心中往（＝五示）下

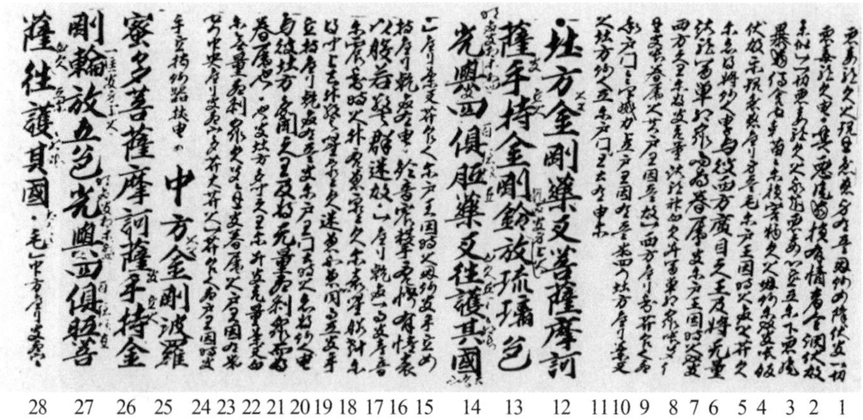

图6

恶风

行4：暴雨伤害五（谷）苗（禾树?）木，损害物众者。因何（????催）

行5：伏故，示现忿怒金刚身（?）。解曰：往护王国时者

行6：（???）将何人呢？与彼西方广目天王及将无量

行7：诸龙富单那众而为眷属（?）往护王国时者（??）

行8：西方天王（以及 ?）无量诸龙神众众并富单那众阎罗（并）

行9：（且）罗阎（罗刹、阎罗之略——笔者）眷属者共护王国，是故此西方金刚利菩萨圣人（秉?）

行10：承护国（波若波罗蜜多）经（：：为省略句——笔者）威力立即（守）护王国（??），第四为北方金刚药叉

行11：者，北方何人往护王国土（?）呢（?）

行12：北方（旁注：者黑）金刚药叉菩萨摩诃

行13：萨（旁注：其）手（旁注：中者）持金刚铃（旁注：乾陀身上者）放琉璃色（注释："乾陀"为梵文 chanta 的音译，后者为自创字）

行14：光（旁注：明??????）与四俱胝（旁注：四百亿??）药叉（旁注：? 众）往护（旁注：往护）其国。

行15：此金刚药叉菩萨圣人往护（＝尔或示）王国时者因何（其）手中要

行16：持金刚乾陀（注：梵文 chanta 铃的音译，?）呢？铃音震击觉悟有情表

行17：以般若警群迷故。此金刚乾陀（注：铃）一发波（若）音（??）

行18：（?）震（击）时者（能）觉（醒——笔者）惑（乱——笔者）众生众，尔表醒悟（? 教）尔

行19：得闻上音（以）警醒众生众迷惑不惑心同（?）。（五波?）手

行20：中持金刚乾陀（???）往护王国土时者（?），欲将何人呢?

行21：与彼北方多闻天王及将无量罗刹众而为

行22：眷属也。（再者 = 也波?）北方多闻天王（???）无量药叉众

行23：和无量罗刹众（而为 - ????）眷属者往护王国（?）。第

行24：五为中央金刚波罗蜜多菩萨大菩萨者。此菩萨圣人当护王国时者

行25：手中持何器杖呢？（中文：）中方（旁注：者金）金刚波罗

行26：蜜多菩萨摩诃萨（旁注：者）手（旁注：中持）持

行27：金刚轮（旁注：一轮，其身上者）放五色光（旁注：明，?????）与四俱胝（旁注：四百亿，）菩

行28：萨（众者）往护（旁注：= 五示）其国（旁注：??）。解曰：中方金刚波罗蜜多……

上述只是《白文经疏》的释读。其实，白族在历史上还留下一些白文的遗迹，譬如：徐琳和赵衍荪合著的《方块白文》说："白族人民当中，方块白文一直是记录传播白族民间文学的工具，白族戏曲形式，如大本曲、吹吹腔以及唱本、祭文等都是用白文写成的。凤仪县北汤天村法藏寺所藏经的写本旁注，也是白文，但是直到现在还没有释读出来，需要作进一步研究"。

在徐琳和赵衍荪的《方块白文》中列举了一些白文构成的列举，在这里引一些如下：

一、利用汉字的音表达白语的意思，如：

白文	音	意
波	（po）	他的，它的，祖宗，阳性字尾
娘	（?）	咱们

婆 （po） 他，它

（su） 约四亩

阿 （a） ---------

二、利用汉文的意思的白语的音：

白文 音 意

词 （to） 话，词语

上 （to） 上边

蝴蝶 （ko i） 蝴蝶

三、自造字表达白语的意思：

白文 音 意

折 （p ε） 背诵，念，诵读

还有一些会意字，多用两个汉字组合，如：

踞 （kv） 住，坐

嫑 （mia） 不要，别，勿

四、借用汉字的形音意，如：

青龙 昆山玉

白虎 丽水金

等，有些字打印困难，故略去。有兴趣者可阅读《方块白文》（见《中国民族古文字图录》，中国社会科学出版社）。

白族在历史上创造了它自身的文化辉煌，就文字而言，虽然有一些遗存，但并没有形成统一的白文系统。现在释读那些遗存应该说是急迫的，很有意义的。我在这项工作中，只是敲了一下边鼓。望有志于此的人将这项工作进行下去！

我对白族文化的认识几近于零，初生的牛犊不怕虎，竟敢跳进这滇池深海试水，幸未溺水，还尝到一点滋味。那释读肯定错厄百出，诚请专家学者指正。

（张保胜，北京大学东语系教授）

《通用启请仪轨》整理与研究

李　博

摘　要：大理国写经《通用启请仪轨》是一部汇编而成的密教仪轨指导手册，内容基本取自《金刚顶经》一系的主要仪轨。该仪轨主体由汉文仪式解说、汉文偈语、汉文对音咒语、梵文咒语四部分构成。其中汉文仪式解说有一部分取自唐代般若、菩提流志等译经，但如“四无量心印”结合地水火风四咒字的组合等模式为该经所特有；汉文偈语也有部分取自唐代金刚智、不空译经；咒语部分的梵汉对音与唐代译经对音系统并不一致，为汉译本所无，应是直接译自梵文。咒语使用梵文字体约是盛行于10—14世纪的城体（Nāgarī），与当时北方宣化辽墓、杭州飞来峰石刻等处梵文字体相近，其来源及流传情况仍需进一步深究。

关键词：大理国写经；密教；启请仪轨；城体梵文；梵汉对音

一　题解

《通用启请仪轨》，一卷①。大理国时期写本，卷中署名为大阿左梨周梵彰述。现存云南省图书馆，经文题目为云南省图书馆影印本所拟。卷后

① 该经收于《大理丛书·大藏经篇》卷一，大理市北汤天村法藏寺和崇圣寺千寻塔经卷。兹录题记如下：“一卷。发现于大理市凤仪镇北汤天村法藏寺金銮宝刹内，现存云南省图书馆。卷中署名为大阿左梨周梵彰述，应为大理国时期写本。卷后附海会八明王四种化现歌赞。卷内有朱笔梵文或汉文旁注，汉文疑为用汉字书写的白文。蝴蝶装，共43页，页高31.5公分，宽20公分。”参见杨世钰、赵寅松主编《大理丛书·大藏经篇》，民族出版社2008年版，第465页。

附海会八明王四种化现歌赞，卷内有朱笔梵文或汉文旁注，无汉字书写白文。①

该经是一部汇集密教仪轨的简要指导手册。按仪轨的流程和供养法（据“四无量心咒印”仅见于金刚界法）基本上同于《金刚顶经》体系的仪轨，但也杂入了胎藏界体系的咒语，并未严格的区分二者。可能也正是因此缘由，该经文大部分内容为其所特有，梵文咒语部分为汉译本所无。有部分段落汉文直接取自唐代的译经，如唐代般若译《诸佛境界摄真实经》、唐代菩提流志译《广大宝楼阁善住祕密陀罗尼经》等经，其中以《诸佛境界摄真实经》所引最多。而且其中的大部分偈语多来自汉文金刚智、不空译经，二者相差无几。如振乾陀铃之后的歌舞颂：“次以金刚法歌咏，赞扬如来诸福智。谛观相妙韵青音，以契如如真性理”唐金刚智译《金刚顶瑜伽修习毗卢遮那三摩地法》中为“次以金刚法歌咏，赞扬如来诸福智。谛观相好运清音，以契如如真性理”（《大正藏》第18册，第330页上）。同样的例证经文中有许多，可以说明云南地区的密教接受了许多唐密的成分。但根据这些内容所占全文的比重，尚不足以证明此《通用启请仪轨》复制自汉地。其余部分的仪轨夹杂了大量的朱批梵文（朱批显然是后加），据笔者校录，准确性很高，说明批注者谙熟梵文咒语。另咒语的梵汉对音并不和汉译体系相同，一些专用术语和汉译也不相同，如“四无量心印”结合了地水火风和四咒字，这是不空的译本所没有的。许多同名的印契（咒语、执器）与金刚智、善无畏、不空的体系并不相同，如发菩提心印等。因此，不能简单地将该仪轨溯源自汉地，它也有可能译自梵文，且在翻译时参考了唐代汉译的同类经典。

另据张锡禄研究，该经出自凤仪北汤天村的阿吒力世家董氏，是其世袭传用的仪轨。② 由此可知抄录者和使用者（师徒父子）之间极其熟悉，因此经中仪轨多有省略，且文字下笔草率，个中草书、代号斑驳，梵文红白相间且并不完整（后半部分无梵文旁注）。

基于上述原因，又或许是考虑实用和方便操作，该经中的仪轨比起唐

① 笔者录文时，全文未见白文汉字。后查找相关研究时发现，侯冲先生《大理国写经研究》一文也指出大理写经中有白文的说法没有根据。参见云南民族大学编《民族学报》（第四辑），民族出版社2006年版，第17页。

② 张锡禄：《大理白族佛教密宗》，云南民族出版社1999年版，第326页。

代译经中的同类仪轨来说，实在过于简略。但从仪轨的实行次第来讲，该经却是一套完整的启请仪轨。流程依次如下：

首先是求选道场地的要求和仪式，接着是入坛场时的仪轨：入坛、礼拜、跏趺坐，观想五种子字（五轮字）。之后加持供养物、遏伽水，结药叉咒印、萨埵心咒、五佛心咒、鲁左泥心咒，金刚缚印，大力金刚咒印，诵请天地偈，金刚三守护（护身印——金刚甲胄，护口印——金刚牙，护心印——金刚拳），四智婆慈咒印（吽当唏阿），皈依四方佛咒印（东南西北），净法界咒印，警觉圣众咒印，请十方圣众用毗若钵眠印（即启请求愿印），三族印（佛、莲、金刚），普礼咒印，四无量心咒印（慈悲喜舍），发菩提心印，定印，通用种子咒，六拳咒印，金刚缚印，摧十种障恼咒印，金刚遍入印，金刚拳三昧印，化金刚轮坛咒印，四金刚咒印，请参问圣主印，与大白莲花座印，请坐咒印，本尊些磨耶咒印，十一种供养一遍并偈颂，普遍供养，金刚手菩萨授毗卢遮那佛所灌顶时付婆嵯乾陀偈，内外八种供养咒印，依三部百字咒印，除魔障，结药叉咒印，结界印，结城印，结盖印，结地印，五佛宝冠灌顶咒印，缚宝冠印，奉嘱圣主，遣圣主印，解界咒印，灌顶咒印，之后仪式结束。

该经的研究价值，史学及考古方面，该经文的形制和其后的署名是判断该经年代的重要参考。文字音韵学方面，该经中梵汉对照的咒语是研究宋代（大理国）时期梵汉对音的重要语料。密教仪轨研究方面，虽该经有阙省，且经中提到的部分咒印都有相同或者相似的版本，但也有许多咒语和印契为《大藏经》中所无，可以作为同类经典的补充参考，也可以此确定在云南流传的汉译密教经典的名目。①

文字书法方面，该经中保留了大量的异体及俗写汉字，以及草书的特殊写法等，对于研究中古汉字的变迁具有一定的价值。②

二　研究现状

学界对于《通用启请仪轨》的研究尚无专论，相关研究又大都被其

① 详细的引文对比请参考录文及文后附录。

② 熊元正先生《白族的书法及白文白语问题》一文从书法艺术角度肯定了《通用启请仪轨》的价值（熊元正著《南诏史通论》，云南民族出版社2007年版，第243页）。

后所附的《海会八明王四种化现歌赞》《转四业法歌》所吸引，前者被认为是解读大理国时期刻凿的剑川石窟第六窟的文本依据。[①]

相关背景研究大致可分为三类，[②] 一是关于云南密教的史学研究，主要集中在（一）云南佛教、密教的传入和路线，（二）云南考古文物的历史分期（作为引证），（三）“阿吒力”的由来、性质及异名等问题上。其他关于云南文物古籍保护等研究也可归入此类。二是云南密教经典、仪轨的研究。这是在整个云南密教研究的背景下展开的问题，以往学界研究云南密教经典的来源有印度说、西藏说、缅甸说等，目前学界基本认同汉地说。[③] 整体文献的来源问题虽已解决，但是具体的经论研究仍缺乏笔墨，仅有少数学者如吕建福、张锡禄、侯冲对《通用启请仪轨》做过提要。三是云南佛教中流传的梵文问题。既然云南的密教经典来自汉地，那么其中的梵文咒语及其对音应该和唐代的译经相同才对，但是《通用启请仪轨》中有部分城体梵文，不同于唐代密教经典中的悉昙梵文，而且对音使用的汉字又有很大差别，该如何解释这种现象，很值得研究。故在此分别论述如下：

---

① 侯冲《滇云法宝：大理凤仪北汤天经卷》，《云南社会科学》2012 年第 6 期，第 126 页。侯冲《大理国写经研究》，汪宁生主编《民族学报》第四辑，民族出版社 2006 年版。

② 关于云南白族阿吒力密教的研究综述代表性的有两篇：侯冲《云南阿咤力教研究学术史——以民国时期研究文章为中心》对民国时期的阿咤力研究著作如方国瑜先生（1903—1983）《云南前期佛法之阿咤力派》，石钟先生（1913—1991）《大理喜洲访碑记》、《滇西考古报告》，罗庸先生（1900—1950）《张胜温梵画瞽论》，徐嘉瑞先生（1895—1977）《南诏后期宗教考》等论著做了深刻的检讨和批判。几位先生的成就和影响巨大，该书鞭辟入里地审查廓清了前人许多研究的失误，对整个云南佛教学术史的研究来说，都具有重要的学术意义。该文不单单是学术史的考察，也是引文溯源式审查方法（作者提倡陈垣先生的史源学）上的突破性尝试，也是对学界潜在常态：“没有占有原始资料，仅满足于二手资料的转抄和人云亦云的摘引”（方广锠《藏外佛教文献》卷首语）而导致的低水平的重复的警诫。参见侯冲《白密何在：云南汉传佛教经典文献研究》，广西师范大学出版社 2017 年版，第 3—98 页。黄正良《20 世纪以来白族佛教密宗阿吒力教研究综述》一文，将阿吒力教的研究切入点分为六个方面：白族阿吒力的教源、阿吒力教与政治、阿吒力教经典研究、阿吒力教与石窟艺术、《张胜温》梵像卷研究、大理观音信仰研究。较为集中地收集了近年来云南密教研究各方面的文章，可为相关研究提供线索。该文收录于刘荣主编《唐代佛教与族际政治治理》，云南人民出版社 2015 年版，第 327—338 页。

③ 侯冲先生在考察大量阿吒力经典后认为大理佛教不是从印度直接传入云南，而是先从印度传入中国内地，再传到云南的。参见侯冲《如何理解大理地区的阿吒力教》，《宗教学研究》2015 年第 3 期，第 111 页。侯冲《云南阿吒力教综论》，原载《云南宗教研究》1999—2000 年合刊。

（一）云南密教文献的来源问题研究

《通用启请仪轨》作为云南密教的古代文献面世，要厘清其性质和内中的梵文文献来源，有必要先梳理清楚云南佛教的来源问题。佛教传入云南的时间和路线考证在民国时期即有研究，① 20世纪末专论佛教传入云南的时间和路线问题的主要有三篇，分别是黄惠焜《佛教中唐入滇考》（1982），杨学政《密教阿吒力在云南的传播及影响》（1992）和张锡禄《佛教密宗传入大理地区的时间及路线》（1995），三位学者得出的观点不尽一致，但基本解决了云南佛教传入的问题，三文都主张多来源说，只是流传的主次各有侧重。

其中最早专论云南地区佛教来源问题的是黄惠焜，其在1982年发表《佛教中唐入滇考》一文，认为佛教传入云南在中唐，路线有多种，既有中土、西域又有吐蕃、骠国。而且也并非都是密宗，如果把南诏的佛教简单地净化为阿吒力一派，会丢掉研究云南佛教的许多线索。

该文胪列考证了“东汉说”“初唐说”“中唐说”“晚唐说”“初元说”五种传入时间和“中土”“西域”“主流”三种路线问题，最终认为：“东汉说”失之过早，虽有《后汉书》掸国一文可引，然掸国所献乐章，无材料证明其为佛音。“初元说”失之过迟，虽有《马可波罗行记》所载诸语，然此外并无旁证，显系孤例。至于初唐晚唐二说，时间虽有先后，然其距事实不远，则均可为中唐一说之补充。盖佛教在云南的传播，必非一次所能完成，其在少数民族中之普及，更有一段漫长的时间，故其传播与普及，应有多次方能完成。传入路线亦复如此。吐蕃、中土二说失之绝对，以为路线仅此一条。主流一说失之狭窄，虽可适用于南诏，但不能适用于傣族。故就整个云南而言，佛教之传入必为多源和多次，其时间

① 参见侯冲《云南阿吒力教研究学术史——以民国时期研究文章为中心》一文，其中引徐嘉瑞《南诏后期宗教考》（发表于1946年）就有印度缅甸和西藏传入两条路线，后来学界的研究在此徘徊很久才转到汉地来源说上。参见侯冲《白密何在：云南汉传佛教经典文献研究》，广西师范大学出版社2017年版，第89页。近年也有研究罔顾以往的学术史，转向虚无论的：王智汪《论佛教密宗从印、藏传入云南时间无从考》，《西藏大学学报》（汉文版）2007年第4期，第95—99页。该议题的研究尚有很多，方法和材料难再创新，结论也差不多，早期的研究尚有李家瑞《南诏以来云南的天竺僧人》（《学术研究》1962年），张旭《大理白族的阿吒力教》（1985年），李东红《从阿叱力教派出发：问题与范式的讨论》，《世界宗教文化》2016年第4期，第116—121页，等等。

上限则在中唐，此于彝傣等族均当适用。[①] 之后通过建寺塔拜胡僧，演释音三方面来论证其观点。

那么云南佛教传入最初的教授师父是谁？黄文引近人高观如著《中印佛教关系》中所述："公元七世纪间，中印阿阁哩（一作阿吒力）师赞陀屈多（一作室利达多）由摩揭陀来到南诏传播密教，受到南诏王细奴逻的崇敬，开建五密坛场，弘瑜伽法。他的弟子张子辰、罗逻倚等也由印度到南诏，相继传布阿晓力教，时称为南诏七师，他们的教法一直到近世传持不绝。"[②]

黄文将佛教传入云南的时间推定在南诏丰祐年间（824—859）。之后杨学政发表《密教阿吒力在云南的传播及影响》一文将时间推到7世纪末，8世纪初。路线也有所不同，杨文认为"7世纪印度密教传人云南的情况尚不详明，而7世纪以后的传播情况则是较为清楚的。公元8世纪以后印度密教由摩揭陀国（今比哈尔邦南部）出发，经缅甸北部传入南诏"[③]。

作者还指出南诏国的密教主要是印度密教阿吒力，其次是汉传佛教之密宗，即"唐密"或称"汉密"。而西藏密教是时虽有传入，但影响并不深刻。而且针对以往研究对云南地区流传的藏传佛教多有误解，作者指明："南诏国的西藏密教与公元15世纪以后传入云南藏区的藏传佛教并不等同。因为藏传佛教形成的年代是公元978年，而藏传佛教各教派的形成过程是在此后的11世纪中叶才开始的，直到15世纪初方告形成。在云南藏族、纳西族（摩梭人）和普米族中影响较大的是15世纪以后传入的藏传佛教。"[④]

此外，作者对云南阿吒力密教流传的历史做了分期，早期主要是自缅甸传入的印度密教的第二阶段即"中期纯密"（左道密教），相当于密教四部中的行部和瑜伽部。其主要特点是以设坛、供养、诵咒、禳解为主。到后期与当地的原始巫术结合，以咒术行教，成为有地方特色的宗教。

---

① 黄惠焜《佛教中唐入滇考》，《云南社会科学》1982年第6期，第71页。

② 黄惠焜《佛教中唐入滇考》，《云南社会科学》1982年第6期，第77页。

③ 杨学政《密教阿吒力在云南的传播及影响》，《云南社会科学》1992年第6期，第85页。

④ 杨学政《密教阿吒力在云南的传播及影响》，《云南社会科学》1992年第6期，第85页。

张锡禄《佛教密宗传入大理地区的时间及路线》一文将时间又向前推到7世纪前后。其主要依据是元人李京《云南志略》载：“（唐）开元二年，遣其相张建成入朝。玄宗厚礼之，赐浮屠像，云南始有佛书。”作者又认为：“唐开元二年（714）为历史书籍记载的佛教密宗正式为南诏政权所接受的第一年。”据实物证实的时间可能会更早。至于传播路线，作者认为虽然有多种传入路径，但“主要来自中原汉地，即沿唐长安至四川，由四川流入云南大理的”。而且，作者同时分析了西藏和缅甸来源说，总体上影响较微弱。指出“南诏保和二年传入大理的是西藏密宗莲花部尊的阿嵯耶观音信仰，它与从印度进西藏传授密教修法的密宗大师莲花生所传密法大概有一定联系，但不是一回事。因莲花生所传习的无上瑜伽密法的男女双身修密法在大理白族密宗里没有发现过。”①陈垣早年考证滇黔之僧多是蜀籍，且举丈通醉、半月常涵等人为证。② 也可为该文的结论做背书。

关于阿吒力教在云南的分布范围，早期的研究如李东红《白族密宗》一书第二章论述了阿吒力教的源流，使用的原始文献不出《南诏野史》《南诏图传》《云南通志》《白古通记》《洱海丛谈》等，因此结论也和上述差不多。大致圈定的范围不出白族生活的坝区。③ 根据李晋昆《阿吒力教传入大理的分布范围研究》一文考察，其历史分布范围有两个中心：大理和昆明。阿吒力教通过“蜀身毒道”从中原—四川—印度两个方向向大理传入和扩张，通过“茶马古道”从滇西北南下传入大理并加深此教对滇西北的影响，随着南诏势力东达滇池，阿吒力教由滇西向东往滇池地区传播，并形成以大理和滇池两地并行发展的趋势，还以大理和昆明为中心向四周辐射，大理最南可辐射到思茅，最北西昌地区和最西达保山地区。昆明最北可达镇雄，最东能达贵州毕节，最南达玉溪地区，这应该是阿吒力教发展鼎盛时期的大概分布，唐宋以后阿吒力教的影响逐渐回到大理和昆明两个中心点。明清以后随着汉族移民的逐渐增多，阿吒力教分布范围逐渐缩小，最后回到大理白族地区。现实的分布范围呈缩小的趋势，

① 张锡禄：《密宗传入云南大理的时间及路线考》，《大理师专学报（综合版）》1997年第3期，第52页。

② 陈垣：《明季滇黔佛教考》（1940年初版），河北教育出版社2000年版，第266页。

③ 李东红：《白族密宗》，《20世纪中国佛教学术论典》卷48，高雄：佛光山文教基金会2001年版，第241页。

"尤其是经历了文革对宗教文物的破坏和改革开放国家的建设以及观念的更新，阿吒力教目前的分布范围缩小到剑川沙溪、洱源、云龙、大理等地的部分农村，剑川沙溪兴教寺和弥沙三圣宫是目前仅存的阿吒力教寺庙，弥沙三圣宫经历了文革的破坏，目前显密皆修，加之僧众文化素养的高低不齐，目前已发生很大的变化，只保留了阿吒力教中巫教的极少部分，并与本土活动有融合。"①

另外，关于云南阿吒力密教的祖师赞陀崛多，其实也是云南密教研究中的一个重要问题，因为他关涉云南佛教的来源，但学界一向有争议。笔者倾向于该人物历史上真实存在过，经过后期宗教的发展才被神化。详细情况请参阅张泽洪、廖玲《南方丝绸之路上的梵僧——以南诏梵僧赞陀崛多为中心》② 一文，该文总结梳理了近年各家观点，在此不论。需要指出的是，侯冲先生在其《白族心史》中专门讨论过赞陀崛多的问题，从云南地方志等历史资料来看，赞陀崛多被视为云南密教的祖师已是事实。但赞陀崛多的史料经历了被逐渐加工的过程。《白古通记》的记载虽多，但多近于神话。侯冲先生依据万历抄本的阿吒力教经典和明代李元阳的《云南通志》，认为阿吒力教形成于明代，与来自印度的赞陀崛多并无关系。而所谓阿吒力教其实是个历史概念。其在明代已等同于应赴僧，完全不是历史上的密教僧侣了。据此，阿吒力教并不是密教，而是举行法事时所建立的道场，当然也不再是严格意义上的密教修行道场。③

侯冲指出明代的阿吒力教的状况等同于应赴僧，值得我们注意。但是究竟阿吒力教是不是密教，学界对此也有争议，如吕建福《关于阿吒力教的性质》一文即认为尽管从内地传入云南的经忏科仪之教是事实，"但由此否定阿吒力教的密教性质还是需要商榷的。明代分佛教为禅、讲、教，禅指修证禅理者，讲指讲经说法者，教指赴应法事者，这是从当时佛教的类型上或者说从表现形式上划分的，并不是严格按宗派或教派来区分的。事实上唐代以后严格意义上的宗派已经不存在，教派之间的界限也十分模糊，但按传统的区分派别习惯，仍可看出修禅者与禅宗有关，讲经者

---

① 李晋昆：《阿吒力教传入大理的分布范围研究》，《大众文艺（理论）》2009 年第 21 期，第 7 页。

② 张泽洪、廖玲：《南方丝绸之路上的梵僧——以南诏梵僧赞陀崛多为中心》，《思想战线》2015 年第 3 期，第 52—59 页。

③ 侯冲：《白族心史〈白古通记〉研究》，云南民族出版社 2002 年版，第 264、265 页。

与天台、华严、唯识诸宗有关，做法事者则与密教有关”[①]。该文取证于明洪武间《请教录》（1394）、莲池袾宏《瑜伽集要图像焰口施食序》、憨山德清《刻瑜伽佛事仪范序》等文献，追本溯源，指出宋代以来的密教往往被称为瑜伽教，而施食、斋仪、礼忏等佛事活动也因其取舍于密教仪轨被称为瑜伽法事。所以，明代的瑜伽法事具有密教性质。而且作者据史料指出云南曾有僧赴京学习法事仪式，使用的法事文本具有统一的格式。其中的真言仪轨的部分采用了密教仪轨的形式，或者说是经过了密教式的改造。[②]

综合分析两种观点，我们可以得出阿吒力教其实是一个历史概念。明代以前的云南密教和明代及以后的阿吒力教差别较大，专业方向基本上从原来的注重个人修习，追求现世成就变成了迎合社会需求的通俗瑜伽法事。其密教成分未曾改变，但性质已然有霄壤之别，不复从前了。

（二）《通用启请仪轨》的相关仪轨研究

对该经有直接研究的学者主要是吕建福、张锡禄、侯冲。吕建福在修订《中国密教史》时，也嘱意更新了有关内容。后期在第三届中国密教国际学术研讨会上又对该经做了提要。[③]

以往国内学术界对于该经的研究多为介绍云南密教文献时的引证，极少细致比对探究其与唐代译经的关系。一般介绍大多如此：“《通用启请仪轨》，一卷。宋大理国大阿梨周梵彰等述，宋大理国写本。内容系周梵彰等将念诵《仁王护国般若密多经》之仪轨数种汇抄通用，并用汉、白、梵三种文字相杂书写，有边疆民族特色。纸为鹤庆白绵纸，卷轴装。”[④]只介绍版本状况，或作为云南地区写本佛经的物质文化遗产凭证。[⑤] 最新

① 吕建福：《关于阿吒力教的性质》，载刘荣主编《唐代佛教与族际政治治理》，云南人民出版社 2015 年版，第 97 页。

② 吕建福：《关于阿吒力教的性质》，载刘荣主编《唐代佛教与族际政治治理》，云南人民出版社 2015 年版，第 97 页。

③ 吕建福：《中国密教史》（修订版），中国社会科学出版社 1995 年初版，2011 年修订版，第 631—632 页。论文见吕建福主编《白传密教研究》（陕西师范大学宗教学集刊《密教研究》第 5 辑），第三届中国密教国际学术研讨会论文选集。

④ 云南省地方志编纂委员会总纂，云南省新闻出版局编《云南省志 · 出版志》，云南人民出版社 2000 年版，第 44 页。

⑤ 关于经中的白文问题，《大理丛书 · 大藏经篇》的题记延续这种错误，前述已指明。

如《云南佛教史》（2016）第四编对云南阿吒力佛教做了整体性的介绍，将《护国司南抄》《通用启请仪轨》等作为大理地区的写经做了简介。其他一些通识性著作基本延续上述说法，或作整理归纳。[①] 后经过学者们的努力，云南密教经典和唐代译经之间的关系才逐渐清晰起来。

最早专论白族密宗信仰兼及云南密宗的专著是张锡禄的《大理白族佛教密宗》（1999），该书作为云南密教研究的标志性著作，于云南密教的诸多方面多有创获。如云南历史上的阿吒力僧与白族大姓的历史渊源，阿吒力僧的传承的现实调查。首次在学术上提出“白密”的命题，并将云南大理白族地区流行的密宗分为初传、始弘、续弘、衰落四个历史分期。证得“阿嵯耶”即圣观音（āryāvalokiteśavara）之简名，大理崇圣寺所崇之圣即是“圣观音”等，得到学界广泛认同 。正如何耀华在此书推荐序中所说：“本书作者根据历史记载、出土文物和多年的实地考察，对大理白族佛教密宗（俗称阿吒力教）的来源、形成、发展和衰落作了深入的探讨，对其神祇、经典、义理、仪轨、历代阿吒力僧人、寺院、塔幢、石窟等作了翔实的阐述。指出白密是主要受到唐代汉地佛教密宗影响，而在云南大理白族地区形成的一种白族化了的佛教密宗，在长达1000多年时间内对白族的政治、思想、文化、生产、生活等方面产生较大的影响。本书也把白密和汉密、藏密、日密作了对比研究。它是一部佛教密宗研究方面开拓性的著作。”[②]

该书第九章专门论述白密的仪轨。该章认为最初白密的仪轨是学唐密，“如要进行灌顶，就用《大灌顶仪》。要供养大黑天神这位密部尊神，就要用《大黑天神仪轨》，如供养其他别尊，又无此别尊的仪轨，就用通用的仪轨。如大理国阿吒力杨照明所辑录《诸佛菩萨金刚等启请仪轨》就是请诸佛、菩萨、金刚等通用的仪轨。还有更为通用的是《通用启请仪轨》，凤仪北汤天就发现了这种经轨一卷，大理国大阿阇梨周梵彰等述”[③]。之后节录了《通用启请仪轨》中的一段《大自在随求佛母仪轨》进行分析，指出此段属金刚界曼荼罗五部法之中的佛部。其主尊随求佛母

① 李东红：《白族密宗》第六章、第七章介绍了阿吒力教的经典、仪轨和法术。《20世纪中国佛教学术论典》卷48，高雄：佛光山文教基金会2001年版，第301—316页。

② 张锡禄：《大理白族佛教密宗》，云南民族出版社1999年版，第5页。

③ 张锡禄：《大理白族佛教密宗》，云南民族出版社1999年版，第321页。

即为大日如来。此部修法的目的是息灾，莲花部是为增益，金刚部是为降伏。值得我们注意的是，该章在对《通用启请仪轨》的简介中提到此经为白密重要的仪轨。并解释其与白密阿吒力董氏的渊源："凤仪北汤天董氏一族从唐代南诏至今一直都是白密阿吒力世家（据我们调查明末以后其家向大理海东挖色地区发展，为密教道教合一的村社宗教职业世家，直至今日）。此仪轨1956年在其家寺内发现，说明是他家世代袭用的仪轨。明代董贤应召上京在皇宫内筑坛作法，想其用的也是这类经轨。"[①] 对于云南流传的密教典籍和唐密的关系，张文认为："白密是以唐密传承的经典为主的，即使有白密僧人自己的疏解，基本上也是依据唐密翻译的经典来发挥的。从现存的南诏大理国写经来看，我们并没有发现藏密经典的影子，甚至连被以往学术界认为的主要来源印度密教的经典也是寥寥无几。"[②] 这种观点学界基本达成共识，部分经文的汉文来源确实是唐代译经，并无藏密的成分，但是其中梵文咒语的来源依旧是个谜题。

另外，侯冲《大理国写经研究》一文对大理国该经文的修行次第做了提要的介绍。认为《通用启请仪轨》并不是由梵本直接翻译过来，而是"根据一些汉文密教科仪编撰而成的，所以不时保存了两可的方法。由内容来看，此仪轨成书时间不晚于大理国时期，编集者无考"[③]。该文亦指出大理写经中有白文的说法没有根据。[④] 笔者经过录文和唐代译经比对，确认该经中的仪轨次第和部分偈语来自汉文。但是如果全部来自汉文，那如何解释这其中大量的咒语为何不直接采用汉文的对音，而要另外使用其他的汉字作为对音？因此，这个问题的解答是解决梵文咒语来源问题的关键。

吕建福在第三届中国密教国际研讨会上发表《关于大理密教研究中的若干问题》一文，对白传密教的性质和定位做了判定，认为其是"目前现存于世的四大活态密教派别之一（另三大密教派别是日本密教、藏

① 张锡禄：《大理白族佛教密宗》，云南民族出版社1999年版，第326页。

② 张锡禄：《唐密与大理白密》，载刘荣主编《唐代佛教与族际政治治理》，云南人民出版社2015年版，第73—74页。

③ 侯冲：《白密何在：云南汉传佛教经典文献研究》，广西师范大学出版社2017年版，第140—142页。云南民族大学编《民族学报》（第四辑），民族出版社2006年版，第29页。

④ 该文收录在云南民族大学编《民族学报》（第四辑），民族出版社2006年版，第17页。

传密教和尼泊尔密教)"[①]。并对大理密教的部分仪轨如《大灌顶仪》《大黑天神仪》《通用启请仪轨》和《诸佛菩萨金刚启请仪轨》等做了提要研究，对其中的关键问题如"白姐圣妃"的含义以及两部通用仪轨合集中的仪轨内涵做了考述。

关于"启请"，吕建福认为两部启请法都是典型的密教仪轨而非科仪文。其中，依据"缠头赂膊礼佛"判断其与白族阿左梨的俗服缠头的风俗相合。另外该文重点分析了其中的部分仪轨和神祇，如判定光显法是持明密教晚期的苏悉地法，属于成就法。根据弥勒佛、药师佛、无量寿佛等诸尊与藏密一致判定其为后期密教崇拜的神祇。又根据该经文中的大自在随求佛母、秽寂婆罗金刚等形象判定其密法当属后期密教的内容。[②]

综上所述，对于《通用启请仪轨》等云南密教文献的研究尚在介绍和提要层面，究其内容所体现的文献和宗教学研究价值而言，急需进一步的深化研究。

（三）云南佛教中流传的梵文研究

梵文字体在中国的流传，学界一般认为隋唐是悉昙体（Siddhaṃ），宋元之际是城体（Nāgarī），元明清流行兰札体（Rañjana），清代曾流行过一段时间的藏文梵字。民国之后是天城体（Devanāgarī）。当然这种分类没有严格的界限。而云南地区出现的梵文，一般大都认为是悉昙体，事实上是跟悉昙体十分接近，但又有区别的城体。[③] 国内目前可见的城体梵字都比较分散，除宋版藏经《高丽藏》（1101—1182）、《金藏》（1148—1173）中有部分留存外，同时期辽金统治过的地区，如现今的华北地区

---

① 吕建福主编《密教研究》第5辑，《白传密教研究》，第2页。

② 吕建福主编《密教研究》第5辑，《白传密教研究》，第9—12页。

③ 林光明持此说，另根据其他梵文的写本资料，盛行于10—11世纪的梵文字体地域差别并不大，11世纪的梵文写本《妙法莲花经》（原民族宫藏梵文写本第4号）字体便与云南的梵文字体十分相近，其他同时代的月称《六十如理论释》梵文残页（约10—11世纪，原民族宫藏梵文写本第17—3号）以及石刻文献杭州飞来峰梵文石刻陀罗尼（1282—1292年）的字体都与云南地区的差别不大，可见这种字体是11世纪前后的主流字体，见北京大学梵文贝叶经与佛教文献研究所叶少勇、萨尔吉的相关研究。网址：梵文写本 – 梵佛研 http：//fanfoyan. com/ms. htm。

（河北宣化辽墓中的墓棺上的梵字），以及大理统治过的云南地区也有遗存。①

鉴于云南地区的梵文大都出现在石碑、造像等实物上，较难集中研究，因而早期的研究很难有突破，国内这方面的研究几乎是空白。

早期的研究一般不涉及梵文的识别和对勘。如李东红在20世纪末将云南白族活动地区所见的火葬墓幢、碑做了统计调查和研究。勘定分布的范围，并对其中具有代表性的碑式做了介绍。其中提到碑刻梵文的内容多为《佛顶尊胜陀罗尼经》，指出这些碑文均为密教僧侣阿吒力所书。并且说明"由史藉记述及今存部分梵文经书可知，早期的阿吒力是通晓梵文的。他们在大理地区曾从事过大量的译经工作。盖阿吒力为世袭之职业。进入元、明以后，通梵文者已不多见，这造成了后期之墓碑、幢所刻之梵文多错乱"②。

张锡禄在《大理白族佛教密宗》第十章专立一节介绍了云南地区的梵文概况。张文认为云南地区流传的梵文来自汉地传来的佛经。因古代对咒语类的梵文不做翻译，或对音，或原样保留。且"来传密宗的梵僧、汉僧把这些梵文经传给白族的密僧们，他们学会后作为一种职业教授别人"③。并举出元泰定元年李昇墓幢梵汉文刻石《佛顶尊胜塔记》和《故善人张公墓志铭》"遵依教民梵文"两例作为论证。

台湾学者林光明著《城体梵字入门》对宋代出现的城体梵文的识别和研究最为全面。该书专门细致地介绍了城体梵文的字母、接续和经典案例的注释，是研究云南密教文献中的梵文的重要参考书。作者推断城体梵文在云南的出现应该是受阿吒力密教及汉地佛教的影响。城体梵字虽在宋代较为流行，但流行时间不长，主要在《高丽藏》《金藏》中使用，因为这二者是《开宝藏》（971—983）的覆刻本，林光明先生据此推断可能

① 林光明：《城体梵字入门》，嘉丰出版社2006年版，第9页。该书参考了苏联语言学家伊斯特林《文字的产生和发展》（左少兴译，北京大学出版社1987年第一版）。该书再版后改名为《文字的历史》（中国国际广播出版社2018年第二版），以及日本种智院大学出版的《梵字大鉴》等判断城体梵字流传的时代应该是10—13世纪的中国宋代。结合目前国内所能见到的梵文写本，这种判断大致不差。

② 李东红、杨利美：《白族梵文火葬墓、碑幢考述》，《云南学术探索》1996年第4期，第31页。

③ 张锡禄：《大理白族佛教密宗》，云南民族出版社1999年版，第380页。

《开宝藏》中使用的也是城体梵文。由于历史文化的交流，正如唐代悉昙体大量在日本流传下来，城体也同样大量保留在了朝鲜半岛。据林文介绍，韩国留存了大量的城体梵字，常见的有三字明（唵阿吽）和六字大明咒（唵嘛呢叭咪吽）等，现今仍在使用。[①] 除此之外，该书对大理国梵像卷中的梵文经幢、大理火葬墓碑梵字、宣化辽墓陀罗尼棺梵字、韩国《真言集》城体梵字等做了对勘释读，是该领域研究的重要基础性成果。

最集中研究云南城体梵文的是张文君《云南遗存城体梵文释读》（陕西师范大学2015年硕士论文），该文结合文物与文献资料来整理研究云南地区的城体梵文。并在此基础上，运用梵汉对勘的方法对云南遗存城体梵文文献进行了释读，主要选择了较为流行的两部经典《般若波罗蜜多心经》和《尊胜陀罗尼咒》。最后从佛教传播与宗教学角度阐释城体梵文在云南由佛典文字到宗教信仰符号的转变原因。因为当时材料等各种原因的限制，该文释读的城体梵文大都来自石刻，且内容也相对较少，主要对《心经》《佛顶尊胜陀罗尼神咒》、种子字等资料进行释读，并未涉及《通用启请仪轨》等收藏在博物馆中的纸质文献中的梵文。事实上，在云南密教诸仪轨文献中存在着大量的城体梵文文献可作为城体梵文的研究素材库。现今整理这些素材，将进一步推进城体梵文的研究。

吕建福《云南阿吒力墓碑五佛种子字释读》一文对云南墓碑中的五佛种子字有精细的比较研究。[②] 有一点值得注意，即该经中的咒语似乎来自另一个系统，其对音和唐代译经相去甚远，笔者将之与唐代同类段落中的悉昙咒语比较发现，其咒语仿佛自成体系，有另一套梵汉对音体系，而且使用的梵文城体字母也与一般常见的稍有不同。如金刚 vajra 一般唐代译经译为“嚩日罗”（不空），而《通用启请仪轨》中的对音为“婆嵯”。再如该经中“些曼多” samatā，唐代译经中则以“三曼多”“三满多”等居多。再如云南密教文献在提到咒语时，大部分都使用“咒”字，而很少使用唐代金刚智、不空、善无畏译经使用的“真言”“明”。

对于白族阿吒力的梵文水平，张锡禄曾指出：“白族古代各大姓的阿吒力都习密教的真言密咒，熟悉特殊的仪轨，在不同程度上得到批准和认

① 林光明编著《城体梵字入门》，嘉丰出版社2006年版，第15页。

② 王颂主编《佛教与亚洲人民的共同命运——2014崇圣（国际）论坛论文集》，宗教文化出版社2015年版，第3页。

可。而且其职位和称号的高低也是由其学习和掌握印度的古典的宗教文化程度来确认的。一般的白族阿吒力都能认、读、写常用的梵文经咒，如“佛顶尊胜陀罗尼神咒”“往生净土弥陀真言”等。[①]

从梵文传承的一般规律来看，可以想见，梵文使用情况随着时代变化必然会出现两极化，精深的知识集中在上层，而一般民众则会选择把这种责任推给施法的阿吒力。而且他们还得接受来自汉语的吸引力抑或是压力。因此，后期阿吒力的梵文水平会整体呈下滑的趋势。正如傅永寿所说：“早期他们可能主要用梵文或白文佛经，到了后来，不得不采用汉文佛经，梵文和白文则仅仅是为了阅读和传习方便才用来作批注。因而这些主要以汉文抄写的古本所反映的阿吒力教，与早期阿吒力已有所不同。不过，从这些古本中同样可以看出，阿吒力因为是秘密传承，而且其主要职能之一是祈福消灾。因此，阿吒力僧对仪轨的重视优于对经典的探讨，相对说来不太重视义理的研究。”[②]张锡禄的看法也大致相同：“从总体上来说，梵文的真言及各种陀罗尼作为一种神秘的宗教信仰在白族历史上是有一定的影响的。但梵文作为一种文字，其影响范围不大，仅仅限于密宗僧侣及信众……一般的阿吒力僧只会用印模印刷，照葫芦画瓢，以致早期的梵文还可辨认，到了晚期的就难以辨认。”[③]

综上所述，对云南密教文献的整理，以往的研究在宏观叙述和历史考证上多有建树。而在微观层面，尚有多块领域值得仔细耕耘，如和唐代译经仪轨内容的比较研究，城体梵文的语料充实及梵汉对音的研究等。

三　原文整理

【凡例】

（1）为尽量保留原文的形制，原文录文使用繁体字，原文异体字第一次出现时出校，下文有新的书写方式以原文为准照录，重复及常见字不另作说明。如：第—弟，陁—陀，曼—曼，佛—仏等。

---

① 张锡禄：《张锡禄学术文选——南诏与白族文化》，云南人民出版社2015年版，第296页。

② 傅永寿：《南诏佛教的历史民族学研究》，云南民族出版社2003年版，第129页。

③ 张锡禄：《大理白族佛教密宗》，云南民族出版社1999年版，第381页。

（2）原文模糊及漫漶不可识别的文字以“□”代替。大段空白遗失的加注说明。

（3）原文间注小字用小号字录入，并为一行。

（4）原文咒语有梵文旁注且清晰可识别者采用 IAST（International Alphabet of Sanskrit Transliteration）转写系统作拉丁字母转写。

（5）为方便索引，原文咒语编号格式统一为页码 + 咒语排列顺序。如：469. 1 即表示 469 页，第 1 句咒语。

（6）原文咒语如有对应汉译本，则附《大藏经》中相关咒语及悉昙供比对参考，因梵汉对音的转换有其特殊性，故原文未注梵文者暂不作转写。

【正文】

脱纏頭胳膊礼佛，轉讀大乘爲行願。

夫瑜伽行者，求道場地[①]。遠離塚間、砂石、瓦礫、鹹鹵、荊棘、穢濁之地，及以虎狼諸惡難處，如是之地，不名吉祥。若有白鶴、孔雀、鸚鵡、舍利、梟雁、鴛鴦騰蓮花水池，如是等類地，堪立道場。應以右手中三指小屈，以大拇指捨[②]□□，中指以小指捨無名指中節。盛水加持，散灑四方，加持真言曰：

原文咒语对音 467. 1③	唵婆□迦吒
般若汉译④	唵囀日嚕馱迦吒反舌，大呼
转写	oṃ vajro dakaṭhaḥ

加持水已，灑於净池（加持水已，灑於净池[⑤]），便立道場。

① 该段出自（唐）般若译《诸佛境界摄真实经》卷三，见《大正藏》第 18 册，第 280 页下至第 281 页上。

② 舍，《大正藏》作“捻”。

③ 此为影印原文页码，此处模糊不清，据《诸佛境界摄真实经》补于下方供参考。

④ （唐）般若译《诸佛境界摄真实经》卷三，见《大正藏》第 18 册，第 280 页下至第 281 页上。

⑤ 此处疑重复。

釋迦如來説曼荼羅道場儀軌，廣狹大小有三千五百。第①一道場一千由旬，是金輪聖王持念儀軌。次有五百、一百、五十、一十，如是漸小，乃至掌中爪甲之量。第一道場皆獲悉地。若欲建立第一道場，結金剛縛印，次改縛印。立左右中指小屈，更互相捻二中指端，以真言加持，於一切處皆得通用。或時行者不及洗浴，以此法印加持真言，即得清净。咒曰：

469. 1	唵娑嚩二合婆訶縛殊陁訶二合婆嘌婆二合陁訶栗磨娑嚩二合婆訶嚩殊度乎舍②
般若汉译③	唵引，一娑嚩二合婆引，去嚩輸馱大呼薩嚩馱嚕摩二合薩嚩二合娑嚩戍度吽二合，大呼
转写	oṃ svāhā vaśuddhā sarva dharmma svāhā vaśuddho hūṃ

凡欲结壇時買天地，二地若不依尔④者，地神守護地，令作法不成。印先合掌，二頭指二小指内，又右押左，二拇指并竖，來去三遍。咒曰：

469. 2	唵婆蘇陁訶梨訶那陁若波波胝莎訶
转写	oṃśuddha [??] nadha [...] pra prati svāhā
阿地瞿多译⑤	唵一婆孫陀二阿那陀若三钵囉二合，上波囉上音怛儞二合，四莎訶五

若作大壇，贖地之時，用此咒印以爲地契。辦壇場已，復於大壇西門外置二香水瓶，并置所供養飲食。欲入道場時先誦此咒，咒門兩邊香水瓶。咒曰：

① 第，原文作“弟”，依通行字改，下同。

② 旁注梵文，间或漫漶，依《诸佛境界摄真实经》整理。

③ （唐）般若译《诸佛境界摄真实经》卷三，〈修行仪轨品 6〉，见《大正藏》第 18 册，281 页上。

④ 尔，原作“尒”，依通行字改。

⑤ （唐）阿地瞿多译《陀罗尼集经》卷 4：“合腕。二头指及小指反叉在掌中，右押左。二中指及二无名指直竖，头相着。二大指并竖，押二头指侧大指来去，咒曰。”《大正藏》第 18 册，第 824 页中。

470. 1	唵磨訶毗布羅 婆嵯波胝瑟恥多悉提兮阿□□合□者忙娑栗婆多他伽多毗四灑鷄婆訶囉婆訶羅三婆訶羅三婆訶羅吽
菩提流志汉译	唵摩訶毗布羅一钵羅底丁以反，二瑟恥多悉睇三阿鞞詵者四麼吽二合薩婆怛他伽多鼻灑鷄五婆囉婆囉六三婆囉三婆囉七吽吽八

此咒加持灌頂瓶。誦此咒者，能除先世以來所有惡業，令得身心清净，一切諸仏皆來擁護，攝受而爲授記，施其無畏。所有事業能令成就，得入如來三摩地，悟甚深法忍，登佛道場，成等正覺。①

若入壇時，誦入壇真言：唵 阿謨伽訶波跛囉脞兮磨陁菩呼弥嚩多羅嚩多訶②（471. 1）

次誦净内外障咒曰：唵 □祖波伽多莎訶（471. 2）

次禮佛四拜，歸依三寶，陳懺三業，各説梵言：那謨菩陁訶二合耶俱囉徹那謨陁訶嘌磨耶多移埿耶磨僧伽訶二合耶磨訶提地入途呼脞娑多陁那磨入（471. 3）

次結跏趺坐，即入三魔地，諦觀自身，内外無相空寂。

阿（a）字遍黄色③，觀作金剛輪，加持於下體，説名瑜伽坐。咒曰：

那磨些④曼多，菩陁訶□阿

① 此段取自（唐）菩提流志译《广大宝楼阁善住秘密陀罗尼经》卷2《结坛场法品》7，《大正藏》第19册，第644页上。

② 旁注朱文梵文字母。

③ 此段偈语出自唐善无畏译《大毗卢遮那成佛神变加持经》卷7《持诵法则品4》，《大正藏》第18册，第52页中。但咒语却是来自他处。另有（唐）辩弘所集版本，微有不同，《顶轮王大曼荼罗灌顶仪轨》卷1：

阿字真金色　普现金刚轮
加持于下体　说名瑜伽座
微字素月光　匪于雾聚中
加持于齐上　是名大悲海
啰字初日晖　形赤在三角
加持于心位　称为智火威
吽字劫火焰　涂玄若风轮
加持白毫际　名为自在力
欠字由大空　含容一切色
加持于顶上　故号无等人

次五支从地水火风空配成及坛。《大正藏》第19册，第329页中。

④ 些曼多（samatā），唐代译经中以“三曼多”居多。

鑁（vaṃ）字乘月光，在於霧聚中，加持自臍上，是名大悲水。咒曰：

那磨些曼多，菩陁訶曩□

囕（raṃ）字初日暉，彤赤在三角，加持本心位，是名智火光。咒曰：

那磨些曼多，菩陁曩覽

含（haṃ）字劫災焰，黑色在風輪，加持白毫際，説名自在力。咒曰：

那磨些曼多，菩陁訶曩含

佉（khaṃ）字及空點，想成一切色，加持在頂上，故名爲大空。咒曰：

那磨些曼多，菩陁訶曩吹

五字[①]具三魔，威德成慧炬。滅罪破魔軍及餘爲障者，當見如金剛。

次加持供養物，并遏伽香水，結藥叉咒印，擬之誦薩埵心咒，五佛心咒，魯左泥心咒，以能爲□。

復次行者結金剛縛印，當心前繫心鼻端。[②] 持真言曰：

473	唵謨計莎磨二合縛羅二合
般若汉译	唵一謨計娑摩三合嚩去日囉二合
转写	oṃ mokṣma vajra

瑜伽行者，持此真言，自作此想，我心中有一切智，洞達無碍。次若行者貧乏，不辨圖畫本尊形象，但隨取一佛像或菩薩像，對佛塔前，繫心而住，想念佛像，心不散亂，而常寂然，即聖賢無異。若得繫心鼻端，爲

① 五轮字的对音另有“阿鑁览唅欠”对应“地水火风空”五部及“金刚、莲花、日、月、空”五观，参见（唐）善无畏译《三种悉地破地狱转业障出三界祕密陀罗尼法》，《大正藏》第18册，第910页下。另据吕建福先生指出云南地区流传的梵文碑额种子字以 aḥ、hrīḥ、āṃḥ、trāṃ、hūṃ 五字最多。吕建福《云南阿吒力墓碑五佛种子字释读》一文对云南墓碑中的五佛种子字有精细的研究。该文收录于王颂主编《佛教与亚洲人民的共同命运——2014 崇圣（国际）论坛论文集》，宗教文化出版社 2015 年版，第 3 页。

② 此段至“便同诸圣人定无异”出自（唐）般若《诸佛境界摄真实经》卷 3《持念品 8》，《大正藏》第 18 册，第 282 页上。

最上品。便同諸聖入定無異。

若澡浴飲食睡眠大小便時，結大力金剛咒印，（額喉上咒曰：□）六處護身。若入壇中，咒印護身，澡浴清净已訖，右手取一掬，誦咒一遍，一翕口中，如是至三。咒曰：唵殊田奴殊陁訶合□耶莎訶（474.1）

次兩手取水誦咒八遍，自灌頂上，咒曰：

唵婆蹉耶莎訶唵婆蹉婆蹉（474.2）

次誦請天地偈[①]曰：

汝天於佛所，親證成正覺。

我建曼荼羅，當愿常加護。

印以右手展掌申指覆地，大拇指召請三度，咒曰：

唵 那磨些曼多菩陁訶囊唵訶陁訶

次遏伽香水三度。次作内外五種供養[②]一遍，偈曰：

無上妙寶花，奉聖主歡喜。

焚香請地天，不是受我請。

燈光破癡闇，□施主□□。

塗香法身現，盡生蒙□答。

獻甘露法食，地天令許受。

稽首纏頭以佛轉，奉獻諸佛壇場中。

悉皆□□令清净，如佛寶冠爲□□。

娑□地位□□□，密念真言同聖通。

次螺□鈴，次著纏頭络膊，頌曰：

著於三幅白絲者，名爲怖魔悉皈真。

降服三界貪嗔癡，净除三業身口意。

變成三族法應化，護持國界令無災。

一切諸魔不能壞。咒曰：唵波頭迷蘇波頭米布栗那重迦梨彌 迦梨彌

---

① 此偈出自（唐）不空译《仁王护国般若波罗蜜多经陀罗尼念诵仪轨》："诵地天真言一百八遍即说偈曰：'汝天于佛所，亲证成正觉。我建漫荼罗，当愿常加护。'"（《大正藏》第18册，第515页中）但咒语并不一致。"诵地天真言曰：曩莫三漫多没驮南毕哩二合耻所以反微曳二合娑嚩二合诃。"《大正藏》第19册，第515页上。

② 此处与唐代译本顺序略有差别。见（唐）不空译《毗卢遮那五字真言修习仪轨》："所献涂香、花鬘、烧香、饮食、灯明，随四种法色而以供养，由五种供养印，成于圣众集会普遍香花等云海供养。"《大正藏》第18册，第189页上。

迦摩梨莎訶（476）

次焚香爐，啟請聖衆，先結三金剛守護，自身口意一遍。

先護身印①，結金剛縛，竪兩頭指，拇指小指頭令於柱開掌按心，誦咒一遍。想自身著金剛甲，所有毗那夜迦天魔作障礙者，即便退散，悉見彼人光明被身，威德自在。若處險難水火，虎狼獅子，刀杖枷鎖，悉皆消滅，見者歡喜。命終已后，所墮惡趣，當生諸佛净妙國土②。咒曰：

唵婆蹉羅佉含（477）

次護口印，金剛合掌，兩中指頭令相拄，兩頭指開，屈兩中指□□後，□勿令相著，兩拇指直申擘腕。安身五處：心、右左肩、額、頂，誦咒各一遍。想自身著金剛牙，一切見者懷大怖畏。咒曰：

478.1	唵婆蹉耶佉吽（oṃ vajra yakṣa hūṃ）
善无畏译本③	唵跋日囉藥乞瑟吽 莎訶
	oṃvajrayakṣahūṃsvāhā

次设護心印，结金刚缚，屈兩母指，各□無名指小間根邊，屈兩頭指甲各著母指背上，安誦咒一遍。想自身成金剛拳。拳打俱魔羅煩惱賊疑所居住處，一由旬内，成金剛壇場，諸惡鬼等不能侵近。壽命長遠，福智增前，生生世世離諸惡趣，蓮花化生，速證菩提④。咒曰：

---

① 所谓“护身印”，即“护身被金刚甲胄印”之简称，护身咒也译为“护身真言”。（唐）不空译《观自在菩萨如意轮念诵仪轨》卷一：“次结护身被金刚甲胄印，以二手内相叉，右押左。竖二中指头相中，屈二头指如钩形。于中指背勿令相着，并二大指押无名指即成。以印加持自身五处，所谓额，次右肩，次左肩，次心，次喉。于顶上散印。”《大正藏》第 20 册，第 204 页中（也有版本认为被金刚甲胄印即三昧耶印，见《大正藏》该经后校勘记）。不空另有专门的“护身印”：“第四结护身印，又用三部所结印契。及诵真言五处加持，谓额右肩左肩心喉五处，于顶上散，即成被金刚坚固甲胄。由此加持遍行者身威光赫奕，一切诸魔作障恼者，眼不敢覩，疾走而去。”见（唐）不空译《仁王护国般若波罗蜜多经陀罗尼念诵仪轨》，《大正藏》第 19 册下。

② 此段“所有毗那夜迦……生净妙国土”出自（唐）不空译《观自在菩萨如意轮念诵仪轨》，《大正藏》第 20 册，第 204 页下。

③ （唐）善无畏、一行译《金刚顶经毗卢遮那一百八尊法身契印》，《大正藏》第 18 册，第 333 页中。

④ “寿命长远……无上菩提”出自（唐）不空译《大悲心陀罗尼修行念诵略仪》：“生生世世离诸恶趣，莲华化生，速证无上正等菩提。”《大正藏》第 20 册，第 127 页中。

唵 婆嵯牟失胝重旁

次結四智婆慈咒印。手縛名金剛，中指申著面。

吽（hūṃ）字想於心，五智成薩埵。唵薩多嚩慈吽。

中指屈中節，頭指屈亦然。

噹（tā）字在於額，寶爲金剛藏。唵剌那婆慈當。

伸指形作圓，頭□像蓮花觀

唏（hrīḥ）字喉中，花成金剛法。唵陁訶栗磨婆慈唏（hrīḥ）

伸指依東方頭指屈背虛。

阿（a）字□磨頂，化成金剛業。唵迦栗磨婆慈訶入

次歸依四方佛咒印。

先想自身住壇東門中，面向西方金剛，掌安頂上，想金身覆地，想青色吽（hūṃ）在我心中，禮阿闳佛及諸聖衆。誦此咒曰：

唵 娑栗婆多他伽多甫蹉波似侘二合那耶阿多磨囊□耶多弥颯婆多他伽多婆蹉婆多嚩阿地四胝失他娑嚩忙（480.1）

次想自身住壇南門中，面向北方金剛，合掌安心側，想額著地，黄色噹（trāṃ）字在我額上，禮寶相佛及諸聖衆。咒曰：

唵颯婆多他伽多逋蹉毗四二合□迦耶阿多磨囊彌嘌耶多耶彌娑嘌婆多他伽多婆蹉剌那阿毗四二合神左忙（480.2）

次想自身住壇西門中，面向東方金剛，合掌安頂上，想口著地，赤色希字在我口中，禮阿彌陀佛及諸衆聖。咒曰：

唵 颯婆多他伽多逋蹉波嚩嘌多那耶阿多磨囊□嘌耶多耶弥颯婆多他伽多婆蹉陁訶栗磨二合波嚩嘌多耶忙（481.1）

次想自身住壇北門中，面向南方金剛合掌，當於心□想頂著地，绿色阿入（aḥ）字在我頂上，禮不空成就佛及諸聖衆。咒曰：

唵 颯婆多陁伽多甫蹉迦栗魔尼訶阿多魔囊彌栗耶多耶彌娑栗婆多陁伽多婆蹉迦嘌磨二合俱魯忙（481.2）

次結净法界咒印。想自身及一切諸法，本性清净如般若波羅蜜多。印虛心合掌當心想，如金剛合掌形，誦此咒三遍。咒曰：

唵娑縛二合婆訶嚩殊陁訶二合颯婆二合陁訶二合嘌磨三嚩婆訶二合嚩殊磨呼含（482.1）

次警覺聖衆咒印，從定集會。

吽字種子加三業，結金剛器遍警覺。檀慧鉤結金剛拳，進力二度合三舉。[1]

咒曰：唵婆祖胝失侘[2]

若欲請十方諸佛聖衆，從身化出至壇[3]中，如對目前者，結毗若钵眂印，此云啟請求願印。虛心合掌，咒曰：

那磨入似低逋魯社蹉若那磨入彌低逋魯殊多磨入阿嚩迦常俱迷那他曼當婆訶二合闍彌忙殊旁行（483. 2）

次結三族印。仰兩掌十指而舒側相著，微屈二頭指上節，安髮際，想自心中有白月光圓輪，中有金色阿（a）字。放□色光明，照此三千大千世界及自身，心同佛部主。咒曰：唵 多他伽都持婆訶嚩耶 莎訶（484. 1）

次結蓮族印。合掌當喉側，兩小指兩拇指竪，頭相拄，餘六指微屈，作開敷蓮花勢，安喉想自舌變作赤蓮花，一葉葉上有赤花唏字放赤色光明，能入正定及自身，心同觀世音并。咒曰：唵 钵頭謨持婆訶嚩耶莎訶（484. 2）

次結金剛族印。當結兩手於背，左覆右仰，以右手母指叉左手小指以左手母指叉右手小指，中間六指微屈，令少開如三股形，想臍上有十字婆嵯一子，十字心中想青色吽（hūṃ）字放青色光明，想自身照諸玄垢，俱令清净，即用金剛藏菩薩。咒曰：唵 婆祖二合持婆訶嚩耶 莎訶（484. 3）

次普禮咒印。想於十方盡虛空界滿佛菩薩，見分明已，想禮諸佛菩薩印，十指頭相叉作金剛合掌，當於心側。咒曰：唵 颯婆多他伽多迦耶嚩迦即哆波那迷那婆蹉般陁那迦魯彌（485. 2）

次結四無量心印。入慈無量心印。二羽背相著，二火互相鉤，二風申如針。閉目寂静以慇净，心内想白色唵（oṃ）字。慈心遍緣六道四生，一切有情皆具如來藏，俻三種身口意金剛，以我修三身功□力故，願一切有情同普賢菩薩。咒曰：

---

① （唐）金刚智译《金刚顶瑜伽修习毗卢遮那三摩地法》：“次应运心遍法界，尘刹佛海满虚空。吽字种子加三业，结金刚起遍警觉。檀慧钩结金刚拳，进力二度合三举。真言曰：唵一么折二合，下同底瑟姹二合。”《大正藏》第 18 册，第 327 页中。

② （唐）不空译本略有不同。《金刚顶一切如来真实摄大乘现证大教王经》卷 1：“警觉诸如来，檀慧相钩竖。进力二相拄，是名为起印。唵引嚩日啰二合底瑟姹二合吽。”《大正藏》第 18 册，第 311 页中。

③ 壇，原文作“檀”，依通行字改，下同。

486	唵 磨訶彌以二合多耶似頗二合囉
	oṃ maha mitāya spra
不空译本①	唵摩賀引昧引怛囉夜三合，引娑頗二合囉

次悲量無心印。智柱施無畏。想心内白色阿（a）字爲誘引衆生，故知一切有情等起大悲心，同虚空藏菩薩。咒曰：

487.1	唵 摩訶迦魯拏耶似頗囉
	oṃ maha kaṇuya spra
不空译本②	唵摩賀引迦嚕拏上夜引娑頗二合囉
	oṃ maha kānurva sphāra

次喜無量心印。地水内縛之餘六合族，想心中赤色唏（hrīḥ）字，愛念一切衆生等同觀自在菩薩。咒曰：

487.2	唵磨殊陁訶二合波謨陁似頗囉
	oṃ mṣuddhapumudhaspra
不空译本③	唵秫詩律反馱钵囉二合謨引娜娑頗二合囉
	oṃ moddhā pamudasphāra

次捨無量心印。空地如蓮鎖④，内縛風如針。想心中白色娑嚩（sva）

① （唐）不空译《金刚顶瑜伽千手千眼观自在菩萨修行仪轨经》卷一，《大正藏》第20册，第73页上。

② （唐）不空译《金刚顶瑜伽千手千眼观自在菩萨修行仪轨经》卷一，《大正藏》第20册，第73页上。

③ （唐）不空译《金刚顶瑜伽千手千眼观自在菩萨修行仪轨经》卷一，《大正藏》第20册，第73页上。

④ 鎖，原作“鏁”，依通行字改。

為攝受諸衆生，等同金剛藏菩薩。咒曰：

487.3	唵磨呼閉叉似頗羅
	oṃ mahuprachaspra
不空译本①	唵摩護引閉乞灑二合，引娑頗二合囉
	oṃ ma hu bra chā sphā ra

次發菩薩心印。想於諸佛前，右膝著地，合掌當心。咒曰：

剌那多陽米闍羅曩娑颯旁波眡地闍半強行阿奴謨低蹉伽多逋孃菩陁訶二合菩度呼二合陁提兮二合磨那入（488.1）

次半跏趺坐，先想喉内有一赤色唏（hrīḥ）字變爲八色蓮花，仰在喉内。其花一葉想爲自舌，於花舌上有一白色吽（hūṃ）字，其字變成白色五齒婆嵯。想明已，咒曰：唵 婆蹉慈囀□囀反（488.2）

次并仰兩掌，想二中分有白色阿（a）字變成二白月輪，於月輪中有白色吽（hūṃ）字，想變成白色五齒婆嵯，竪月輪中，及自十指想爲婆嵯齒。咒曰：

唵 婆蹉阿他耶吽（489.1）

其唏（hrīḥ）字吽（hūṃ）字既想入心中，自想逾光曜，此想即法界體加持，應是觀自在久悟寂静。三世諸如來，以此蓋心門，金剛身口意，皆以妙方便。②

其阿（a）字相拄如環勢，觀前八葉蓮花，其上置阿（a）字，二點嚴飾③。

妙字方名惡（aḥ），色白如珂雪。流散千光明，想已成佛土。

---

① （唐）不空译《金刚顶瑜伽千手千眼观自在菩萨修行仪轨经》卷一，《大正藏》第20册，第73页上。

② （唐）不空译《观自在菩萨如意轮瑜伽》：“三世诸如来，金刚身口意，皆以妙方便。”《大正藏》第20册，第208页上。（唐）金刚智译《观自在如意轮菩萨瑜伽法要》与不空译相同。《大正藏》第20册，第213页上。

③ 饰，原作“餝”，依通行字改。

捻字安心内，三業齊運用，是名佛净土。①

次應端身住三昧，二羽相叉名定印。空界塵身諸佛海，素囕（naṃ）以見爲體，觀真實。咒曰：

490. 1	唵薩縛置多波胝槃蕩行迦魯弥
	oṃ sva ci ta pa ti ban dhaṃ ka ru mi
不空译本②	唵一質多钵囉二合底二微鄧迦嚕弭

當結法界大印，自利利他圓一根。即觀阿（a）字爲月輪，重以真言便明顯。咒曰：

490. 2	唵冒地呬多母都波陁耶弥
转写	oṃ cu dhi ci tā muḍa pa da yami
不空译	唵引冒地唧哆一母怛摩二合那野弭二③ 唵冒地質多二合母怛波二合娜夜弭④

我以見自心，清净如滿月。離諸煩惱垢，能執所執俱。⑤

---

① （唐）不空译《观自在菩萨如意轮瑜伽》中是偈颂体，略有不同："次当结入印，内如来智字。二羽坚固缚，禅智入于中。以进力二度，相拄如环势。观前八叶莲，其上置阿字。二点严饰故，妙字方名阿。色白如珂雪，流散千光明。想以进力支，捻字安心内。三业齐运用，诵此密言曰：唵跛日囉二合阿引味舍平声恶入。"《大正藏》第 20 册，第 208 页上。

② （唐）不空译《金刚顶经多罗菩萨念诵法》："次应端身住三昧，二羽相叉为定印。空界尘身诸佛海，警觉令观真实心。真言曰：唵一质多钵囉二合底二微邓迦噜弭。"《大正藏》第 18 册，第 455 页上。

③ （唐）不空译《金刚顶一切如来真实摄大乘现证大教王经》卷一，《大正藏》第 18 册，第 314 页上。

④ （唐）不空译《金刚顶经多罗菩萨念诵法》："即观阿字为月轮，重以真言使明显。"《大正藏》第 20 册，第 455 页中。

⑤ 此偈四句在《大正藏》中有三部经收录，略有差别：（唐）不空译《金刚顶莲华部心念诵仪轨》："我以见自心，清净如满月。离诸烦恼垢，能执所执等。"《大正藏》第 18 册，第 302 页中。（唐）不空译《金刚顶一切如来真实摄大乘现证大教王经》卷一，《大正藏》第 18 册，第 314 页上。（唐）金刚智译《金刚顶瑜伽修习毗卢遮那三摩地法》，《大正藏》第 18 册，第 329 页上。

想本心真言右邊，安置種子依三部觀[①]，名爲通用於種子咒。字上出大光明，於光中出生金輪寶蓮花，跋折羅寶劍、如意寶珠、羯磨金剛、智鈎慧杵滿虚空中，各出大光明照耀法界，度脱衆已，還月輪中咒字上。如觀滿月輪，得證菩提心。授此心真言，金剛成體性。唵 婆蹉多磨俱行[②]（491.2）

自身爲金剛，堅實無傾壞。復白諸佛言，我爲金剛身。[③]

時彼諸如來便勅行者言觀身爲佛形，復受本心言净，滿月輪中變成蓮花臺。上有婆嵯[④]竪月輪中，婆嵯上安本心咒，寂有此咒：（a）[⑤] hūṃ trāṃ hruḥ aḥ

此咒五字是諸佛心體，蓮花金剛及咒字上出大光明。諸佛菩薩亦遍往法界，度脱衆生已，還蓮花金剛中。復想蓮花金剛變成聖主身。

次結六拳咒印。先合掌根兩掌相向，誦咒主行字時，十指面相答。

阿奴若殊反若奴伽多娑栗婆二合訶嘌磨二合阿女若奴同上伽都行

次唯前印，當心誦咒，至“行”字時，十指頭相叉，名金剛合掌。

波羅似波羅奴那□反波微羅他颯栗婆陁訶二合嘌磨二合波羅似波羅奴波微是都行。

次唯前印不改，誦咒至“行”字時，十指外相叉，屈指爲金剛縛。

阿典多奴波微是他重颯栗婆陁訶二合栗魔二合阿典多奴波微是都行。

次結金剛縛印。十指頭向外，半相叉。臂腕抱胸側，誦咒三遍，速得十地滿足。

唵婆嵯盟陁訶二合

次結摧十種障惱咒印。次當開心入智。哆吒二字，想乳上□手金剛嚩三，心前二字轉樞如啟扇。咒曰：唵 婆嵯盤陁訶多吒

---

① 此页旁注梵文：Oṃ tinbuā prasa，与上下文无关。

② 不空系统一般译为“欤”。

③ 此偈抄录自（唐）金刚智译《金刚顶瑜伽修习毗卢遮那三摩地法》，见《大正藏》第18册，第329页上。

④ 婆嵯，原字多加左旁“口”以示转音“ra”，即嵯，正文录文为简便起见，均作“嵯”。也有字作“蹉”。即不空所译的“嚩日罗”（vajra），金刚之意。“婆蹉”一般译为“犊”。参见［日］宽保元年（1741）辛酉（cbeta 录成“醉”，讹）信行撰《翻梵语》卷一：“婆蹉富罗”（应云婆嵯不罗，译曰婆蹉者犊，富罗者满）。《大正藏》第18册，第984页下。

⑤ 原文此处模糊难以辨识，此处仅供参考。

次結金剛遍入印。八葉白蓮一肘間閃[①]現。阿（[②]）字乘光色彈智俱入金剛召如來寂静智。

唵 婆嵯吡闍阿

次結金剛拳三昧印，次結如來堅固拳，進力屈柱彈智，皆以此妙印相應故，即得堅固諸佛智。

唵 婆嵯牟瑟智旁

次結化金剛輪壇咒印，先以二小指二頭指相钩，二母指屈掌中，二無名指二中指押之。仰掌右遶頂上三遍，如旋火輪勢。誦咒三遍，下印向地，誦咒一遍。再舉印向口，眼看輪壇，於其中間誦八遍。向地解之，想成金剛八解脱壇。於輪中一切聖衆各住本位。咒曰：

唵 婆嵯作迦吽

次結些魔蹉咒印，咒曰：地闍地闍

結忍願亦如幢，交臂抱胸屈進力。

彈指發聲遍法界，諦觀佛海普雲集。

唵 婆嵯些磨若翳入哞曼鷄□乎

次四金剛咒印，東門盎上俱地請印，兩手結金剛拳，左手向内，以右頭指鉤左小指根，右拳握外頭指，須作鉤勢。從上拽下想自身同鎰拘地守護東門。并想本尊世師迦弥是阤天法身境界中，随印而下，誦咒三遍。咒曰：

唵 婆嵯盎俱周蹉入

次南門跛地請印，兩手覆結金剛拳，將右腕壓腕從左拽著胸前，想自身同跛地，守護南門并本尊法印引入我身中，如無變像作現，住目前誦咒三遍。咒曰：

唵 婆嵯跛地吽

次西門細普引吒請印，結金剛拳，以右頭指鉤左頭指向内，兩胸前想自身同納普吒，並想結印時本尊，随印禁住誦咒三遍。咒曰：

唵 婆嵯思普吒旁

次北門脞地請印，結金剛拳，以右拳背壓左拳背。右腕押左腕，微磨三遍，作振乾陀勢，想自身同脞地，并想此金剛乾陀供養本尊及一切諸佛

① 閃，原作“烱”之俗写，依通行字改。

② 原文咒字之后留有空白，用以填写梵文，自第 492 页之后无梵文旁注。

賢聖，心同歡喜，鋪蓮、背月、寶冠、環釧、天衣莊嚴如是，讚嘆悉皆歡喜。

唵 婆嵯胜地阿

次請聖主，同本部中。若請時，招内三度，若義時撥外三度，咒至印。召請時加稱翳兮四句。

次參問聖主印。展右掌向前，作通參問訊勢。咒曰：娑縛伽多引

次若獻水時，先須誦白螺盃偈曰：

螺盃表海義，寶明珠中水。

灌注身口意，地水火風空。

蒙諸佛灌頂，速超悉地位。

咒曰：唵吽阿曈吽阿曈莎訶

次以白螺盃盛白檀香水，名遏伽水，當獻之時，誦此偈曰：

我今奉法王，献遏伽香水。

證平等性智，迴三界法王。（位）

迴施此降主，金剛甘露水。

灌沃水居者，永離傍生趣。

速獲净法身，及下徹無間。

□脱彼地獄，苦身碎如塵。

皆成清凉地，受苦諸群蠢。

解脱生净土。咒曰：

唵 阿栗強行波眡蹉

舉至眉側，當瀉三度，灌頂洗足。

次與大白蓮花座印。先合掌，指散微屈，如開敷蓮花，左無名指微屈掌中。誦咒一遍，想與聖主大蓮花座。咒曰：阿迦磨朗伽□□反

次請坐咒印，合掌當心，想聖主坐蓮花座。咒曰：

伊多磨婆泥彌時陁莎訶

次結本尊些磨耶咒印。本尊智體現衆主器中，名相似也。同本部中咒印，加稱①些磨耶似當印，次獻五種供養并偈頌。

花偈曰：②

---

① 稱，原作“偁”，古同“称”，依通行字改。

② （唐）金刚智译《药师如来观行仪轨法》，《大正藏》第19册，第26页下至第27页上。

我今奉法王，獻菩提覺花。
當願具足衆，四八大人相。
復迴向此福，成妙覺花臺。
舒光遍照燭，警覺人天趣。
耽著諸欲境，八苦所纏逼。
天樂變化苦，願彼諸天人。
菩提心敷榮，獲普賢當樂。
咒曰：唵阿逋是波毗蹉曳莎訶
香偈曰：①
我今奉法王，献宝香供养。
當願具足衆，佛四無碍智。
悦懌具端嚴，迴施此香雲。
氛馥②寒冰苦，能脱諸樊籠。
證五如來位。咒曰：
唵 阿素陁訶二合嘌磨二合婆二合慈莎訶。
燈偈曰：③
我今奉法王，獻般若智燈。
當願具足衆，如來净五眼。
摧滅無名暗，以爲般若燈。
照耀阿修羅，永斷嬌誑心。
恚癡妙劍諍，傍生鞭撻逼。
互相害食噉，願得慈悲心。
乃生人天趣，色無色界天。
耽著三昧味，願脱此惑纏。
咒曰：
唵 婆嵯魯羅罰莎訶
塗偈曰：④

① （唐）金刚智译《药师如来观行仪轨法》，《大正藏》第 19 册，第 27 页上。
② 馥，原作“[illegible]”，依通行字改。
③ （唐）金刚智译《药师如来观行仪轨法》，《大正藏》第 19 册，第 27 页中。
④ （唐）金刚智译《药师如来观行仪轨法》，《大正藏》第 19 册，第 27 页下。

我今奉法王，獻無墮塗香，當願具足衆。
佛五分法身，願從此等流，五無墮塗香。
魔瑩熱惱者，脱彼諸地獄。一切劇炎終，苦具碎如塵。
皆成清凉地，受苦請群蠢，解脱生净土。
咒曰：
唵 婆嵯扎訪礼跛耶莎訶
食偈曰：[1]
我今奉法王，獻甘露上味。
當愿具足衆，發喜禪脱食。
證三解脱味，復普雨微妙。
天甘露飲食，迴施餓鬼趣。
願食加持食，悉皆得充足。
永離飢渴苦，慳貪習業除。
咒曰：唵 阿婆嵯跛淋梨波林礼莎訶
又花偈曰：
解脱净妙花，願我諸衆生，
醜陋皆端嚴，同如來妙相。
香偈曰：
戒品定慧香，願我諸衆生，
皆得戒定慧，身心得解脱。
燈偈曰：
無垢清净燈，燭我愚迷心。
并諸昏衢趣，幽暗皆明朗。
塗偈曰：
殊勝塗香塈，我及諸有情。
永離臭穢身，同獲清净體。
食偈曰：
香積淨妙食，願諸衆生等，
及諸餓鬼趣，俱獲五常果。

① （唐）金刚智译《药师如来观行仪轨法》，《大正藏》第19册，第27页上。

次結印獻供養一遍，并偈花偈現前肉[1]心花。

遍諸佛國土，焚無價心香。

諸遍十方刹，熱性竉心燈。

照娑婆世界，捨愚迷心水。

塗無量諸佛，奉持心喜悦。

獻無量法界。

次結十一種供養一遍并偈頌。

上妙七寶傘蓋偈，寶蓋願僻諸邪障。咒曰：阿蹉哆嚩梨莎訶

印左手作拳，屈頭指向上右掌，覆之牛黄、鬱金香。

塗泥點聖主額偈，指上點出白毫光。咒曰：阿朗伽置那反嚩梨莎訶

印右手展肘作拳，申中指作點聖主額勢。

塗聖主身香泥偈，香塗五分真法身。咒曰：阿迂婆訶耶乾提兮二合莎訶

印展兩掌側，答右掌著外，如抱腹勢。

孔雀尾圓扇偈，煩惱熱炎扇清凉。咒曰：阿時當□現莎訶

印展右掌作旋勢，從右旋左三兩度。猫牛尾拂偈，无垢三業拂清净。咒曰：

阿魯左磨梨莎訶

印右手作拳如拂勢，從右拂左兩三度。

雙絲衣偈，寶衣奉獻除貧垢。咒曰：阿縛似常垷莎訶

印兩手屈肘作拳，指相去一尺餘，如展繰與衣勢。

寶鏡偈，寂照凡聖同一鏡。咒曰：阿陁囉波那莎

印申右掌搭前如照鏡勢。

寶冠偈，三魔地位獻寶冠。咒曰：阿闍羅曩伽梨莎訶

印右手展竪掌，掌面向内，左手作拳，展其頭指著右掌腕背，如寶冠勢。

最勝寶幢偈，勝幢舉處魔兵降。咒曰：阿毗部呼社那朗伽置那反嚩梨莎訶

印右手屈肘作拳，右押□左拳面向内，當於額前如降寶幢勢。

寶幡偈，寶幡一轉千災弥。咒曰：阿頭嚩二合蹉嚩梨莎訶

---

[1] 肉，原作“宍”，依通行字改。

印兩手屈肘作拳，右押左拳面向内，當於額前右手指展之如幡勢。

寶樓閣偈，七寶宫殿施安樂。阿微多曩瑰莎訶

次普遍供養，頌曰：普通供養諸聖衆。印結金剛縛，覆於頂上。咒曰：

那磨入些曼多沒馱曩颯婆他蹉迂頭伽他伽低似八羅咽忙伽引那強莎訶

印以兩手合掌五指互相交，右押左，置於心上，誦咒五遍。

又一卷云，印合掌當心内，虚想諸幢幡寶蓋及諸山中所有花菓，并雅寶香四大海中所有衆寶，北鬱單越迦羅波樹，此云劫樹，亦名如意樹。其上所出寶衣、瓔珞、飲食、香花莊嚴身具并請寶物前一一事，各各稱名於□中。誦一唵字，想前諸物供養一切諸佛聖衆受用，悉皆正實行者，當來常獲是寶。

金剛手菩薩授毗盧遮那佛所灌頂時付婆嵯乾陀偈。先右手取婆嵯，當心想遍照，如來親付五智金剛杵。頌曰：

我以無相發出生，諸佛授我大方便。

爲欲摧滅異流故，權現忿怒大金剛。咒曰：

唵 婆嵯□荼訶二合槃陁訶二合吽叭吒

此咒取婆嵯時以右手作金剛拳執之誦咒三遍，當心前。次掉三遍，如旋火輪勢。誦此咒曰：唵 婆嵯吽阿當唏阿入吽吽叭吒叭吒莎訶

次蹉了當心前竪之。咒曰：

唵婆嵯娑多嚩吽些磨耶似噹印二合

次左手取乾陀，誦偈曰：

我今受得羯磨法，不空成就大智慧，

運轉諸佛秘密教，日夜警覺諸群迷。

乾陀以右手作金剛拳，誦咒三遍。咒曰：

唵 婆嵯乾阿陁二合阿吽當唏卷阿入

次當胸前震三度，誦乾陀詞一遍。咒曰：

唵婆嵯吽阿當唏入吽吽叭吒叭吒莎訶

又上方□義中云，次須啟請，坐於東方，以二手取婆嵯乾陀著兩髀上，誦偈已，婆嵯旋心側三遍。咒曰：

唵 婆嵯烏□颯婆毗強行吽

想旋三界一切衆生所有惡者令出三界外，所有善者令入三界内，即想三界爲道場堺。

次乾陀振於心側，誦咒三。咒曰：

唵娑嵯俱陁阿磨訶娑羅阿那磨陁毗堂行亡娑喻蹉羅耶吽叭吒

想十方世界是我壇場，以乾陀出五樂聲，前三界内著心衆主，證悉地果，名爲初地也。當振三之時，讃嘆聖衆，誦讃嘆詞曰：阿些磨尼羅

然後歌舞頌曰：

次以金剛法歌詠，讃揚如來諸福智。

諦觀相妙韻青音，以契如如真性理。①

若結八種供養印時，先誦歌贊三遍，作金剛舞。手散指旋掌，猶如荷葉。先舞左畔兩遍，次右畔兩遍，須誦此真言曰：

唵娑嵯娑多縛□薩木羅訶多娑嵯剌那磨奴多引朗娑嵯陁訶喋磨迦耶嘹娑嵯迦栗磨迦魯娑訶縛

次結内外八種供養咒印。②

次結金剛嬉戲印，結金剛拳，把兩娑嵯拄腰，又云叉腰亦得。咒曰：

515.1	唵娑嵯羅細吽
金刚智汉译③	唵钵娜麼二合邏細呼，引
般若汉译④	唵一嚩去日囉二合，二羅洗長引，半音，三
转写	oṃvajralase

次結金剛寶鬘印。兩手結金剛拳擡額前，去相半叉許，作香花鬘勢。咒曰：

① 此偈与（唐）金刚智译本为“次以金刚法歌咏，赞扬如来诸福智。谛观相好运清音，以契如如真性理”。《金刚顶瑜伽修习毗卢遮那三摩地法》，《大正藏》第18册，第330页上。

② 此内外八供养及梵文可与般若译《诸佛境界摄真实经》中〈金刚外供养品〉对应。见《诸佛境界摄真实经》卷3，《大正藏》第18册，第279页中。

③ （唐）金刚智译《金刚顶经瑜伽观自在王如来修行法》，《大正藏》第19册，第78页下。

④ （唐）般若译《诸佛境界摄真实经》卷三，《大正藏》第18册，第279页上。

515.2	唵婆嵯磨梨噹
金刚智汉译①	唵钵娜麽二合麽隸怛囉二合吒
般若汉译②	唵一嚩去日囉二合，二麼引隸半引，三
悉昙及转写	oṃ vajramāle

次結金剛歌印。左手屈肘，眉側右掌作彈琵琶勢。咒曰：

515.3	唵 婆嵯齊低唏
金刚智汉译③	唵 钵娜麽二合擬帝擬妍以切，上同
般若汉译④	唵一嚩去日囉二合，二霓愚以反底半音，三
转写	oṃ vajra gīte

次結金剛妙舞印，兩手結金剛拳，屈臂擡作拳，齊膊拓拳向外，右拳覆長左肘節下作舞勢。咒曰：

515.4	唵 婆嵯弥栗低訶入
金刚智汉译⑤	唵钵娜麽二合儞哩二合帝訖哩二合吒
般若汉译⑥	唵一嚩去日囉二合，二儞盧二合底曳二合，三
转写	oṃ vajradṝtye

次結金剛焚香印，兩手結金剛拳右向前，右住復如把香爐勢。咒曰：

① （唐）金刚智译《金刚顶经瑜伽观自在王如来修行法》，《大正藏》第19册，第78页下。

② （唐）般若译《诸佛境界摄真实经》卷三，《大正藏》第18册，第279页上。

③ （唐）金刚智译《金刚顶经瑜伽观自在王如来修行法》，《大正藏》第19册，第78页下。

④ （唐）般若译《诸佛境界摄真实经》卷三，《大正藏》第18册，第279页中。

⑤ （唐）金刚智译《金刚顶经瑜伽观自在王如来修行法》，《大正藏》第19册，第79页上。

⑥ （唐）般若译《诸佛境界摄真实经》卷三，《大正藏》第18册，第279页中。

516.1	唵婆嵯塗呼鎞吽
金刚智汉译①	唵钵娜麼二合度閉惡
般若汉译②	唵一嚩去日囉二合，二怒引閉半音，三
	oṃ vajra dhupe

次結金剛莊嚴花印，左手屈肘作招花盤勢，右手取花，仰掌展手作散花形，又云作花印亦得。咒曰：

516.2	唵婆嵯逋失鎞噹
金刚智汉译③	唵钵娜麼二合補瑟閉二合
般若汉译④	唵一嚩去日囉二合，二補澁閉二合，下字半音，三
转写	oṃ vajrapuṣpe

次結金剛普點燈印。兩手結金剛拳，右手向上，左往下如把燈燭勢。咒曰：

原文（516）	唵婆嵯嚕罰唏
金刚智汉译⑤	唵钵娜麼二合儞閉儞平聲
般若汉译⑥	唵一嚩去日囉二合，二膩上，引，閉半音，三
转写	oṃvajradīpe

次結金剛塗戒香印。左手屈肘似托蝠⑦榼勢，右手取榼中香，塗爲塗

① （唐）金刚智译《金刚顶经瑜伽观自在王如来修行法》，《大正藏》第19册，第79页上。

② （唐）般若译《诸佛境界摄真实经》卷三，《大正藏》第18册，第279页中。

③ （唐）金刚智译《金刚顶经瑜伽观自在王如来修行法》，《大正藏》第19册，第79页上。

④ （唐）般若译《诸佛境界摄真实经》卷三，《大正藏》第18册，第279页中。

⑤ （唐）金刚智译《金刚顶经瑜伽观自在王如来修行法》，《大正藏》第19册，第79页上。

⑥ （唐）般若译《诸佛境界摄真实经》卷三，《大正藏》第18册，第279页下。

⑦ 蝠，原作“蝁”，蝠之俗体，依通行字改。

人勢①。咒曰：

原文（517）	唵婆嵯乾提兮訶入
金刚智汉译②	唵钵娜麼二合啄提嚧
般若汉译③	唵一嚩去日囉二合，二俄儞泥二合，下字半音，三
转写	oṃvajraganvi

次八地④具足，速証無上正等菩提。十地具足，名一切智想。十地咒字化成十地菩薩，誦咒各一遍。咒曰：吽當唏阿當唏訶卷訶入已上是十地咒字。

次再遏伽香水三度，次內外五種供養咒印，及十一種供養咒等一遍，次普通供養咒印七遍。

次百字咒印依三部。金剛部百字印。定慧二羽金剛縛，忍願如刀進力

---

① 般若译本的手印与此不同，“两金刚拳摩左右颈乃至胸腹。即作是念，我今持此牛头栴檀最上涂香，涂于十方诸佛菩萨及众生身”。（唐）般若译《诸佛境界摄真实经》卷三，《大正藏》第18册，第279页下。

② （唐）金刚智译《金刚顶经瑜伽观自在王如来修行法》，《大正藏》第19册，第79页上。

③ （唐）般若译《诸佛境界摄真实经》卷三，《大正藏》第18册，第279页中。

④ 此内外八供养为密教《金刚顶经》一系常用的供养法，如（唐）不空译《修习般若波罗蜜菩萨观行念诵仪轨》：“次诵金刚嬉戏真言曰：系囉底嚩日囉二合,一尾逻赐儞二怛囉二合咤半音

次金刚鬘真言曰：系囉底嚩日囉二合,引,一贺细二诃诃三

次金刚歌真言曰：系囉底嚩日囉二合,引,一拟谛谛谛

次金刚舞真言曰：系囉底嚩日囉二合,引,一儞哩二合底曳二合,二吠波吠波三

复作外四供养而奉献之。

次金刚花鬘真言曰：系一嚩日囉二合,引,二囉底三

次金刚香真言曰：摩诃囉多嚩日哩二合,一斛二

次金刚灯真言曰：唵一嚩日囉二合,引,二路者宁三

次金刚涂香真言曰：摩诃室唎二合,一嚩日哩二合,二呬三

修行者才住是八供养菩萨三摩地，即能出生尽十方界一切佛刹广大云海供养仪式。”《大正藏》第20册，第613页上、中。后有校勘记：甲本注曰：“已下八供养言依大乐轨并胜初瑜伽轨等，故知是后人所为明也。”但比较金刚智、般若、云南三版本，显然该供养仪式有其底本，故所译因人而异。其他译本有：

（唐）不空译《金刚顶经瑜伽文殊师利菩萨法》，《大正藏》第20册，第708页上。

（唐）不空译《金刚顶经瑜伽文殊师利菩萨供养仪轨》，《大正藏》第20册，第721页上。

（唐）金刚智译《金刚顶经曼殊室利菩萨五字心陀罗尼品》，《大正藏》第20册，第712页中。

（唐）金刚智译《金刚顶瑜伽修习毗卢遮那三摩地法》，《大正藏》第18册，第330页中至第331页上。

（宋）天息灾译《佛说大摩里支菩萨经》卷五，《大正藏》第21册，第278页中。

附。先誦金剛百字明，爲令加持不傾動。[1] 咒曰：唵婆嵯[2]

次蓮花部百字咒印。結青蓮根本印，稱誦蓮花智字明。定慧二羽内相叉，進力禪智竪相拄。咒曰：唵頭磨些磨

次結如來部百字咒印。當誦如來百字明，二羽作拳押禪智，忍願相鉤當心前。咒曰：唵 時曳魯左那些磨耶

由結磨訶衍那百字真言加持故，煞犯五無間罪，謗一切諸佛及方廣經，修真言者，以本尊堅住己身，故現世所求一切最勝悉地，皆得成就。[3] 及真言字句有加減，并妄想思惟，是圓光補闕也。

次除魔障，結藥叉咒印安口側，左遶三匝，頭隨印轉，誦咒三遍。想諸魔障难即便退散。

次結堺城等同用此印，以加持真言：

唵 婆嵯藥叉哞婆訶二合佉耶佉耶飒婆毗伽訶囊婆訶佉耶吽頗吒

次结堺印，右遶三匝，诵咒三遍，想其方處爲壇堺，大小任意。咒曰：

唵婆嵯藥叉吽思盤堂行二合俱魯

次結城印右遶三匝，誦咒三遍。想前堺内有金剛城，高下任意。咒曰：

唵婆嵯藥叉吽波迦羅盤堂行二合俱魯

次結蓋印，叉指開掌安頂上，誦咒三遍，想金剛城上有金剛細蓋。咒曰：

唵婆嵯藥叉吽盤蹉羅盤堂行俱魯

次結地印，叉指覆掌按地，誦咒三遍。想金剛内城成金剛，地至金剛水際。咒曰：

唵婆嵯地塗呼二合迷婆訶二合縛羅佉娑嘌旁莎訶

結誦此咒印已，觀一切世間悉皆□□。

次結五佛寳冠灌頂咒印。結金剛合掌，中指頭相拄少圓，兩頭指微屈附二中指上節側，勿令指著。印安頂上，誦咒八遍。想頂上冠中有一白色

① 该偈出自（唐）金刚智译《金刚顶瑜伽修习毗卢遮那三摩地法》，《大正藏》第18册，第330页下。

② 此处咒语不全，金刚智译本的咒语是完本。

③（唐）金刚智译《金刚顶瑜伽修习毗卢遮那三摩地法》，《大正藏》第18册，第331页上。

阿字是毗盧遮那佛。咒曰：

唵婆嵯陁訶低微□縛梨哞婆慈吽訶毗四忻尼忙

次依前印不解，但改兩中指面相著，頭指微屈，印安額上，誦咒一遍，想額上冠中有青色哞字成阿閦佛。咒曰：

唵婆嵯婆慈彌哞阿毗嘌二合忻左忙

次依前印不解，但二中指出兩中節，兩頭指尖猶如寶形，并兩拇指少屈，開中節右耳上，誦咒一遍。想右耳上冠中黄色噹字是寶相佛。咒曰：

唵 喇那婆慈弥吽訶毗四二合左忙

次依前不解，但兩中指□爲蓮花，安於腦後，誦咒一遍。想腦後冠中赤色唏字是阿弥陁佛。咒曰：

唵 陁阿栗磨婆慈弥吽訶毗四忻尼忙

次依前印不解，但兩中指直竪，兩頭指微屈著兩中指中節側，安左耳上。誦咒一遍，想左耳上冠中绿色阿字是不空成就佛。咒曰：

唵 迦嘌磨二合婆慈弥吽阿毗嘌忻左忙

若是金剛部，用金剛寶冠咒印。二羽堅固金剛縛進力彈指如寶形。咒曰：

唵婆嵯剌那訶毗四左忙颯婆吽噹迷地地四俱魯嚩羅迦嚩齊那旁

次印安頂上，加持五佛智光，然後旋遶同。

次結縛寶冠印。結金剛縛，竪兩中指頭，著力相擲，猶如寶形。并兩母縛二頭指，安額上。咒曰：

唵婆嵯剌那颯婆多他伽多磨俱吒訶毗四忻左忙

結此咒印已，兩手結拳，母指指屈内，頭指屈著母指虎口中，此名金剛拳。次遶髮際，先右手遶頭一匝，次左遶頭一匝，作縛帶勢。咒曰：

唵同婆嵯羅入

兩手各於耳側，從分旋内一轉，竪掌蹔住，拍掌三度。咒曰：

唵婆嵯都闍呼闍呼

從小指歷散，次焚香爐，再發願一遍。然後先於念珠子上誦珠明真言一百八遍。唵菩陁訶魯左塱莎訶

次誦□盧那咒，取珠子頭誦二十一遍：

唵迂頭伽低似頗羅四忙伽引那畺莎訶

次取念珠觀行，次應静念珠，二羽捧珠鬘。

静珠鬘咒[①]曰：唵吠以二合魯左那訶磨羅莎訶

定執慧二羽捧珠鬘[②]，加本真言七遍已。

捧至頂上復當心，竪[③]住等引而念誦。

舌端微動脣齒合，逆順修身觀相好。

四時勤修不令間，千百爲神復道[④]是。

一切神通及福智，現世同於遍照尊。

若有緣事或遍數滿，欲起散時，先誦圓光真言：

唵 阿地四蹉些磨耶磨訶些磨耶唏牟入吽蹉

次誦補闕真言：唵阿些忙從此彌吽叭——吒——吒莎訶

次取香爐隨心啟願一遍，次瀉遏伽香水三度，次内外五種供養拳，并十一種等咒印，次振鈴如前誦三旋亦得。次歌舞八供養等咒印一遍，次再遏伽香水灌顶三度，次与献五種供养一遍。次十一種供养一遍，次再取香，忏悔一遍，我见修行之間多不如法之事，一一誠心懺悔，莫爲障難，餘分功德迴施有情，共成佛道。

次奉囑聖主印，虛心合掌當心即誦三遍。咒曰：

唵□都嚩颯婆嘌他悉地四嘌陁多縛耶他反伽伽蹉堂亡菩陁訶毗舍陽逋那羅伽磨那耶都

次遣聖主依前請印，隨曷伽蹉字，撥外三度，若有衆生遇此教，晝夜四時實精進，現世證得歡喜地，後十六生成正覺。

次結解堺咒印。結金剛縛，竪兩中指，指頭向上，三開三合，隨唱牟字。想前城堺及蓋地等便皆解散，一切衆聖各還本土。咒曰：

唵婆嵯莎縛婆慈哰牟入哰牟入

想入行者自身中。

次結灌頂咒印。安額上結金剛縛，竪兩中指頭相拄，屈兩中節令作三角，猶如寶形，并兩母指微屈，中節少開，誦咒三遍。咒曰：

---

① 参见（唐）不空译《阿閦如来念诵供养法》：净珠鬘真言曰：唵吠嚧者娜么擺姿嚩二合，引诃。《大正藏》第19册，第19页中。

② 此偈“……现世同于遍照尊”出自（唐）金刚智译《金刚顶瑜伽修习毗卢遮那三摩地法》，《大正藏》第18册，第331页上。

③ 竪，（唐）金刚智译本作“堅”。参见《金刚顶瑜伽修习毗卢遮那三摩地法》，《大正藏》第18册，第331页上。

④ 金刚智译本作“過”。

唵喇那婆慈當訶毗四忻左忙颯旁牟當迷地地四俱魯嚩羅伽縛奄那旁

想一切諸佛授我灌頂已，次結三金剛兮魯迦大力獨齒等守護一遍，然後彈指三下。咒曰：

唵縛羅魯跛吽叭吒

修集念誦法，以此勝福田。一切諸有情，速成無上道。

通用啟請儀軌一卷（录文完）

四　参考文献

（正文中已注明者此不列）

古籍：

（宋）法护、惟净编《景祐天竺字源》，《中华大藏经（汉文部分）》第72册，第1669经，共7卷，850—918页。该版本出自《赵城金藏》，民国时期（1935）北京三时学会资印《宋藏遗珍》中的《景祐天竺字源》九卷（实则七卷），也是来自《赵城金藏》，见《宋藏遗珍》第三函（每函十册）上。

著作：

吕建福：《中国密教史》（修订版），中国社会科学出版社1995年初版，2011年修订版。

吕建福：《密教论考》，宗教文化出版社2008年版。

吕建福主编：《白传密教研究》（陕西师范大学宗教学集刊《密教研究》第5辑），第三届中国密教国际学术研讨会论文选集。

工具书：

［日］八田幸雄：《真言事典》，林胜仪、林光明合译，台北嘉丰出版社2002年版。

［日］八田幸雄：《密教经教仪轨解说》，林光明、释依观合译，台北嘉丰出版社2003年版。

［日］吉田惠弘：《胎藏界咒语解记》，林光明，林胜仪合译，台北嘉丰出版社2002年版。

［日］吉田惠弘：《金刚界咒语解记》，林光明、林胜仪合译，台北嘉丰出版社2003年版。

林光明编修：《新编大藏全咒》（全18册），台北嘉丰出版社2001

年版。

林光明编著：《城体梵字入门》，台北嘉丰出版社2006年版。

中国藏语系高级佛学院研究室，中国佛教文化研究所编；李舞阳，曾芳编译：《藏密真言宝典——藏汉对照》，北京宗教文化出版社2001年版。

简丰祺编著：《古梵文佛教咒语全集》，台北财团法人佛陀教育基金会2007年修订版。

对音研究：

林光明编著：《梵汉对音初探》，台北嘉丰出版社2011年版。

丛书：

蓝吉富主编：《世界佛学名著译丛》第10册《密教资料汇编、陀罗尼字典》，台北华宇出版社1986年版。

赵晓梅主编：《中国密宗大典》（全10册），中国藏学出版社1993年版。

林世田、申国美编：《敦煌密宗文献集成》（中国佛学文献丛刊），中华全国图书馆文献复制中心出版2000年版。

附录1　　《通用启请仪轨》的经文来源

名称	来源及疑似来源
脱缠头络膊	缠头在古代有两种含义。一是作为歌伎的舞后的奖赏。常见如杜甫《即事》诗："笑时花近眼，舞罢锦缠头。"与经文不符。另一是指古代少数民族使用的头饰。清代《滇省夷人图说》中男子"椎髻裹头"的形象，或可参考。详见蔡琪蕊《清代〈滇省夷人图说〉研究》（昆明理大学2015年硕士论文）。另唐宋时有一种方式是将长条形布帛在额头或发髻上缠绕一周后垂，装饰的重点在后垂的长度而非缠绕上。其长度短可至背，长可及地。参见沈雁《试论唐宋时期的一种缠头形式》，《艺术与设计（理论）》2013年第3期，第151页。 另，明代失译《华严经海印道场忏仪》卷21有："不得缠头。"（出自《华严经海印道场九会请佛仪》//《卍新续藏》第74册，第252页上）

续表

名称	来源及疑似来源
择地、赎地	（唐）般若译《诸佛境界摄真实经》卷3："复次瑜伽行者，求道场地。远离冢间、沙石、瓦砾、咸卤、荆棘、秽浊之地，及以虎狼诸恶难处，如是之地不名吉祥。若有白鹤、孔雀、鹦鹉、舍利、凫雁、鸳鸯、莲花水池，如是等地堪立道场。应以右手中三指小屈，以大拇指捻头指中节，以小指捻无名指中节，盛水加持，散洒四方。"（《大正藏》第18册，第280页下）
加持灌顶瓶咒 入道场咒 入坛场咒	（唐）菩提流志译《广大宝楼阁善住秘密陀罗尼经》卷中，《结坛场法品》："复于大坛西门外，置二香水瓶，并置所供养饮食，欲入道场时先诵此咒，咒门两边香水瓶。咒曰：唵摩诃毗布罗一钵罗底丁以反二瑟耻多悉睇三阿鞞诜者四么吽二合萨婆怛他伽多鼻洒鸡五婆啰婆啰六三婆啰三婆啰七吽吽八。此咒加持灌顶瓶水。诵此咒者，能除先世以来所有恶业，令得身心清净，一切诸佛皆来，拥护摄受而为授记施其无畏。所有事业，能令成就得入如来三摩地，悟甚深法，忍登佛道场成等正觉。"（《大正藏》第19册，第644页上）
净内外障咒	无对应校本
礼佛、皈依、陈忏	无对应校本
瑜伽坐咒	无对应校本
观想五种子字，五轮字	（唐）善无畏译《尊胜佛顶修瑜伽法轨仪》："五智轮，谓地水火风空。即以普通印加持五支，即成真实智。"（《大正藏》第19册，第369页上）
加持供养物、遏伽水	无对应校本
结药叉咒印 萨埵心咒 五佛心咒 鲁左泥心咒	（唐）金刚智译《药师如来观行仪轨法》："一切药叉法印咒。以右手四指向下，钩左手四指，其二大指直竖来去。咒曰：唵一俱毗罗二莎诃。"（《大正藏》第19册，第25页下） 《胎藏梵字真言》："菩提心真言。"（《大正藏》第18册，第167页上）

续表

名称	来源及疑似来源
金刚缚印	（唐）般若译《诸佛境界摄真实经》卷下："复次行者结金刚缚印当于胸前，系心鼻端。持真言曰：oṃ mo kṣma vajra。唵一谟计娑摩三合嚩去日啰二合。 瑜伽行者，持此真言，自作此想：我心之中有一切智，洞达无碍。复次，若行者贫乏不辨图画本尊形像，但随取一佛像或菩萨像，对佛塔前，系心而住。想念佛像，心不散乱，而常寂然，即贤圣无异。若得系心鼻，为最上品，便同诸圣人定无异。"（《大正藏》第18册，第281页下至第282页上）
澡浴清净	（唐）善无畏译《苏悉地羯罗供养法》卷上："澡浴法者，先以真言手印取土，作三聚，为净身故。真言曰：唵宁上佉囊上嚩苏上提莎诃五遍诵之，此是净土真言。"（《大正藏》第18册，第694页上）
大力金刚咒印	（唐）行琳集《释教最上乘秘密藏陀罗尼集》卷27："大力金刚根本陁罗尼，大力金刚心陁罗尼，大力金刚心中心陁罗尼，大力金刚最胜心陁罗尼，大力金刚陁罗尼，大力金刚小心陁罗尼，大力金刚随心陁罗尼，大力金刚大忿怒陁罗尼，大力金刚大法陁罗尼，大力金刚跛折罗陁罗尼，大力金刚除鬼病陁罗尼，大力金刚加持油陁罗尼。"（《大藏经补编》第28册，第214页上）
诵请天地偈	（唐）不空译《仁王护国般若波罗蜜多经陀罗尼念诵仪轨》："诵地天真言一百八遍即说偈曰：汝天于佛所，亲证成正觉。我建漫荼罗，当愿常加护。"（《大正藏》第19册，第515页中）
内外五种供养	（唐）不空译《毗卢遮那五字真言修习仪轨》："所献涂香、花鬘、烧香、饮食、灯明，随四种法色而以供养，由五种供养印，成于圣众集会普遍香花等云海供养。"（《大正藏》第18册，第189页上）此五种供养为常见供养法，几乎可见于每一部密教仪轨经典中

续表

名称	来源及疑似来源
金刚三守护： 护身印——金刚甲胄 护口印——金刚牙 护心印——金刚拳	无对应校本，其他版本： （唐）金刚智译《药师如来观行仪轨法》："次结金刚被甲胄护身印。二小指、二无名指右押左，内相叉。二中指直竖，头相拄。二头指屈如钩形附中指背，勿相着。二大指并竖，捻名指即成。结印当心诵真言，印身五处各诵一遍。先印额，次印右肩，次印左肩，次印心，次印喉，是为五处。即起大慈心，遍缘一切有情，愿皆被大慈悲庄严甲胄。速令离诸障难，证得世间、出世间殊胜成就。如是观已，即成。被金刚甲，一切诸魔不敢障难。真言曰： 唵一嚩日罗二合，引儗你钵罗二合捻奴揖反，引，二跛跢二合野三娑嚩二合贺引，四。"（《大正藏》第19册，第24页上） （唐）不空译《仁王护国般若波罗蜜多经陀罗尼念诵仪轨》："护持国界令无灾。"（《大正藏》第19册，第516页下） （唐）不空译《仁王护国般若波罗蜜多经陀罗尼念诵仪轨》："结护身印，又，用三部所结印契，及诵真言，五处加持。谓额、右肩、左肩、心、喉五处，于顶上散，即成。被金刚坚固甲胄。由此加持遍行者，身威光赫奕，一切诸魔作障恼者眼不敢觑，疾走而去。"（《大正藏》第19册，第516页下） （唐）善无畏、一行译《金刚顶经毗卢遮那一百八尊法身契印》（《大正藏》第18册，第333页中）
四智婆慈咒印： 吽——金刚萨埵 当——金刚（宝）藏 唏——金刚法 阿——金刚业	无对应校本，其他版本： 此即四波罗蜜咒印，唐不空译《金刚顶莲华部心念诵仪轨》："恶字想于顶，变为业金刚。观身普金刚，身中微尘数。皆成金刚业，全身以顶礼。当心金刚掌，奉献不空尊。想于普集会，观金刚业身。而作大供养，真言曰： 唵萨嚩怛他引诫多布惹羯磨捉阿怛么二合喃你哩耶二合，引多夜弭萨嚩怛他引诫多嚩日啰二合羯磨矩𠰶恶恶恶。"（《大正藏》第18册，第300页上） 另，参见失译《莲华部心念诵仪轨》（《大正藏》第18册，第324页下）

续表

名称	来源及疑似来源
皈依四方佛咒印： 东——礼阿闳佛及诸圣众 南——礼宝相佛及诸圣众 西——礼阿弥陀佛及诸圣众 北——礼不空成就佛及诸圣众	无对应校本，其他版本： （唐）不空译《金刚顶瑜伽千手千眼观自在菩萨修行仪轨经》：“次应礼四方如来，请求加护。先礼东方阿闳如来等一切如来，瑜伽者即以全身委地。”（《大正藏》第20册，第72页中） （宋）慈贤译《妙吉祥平等秘密最上观门大教王经》卷3：“先念五佛赞，歌咏于如来。四方礼四佛，东方礼中尊。”（《大正藏》第20册，第922页上）
净法界咒印	无对应校本
警觉圣众咒印	（唐）不空译《金刚顶瑜伽千手千眼观自在菩萨修行仪轨经》：“又，观自身住佛海会中，即结警觉一切如来印。二手各作金刚拳，檀慧相钩直舒，进力二度侧相拄。真言以印三举。真言曰：唵嚩日噜二合，引底瑟姹二合。由结此印诵警觉真言，一切如来皆从定出。”（《大正藏》第20册，第72页上） （唐）金刚智译《金刚顶瑜伽修习毗卢遮那三摩地法》： “次应运心遍法界，尘刹佛海满虚空。吽字种子加三业，结金刚起遍警觉。檀慧钩结金刚拳，进力二度合三举。真言曰： 唵一么折二合，下同底瑟姹二合。”（《大正藏》第18册，第327页中） （唐）善无畏译《慈氏菩萨略修瑜伽念诵法》：“警觉真言曰：邬二合耽罗二合瑟咤二合，二。”（《大正藏》第20册，第591页下）
请十方圣众用毗若钵眡印（启请求愿印）	无对应校本
三族印：佛（宝）、莲、金刚	（唐）不空译《无量寿如来观行供养仪轨》：“即诵佛部三昧耶真言曰：唵引怛他引诫覩引，一纳婆二合嚩引耶娑嚩二合贺引。 诵三遍或七遍，安印顶上散。由结此印及诵真言，警觉佛部一切诸佛皆来集会，加持护念修真言者，速令获得身业清净，罪障消灭福慧增长。次结莲花部三昧耶印。二手虚心合掌，二大指、二小指各头相捻，余六指微屈，如开敷莲花形，即成。结此印已，想观自在菩萨相好端严，并无量俱胝莲花族圣众围绕，即诵莲花部三昧耶真言曰： 唵引跛那谟二合，引，一纳婆二合嚩引耶娑嚩二合贺引，二。 诵三遍或七遍，加持安印于顶右便散。由结此印及诵真言，警觉观自在菩萨及莲花部圣众，皆来加持行者，获得语业清净，言音威肃，令人乐闻，得无碍辩才，说法自在。”

续表

名称	来源及疑似来源
三族印：佛（宝）、莲、金刚	次结金刚部三昧耶印。二手左覆右仰，令背相着，以右大指叉左小指，以左大指叉右小指，中间六指缚着手腕，如三股杵形，即成。结印当心，想金刚藏菩萨相好威光，并无量执金刚眷属围绕，即诵金刚部三昧耶真言曰： 唵引嚩日𠯆二合，引，一纳婆二合嚩引耶娑嚩二合贺引，二。诵三遍或七遍，加持安印于顶左便散，由结此印及诵真言，警觉金刚藏菩萨并金刚部圣众，皆来加持行者，获得意业清净，证菩提心，三昧现前速得解脱。（《大正藏》第19册，第68页上）
普礼咒印	无对应校本
四无量心咒印：慈悲喜舍	（唐）不空译《金刚顶瑜伽千手千眼观自在菩萨修行仪轨经》："然后结跏趺坐，端身正念，不动支节，闭目寂静，入四无量心观，即结定印。"（《大正藏》第20册，第73页上） （唐）不空译《金刚顶经瑜伽文殊师利菩萨供养仪轨》："次入四无量心观，初入慈无量心定，以殷净心遍缘六道四生，一切有情皆具如来藏。"（《大正藏》第20册，第718页下）
发菩提心印	（唐）不空译《金刚顶瑜伽千手千眼观自在菩萨修行仪轨经》卷上："瑜伽者诵无限数，当证二无我，显现如来藏，证圆满菩提心。即诵菩提心真言曰：唵冒引地唧多上母多跛二合娜夜引弭。"（《大正藏》第20册，第74页中） （唐）不空译《大乐金刚萨埵修行成就仪轨》："诵发菩提心真言曰：唵一萨嚩瑜伽质多二亩怛波二合娜夜弭三。 次应思惟，己身为金刚萨埵，乃作嚩日啰二合孽摩印，印相半跏而坐。"（《大正藏》第20册，第512页下）
定印，通用种子咒	失译《佛顶尊胜陀罗尼真言》："次结定印，二羽相叉，仰置脐下，以进力各捻禅智。真言曰：唵三摩地钵那迷纥哩二合。"（《大正藏》第19册，第391页中） 《佛顶尊胜陀罗尼真言》：自观己身，于诸佛前，一一作礼，而白佛言："云何名菩提心？诸佛告言：汝观心中字门，本性清净，如净满月，授与真言曰：唵质多钵罗底味谈迦噜弭。行者承旨，默诵一遍，即观自心如净满月。"（《大正藏》第19册，第391页中） （唐）不空《金刚顶经多罗菩萨念诵法》："次应端身住三昧，二羽相叉为定印。空界尘身诸佛海，警觉令观真实心。 真言曰：唵一质多钵啰二合底二微邓迦噜弭。"（《大正藏》第20册，第455页上）

续表

名称	来源及疑似来源
六拳咒印	无对应校本
金刚缚印	（唐）不空译《金刚顶瑜伽千手千眼观自在菩萨修行仪轨经》卷上："次结金刚缚印。即以前印十度外相叉，作拳，即成。真言曰：唵嚩日啰二合满驮。"（《大正藏》第20册，第73页中）
摧十种障恼咒印	（唐）不空译《金刚顶瑜伽千手千眼观自在菩萨修行仪轨经》卷上："次结摧十种障金刚缚印。如前金刚缚，以印三度掣拍心上，即成。真言曰：唵嚩日啰二合满驮怛啰二合咤。由结此印，能摧灭心中十种惑障，则显现发挥身、口、意金刚。"（《大正藏》第20册，第73页中）
金刚遍入印	（唐）不空译《金刚顶瑜伽千手千眼观自在菩萨修行仪轨经》卷上："次结金刚遍入印。如前金刚缚印，禅智屈入掌。各捻戒方，置于心上。真言曰：唵嚩日啰二合，引吠微闭反舍恶。由结此印。瑜伽者身中三密金刚皆得顺伏，加持不散。"（《大正藏》第20册，第73页中） （宋）施护等译《佛说一切如来真实摄大乘现证三昧大教王经》卷6："次结金刚遍入印。诵此心明曰：嚩日啰二合，引吠引舍恶一句。由是心明，即能遍入，皆同亲友和合而住。"（《大正藏》第18册，第358页中）
金刚拳三昧印	无对应校本，其他版本： （唐）不空译《金刚顶瑜伽千手千眼观自在菩萨修行仪轨经》卷上："次结金刚拳、三昧耶印。如前金刚遍入印，进力屈拄禅智背，即成。真言曰：唵嚩日啰二合母瑟置二合鑁。由结金刚拳三昧耶印，身口意金刚合为一体。修瑜伽者速得一切成就。"（《大正藏》第20册，第73页中）
化金刚轮坛咒印	无对应校本
四金刚咒印	无对应校本
请参问圣主印	无对应校本
与大白莲花座印、请坐咒印	无对应校本，其他版本： （唐）不空译《大虚空藏菩萨念诵法》："结献莲华座印。以二羽虚心合掌，以檀慧禅智各头相着。余中间六度微屈。头相离犹如开敷莲华叶形。真言曰：唵迦么拶娑嚩二合贺引。"（《大正藏》第20册，第604页上）

续表

名称	来源及疑似来源
本尊些磨耶咒印	无对应校本，其他版本： （唐）不空《金刚顶经多罗菩萨念诵法》："结本尊根本印。以印加持自心上，二羽智拳节相背，进力禅智竖相合。真言曰：唵一钵娜么二合，二多黎三吽。"（《大正藏》第20册，第456页下）
五供养偈	（唐）不空译《金刚顶一字顶轮王瑜伽一切时处念诵成佛仪轨》："献花故当得，四八大人相。复回向此福，成妙觉花台。舒光遍照触，惊觉人天趣。耽着诸欲境，八苦所缠逼。天乐变化苦，愿彼诸天人。菩提心敷荣，获普贤常乐。"（《大正藏》第19册，第323页中） （唐）金刚智译《药师如来观行仪轨法》："耽着诸欲境，八苦所缠逼。天乐变化苦，愿彼诸天人，菩提心敷荣，获普贤常乐。"（《大正藏》第19册，第923页上）但注意《通用启请仪轨》后面的小偈，金刚智译本没有
十一种供养： 上妙七宝伞盖偈 涂泥点圣主额偈 涂圣主身香泥偈 孔雀尾圆扇偈 双丝衣偈 宝镜偈 宝冠偈 最胜宝幢偈 宝幡偈 宝楼阁偈 普遍供养	无对应校本
金刚手菩萨授毗卢遮那佛所灌顶时付婆瑳乾陀偈	付金刚杵时用偈。疑取自《金刚王菩萨秘密念诵仪轨》："自知是五智金刚，则又变成本尊身，身有四臂。"（《大正藏》第20册，第572页下） （唐）金刚智译《金刚顶瑜伽修习毗卢遮那三摩地法》："次以金刚法歌咏，赞扬如来诸福智。谛观相好运清音，以契如如真性理。"（《大正藏》第18册，第330页上）

续表

名称	来源及疑似来源
内外八种供养咒印	（唐）金刚智译《金刚顶经曼殊室利菩萨五字心陀罗尼品》："金刚涂香陀罗尼印，以坚固缚向心而散。陀罗尼曰：唵跋日啰二合巘提。"（《大正藏》第20册，第713页上） （唐）不空译《金刚顶经瑜伽文殊师利菩萨供养仪轨》："金刚嬉戏真言曰：唵摩贺引啰底丁以，反。次结金刚鬘供养。依前嬉戏直申臂，由结此印加持故，当满净戒波罗蜜。"（《大正藏》第20册，第721页上）
依三部百字咒印 佛（宝）部、金刚部、莲花部（《通用启请仪轨》中仅此三部）	（唐）不空译《金刚顶经瑜伽文殊师利菩萨供养仪轨》："结根本等印加自身想，同妙吉祥菩萨。不解此印，诵金刚百字真言：唵渴诚萨怛啰二合，一三么野么弩鼻播引掕野二渴诚萨怛嚩二合怛吠二合，引努鼻跛底瑟姹二合，四涅哩二合濯引铭婆去嚩素妬引数引铭婆去嚩六阿努鼻啰讫妬二合，引铭婆去嚩七素报引数引铭婆去嚩八萨嚩悉地泾二合，声铭钵啰二合拽磋九萨嚩羯磨素左铭十唧多上室哩二合药矩噜十一吽引贺贺贺贺斛引婆去诚锼十二萨嚩怛他去引多十三渴诚么上，引铭门上左十四渴儗霓以反，引婆去嚩摩贺引三去么野萨怛嚩二合恶入，引，十五。"（《大正藏》第20册，第722页中） （唐）不空译《金刚顶莲华部心念诵仪轨》："（金刚部）诵百字真言曰：唵嚩日啰二合萨埵嚩二合三摩耶摩努播掕耶嚩日啰二合萨怛嚩二合底尾努播底瑟咤二合涅哩二合浊轻呼弭婆嚩素覩使喻弭婆嚩阿努讫覩弭婆嚩素补使喻弭婆嚩八萨嚩悉地弭钵啰二合也瑳萨嚩羯磨素者弭只多室唎二合药句嚧呵呵呵呵斛薄伽梵萨嚩怛他诚多嚩日啰二合磨弭闷遮嚩日唎二合婆嚩摩诃三昧耶萨怛嚩恶。"（《大正藏》第18册，第309页上） 莲花部：《金刚顶莲华部心念诵仪轨》："莲花百字真言同上金刚百字真言，唯改钵娜么及后种子字为唎二合也。"（《大正藏》第18册，第309页中） （唐）金刚智译《金刚顶瑜伽修习毗卢遮那三摩地法》："定慧二羽金刚缚，忍愿如刀进力附。先诵金刚百字明，为令加持不倾动。"（《大正藏》第18册，第330页下） （唐）不空译《金刚顶经多罗菩萨念诵法》："应结青莲根本印，称诵莲华百字明。定慧二羽内相叉，进力禅智竖相拄。"（《大正藏》第20册，第457页上）

续表

名称	来源及疑似来源
除魔障，结药叉咒印	无对应校本，其他版本： 《白伞盖大佛顶王最胜无比大威德金刚无碍大道场陀罗尼念诵法要》："明王辟除魔障印。应跪右膝，竖左膝，左手向后作搭势。右拳竖进当于心，陵身向前，期克状。"（《大正藏》第19册，第399页中） （唐）善无畏译《大毗卢遮那经广大仪轨》卷中："大药叉真言曰：归命一药乞叉二合湿嚩二合啰二娑嚩二合贺。 一切药叉女真言曰：归命一药讫叉二合尾你也二合达哩二娑嚩二合贺。"（《大正藏》第18册，第105页下）
结界（堺）印	无对应校本
结城印	无对应校本
结盖印	无对应校本
结地印	无对应校本
五佛宝冠灌顶咒印	无对应校本，其他版本： （宋）慈贤《妙吉祥平等秘密最上观门大教王经》卷2："五如来灌顶真言曰：唵引戍上声捉野二合多儗野二合曩上声嚩日啰二合娑嚩二合婆去声嚩答么二合句憾引。"（《大正藏》第20册，第910页下） （宋）天息灾译《一切如来大秘密王未曾有最上微妙大曼拏罗经》卷2："结本尊印诵本尊真言。与弟子灌顶，初中方毗卢遮那佛印，以二大指、二小指磔开，余指皆相着，少屈成印，安弟子顶。诵本尊真言与灌顶真言曰： 唵引萨里嚩二合怛他引诫多达里弥二合，引湿嚩二合啰伊难萨里嚩二合怛他引多怛吠二合曩引鼻诜左郝。 东方阿闳佛，结金刚萨埵印。以二手相叉作拳，竖二中指相着，如针成印。安弟子额上，即诵真言与灌顶真言曰： 唵引萨里嚩二合怛他引诫多惹拏二合曩引鼻瑟计拏引鼻诜左吽。 南方宝生佛印。用前金刚萨埵印，屈二中指如宝，安弟子右耳上，诵本尊真言与灌顶真言曰： 唵引萨里嚩二合怛他引诫多引鼻瑟迦啰怛曩二合鼻诜左怛嚂二合。 西方观自在王佛印。用前金刚萨埵印，屈二中指如莲花叶成印，安弟子顶后，诵本尊真言与灌顶真言曰：

续表

名称	来源及疑似来源
五佛宝冠灌顶咒印	唵引萨里嚩二合怛他引诚多引达里摩二合，引鼻瑟计拏引鼻诜左呬里二合。 北方不空成就佛印。用前金刚萨埵印，竖二小指，二中指相着如针，成印。安弟子左耳上，诵本尊真言与灌顶真言曰： 唵引萨里嚩二合怛他引誐多引鼻瑟计摩贺引尾湿嚩二合嚩日啰二合，引鼻诜左恶。 次更与授五佛髻鬘灌顶，如是得灌顶已，如同于一切智亲授灌顶，从此与名得称为大上人，或称为阿闍梨，悉受世间最上胜妙供养，自在快乐。”（《大正藏》第18册，第547页上） 咒语可以对应，但是西方佛天息灾本是观自在王，《通用》是阿弥陀佛
缚宝冠印	无对应校本
珠明真言	无对应校本，其他版本： （唐）菩提仙译《大圣妙吉祥菩萨秘密八字陀罗尼修行曼荼罗次第仪轨法》：“秘密珠明曰：唵引毗卢左曩么拶娑嚩二合，引贺引。”（《大正藏》第20册，第790页下）
静珠鬘真言	（唐）不空译《阿閦如来念诵供养法》：“净珠鬘真言曰：唵吠嚧者娜么拶娑嚩二合，引诃。”（《大正藏》第19册，第19页中）
卢那咒	无对应校本，其他版本： 跟念珠有关，似是（宋）天息灾译《大方广菩萨藏文殊师利根本仪轨经》卷11：“宜先一一清洁身心专注，然执取珠子钻持磨莹，一一逐件，各念真言，或三遍，或五遍，或二十一遍。”（《大正藏》第20册，第873页下）
圆光真言	无对应校本，其他版本： （唐）善无畏、一行译《大毗卢遮那成佛神变加持经》卷2：“如来圆光真言曰：南么三曼多勃驮喃一入嚩二合，引罗引摩履你二怛他引蘖多引嘌旨二合，三莎诃四。”（《大正藏》第18册，第13页上） （唐）善无畏译《大毗卢遮那经广大仪轨》卷上：“彼圆光真言：用大护印，二空并入掌风轮而散舒。一入嚩二合罗么嘌你二怛他引蘖多嘌旨精以反，二合，三娑嚩二合贺。”（《大正藏》第18册，第93页下）

续表

名称	来源及疑似来源
圆光真言	（唐）释一行著《大毗卢遮那成佛经疏》卷9："次如来圆光真言：南么三曼多勃陀喃入嚩罗摩履儞怛他糵多喋旨蒌诃。右句义中，入嚩罗是焰光义，摩履儞是鬘义。以焰为鬘轮环不绝，故名如来圆光也。次句云怛他糵多喋旨，是如来光明义。此是明白之光，梵音与焰鬘之光其名不同。正用此喋旨字为真言体也。上有啰声是尘垢义，下体遮字是迁变义。以入阿字门故，即是本无尘垢，亦不迁变，即是如来常寂之光。又带伊字三昧声，言此常寂之光，定慧具足。是故，寂而常照，照而常寂。阿闍梨以此加持身故，一切诸天神等如来焰鬘遍被其体，威猛难覩，犹如日轮。是故，诸为障者不得其便也。"（《大正藏》第39册，第677页） 失译《胎藏梵字真言》有"如来圆光真言"。（《大正藏》第18册，第165页中）
奉嘱圣主、遣圣主印	无对应校本，请召印其他版本： （唐）菩提流志译《如意轮陀罗尼经》："请召印第十七二中指、二无名指、二小指。右押左，仰竖相叉、相钩。二头指斜伸，头相拄，二大指向前招拨二中指头。请召先顾彼方，若改二大指向外拨，即名送诸圣者法。"（《大正藏》第20册，第192页上） （唐）不空译《瑜伽莲华部念诵法》："然后发遣圣者复还本宫，发遣者用前三昧耶印当口解。真言曰：唵钵娜摩二合萨怛缚二合穆轻。"（《大正藏》第20册，第8页中）
解界咒印	无对应校本
灌顶咒印	无对应校本，其他版本： （唐）金刚智译《金刚顶瑜伽中略出念诵经》卷2："置于额上而灌顶，结灌顶印法。谓结金刚缚已，竖智定度。进力二度头相拄。屈其中分，如摩尼宝状，是名授灌顶印。而说密语：唵跋折罗阿罗二合怛那二合阿毗诜遮摩含二合。"（《大正藏》第18册，第237页下） （唐）不空译《瑜伽莲华部念诵法》："次结灌顶印。合掌已，竖二大拇指，偃蹙八指如宝形，置于顶上，诵真言三遍。想五如来冠，以冠其首。真言曰：唵纥唎二合摩抳钵娜摩二合阿毗诜者萨嚩二合怛二合纥唎二合。"（《大正藏》第20册，第7页下）

续表

名称	来源及疑似来源
灌顶咒印	（宋）释祖照集，赵文焕、侯冲整理《楞严解冤释结道场仪》："一切如来灌顶真言：唵引阿弥哩多嚩隶嚩罗嚩罗钵罗嚩罗尾秫帝吽吽吒吒萨婆诃。"［方广锠主编《藏外佛教文献》（第06辑），宗教文化出版社1998年版，第203页］
三金刚守护	（唐）不空译《佛说出生无边门陀罗尼仪轨》："所谓三金刚，身印语真言。心住三摩地，由入三平等。"（《大正藏》第19册，第679页下）

附录2　《通用启请仪轨》城体梵文咒语校勘

说明：

1. 汉文咒语对音特殊用字较多，宜用繁体字，校勘及注释说明用简体字加以区别。

2. 原文页码和正文一致，可参看查阅。

3. 梵文录文采用拉丁字母转写，规则依据IAST（International Alphabet of Sanskrit Transliteration）。

4. 原文无梵文旁注，不作转写。

5. 原文朱批梵文，行内漫漶不清处用［...］，表示残缺字数不清楚；行首前残用...］；行末残缺用［...

6. 去元音（母音）符号（Virama）用*表示。

7. 碑文难以辨识处，一个字用［?］表示。如："［m?］"。

8. 因仪轨中夹杂咒语缺少校本，故部分咒语根据古代译本校勘，部分常见咒语参考现代学者的相关咒语整理校勘。但有鉴于写本文献的识别误差，本录仅作参考，并不代表对校文献即是同本。

参考书目缩写：

9. 如意轨：（唐）不空译《观自在菩萨如意轮念诵仪轨》，《大正藏》第20册。

10. 心轨：（唐）不空译《金刚顶莲花部心念诵仪轨》，《大正藏》第18册。

11. 金刚顶：（唐）不空译《金刚顶瑜伽千手千眼观自在菩萨修行仪轨经》卷一，《大正藏》第20册。

12. 八田，823：八田幸雄《真言事典》（嘉丰，2002 年）第 823 条咒语。简写格式为“八田 + 咒语编号”。吉田，7：吉田惠弘《金刚界咒语解记》（嘉丰，2003 年），格式同上。

页码	原图/转写/校勘
467.1	唵娑□迦吒
般若译	唵嚩日嚕馱迦吒反舌，大呼
转写	Oṃ vajro dakaṭhaḥ
469.1 净地	
对音	唵娑嚩二合婆訶縛殊陁訶二合娑嘌婆二合陁訶嘌二合陁訶嘌磨娑嚩二合婆訶嚩殊度乎舍
	[. . .] va [?] śuddha sarva dharmo sva [?] pha vaśu [?]
469.2 买地	
	唵婆蘇陁訶梨訶那陁若波波胝莎訶
	oṃśuddha [??] nadha [. . .] pra prati svāhā
470.1 入道场	 
	唵磨訶毗布羅婆嵯波胝瑟恥多悉提兮阿□□合□者忙娑栗婆多他伽多毗四灑鷄婆訶囉婆訶羅三婆訶羅三婆訶羅吽
	Oṃ maha vapra la prajña tise [. . .] ca ma sarva tathgātā [. . .] sa [. . .] ra saṃ [. . .] hūṃ
471.1 入坛真言	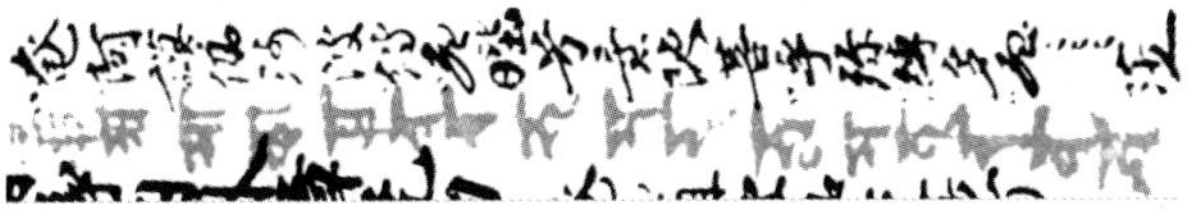

续表

页码	原图/转写/校勘
	唵 阿謨伽訶波嚩囉胜兮磨陁菩呼彌嚩多羅嚩多訶
	Oṃ a mo gha phu bha ra ti［...］ma dha bhu mi ba ta ra va ha
471.2 净内外障	
	唵 囉祖波伽多莎訶
	Oṃ racu[①]pragatā svāhā
	Omrajo pagatā svāhā（八田，823）
471.3 礼佛皈依	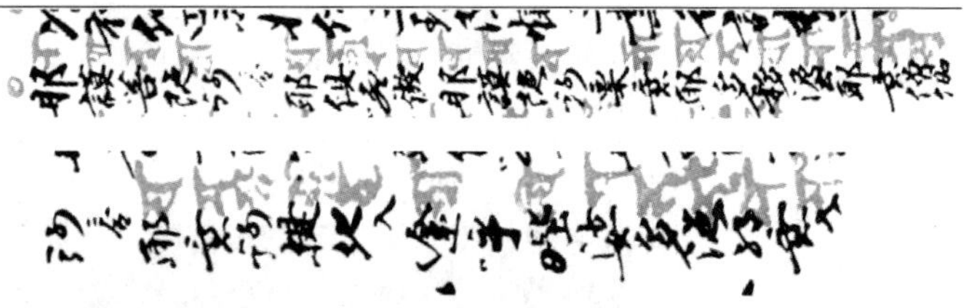
	那謨菩陁訶二合耶俱囉微 那謨陁訶嘌磨耶多移逕 那磨僧伽訶二合耶磨訶提地入途呼胜娑多陁那磨入
	namo buddhaya kuravi namo dharmāya tayānā namaḥ sangha yamahā te ti tya-phisatadha namaḥ
471.4 瑜伽坐咒	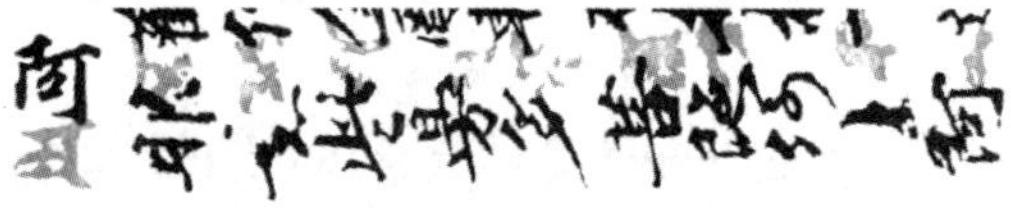
	阿 那磨些曼多菩陁訶□阿
	anamo samatā buddha
472.1 大悲水咒	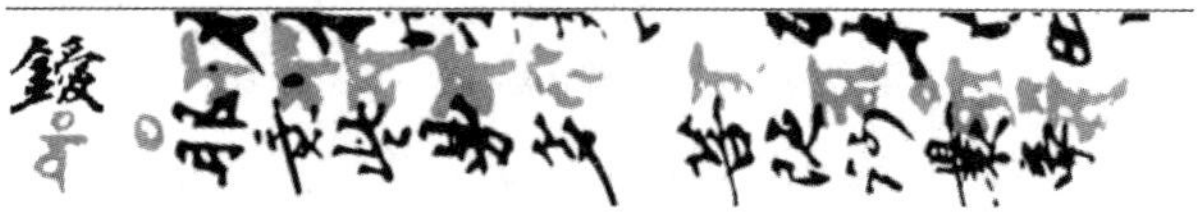
	鑁 那磨些曼多菩陁訶曩□
	vaṃ namo samatā buddha naṃ

① 据现代研究的转写，该仪轨咒语中字母 cu 常等同于“jo”，下文 480.1 阿閦佛咒有同例可证。

续表

页码	原图/转写/校勘
472.2 智火光咒	
	囕 那磨些曼多菩陁訶曩囕
	raṃ namo samatā buddha naṃ raṃ
472.3 自在力咒	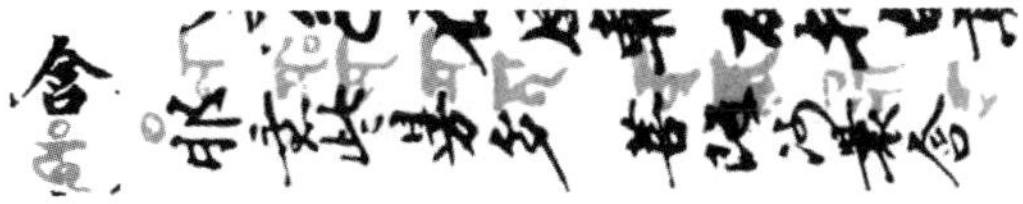
	含 那磨些曼多菩陁訶曩含
	haṃ namo samatā buddha naṃ haṃ
472.4 大空咒	
	佉 那磨些曼多菩陁訶曩吹
	khaṃ namo samatā buddha naṃ
473 请天地	唵 那磨些曼多菩陁訶曩唵訶陁訶
474.1 澡浴清净	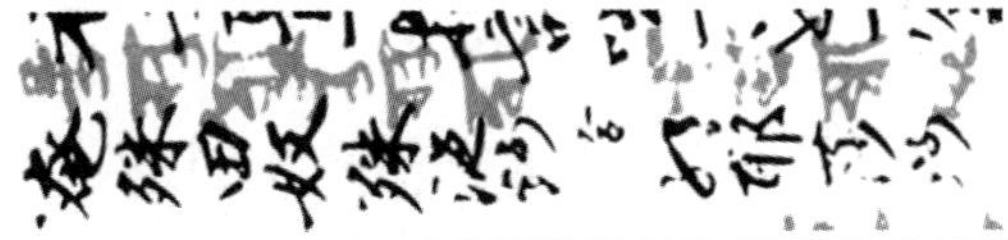
	唵 殊田奴殊陁訶合□ 那耶莎訶
	oṃśudrā nuśuddhanaya svāhā
474.2 自灌顶	
	唵 婆蹉耶莎訶 唵 婆蹉婆蹉
	oṃ vajraya svāhā oṃ svāhā oṃ vajra vajra
476 一切诸魔不能坏	
	唵波頭迷蘇波頭米布栗那重迦梨彌 迦梨彌迦摩梨莎訶
	oṃ pradra［?］śupradhra［?］ purnā krimiri krimini kāmari svāhā

续表

页码	原图/转写/校勘
477 金刚甲	
	唵婆蹉羅佉含
	oṃ vajra rakṣa ［?］haṃ
478. 1 金刚牙	
	唵婆蹉耶佉吽
	oṃ vajra yakṣa hūṃ
478. 2 金刚拳	
	唵 婆嵯牟失胝重旁
	oṃ vajra muṣṭī vaṃ
	四智慈婆印
479. 1 心 五智成萨埵	
	唵 薩多嚩婆慈吽
	hūṃ oṃ sattva vaji hūṃ
479. 2 额 金刚藏	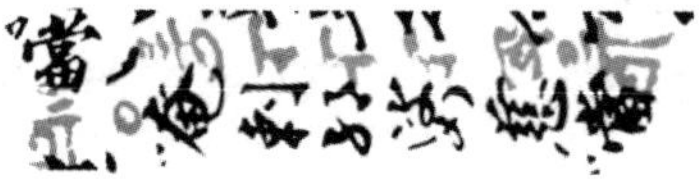
	唵剌那婆慈當
	trāṃ oṃ rana vaji trāṃ
479. 3 喉 金刚法	
	唵陁訶栗磨婆慈晞
	hūḥ oṃ dharmā vaji hūḥ

续表

页码	原图/转写/校勘
479.4 顶 金刚业	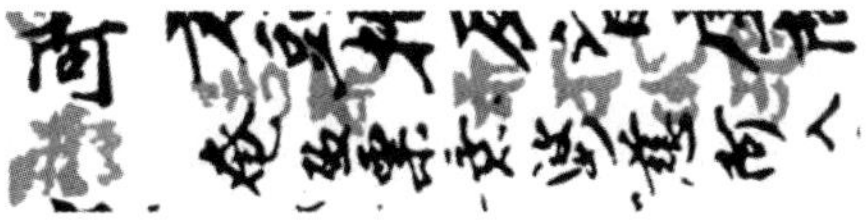
	唵 迦栗磨婆慈阿人
	aoṃ karmā vaji aḥ
480.1 青色吽 身 东门礼阿閦佛	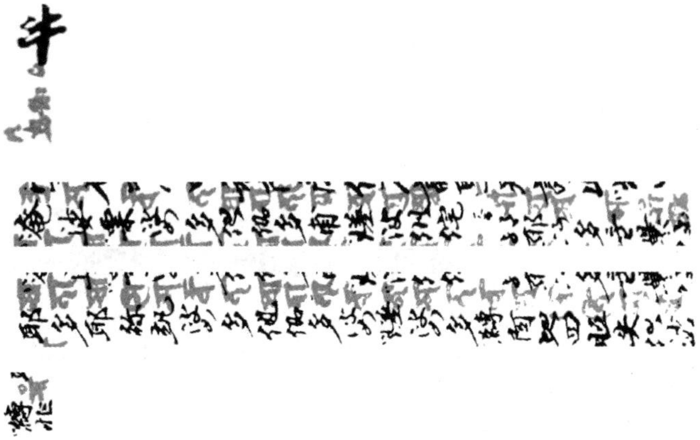
	唵 娑栗婆多他伽多甫蹉波似侘二合那耶耶阿多磨曩□耶多彌飒婆多他伽多婆蹉婆多嚩阿地四胝失他娑嚩忙
	hūṃ oṃ sarva tathāgatā pucrapasthānāya atmanāṃ [...] yatāyāmi sarva tathāgatā vajra satava adhitiṣ[...] māṃ
心轨	sarva tathāgata pūjopasthānāyātmānaṃ niryātayāmi sarva tathāgata vajrasattvādhitiṣṭhasva māṃ hūṃ（吉田，5）
480.2 黄色噹 心 南门礼 宝相佛	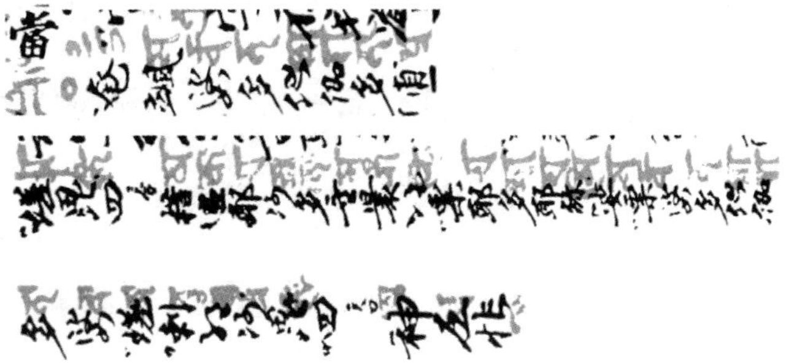

续表

页码	原图/转写/校勘
	噹 唵飒婆多他伽多逋蹉毗四$_{\text{二合}}$□迦耶阿多磨曩彌嘌耶多耶彌娑嘌婆多他伽多婆蹉剌那阿毗四$_{\text{二合}}$神左忙
	trāṃ oṃ sarva tathāgata pūjabhiṣa kayahatā manāṃ niriyatāyami sarva tathāgatā vajra lana a［...］
心轨	oṃ sarva tathāgata pūjābhiṣ ekāyātmānaṃ niryātayāmi sarva-tathāgata-vajra-ratnābhiṣiṃ ca māṃ trāḥ（吉田，7：作宝生佛）
481.1 赤色唏 西门礼阿弥陀	
	唏 唵飒婆多他伽多逋蹉波嚩嘌多那耶阿多磨曩□嘌耶多耶彌飒婆多他伽多婆蹉陁訶栗磨$_{\text{二合}}$波嚩嘌多耶忙
	hrīḥ oṃ sarva tathāgata puja pravartānāya atāmānāṃ［?］ryatayamisarva tathāgata vajra dharma puvarataya māṃ
心轨	oṃ sarva tathāgata pūjā-pravartanāyātmānaṃ niryātayāmi sarva-tathāgata-vajra-dharma pravartaya māṃ hrīḥ（吉田，8）
481.2 绿色阿入 礼北方不空成就	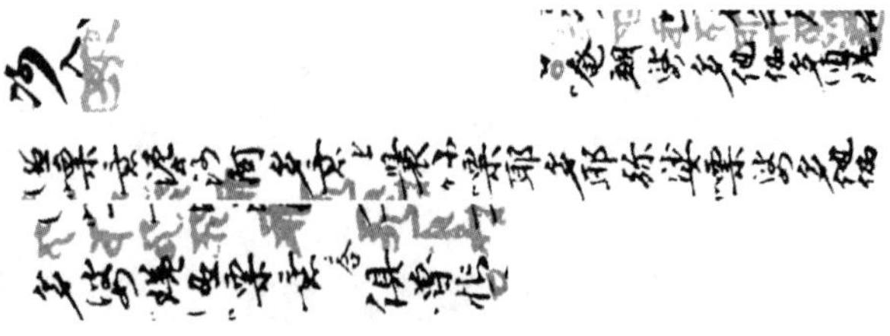
	阿$_{\text{入}}$唵飒婆多陁伽多甫蹉迦栗魔尼訶阿多魔曩彌栗耶多耶彌娑栗婆多陁伽多婆蹉迦嘌磨$_{\text{二合}}$俱魯忙

续表

页码	原图/转写/校勘
	aḥ sarva tathāgatā pūjā ［... ］ tāvajra kārmā kuru māṃ
心轨	oṃ sarva tathāgata pūjā-karmaṇyātmānaṃ niryātayāmi sarva-tathāgata-vajra-tathāgata vajra-karma kuru māṃ aḥ （吉田，10）
482. 1 般若波罗蜜多印	
	唵 娑嚩二合 婆訶嚩殊陁訶二合 颯婆二合 陁訶二合 嘌磨些嚩婆訶二合 嚩殊度呼含
	oṃ sa ［rvā］ bhavaśūddha sarva dharma svabha vaśudu haṃ
483. 1 警觉圣众咒	
	唵 婆祖眡失侘
	oṃ vacratiṣca
483. 2 启请求愿印	
	那磨入 似低逋魯社蹉若那磨入 彌低逋魯殊多磨入 阿嚩迦常俱迷那他曼當婆訶二合 闍彌忙殊旁行
	namaḥ stipralnusajra ［?］ namaḥ mtipranuṣutamaḥ avakaṣaṃjuminātha matrāṃ bhaṣmimāṃṣūvabhaṃ
484. 1 三族咒 佛族	
	唵 多他伽都持婆訶嚩耶 莎訶
	oṃ tathāgato ［c?］ bha vaya svāhā

续表

页码	原图/转写/校勘
484. 2 莲族	
	唵 钵頭謨持婆訶嚩耶莎訶
	oṃ padmacbhavaya svāhā
485. 1 金刚族	
	唵 婆祖二合持婆訶嚩耶 莎訶
	oṃ vajra cbhavaya svāhā
485. 2 普礼	
	唵 颯婆多他伽多迦耶嚩迦即哆波那迷那婆蹉般阤那迦魯彌
	oṃ tathāga [...]
486 四无量心观 同普贤菩萨	
	唵 磨訶彌以二合多耶似頗二合囉
	oṃ maha mitāya spra
487. 1 同虚空藏	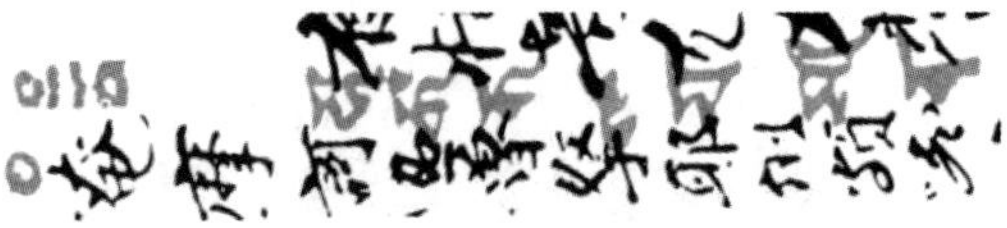
	唵 摩訶迦魯拏耶似頗囉
	oṃ mahakaṇuyaspra

续表

页码	原图/转写/校勘
487.2 同观自在	
	唏 唵磨殊陁訶二合波謨陁似頗囉
	hrīḥ oṃ mṣuddhapumudhaspra
487.3 金刚藏菩萨	
	莎嚩 唵 磨呼閉叉似頗羅
	sva oṃ mahuprachaspra
488.1 发菩提心	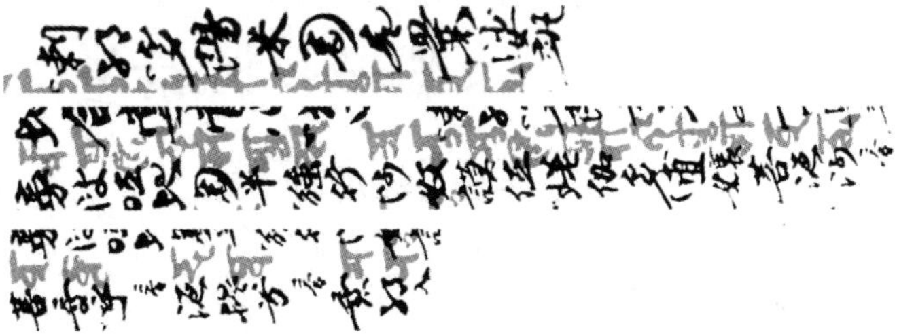
	剌那多陽米闍羅曩娑颯旁波胝地闍半強行阿奴謨低蹉伽多逋孃菩陁訶二合菩度呼二合陁提兮二合磨那入
	[...] rvapudidhāṣapāctaṃ anumuti jagatāprajñāṃ buddha budha dhatvamanaḥ
488.2 五齿婆蹉	
	唵 婆蹉慈嚩□嚩反
	oṃ vajrajiva [??]
489.1 婆蹉齿	
	唵 婆蹉阿他耶吽
	oṃ vajra athaya hūṃ

续表

页码	原图/转写/校勘
489.2	
	惡 aḥ
490.1 观真实	
	唵 薩嚩置多波胝槃蕩行迦魯彌當
	oṃ svadita patibadhaṃ khanumi［?］
490.2 结持法界大印	
	唵 冐地呬即多母都波陁耶彌
	oṃ judhi cittām［?］ pa dha yami
491.1	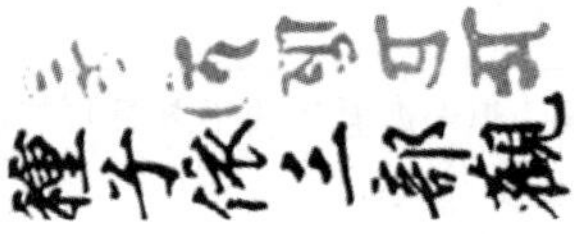
	種子依三部觀
	oṃ tisupra［cya］
491.2 金刚成体性	
	唵 婆蹉多磨俱行
	Oṃ vajra tamāṃkuhaṃ

续表

页码	原图/转写/校勘
492 本心咒加五字咒	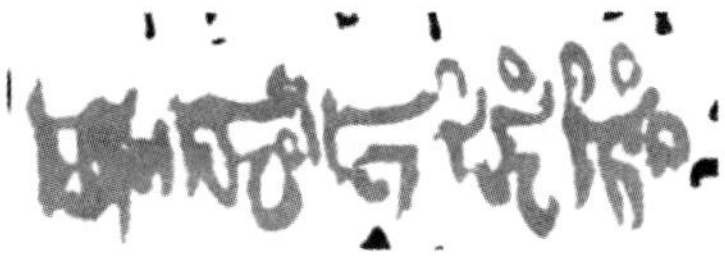
	[a]① hūṃ trūṃ hruḥ aḥ
金刚智悉昙	vaṃ hūṃ traḥ hrīḥ aḥ
金刚智汉译②	鑁一吽二合怛洛二合,三纈唎二合,四惡五
金会畅编译③	 啊凡姆覽姆喊姆刊姆（a vaṃ ra haṃ kha）

附录3　云南大藏经文献整理疑难字表

释字	原图及出处	其他异体字	备注
互相	 （卷一，503）		
魔	 （卷一，470、508）  （卷二，60、65、71）		卷二 59—60 页有“除魔”二字可证为“魔”字。 云南密教文献中“魔”“磨”二字相似，但是字体结构下半部分有明显区分。

① 原文此处模糊难以辨识，此处仅供参考。

② （唐）金刚智译《金刚峰楼阁一切瑜伽瑜祇经》卷下：“尔时，复说成就富贵金刚虚空藏钩召五字明王曰。”《大正藏》第18册，第263页中。

③ 金慧畅编：《安乐妙宝》，1939年，《大藏经补编》第11册，第68页上。

续表

释字	原图及出处	其他异体字	备注
磨	 （卷一，470、502）		“磨”之草体，不似常用的“摩”诃。Namo 的对音有好几种如：那摩，那磨，曩莫，曩谟，南麽，娜麽，喃麽等
摩尼珠	 （卷二，118）		此为“摩”
些曼多	 （卷一，471）		即三曼多，《大正藏》以三曼多、三磨耶的汉译居多
同諸聖	 （卷一，474）		
對	 （卷一，474）		
障碍	 （卷一，477）		
誘引	 （卷一，486）		“言”旁常似“禾”字

续表

释字	原图及出处	其他异体字	备注
發菩提心	 （卷一，487）		
齊	 （卷一，490）		
觀	 （卷一，490）		
體，体	 （卷一，490）		
虚空	 （卷一，491）		
堅實	 （卷一，491）		
竝（并）	 （卷一，492）		
頭向 頭指	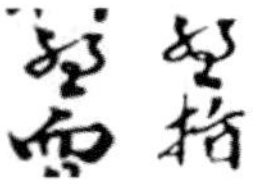 （卷一，493、495）		（头指即食指）
智	 （卷一，494）		
閃現	 （卷一，494）		㶼 shǎn 1. 古同“䩄”，闪烁。2. 古同“闪”，闪电。

续表

释字	原图及出处	其他异体字	备注
再	 （卷一，495、525）		
東門	 （卷一，496）		
世師	 （卷一，496）		
遏伽	 （卷一，498）		
地水火風空	 （卷一，499）		
本部	 （卷一，498、501）		
肉食	 （卷一，503）		
碎	 （卷一，503）		
醜陋	 （卷一，504）		

续表

释字	原图及出处	其他异体字	备注
两度	 （卷一，507）		
樹	 （卷一，510）		
歌舞	 （卷一，514）		
如來部	 （卷一，518）		
動	 （卷一，518）		
無間	 （卷一，518）		
藥叉咒	 （卷一，519）		
任意	 （卷一，520）		
攝	 （卷一，424）	摂	底本原文常只写上半部分
寶	 （卷一，428）		

续表

释字	原图及出处	其他异体字	备注
癘 lài	 （卷一，429）	疠 厲 ? 癩	古同“癞”，癞病
助	 （卷一，430）		
怪	（卷一，434）	恠	
恢恢，齐齐	 （卷一，435）		古代一般重复字用此符号代替
聖凡	 （卷一，438）		
壝 wéi	 （卷一，443）		古代祭坛四周的矮墙
媱 yao2	 （卷一，445）		
覺	 （卷一，446）	覐	竟 jiào，古同“觉”
歌謡	 （卷一，446）		
碓磑	 （卷一，449）		磑 wèi，石磨

续表

释字	原图及出处	其他异体字	备注
今欲	 （卷一，452）		
恶	 （卷一，457）		
歡，懽	 （卷一，457）		
想此	 （卷一，458）		
虎	 （卷一，462）		
盧舍那	 （卷二，53）		
文殊師利菩薩	 （卷二，53）		
有情	 （卷二，53）		
婆蹉	 （卷二，54）		即 vajra 金刚的对音

续表

释字	原图及出处	其他异体字	备注
不限遍数	 （卷二，54）		
金刚	 （卷二，54）		
種子	 （卷二，54）		
次第	 （卷二，54）		
守護	 （卷二，54）		
色	  （卷一，480；卷二，55）		
爲蓮花	 （卷二，55）		
龍花	 （卷二，56）		

续表

释字	原图及出处	其他异体字	备注
藥師如來	 （卷二，58）		
坛内	 （卷二，59）		
閼伽水	 （卷二，59）		
婆羅	 （卷二，60）		
聖主	  （卷一，481；卷二，60）		
涅槃	  （卷一，511）		
金色	  （卷二，62、69）		
青虚	 （卷二，64）		

续表

释字	原图及出处	其他异体字	备注
當心誦	 （卷二，64）		
宿曜	 （卷二，64）		
念誦	 （卷二，65）		
八葉蓮花	 （卷二，66）		
一百八遍	 （卷二，67）		
阿修罗	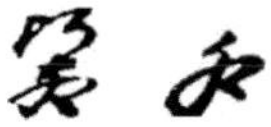 （卷二，67）		
发菩提心	 （卷二，69）		

续表

释字	原图及出处	其他异体字	备注
佛部	 （卷二，70、119）		
金刚部	 （卷二，70）		
金剛寶冠	 （卷二，71）		
等	 （卷二，71）		
結請	 （卷二，71）		
聖像	 （卷二，72）		
八柱樓閣	 （卷二，74）		

续表

释字	原图及出处	其他异体字	备注
誦咒	 （卷二，75）		
轉法輪	 （卷二，75）		
散開	 （卷二，78）		
不能为害	 （卷二，81）		
觀世音菩薩身	 （卷二，81）		
献五种供养	 （卷二，83）		
香炉	 （卷二，85）		

续表

释字	原图及出处	其他异体字	备注
葦草一撮	 （卷二，85）		
斷絕	 （卷二，87）		
散諸	 （卷二，87）		
艹/種	 （卷二，87）		种子之意
林＋言 nen4	 （卷二，90）		同“㑎”，愚痴也
宍	 （卷二，88）		古同“肉”
住在	 （卷二，88）		
垂下	 （卷二，88）		

续表

释字	原图及出处	其他异体字	备注
衆寶莊嚴	 （卷二，88）		
落下	 （卷二，92）		
大觉牟尼佛	 （卷二，93）		
土 + 瓦 du4	 （卷二，101）		大盆
輪輪内想	 （卷二，102）		中间的符号是重复符号
遏伽水	 （卷二，103）		

续表

释字	原图及出处	其他异体字	备注
無量光明	 （卷二，108）		
衆生	 （卷二，108）		
虛心合掌	 （卷二，113）		
施主發願文	 （卷二，114）		
大悲觀世音菩薩	 （卷二，114）		
须	 （卷二，116）		

续表

释字	原图及出处	其他异体字	备注
真空法界	 （卷二，117）		
再闞伽	 （卷二，120）		（卷二，121）
虛空藏菩薩	 （卷二，122）		 此为“虚”字，到此时可确证
大般若經	 （卷二，124）		123 页有“经中咒”等
琉璃色光	 （卷二，125）		
盡	 （卷二，125）		

续表

释字	原图及出处	其他异体字	备注
破前諸闇	 （卷二，126）		
行願圓滿	 （卷二，126）		
應所作	 （卷二，128）		
天仙龍神	 （卷二，131）		
金剛鈴	 （卷二，135）		
不祥	 （卷二，154）		
施主	 （卷二，154）		

续表

释字	原图及出处	其他异体字	备注
觀自在菩薩	 （卷二，154）		
揭帝	 （卷二，154）		文内互证
不思議	 （卷二，155）		
其中	 （卷二，155）	一般常见草书“其”。  （王羲之）	该草书其极不规范，易于“春”误：  晋·索靖《月仪帖》
见闻安乐	 （卷二，156）		
鴛鴦	 （卷二，159）		
守護	 （卷二，163）		

续表

释字	原图及出处	其他异体字	备注
獻	 （卷二，169）		
極樂世界	 （卷二，173）		
摩醯首羅	 （卷二，176）		
三百六十道	 （卷二，176）		
为施主发愿	 （卷二，184）		
金刚	  （卷二，96、184）		

续表

释字	原图及出处	其他异体字	备注
袈裟两角	 （卷二，189）		
不限遍數	 （卷二，196）		
警觉	 （卷二，197）		“竟”，为“觉”之异体字
磨兮首罗天	 （卷二，199）		
悲愍	 （卷二，200）		
摧碎	 （卷二，200）		

续表

释字	原图及出处	其他异体字	备注
吉祥	 （卷二，213）		
自他之義	 （卷二，222）		
妖怪	  （卷二，222、223）		
奉請三大金剛	 （卷二，239）		
薄伽梵	 （卷二，249）		
須弥山	 （卷二，253）		

续表

释字	原图及出处	其他异体字	备注
两翅	 （卷二，254）		
雲雨	 （卷二，254）		
叽	 （卷三，237）		厹（qiú）的异体字亦作“厹”“叽”
欣 hang1	 （卷三，337）		
拶 za1	 （卷三，347）		拶，亦读“zan3”，压迫之意
霔 Shù	 （卷三，351）		古同“澍”，时雨灌注
聖	 （卷三，358）		“圣”的异体字，“三王”的书写见北宋太宗、真宗、仁宗《三圣御制佛牙赞》［该碑文收录在《藏外佛教文献》（第四辑），陈明光整理］

续表

释字	原图及出处	其他异体字	备注
雙	 （卷三，359）	隻	异体字
			啝 hé 1. 小儿啼哭 2. 顺

（李博，陕西师范大学博士生）

石龙寺水陆神谱与阿吒力科仪的对应

张旭东

摘　要： 白密阿吒力佛教的水陆神谱是长期历史演变下产生的独有造像仪轨，又据白密科仪的法事内容安排组织了各种各司其职的众多神像，白密阿吒力水陆神谱是把儒、释、道三教神祇，根据白密阿吒力科仪法事而按照职能、地位等级组织并安排在各自的神谱系统之中，与科仪法事相互对应。

关键词： 白密；水陆神谱；科仪；法事；对应

一　导论

“要弄清白族阿吒力科仪就必须先看懂阿吒力行持法事的法坛布置和神谱里的佛像艺术之对应性”，白族文化学者张笑老师曾对我这样说。在2016年第三届中国密教研讨会于剑川古城召开期间，剑川白族阿吒力密教的法坛布置和水陆神谱向密教研究专家展示了其从明清时期留传下来的科仪演释。

本文是作者对剑川白密阿吒力于2012年在明代阿吒力石龙古寺举行“地藏慈悲救苦荐福利生道场仪”而进行的研究，通过将石龙古寺现保存水陆神谱与现存的阿吒力科仪法事名称进行对比，发现神谱与现今保存的阿吒力科仪有着对应联系和作用性。石龙古寺神谱是根据失传的明代阿吒力《水陆科仪》所请神佛绘制的，而且其中神佛按照《水陆科仪》划分系列，大致分为八组，分别是：诸佛、菩萨、历代圣僧祖师、斗宿真仙、护法将帅、诸天、冥府十王、十类冤家债主。如此便可以分析出石龙古寺水陆神谱中所祈请的神佛与阿吒力僧在行持各类法事中有怎样的关联，也可以从中看到当时画师在阿吒力上师的指导下如何对各样神佛取样和取舍，又可以从现存的水陆神谱里看出缺失了哪些神佛。

从阿吒力僧行持法事中的进表、上疏、发牒中既可以看出所缺失的神佛，也可以了解到阿吒力上师摆设法坛的规律。

二 石龙寺由来与水陆神谱的独特地方性艺术和收藏概况

石龙寺，全称石龙古寺，《云南通志》九十二卷《祠祀志》二“丽江府剑川州”条记载：“在城南五里钟贤延岭，石崖延亙如龙壁，有天成观音像，上建古寺，始于明，清咸丰间毁于兵，光绪二年（1876）重修”，是明至清代时期历代剑川阿吒力僧官所常住和传戒传法的场所，又是保存科仪经典和水陆神谱的主要寺庙，阿吒力僧正司也是设在此寺，最后一代僧官，民国时期的阿吒力僧洪昶也是在此寺圆寂。

现在的石龙古寺于改革开放后1990年由阿吒力僧官洪昶的传法弟子本戒主持，在原有遗址上重建，恢复了大致面目，一进两院，主殿塑有白密所称的“观音三姊妹”、伽蓝大黑天、达麽悉多、玉帝应身如来，销释金刚科“白马驮来一卷经”诸神，二殿塑有当来下生弥勒佛，石龙古寺开山祖。规模相对原寺面目虽不可同日而语，但也留下了剑川白密文化的一些有力依据。

剑川白密阿吒力水陆神谱分为壁画、卷轴两种，存世量却保留下来不多，现今留存基本是清代中后期及民国时期的，属于纸本。通过多次田野调查发现，唯一留传下来的水陆神谱是在石龙古寺，共有四堂，年代初步断定是在清中期和民国时期；还有一套是由剑川羊岑乡香积寺传入石龙古寺，后在“文化大革命”间流落民间私人的全堂水陆神谱，残缺一部分，现入藏于大理州博物馆。这两堂佛像绘制有着地方民族美术特点，十分古朴，具有以下主要特征：

1. 所用颜色是矿物颜料，基本是红、黄、蓝、绿，黑白两色为辅助色；

2. 花纹图案用得比较简单，几何纹图案较多，附带的花门剪纸带绘画；

3. 佛像所着服饰与其他地区水陆画有明显区别，没有过多的褒衣博带形式；

4. 线条的描法，为铁线描，有张有弛，有兼工带写的画法，体现了剑川民间画师的习惯性用笔；

5. 佛像的开脸，夸张却不失严谨，有法度而不失规矩。

在整堂神谱的装裱上，有剑川民间装裱的式样，每幅主神像卷轴全用鹤庆白棉纸料托底至三层，正面用民间土法手工染色纸装表面，其中硬卡型神谱，全用草纸一张叠一张托底，直至一定厚度，最后用白棉纸裱上一层，整堂水陆神谱有着颜色搭配上和谐统一的装潢样式。

这些水陆神谱尺寸基本是主神卷轴画幅（见图 1、图 2）：高 134—140 厘米，宽 60—70 厘米；硬卡神谱高 60 — 80 厘米；五方神谱卷轴画幅：高 40—80 厘米。

图 1　法坛主神卷轴

图 2　法坛右方圣牌

三　剑川白密水陆神谱的内容

图3　达麼悉多

图4　地藏、东岳、丰都

图5　十殿阎君之五

图6　左箴规

图7 右戒语

图8 护法神将

图9 龙、马、凤、鹤

图10 斗宿真仙

图 11　斗宿真仙

图 12　消灾免难金曜孔雀明王佛

以上这些明清水陆神谱（图 3—图 12）是明清历代阿吒力上师根据白密科仪《水陆科仪》中“六时法备”核心内容指导画师绘制而成，与各种法事科仪互相对应。绘制的正位佛像有：

开天无极元始燃灯古佛、清静法身毗卢遮那佛（图 13）、圆满报身卢舍那佛（图 14）、本师释迦牟尼佛（图 15）、法界藏身阿弥陀佛（图 16）、当来下生弥勒尊佛、万星教主金轮炽盛光王佛、消灾免难金曜孔雀明王佛、增福延寿药师光王佛（图 33）、玉帝应身清静觉王佛。

根据层次区别或者尺幅大小，有的一轴正位中画六身：释迦、弥陀、弥勒、药师、炽盛、孔雀；有的一轴正位中画十身，代表过去庄严劫千佛、现在仁贤劫千佛、未来星宿劫千佛。

左位正神像：延人寿命观世音菩萨、文昌司禄梓潼帝君、北方镇魔玄天上帝、上元一品赐福天官种德天王佛、中元二品赦罪地官须弥山王佛、下元三品解厄水官海德光王佛；一轴画六身，代表主持祈福。

图13　清净法身毗卢遮那佛

图14　圆满报身卢舍那佛

右位正神像：幽冥教主地藏王菩萨、一殿秦广都曹大王欢喜地菩萨、二殿楚江龟禄大王离垢地菩萨、三殿宋帝冥曹大王发光地菩萨、四殿忤官玩琳大王焰慧地菩萨、五殿阎罗明贤大王难胜地菩萨、六殿卞成鹤庭大王现前地菩萨、七殿泰山宝畦大王远行地菩萨、八殿平正龟元大王不动地菩萨、九殿都市紫气大王善慧地菩萨、十殿转轮配生大王发云地菩萨；一轴画十身，代表地藏荐福利生仪。

右位正神像：幽冥教主地藏王菩萨、东岳天齐仁圣大帝、北阴司冥丰都天子、本县城隍社令尊神聪明藏菩萨、本山土地护界安邦正神；代表荐亡召灵仪，一轴画五身。

东方地位神像：天官、持国大天王青帝将军；南方火位神像：火官、增长大天王赤帝将军；西方风位神像：地官、广目大天王白帝将军；北方水位神像：水官、多闻大天王黑帝将军；这四方代表结界，卷轴像，一轴一身。

上方神谱：东方世界慈悲主阿闳佛、南方世界慈悲主宝相佛、西方世界慈悲主弥陀佛、北方世界慈悲主成就佛；硬卡纸型，一卡一身。

图 15　释迦牟尼佛

图 16　法界藏身阿弥陀佛

五方符文神谱（图 17—图 20）：东方真文、南方真文、西方真文、北方真文、中央真文；这五方真文有类似于道教的正一符箓天书，底画几何图案，增加了神秘感，一卡一真文。

图 17　北方真文

图 18　南方真文

图 19　东方真文

图 20　下方真文

祖师坛神谱：西天达麽悉多祖师；此尊的样式是典型白密祖师像，内穿暗红色交领长衫，外罩金钩玉环二十一块黄色袈裟，左手捏杨枝，右手托净水钵，坐于奇石上，呈自在观音坐姿式，头上罩宝盖垂璎；剪贴型。

瑜伽焰口神谱：铁围山畔启教大士面燃鬼王；一轴一身。

圣诰牌位谱：上三界中三界下三界一切神佛宝诰，墨色书写，合计八十多条，分红黄蓝三色（图 21）。

左右护法执谱（图 22—图 23）：用朱丹书写赵元帅执法、岳元帅护坛，各二份。

六门虎头型神谱：天门、地户、人道、鬼路、入敬、出恭，各六幅，虎头画型，墨色书写。

三界功曹牌位（图 24）。

证盟谱：用墨色书写觉皇宝坛证盟（图 25）。阿吒力主密法（图 26）。

菩萨神谱（图 27—图 28），四大神谱（图 29—图 32）。

图 21　圣诰牌位谱

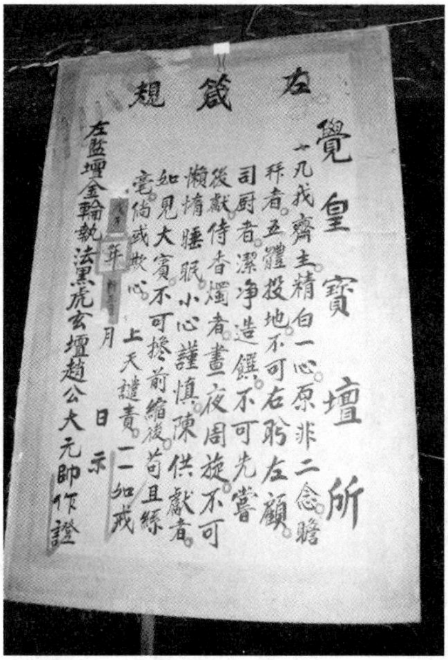

图 22　左护法执谱

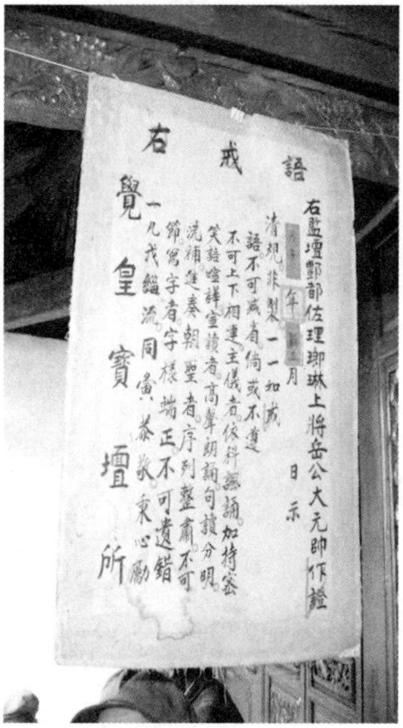

图 23　右护法执谱

图 24 三界功曹牌位

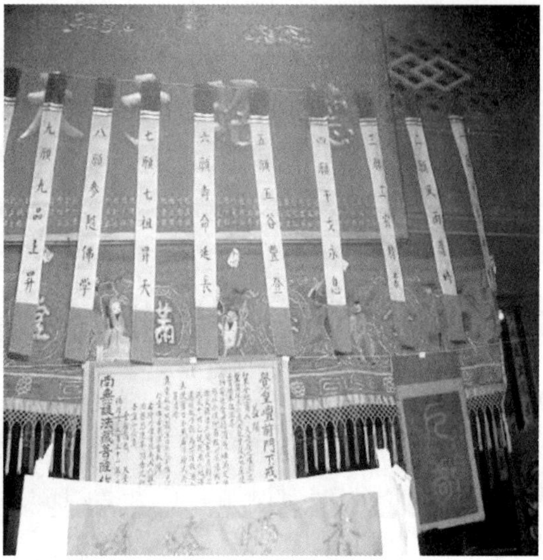

图 25 证盟谱

图 26 阿吒力主密法

图27　四大菩萨之一

图28　四大菩萨之二

图29　地

图30　天

图31 火

图32 水

四 白密水陆神谱与其他佛教水陆画图的用途区别

白密水陆神谱是至明代，阿吒力佛教逐渐完善科仪经典后而打破一宗一教形式，吸收兼容儒释道三家文化，又吸收白族本主文化，形成自己地方民族性的白密水陆神谱，打破了严格的神佛界限。剑川白族民间称水陆神谱为白语“维展”，即汉称“佛画”，也就是卷轴画。

宋以后，儒释道三教融合，佛教道教互相吸收对方的神佛，作为自己的主尊护法。于是就出现了佛教水陆画也可以有道教神祇或者是儒家圣贤。白密阿吒力也有这种吸收现象，又有白族本主神祇作为护法神，但在称名上、叫法上不同，如释迦如来，白密称呼“维姆”、迦叶称呼“加扇”、大黑天神称呼“豆呵横闪”，等等。但白密吸收儒道神祇圣贤，有些只写圣诰，画像不予绘制。通过对白密水陆神谱与其他佛教水陆画图的对比分析，对于这两种画像的区别，主要看里面所供奉的主尊、护法神以及祖师等。白密阿吒力主尊有供奉六佛：释迦、弥陀、弥勒、药师、炽盛、孔雀；有供奉五佛：东方世界慈悲主阿閦佛、南方世界慈悲主宝相佛、西方世界慈悲主弥陀佛、北方世界慈悲主成就佛；有供奉观音三姊妹：观音、文殊、普贤；有供奉中三教：文昌、观音、玄帝；护法神是：大黑天神、多闻天王、阿利果善、赵元帅、岳元帅；祖师是：阿难尊者、诺巨罗福田尊者（白密称“贵子罗汉”）、达麼悉多、赞陀崛多尊者等。

从这些画像对比区别当中，发现并知道白密阿吒力水陆神谱的用途在行持法事、手印、密咒等对应程序上与其他佛教水陆画图用途不尽相同。

五 水陆神谱与白密阿吒力科仪的对应关系

白密阿吒力在举行水陆科仪或者是大型的祈荐两利道场，必须有相应的科仪经典对应水陆神谱，必须摆设后天八卦型的大法坛对应水陆神谱。

如“召值迎黄法事科”，须在祖师坛外摆设迎黄坛，挂大黑天神牌谱；“扬幡请水法事科”须在幡杆下设坚牢坛，挂坚牢地神天牌谱；“佛门十二神王解结法事”须在祖师坛外设解结坛，挂药师十二神王神谱；“药师消灾灯科”须设延寿坛，挂药师琉璃光王佛神谱，摆七级轮灯塔；“佛门结界法事科”须在内坛挂有的东、南、西、北、中央五方位的天地水火前，一方一结界；“佛门开坛法事”须在内坛挂有的主尊神谱前，用白密阿吒力的密术功夫；“破狱科法事”须在外坛建十八地狱并悬挂十王朝地藏神谱；内坛三堂主尊佛菩萨神谱，对应白密阿吒力敬表法事：三宝表、释迦表、弥勒表、弥陀表、药师表、炽盛孔雀表、观音表、势至表、地藏表、玉皇表、二十六诸天表、祈嗣表、谢恩表。

从这些对应关系上，我们可以看出白密阿吒力水陆神谱怎样把儒、释、道三教神祇，根据白密阿吒力科仪法事而按照职能、地位等级组织并安排在各自的神谱系统之中，与科仪法事合情合理。

六 为研究白密科仪提供依据

中国古代的道教、佛教为了传法方便，信仰方便，迎合老百姓的祈求庆吉平安、无妄无灾、风调雨顺、五谷丰登、安居乐业的心理需求，于是根据经典科仪用中国古代绘画绘制并创造了众多佛菩萨神祇仙贤，供老百姓观瞻供奉。

图 33　增福延寿药师光王佛

白密阿吒力佛教的水陆神谱就是在这样的历史状况下，白族独有历史文化下产生了自己独有的造像仪轨及民间绘画技法，又在白密科仪的法事内容安排上组织了各种各司其职的神像，可以说每一堂神谱就是一场白密科仪法事。

这两套水陆神谱的留存为研究剑川白密科仪的文化和白族美术提供了极为珍贵的资料依据。

（张旭东，云南省大理市剑川县志办公室）

图像与碑刻

法门寺地宫两组八大明王图像相关问题研究

侯慧明

摘　要：法门寺地宫出土的四十五尊宝函上八大明王主要依据《大妙金刚大甘露军拏利焰鬘炽盛佛顶经》，但其更重要的价值在于以实物的形式说明了从《八曼荼罗经》到《佛顶尊胜陀罗尼念诵仪轨法》再到《大妙金刚大甘露军拏利焰鬘炽盛佛顶经》的经典继承发展关系，八大明王形象明显比较早，而捧真身菩萨八大明王应主要依据《大圣妙吉祥菩萨秘密八字陀罗尼修行曼荼罗次第仪轨法》等经典，八大明王形象已经发生根本性变化，表现得比前者晚。

关键词：四十五尊宝函；捧真身菩萨；八大明王；大妙佛顶经；妙吉祥八字仪轨

法门寺地宫出土的文物图像中共有两组八大明王形象，分别是智慧轮咸通十二年（871）造四十五尊宝函上刻八大明王形象与咸通十二年（871）造捧真身菩萨上刻八大明王形象，这两组八大明王形象中日学者均有研究，但仍有问题值得研究。

一　四十五尊宝函八大明王经典依据之可能

法门寺地宫出土的智慧轮咸通十二年（871）造四十五尊宝函上刻八大明王形象与持物，与《大妙金刚大甘露军拏利焰鬘炽盛佛顶经》载述基本一致。[①]《大妙金刚大甘露军拏利焰鬘炽盛佛顶经》只有汉译本，唐达磨栖那译，该经阐释曰："尔时十方世界诸大菩萨，所谓金刚手菩萨、妙吉祥菩萨、虚空藏菩萨、慈氏尊菩萨、观自在菩萨、地藏菩萨、除盖障菩萨、普贤菩萨，一时咸集至虚空法界宝峰楼阁世尊轮王前，头面礼足，……八大菩萨各各现光明轮，各现作八大金刚明王，以如来轮故。尔时金刚手菩萨现作降三世金刚明王，放青色光明，口现二牙，阿吒入吒笑声，以右手掷五股金刚杵……妙吉祥菩萨现作六臂六头六足金刚明王，放青黑色光明，齿咬下唇竖两目及眉，手持利剑……虚空藏菩萨变现大笑金刚明王，放灰黑色光明，口现大笑形，二牙上出，以左手柱一青棒，右手把羂索……慈氏尊菩萨现作大轮金刚明王，遍身黄色放大火，右手持八辐金刚轮，左手柱一独股金刚杵……观自在菩萨于顶上现作马头金刚明王，碧色放赤色光明，以右手高于顶上，横把一莲华作打势，左手把军持印……地藏菩萨现作无能胜金刚明王，遍身黄色放火光焰。以右手掷一金刚杵，左手作拟印向口……除一切盖障菩萨现作不动尊金刚明王，遍身青色放火光焰，以右手执剑，左手把索，左垂一髻……普贤菩萨现作步掷金刚明王，以右手把一旋盖，左手把金刚杵，遍身作虚空色放火光焰。"[②]图像与经典有两处不一致，其一是《大妙佛顶经》中大威德明王为六臂、六足，而四十五尊宝函图像表现为二臂、二足；其二是大笑明王左右手持物与经典相反，其他形象和持物图像与经典基本一致。

与后期经典载述八大明王形象比较，其特点首先是八大明王除文殊菩萨变现大威德明王是六臂六头六足之外，其他明王都是一头、二臂、二足，且大威德明王在四十五尊宝函上也只是表现出六头，二臂，未表现六臂六足，仍然是二臂、二足。明王此时的恐怖状似乎只是表现在其"二牙上出""齿咬下唇竖两目及眉"、游戏坐等方面，其狰狞恐怖之状尚未完全显现，可能因为是密教僧人智慧轮所造，他对密教仪轨非常熟悉，因此比较严格地遵守经典。其八大明王具体形象、身色、手持与宋代法贤译《佛说瑜伽大教王经》《佛说幻化网大瑜伽教十忿怒明王大明观想仪轨经》

① ［日］松长惠史：《论法门寺出土的宝函金刚界曼荼罗与爪哇岛出土的青铜金刚界曼荼罗之间的关系》，《密教研究》第6辑《中期密教注疏与曼荼罗研究》，中国社会科学出版社2019年版，第320页。

② （唐）达磨栖那译《大妙金刚大甘露军拏利焰鬘炽盛佛顶经》卷1，《大正藏》，第19册，第340页。

等经典大多不一致，又说明其早期性特征，总体构造元素比较简单，严格遵守经典。

但问题是《大妙佛顶经》并未载述八大明王之排列顺序，那么宝函八大明王可能是根据《大妙佛顶经》錾刻吗？

我们认为这有两种可能性，其一，原本《大妙佛顶经》明王排序本来就是宝函上錾刻明王之顺序，密教经典为防止盗法者，故意将行文中表述顺序混乱，同时并不具体明白载述其顺序，但熟谙密法之高僧经由师徒传承，并不会出错，这种情况在密教经典如《大日经注疏》中就有，如“阿阇梨言，此中第二是隐密语耳。若从中向外，当以释迦牟尼眷属为第三院。今则以毗卢遮那法门眷属为第一。释迦牟尼生身眷属为第三，诸菩萨在悲智之间上求下化，故为第二。所以如此互文者。此是如来密藏，为防诸慢法人不从师受者，变乱经文，故须口传相付也。”① 又言：“今末代学人亦尔，不近善知识咨承法要，而自师心，欲望成就如来自在之业。直尔披文，便欲作之，望得成就，无有得理也。非但自损，又欲求名利故而妄作人师。自既违法，而欲更建立他无上善根，何有此理。由此无有效，故更招谤法破法之缘，成无间之业。何有无间业人而能自利利他俱成妙果耶？是故，行是法者，求明师一一咨受微旨，晓了明白，先自成立，堪能建立他人无上善根。”②

其二，宝函八大明王之形象来源于《大妙佛顶经》，但其顺序则参考了《八曼荼罗经》《佛顶尊胜陀罗尼念诵仪轨法》，从而也似乎说明了其经典之间的前后继承发展关系。

二　四十五尊宝函八大明王经典依据之历史渊源

《大妙佛顶经》对《八曼荼罗经》《佛顶尊胜陀罗尼念诵仪轨法》有继承发展的关系。之所以作出这样的判断主要基于其修法内容的具体化和丰富化，从经典载述可见其修法继承与变化的脉络。

“逮龙朔三年（663）冬十月，有天竺三藏厥号那提，挟道间萌来游天府”，翻译《师子庄严王菩萨请问经》，又名《八曼荼罗经》，载：“比

① （唐）一行撰《大日经疏》卷5，《大正藏》第39卷，第633页下。

② （唐）一行撰《大日经疏》卷16，《大正藏》第39卷，第746页中。

丘告曰：汝欲知此最胜法者，先发是愿：‘我欲供养三世诸佛、大菩萨众、声闻、缘觉。’作是语已，道场之处当作方坛，名曼荼罗。广狭随时，其最小者纵广四指、或一搩手，用种种香及以余物，或地上作。方院之内列八圆场，为欲供养八菩萨故。何等为八？观世音菩萨、弥勒菩萨、虚空藏菩萨、普贤菩萨、执金刚主菩萨（按：金刚手）、文殊师利菩萨、止诸障菩萨（按：除盖障）、地藏菩萨。如是，长者！此八曼荼罗最胜法门，是彼不可思议光明如来所说，我亲受持，今为汝说，应当修学广令流布；用此善根，回向阿耨多罗三藐三菩提。”① 该经强调供养诸佛菩萨修法的方式是作曼荼罗。这种思想是佛教修法密教化的重要表现，3 世纪时在陀罗尼法中还不注重坛法，到 5 世纪前后，陀罗尼法中已经非常注重对坛法的使用。曼荼罗形式是方院之内列八圆场，特别强调供养八菩萨，名八曼荼罗，但尚未明确中心神灵，亦未明确八菩萨的形象、排布方式和位置。这种情况表明其属于曼荼罗发展得较为简单的早期阶段，似乎其应该与《牟梨曼荼罗咒经》形成时间相近。《八曼荼罗经》翻译不久就被付诸实践，即法门寺白石灵帐内壁八大菩萨曼荼罗和绘彩四铺阿育王塔八大菩萨曼荼罗。

《佛顶尊胜陀罗尼念诵仪轨法》在印度出现的时间应该在 7 世纪，唐开元年间（713—741）由不空翻译。《佛顶尊胜陀罗尼念诵仪轨法》规定，修行佛顶尊胜陀罗尼念诵仪轨法时“念诵陀罗尼法，先于三昧耶曼荼罗见圣众得灌顶知本尊。从师受得三昧耶，即于山间闲处或于净室，画本尊尊胜陀罗尼像，安于东壁，上持诵者以面对之”②。可见，这一经典应该属于佛顶系修法，与《陀罗尼集经》形成时间接近。于地面安置洁净道场，这一道场直接借鉴并改造了“八曼荼罗”，在中心增加安置了毗卢遮那佛，“中央安毗卢遮那佛位。其九位者，右边安观自在菩萨位，观自在后，安慈氏菩萨位。毗卢遮那佛位后安虚空藏菩萨位，此菩萨左边安普贤菩萨位，毗卢遮那佛位左边安金刚手菩萨位，金刚手菩萨位下安文殊师利菩萨位，毗卢遮那佛前安除盖障菩萨位，除盖障菩萨位右边安地藏菩萨位，是名九位”③。《佛顶尊胜陀罗尼念诵仪轨法》之道场法是将毗卢遮

① （唐）那提译《师子庄严王菩萨请问经》，《大正藏》第 14 册，第 697 页。

② （唐）不空译《佛顶尊胜陀罗尼念诵仪轨法》，《大正藏》第 19 册，第 364 页。

③ （唐）不空译《佛顶尊胜陀罗尼念诵仪轨法》，《大正藏》第 19 册，第 364 页。

那佛作为中心，将八大菩萨布置成曼荼罗，这一神灵排布顺序与《八曼荼罗经》以观音菩萨开始顺时针排布顺序完全一致。《八曼荼罗经》称供奉诸佛菩萨均可使用此“八曼荼罗”道场法，并具有殊胜功德。因此，“佛顶尊胜陀罗尼仪轨法”之道场法就明显采用了《八曼荼罗经》之道场法。同时，《佛顶尊胜陀罗尼念诵仪轨法》改变了《陀罗尼集经》中以诸佛顶和一般神灵为中心的状况，而以法身佛毗卢遮那佛为中心，同时中台八分，形成“九位八曼荼罗”。

“九位八曼荼罗”作为“佛顶尊胜陀罗尼念诵仪轨法”修法的前期准备，作为迎请圣贤之位，其顺序是以观音为第一位右旋排布，形成一个圆圈。因此可见，八曼荼罗属于一种道场法，即密教行法时常设的一般性表示洁净和迎请神灵赴会的仪式之一。“以为迎请贤圣之位，耳上安帐盖，四面悬幡道场四边。晨朝奉献乳糜，斋时献酪饭并甜腻食及以诸浆兼诸果子。四门安四香炉，四隅安四净瓶，盛香水插花或青叶树枝以为供养。四角燃四盏酥灯，道场前于念诵者座前安置阏伽香水两椀，所盛供养。”① 修行者“至道场先双膝着地礼毗卢遮那佛及八大菩萨，发露忏悔发五大愿，一众生无边誓愿度，二福智无边誓愿集，三法门无边誓愿学，四如来无边誓愿事，五无上菩提誓愿成。结跏趺坐，以香涂手，结三昧耶印，诵真言”②。仪式完成之后“奉送诸佛圣众，如前礼拜，发露忏悔，随喜劝请。发愿回向已，出道场，后即于静处转读大乘经，观第一义谛，以此妙福回向所求，助成悉地。若作息灾法，面向北，其坛圆，观圣众白色，道场中所供养物皆白。身着白衣，面向北坐，烧沉水香。若作增长法，面向东坐，本尊及供养并自身衣服悉皆黄色，烧白坛香。若作降伏法，面向南坐，本尊及供养并衣服并青色或黑色，烧安息香。若作敬爱法，面向西坐，观本尊赤色，及饮食衣服皆赤，烧酥合香。”③《佛顶尊胜陀罗尼念诵仪轨法》增加修治坛场的具体方法以及步骤，仪轨较为完善。

另一部由不空翻译的《八大菩萨曼荼罗经》与《佛顶尊胜陀罗尼念诵仪轨法》相比较其中心是如来，增加了八大菩萨具体之观想形象、真言与印契。“观音菩萨赤色身，左手持莲华，右手施愿，头冠中有无量寿

① （唐）不空译《佛顶尊胜陀罗尼念诵仪轨法》，《大正藏》第19册，第364页。
② （唐）不空译《佛顶尊胜陀罗尼念诵仪轨法》，《大正藏》第19册，第365页。
③ （唐）不空译《佛顶尊胜陀罗尼念诵仪轨法》，《大正藏》第19册，第368页。

如来。……慈氏菩萨金色身，左手执军持，右手施无畏，冠中有窣堵波半跏坐。……虚空藏菩萨左手持宝，安于心上。右手施流出无量宝。……普贤菩萨戴五佛冠，金色身，右手持剑，左手施愿，半跏而坐……金刚手菩萨右手执金刚杵，左手安于胯，戴五佛冠，身青色，半跏而坐……曼殊室利童真菩萨五髻童子形，左手执青莲花，花中有五股金刚杵，右手作施愿，身金色半跏而坐……除盖障菩萨金色身，左手持如意幢，右手施愿，半跏而坐……地藏菩萨头冠璎珞，面貌熙怡寂静，愍念一切有情，左手安脐下拓钵，右手覆掌向下，大指捻头指，作安慰一切有情想。"① 其八大菩萨名号与《师子庄严王菩萨请问经》《佛顶尊胜陀罗尼念诵仪轨法》完全一致（除执金刚主和止诸障外），其排布位置以观音菩萨开始顺时针排布顺序完全一致，特别是围绕中心的佛排布成为一圆坛，不同之处是坛场中心为化身佛如来。《八大菩萨曼荼罗经》与《师子庄严王菩萨请问经》都是宣扬八曼荼罗，但请问者不一，《八大菩萨曼荼罗经》更为详细，时代应该较前者晚。

《大妙金刚大甘露军拏利焰鬘炽盛佛顶经》曰："尔时十方世界诸大菩萨，所谓金刚手菩萨、妙吉祥菩萨、虚空藏菩萨、慈氏尊菩萨、观自在菩萨、地藏菩萨、除盖障菩萨、普贤菩萨，一时咸集至虚空法界宝峰楼阁世尊轮王前，头面礼足，……八大菩萨各各现光明轮，各现作八大金刚明王。"② 之所以认为《大妙金刚大甘露军拏利焰鬘炽盛佛顶经》将八大菩萨转变为愤怒像，是因为它对《八曼荼罗经》《佛顶尊胜陀罗尼念诵仪轨法》的继承与发展。其一，因为三经八大菩萨名号一致；其二，通过实例证明其愤怒身的方位排布与正法轮身八大菩萨方位排布完全一致；其三，言其发展是说增加了手印、真言、观想之修法，其形象完全转变为愤怒像，这种继承应该是将八大菩萨作为曼荼罗之道场法的继承，也就是在修法准备阶段，需要作曼荼罗洁净道场，所谓请神护持加持之需要的准备法门，其中心的神灵可以是佛顶尊胜尊、阿弥陀佛、炽盛佛顶或毗卢遮那等主尊。因《大妙金刚大甘露军拏利焰鬘炽盛佛顶经》未载述八大明王具体的方位布置，但通过实例智慧轮咸通十二年（871）造四十五尊宝函

① （唐）不空译《八大菩萨曼荼罗经》，《大正藏》第20册，第675页。

② （唐）达磨栖那译《大妙金刚大甘露军拏利焰鬘炽盛佛顶经》，《大正藏》，第19册，第340页。

上刻八大明王的排布证明，其方位排布顺序与《佛顶尊胜陀罗尼念诵仪轨法》排布方位一致，来源于《八曼荼罗经》，可见其密教经典的继承性，抑或是修法的互补性特征。[①] 进而使四十五尊宝函上刻八大明王成为证明经典之间继承发展关系的标杆性实物例证，具有极为重要的文化和文物价值。

三 捧真身菩萨八大明王经典依据

同为法门寺出土，咸通十二年（871）造捧真身菩萨中，八大明王之排布顺序同于《大妙金刚大甘露军拏利焰鬘炽盛佛顶经》，但其形象、持物等则不同于《大妙金刚大甘露军拏利焰鬘炽盛佛顶经》，而与《大圣妙吉祥菩萨秘密八字陀罗尼修行曼荼罗次第仪轨法》（经中只载述四位明王形象）中四位明王形象基本一致，其坐具为莲花和磐石应也参考了《大圣妙吉祥菩萨说除灾教令法轮》之内容，也有可能是经典为防止盗法而缺少了部分内容。

唐代印度那烂陀寺僧人菩提仙译《大圣妙吉祥菩萨秘密八字陀罗尼修行曼荼罗次第仪轨法》卷1载："于圆轮外四角中画四忿怒明王。东南角画降三世金刚，青色八臂，当前二手结印，檀慧反相钩，余拳竖进力，左手执弓，右手把箭架，左一手执杵，一手执索，右一手执戟，一手把棒，三面口角现，坐火焰中。西北角无能胜明王，四臂，青色，三面。火发耸上，右一手作拳，竖头指。一手执三股戟，一手施愿。一手执棒，安坐莲华。西南角阎曼德迦金刚，青黑色，六头六臂六足，各执器仗，左上手执戟，次下手执弓，次下手执索，右上手执剑。次下手执箭，次下手执棓，乘青水牛为座。东北角画马头明王而有三面，六臂，各执器仗。左上手执莲华，一手执瓶，一手执棓当心，二手结印契，右上手执钺斧，一手执数珠，一手执索轮，王坐在莲华中。大忿怒相现极恶猛利势，余皆依本法。"[②] 唐代印度人尸罗跋陀罗译《大圣妙吉祥菩萨说除灾教令法轮》卷

① 因密教修法注重口耳相传，不主张擅自阅读经典，因此，一些经典可能故意省略一些关键信息。

② （唐）菩提仙译《大圣妙吉祥菩萨祕密八字陀罗尼修行曼荼罗次第仪轨法》卷1，《大正藏》，第20册，第785页。

1："画四大明王以为外护，于佛前右边角内画四臂降三世明王，青色。于佛前左边角内即画无动明王，青色。于佛后右边角内画四臂无能胜明王，紫黑色。于佛后左边角内画四臂大力乌蒭涩摩金刚明王，赤色。此四大明王并皆坐宝盘石上，火焰围绕。如是依教安布，名曰一切如来秘密除灾教令法轮。"①

法门寺出土的咸通十二年（871）造捧真身菩萨中降三世明王坐磐石上、火焰中，八臂三面，持物与经典《大圣妙吉祥菩萨说除灾教令法轮》不完全一致，八臂的特征为《佛说瑜伽大教王经》等经典所无；无能胜明王四臂三面，火发耸上，坐莲花上的特征与《大圣妙吉祥菩萨说除灾教令法轮》一致，其持物稍异，不同于《佛说瑜伽大教王经》；阎曼德迦明王经典载之六头六臂六足在图像中变为三头六臂二足，持物完全一致，乘"青水牛为座"变为磐石；马头明王八臂，坐莲花座，持物与经典一致，与《佛说瑜伽大教王经》八臂不一致；形象、持物与该经中明王形象、持物基本一致。而其余四尊，则可能是采自各自不同经典中之形象。

总之，捧真身菩萨中明王比四十五尊宝函上刻八大明王多面、多臂、多持物，表现出相异性，但其持物中表明身份的本印标志仍在都出现，如降三世明王的五股金刚杵、大威德明王的利剑、不动尊明王的剑、无能胜明王的金刚杵、马头明王的莲花和军持、大轮明王的金刚轮、大笑明王的绢索、步掷明王的旋盖。在捧真身菩萨中明王坐磐石者一般为游戏坐，坐莲花座者一般为跏趺坐，这两种坐具在四十五尊宝函中不清晰，但大致从其坐具轮廓似乎也是磐石和莲花，明王之坐姿也是游戏坐和跏趺坐；另外一个变化就是捧真身菩萨中明王背光全部装饰密集的火焰纹，而四十五尊宝函明王则通过飘洒的飘带纹饰来装饰，四十五尊宝函明王多戴山字形头冠，捧真身菩萨中明王多表现为头发上扬。

捧真身菩萨八大明王与四十五尊宝函八大明王形象比较：

① （唐）尸罗跋陀罗译《大圣妙吉祥菩萨说除灾教令法轮》卷1，《大正藏》，第19册，第344页。

图1-1 (a)　图1-2 (a)　图1-3 (a)　图1-4 (a)

图1-1 (b)　图1-2 (b)　图1-3 (b)　图1-4 (b)

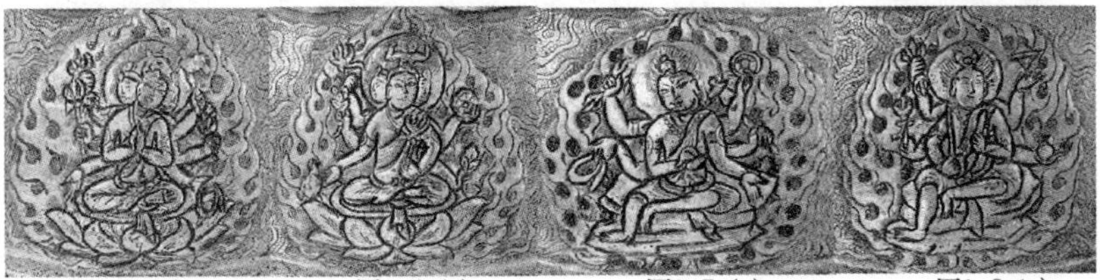

图1-5 (a)　图1-6 (a)　图1-7 (a)　图1-8 (a)

图1-5 (b)　图1-6 (b)　图1-7 (b)　图1-8 (b)

图1　捧真身菩萨八大明王与四十五尊宝函八大明王形象

其中图1—1为金刚手降三世明王，图1—2为文殊菩萨阎曼德迦明王，图1—3为除盖障菩萨不动尊明王，图1—4为地藏菩萨无能胜明王，图1—5为观音菩萨马头明王，图1—6为慈氏菩萨大轮明王，图1—7为虚空藏菩萨大笑明王，图1—8为普贤菩萨步掷明王。

（侯慧明，山西师范大学教授）

法门寺地宫出土唐咸通十二年密教造像

姜　捷　李发良

摘　要： 唐咸通十二年（871）八月十九日，在唐皇室的支持下，九陇山禅僧师益等人在法门寺地宫旧隧道中喜获“会昌法难”中秘藏的佛指舍利。由此，唐懿宗重拾先帝“三十年一开”法门寺地宫的传统，积极准备迎取佛指舍利入宫供养。以大兴善寺、大安国寺和青龙寺为主体的长安密教僧团为法门寺佛指舍利踊跃敬造供养宝物，其中，最具创新意义的是捧真身菩萨造像和鎏金四十五尊造像银宝函。本文拟从唐咸通十二年前后晚唐政教关系发展入手，探讨晚唐长安密教僧团供奉于法门寺地宫代表性密教造像的历史背景，及其对汉传密教发展所具有的划时代意义。

关键词： 法门寺；密教造像；捧真身菩萨；四十五尊造像银宝函；政教关系

唐咸通十二年（871），是法门寺历史上特别重要的一年，也是中国密教史上一个非常值得重视的纪年。

这一年八月十九日，九陇山禅僧师益等人在法门寺地宫旧隧道中喜获“会昌法难”中秘藏的佛指舍利。大唐王朝自高宗显庆四年（659）开始，每“三十年一开”法门寺真身宝塔举国供奉的佛陀真身失而复得，天下震动！

这一年，为实现护国佑民的深宏誓愿，以大兴善寺、大安国寺和青龙寺为主体的长安密教僧团为法门寺佛指舍利踊跃敬造供养宝物。在唐皇室的大力支持下，长安密教僧团积极发起“会昌法难”后首次迎奉佛指舍利的国家盛典！1987年发现的法门寺地宫出土佛指舍利暨数千件文物表明，长安密教僧团创造出唐密发展史上最大宗的一批法物宝器。这些密教宝器法物，以精湛的工艺、写实的风格充分展现了咸通十二年前后长安汉传密教创新发展的崭新成就。

本文拟从唐咸通十二年前后晚唐政教关系发展入手，探讨晚唐长安密教僧团供奉于法门寺地宫部分密教造像的历史背景及其对汉传密教发展所具有的划时代意义。

一 唐咸通十二年前后之历史背景

（一）唐咸通十二年前后的政治形势

宪宗之后的晚唐政局，风雨飘摇，历来诟病者多。其最为史家热议的乱象有二，一为宦官干政，史称“唐自穆宗以来八世，而为宦官所立者七君；”① 二为方镇割据，贼寇蜂起，战乱频仍。一般认为，只有宣宗大中年间（847—859）“四海承平，百职修举，中外无秕政，府库有余赀，年谷屡登，封疆无扰”②，而其余诸帝概以“昏庸”著称。其中，懿宗皇帝，因为咸通十四年（873）四月大举迎奉法门寺佛骨，七月英年病故，又被正统史家讥讽：“所亲者巷伯，所昵者桑门。”“佛骨才入于应门，龙輴已泣于苍野。”③ 可是，法门寺地宫出土的咸通十五年（874）正月由僖宗安奉的大宗宝物，令我们有必要对懿宗咸通年间的历史重新加以检视。

唐懿宗李漼为宣宗长子，于大中十三年八月即位。懿宗在位十四年，前三年尚能延续其父宣宗的治世。据《旧唐书》本纪第十九上：“恭惠（懿宗）始承丕构，颇亦励精，延纳谠言，尊崇耆德，数稔之内，洋洋颂声。”可知其即位后数年，开局良好。其政声之佳，有一事可以证实：咸通“三年正月庚午，群臣上尊号曰：睿文明圣孝德皇帝。大赦”。

然而，好景不长，懿宗很快迎来了兵连祸结、此伏彼起的考验。兹举其要者：三年七月，徐州军乱。懿宗命浙东观察使王式检校工部尚书、徐州刺史、御史大夫、武宁军节度、徐泗濠观察等使，八月，尽诛乱卒三千

① （宋）欧阳修、宋祁撰：《新唐书》，中华书局标点本，1975 年 5 月第 1 版，1987 年 11 月湖北第 3 次印刷，第 281 页。

② （后晋）刘昫等撰《旧唐书》卷 19 上，中华书局标点本，1975 年 5 月第 1 版，1987 年 11 月湖北第 3 次印刷，第 685 页。

③ 《旧唐书》卷 19 上，第 685 页。龙輴，皇帝出殡的柩车，輴，音 chūn。

余人。九月，岭南西道军乱。四年正月，南诏陷安南交趾。五年十月，懿宗以秦州经略使高骈为安南经略招讨使。至七年十一月，高骈平定安南，筑安南城，周三千步，造屋四十余万间。[①] 九年七月，武宁军节度粮料判官庞勋反于桂州，随后流窜岭南、徐淮，其势力最大时竟有十多万人。十年正月，懿宗调遣十八将分统诸道之兵七万三千一十五人进击徐州，至九月剿灭庞勋。

平定安南、剿灭庞勋等一系列重大胜利，说明懿宗并非平庸之辈。凭借这些来之不易的文治武功，咸通十年，懿宗开始登上其执政生涯最为光辉的巅峰。正是在这样的形势下，懿宗咸通"十一年正月甲寅，群臣上尊号曰：睿文英武明德至仁大圣广孝皇帝。大赦。"[②] 此番再上之十四言"尊号"，极尽溢美之词，极大地满足了懿宗的面子。

懿宗之所以招致"昏庸"恶评，主要因为其深信佛教，"至重玄门"。

懿宗崇佛之举，在其执政期间从未间断，并曾一再引起朝臣谏议。《资治通鉴》卷二百五十载咸通三年：

> 夏，四月，己亥朔，敕于两街四寺（胡注四寺：慈恩、荐福、西明、庄严也）各置戒坛，度人三七日。上奉佛太过，怠于政事，尝于咸泰殿筑坛为内寺尼受戒，两街僧、尼皆入预；又于禁中设讲席，自唱经，手录梵夹；又数幸诸寺，施予无度。吏部侍郎萧仿上疏，以为："玄祖之道，慈俭为先，素王之风，仁义为首，垂范百代，必不可加。佛者，弃位出家，割爱中之至难，取灭后之殊胜，非帝王所宜慕也。愿陛下时开延英，接对四辅，力求人瘼，虔奉宗祧；思缪赏与滥刑，其殃必至，知胜残而云杀，得福甚多。罢去讲筵，躬勤政事。"上虽嘉奖，竟不能从。[③]

---

① （宋）司马光：《资治通鉴》卷250，中华书局标点本，1956年6月第1版，1987年4月湖北第7次印刷，第8117页。

② 《新唐书》卷9，第262页；《旧唐书》卷19本纪上，懿宗："十二年春正月戊申，宰相路岩率文武百僚上徽号曰：睿文英武明德至仁大圣广孝皇帝，御含元殿，册礼毕，大赦。"第677页；《资治通鉴》卷252："咸通十一年春，正月甲寅，君臣上尊号曰：睿文英武明德至仁大圣广孝皇帝，大赦。"第8153页。

③ 《资治通鉴》卷250，第8097—8098页。《旧唐书》卷19上，第655页。

又据《旧唐书》卷十九上：

五年春正月戊午朔，以用兵罢元会。谏议大夫裴坦上述，论天下征兵，财赋方匮，不宜过兴佛寺，以困国力。①

而当咸通十一年正月，懿宗因为对内对外取得重大胜利并获得朝野普遍赞颂之后，其对佛教之尊崇空前高涨。《宋高僧传》卷六僧彻传载：

懿宗皇帝留心释氏，颇异前朝。遇八斋日，必内中饭僧数盈万计。帝因法集，躬为赞呗。……福寿寺尼缮写大藏经，每藏计五千四百六十一卷，雕造真檀像一千躯，皆委彻检校焉。以十一月十四日延庆节，麟德殿召京城僧道赴内讲论，尔日彻述皇猷，辞辩浏亮，帝深称许。而又恢张佛理，旁慑黄冠，可谓折冲异论者，当时号为“法将”。帝悦，敕赐号曰净光大师。咸通十一年也，续录两街僧事。

那么，如何看待懿宗自咸通十一年更加推崇佛教？我们认为，应该从当时具体的历史背景着眼。兹引懿宗剿灭庞勋不久的制书为证：

朕以眇身，获承丕业，虔恭惕厉，十一载于兹。况荷十七圣之鸿休，绍三百年之庆祚，将求理本，敢忘宵衣。虽诚信未孚，而寅畏不怠，既绝意于苑囿，固无心于畋游，业业兢兢，日慎一日。休征罔应，沴气潜生，南蛮将罢于战争，徐寇忽孤于惠养。招谕不至，虐暴滋深，窃弄干戈，擅攻州镇。将邀符印，辄恣凶歼，不畏神祇，自贻覆灭。股肱之臣，以罪恶之难舍；腹心之众，谓悖逆之可诛。爰征甲兵，用救涂炭，上将宣力，内臣协心。选用皆得于良材，扫荡才及于周岁，诛干纪反常之噍类，惩乱臣贼子之奸谋。

今则已及偃戈，重康黎庶。畴庸之典，在丝发以无私；懋赏之时，贵纤毫之必当。其四面行营节度使，既成茂勋，宜加酬奖，并取别敕处分。应诸道行营都将已下节级军将，各委本道具功劳名衔，分析闻奏，当续有处分。被坚执锐，冒涉寒暄，解甲櫜弓，还乡复业，

① （宋）赞宁撰《宋高僧传》，范祥雍点校本，中华书局1987年8月第1版，第132页。

> 须缯帛之赐，免差役之征。应四面行营将士，今既平宁，宜令次第放归本道。其赏赐匹段，已从别敕处分，到本道后，仍令节度使各犒宴放归私第，便令歇息，未用差使。如行营人，并免差科色役；如本厢本将，今后有节级员阙，且以行营军健量材差置，用酬征伐之勤。临敌用命，力屈殒身，须慰伤魂，以彰忠节。超与职事，仍加任使。如无父兄子弟，即有妻女者，即委州使厚加赠恤，常令安抚。如是都将至都虞侯阵亡者，与赠官。应阵亡将士有父兄子弟愿入军者，便令本道填替。如无父兄子弟，仍且与给衣粮三年。因战阵伤损手足永废者，终身不得停给。如将士被贼杀害者，委所在州县量事救接，重与改瘗，勿令暴露，兼与设祭。
>
> 王者以仁恕为本，拯济是谋，元恶既已诛锄，胁从宜从宽宥。除宠勋亲属及桂州回戈逆党，为贼胁从及因战阵拒敌官军，招谕不悛，惧法逃走，皆非本恶，盖锋刃所驱，今并释放，一切不问。应旧军将军吏节级所由，既已归还，征赋先宜蠲免。其徐、宿、濠、泗等州应合征秋夏两税及诸色差科色役，一事已上，宜放十年，已后蠲放三年，待三年后续议条疏处分。编甿失业，丘井无人，桑柘枌榆，鞠为茂草，应行营处百姓田宅产业为贼残毁烧焚者，今既平宁，并许识认，各还本主，诸色人不得妄有侵占。九原可作，千载不忘，尚禁樵苏，宁伤丘垅。应有先贤坟墓碑记为人所知，被贼毁废者，即与掩藏，仍量致祭。自用兵已来，郡邑皆罹攻劫，远念惊挠，尤在慰安。今遣右散骑常侍刘异、兵部郎中薛崇等往彼宣抚。于戏！朕以四海为家，兆人为子。一物失所，每轸纳隍之忧；一方未宁，常负阽危之戒。今元凶就戮，逆党诛夷，载戢干戈，永销氛昆，庶平妖气，允洽嘉祥。遐迩臣僚，当体予意。①

大乱初定，懿宗着手论功行赏、恢复秩序、安抚伤亡、宽恕胁从、轻徭减赋、拯济流民，努力营造与民休息的社会氛围。与历代有作为的开国之君、中兴之君一样，懿宗以武力平定乱局之后，必须改以文教治理天下，以文教医治社会创伤、重建社会秩序。

仔细观察咸通十一年政局，我们认为：懿宗之所以较以往更加重视佛

① 《旧唐书》卷19上，第670—672页。

教，主要原因在于他深信佛教有益于政治教化。当他先后取得平定安南、剿灭庞勋的军事胜利之后，在治国方略上必须转向休养生息与政治教化方面，而佛教之有益于政治教化，历代先祖们早就积累了丰富经验。此情此景，与宪宗元和年间“削平区夏”之后迎请佛骨颇为相似。

由于懿宗深信佛法，有意发扬佛教对国家治理的教化作用，晚唐长安再度掀起振兴佛教的巨浪。这一波巨浪的最高潮，就是重拾不幸被武宗中断的每三十年一次迎请法门寺佛骨的祖制。

而懿宗之迎请法门寺佛骨，固然出于其信仰佛教的情感因素，但其主要动机在于通过佛教化解社会矛盾，营造宽松的社会氛围，其政治意图明显。《旧唐书》懿宗本纪载：咸通十四年，三月：

> 庚午，诏两街僧于凤翔法门寺迎佛骨，是日天雨黄土遍地。四月八日，佛骨至京，自开远门达安福门，彩棚夹道，念佛之音震地。上登安福门迎礼之，迎入内道场三日，出于京城诸寺。士女云合，威仪盛饰，古无其比。制曰：“朕以寡德，缵承鸿业，十有四年。顷属寇猖狂，王师未息。朕尤勤在位，爱育生灵，遂乃尊崇释教，至重玄门，迎请真身，为万姓祈福。今观睹之众，隘塞路歧。载念狴牢，寝兴在虑，嗟我黎人，陷于刑辟。况渐当暑毒，系于缧绁，或积幽凝滞，有伤和气，或关连追扰，有妨农务。京畿及天下州府见禁囚徒，除十恶忤逆、故意杀人、官典犯赃、合造毒药、放火持仗、开发坟墓外，余罪轻重节级递减一等。其京城军镇，限两日内疏理讫闻奏：天下州府，敕到三日内疏理闻奏。”①

每三十年一次迎请真身，是大唐十七朝先祖的传统，懿宗明确宣示“尊崇释教，至重玄门，迎请真身，为万姓祈福”，可见其追求佛教教化功利的用心非常强烈！

又据《资治通鉴》卷二五二，咸通：

> 十四年春，三月，癸巳，上遣敕使诣法门寺迎佛骨，群臣谏者甚众，至有言宪宗迎佛骨寻晏驾者。上曰：“朕生得见之，死亦无恨！”

① 《旧唐书》卷19上，第682—683页。

广造浮图、宝帐、香舆、幡花、幢盖以迎之，皆饰以金玉、锦绣、珠翠。自京城至寺三百里间，道路车马，昼夜不绝。夏，四月，壬寅，佛骨至京师，导以禁军兵杖、公私音乐，沸天烛地，绵亘数十里；仪卫之盛，过于郊祀，元和之时不及远矣。富室夹道为彩楼及无遮会，竞为侈糜/靡。上御安福门，降楼膜拜，流涕沾臆，赐僧及京城耆老尝见元和事者金帛。迎佛骨入禁中，三日，出置安国崇化寺。宰相已下竞施金帛，不可胜纪。因下德音，降中外系囚。①

懿宗迎佛骨，“群臣谏者甚众，至有言宪宗迎佛骨寻晏驾者”，懿宗竟然不避生死，直言：“朕生得见之，死亦无恨！”为了国家社稷的长治久安，可以置个人生死于度外，这等气概绝非一介“昏君”所有！

懿宗的悲剧，在于其英年早逝，天不假年！其励精图治的雄心不幸埋没于“沸天烛地”的礼佛热浪之中。深受儒学思想禁锢的正统史家一味将懿宗崇佛斥为“昏庸”，显然有失偏颇。

厘清了懿宗咸通年间政局变化的基本脉络，我们有理由相信，咸通十二年开始发生在法门寺的一系列崇佛事件，诸如：佛指舍利的重新面世，长安密教僧团为供养佛指舍利敬造大宗法物，以及咸通十四年迎请佛指舍利的盛事，具有深厚的政治背景，可以说是懿宗致力于国家治理的重要举措。

（二）法门寺佛指舍利之复出
——以安国寺、大兴善寺为主的长安密教僧团

法门寺地宫出土的《大唐咸通启送岐阳真身志文》载：

洎武皇帝荡灭真教，坑焚贝多，衔天宪者碎殄影骨，上以塞君命，盖君子从权之道也。缘谢而隐，感兆斯来，乃有九陇山禅僧师益贡章闻于先朝，乞结坛于塔下，果获金骨，潜符圣心。以咸通十二年八月十九日得舍利于旧隧道之西北角。按旧记云：长一寸二分，上齐下折，高下不等，三面俱平，一面稍高，中有隐迹，色白如玉，少

① 《资治通鉴》卷252，第8165页。《旧唐书》卷19上，同记此事：咸通十二年五月庚申：“上幸安国寺，赐讲经僧沉香、高座。”第678页。

青，细密而泽，髓穴方大，上下俱通，二角有文，文并不彻。征诸古典，验以灵姿，贞规既叶于前闻，妙相克谐于瑞彩。①

这段记载清楚地交代了唐武宗“会昌毁佛”时重点针对法门寺佛指舍利，“衔天宪者”“君子”冒死“碎殄影骨”“上塞君命”，至咸通十二年复出面世的艰辛秘史。其中“果获金骨，潜符圣心”之语，透露出舍利复出与懿宗有直接的关系。

罗炤先生综合多方面史料认为，咸通十二年八月佛骨复出的关键人物是晚唐著名高僧彭州九陇山知玄及其门下最重要的弟子大安国寺僧澈。

九陇山，位于四川彭州，此山有安国寺著名僧人知玄在蜀中所居“旧庐”。② 知玄是晚唐时期地位崇高的和尚，长期往返于四川和长安，曾住长安资圣寺、安国寺、宝应寺、法乾寺等名寺，创制了对后世有重要影响的《慈悲水忏》。唐文宗、宣宗、懿宗、僖宗四朝皇帝都对他十分敬重。法门寺塔地宫《志文碑》的作者僧澈，是知玄最得意的大弟子。《资治通鉴》卷二五二“咸通十二年五月”记载：唐懿宗“幸安国寺，赐僧重谦、僧澈沉檀讲座二，各高二丈”③。在咸通十二年找回法门寺“金骨舍利”的时候，僧澈是长安最受懿宗皇帝宠信的和尚，而且是全国最高的佛教领袖。在咸通十四年迎接“真身舍利”入皇宫、咸通十五年监送舍利回地宫的活动中，僧澈都是主要人物之一。得到唐懿宗赏赐“沉檀讲座”的另一位安国寺“大师重谦”，也参加了迎请舍利的活动。

从九陇山与安国寺，与知玄和僧澈之间存在特别密切的关系可以想见，在上奏皇帝请求结坛行法到找回佛指舍利的全过程中，禅僧师益应该是九陇山与长安安国寺、安国寺与皇宫、皇宫与法门寺之间密切来往的重要联系人、执行人，但其幕后的主使人很可能是知玄。④

安国寺又称大安国寺，位于唐长安城东北部的长乐坊，本为睿宗皇帝（710—712 年在位）在藩旧宅。据宋代王溥（922—982）撰《唐会要》

---

① 李发良：《法门寺志》，陕西人民出版社 2000 年版，第 248 页；陕西省考古研究院等：《法门寺考古发掘报告》（上），文物出版社 2007 年版，第 229 页。

② 《宋高僧传》卷 6，第 131 页。

③ 《资治通鉴》卷 252，第 8162 页。

④ 罗炤：《法门寺地宫及其藏品的几个问题》，《法门寺博物馆论丛》第六辑，三秦出版社，2014 年 10 月，第 251 页。

卷四八记载，睿宗即位后，“景云元年（710）九月十一日，敕舍龙潜旧宅为寺。便以本封安国为名”。会昌五年法难中，安国寺与章敬寺、青龙寺一起被保留为皇家内院。唐懿宗咸通七年（866）重建时合并了毗邻的清禅寺。中、晚唐时期，安国寺是长安最重要的皇家佛寺之一。从《宋高僧传》中安国寺僧人的大量传记以及1959年在安国寺遗址发掘出的多尊白石密教造像可知，安国寺是一座华严宗、律宗、净土宗和密教信仰共同的道场。

又，据西安碑林博物馆藏柳公权《唐故左街僧录内供奉三教谈论引驾大德安国寺上座赐紫大达法师玄秘塔碑铭并序》：

> 宪宗皇帝数幸其寺，待之若宾友。常承顾问，注纳偏厚。而和尚符彩超迈，辞理响捷。迎合上旨，皆契真乘。虽造次应对，未尝不以阐扬为务。由是天子益知佛为大圣人，其教有大不思议事。当是时，朝廷方削平区夏，缚吴斡蜀潴蔡荡郓，而天子端拱无事。诏和尚率缁属迎真骨于灵山，开法场于秘殿。为人请福，亲奉香灯。既而刑不残，兵不黩，赤子无愁声，苍海无惊波。盖参用真宗，以毗大政之明效也！①

宪宗朝左街僧录、历德宗、顺宗、宪宗、穆宗、敬宗、文宗六朝恩宠的安国寺僧人端甫（又称大达国师，770—836），曾主持宪宗元和十四年（819）迎佛骨盛事，可知安国寺在晚唐长安声望之隆，无出其右，而安国寺僧人主持迎请法门寺佛骨，颇有渊源！

然而，法门寺地宫出土智慧轮供施的法物告诉我们，具有青龙寺背景的大兴善寺高僧智慧轮等人在咸通十二年佛指舍利复出过程中，也发挥了重要作用。

据《法门寺考古发掘报告》，智慧轮供施金银器包括：署名“智慧轮”供施的金、银舍利宝函各1共2件，錾刻羯磨杵银阏伽瓶4只，共重64两；水碗1对，共重11两；银香炉一，重24两；银盐台3只，共重6两。②

---

①《宋高僧传》卷6，第123页。

②《法门寺考古发掘报告》，第297—298页。

智慧轮造素面盝顶金宝函，钣金成形，呈长方体，盝顶，素面。司前、铰链齐全。高 13.5 厘米、长 14.5 厘米、宽 10.5 厘米。重 1099 克。（图 1）宝函正面錾铭：

敬造金函盛
佛真身上资
皇帝圣祚无
疆国安人泰
雨顺风调法
界有情同沾
利乐
咸通十二年
闰八月十日
传大教三藏
僧智慧轮记

另一件，智慧轮造壶门座盝顶银函，钣金成形，盝顶，素面，有镂空壶门座，前有司前，后有铰链，司前上装有锁钥。高 22 厘米、长 18.9 厘米、宽 18.5 厘米，重 2030 克。（图 2）宝函正面錾文：

上都大兴善寺传最上乘祖
佛大教灌顶阿阇梨三藏
比丘智慧轮敬造银函
壹重伍拾两献上盛
佛真身舍利永为供养
殊胜功德福资
皇帝千秋万岁
咸通拾贰年闰捌月拾
伍日造勾当僧教原
匠刘再荣邓行集①

① 《法门寺考古发掘报告》，第 171—175 页。

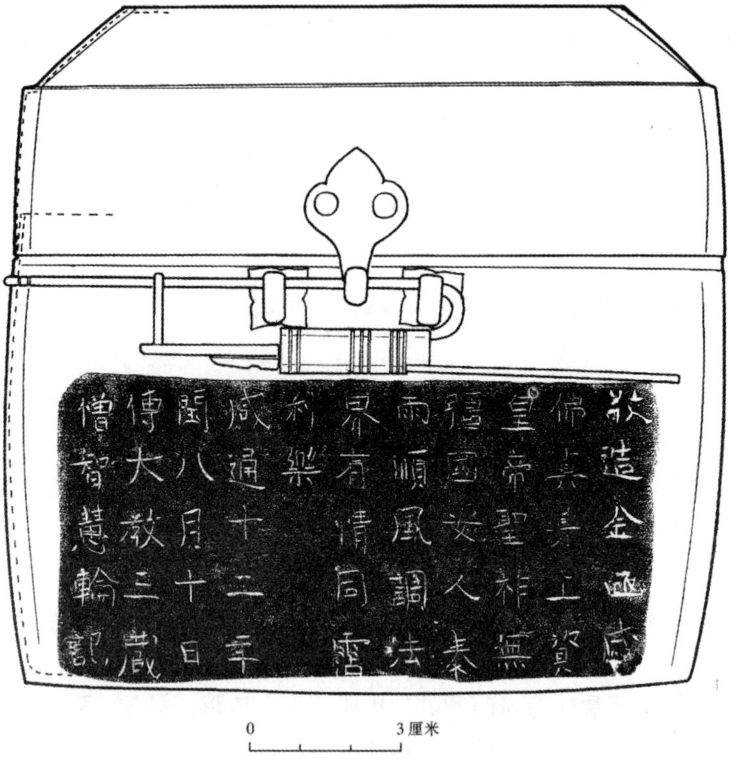

图1　智慧轮造素面盝顶金宝函线图

智慧轮咸通十二年敬造金银舍利宝函及法器在法门寺唐代地宫出现，引起中外学人普遍关注。经过海内外学者的共同努力，智慧轮，这位因《宋高僧传》误导、几被埋没千年的晚唐汉传密教一代宗师的生平以及师承关系已基本明了。[①]

根据吕建福、陈金华等人研究，[②] 智慧轮（？—876），俗名丁建武，京兆杜陵人，其籍贯属京兆府万年县，今属西安市长安区，杜陵即今少陵

---

① （宋）赞宁撰《宋高僧传》，范祥雍点校本，中华书局 1987 年版，第 52 页。《宋高僧传·释满月传》智慧轮附传说："次有般若斫迦三藏者，华言智慧轮，亦西域人。"

② 吕建福：《大兴善寺遍觉大师智慧轮生平及其思想》，《人文杂志》2012 年第 2 期。陈金华：《"胡僧"面具下的中土僧人：智慧轮（？—876）与晚唐密教》，《汉语佛学评论》第四辑，上海古籍出版社 2014 年版，第 181—223 页。

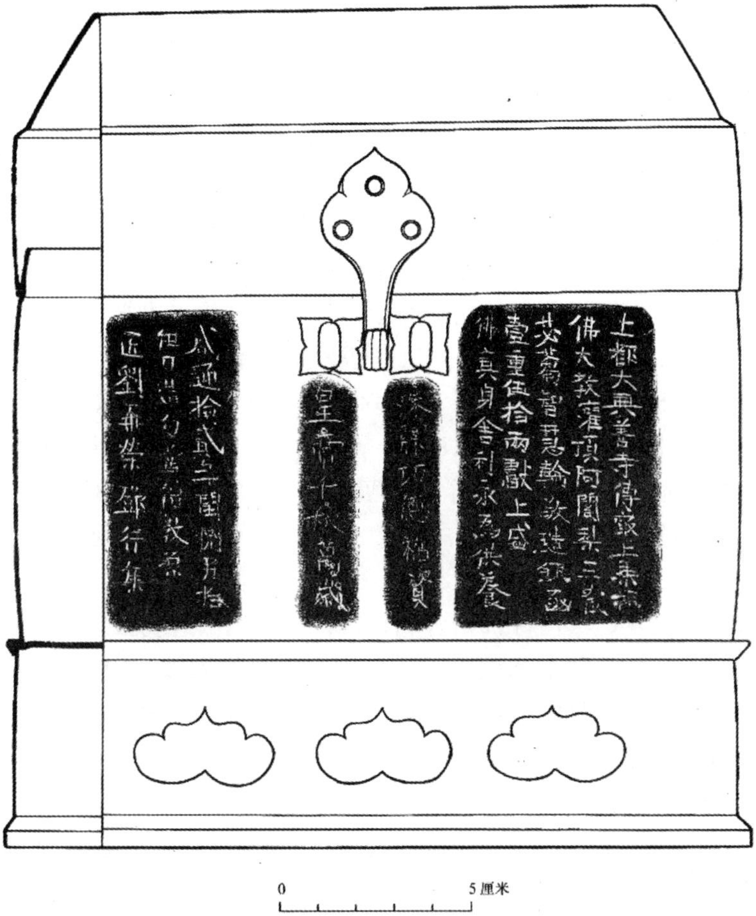

图2　智慧轮造壶门座盝顶银函线图

原一带，因汉宣帝筑陵于东原而名。智慧轮师从青龙寺法全及其俗弟子郭茂炫受金、胎两部大法，通达三藏，精通梵文，系汉传密教即唐密第七代法嗣。“会昌法难”后移居大兴善寺灌顶院，秉承三部大法，灌顶传法，时称兴善大师、兴善三藏和上。法全称赞“兴善三藏和上非常会义，此经论之江海，梵文之山岳，我九州无有双者”。可谓推崇备至。宣宗大中九年（855），日本天台宗僧圆珍入唐，曾从智慧轮受法。圆珍后来回忆说：“大中九年冬至日，面承院底。有彼（指《大日经义释》）正本，铭心不忘，于今恒记”。懿宗咸通（860—873）中，赐号“遍觉大师”。按“遍觉”之号，唐高宗曾赐为玄奘谥号，作“大遍觉法师”。唐懿宗以之赐智慧轮为师号，即有追崇玄奘之意。遍觉，“正遍觉知”之略，本为如来名号，音译三貌三菩提或三藐三佛陀。《大日经疏》解释说：“正名诸法不动不坏相，遍名不为一法二法故，以悉知一切法无余，是名三藐三佛陀。然此宗中，佛陀名觉是开敷义，谓由自然智慧遍觉一切法，如盛开敷莲华无有点污，亦能开敷一切众生，故名佛也。”此知密教中以盛开之莲花象征佛陀之遍觉义，遍觉者，谓由自然智慧遍觉一切法。

咸通二年（861），智慧轮给圆珍捎去新经法并《决义》等八本，圆珍说：“蒙和上咸通二年十一月五日恩酬，戴领新经法并《决义》等都八本，于今存肝胆，顶戴受持。”咸通六年（865）日本真言宗僧宗叡入唐，亦向智慧轮求受密法，其《求法录》中有《最上乘瑜伽秘密三摩地修本尊悉地建立曼荼罗仪轨》一卷，作智慧轮撰，当是受法之时所传。唐僖宗中和二年（日本元庆六年，882），圆珍尚不知智慧轮已圆寂，远上《决疑表》咨询，并求写经论仪轨。

咸通十二年，法门寺佛指舍利再现，智慧轮敬造金银宝函供施佛舍利，其银函上錾有“上都大兴善寺传最上乘祖佛大教灌顶阿阇梨三藏”称号。这一称号，足以说明智慧轮在大唐长安密教僧团中拥有至高无上的传法地位和尊荣。

所谓“上都”，乃大唐时代人们对长安的尊称。“传”者，表示其灌顶传法的资格，即有传法阿阇梨位，有此身份，方称“灌顶阿阇梨”。“大教”，“大教王”的略称，全称“瑜伽大教”“瑜伽大教王”“金刚顶大教王”，一般指称瑜伽密教。后来也称无上瑜伽密教，称“大瑜伽大教王”。有时也言及真言密教，称“大毗卢遮那大教”“大毗卢遮那大教王”。此中称谓源自密教经轨的名称 tantra-rāja，直译怛特罗王，不空始译教王经、大教王经，宋代沿用。称“最上乘祖佛大教”者，最上乘，密教自称其法，如真言密教自称“真言最上乘”，瑜伽密教自称“金刚最上乘”。《大日经供养法疏》解释说：“最上乘者，即是毗卢遮那所证理自体。”智慧轮《明佛法根本碑》亦解释：“最上乘三藏，亦名佛乘，圆开灌顶，超升等妙之尊，三密四印相应，顿证三身佛果。”此知以其教法顿证三身佛果而称，故说亦名佛乘。“祖佛”，自临济慧然相沿为禅宗用语，犹称佛祖，或指祖师与佛，或以祖师为佛。但密宗此称，是以大毗卢遮那佛为密教鼻祖之故，意即二部大法由此代相传承，遂自为大教。①

智慧轮卒于乾符三年（876），“僖宗谥普照大师”。

智慧轮一生护持宣宗、懿宗、僖宗三代帝王，生前有遍觉大师之号，卒后又有普照大师之谥，可谓尊崇之极。

智慧轮供施的两件金银质舍利宝函同时出品于咸通十二年闰八月十日，距佛指舍利的复出不到一个月。而且，法门寺地宫出土的《衣物帐》碑，出自大兴善寺僧人觉支之手，智慧轮供养的金银宝器记录于《衣物帐》清单最后，表明送归法门寺地宫的所有供养物都要集中于兴善寺并点录。综合这一切，我们可以认定，以智慧轮为首的大兴善寺在咸通十二年佛指舍利的复出，以及随后开始的迎请活动中，同样发挥着举足轻重的领导作用。

二 法门寺地宫出土唐咸通十二年密教造像

唐咸通十二年八月十九日，在懿宗皇帝的支持下，由大安国寺、大兴善寺僧人组成的皇家僧团从法门寺地宫旧隧道中找回佛指舍利。为庆贺这一佛门盛事，以唐密第七代法嗣大兴善寺灌顶阿阇黎智慧轮为首的长安密教僧团，踊跃敬造各种宝物供养佛指舍利。咸通十四、十五年（873—874）懿宗僖宗迎送佛指舍利时，又敕令敬造具有密宗曼荼罗风格的八重宝函和迎真身银金花十二环锡杖作为供养。其中，造型最奇特、最具法门寺特色的捧真身菩萨造像和安奉真身舍利的45尊造像银宝函，清晰地反映出晚唐时期，金刚智传入的纯密金刚界法与融汇杂密教法并具有汉地特色的佛顶尊胜曼荼罗信仰深度结合，逐步占据长安密教的主导地位，并流传到敦煌、吐蕃、巴蜀、南诏以及日本等地区，影响巨大。

（一）法门寺特有的捧真身菩萨造像

捧真身菩萨造像出土时位于法门寺地宫中室白石灵帐之后。

捧真身菩萨之得名，缘于菩萨双手捧起的荷叶形鎏金银盘内金匾錾刻有发愿文。发愿文明文记载：

---

① 吕建福：《大兴善寺遍觉大师智慧轮生平及其思想》，《人文杂志》2012年第2期。

奉为睿文英武明德至仁大圣广孝皇帝敬造捧真身菩萨永为供养，伏愿圣寿万春，圣枝万叶，八荒来服，四海无波。咸通十二年辛卯岁十一月十四日皇帝延庆日记。

从发愿文可知，该菩萨专为懿宗迎请真身而制，意在供养真身，为皇室祈福延寿，为国家祈求长治久安。捧真身菩萨的出现说明，当懿宗于咸通十二年八月组织僧人找回真身之后，很快启动了迎请活动。唐人命其名曰“捧真身菩萨”，显然意在表达对真身复出这一佛门幸事不可思议的惊喜之情，以及对护持真身者的崇高敬意！该菩萨可以说是法门寺特有的象征！（图3、图4）

捧真身菩萨造型奇特，其双腿左屈右跪于莲台上，是迄今可见佛教造像中首次出现的一种菩萨造型。菩萨高髻、涂深蓝色，头戴花蔓珍珠佛冠，上身袒露，斜披帛巾，臂饰钏，通体装饰珍珠璎珞，可与地宫出土《衣物账》中的供养人“僧澄依施”相互印证。《衣物账》云：

诸头施到银器、衣物共九件：银金花菩萨一躯并真珠装共重五十两，并银稜函盛，银锁子二具共重一两，僧澄依施。[①]

其中所记“银金花菩萨一躯并真珠装，共重五十两”，而考古称重的重量为1926.7克[②]，所以捧真身菩萨的制作和奉献者非“僧澄依”莫属。僧澄依，文献无载，既然可以参与懿宗皇帝如此重大的迎真身大典，应该是晚唐时期一位地位崇高、具有重要影响的密教高僧。

关于捧真身菩萨上的曼荼罗造像的研究，马世长先生曾认定：“综观全像，菩萨与像座构成一个完整的曼荼罗”[③]。但基于捧真身菩萨造像属于唐人独创的特异性，相关的密教曼荼罗图像全部錾刻在菩萨的莲台座上，莲座由上部的仰莲座、中部的鼓形束腰和下部的覆莲座三部分组成。1995年，丁明夷、吴立民等人认为，捧真身菩萨莲座上部莲台部分是金

① 《法门寺考古发掘报告》上，第228页。

② 《法门寺考古发掘报告》上，第296页。

③ 马世长：《珍宝再现 舍利重辉——法门寺出土文物观后》，见《法门寺塔地宫出土文物笔谈》，《文物》1988年第10期。

刚界曼荼罗，下部覆莲座是胎藏界曼荼罗，创造性地认为整体构成“金胎合曼”！[①] 之后，罗炤先生在《再谈法门寺塔地宫不是曼荼罗》中指出，捧真身菩萨造像“没有任何胎藏部曼荼罗之像”。[②] 2000 年，日本学者赖富本宏发表《中国法门寺出土密教系列文物》，2013 年罗炤发表《法门寺塔地宫及其藏品的几个问题》，分别从不同角度考证捧真身菩萨底座上的八个梵文种子字乃八大菩萨的种子字，并非吴立民先生误读的胎藏界中台八叶的种子字。[③]

图3　捧真身菩萨造像及铭文

图4　捧真身菩萨造像线图

兹据诸家考证，将捧真身菩萨造像上的曼荼罗图像分述如下：

（1）上部仰莲台座顶面刻梵文的法身佛、报身佛、化身佛三身咒轮，属于法曼荼罗。(图5)

（2）上部仰莲台座底面刻梵文金刚界五佛的种子字，表示金刚界五方佛。

中央为大日如来种子字，东南西北四方分别为阿閦如来、宝生如来、

① 丁明夷：《法门寺地宫唐密曼荼罗之我见》，《中国文物报》1995 年 7 月 2 日；吴立民等：《法门寺地宫唐密曼荼罗之研究》，中国佛教文化出版有限公司 1998 年 10 月。

② 罗炤：《再谈法门寺地宫不是曼荼罗——与丁明夷先生商榷》，《中国文物报》1995 年 8 月 27 日。

③ ［日］赖富本宏：《中国法门寺出土密教系列文物》，《高木谛元博士古稀纪念文集》，三喜房佛书林 2000 年版；罗炤《法门寺塔地宫及其藏品的几个问题》，2013 年法门寺佛舍利学术研讨会论文，《法门寺博物馆论丛》第六辑，三秦出版社 2014 年版。

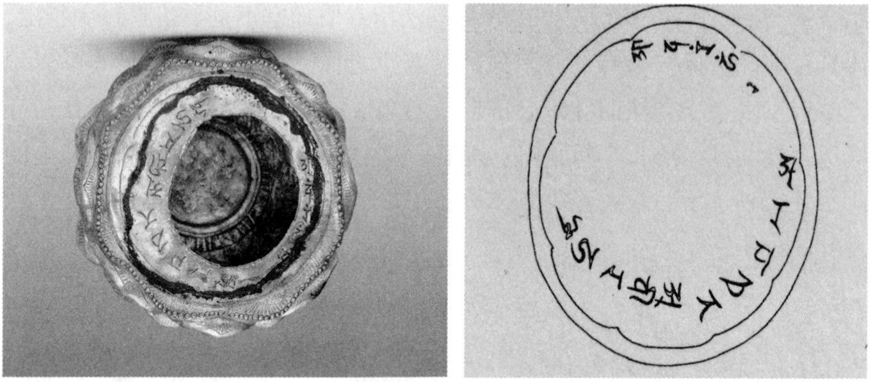

图5　捧真身菩萨上部莲台座顶面梵文佛三身咒轮

阿弥陀如来、不空成就如来。(图6)

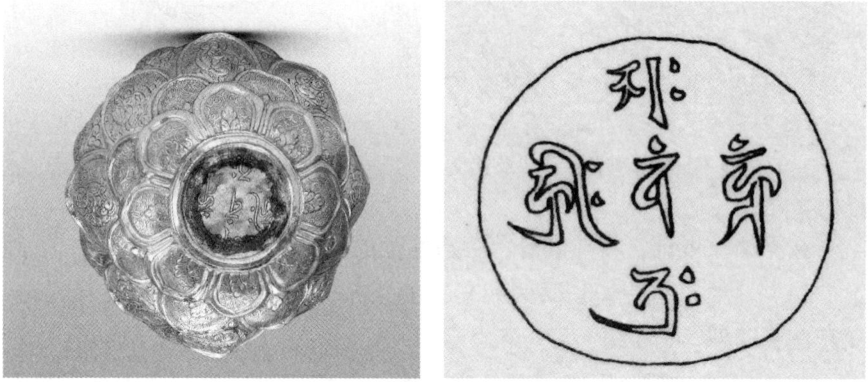

图6　捧真身菩萨上部莲台座底面五佛种子字

（3）上部仰莲台座周围环绕四层、每层八瓣、共三十二瓣莲瓣。上两层莲瓣每瓣刻一尊菩萨像，共十六尊；下两层莲瓣因空间狭小，不能刻出尊像。(图7)

（4）鼓形束腰环刻四大天王像，他们是曼荼罗中的外护。

（5）下部覆莲底座上层环绕梵文八大菩萨的种子字，构成八大菩萨曼荼罗。

逆时针起，依次为：普贤、除盖障、弥勒、观世音、地藏、虚空藏、

图7　捧真身菩萨上部莲台座周围造像

文殊、金刚手。

（6）下部覆莲底座下层环绕8尊明王造像，构成八大明王曼荼罗。（图8－a、b、c）

逆时针起，依次为：

不动明王：一面六臂，坐磐石座，左腿盘起，右腿下垂，右三手持剑、钩、金刚杵，左三手持独钴杵、瓶、轮；

步掷明王：一面六臂，坐磐石座，左腿盘起，右腿下垂，右三手持印、索、三钴杵，左三手持印、幡幢、轮；

大轮明王：三头六臂，双腿结跏趺坐，右三手结印、持花、金刚钩，左三手持金刚钩、花、轮；

图8－a　捧真身菩萨下部覆莲底座

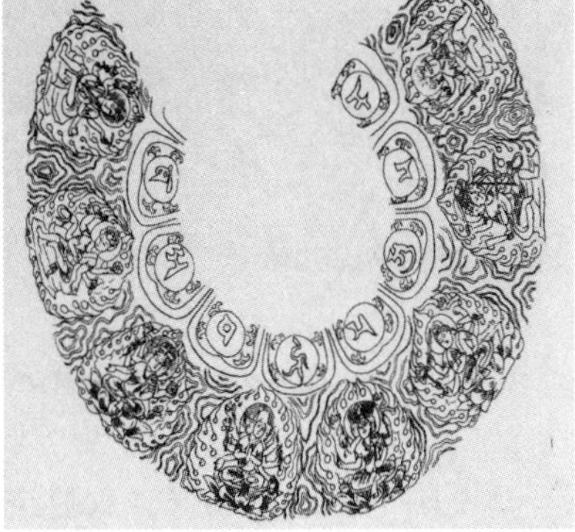

图8－b　捧真身菩萨下部覆莲底座线图

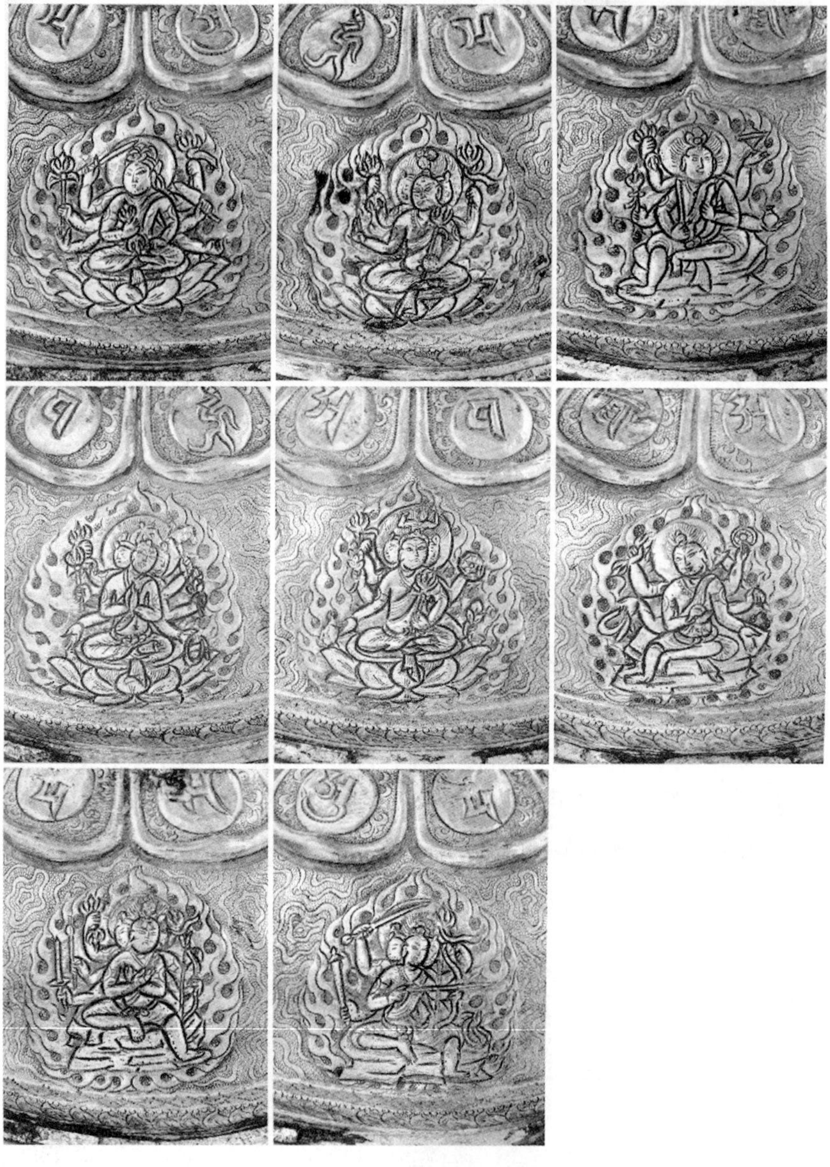

图8-c　捧真身菩萨下部覆莲底座八大明王造像

马头明王：三面八臂，双腿结跏趺坐，胸前双手合掌，右三手结与愿印并持钩、金刚杵，左三手持索、花、斧；

无能胜明王：三面四臂，双腿结跏趺坐，右二手持剑印、三钴金刚杵，左二手持钩、戟；

大笑明王：一面八臂，双腿结跏趺坐，右四手执三钴金刚杵、施印、钩、剑，左四手握拳、结印、持刀、钩；

大威德明王：三面六臂，坐磐石座，右腿盘起，左腿下垂，胸前双手持箭把弓，右二手持宝幢、刀，左二手持索、钩；

降三世明王：三面八臂，坐磐石座，右腿盘起，左腿下垂，胸前双手交叉立掌，右三手执剑、箭、三钴金刚杵，左三手持戟、弓、钩。

此尊至为独特的捧真身菩萨造像与秘龛中安奉佛真身舍利的鎏金四十五尊造像银宝函先后打造于咸通十二年十月、十一月，几乎同时出品。依据不空译《金刚顶瑜伽三十七尊出生义》《略述金刚顶瑜伽分别圣位修证法门》，以及达磨栖那译《大妙金刚大甘露军拏利焰鬘炽盛佛顶经》，该捧真身菩萨造像与四十五尊造像银宝函上的图像应该同属金刚界——佛顶尊胜曼荼罗图像：上部仰莲台座三十二莲瓣与五方佛的种子字构成金刚界三十七尊曼荼罗，而五方佛种子字中的主尊与下部覆莲底座上的八大菩萨——八大明王则属于佛顶尊胜曼荼罗。

（二）安奉真身舍利的鎏金四十五尊造像银宝函

法门寺地宫安奉特 3 号佛指舍利（灵骨）的五重宝函，出土于地宫后室北壁正中部位之下的独立秘龛内。其中：第四重鎏金四十五尊造像盝顶银宝函，函正面有“奉为皇帝敬造释迦牟尼真身宝函”錾文，底面錾有：“大唐咸通十二年十月十六日遗法弟子比丘智英敬造真身舍利宝函永为供养。”该四十五尊造像银宝函，宿白先生最早认定为“金刚界曼荼罗坛的形象。”[①] 1992 年，韩伟先生依据《大正藏》图像部《图像抄》《秘藏记》等日本文献及仁和寺版曼荼罗图像最先考释为金刚界成身会曼荼罗[②]。1994 年，吕建福先生在其专著《中国密教史》中提出不同看法，认为四十五尊宝函造像为金刚界供养（羯摩）曼荼罗。[③]

四十五尊造像中，金刚界 37 尊，了无争议，但对顶面界栏内每边两

① 宿白等：《法门寺塔地宫出土文物笔谈》，《文物》1988 年第 10 期，第 29 页。

② 韩伟：《法门寺唐代金刚界大曼荼罗成身会造像宝函考释》，《文物》1992 年第 8 期，第 41—54 页；《人文杂志》1992 年增刊《国际法门寺佛教学术讨论会论文集》，第 111 页。

③ 吕建福：《中国密教史》，中国社会科学出版社 1995 年版，第 339—344 页，2009 年版，第 447—451 页。

侧的8忿怒尊的认定，则经历了一番曲折。韩伟先生将其统称为天神，罗炤先生释为天龙八部①。1995年，丁明夷、吴立民等人沿袭韩伟先生“金刚界成身会曼荼罗”之说，但又考释顶面界栏内有四大明王和地水火风四神造像②，引起唐普式反驳，认为成身会里不能有四大明王，并提出宝函造像属于金刚界八十一尊曼荼罗的说法③。2004年4月，上海召开的空海与中日文化交流国际学术研讨会上，日本学者越智淳仁发表《法门寺四十五尊金刚界曼荼罗的八大明王》，明确认定8忿怒尊是佛顶曼荼罗系列中的八大明王④。(图9、图10)

图9　银鎏金45尊造像宝函

图10　四十五尊造像宝函顶面

兹综合诸家考证，并比照不空译《金刚顶瑜伽三十七尊出生义》《略述金刚顶瑜伽分别圣位修证法门》《金刚顶瑜伽三十七尊礼》等，以及达磨栖那译《大妙金刚大甘露军拏利焰鬘炽盛佛顶经》(简称《大妙金刚佛顶经》) 所记，对该鎏金四十五尊造像银宝函诸尊概述如下：

A. 盝顶面25尊：

(1) 中台主尊为毗卢遮那佛（大日如来)，戴宝冠，有头光、背光，

① 罗炤：《略述法门寺地宫藏品的宗教内涵》，《文物》1995年第6期，第53页。

② 丁明夷：《法门寺地宫唐密曼荼罗之我见》，《中国文物报》1995年7月2日；吴立民等：《法门寺地宫唐密曼荼罗之研究》，中国佛教文化出版有限公司1998年10月。

③ 唐普式：《唐密曼荼罗，异彩纷呈，彪炳千古》，内部交流，《中华汉传密教丛书》之七，第17页。

④ ［日］越智淳仁：《法门寺四十五尊金刚界曼荼罗的八大明王》，《复旦史学专刊》第一辑：《古代中国：东亚世界的内在交流》，复旦大学出版社2005年版，第305—332页。

额有白毫，双臂袒露，著臂钏，双腿结跏趺坐于莲台上，双手结智拳印于胸前。(图11)

（2）主尊佛前后左右四方4尊：主尊座前（下方）为金刚波罗密，左手执莲花，花朵上有宝箧，右手触地印；主尊佛右侧为金刚宝波罗密菩萨，左手执莲花，花朵上有宝珠，右手托金刚轮；佛后（上方）为法波罗密菩萨，双手安放于脐下作法界定印，左手出立莲茎，花朵上有宝箧；主尊佛左侧为羯磨波罗密菩萨，左手执莲花，右手执羯磨杵。

（3）主尊佛四角（隅）4尊：主尊佛右肩方向为金刚嬉戏天女菩萨，双手握拳分置腰侧；主尊佛右腿方向为金刚花鬘天女菩萨，双手分执花鬘两端；主尊佛左腿方向为金刚歌咏天女菩萨，左手执箜篌，右手弹拨；主尊佛左肩方向为金刚法舞天女菩萨，左手舒五指置脐前，右手舒五指举胸前，示舞蹈姿势。

（4）在以金刚杵、祥云装饰的四边栏界内，每边各有4尊共16尊造像：

主尊前方（下边栏）中间2尊，左为金刚涂香侍女菩萨，单腿跪于莲座上，双手向右侧捧涂香器，右为金刚钩菩萨，双腿结跏趺坐，右手执金刚钩；两侧2尊，左为不动明王，双腿结跏趺坐，右手持剑，左手持索；右为无能胜明王，右手持三股金刚杵。

主尊佛左侧（右边栏）中间2尊，左为金刚觉花侍女菩萨，单腿跪莲座上，双手捧莲花，右为金刚灯明侍女菩萨，单腿跪莲座上，双手捧莲花灯烛；两侧2尊，双腿结跏趺坐，左为降三世明王，左手握拳按于膝上，右手横持欲掷出去的五股金刚杵，右为大威德明王，六面二臂，左手握拳按膝，右手持剑。

主尊佛后（上边栏）中间2尊，左为金刚铃菩萨，双腿结跏趺坐，左手握拳按腰部，右手持金刚铃，右为金刚焚香侍女菩萨，单腿跪莲座上，左手持香炉；两侧2尊，双腿结跏趺坐，左为大笑明王，大胡须，左手持索，右手拄棒，右为步掷金刚明王，左手握一旋盖，右手持金刚杵。

主尊佛右（左边栏）中间2尊，双腿结跏趺坐，左为金刚羂索菩萨，左手握拳按腰，右手持羂索，右为金刚锁械菩萨，左手握拳按腰，右手持金刚锁械；两侧2尊，双腿结跏趺坐，左为马头明王，左手持水瓶，右手持带根茎未开放的莲花，右为大轮明王，左手持独钴金刚杵，右手持八幅金刚轮。

B. 函体四面 20 尊造像：

（1）前侧面 5 尊，中台主尊为东方阿閦佛，双腿结跏趺坐于莲台上，右手结触地印，左手握拳置胁下、左腿上；佛右侧下为金刚萨埵菩萨，双腿结跏趺坐于莲座上，右手持金刚杵举胸前，左手持金刚铃置膝上；佛右侧上为金刚王菩萨，双腿结跏趺坐于莲座上，双手持金刚钩，两臂交叉于胸前；佛左侧下为金刚爱菩萨，双腿结跏趺坐于莲座上，双手捧一箭，右手持箭尾，左手捧箭首；佛左上为金刚喜菩萨，双腿结跏趺坐于莲座上，双手当胸对握两拳。（图 12）

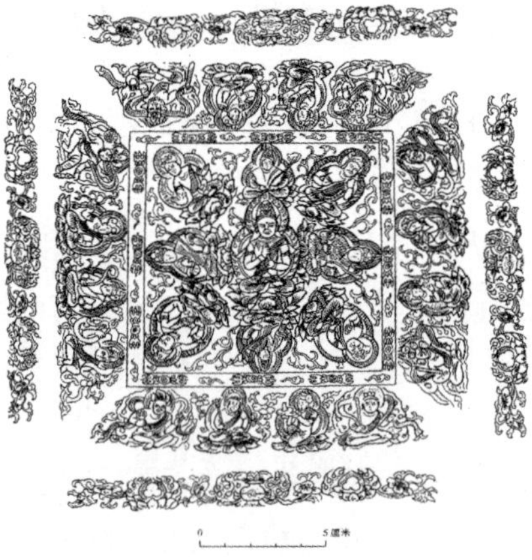

图 11　四十五尊造像宝函顶面线图

图 12　四十五尊造像宝函前侧面线图

（2）右侧面 5 尊，中台主尊为南方宝生佛，双腿结跏趺坐于莲台上，右手结与愿印，左手握拳置脐前；佛右侧下为金刚宝菩萨，双腿结跏趺坐于莲座上，右手托摩尼宝于胸前，左手握拳置胁下；佛右上为金刚威光菩萨，双腿结跏趺坐于莲座上，右手托光日轮于胸前，左手握拳置胁下；佛左下为金刚幢菩萨，双腿结跏趺坐于莲座上，右手执幡幢，左手握拳置脐前；佛左上为金刚笑菩萨，双腿结跏趺坐于莲座上，双手并举于颜面前。（图 13）

（3）后侧面 5 尊，中台主尊为西方阿弥陀佛，双腿结跏趺坐于莲台上，双手十指对接置脐前，结法界定印；佛右侧下为金刚法菩萨，双腿结跏趺坐于莲座上，双手对置胸前，结如来舌印；佛右侧上为金刚利菩萨，双腿结跏趺坐于莲座上，右手持剑，左手持莲花；佛左侧下为金刚因菩萨，双腿结跏趺坐于莲座上，双手托法轮置脐前；佛左侧上为金刚密语菩萨，双腿结跏趺坐于莲座上，右手持如来舌于胸前，左手握拳置于胁下。（图 14）

图 13　四十五尊造像宝函右侧面线图

图 14　四十五尊造像宝函后侧面

（4）左侧面 5 尊，中台主尊为北方不空成就佛，双腿结跏趺坐于莲台上，右手结羯摩印，左手握拳置脐前；佛右侧下为金刚业菩萨，双腿结跏趺坐于莲台上，右手托十字形羯摩金刚杵，左手握拳置于胁下；佛右侧上为金刚护菩萨，双腿结跏趺坐于莲台上，右手托物于胸前，左手握拳置胁下；佛左侧下为金刚牙菩萨，双腿结跏趺坐于莲台上，右手持物于胸前，左手握拳置胁下；佛左侧上为金刚拳菩萨，双腿结跏趺坐于莲台上，双手握拳对置胸前。（图 15）

依据金刚智译《金刚顶瑜伽中略出念诵经》、不空译《金刚顶瑜伽三十七尊出生义》《略述金刚顶瑜伽分别圣位修证法门》，以及达磨栖那译《大妙金刚大甘露军拏利焰鬘炽盛佛顶经》，上述四十五尊造像分别属于金刚界曼荼罗和佛顶尊胜曼荼罗两种造像系统：五方佛及其三十二眷属菩萨计三十七尊构成金刚界曼荼罗，大日如来和八大明王组成佛顶尊胜曼荼罗。二者合体，该四十五尊造像银宝函上的图像，可视为晚唐长安密教创新的金刚界——佛顶尊胜曼荼罗图像。（图 16）

图15　四十五尊造像宝函左侧面线图

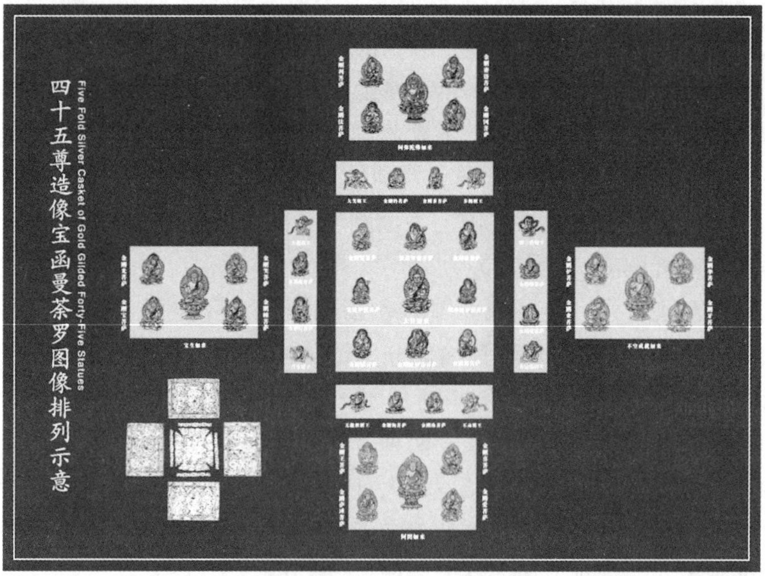

图16　四十五尊造像宝函造像全图（采自法门寺博物馆“唐密曼荼罗文化陈列”）

结语

法门寺地宫出土至为独特的捧真身菩萨造像与秘龛中安奉佛真身舍利的鎏金四十五尊造像银宝函先后打造于咸通十二年十月、十一月，几乎同时出品。依据不空译《金刚顶瑜伽三十七尊出生义》《略述金刚顶瑜伽分别圣位修证法门》，以及达磨栖那译《大妙金刚大甘露军拏利焰鬘炽盛佛顶经》，这一宗唐咸通十二年密教造像共同反映出晚唐时期长安密教的创新发展的面貌和主要特征：金刚界和佛顶尊胜曼荼罗信仰占据长安密教的主导地位。

著名学者罗炤先生认为，就密教史研究来说，这两组咸通十二年精心设计、精心制作的密教造像（捧真身菩萨造像和四十五尊造像银宝函），以确凿的事实强有力地证明：唐朝密教在经历唐武宗灭佛的巨大打击之后，不仅仍然顽强地生存下来，而且对于皇家和僧俗信众仍然具有巨大的影响。同时，它们还反映出晚唐时期长安密教的概略面貌和主要特征，即金刚界和佛顶尊胜曼荼罗信仰占据长安密教的主导地位。这是汉传密教研究的一项极其重要的进展。对照法门寺塔地宫中四十五尊造像银宝函和捧真身菩萨上的密教造像，以及日本传自唐朝的佛经和图像，可以清楚地看出：在宗教信仰上，长城内外的辽与西南边陲的南诏—大理有共同的源头——长安。从隋朝开始，直到唐末，只有在首都长安（唐太宗后期至开元中期还包括东都洛阳）形成和发展出来的信仰，才有可能同时向南北边陲传播（发源于南方的天台宗，虽然有隋炀帝的大力扶植，也无法在全国范围内发展。勃兴于大江南北、岭南和黄河中下游地区的禅宗，能够从成都传入南诏，但在辽境却长期被禁）。法门寺塔地宫中的四十五尊造像银宝函和捧真身菩萨帮助我们追寻出唐朝至南诏—大理、巴蜀和辽国，乃至日本的、具有中国特色的密教（即真正的唐密）发展足迹，并且从密教图像领域显示出长安作为唐代和东亚的文化与宗教中心的崇高地位，发散出东方文明辐射光源的伟大影响。①

（姜捷，法门寺博物馆研究员；李发良，法门寺博物馆研究员）

① 罗炤：《法门寺塔地宫及其藏品的几个问题》，2014 年法门寺佛舍利学术研讨会论文，《法门寺博物馆论丛》第六辑，第 261—269 页。

唐银质鎏金舍利塔反映的密教文化

王仓西

摘　要： 法国人收藏的唐银质鎏金舍利塔，以其整体造型及通体繁缛的纹饰图案观察，其制造年代当在盛唐晚期或中唐时期。成型采用了唐代金银器制作中铸造、捶楪、錾刻、铆接、焊接等多种制作工艺于一身，无疑为唐代金银器制作中精华和佼佼者。塔身外壁錾刻佛像七尊，即佛教密宗金刚界大成会曼荼罗之一部，应为东方阿閦佛与四亲近菩萨身及两侧供养金刚花菩萨，组成东方五会曼荼罗。基座底座壸门内各錾刻菩萨像一尊，八个壸门内即八大菩萨。可以肯定这是一座唐密曼荼罗造像的银质鎏金舍利塔，与法门寺唐塔地宫出土的鎏金四十五尊造像银宝函背侧面的“东方五会曼荼罗”造像内容完全相同，但二者造像还有些不同，与《大正藏》中五尊佛像排列方位存在着很大差异。

关键词： 唐银质鎏金舍利塔；东方五会曼荼罗；中唐；金刚界；法门寺唐塔地宫

唐银质鎏金舍利塔为法国 Monsieur Joubert（波尔多先生）的收藏，在 1964 年 5 月 27 日星期三的继承清单中登记。塔通高 63.8 厘米，以其整体造型及通体繁缛的纹饰图案观察，其制造年代当在盛唐晚期或中唐时期。此塔成型采用了唐代金银器制作中集铸造、捶楪、錾刻、铆接、焊接等多种制作工艺于一身，无疑为唐代金银器制作中精华和佼佼者。塔通体由塔盖刹、塔身、基座三部分组成，塔身与基座亦可分离（图 1）。

塔盖、刹：塔盖顶呈八角形，三级叠涩回缩额枋出檐，底层额枋面錾刻双股头三股杵纹一周八枚；中间一级枋额八面各錾刻一朵如意云头；顶

图1–1

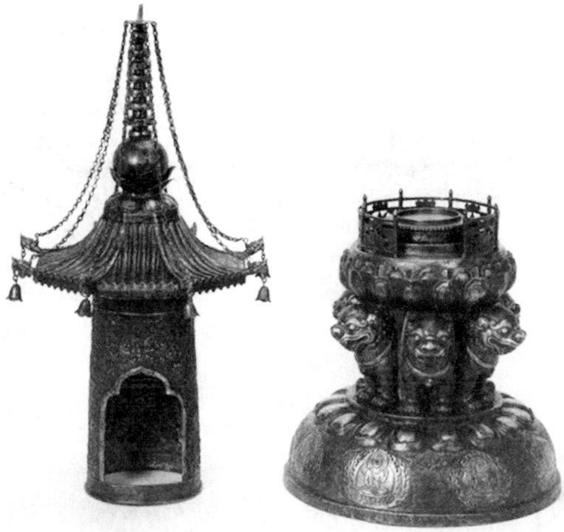

图1–2

图1　鎏金银质舍利塔

级枋额为素面（图2－1）。塔盖顶屋面呈八瓣荷叶状花伞盖形，屋面瓦沟、瓦垅、垂脊制造形象逼真，八个垂脊下各出翘一龙首吻，龙首双角后伸贴颈，双眼圆睁，盆口大张露齿，写实性极强，龙口衔一吊环，各吊环内环套一个风铃，龙首原均鎏金，现多已脱落（图2－3）。屋面盖顶上高耸相轮塔刹，塔刹由基座、相轮、刹盖三段组成：塔刹基座铸造成两层八瓣仰、覆莲瓣，紧束腰，莲瓣上叶脉刻划清晰细腻，原鎏金，底层八瓣覆莲呈圆形，与屋顶相扣合套接，上层八瓣仰莲上托葫芦状摩尼宝珠形基座（图2－2）。宝珠形基座上高耸六级相轮塔刹，刹上托一摩尼宝珠，刹顶盖呈八瓣覆花伞盖形，盖四角各有一条锁链牵引与塔盖四个龙首吻相链接。

塔身：塔身呈圆筒形，正面开一孔三瓣连弧纹顶纵向长方形壸门，腹腔内铸造三级圆形叠涩台座，底层一级座面上下两圈凸棱箍，中间嵌饰海棠形团花一周，疑为八朵。中间一级饰联珠纹圈，顶级光素，面平滑，这也许为一种变体的须弥座，推测台座上原应放置盛贮佛骨舍利或舍利子的容器，舍利容器有棺椁、宝瓶、宝函等。塔身底部围绕一圈透雕镂空护栏，护栏共八个宝珠顶栏柱，护栏镂空成两层花形，各护栏底层镂空透雕一朵盛开的荷花，上层镂空錾刻一朵卷云状花朵。整个塔身外壁纹饰錾刻

图2-1

图2-2

图2-3

图2　塔刹基座与龙首勿及出檐

繁缛，共錾刻佛像七尊，即佛教密宗金刚界大成会曼荼罗之一部，应为东方阿閦佛与四亲近菩萨身，组成了东方五会曼荼罗，这四尊菩萨即为慧门十六尊菩萨中的金刚王、金刚喜、金刚铃、金刚爱菩萨，塔门两侧各錾刻一尊捧花供养菩萨。主尊东方阿閦佛：在塔身正对塔门背侧，錾刻东方阿閦佛，在佛像的周围錾刻由绕枝阔叶海石榴花、忍冬花、莲花组成的壶门状华幔帐盖，佛身后刻圆形火焰状首光及背光，佛像正视，头梳高螺髻，面相方圆，饱满圆润，两耳垂肩，细弯眉，丹凤眼，高鼻阔翼，嘴紧抿。颈戴项圈，上身右披袈裟，袒左胸左臂，下裳着羊肠长裙，跣足，双腿盘结，作结跏趺坐于莲台上。右臂下垂曲肘，手半握拳，持一宝瓶置腿上，左臂自然下垂，手掌抚膝盖，施降魔印。莲台座似须弥形，底层为一圈覆莲瓣，束腰处为两层华幔，座顶由两重仰莲瓣组成的圆形台面（图3－2）。四亲近眷属菩萨：在阿閦佛两侧錾刻四尊亲近菩萨，四尊菩萨形象、服饰、坐姿基本相同，唯手印及所持法器不同。在四菩萨周围亦錾刻绕枝三瓣花组成的壶门状华幔帐盖，菩萨身后刻圆形火焰状首光及背光，菩萨均正视，头戴华蔓冠，面相圆润，表情端庄宁静，五官刻画较模糊，颈带项圈，胸佩璎珞，臂带臂钏，手腕带镯，上身右斜披袈裟，袒左胸左臂，下裳穿长裙，腰系窄带挽结于腹前，跣足，双腿盘结，结跏趺坐于双重莲瓣组成的莲台上，莲台上边沿均饰一周鱼子纹。金刚喜菩萨：位于阿閦佛右侧上方，菩萨两臂下垂曲肘，双手握拳分开，拳心相对置胸前，似作羯摩印。金刚爱菩萨：位于阿閦佛右侧下方，两臂下垂曲肘外撇，双手横向握持一短柄三钴金刚杵（图3－1）。金刚铃菩萨（又称金刚萨埵）：位于阿閦佛左侧上方，菩萨右臂弯曲外撇，手所握法器拄腿上，左臂下垂曲肘，手握法器于胸前，双手握持法器为双头三钴金刚杵（此法器似亦称为金刚铃）。金刚王菩萨：位于阿閦佛左侧下方，两臂下垂曲肘，双手交叉，各握一短柄三钴金刚杵置胸前（图3－3）。金刚供养华菩萨：在塔门的上方满饰阔叶牡丹花组成的华幔帐，幔帐下两侧各悬垂挂一香宝子形（或是南亚早期的窣堵波塔形）状幔穗缨。塔门两侧各錾刻一尊金刚供养华菩萨，这两个菩萨的形象、姿态、帽冠、服饰相同，唯跪姿相对。两菩萨身后刻火焰状首光及背光，菩萨扭头正向，头戴高髻顶华曼冠，面相方圆，面颊圆润，五官清秀，细弯眉，丹凤眼，高鼻阔翼，嘴紧抿。胸佩璎珞，臂带钏，腕带镯，上身右斜披袈裟，袒左胸左臂，下裳穿长裙，跣足，左腿跪地，右腿曲蹲，作胡跪姿。两臂下垂曲肘，双手抬起合捧一朵盛开的荷花，作供奉献花状。菩萨双腿跪于单层覆莲瓣拜垫上（图4－1、图4－2）。

图3-1　　图3-2　　图3-3

图3　塔背侧东方阿閦佛及四亲近菩萨造像

塔基座：此舍利塔基座略呈须弥形，是由覆钵形底座、六狮形束腰、圆鼓墩形座台三部分构成。底座：呈一覆钵形，座顶、底沿加凸棱箍，腹壁顶部捶楪出高凸的双重覆莲瓣十六朵，表面鎏金；下部錾刻八个火焰状桃形壸门，壸门内各錾刻菩萨像一尊，并鎏金，各壸门间余白处嵌饰背分式如意云纹三朵。八个壸门内的八大菩萨：观世音菩萨、文殊菩萨、除盖障菩萨、持金刚锋菩萨、金刚拳菩萨、金刚手菩萨、施无畏菩萨、大势至菩萨。这八大菩萨即组成了佛教密宗的“八大菩萨曼荼罗”，其身形、坐姿、帽冠、服饰基本相同，唯手印、手持法器各不相同，通体鎏金。各菩

图4-1

图4-2

图4　塔门两侧的供花金刚花菩萨

萨身后有圆形首光及背光，面正视，头戴形状各异的高髻华曼冠，面相方圆，表情凝重，细弯眉，眼大睁，高鼻阔翼，嘴微张。胸佩瓔珞，右斜披帔帛，袒体露臂，手腕带镯，下裳着羊肠长裙，腰系窄带，系结于腹前。跣足，双腿盘曲，结跏趺坐于椭圆形双重仰覆莲台上。观世音菩萨：右臂自然下垂弯曲，手平托净水瓶置腿上，左臂下垂曲肘外撇，手抬起持杨柳枝（图6－1）。文殊菩萨：此尊菩萨在大藏经中找不到相应的图像，我们暂将其定为文殊菩萨（图6－2），因塔底座束腰有六只雄狮，文殊菩萨坐骑为狮子。除盖障菩萨：除盖障菩萨，左手持莲上宝，右手施与愿印（图6－3）。持金刚锋菩萨：此尊菩萨在《大日经·具缘品》中称金刚针菩萨，左手施金刚拳印，右手持金钢锋（图6－4）。金刚拳菩萨：左手握拳，掌心朝上置于左膝，右手持十字金刚杵（图6－5）。金刚手菩萨：此尊菩萨在大藏经中相对应或相似的有两幅菩萨图像，一是金刚手执金刚（忙莽鸡）菩萨，左手持金刚杵，右手施与愿印；二是忿怒持金刚菩萨，左手持金刚杵，右手掌心向上，五指舒展（图6－6）。施无畏菩萨：施无畏菩萨，左手施金刚拳印，右手施无畏印（图6－7）。大势至菩萨：左手持开敷莲华，右手屈指（食指）置于胸前（图6－8）。（以上八大菩萨文字描述的手印、手持法器皆大藏经图像，而此塔上的形象皆相反。）狮形束腰：须弥座束腰处高圆雕六尊雄狮，六尊雄狮形象相同，似作蹲踞状，背负托莲台座，狮昂首挺胸抬头，卷云状双耳后搭贴颈，额顶披草叶状鬃毛发，卷云状眉骨高凸，双眼鼓睛暴睁，怒视前方，高鼻阔翼悬垂，鼻孔圆张，盆口大张，吐舌露齿，似作狮吼状。颈披卷毛鬃，颈戴宽带项圈，项圈上悬挂一铃铛。狮两前腿粗壮劲健，足爪宽大墩厚，直立于覆钵形底座上，狮首、项圈原鎏金。塔基顶面台座：须弥座顶层台座呈一圆鼓墩形，立沿面高浮雕双层仰莲瓣，每层十六瓣，共三十二瓣，各莲瓣内錾刻有花纹装饰，原并鎏金，多已脱落（图5－1、图5－2）。

图5-1

图5-2

图5　塔底座上的菩萨及雄狮造像

图6-1　观世音菩萨

图6-2　文殊菩萨

图6－3 除盖障菩萨

图6－4 持金刚锋菩萨（或金刚针菩萨）

图6－5 金刚拳菩萨

图6－6　金刚手菩萨（或忿怒持金刚菩萨）

图6－7　施无畏菩萨

图6－8　大势至菩萨

图6　塔底座八大菩萨造像与大藏经图像比对

通过以上对该塔的佛造像释读，可以肯定地说，这是一座唐密曼荼罗造像的银质鎏金舍利塔。塔身上东方阿閦佛及四亲近菩萨造像组成了唐密金刚界“东方五会曼荼罗”，此曼荼罗之主尊阿閦佛是金刚界五方佛（中央大日如来、东方阿閦佛、西方阿弥陀佛又名无量寿佛、南方宝生佛、北方不空成就佛）东方主尊，又称不动如来，所谓“不动”，因菩提心坚定不动如山，故名为“不动”，有无嗔恚的意思。《佛说阿閦佛经》中说阿閦佛为菩萨时，在大目如来（或译为广目如来）前发“于一切人民蜎飞蠕动之类不生嗔恚”等誓愿，经过累劫的修行，终于在东方的阿比罗提（妙喜）世界七宝树下成佛，佛刹名为“妙喜”。由于他的愿力所感，佛刹中没有三恶道，大地平正柔软，一切人都行善事，环境极其殊胜。依《大宝积经》所说，往生妙喜世界的因缘多种，依佛所说，其根本因缘则是“应学不动如来往昔行菩萨行，发弘誓心愿生其国”。

图7-1

图7-2

图7　法门寺唐塔地宫出土的鎏金四十五尊造像银宝函背侧面造像

将其与法门寺唐塔地宫出土的鎏金四十五尊造像银宝函背侧面的“东方五会曼荼罗”造像相比，内容完全相同，即中央主尊为东方阿閦佛，两侧为金刚喜、金刚爱、金刚铃、金刚王四大亲近菩萨。但二者造像还是有所不同：其一，五尊造像结跏趺坐的双腿盘曲方向、各佛像所持手印、手持法器方向皆相反。其二，有学者在解释法门寺鎏金四十五尊造像银宝函时，将其与《大正藏》中五尊佛像排列方位作对比，二者之间存在着很大差异（图8）。（以○表示《大正藏》中所载日本仁和寺坛方位，以

□表示法门寺四十五尊造像银宝函坛位）：

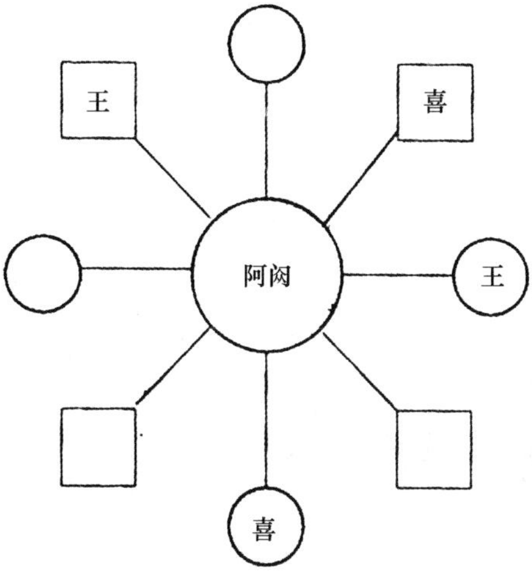

图8　大正藏与法门寺图像方位之比较

此塔身上的四尊菩萨排列方位与以上两处图像又不相同，由此可见，唐密金刚界曼荼罗中，五方主尊佛周围的亲近菩萨的排列顺序不尽相同，应是曼荼罗制作中，所依据的佛经不同，或錾刻佛像的作者对曼荼罗的理解不同而产生了差异。

该塔覆钵形底座上，錾刻有八大菩萨图像，在唐代密教中被称为“八大菩萨曼荼罗”。但这八大菩萨曼荼罗中的八大菩萨因时代的不同，佛经解释的不同，其名称、组合不尽相同。

八大菩萨的名号在唐代第一种称谓是唐·中印度三藏那提译《师子庄严请问经》：观世音菩萨、弥勒菩萨、虚空藏菩萨、普贤菩萨、执金刚主菩萨、文殊师利菩萨、止诸障菩萨、地藏菩萨；第二种称谓是唐·不空新译《八大菩萨曼荼罗经》：观自在菩萨、慈氏菩萨、虚空藏菩萨、普贤菩萨、金刚手菩萨、曼殊室利菩萨、除盖障菩萨、地藏菩萨。

另外，法门寺唐塔地宫出土的汉白玉灵帐内壁帐檐内侧阴刻楷书铭文一周38字：“大唐景龙二年戊申二月己卯朔十五日，沙门法藏等造白石灵帐一铺，以其舍利入塔，故书记之。”帐身内壁四面各高浮雕菩萨立像两尊，共八尊，各菩萨首旁有阴刻题名，下方各阴刻一名供养比丘题名。

南壁两菩萨为“势至”“观音”，东壁两菩萨为“文殊”“普贤”，西壁两菩萨为“止诸障”“执金刚主”，北壁两菩萨为“地藏”“弥勒”（图9）

图9－1　汉白玉双檐彩绘灵帐

图9－2　势至、观音菩萨

图9－3　文殊、普贤菩萨

图9－4　止诸障、执金刚主菩萨

图9－5　地藏、弥勒菩萨

图9　白石灵帐及八大菩萨图像

白石灵帐雕造于唐中宗景龙二年二月十五日，为唐代高僧法藏所造，属盛唐早期之物，应是唐代早期对八大菩萨曼荼罗中菩萨的组合与称谓。

再来看此塔上的八大菩萨名称及组合，亦与以上三组八大菩萨组合及名称不相符，这就又出现了一种八大菩萨曼荼罗，此塔的雕造者所依据的是何种藏经蓝本，已无从查考。另外塔上雕刻菩萨坐姿、手印、手持法器与大藏经（选自《大藏经·图像部》与栂尾祥云《曼荼罗之研究》中的图像）中图像方向亦皆相反。

此塔盖顶上八角各施龙首吻一尊，似乎表示大乘佛教中的天龙八部也不无可能，所谓天龙八部，即为佛教术语。清·丁福葆《佛教大辞典·天龙八部条》："（术语）天龙为八部众之二众，八部之中以此为上首，故标举曰天龙八部。八部者，一天、二龙、三夜叉、四乾闼婆、五阿修罗、六迦楼罗、七紧那罗、八摩睺迦也。法华提婆品曰：'天龙八部人与非人，皆遥见被龙女成佛'。"另外，龙为中华民族的图腾标志，在封建社会为皇帝之化身，即所谓的"龙子龙孙"，在舍利塔盖顶雕造巨龙首，意即为帝王威德覆被天下，表示皇帝在佛的庇祐下，"八荒来服，四海无波"，太平盛世。

此塔须弥座束腰雕造成六头雄狮，雄狮为佛教中文殊菩萨之坐骑，也是文殊菩萨的标志。但作为佛塔的底座装饰，在唐代佛塔建造中及佛教壁画中从未见到，仅此一例。细观这六头雄狮雕造栩栩如生，出神入化，似乎受西方犍陀罗艺术影响很大，犍陀罗艺术中的神庙、神坛基座上常见到这种雄狮雕像，这也许就是中西文化交流的产物。

综上所述，对这件银质鎏金舍利塔的解读分析，可得出如下几条结论：

其一，该塔上满饰唐代密教内容的纹饰，且与法门寺咸通年间制造的舍利宝函上密教造像内容相同或相似，研究唐代密教的学者一致认为，经唐武宗"会昌法难"后，佛教密宗又在中国大地上兴盛起来了，此塔通体的密教造像也证明了这一点，故而该塔雕造年代当属中晚唐，似乎无可非议。

其二，此舍利塔为法国人收藏，其流传经历已无从知晓，其质底贵重，整体造型风格、纹饰风格及唐密造像等，都说明一点，它的制造产地当属于中国内地无疑。且与法门寺来之唐皇室的鎏金四十五尊造像银宝函上的密宗造像似乎同出一辙，其底座上八大菩萨造像、盖顶八个龙首吻与法门寺的鎏金银捧真身菩萨底座上八大明王造像、座底双龙绕十字金刚杵纹风格极其相似。因此对该塔原产地有一个大胆推测，即它有可能来自唐皇室内道场大殿内供奉佛骨舍利的宝塔（函），或来自唐京都长安（东都洛阳）某一密教寺院大殿内供奉佛骨舍利的宝塔。

其三，此塔质地贵重，造型精致奇特，纹饰繁缛绚丽，堪称唐代金银器中的绝代佳作精品，其制造工艺独具匠心，特别是底座上六个狮首，是吸收了西方金银器制作工艺的精髓而将其中国化。此塔的整体造型在现代佛寺考古中，唐代佛教壁画中还未见到过，从塔体形制整体观察，它具有南亚早期窣堵波形塔的遗风，又开创了后世喇嘛塔形的先河。

其四，此塔上的密教造像，与法门寺金银宝函上的密教造像比较，再参照大藏经中图像记载，无论从内容到形式，既有其共同之处，亦有其差异，特别是底座上的八大菩萨曼荼罗又出现了新的菩萨组合，这就为唐代密教研究提供了新资料、新课题。

（王仓西，陕西省考古研究所研究员）

密教五方佛组织结构的形成

宁艳红

摘　要：本文从方位佛角度对五方佛的渊源进行了考察，并认为大乘显教经典中四方佛与净土信仰相结合遂得以流行，且这些经典又具有一定密教色彩，从而引起密教经典编撰者的关注并被吸收；毗卢遮那佛与四方佛于早期密教持明密典中加入密教神灵体系，后分流发展，进入曼荼罗的重要位置；《大日经》确立毗卢遮那佛的独尊地位，并在继承《一字佛顶轮王经》四方佛的基础上最终形成胎藏界五方佛；《金刚顶经》则在继承《大日经》与《不空羂索神变真言经》四方佛的基础上最终形成金刚界五方佛。

关键词：五方佛；方位佛；四方佛；胎藏界；金刚界

五方佛是密教曼荼罗中对五个方位佛的特定称呼，亦称五佛、五如来、五圣、五智佛、五智如来，也有称五禅定佛（pañca dhyāni-buddhāḥ）者。早期密教持明密典中已经出现五方佛，如《不空羂索神变真言经》所描绘的曼荼罗中方为毗卢遮那佛（Vairocanā），东、南、西、北四方分别配置阿閦（Akṣobhya）、宝生（Ratna-saṃbhava）、阿弥陀（Amitābha）、不空成就（Amogha-siddhi）四佛，与中期密教瑜伽经典中的金刚界五方佛相同。中期密教真言、瑜伽经典中胎藏、金刚两界曼荼罗皆以五方佛为核心，且五佛中尊均为毗卢遮那佛，后来的金刚界曼荼罗也有以阿閦佛为主尊者。五佛在金、胎两界中表现的尊形、系统有别，胎藏界五方佛是《大日经》所说的主尊，以毗卢遮那佛为中尊，东、南、西、北四方分别配置宝幢（Ratna-ketu）、开敷华王（Saṃkusumita-rāja-tathāgata）、无量寿（Amitāyus）、天鼓雷音（Divyadundubhi meghanirghoṣa）四佛；金刚界五方佛是依据《金刚顶经》系经轨所说的主尊，以毗卢遮那佛为中尊，东、南、西、北四方分别配置阿閦、宝生、阿弥陀、不空成就四佛。

胎、金两界五方佛佛名多出自大乘显教经典，与方位佛的发展关系密切，在五方佛组织结构形成之前，大乘显、密经典都说四方佛，《大日经》与《金刚顶经》皆是在大乘显、密经典的基础上组织五方佛及其神祇系统，五方佛的形成标志着密教庞大神祇组织的系统化。

一　五方佛源于早期大乘经典的“方位佛”

直至公元1世纪初，关于佛陀的偶像尚未出现，对佛陀的形象仍以象征主义表现，早期窣堵坡的雕刻中还没有出现佛陀形象，而是以菩提树、法轮、圣坛（佛座）及佛的足迹代替。此外，部派佛教只承认过去六佛、现世为释迦牟尼佛、未来有弥勒佛，佛的出世有先后，不能同时有两个佛，这些阻碍了信徒们对佛陀的纪念，也限制了他们修行成佛的范围。随着岁月的流逝，对佛陀的崇拜日益高涨，最终产生了多佛思想，并成为早期大乘思潮中的重要主张。

所谓多佛，即大乘佛教所倡导的一时有多佛出世。按照时间划分，有三劫三千佛，亦称三世三千佛、三千佛。佛教对于时间的观念，以劫为单位。劫，梵文 kalpa，全译劫簸或劫波，意译为分别时分，指千佛出世之时分。三劫三千佛即过去世庄严劫一千佛、现在世贤劫一千佛、未来世星宿劫一千佛的合称。大乘佛教对三世十方佛还有竖三世佛与横三世佛之分。以时间来划分，体现佛法的传承和永存，称为竖三世佛，即过去、现在、未来三世之佛，其中过去佛有多种说法，寺院塑像中一般特指燃灯佛，现在佛为释迦牟尼佛，未来佛为弥勒佛。横三世佛是以空间来划分，即方位佛，谓三个世界的佛，指东方净琉璃世界药师佛，娑婆世界的释迦牟尼佛，西方极乐世界的阿弥陀佛。此外，大乘经典中的四方佛、六方佛、十方佛以及密教的五方佛，皆属方位佛。

（一）早期佛教经典的空间概念以及初现“方位佛”的萌芽

早期佛教经典对宇宙世界构成的描述中已经表达了对方位的概念。宇宙以须弥山为中心，须弥山立于香水海之中，周围有铁围山、七金海与七金山，山腰部位之东、南、西、北分别由四大天王镇守，其上为天界，包括欲界、色界、无色界，人类则居于须弥山下东、南、西、北四大瞻部州。《长阿含经·阎浮提州品》中对此四大部洲进行了描述：

> 须弥山北有天下，名郁单曰，其土正方，纵广一万由旬，人面亦方，像彼地形。须弥山东有天下，名弗于逮，其土正圆，纵广九千由旬，人面亦圆，像彼地形。须弥山西有天下，名俱耶尼，其土形如半月，纵广八千由旬，人面亦尔，像彼地形。须弥山南有天下，名阎浮提，其土南狭北广，纵广七千由旬，人面亦尔，像此地形。须弥山北面天金所成，光照北方。须弥山东面天银所成，光照东方。须弥山西面天水精所成，光照西方。须弥山南面天琉璃所成，光照南方。①

须弥山王以金、银、水精、琉璃四宝作城，故以金照北方郁单曰、以银照东方弗于逮、以水精照西方俱耶尼、以琉璃照南方阎浮提。《大楼炭经》亦详细记载了此四洲的相状、成立及破坏时期等。

早期佛教对方位的表达主要针对诸国众生所处的地理方位以及守护天界的天王，尚不涉及佛的世界。目前仅在《增一阿含经》第三十七品《六重品》中见有如下记载：

> 是时，目连礼世尊足，即于如来前没不现，往诣东方七恒河沙佛土，有佛名奇光如来至真等正觉，出现彼土……尔时，奇光如来告诸比丘曰：西方去此七恒河沙，彼土世界，佛名释迦文如来至真等正觉，出现于世，是彼弟子，神足第一。②

此处出现住有奇光佛的东方佛土和住有释迦文佛的西方佛土，这是较早对方位佛的记载，在释迦佛所处的佛土之外，其他佛土也有佛存在。

（二）早期大乘经典对“方位佛”的表述

早期大乘经典中最具代表性的“方位佛”即东方妙喜世界的阿閦佛和

① （后秦）佛陀耶舍译《长阿含经》卷18，《中华藏》第31册，第224页下至第225页上。

② （东晋）僧伽提婆译《增一阿含经》卷29，《中华藏》第32册，第336页下。

西方极乐世界的阿弥陀佛，而东方阿閦佛的信仰被认为是最早成立的。关于阿閦佛的经典《阿閦佛国经》，早在我国东汉时期就由支娄迦谶译成汉文，该经主要讲述了东方有个妙喜世界，内有阿閦佛，国土极好。这种向东方追求的思想，在《般若经》的后两品中就有了，其中说到常啼寻找般若法门无果，后来听得空中有声，要他向东方寻求，最后在东方遇到法上向他讲说了般若的种种道理。但到了《阿閦佛国经》中，则专讲阿閦佛所在东方国土的殊胜。

随着大乘佛教的发展，比阿閦佛更具救济力的西方极乐世界阿弥陀佛登场，关于阿弥陀佛的汉译经典，有支谦于3世纪译出的二卷本《佛说阿弥陀三耶三佛萨楼佛檀过度人道经》，亦称《大阿弥陀经》，还有后秦鸠摩罗什译出的单卷本《阿弥陀经》，此二经中除阿弥陀佛外，皆有表述东、南、西、北、上、下六方住有诸佛，所不同者，《大阿弥陀经》中没有记录佛名，而鸠摩罗什所译《阿弥陀经》中则对六方诸佛作了详细描述，其中包括东方阿閦鞞佛、西方无量寿佛、西方宝相佛、北方最胜音佛。

> 舍利弗！如我今者，赞叹阿弥陀佛不可思议功德。东方亦有阿閦鞞佛、须弥相佛、大须弥佛、须弥光佛、妙音佛……南方世界有日月灯佛、名闻光佛、大焰肩佛、须弥灯佛、无量精进佛……西方世界有无量寿佛、无量相佛、无量幢佛、大光佛、大明佛、宝相佛、净光佛……北方世界有焰肩佛、最胜音佛、难沮佛、日生佛、网明佛……下方世界有师子佛、名闻佛、名光佛、达摩佛、法幢佛、持法佛……上方世界有梵音佛、宿王佛、香上佛、香光佛、大焰肩佛、杂色宝华严身佛、娑罗树王佛、宝华德佛、见一切义佛、如须弥山佛，如是等恒河沙数诸佛……遍覆三千大千世界。[①]

《兜沙经》成书时代不早于公元1世纪，[②]并于东汉时期由支娄迦谶译出。此经宣讲的是十数法，主要说十方佛刹都有佛，菩萨有种种十法。经中说东、南、西、北、东北、东南、西南、西北、下、上十方“极远不

---

① （姚秦）鸠摩罗什译《佛说阿弥陀经》卷1，《中华藏》第18册，第677页上。

② 吕澂：《印度佛学源流略讲》，上海人民出版社2005年版，第84页。

可计佛刹有佛"：东方阿逝堕佛，住于讫连桓佛国；南方阿泥罗堕罗佛，住于楼耆洹；西方阿斯堕陀佛，住于波头洹；北方阿阇堕佛，住于占倍洹；东北阿输那堕国陀佛，住于优彼洹；东南阿旃陀堕陀，住于犍阇洹；西南欝沈堕大佛，住于罗怜洹；西北阿波罗堕佛，住于活逸洹；下方枫摩堕罗佛，住于潘利洹；上方堕色佛，住于质提拾洹。[①]后来续出的大部《华严经》亦宣说十方佛，只是经中不同组合的十方佛尊名皆不同。

竺法护于西晋泰康七年（286）译出十卷本《正法华经》，为《法华经》现存最古之汉译本，此为早期大乘调和佛教内部各派最具代表性的经典。该经第七品《往古品》分别从四方四维的东、东南、南、西南、西、西北、北、东北阐述了八方世界之十六佛：

> 东方现在甚乐世界，有二佛号无怒、山岗如来至真等正觉；东南方现在二佛，号师子响、师子幢如来；南方现在二佛，号一住、常灭度如来；西南方现在二佛，号帝幢、梵幢如来；西方现在二佛，号无量寿、超度因缘如来；西北方现在二佛，号栴檀神通山、藏念如来；北方现在二佛，号乐雨、雨音王如来；东北方现在二佛，号除世惧。今吾能仁，于忍世界，得成如来至真等正觉，合十六尊。[②]

综上所述，早期大乘经典对佛所居住的方位已经有六方、八方乃至十方的概念，但都仅限于对佛及佛土名称的表述，偶有净土信仰的色彩，主要侧重通过方位表现佛在数量上的众多，以增强人们成佛的信心。

（三）方位佛与净土信仰的结合

《金光明经》最早由北凉昙无谶于5世纪前期译出，《序品》中提到此经为诸经之王，故由四方四佛护持，在《寿量品》中对四方四佛进行了描述：

> 于莲华上有四如来：东方名阿闳、南方名宝相、西方名无量寿、北方名微妙声，是四如来自然而坐师子座上，放大光明照王舍城，及

① （东汉）支娄迦谶译《佛说兜沙经》，《中华藏》第13册，第653页上、中、下。

② （西晋）竺法护译《正法华经》卷4，《中华藏》第15册，第652页下—第653页上。

此三千大千世界，乃至十方恒河沙等诸佛世界，雨诸天华作天伎乐。①

《金光明经》本身是宣扬净土信仰的重要经典，因其简短易读而广为流传，故在经中对四方佛土的净土特征亦作了描述。此外，此经中涉及陀罗尼章节，与陀罗尼密教亦有一定关系。

《观佛三昧经》是东晋时期佛驮跋陀罗所译的一部陀罗尼咒抄集经，其中第八品《本行品》记载了阿閦佛住东方妙喜世界、宝相佛住南方欢喜世界、无量寿佛住西方极乐世界，微妙声佛住北方莲华庄严世界，②此四佛所处四方佛土分别包含了对妙喜、欢喜、极乐、庄严的净土信仰。

诸如《金光明经》《观佛三昧经》等经典中，四方佛不仅在佛名与方位上与密教五方佛更为接近，而且还被赋予了净土信仰的宗教内涵，“四佛说”随着此类经典而广为流行，加之这些经典具有一定密教色彩，从而引起早期密教经典编撰者的关注并被密教所吸收。

（四）《华严经》中毗卢遮那法身佛与方位佛的初步结合

支娄迦谶译《佛说内藏百宝经》中说道：“诸佛合一身，以经法为身”，意思是“佛身”已由诸佛的“生身”上升到以佛经所说法为“身”的“法身”。因此，“在公元3世纪的汉译大乘佛经中，‘法身’已被普遍地抽象化和神格化，认为‘法身’无形无体，无作无言，不可以言说得，不可以思维求，亦不接受众生的供养布施，但它真实、圆满、寂静、永恒，充塞于世界万物之中，并构成万物的普遍本质，平等地仁慈天地诸有，悦护一切众生”③。《华严经》将“法身”佛的地位赋予了毗卢遮那佛。

续出的《华严经》最早由佛驮跋陀罗率沙门法业、慧严等一百余人于东晋安帝义熙十四年（418）译出，50卷，其梵本原是由西晋沙门支法领于义熙四年（408）从于阗取回，由此可知，续出的《华严经》至迟在4世纪前已经结集完成。佛驮跋陀罗所译《华严经》第二品《卢舍那佛

① （北凉）昙无谶译《金光明经》卷1，《中华藏》第67册，第932页中。
② （东晋）佛驮跋陀罗译《佛说观佛三昧海经》卷9，《中华藏》第22册，第553页下。
③ 杜继文：《佛教史》，江苏人民出版社2008年版，第81页。

品》中，卢舍那，又译作毗楼遮那、毗卢遮那佛，作为至高无上的法身佛，放光明遍照华藏世界十方诸佛。唐代实叉难陀于7世纪末译出八十卷《华严经》中译为毗卢遮那佛，并称为“大智海”,①此称谓早在元魏时期北印僧人菩提流支所译经典《大萨遮尼乾子所说经》各卷卷首即已出现，并言此为“外国本一切经首皆有此句。”②佛驮跋陀罗所译《华严经》第三十四品《入法界品》中有云：

> 善男子，我若欲见安乐世界无量寿佛，随意即见。妙乐世界阿闳如来，善住世界师子如来，善现圆满光明世界月慧如来，宝师子庄严世界毗楼遮那如来，善男子，如是等一切诸佛，随意即见。③

安乐世界住有无量寿佛，妙乐世界住有阿闳佛，善住世界与善现世界分别住有师子和月慧二佛，而“毗楼遮那佛”则住于宝师子庄严世界。《华严经》中毗卢遮那佛通常为“教化无边众生海”“放大光明照十方”“普照一切诸法门,”④此处既是法身佛，又是宝师子庄严世界的佛，并与无量寿佛、阿闳佛、师子佛、月慧佛四佛组合在一起，这对密教五方佛组合的形成来说意义非凡。

二 毗卢遮那佛与四方佛进入密教神灵体系

（一）毗卢遮那佛进入密教神灵体系

毗卢遮那佛自陀罗尼密教开始进入密教，隋代翻译的陀罗尼经典中毗卢遮那佛已经出现，后在持明密典《离垢慧菩萨所问礼佛法经》中，毗卢遮那佛成为礼佛中的下方佛。⑤吕建福提出，在密教化的般若类经典《般若理趣分》中，毗卢遮那佛（此经中称为遍照如来）有三处被提到，并且经中与世尊对话的是金刚手菩萨，此外还出现了金刚拳菩萨，“这就使毗卢遮那佛的出现具有特殊的意义，也就是毗卢遮那佛通过这个途径进

① （唐）实叉难陀译《大方广佛华严经》卷6，《中华藏》第12册，第673页中。
② （元魏）菩提流支译《大萨遮尼乾子所说经》卷1，《中华藏》第17册，第840页中。
③ （东晋）佛驮跋陀罗译《大方广佛华严经》卷39，《中华藏》第12册，第474页中。
④ （东晋）佛驮跋陀罗译《大方广佛华严经》卷2，《中华藏》第12册，第18页下。
⑤ （唐）那提译《离垢慧菩萨所问礼佛法经》，《中华藏》第24册，第234页下。

入密教的神灵体系”。[①]

（二）四方佛进入密教神灵体系

隋代阇那崛多所译的陀罗尼经典《五千五百佛名除障灭罪神咒经》中已经出现阿閦、宝相、无量寿、鼓音四佛，[②]这里首次出现了“鼓音如来”，与前文大乘经典中提到的“北方最胜音佛”“北方微妙声”同样具有形容佛法妙音的含义，这是早期密教经典对此类佛名的改造，“鼓音佛”后来被赋予犹如天鼓之无形、无相、无住相而能演说法音的内涵，从而进入胎藏界五方佛的体系。唐高宗永徽四年（653）译出的持明密教经典《陀罗尼集经》与《观世音普贤陀罗尼经》中也有四方四佛，与《金光明经》《观佛三昧经》表述一致，尤其是《陀罗尼集经》本身就是各种经轨的集录，该经第12卷更集合了所有神祇的普集会坛，普集会曼荼罗表现为十二肘和十六肘两种形式，十六肘曼荼罗第二院东面列出了释迦牟尼与宝相、阿閦、阿弥陀、微妙声四佛的组合，[③] 这是该经曼荼罗的一个显著特点。

三　胎藏界五方佛组织结构的形成

持明密教时期，曼荼罗中的三部即佛部、莲花部、金刚部已基本确立，胎、金两界五方佛曼荼罗皆是在此三部的基础上发展而来，只是各自发展的路径不同。

《一字佛顶轮王经》仍以释迦牟尼佛为中尊，此经宣说五佛顶轮王法，因此内院中主要安置佛顶轮王。第八品《大法坛品》中描述了东方宝星如来、北方阿閦如来、南方开敷华王如来、西方无量光如来，此四方佛被安置在曼荼罗第二重院东侧佛部类，菩萨类神祇居于此院北侧，金刚类神祇位于此院南侧。

---

① 吕建福：《密教大毗卢遮那佛法身观的形成》，《青海民族大学学报》2016年第4期，第4页。

② 阿閦、宝相、无量寿三佛名，见于（隋）阇那崛多译《五千五百佛名除障灭罪神咒经》卷6，《中华藏》第22册，第117页下、第120页中、第118页下；鼓音佛出自该经卷2，第82页中。

③ （唐）阿地瞿多译《陀罗尼集经》卷12，《中华藏》第20册，第205页中。

> 东北角隔南第一隔画东方宝星如来，左手覆当胸上把袈裟角，右手扬掌。南第二隔画北方阿閦如来，左手仰伸脐下把袈裟角，右手覆伸置右髀上施无畏相。南第三隔画西方无量光如来，以右手背压左手掌伸置脐下。南第四隔画南方开敷莲华王如来，覆伸左手脐下把袈裟角，右手屈上仰上扬掌……如是四佛身金色相，佩通身光，于宝莲华师子座上结跏趺坐。①

此经出现了开敷莲华王（Samkusumitaraja/rajendra），《文殊师利根本仪轨经·序品》中介绍此佛是文殊菩萨本国东北方开华世界的教主，“复过东北方百千恒河沙等世界，彼有世界名曰开华，彼佛世尊名开华王如来”②；持明密教经典中也出现过它的名字，如《佛说文殊师利法宝藏陀罗尼经》及其同本异译《文殊师利宝藏陀罗尼经》中有“敬礼开敷花王佛，敬礼宝幢佛，敬礼阿弥陀佛”③；隋代侧重传译密教经典的阇那崛多曾译《大乘三聚忏悔经》，其中也记载了阿閦如来、阿弥陀佛、开敷佛、宝幢佛等佛名④，由此可见此佛地位的上升。

南方宝星（宝幢）向东方的变化，可以解释为东方阿閦佛向北方移动的结果。同样的情况还出现在梵本《八千颂般若经》（Aṣṭasāhasrikāprajñāpāramitā-sūtra）中，该经记载了东方妙喜世界宝幢（Ratnaketu），而通常被认为住在妙喜世界的教主阿閦佛也移至了北方。⑤ 上述《佛说文殊师利法宝藏陀罗尼经》与《大乘三聚忏悔经》中，南方的宝星佛已经译作“宝幢佛”。西方无量光佛同无量寿佛均是阿弥陀佛的意译。

《一字佛顶轮王经》已经表现出胎藏界四方佛的初步面貌，即东方宝幢佛、南方开敷华王佛、西方无量光佛、北方阿閦佛。《大日经》第一品《入真言门住心品》中北方的不动佛，即《一字佛顶轮王经》中的北方阿

① （唐）菩提流志译《一字佛顶轮王经》卷4，《中华藏》第19册，第449页中。

② （宋）天息灾译《大方广菩萨藏文殊师利根本仪轨经》卷1，《中华藏》第64册，第2页上。

③ （唐）菩提流志译《佛说文殊师利法宝藏陀罗尼经》卷1，《中华藏》第23册，第967页上。

④ （隋）阇那崛多译《大乘三聚忏悔经》，《中华藏》第25册，第70页下。

⑤ ［日］田中公明：《インドにおけける曼荼羅の成立と発展》，春秋社2010年版，第53页。

閦如来，到第十三品《入秘密曼荼罗位品》中成为北方鼓音佛，在组织结构上形成我们所见到的胎藏界曼荼罗中的四方佛，即东方宝幢如来、南方开敷华王如来、西方无量寿如来、北方鼓音如来。因此，《大日经》中的胎藏界五方佛是以《一字佛顶轮王经》的四方佛为基础形成的。

关于鼓音佛，一行在《大日经疏》第二品《入曼荼罗具缘真言品》中解释说："次于北方观不动佛，作离热清凉，住于寂定之相，此是如来涅槃智，是故义云不动，非其本名也。本名应云鼓音如来，如天鼓都无形无相，亦无住相，而能演说法音，警悟众生。大般涅槃亦复如是，非如二乘永寂，都无妙用，故以为喻也。"① 该《疏》卷20中也提到前文中所说的北方阿閦如来，属于经误。一行是兼修真言、瑜伽二乘的，因此他认为阿閦为瑜伽义，在真言乘中并不相应，因此应以"鼓音佛"为定名。

《大日经》中形成了以毗卢遮那佛为中尊的大悲胎藏曼荼罗。大悲即慈、悲万行。胎藏，则喻义胎胞、莲花，指含藏、摄持，以大悲胎藏形容众生本具菩提净心，犹如胎胞、莲花种子，众生如能认识自心，以慈悲摄行，即可证知菩提，使净心显现，得一切智智。所谓胎藏界密法即以曼荼罗为象征，引导众生修证菩提心的方法。中台八叶为菩提心，毗卢遮那佛以智慧法身居于中台核心，四佛、四菩萨居于八叶之四方、四维，分别表征如来四智与如来四行。另有三重院自中台八叶流出，第一、第二重为大悲，第三重为方便，《大日经疏》第二品《入曼荼罗具缘真言品》解释说：

> 从金刚密印现第一重金刚手等诸内眷属，从大悲万行现第二重摩诃萨埵诸大眷属，从普门方便现第三重一切众生喜见随类之身。若以轮王灌顶方之，则第三重如万国君长，第二重如朝廷百揆，第一重如宗枝内弼，中胎如垂拱之君，故花台常智为大漫荼罗王也。②

就神祇系统而言，中台八叶与诸佛母、诸救世者所在之遍知院，以及降三世明王、不动使者所在之明王院构成佛部神祇；第一重为莲花部与金刚部之左右部众；第二重为文殊、普贤、观音、弥勒四菩萨及其部众；第

① （唐）一行撰《大毗卢遮那成佛经疏》卷4，《大正藏》第39册，第622页下。

② （唐）一行撰《大毗卢遮那成佛经疏》卷3，《大正藏》第39册，第610页中。

三重为佛顶部、诸天、龙神等外院部众，如此构成胎藏界五方佛曼荼罗的基本组织形式。

四 金刚界五方佛组织结构的形成

早期大乘经典出现的四方四佛组合中，东方阿闳佛与西方阿弥陀佛（或无量寿佛）的位置相对比较稳定，南、北二方佛在名称上则多有变化。南方佛名曾出现过宝相佛（由西方宝相移动至南方）、虚空住佛以及常灭佛，北方佛名则出现了最胜音佛、微妙声佛、云自在或云自在王佛等，随后在早期密典中，南方佛又出现了宝星（宝幢）佛，北方佛则有鼓音佛，这些佛名的出现以及进入密典后的变化，对胎藏、金刚界五方佛的形成均产生了影响。

《不空羂索神变真言经》为晚期持明密典，是持明密教向真言密教过渡的重要经典，故兼有两者的特点，不仅如此，此经与后来瑜伽密教金刚乘的起源也有一定关系。这部经典虽属观世音部密典，主尊是不空羂索观世音，佛部仍以释迦牟尼为主尊，但对金刚界五方佛组织结构的形成却产生了至关重要的影响，主要表现在以下两个方面：

一是毗卢遮那佛在此经中的地位发生了变化，由经的前半部分仍处于不太起眼的位置，到经的后半部分上升至内院主尊。事实上此经已在不少地方开始突出毗卢遮那佛的地位，如第二十四品《最上神变解脱坛品》中，毗卢遮那佛被安置于内院中央，阿弥陀佛配置其左侧，而释迦牟尼佛则被安置于毗卢遮那佛的右侧；第六十九品《灌顶曼荼罗品》中更直接称毗卢遮那佛曼荼罗是“毗卢遮那如来法身大悲出生藏曼荼罗印三昧耶”，等等。这种变化反映了毗卢遮那佛在密教中正在逐步完成它的演变过程。

二是该经出现了五部甚至更多，除佛部、莲花部、金刚部三部外，新增了宝部（摩尼部）、羯磨部（不空成就部）、明王部，金刚界继承了其中五部，即在三部外，加入了宝部和羯磨部。阿闳佛成为金刚部的主佛；宝生佛是宝部的主佛；阿弥陀佛不仅只是西方极乐世界教主，在金刚界密法中它还是莲花部主佛；不空成就佛是羯磨部主佛，羯磨译为作业、成就，即成办世间一切事业，故为不空成就。毗卢遮那佛虽在全经的后半部分出现，但出现次数显著增加，不仅如此，在同经出现的诸佛中名称始终处于首位。由此，金刚界五方佛及五部出现，使传统的密教神祇系统化了。

该经第十二品《广大解脱曼荼罗品》中内院中尊为释迦佛，面西而坐；其左、右分别安置执金刚秘密主菩萨与不空羂索观音菩萨。内院之东、南、西、北分别安置四佛，阿闳佛右手仰掌、左臂伸置腹前手捻垂下之袈裟一角；宝生佛亦为右手仰掌、左手当胸捻袈裟一角；阿弥陀佛右手背压左手掌；世间王佛右手仰掌、左手置腹前捻垂下袈裟一角。①此时北方佛为世间王如来。四方佛皆一手施印，一手把袈裟衣角，手印与《一字佛顶轮王经》中所记之四方佛手印一致。

《不空羂索神变真言经》第二十四品《最上神变解脱坛品》中则清晰描述了毗卢遮那佛的位置是在内院北门的中尊，地位有所提升，以下为四方诸佛、菩萨等神祇的分布：

东门：中置释迦牟尼佛变、执金刚秘密主菩萨变、不空羂索悉地王变、不空大奋怒王变，面西。

南门：中置不空羂索观世音菩萨变、世间王如来变、曼殊室利菩萨变、除一切障菩萨变，面北。

西门：中置净土阿弥陀佛变，面东。

北门：中置毗卢遮那佛变、地藏菩萨变、弥勒菩萨变、不空奋怒王变，面南。②

至第四十六品《无垢光神通解脱坛三昧耶像品》中这种局面则发生了明显的变化：毗卢遮那佛居于内院当中，安坐于莲花座上，其部众为诸佛、菩萨及白香象种族；阿闳佛居于东面，其部众为诸佛、菩萨及金刚种族；宝生佛位于南面，其部众为诸佛、菩萨及摩尼种族；观自在王佛位于西面，其部众为诸佛、菩萨及莲花种族；不空成就佛居于北面，其部众为诸佛、菩萨及不空成就种族，四方佛亦安坐于莲花座。③该品称此坛为有规式的八肘曼荼罗。

毗卢遮那佛在真言密教中心密典《大日经》中确立了独尊地位，至

---

① （唐）菩提流志译《不空羂索神变真言经》卷9，《中华藏》第19册，第422页上至第423页中。

② （唐）菩提流志译《不空羂索神变真言经》卷15，《中华藏》第19册，第483页上、中。

③ （唐）菩提流志译《不空羂索神变真言经》卷22，《中华藏》第19册，第562页上。

瑜伽密教中心经典《金刚顶经》中亦成为密教教主。金刚智译《金刚顶瑜伽中略出念诵经》中，金刚界五方佛的组织形式完备，不仅如此，此经还首次描述了五方佛的身色、契印、真言、生灵座及曼荼罗。该经主要讲金刚界曼荼罗，其密法旨在于瑜伽观想中以金刚智成就如来法身，观想四面即为四面毗卢遮那佛。

> 又想四面毗卢遮那佛，以诸如来真实所持之身，及以如上所说一切如来师子之座而坐。其上毗卢遮那，示久成等正觉。……于其东方如上所说象座，想阿閦鞞佛而坐其上。于其南方如上所说马座，想宝生佛而坐其上。于其西方如上所说孔雀座，想阿弥陀佛而坐其上。于其北方如上所说迦楼罗座，想不空成就佛而坐其上。各于座上又想满月形，复于此上想莲华座，每一一莲花座上佛坐其中。①

《金刚顶经》的五方佛是以《不空羂索神变真言经》中的四方佛为基础发展而来。金刚界分为五部，即佛部、金刚部、宝部、莲花部、羯磨部，五部分别以毗卢遮那佛、东方阿閦佛、南方宝生佛、西方阿弥陀佛、北方不空成就佛为部主，金刚界根本曼荼罗由五轮满月组成，正中月轮为毗卢遮那佛，四方四波罗蜜菩萨，四方月轮中又分别为四方佛及其四眷属菩萨。四方月轮间为四内供养菩萨，大圆轮外为四外供养菩萨，四方四门为四摄菩萨，如此共形成三十七尊。金刚界密法思想就是观想五佛，证五智；观想此三十七尊，证三十七三摩地智。由此得无上菩提，自心与佛心相应，离诸烦恼罪障。到晚期密教即无上瑜伽密教经典《秘密集会大教王经》中，金刚界五方佛又有了各自的明妃。此时随着密教思想的发展，五佛又与五大、五蕴、五智结合，形成了密教金刚乘的根本哲学思想体系，以及与之相配套的丰富完整的密教神祇体系。

（宁艳红，宗教文化出版社编辑）

---

① （唐）金刚智译《金刚顶瑜伽中略出念诵经》卷1，《中华藏》第23册，第692页下至第693页上。

日本流传的大日如来像宝冠五佛考

［日］乾龙仁

摘　要：从平安中期到镰仓、室町时期是日本密教发展（日本化）的极为重要的历史时期，以头戴两部不二形式五佛宝冠的大日如来像为例，早在中国，糅合胎藏界和金刚界两种法门的思想就已出现，而在日本，空海之后统合金胎两部密教的两部不二思想才得以发展，大日如来像，可以看作两部统合思想的造型化表现之一。大日如来像一般分为胎藏大日和金刚界大日两种，但是其顶戴宝冠既有结智拳印而戴胎藏五佛宝冠的金刚界大日像，又有结法界定印而戴金刚界五佛宝冠的胎藏大日像，本文称其为“两部不二形式的大日如来像”。

关键词：大日如来像；五佛宝冠；两部不二；智拳印；法界定印

一　前言：两部不二形式的大日如来像

近年来，日本国内对于日本中世历史的关注呈趋高之势。“中世”一般是指日本的镰仓和室町时期，密教由平安初期的弘法大师空海（774—835）传入日本，于平安中期（摄关期）至镰仓、室町时期得到进一步发展。例如，在密教理论（教相）方面，对于空海著作的研究开始兴起，注释书增多；在密教实践（事相）方面，密教仪式以流派为中心得以体系化，各种法会也被确立和举行。如此一来，从平安中期到镰仓、室町时期的这段时间，可以说是日本密教发展（日本化）的极为重要的历史时期。

本文将以头戴两部不二形式五佛宝冠的大日如来像为例，一窥日本密教的发展过程。其中，“两部”是指胎藏和金刚界两种法门，依经典来说则是《大日经》和《金刚顶经》两部大法。早在中国，糅合这两种法门的思想就已经出现，而在日本，空海之后统合金胎两部密教的两部不二思想才得以发展。在此处介绍的大日如来像，可以看作两部统合思想的造型化表现之一。

众所周知，大日如来像一般分为胎藏大日和金刚界大日两种，但是其顶戴宝冠却少有人注意。如果仔细观察就会发现，既有结智拳印而戴胎藏五佛宝冠的金刚界大日像，又有结法界定印而戴金刚界五佛宝冠的胎藏大日像——本文将这类造像称为“两部不二形式的大日如来像”。

二　大日如来像的五佛宝冠及其由来

大日如来作为密教的根本佛，是密教尊像的中心所在，在金刚界曼荼罗和胎藏曼荼罗里分别作为主尊绘于其中。大日如来像通常画作菩萨相，头戴宝冠，其中胎藏大日结法界定印（即禅定印），金刚界大日则结智拳印（即觉胜印）。

宝冠大日如来像是随着从唐请来的胎藏和金刚界两部曼荼罗传入日本的。以京都仁和寺的“御室版高雄曼荼罗”为例，发髻上绘有五佛冠的共有如下数尊：胎藏曼荼罗中台八叶院的大日如来和普贤菩萨、遍智院的大安乐不空金刚三昧真实菩萨、虚空藏院的虚空藏菩萨，金刚界曼荼罗一印会的大日如来、理趣会的金刚萨埵——这六尊的宝冠正面均以十字形绘有五佛。

除此之外，金刚界曼荼罗四印会的大日如来也是宝冠佛，但其宝冠只有四佛，而非五佛。四印会原来并非只有大日一尊，还有阿閦、宝生、阿弥陀、不空成就四佛共同构成四印曼荼罗，因此四印会大日被画作戴四佛宝冠。然而，两部曼荼罗中所画的宝冠无论四佛还是五佛，都是双手胸前结印上覆袈裟，印相无法判断。所以，对于宝冠上的化佛仅能确定其数目。

尽管如此，《大日经》中并没有提及五佛宝冠，但金刚顶经初会《真实摄经》却说到与之相关的内容。同时，汉译仪轨之中，属于金刚顶经系的《金刚顶莲花部心念诵仪轨》宣说了相当于五佛宝冠的五佛灌顶。总而言之，五佛宝冠是《金刚顶经》所说，详细内容暂先不表。

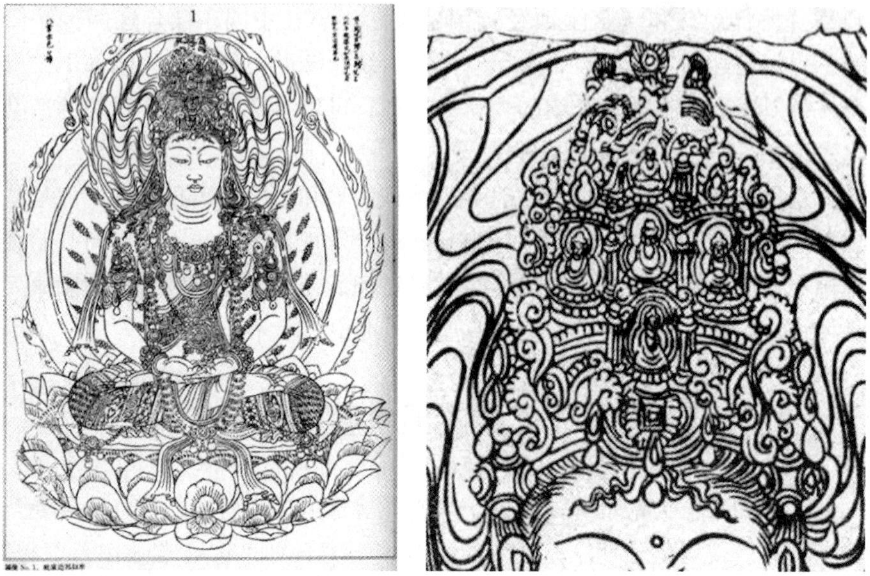

中台八叶院的胎藏大日像

一印会的金刚界大日像

在日本流传的金胎大日如来像中，以印相或种子来区分宝冠五佛的造像有不少存留至今。《密教大辞典》中阐释道，一种说法认为金刚界大日宝冠的化佛为胎藏五佛，胎藏大日宝冠的化佛为金刚界五佛。另外，宝冠五佛的排列形式有两种：一种是额正面中央为大日，四佛置于其四周，亦即将五佛排列为十字形；另一种则是五佛横向排列。

关于灌顶时受灌顶者于正觉坛前所戴的宝冠有两种说法。第一种是金刚界灌顶时用胎藏宝冠（饰有胎藏五佛），胎藏灌顶时用金刚界宝冠（饰有金刚界五佛），以此表金胎不二之理；第二种则是金胎灌顶都用金刚界五智如来宝冠。基于五佛宝冠是由金刚顶经系经轨所说这一依据可以推测，最早的灌顶应该是依于第二种说法的。所以，阐释金胎不二理论的第一种说法应该是在日本形成的，而且也对大日如来像的宝冠造型产生过影响①。

在高野山龙光院流传下来的灌顶法器中，平安后期制作的宝冠有两座。对于这两座宝冠，学者认为是“金板透雕线刻金刚界五佛者可能为金刚界灌顶所用，银板透雕线刻胎藏界五佛者可能为胎藏界灌顶所用”②。仅仅看照片，很难判断金板的中尊印相是智拳印还是法界定印，周围四佛双手遮覆，印相不明。而银板中能辨别出金刚界五佛的梵字种子字 vaṃ、hūṃ、trāḥ、hrīḥ、aḥ。

金板宝冠

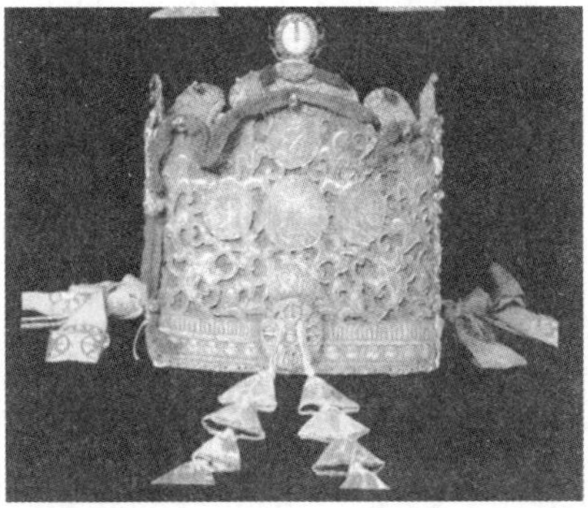

银板宝冠

① 《密教大辞典》（增订版）“五智宝冠”，第621页下至第622页上。

② ［日］井筒信隆：《世界遗产 高野山的历史和秘宝》，山川出版社2007年版，第84页上。

三　区别表现宝冠五佛的大日如来像

以下介绍区别表现宝冠五佛的大日如来像。

（1）金刚界大日如来坐像　京都东寺讲堂　重点文物　木造（室町时期 15 世纪末）

宝冠正面横向排列着五佛，位于正面中央的佛头戴宝冠结禅定印，其左右各有两佛共成四佛，形象均为佛相。宝冠为八角形，其正面、两斜前面、两侧面等五个面中央的圆相中有胎藏五佛，从右至左依次为开敷华王、天鼓雷音、大日、宝幢、无量寿①。

原来的本尊已在文明十八年（1486）烧毁，现本尊是明应二年至六年（1493—1497）重新雕刻的，其作者传为运庆的后裔康珍（或中岛）。据说在庆长大地震中再次受到损坏，而后又被修复②。

关于原来的本尊，南北朝时期（室町时期上半叶）成书的《东宝记》记载说：宝冠正面配五佛，其中尊为法界定印，光背见三十七尊，最上置表大日形象之宝塔，莲花座八方有八狮子③。由此记述推测，此尊宝冠五佛应是十字形排列。此外，《东宝记》中还有康和元年至长治二年（1099—1105）修理佛像等记录，其中“讲堂佛修理，中尊金色，丈六，大日像一躯，宝冠（新造）”④ 一句表明宝冠在当时经过了重新制作。另一方面，描绘当时东寺五佛造像的《仁王经五方诸尊图像》（波士顿美术馆藏）中所画稍有不同，金刚界大日的宝冠五佛不是十字形布置，而是在中尊左右上下各置两尊⑤。

---

① 《东寺的历史和美术 新东宝记》，第 116 页。

② 图录《东寺的如来和祖师像》（改订版），第 14—16 页；山本勉《大日如来像》，第 24—28 页。

③ 《国宝 东宝记 原本影印（卷一—卷四）》，第 51—52 页；《东寺的历史和美术 新东宝记》，第 116 页；松浦正昭〈东寺讲堂的真言雕像〉。

④ 《国宝 东宝记 原本影印（卷一—卷四）》，第 65 页。

⑤ 仅从照片看来，左右两侧上下各画两尊。可参考《在外秘宝 佛教绘画 大和绘 水墨画》别册刊载的“仁王经五方曼陀罗图卷”。

金刚界大日像

宝冠　（胎藏五佛）；
右方　　开敷华王（施无畏印）
右前方　天鼓雷音（触地印）
中央　　胎藏大日（法界定印）
左前方　宝　幢　（与愿印）
左方　　阿弥陀　（弥陀定印）

（2）金刚界大日如来坐像 大阪河内长野天野山金刚寺金堂 重点文物→国宝 木造（平安 12 世纪）

宝冠正面为头戴宝冠结法界定印的胎藏大日，其余四面为现佛相的四佛，由此可知此造像的宝冠五佛应为胎藏五佛。其他值得注意的是，其背光刻有金刚界三十七尊雕像，本尊宝冠上面的背光顶端置有宝塔，形式与东寺讲堂本尊相同，只是此像背光上部的宝塔中置有结禅定印的小佛像。

天野山金刚寺在永万元年（1165）由阿观上人（1136—1207）重兴，此寺金堂为治承二年（1178）建造。虽然从建筑学来说，现在的金堂是镰仓时期重建的，而此造像却被认为是原来金堂所安置的本尊。阿观上人受觉锾上人（1905—1144）的影响较大，金堂本尊也是参考高野山大传法院本尊而设立的。高野山大传法院内的觉皇院本尊丈六大日如来像是觉锾上人之后所立，由“以大师东寺讲堂佛，康助模之”的文献记载可以推断，觉镂上人所建大传法院本堂的本尊也是仿照东寺讲堂像而来的①。

金刚界大日像

宝冠（胎藏五佛）
右方　开敷华王（施无畏印）
右前方　天鼓雷音（触地印）
中央　胎藏大日（法界定印）
左前方　宝　幢（与愿印）
左方　阿弥陀（弥陀定印）

（3）金刚界大日如来坐像　高野山劝学院　重点文物　木造（平安末期 12 世纪）②

宝冠正面横向布置着五佛种子字，从右向左依次为 ā、a、āḥ、aṃ、aḥ，也就是阿字的五转，代表胎藏五佛。所以，这五个梵字从右向左依次

① 山本勉《大日如来像》，第 46 页。金刚寺金堂本尊是三尊形式构成，金刚界大日如来像为中心，右侧为不动明王像、左侧为降三世明王像。其中，从不动明王像（高 258 厘米）的内部墨书来看，此像是镰仓时期的佛像雕刻师快庆的大弟子行快在天福 2 年（1234）雕刻的。关于天野山金刚寺金堂的本尊大日如来像在佛教美术史上的价值，可参考武笠朗《大阪金刚寺金堂大日如来像考》一文。

② 图录《高野山的国宝 坛上伽蓝和奥之院》，第 172 页。

代表开敷华王、宝幢、大日、阿弥陀、天鼓雷音。而东寺讲堂本尊的宝冠五佛顺序稍有不同，从右向左依次为开敷华王、天鼓雷音、大日、宝幢、无量寿。

弘安四年（1281），北条时宗任命安达泰盛为奉行一职，在高野山金刚三昧院建造了劝学院和劝修院——这是高野山劝学院的创始。其后文保二年（1318），后宇多法皇诏令将劝学院移至伽蓝莲池东侧。此造像原来就安置在莲池东侧的劝学院中，但从图像学特征来看应该是12世纪的平安末期所造，与劝学院迁至现在位置的时间不同，因而可能是后世从别处移来的。

金刚界大日像

宝冠（胎藏五佛）
右方　　开敷华王（ā）
右前方　宝　幢　（a）
中央　　胎藏大日（āḥ）
左前方　阿弥陀　（aṃ）
左方　　天鼓雷音（aḥ）

（4）金刚界大日如来坐像　高野山释迦文院　重点文物　木造（平

安末期)[①]

宝冠五面置有五佛，其中正面为头戴宝冠结法界定印（禅定印）的胎藏大日，其余四面的四佛皆是佛相，印相从右至左依次为①施无畏印②弥陀定印③法界定印④禅定印（上置药壶状器物）⑤与愿印。其中①施无畏印与右手垂向左下方的胎藏开敷华王佛的手印一致。

如果将此处的五佛看作胎藏五佛的话，从印相能得出①开敷华王②阿弥陀③胎藏大日④天鼓雷音⑤宝幢的结果。然而，第四尊佛（左前方）却结禅定印，其上还置有药壶状器物。这与常见的结触地印天鼓雷音佛明显不同，可以认为是药师佛。宝冠五佛中包含有胎藏五佛中所没有的药师佛，这是一种特例。

在平安初期的日本，因药师佛和阿閦佛同为东方佛而产生了二佛同体的说法。所以，从平安中期开始，出现了将高野山伽蓝金堂的本尊阿閦佛看作药师佛的信仰。由于阿閦佛结触地印，宝冠五佛中结触地印的佛被置换为药师佛一事，应该是受到了药师、阿閦二佛同体说法的影响。

金刚界大日像

① 图录《高野山的如来像》，第 167 页。

宝冠（胎藏五佛）

右方　开敷华王（施无畏印）

右前方　阿弥陀　（弥陀定印）

中央　胎藏大日（法界定印）

左前方　药　师（禅定印）← 天鼓雷音（触地印）

左方　宝　幢（与愿印）

与愿印　禅定印（上置药壶）　法界定印　弥陀定印　施無畏印

（5）金刚界大日如来坐像 高野山金刚峰寺　重点文物　绢本着色（镰仓时期13世纪中叶）

宝冠正面绘有胎藏五佛，额头正上方中央置大日，其上下左右各绘四佛，印相分别为法界定印（中，大日）、与愿印（东，宝幢）、施无畏印（南，开敷华王）、弥陀定印（西，阿弥陀）、触地印（北，天鼓雷音）。此处所说的东为上部，南为右侧。其中，大日为戴宝冠的菩萨相，四佛皆为佛相，阿弥陀着通肩袈裟，其余为偏袒右肩。

由墨书款题可知，宽元三年（1245）七月二十日醍醐寺金刚王院大僧正实贤（1176—1249）为此像举行了开眼供养法会。后面的愿文中说，此像与胎藏大日一同绘制，胎藏大日像供奉于上醍醐的尊师影堂（开山堂），而金刚界大日像则安置在高野山御影堂。愿文结尾的“金刚佛子孝阿弥陀佛”表明孝阿弥陀佛绘制此像并供奉于寺院①。这两件佛像应该是为增进醍醐寺（胎藏大日）和高野山（金刚界大日）两地之间的联系而绘制的，只是上醍醐尊师影堂的胎藏大日像现已不存。

金刚界大日如来像

宝冠（胎藏五佛）
中央　胎藏大日（法界定印）
上方　宝　幢　（与愿印）
左方　开敷华王（施无畏印）
下方　阿弥陀　（弥陀定印）
右方　天鼓雷音（触地印）

① 图录《高野山的如来像》第94页刊载了墨书款题，其翻印本可参考高野山灵宝馆网站主页的《高野山与文物 高野山文物年表》。另外，与孝阿弥陀佛相关的作品还有京都神光院旧藏“黑漆宝箧印塔嵌装舍利厨子”（即佛龛，奈良国立博物馆藏），被认为是为修小野三流舍利法而制作的。在佛龛壁板内部供奉着写本法华经八册，其中卷八的跋文写道，嘉禄二年（1226）十月三日孝阿弥陀佛为父母得以解脱、特别是为母亲祈冥福而书写。详细内容可参考图录《佛舍利和宝珠——思慕释迦之心》，第136—137、227页。

（6）胎藏大日如来坐像　京都东寺西院（大日堂旧本尊）木造（室町时期 15 世纪末）

宝冠正面横向布置五佛，正面中央有佛戴宝冠结智拳印，但从图片无法看到左右侧，只能推测两侧各有两佛共为四佛。此处的五佛应该是金刚界五佛。

大日堂是西院御影堂的礼拜场所，建于江户初期，此造像具有 10 世纪后半叶平安摄关时期的造像特征。尽管如此，《东宝记》等古文献中没有记载，移至东寺的时间就不得而知了①。

胎藏大日像

宝冠（金刚界五佛）

中央大日如来（智拳印）

四　结语：高野山根本大塔中的五佛

本文并不能对两部不二思想的形成过程进行详尽的概述。糅合金刚界和胎藏两种法门的现象在中国早已出现，再到日本空海之后统合两部的思想得到发展，觉鑁（1095—1144）在其著作中首先使用了“两部不二”“两界不二”“金胎不二”等词语。但是，早在觉鑁之前的济暹（1025—

① 《东寺的历史和美术 新东宝记》，第 258 页；图录《东寺的如来和祖师像》，第 25 页。

1115）就曾提过两部不二的说法，而济暹被认为受到过台密的影响[①]。如果追本溯源，这种思想在《秘藏记》《摄无碍经》等经论中已见端倪，直至日本中世时期迅速发展，成为日本密教的特色。

总而言之，日本的中世时期是研究空海传入的金胎两部密教如何在日本社会和文化中扎根的重要时期，两部不二思想是其中的中心概念之一。

另外，高野山的坛上伽蓝中有两座大塔——根本大塔和西塔，这是空海曾设想的“法界体性塔二基”。一般来说，作为东塔的根本大塔应该供奉胎藏五佛，西塔则供奉金刚界五佛。事实上，两塔五佛的印相也符合这一说法，从印相看来作为东塔的根本大塔中确实是胎藏五佛，西塔则是金刚界五佛。然而，随着两部不二思想的发展，原来的东塔被叫作根本大塔，两部不二的五佛形式也发生变化——根本大塔的五佛演变为由胎藏大日和金刚界四佛构成，并持续至今。

根本大塔几度遭雷击受损，内部的五佛像也有过变动，但至少从四佛的印相可判断其为胎藏四佛。但有趣的是，现今的五佛皆是菩萨相，这种特征见于金刚界八十一尊曼荼罗。同时，五佛都戴宝冠，宝冠中央为胎藏大日的种子字 āṃḥ，左右配有金刚界四佛的种子字 hūṃ、trāḥ、hrīḥ、aḥ——这种以金胎不二的形式配置宝冠五佛是高野山根本大塔五佛的特色。近年雕刻的西塔金刚界大日像的宝冠上没有绘画五佛的化佛。

（作者乾龙仁，高野山大学教授；译者释来海，高野山大学博士生）

① ［日］键和田圣子：《东密两部不二思想考》，《印度学佛教学研究》，61—2，2013 年。

日本に伝来する大日如来像の宝冠五仏について

乾龍仁

一　はじめに—両部不二形式の大日如来像—

近年、日本では日本の中世史に対する関心の高まりが窺える。中世とは日本では一般に鎌倉・室町期をさすが、平安時代の初期に弘法大師空海（774～835）によって日本に請来された密教も、平安時代の中頃（摂関期）から鎌倉・室町期にかけて実に様々な展開を示した。例えば、密教の教理面（教相）においては、空海の著作に対する研究が行われるようになり、注釈書が著されるようになった。また密教の実践面（事相）においては、密教儀礼が流派を中心に体系化され、また様々な法会も確立されて行なわれるようになった。このように平安中期から鎌倉・室町期というのは、密教の日本的展開（日本化）という点で極めて重要な時代であったということができる。

そうした密教の日本的展開を示す例として、ここでは宝冠五仏によって確認できる両部不二形式の大日如来像を紹介したい思う。両部というのは、胎蔵と金剛界の二つの法門のことであり、経典でいえば『大日経』と『金剛頂経』の二つの大法を指す。この二つの法門を合糅する考え方はすでに中国において発生したものであるが、日本では空海以後にとくに胎蔵と金剛界の両部の密教を統合する両部不二の思想も展開した。ここで紹介する大日如来像というのは、そのような両部統合思想の造形化の一例として捉えることができるであろう。

大日如来像には一般に胎蔵大日と金剛界大日の両様があることは知られているが、大日如来像の頭頂に戴く宝冠のことはあまり注意されていない。しかし、よく注意して見ると、智拳印を結ぶ金剛界大日像が胎蔵五仏から構成される宝冠を被るものがある一方で、法界定印を結ぶ胎蔵大日像が金剛界五仏から構成される宝冠を被るものがあるのに気づかれる。これをここでは両部不二形式の大日如来像とよぶことにする。

二　大日如来像の五仏の宝冠とその由来

さて、大日如来というのは密教の根本仏で、密教尊像の中心となるものである。金剛界曼荼羅や胎蔵曼荼羅ではそれぞれの中尊として描かれている。大日如来像は通常は菩薩形に描かれ、頭頂に宝冠を戴く。印相は胎蔵大日が法界定印（いわゆる禅定印）、金剛界大日が智拳印（覚勝印ともいう）を結ぶ点が異なる。

宝冠を頂く大日如来像はもともと唐より将来された胎蔵と金剛界の両部曼荼羅を通じて日本に伝来したものである。ちなみに両部曼荼羅で髪髻に五仏冠が描かれているのは、京都仁和寺の「御室版高雄曼荼羅」によって確認すると、胎蔵曼荼羅では中台八葉院の大日如来と普賢菩薩、遍智院の大安楽不空金剛三昧真実菩薩、虚空蔵院の虚空蔵菩薩であり、金剛界曼荼羅では一印会の大日如来、理趣会の金剛薩埵である。これらはいずれも正面に五仏が十字形に配置されて描かれている。

これらに加えて金剛界曼荼羅の四印会の大日如来も宝冠仏であるが、ただし五仏冠ではなく四仏冠になっている。四印会は本来大日だけでなく、阿閦・宝生・阿弥陀・不空成就の四仏もそれぞれ四印曼荼羅を構成するので、そのことを意図したものかも知れない。しかしそれら両部曼荼羅に描かれた宝冠の五仏ないし四仏は、いずれも両手を前で結んで、その上を袈裟で覆っているため、印相そのものは確認できない。つまり宝冠の五仏（ないし四仏）は五体（ないし四体）の存在だけが確認できるに過ぎないのである。

ところで、五仏の宝冠のことは『大日経』には見えない。これに対し、初会の金剛頂経である『真実摂経』にはそれに相当するものが説かれている。また漢訳経軌の中で、金剛頂経系の儀軌である『金剛

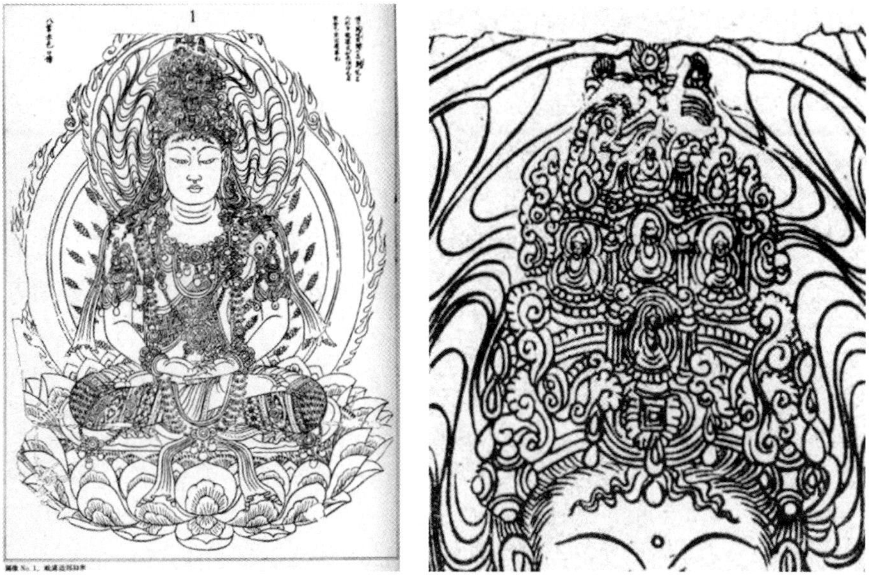

中台八葉院の胎蔵大日像

一印会の金剛界大日像

頂蓮華部心念誦儀軌』に五仏の宝冠に相当する五仏潅頂が説かれている。詳細は省くが、いずれにせよ、五仏の宝冠は『金剛頂経』において説かれたものである。

ところが日本に伝来する金胎の大日如来像には、この宝冠の五仏を印相や種子によって明確に区別したものが少なからず存在することを知った。これに関して、『密教大辞典』によると、一説には金剛界大日の冠中の化仏は胎蔵の五仏、胎蔵大日の冠中の化仏は金剛界の五仏であるとする。また冠中五仏の配列に二種類あるという。一つは額上の前方の中央に大日、その四方に四尊を配置するものである。これはいわゆる五仏が十字形に配置されるもののことである。もう一つは横一列に羅列するものである。

また潅頂の際に正覚壇において受者に戴かせる宝冠にも二伝があるという。一伝は金剛界潅頂に胎蔵の宝冠（胎蔵の五仏がある）を用い、胎蔵潅頂に金剛界の宝冠（金剛界の五仏がある）を用いて、金胎不二の理を示すという。もう一伝は金胎ともに金剛界五智如来の宝冠を用いる。五仏宝冠が金剛頂経系の経軌に説かれることから考えて、潅頂用の宝冠は後者の伝である金胎ともに金剛界五智如来の宝冠を用いるのが最初であったと推測される。したがって、金胎不二の理を示す前者の伝は、むしろ日本における後発の展開と考えるべきであろう。この前者の伝の展開が、大日如来像の宝冠にも影響を与えた可能性があるかも知れない[①]。

参考に高野山の龍光院に伝来する潅頂の法具類の中に、平安時代後期の制作とみられている二つの宝冠がある。これについては「金板すかし彫りに金剛界五仏を線刻するのが金剛界潅頂用、銀板すかし彫りに胎蔵界五仏が線刻されているのが胎蔵界潅頂用のものであろう」[②]と指摘されている。ただし写真を見ると、金板の中尊は智拳印か法界定印か見分けがたく、周囲の四仏も両手を覆い、印相は確認できない。また銀板には梵字でバン・ウン・タラク・キリク・アクと金剛界五仏の種字が見える。

---

① 『密教大辞典』（増訂版）の「五智宝冠」の項目（621 下—622 頁上）を参照。

② 井筒信隆『世界遺産　高野山の歴史と秘宝』84 頁上。

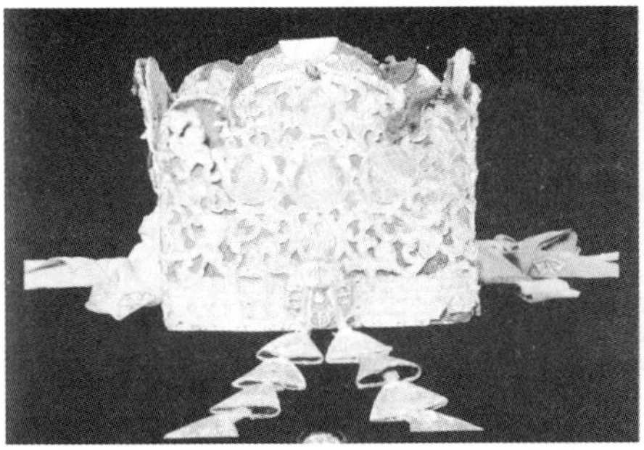

金板の宝冠

銀板の宝冠

三　宝冠五仏が描き別けられている大日如来像

以下に宝冠五仏が描き別けられている大日如来像を紹介する。

1. 金剛界大日如来坐像　京都東寺講堂　重文　木造（室町時代15世紀末）

宝冠の正面から左右横一列に五仏を配置する。正面中央に宝冠を戴く禅定印の仏、その左右に二体ずつ仏形の四仏が配されている。宝冠は八角形で、正面・前斜め面・側面の五面の中央に胎蔵五仏が円相中に表され、向かって右から開敷華王・天鼓雷音・大日・宝幢・無量寿となっている①。

現在の本尊は、もとの本尊が文明18年（1486）の土一揆で焼失したため、明応2年（1493）から同6年（1497）にかけて再興されたものである。作者は運慶の後裔である康珍（あるいは中島）と伝えられる。さらに慶長の大地震で再び被害を被り、修復されているともいう②。

もとの本尊については、南北朝時代（室町時代の前半）の『東宝記』に次のように記す。すなわち、宝冠の正面に五仏を配し、その中尊は法界定印であり、また光背には三十七尊が見え、最上には大日の形

① 『東寺の歴史と美術　新東宝記』116頁。

② 図録『東寺の如来・祖師像』（改訂版）14—16頁。また山本勉『大日如来像』24—28頁を参照。

像の代わりに宝塔を置き、さらに蓮花座の八方に八師子があったという①。このことから宝冠五仏は十字形に配置されていたと推測される。また『東宝記』には康和元年（1099）から長治2年（1105）にかけて仏像等を修理した旨の記述があり、その中に「講堂仏修理。中尊金色。丈六。大日像一躯。宝冠（新造）」② とあるので、宝冠はこの時点で新たに造り直されていたことが分かる。一方東寺五仏像の造像当初の姿を伝えるという『仁王経五方諸尊図像』（ボストン美術館蔵）では、金剛界大日の宝冠に五仏が十字形ではなく、中尊の左右に二尊ずつ上下に配置されており少し異なる③。

金剛界大日像

宝冠（胎蔵五仏）
右方　　開敷華王（施無畏印）
前右方　天鼓雷音（触地印）

① 『国宝 東宝記 原本影印（巻一～巻四）』51—52頁。また『東寺の歴史と美術　新東宝記』　116頁、および松浦正昭「東寺講堂の真言彫像」を参照。

② 『国宝 東宝記 原本影印（巻一～巻四）』65頁。

③ 写真本で見る限り四仏は左右の上下に二尊ずつ描かれている。『在外秘宝仏教絵画大和絵水墨画』別冊掲載の「仁王経五方曼荼羅図巻」を参照。

中央　　胎蔵大日（法界定印）
前左方　宝　幢（与願印）
左方　　阿弥陀（弥陀定印）

2. 金剛界大日如来坐像　大阪河内長野天野山金剛寺金堂　重文→国宝　木造（平安　12 世紀）

宝冠の正面に宝冠を被る法界定印の胎蔵大日、他の四面は仏形の四仏が見える。このことから本像の宝冠五仏は胎蔵五仏と推定できる。この他、注目すべき点として、光背には

金剛界三十七尊の彫像が配置され、本尊宝冠の上辺の光背最上部に宝塔が見える。このような様式は東寺講堂本尊と同じである。ただし本像では光背最上部の宝塔内部に禅定印仏の小像を安置する。

天野山金剛寺は永万元年（1165）に阿観上人（1136 ~ 1207）によって復興された。金堂が建立されたのは治承2年（1178）である。現在の金堂は建築学上から鎌倉時代の再建との見解もあるが、本像は金堂当初の本尊として造立されたものと見なされている。阿観上人は覚鑁上人（1095 ~ 1144）の影響を強く受けており、金堂の本尊も高野山大伝法院の本尊にならったものと見られている。なお高野山大伝法院内に建立された覚皇院本尊の丈六大日如来像は、覚鑁上人以後の造立であるが、史料には「以大師東寺講堂仏。康助模之」と注記されていることから、覚鑁上人が建立した大伝法院本堂における本尊も東寺講堂像から学んだものと推測されている①。

宝冠（胎蔵五仏）
右方　　開敷華王（施無畏印）
前右方　天鼓雷音（触地印）

---

①　山本勉『大日如来像』46 頁。金剛寺金堂は本尊の金剛界大日如来像を中心に、向かって右に不動明王像、左に降三世明王像を配置した三尊構成である。このうち不動明王像（像の高さ258センチ）の胎内墨書から、同像が天福 2 年（1234）に鎌倉時代の仏師快慶の一番弟子であった行快によって制作されたものであることが確認されている。天野山金剛寺金堂本尊の大日如来像についての仏教美術史上における位置づけについては、武笠朗「大阪・金剛寺金堂大日如来像考」に詳しい。

金剛界大日像

中央　　胎蔵大日（法界定印）
前左方　宝　幢（与願印）
左方　　阿弥陀（弥陀定印）

3. 金剛界大日如来坐像　高野山勧学院　重文　木造（平安末期12世紀）①

宝冠の正面から左右横一列に五仏の種子を配置する。向かって右奥からアー・ア・アーク・アン・アクの五つの梵字が刻まれている。これらの五つの梵字はいわゆる阿字の五転で、胎蔵五仏の種字である。したがって、宝冠の五つの梵字は、向かって右奥から開敷華王・宝幢・大日・阿弥陀・天鼓雷音の構成になる。なお、東寺講堂の本尊の場合、宝冠五仏は向かって右から開敷華王・天鼓雷音・大日・宝幢・無量寿となっているのでやや位置が異なる。

高野山勧学院は、弘安四年（1281）に北條時宗が安達泰盛を奉行に任じて、高野山の金剛三昧院内に勧学院・勧修院の二院を造営したことに始まる。その後、文保2年（1318）、後宇多法皇の院宣によって伽藍蓮池の東隣に移築された。本像はこの伽藍蓮池東隣の勧学院に安置さ

① 図録『高野山の国宝 壇上伽藍と奥之院』172頁。

れていたものであるが、図像的特色から、その製作は平安末期の12 世紀と見られている。したがって、勧学院が現在の位置に移建された時期と一致しないため、後世になって他所から勧学院の本尊として安置された可能性があるといわれる。

金剛界大日像

宝冠（胎蔵五仏）

右方　　開敷華王（アー）

前右方　宝　幢　（ア）

中央　　胎蔵大日（アーク）

前左方　阿弥陀　（アン）

左方　　天鼓雷音（アク）

4. 金剛界大日如来坐像　高野山釈迦文院　重文　木造（平安末期）①

宝冠の五面に五仏を配置する。正面は宝冠を戴く法界定印（禅定印）の胎蔵大日で、他

の四面の四仏は何れも仏形である。印相は向かって右から、①施無

---

① 図録『高野山の如来像』167 頁。

畏印・②弥陀定印・③法界定印・④禅定印（上に薬壺らしきものあり）・⑤与願印という構成である。このうち、①施無畏印は右手を左下方に垂れる胎蔵の開敷華王仏の印に一致する。

これら宝冠五仏を胎蔵五仏と見なした場合、印相の構成から①開敷華王・②阿弥陀・③胎蔵大日・④天鼓雷音・⑤宝幢と推定できる。しかし、四番目（向かって前斜め左面）の仏が問題となる。四番目の仏は禅定印をしており、通常の天鼓雷音の触地印とは随分異なる。しかも、禅定印の上に薬壺らしきものが見える。これらの特色から見て、四番目の仏は薬師と考えるのが妥当である。このように本像の宝冠五仏は、通常の胎蔵五仏には見られない薬師仏を含む特異な例である。

なお日本では平安時代の初期に薬師仏と阿閦仏が同じ東方仏であることから両者の同体説が展開した。そのため、高野山の伽藍金堂の本尊である阿閦仏に対して、平安中期頃から薬師仏であるとの信仰も生じた。阿閦は触地印を結ぶことから、この場合の宝冠五仏の触地印仏に当たるところが薬師仏になっているのは、このような薬師・阿閦の同体説によるものと思われる。

金剛界大日像

宝冠は胎蔵五仏

右方　開敷華王（施無畏印）

前右方　阿弥陀　（弥陀定印）

中央　胎蔵大日（法界定印）

前左方　薬　師　（禅定印）← 天鼓雷音（触地印）

左方　宝　幢　（与願印）

与願印

禅定印

法界定印

弥陀定印

施無畏印

（薬壺を載せる）

5. 金剛界大日如来坐像　高野山金剛峯寺　重文　絹本着色（鎌倉時代 13 世紀中頃）

宝冠の正面に胎蔵五仏を描く。額上の前方中央に大日、その上下左右の四方に四尊（四仏）を描く。各印相は、中・法界定印（大日）、東・与願印（宝幢）、南・施無畏印（開敷華王）、西・弥陀定印（阿弥陀）、北・触地印（天鼓雷音）である。なお東というのは上側であり、南は向かって右側のことである。このうち大日は菩薩形で宝冠を戴く。四仏は仏形であり、阿弥陀のみ通肩で、他は偏袒右肩である。

墨書銘から寛元三年（1245）七月二十日に醍醐寺金剛王院大僧正の実賢（1176～1249）が開眼供養を行ったことが知られる。またその後に見える敬白文から、本図が胎蔵大日如来像と一対で制作され、胎蔵大日像が上醍醐の尊師影堂（開山堂）に置かれたのに対し、本図の金剛界大日如来像は高野山御影堂に安置されたものであったことが知られる。また敬白文の末尾に「金剛仏子孝阿弥陀仏」とあり、孝阿弥陀仏が本図を制作し奉納したことが知られる[①]。醍醐寺（胎蔵大日）と高野山（金剛界大日）を結ぶ意図をもって制作されものであろう。ただし上醍醐の尊師影堂に奉納された胎蔵大日像は残念ながら現存しない。

金剛界大日如来像

宝冠（胎蔵五仏）
中央 胎蔵大日（法界定印）
上方　宝　幢（与願印）
左方　開敷華王（施無畏印）
下方　阿弥陀（弥陀定印）

---

① 図録『高野山の如来像』94 頁に墨書銘が掲載されている。翻刻は高野山霊宝館のホームページの「高野山と文化財、高野山文化財年表」を参照。なお孝阿弥陀仏に関係あるものに、京都神光院旧蔵の「黒漆宝篋印塔嵌装舎利厨子」（奈良国立博物館蔵）がある。この厨子は小野三流の舎利法を修めるために製作されたものと推定されている。また慳貪式の板壁の奥にある空間に紙本墨書の法華経八冊が納置されていた。その巻八の奥書から、嘉禄二年（1226）十月三日に孝阿弥陀仏が両親の得脱、殊に母親の菩提を弔うために書写したものと知られている。図録『仏舎利と宝珠—釈迦を慕う心』136—137、227 頁を参照。

右方　天鼓雷音（触地印）

6. 胎蔵大日如来坐像　京都東寺西院（大日堂旧本尊）　木造（室町時代 15 世紀末）

宝冠の正面から左右横一列に五仏を配置する。正面中央に宝冠を戴く智拳印の仏、また図版からは左右に一体の仏形しか見えないが、おそらくは四仏が左右に二体ずつ配されており、宝冠の五仏は金剛界五仏と推定される。

大日堂は西院御影堂の礼拝所として江戸初期に建立されたものであるが、同像は平安時代の摂関期に当たる十世紀後半の特色を示しているという。ただし、『東宝記』などの古記録にはないことから、何れかの時代に東寺に移されたものといわれる①。

胎蔵大日像

宝冠（金剛界五佛）

中央　大日如来（智拳印）

---

①『東寺の歴史と美術　新東宝記』258 頁。図録『東寺の如来・祖師像』25 頁。

四　おわりに―高野山の根本大塔の五仏―

両部不二思想の成立については十分に解明されている訳ではない。金剛界と胎蔵の法門を合糅すること自体はすでに中国で生じたものである。また両部を統合する考え方は、日本では空海以後にとくに展開し、「両部不二」「両界不二」「金胎不二」等の語句が覚鑁（1095～1144）の著作において初めて用いられるようになった。しかし、両部不二の考え方自体は覚鑁に先だって済暹（1025～1115）に見られ、さらに済暹は台密の影響を受けているとの指摘がある①。さらに遡れば、このような考え方は『秘蔵記』や『摂無礙経』等においてすでに見られる。しかし両部不二の考え方が著しく発展するのは日本の中世においてであり、それが日本密教の特色となった。

要するに日本の中世というのは、空海によって将来された金胎両部の密教がどのようにして日本社会・日本文化に定着していったかを知る重要な時代であり、その中心的な概念の一つに両部不二思想があったと言うことができる。

ちなみに高野山の壇上伽藍には根本大塔と西塔の二つの塔がある。これは空海が構想した「法界体性塔二基」に相当する。東の塔である根本大塔には胎蔵五仏が祀られ、西塔には金剛界五仏を祀るというのが本義であったと考えられる。実は両塔の各五仏の印相を見ると、このことは今も変わっていない。すなわち印相から見ると、東の塔である根本大塔の五尊は胎蔵の五仏であり、西塔の五尊は金剛界の五仏と判断できる。しかし、両部不二思想の展開によって、本来の東の塔が根本大塔と呼ばれるようになり、両部不二の五仏構成に信仰が変化をもたらした。それによって、根本大塔には胎蔵大日と金剛界四仏からなる五仏構成であると考えられるようになり現在にいたっている。

根本大塔は度重なる落雷による被害を受けてきたので、五仏像においても多少の変化が生じた可能性もあるが、少なくとも四仏の印相も胎蔵四仏のものと判断することができる。ただし、現在の五仏像に関して

① 鍵和田聖子「東密における両部不二思想に関する一考察」を参照。

興味深いのは、五仏がいずれも菩薩形であることである。これは金剛界八十一尊曼荼羅などに見られる特色でもある。そしてこれに加えて、五仏共に戴く宝冠には、中央がアーンクという胎蔵大日の種字で、その左右にウン・タラク・キリク・アクという金剛界四仏の種字が組み合わされており、いわば宝冠五仏が金胎不二の構成になっている点が現在の高野山根本大塔の五仏の特色となっている。なお近年制作された西塔の金剛界大日像の宝冠には五仏の化仏は描かれていない。

韩国密教文物资料整理与研究

［韩］严基杓

摘　要：佛教在韩国古代社会起到了传播中国先进文明的媒介作用，是与原有的土俗信仰不同体系的信仰。密教自传入韩国之后，就发展成为各种不同的形式。其主体是以梵字构成的真言陀罗尼为中心，进而演变为信仰的对象。所以在韩国的佛教史上，真言陀罗尼可以说是最能体现密教特点的一个侧面。

关键词：韩国；密教；陀罗尼；刻本；文物

一　序论

韩国佛教经由中国在三国时代传来，高句丽是 372 年，百济 384 年，新罗则比较晚，是在 527 年前后。不过，可以推测的情况是朝鲜半岛的佛教信仰在这之前就已经知道佛教的存在，并开始信奉佛教。

佛教在韩国古代社会起到了传播中国先进文明的媒介作用，是与原有的土俗信仰不同体系的信仰。同时，佛教不是口头传播而来，而是有自成体系的经典存在。特别是，佛教明确地说明死后世界的样子，所以很多人都因此信奉佛教。因为只有活着的时候多做好事，以后才可能有更好地轮回转世。同时，佛教也给出了可以不同轮回的，前往极乐世界的可能。这些观念，成为人们信奉佛教的原动力。

不过佛教的发展因民族、地域的不同，又衍生出不同的形态信仰，出现了多样类型的修行法以及信仰活动。有全新形态的念佛和修行法。并利用音声、记号、文字等要素，应用在佛教信仰或者仪式中。其中，特别是密教与此关联很多，密教自传入韩国之后，就发展成为各种不同的形式。

其主体是以梵字构成的真言陀罗尼为中心，进而演变为信仰的对象。所以在韩国的佛教史上，真言陀罗尼可以说是最能体现密教特点的一个侧面。

二　韩国密教的历史

密教可以追溯到古代印度佛教的历史中的原始—部派—大乘的发展顺序。当时佛教教团有一定的局限，因为印度教的盛行，一般民众就很容易地接受了陀罗尼信仰，这也被认为是其扩散的主要原因。相对大乘佛教中高深的教理，人们更容易接受和信奉陀罗尼，继而再去构建佛教教理，算是一种任何人都可以方便接触的成佛修行之路，这也就是密教信仰。这种密教信仰具有持续的发展，强调现生如果想成佛，所谓即身成佛，就有通过菩提发心、观法、实践修行法等来实现。

韩国的密教是随着佛教的传来而扩展开来，新罗在527年因大臣异次顿的殉教而使得佛教得到了公认，但早在此之前，就有墨胡子在讷祇王（417—458在位）执政时治疗公主疾病的传说。当时墨胡子被认为是掌握先进医术，同时还知道密教仪礼和修行法的一名僧侣。在新罗善德女王（632—647在位）时，曾根据安弘（579—640）和慈藏的建议在皇龙寺修建了九层木塔，这种护国信仰是以密教经典《灌顶经》卷六的《冢墓因缘四方神咒经》等信仰为依托。新罗是由四天王护持的佛国土信仰，可以从密教经典《金光明经·四天王品》中找到依据。新罗明朗入唐求法，返回新罗后通过文豆娄秘法而击退敌兵。当时明朗所行的文豆娄秘法的具体内容不得而知，不过是以《灌顶经》卷七的《灌顶伏魔封印大神咒经》为依托。根据《三国遗事》可知，新罗僧侣惠通入唐，跟随真言宗开祖善无畏三藏学习印诀，665年归国。惠通是新罗国任命的第一位国师，在佛教仪式和真言陀罗尼方面的造诣无人能及。宝川是新罗五台山信仰的体系化人物，衍生了四方佛以及五方佛的观念。特别是宝川彻夜念诵《随求陀罗尼》，念诵这一陀罗尼可以消除一切罪业，祛除病痛，乃至可以保家卫国。后来，宝川得到文殊菩萨的灌顶，这种灌顶仪式应该是密教仪式的代表。宝川还在东台观音房念诵千手咒，并读诵《金光明经》，这些都说明了密教在新罗时代的传播。

到了高丽时代，中央政府把佛教奉为国教，护国佛教的特点很明显。上至王室，下到一般百姓都信奉佛教。同时，因为与辽、金、元等北方政权的往来，也导致了密教的传播。高丽佛教可以说是民众信仰的要素，是密教仪轨的反影，因为依托密教经典和真言陀罗尼的各种佛事、法会的频繁举行，使得密教的倾向越来越强。

高丽在首都修建了现圣寺，从政府的角度定义其为密教根本道场。现圣寺是于936年创建的神印宗的中心寺院，之后历代高丽国王都有来参拜，并为国家的安宁而祈祷。高丽仁宗（1122—1146在位）在1130年为了祈祷国家安宁，风调雨顺，在现圣寺和灵通寺召开了法会。明宗（1170—1197在位）把现圣寺改为贤圣寺，高宗（1213—1259在位）时开设了文豆娄道场。作为密教宗派的神印宗和总持宗持续的发展，对密教传播起到了辅助的作用。高丽时代还刊印了多种密教经典，代表性的有《梵书总持集》和《密教大藏》等，还有各种真言陀罗尼。到了高丽时代后期，现世求福特点的密教盛行，对于真言陀罗尼的信奉日趋多样化，因而使得各种真言陀罗尼等密教经典得以大量的刊行流通。

高丽佛教的护国佛教的特点与现世祈福的民众信仰结合在一起，反映出国家佛教行事以及仪礼中的密教要素。同时，高丽还与密教盛行的辽、金、元等密切交流。这些原因，都使得高丽的密教也很流行，真言陀罗尼信仰得以广泛传播。并且到了高丽后期，各种密教经典都有大量的刊印流通。

朝鲜时代奉行抑佛崇儒政策，使得佛教发展萎缩。特别是在朝鲜太宗（1400—1418在位）执政的1417年，真言密咒经或者陀罗尼集等密教典籍被销毁，密教仪轨基本失传。不过，与统治者对于佛教的轻视不同，密教信仰反而更加盛行。当时一些王室成员和大部分的百姓都信仰真言陀罗尼。所以有很多类型的真言陀罗尼广泛流行，以真言陀罗尼和梵语为主的经典被编撰，密教信仰以真言陀罗尼为中心而扩展开来。世宗（1418—1450在位）末年，因为个人身体健康恶化，所以下令刊刻大藏经并召开法会。1450年正月，举行了救病水陆斋会，刊刻了大量的《佛顶心陀罗尼》。以后，还刊刻了《五大真言集》等密教经典。朝鲜时代的密教盛行的代表事件就是各种《真言集》的刊行。《真言集》从高丽时代就有出现，到了朝鲜时代则日渐盛行。后期刊行的《真言集》更是收录了大量的内容。这成为朝鲜时代的佛教仪礼或者法会时真言陀罗尼被大量使用的契机，也是各种真言陀罗尼类经典被刊刻的背景。

朝鲜时代刊刻的多样《真言集》有助于了解当时佛教界的密教行法，

由于真言陀罗尼信仰日益增多，能正确修行密教观法的僧侣也越来越多。朝鲜时代刊印了大量的佛教仪礼经典，其中把真言陀罗尼统合起来编辑成为《真言集》，标注了梵语发音的《梵音集》，以仪式为中心而编纂的《秘密教》等得以普及。朝鲜时代刊行的密教经典特别强调真言陀罗尼的力量和祈福的特点。朝鲜时代一共刊印了各种《真言集》和陀罗尼经类经典 36 种，次数有 102 次。其中与真言陀罗尼有关的仪式集有 30 种，刊印了 118 次。由此可知，朝鲜时代的佛教仪礼书中大都收录有真言陀罗尼，真言陀罗尼以梵语—汉字—韩文的方式排列书写，方便念诵，有利于密教的传播和发展。

表 1　　　　朝鲜时代《真言集》木版本

书名	版种	刊行时期	卷数	备考
《真言集》	木版本	1569 年 安心寺	1 册	奎章阁等
《真言集》	木版本	1658 年 新兴寺	1 册	东国大学校图书馆等
《真言集》	木版本	1688 年 普贤寺	1 册	延世大学校图书馆 高丽大学校图书馆等
《重刊真言集》	木版本	1777 年 万渊寺	2 卷 1 册	国学资料保存会等
《真言集》	木版本	1800 年 望月寺	2 卷 2 册	国学资料保存会 国立中央图书馆等
《真言集》	木版本	朝鲜 正祖代	2 卷 2 册	日本东洋文库等
《重刊真言集》	木版本	朝鲜	2 卷 2 册	日本东洋文库等
《真言集》	木版本	未详	54 卷 41 张	韩国学中央研究院等

三　韩国密教文物资料

（一）三国与南北国

在三国和南北国时代，佛教非常的盛行。当时包含有各种类型陀罗尼经的密教经典传来。密教经典在佛事以及法会举行时使用。所以与密教关联的文献和各种遗迹、遗物就传承至今。有关新罗的情况，参考《海东高僧传》可知，在真平王（579—632 在位）执政的 605 年，有西域僧从北天竺乌长国来，他们分别是毗摩罗真谛、农伽陀，还有摩豆罗国的佛陀僧伽，他们在皇龙寺翻译出《栴檀香火星光妙女经》。这一经典据考证是密教经典，可知早在7世纪前后，就已经有密教经典的刊行。根据研究可知，新罗时代传来并刊行的密教经典有《大日经》《金刚顶经》《灌顶经》《金光明经》《仁王经》《苏悉地经》《般若理趣经》《随求陀罗尼经》《无垢净光大陀罗尼经》《破地狱三种悉地真言仪轨》《占察经》，《发菩提心论》《药师经》《十一面观音经》《千手观音经》等。

在新罗时代，与密教关系密切的代表寺院就是四天王寺和奉圣寺。四天王寺是明朗奉行文豆娄秘法而创建的。奉圣寺是密教僧侣惠通为了超度折磨神文王的冤魂而创建。僧人不可思议在入唐留学，曾跟随善无畏三藏学法，归国后住零妙寺。现在除了四天王寺的位置能确认，奉圣寺和零妙寺的具体位置无法确定。

新罗孝昭王在692年7月为了给故去的神文王祈求冥福，而在皇福寺修建了三层石塔。圣德王在706年5月为了给神文王、神睦太后、孝昭王祈福，打开了石塔并放入了佛舍利4枚，以及《无垢净光大陀罗尼经》。《无垢净光大陀罗尼经》是唐弥陀山和法藏在704年前后汉译的陀罗尼经。而在706年5月重修的新罗皇福寺三层石塔中供奉《无垢净光大陀罗尼经》，可知当时新罗与唐的交流之频繁，虽然相隔甚远，但是都遵循同一个仪式。《无垢净光大陀罗尼经》的主要内容是制作77个或者99个小塔，然后放入塔中，以此功德祈求寿命延长，往生极乐，日后在兜率天投胎享福。根据这种密教仪礼，新罗时代在很多石塔中都放置了《无垢净光大陀罗尼经》和小塔。佛国寺的释迦塔中也供奉有《无垢净光大陀罗尼经》，这本陀罗尼经是以卷子本的形态放入的，记录相关内容的《造塔经》与真言都是用汉字书写的。这部陀罗尼经可知是在751年以前刊刻的，那么在8世纪就已经有陀罗尼经在流通传播。此外，在庆州罗原里五层石塔，奉化西洞里三层石塔，襄阳禅林院址三层石塔中也都有根据《无垢净光大陀罗尼经》的仪轨而供奉的小塔。在庆州昌林寺址三层石塔中发现了《无垢净经》，浦项法广寺三层石塔中出土了佛顶尊胜陀罗尼铭石制圆壶，陕川海印寺妙吉祥塔中也有以汉字音标注的陀罗尼出土。根据《百城山寺前台吉祥塔中纳法探记》可知，当时吉祥塔中供奉有《真言集录》2卷以及其他真言，可以了解密教信仰的变化。

葛项寺东西三层石塔中的西塔中出土了青铜瓶等舍利具，青铜舍利瓶中发现了书写有梵字真言陀罗尼的白纸写经。这一白纸墨书的真言陀罗尼是758年石塔修建之初就一同放入的，是韩国现存梵字真言陀罗尼的第一个例证。根据834年海云编纂的《两部大法相承师资付法记》，当时从中国传来很多密教经典。由此可知，新罗时代密教经典的刊刻得到了广泛的流通，同时舍利具也作为主要的奉安物而被放入佛塔，作为佛像的腹藏物而使用。

图1　佛国寺释迦塔与《无垢净光大陀罗尼经》

图2　葛项寺址东西三层石塔

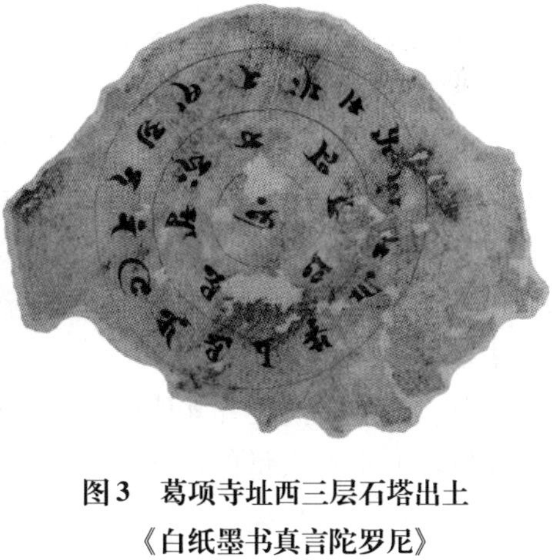

图3　葛项寺址西三层石塔出土《白纸墨书真言陀罗尼》

（二）高丽

高丽时代密教的传播更加广泛，经典以及关联记录也有很多，政府主导刊行的大藏经中也收录了密教经典。高丽显宗时代（1010—1031在位）

图 4　大丘桐华寺金堂庵三层石塔以及陀罗尼小塔

和文宗时代（1047—1083 在位）雕刻了初雕大藏经，因为蒙古兵乱而被烧毁，无法了解具体的内容。不过参考同时期的辽大藏经等，可以知道里面应该包含有很多的密教经典。开泰寺住持守其撰述的再雕大藏经大藏目录中可以看到收录了很多的密教经典（191 部 356 卷）。再雕大藏经中可以确认的有，善无畏 5 部 17 卷，金刚智 8 部 11 卷，不空 109 部 152 卷，属于纯密系统的经典共计 122 部 188 卷。中国宋代密教僧侣编撰的天息灾 19 部 58 卷，施护 115 部 258 卷，法天 44 部 73 卷，法贤 56 部 91 卷，以及辽刊印的《释摩诃衍论》也收录其中。再雕大藏经中有密教经典 191 种 356 卷，其中陀罗尼经典类 168 种 256 卷，占有相当的数量。此外还有《大日经略摄念诵随行法》1 卷等与密教仪礼作法相关的经典 20 种 21 卷。

此外，高丽时代还有其他的密教经典刊行。比如《楞严经》等汉字或者梵字经典也有大量的流通。悉昙与汉字构成的《密教大藏》在当时佛教界也有很多的传播。高丽时代李齐贤（1287—1367）编纂的《益斋乱槁》中收录了《金书密教大藏序》，根据序文可知，当时《密教大藏》共有 90 卷被刊行，后来又追加了 40 卷，一共是 130 卷的写经。总体来看，密教盛行，其中的真言陀罗尼信仰更是可以广泛传播。高丽时代刊行的代表密教经典整理如表 2 所示。

表 2　　高丽时代刊行流通的密教经典

刊行时期	王代	经典名	备考
1007 年	穆宗 1 年	宝箧印陀罗尼经	总持寺
1050 年	靖宗 11 年	佛说解百生冤结陀罗尼经	金之成
1011—1088 年		初雕大藏经	
1102 年	肃宗 6 年	药师琉璃光如来本愿功德经	教藏都监
1150 年	肃宗 10 年	梵书总持集	广济铺
1166 年	毅宗 20 年	大毗卢遮那成佛经等一代圣教中无上一乘诸经所说一切陀罗尼经	李世陕
1206—1219 年		佛顶心观世音菩萨大陀罗尼经	崔忠献一家
1218 年	高宗 5 年	梵书总持集	开泰寺
1228 年	高宗 15 年	梵书总持集	崔忠献一家
1235 年	高宗 22 年	楞严经	崔瑀 发愿
1236 年	高宗 23 年	佛说梵释四天王陀罗尼经	海印寺
1241 年	高宗 28 年	佛说长寿灭罪护诸童子陀罗尼经	崔怡发愿
1246 年	高宗 33 年	佛设预修十王生七经	
1236—1251 年		再雕大藏经	
1275 年	忠烈王 1 年	不空羂索神变真言经	写经院
1278 年	忠烈王 4 年	佛说长寿灭罪护诸童子陀罗尼经	新荷寺
1282 年	忠烈王 8 年	慈悲道场忏法	李德孙发愿
1292 年	忠烈王 18 年	宝箧印陀罗尼经	官版
1293 年	忠烈王 19 年	大悲心陀罗尼经	仁兴寺
1309 年	忠宣王 1 年	楞严经	官版
1316 年	忠肃王 3 年	详校正本慈悲道场忏法	边山
1328 年	忠肃王 15 年	密教大藏经 130 卷	官版
1330 年	忠肃王 17 年	佛顶尊胜陀罗尼经	宝城寺
1330 年	忠肃王 17 年	正本一切如来大佛顶白伞盖总持	宝城寺
1342 年	忠惠王 3 年	佛说长寿灭罪护诸童子陀罗尼经	官版

续表

刊行时期	王代	经典名	备考
1352 年	恭愍王 1 年	佛说长寿灭罪护诸童子陀罗尼经	
1352 年	恭愍王 1 年	详校正本慈悲道场忏法	官版
1365 年	恭愍王 14 年	正本一切如来大佛顶白伞盖总持	见岩寺
1370 年	恭愍王 19 年	楞严经	居士 林桂
1372 年	恭愍王 21 年	楞严经	青龙寺
1375 年	禑王 1 年	正本一切如来大佛顶白伞盖总持	无为庵
1376 年	禑王 2 年	佛说长寿灭罪护诸童子陀罗尼经	
1378 年	禑王 4 年	佛说长寿灭罪护诸童子陀罗尼经	
高丽后期		佛说长寿灭罪护诸童子陀罗尼经	中峰庵
		佛说天尊劫瘟瘼神咒经	
		大佛顶陀罗尼	
		佛设预修十王生七经	
		佛顶心咒经	

高丽时代真言陀罗尼信仰非常流行，于是关联经典也就被大量的刊刻印刷普及。从刊行时期来看，有 1007 年弘哲在总持寺刊行的《一切如来心密全身舍利宝箧印陀罗尼经》，1038 年佛国寺释迦塔重修时纳入的《宝箧印陀罗尼经》，1045 年前后刊行的《佛说解百生冤结陀罗尼经》，1150 年平壤广济铺思远校订刊行的《大毗卢遮那成佛经等一代圣教中无上一乘诸经所说一切陀罗尼》（《梵书总持集》），1152 年刊行的《一切如来心密全身舍利宝箧陀罗尼》和卍字形《宝箧陀罗尼》，1156 年刊行的《〈大毗卢遮那成佛经〉等一代圣教中无上一乘诸经所说一切陀罗尼》，1166 年刊行的《〈大毗卢遮那成佛经〉等一代圣教中无上一乘诸经所说一切陀罗尼》，1184 年中原府刊行的《如意宝印大随求陀罗尼梵字军陀罗相》，

1218 年开泰寺仁赫大师刊行的《大毗卢遮那成佛经等一代圣教中无上一乘诸经所说一切陀罗尼》，13 世纪刊行的安东普光寺木造观音菩萨坐像出土的胎藏界曼荼罗形态的《大随求陀罗尼》，13 世纪后半刊行的胎藏界曼荼罗形态的《全身舍利宝箧印陀罗尼》，1301 年刊行的《佛顶心观世音菩萨姥陀罗尼》等。高丽时代持续刊行的陀罗尼相比新罗时代刊刻的《无垢净光大陀罗尼经》，其板刻精巧，字体均一，一直到朝鲜时代都保持了密教真言陀罗尼的信仰。

特别是，高丽时代的《梵书总持集》和《密教大藏》是当时密教盛行以及真言陀罗尼信仰的代表经典。《梵书总持集》主要把真言陀罗尼进行整理，突出其实质的活用以及说明功德。《密教大藏》则是把收录在大藏经中的真言陀罗尼进行了汇总。这两部经典经过高丽仁宗、毅宗之后，体现了密教盛行以及真言陀罗尼广泛传播的现象。

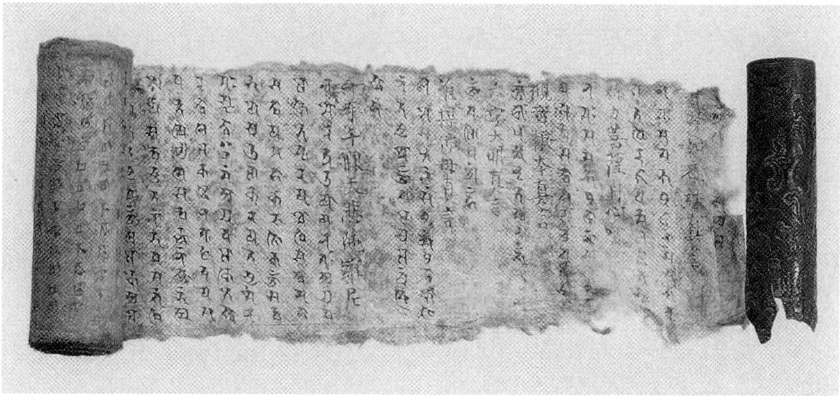

图 5　《白纸墨书梵字真言陀罗尼》（高丽，三星美术馆 Leeum）

高丽时代也有很多密教道场和仪式的开设，代表性的有：文豆娄道场，百高座仁王道场，藏经道场，金光明道场，消灾道场，帝释道场，摩利支天道场，佛顶道场，龙王道场，四天王道场，药师道场等。高丽时代盛大召开的燃灯会和八关会从广义上来说也是具有密教的特点。从这个大时代环境来看，高丽时代的密教特点可以说是由梵语构成的真言陀罗尼雕刻在各种造型物上。

图6　陕川海印寺法宝殿木造毗卢遮那佛坐像

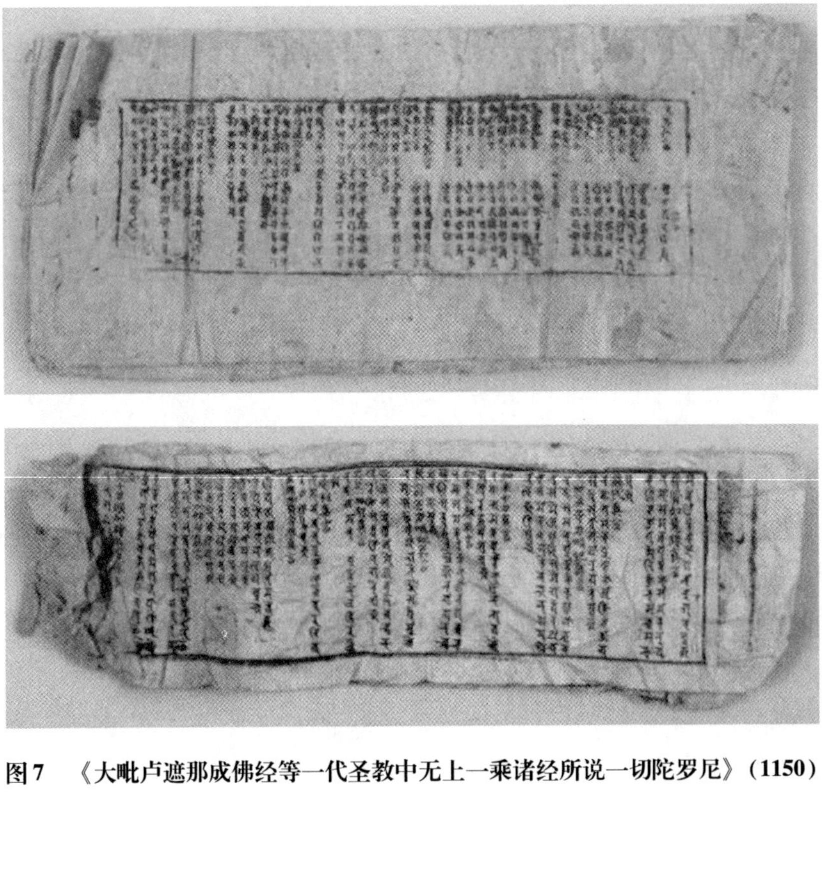

图7　《大毗卢遮那成佛经等一代圣教中无上一乘诸经所说一切陀罗尼》（1150）

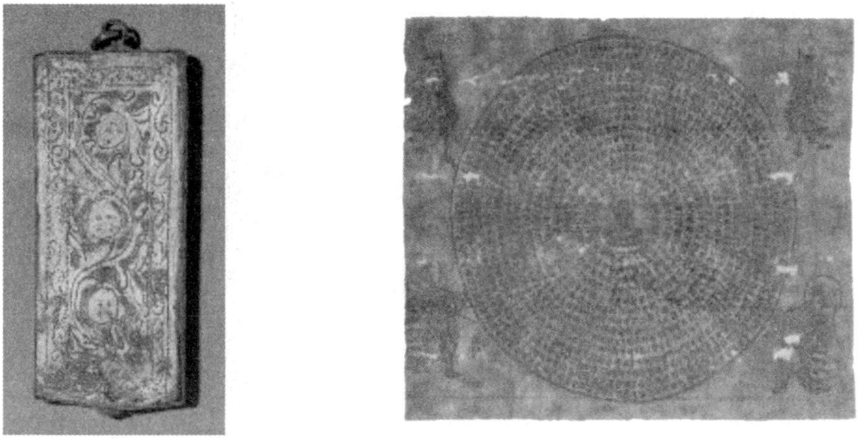

图8 银制唐草纹经匣和陀罗尼（高丽，三星美术馆 Leeum）

图9 经匣《佛顶心咒》（1306，国立中央博物馆）

（三）朝鲜

进入朝鲜时代之后，因为抑佛崇儒政策的原因，整个佛教界的发展逐步萎缩。虽然朝鲜太宗把密教经典烧毁，但是因为一些王室成员的信佛以及个别朝鲜国王的佛教振兴政策，使得佛教信仰得以持续发展，重要的寺院也在举行佛事。特别是在朝鲜世宗时代（1418—1450 在位）的后半期和世祖时代（1455—1468 在位），非常积极地振兴佛教，刊印了大量的佛经，使得密教经典也随之普及。

朝鲜时代对于真言陀罗尼的信仰非常盛行，所以刊刻了大量有关真言陀罗尼的经典，代表有《佛顶心观世音菩萨大陀罗尼经》《诸真言陀罗尼》，以及《五大真言》《真言集》《密教开刊集》（《秘密教》）等。此外，还有其他各种类型的密教经典一直到朝鲜后期都有流通。从类型来看可以分为：真言集类（表3）、陀罗尼经类（表4）。

根据仪式集类的内容和特点，有日常仪式、献供仪式、礼忏法、说禅仪式、放生仪式、受戒仪式、诵咒仪式、水陆斋、预修斋、腹藏仪式、梵呗仪式、斋仪式、茶毗礼、丧礼等。代表性的密教经典有《佛设预修十王生七经》《详校正本慈悲道场忏法》《礼念弥陀道场忏法》《水陆无遮平等斋仪撮要》《天地冥阳水陆杂文》《天地冥阳水陆斋仪梵音删补集》《现行西方经》《观音灵果》《准提净业》《禅门祖师礼忏仪文》《佛说寿生经》。

表3　　朝鲜时代刊行流通的真言集类

经典名	刊行处（刊行时期）
《五大真言》	圆通庵（1484），王室发愿（1485），铁窟（1531），深源寺（1535），龙泉寺（1538），哲庵（1550），双溪寺（1634）
《诸真言集》	安心寺（1569），神兴寺（1658），佛影台（1688），万渊寺（1777），望月寺（1800）
《楞严经》	1401年版，花岩寺（1433），无量寺（1488年，1493），慈悲岭寺（1489），石头寺（1547），星宿寺（1559），松广寺（1609），圆寂寺（1609），龙藏寺（1635），云兴寺（1672），普贤寺（1682），龙兴寺（1692） 谚解：乙亥字（1461），刊经都监（1462）
《佛说天地八阳神咒经》	神兴寺（1549），松广寺（1609，1791），楞伽寺（1657），天冠寺（1657），凤停寺（1769），青岩寺（1789），佛岩寺（1797，1799），熊神寺（1807），修道庵（1833），石台庵（1839），奉恩寺（1856），碛川寺（1861），佛岩寺（1881），姜在喜施主（1908）
《圣观自在求修六字禅定》	肃川府（1560），甘露寺（1563），鹫岩寺（1568），伽倻寺（1621），1567年版，1908年版

续表

经典名	刊行处（刊行时期）
《七大万法》	叱方寺（1569）
《观世音菩萨灵验略抄》	甘露寺（1716），证心寺（1721），释王寺（1728），普贤寺（1728），新光寺（1732），伽倻寺（1762）
《真言要抄》	佛岩寺（1795，1797）
《佛说天尊瘟瘴神咒经》	1908 年版

表 4　　朝鲜时代刊行流通的陀罗尼经类

经典名	刊行处（刊行时期）
《大悲心陀罗尼经》	圆通庵（1484 年），云门寺（1746），奉恩寺（1857），宝石寺（1881）
《佛顶心陀罗尼经》	王室发愿（1485），深源寺（1553），解脱庵（1561），榆岾寺（1570），奉佛庵（1631），梵鱼寺（1642），新光寺（1711），宝晶寺（1876），三圣庵（1881）
《随求成就陀罗尼经》	双溪寺（1569），普贤寺（1729），普光寺（1869）
《长寿经》	1416 年版，长佛寺（1420），王室发愿（1432），润笔庵（1441），花岩寺（1443），止观寺（1446），圆庵（1452），中台寺（1460），万鱼寺（1468），花岩寺（1484），龙井寺（1486），首庇寺（1488），慈悲岭寺（1495），深源寺（1536），俱中寺（1562），广兴寺（1562），天冠寺（1568），松方寺（1569），兴福寺（1573），龙门寺（1629），华严寺（1699），大芚寺（1730），松广寺（1768），佛岩寺（1796），普贤寺（1887）
《佛说地心陀罗尼经》	神兴寺（1670），润月寺（1673）
《光明王如来陀罗尼经》	国师庵（1903）

朝鲜时代的人们为了积累功德，所以采用读诵真言陀罗尼的修行法，并大量刊印。同时治病消灾等实用的目的，也是真言陀罗尼大量普及的原因。这些单张的真言陀罗尼一般是供奉在佛像腹藏物内，或者为了祈愿极乐往生而埋入地下。可以看到，真言陀罗尼代表着天道的灵验性，继而被

应用在灵驾仪礼上。

随着密教仪式的奉行，真言陀罗尼也作为佛像腹藏物被供奉，代表性的例子有：大丘把溪寺的木造观音菩萨坐像，荣州黑石寺木造阿弥陀如来坐像，平昌上院寺文殊童子像和观音菩萨坐像，济州西山寺木造菩萨坐像，平昌月精寺狮子庵木造毗卢遮那佛坐像等。其中，平昌上院寺文殊童子像中供奉的《白纸墨书诸真言》由 66 个真言构成，用汉字和梵语抄写，可知供奉人非常虔诚。此外，还有很多的事例可以说明因为密教仪礼的盛行，所以把密教经典和真言陀罗尼等作为佛腹藏物而供奉。朝鲜时代把真言陀罗尼看作佛菩萨的象征。所以有很多真言陀罗尼等佛教美术作品被雕刻，通过艺术的形式表现。

图 10　荣州黑石寺木造阿弥陀如来坐像（1458 年）

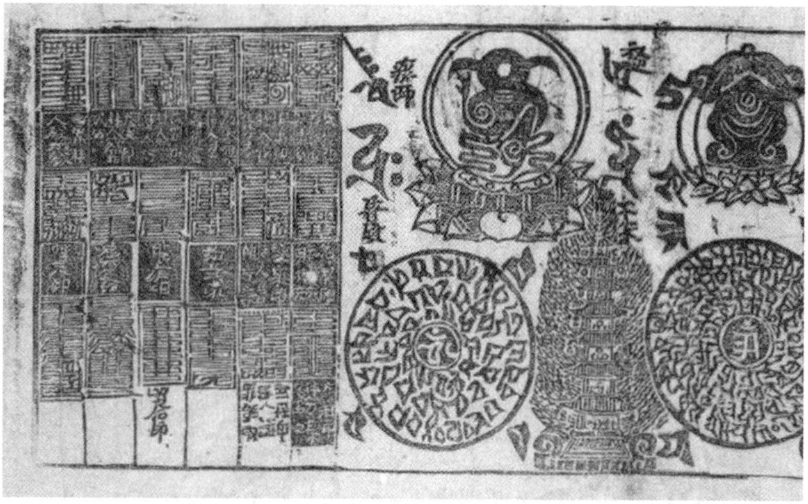

图 11　《佛顶心印陀罗尼》（朝鲜）

四　韩国密教的特征及意义

密教是秘密佛教的简称，意味着佛陀的秘密境地，是与显教相对的概念。如果说显教主要以教说、理论等为主，那么密教就是以咒术、神秘等真言陀罗尼、仪轨等为中心发展而成。当然，这么区分的标准有些不是太确切，应该从礼拜对象、经典根据、法会仪式、信仰类型、伽蓝构成、美术品等诸多方面来分类。但是这样的话就不容易明确地区分两者。

因为显教也具有密教的特点，密教也具有基本的显教特点。所以严格的区分显教和密教不是容易的事情。应该说，在东亚地区，韩国的密教是唯一的包含两种特点的产物。也就是说，韩国的密教是把比重放在哪一部分而已。这就有了今日韩国的代表性显教宗派：曹溪宗、天台宗、太古宗，以及密教宗派：真觉宗、总持宗、真言宗等。

在韩国佛教史上，密教倾向浓厚的代表宗派是高丽时代的神印宗和总持宗。神印宗以各种仪礼为重点，总持宗则以持诵真言陀罗尼为重点。进入朝鲜时代之后，随着神印宗对仪式作法的重视，各种仪式文集因此被刊行，而总持宗因为对真言陀罗尼持诵的重视，所以刊刻了真言陀罗尼经。不过即便如此，试图厘清韩国佛教史中显密佛教的界限并非易事，区分也不容易。即显教和密教是一还是二，抑或因为密中有显，显中有密，区分二者也非易事。所以在韩国佛教史上来看，显密并非是独立发展的，而是共同成就。

在高丽时代，密教首次得到政府的认可，修建了密教寺院，并设立了代表性的密教宗派总持宗和神印宗。于是，密教在中央政府的支持下，举办了国家层面的密教仪礼。在高丽前期，辽大藏经传来，密教经典也在持续地刊行和流通，并受到辽密教很大的影响。在高丽武臣执权期，为了对治社会的混乱和外敌侵略而举行了国家主导的各种目的的密教仪轨。随着外部侵略而导致的混乱，民众为了求安宁，也促进了以咒术的神异为主的密教信仰的盛行。随着密教真言陀罗尼信仰的发展，各种密教经典得以刊行流通。真言陀罗尼被认为是禅定和修行方面的方便法。另外，随着高丽后期国家密教仪礼的缩小，个人的密教仪礼则逐渐增加，这是当时的一个特点。高丽时代的代表性密教宗派是神印宗，其根本寺院是现圣寺，这个寺院是在高丽太祖 19 年创建的，不过创建之初并没有得到重视。一直到了高丽仁宗执政的第八个年头，国外亲临现圣寺参加斋戒，才使得这个寺院正式登上历史舞台。由此可知，高丽时代的密教在仁宗时代（1122—1146 在位）和毅宗时代（1146—1170 在位）非常盛行，真言陀罗尼信仰也流传甚广，密教宗派活动非常地流行。

一直到高丽后期都很盛行的密教到了朝鲜时代因为抑佛崇儒政策的原因面临一次重要的转换期，不过自高丽时代开始就已经扎根的密教是不可能在短时间内消失的。密教在朝鲜时代并没有消失，而是持续地发展，反而因为抑佛崇儒政策而得以更加兴盛的发展。高丽时代的代表性密教经典有《梵书总持集》和《密教大藏》，这些经典一直到朝鲜建国以后还在刊行和流通，然后就是各种真言集和陀罗尼经、佛教仪礼等相关密教经典的大量刊行和普及。可以说，进入朝鲜时代之后，真言集的刊行和流通代表着密教信仰的展开，咒术的密教也随之发展。所以，不只是真言集以及陀罗尼经被大量的刊刻印刷流通，各种雕刻有梵字真言陀罗尼的佛教美术品也开始出现。

朝鲜时代刊行的真言集或者陀罗尼经大都与密教的根本经典《大日经》或者《金刚顶经》有关，大部分是为了祈求长寿、罪灭、救病、安宅、度厄、加持、往生等，这些是主流。由此可知，朝鲜时代的密教信仰的倾向是面向世间的，有着深刻的关联。所以各种真言陀罗尼广泛流通，各种仪式和法会也时常举行。在高丽时代收录有真言陀罗尼的代表性密教经典是《梵书总持集》，到了朝鲜时代就是《真言集》和《五大真言》。另外，如果说高丽时代只是纯粹地刊刻密教经典并普及的话，进入朝鲜时代则因为密教信仰的大幅盛行以及印刷术的发展，可以把各种类型的密教经典统合起来刊行普及。

这可以从今天发现的，雕刻有真言陀罗尼的古坟、石塔、佛像、经匣以及手镯等携带用品上找得到证据。真言陀罗尼是把佛陀的教导通过咒文来暗诵，还可以书写、佩戴，守护个人的安危，并给予福报。真言陀罗尼通过发声念诵，可以累计功德。背诵可以增加现世利益功德的真言陀罗尼，还可以书写佩戴，乃至死后一起放入地下埋葬，还可以增加福德，往生极乐。所以，韩国密教史上，高丽和朝鲜时代密教的最大特点就是，现实祈福与死后增福的真言陀罗尼信仰非常盛行。

五　结论

韩国的密教随着三国时代佛教的传来得以公认，然后传播开来。随着时代和地域的不同呈现出多样化的发展，一直延续至今。考虑到韩国佛教史上的密教是各种要素的混合，所以想要明确的区分是一个不容易的事情。密教传来以后，有多样的密教经典被刊行，与密教有关的各种有形无形要素通过各种形式表现出来，传承至今。特别是通过各种造型物可以了解密教的内容。

一直到现在，韩国学界针对国内外的密教关联资料进行了实地考察。通过这些考察，对于韩国密教的起源进行了梳理，密教关联资料相关典籍和陀罗尼做了整理，还按照木造建筑、瓦当和砖头、石造美术、佛像和光背、佛腹藏物、绘画、铜钟和风铎、香炉和净瓶、金鼓和铜镜、云板、古坟、土器和陶瓷器、漆器、服饰等分类整理。这些资料根据时代、领域、类型进行了区分，单独论述。并辅以写真、图面、拓本等帮助理解，可以作为研究资料被灵活使用。

通过这一项目调查，笔者感觉到，密教可说是提供了成佛的许多方便法。这种方便随民族、地域、时代的变迁而被继承，此外，密教修行的核心并不是把佛陀视为外在的表象，而是从内心去注视。

（作者严基杓，檀国大学教授；译者郭磊，东国大学历史系副教授）

한국의 밀교 문물 자료와 연구

嚴基杓

一 序論

韓國 佛教는 中國을 通하여 三國時代 傳來되었는데, 高句麗 372 年, 百濟 384 年, 新羅는 이보다 늦은 527 年을 前後한 時期에 公認한 것으로 傳하고 있다. 그런데 여러 情況으로 보아 三國時代 사람들은 이보다 먼저 佛教를 알고 있었고, 佛教를 믿었던 것으로 推定되고 있다.

佛教는 韓國 古代 社會에서 中國으로부터 先進文物을 傳하는 媒介 役割을 했으며, 旣存의 土俗 信仰과는 次元이 다른 體系的인 信仰으로 認識되었다. 또한 佛教는 口傳되는 것이 아니라 成文化된 經典이 있었다. 特히, 佛教가 死後의 世界를 明確하게 提示한 点은 많은 사람들이 佛教를 信仰하게 만들었다. 그것은 生前 좋은 일을 해야 죽은 以後에 더 좋은 世上에 태어날 수 있으며, 더 以上 輪廻 없는 極樂世界에 往生할 수 있다는 새로운 觀念이었다. 이러한 觀念은 모든 사람들에게 佛教를 믿게 하는 原動力이 되었다.

그런데 佛教가 發展하고, 民族이나 地域에 따라 새로운 形態의 信仰이 더해지면서 多樣한 類型의 修行法과 信仰 活動이 形成되었다. 그에 따라 새로운 形態의 念佛과 修行法 등이 나타났다. 그중에 音聲, 記號, 文字 等에 關心을 갖고 그러한 要素들이 佛教 信仰이나 儀禮에 活用되기도 했다. 特히, 密教는 이와 關聯하여 多樣한 方法을 發展시켜 나갔다. 密教는 韓國으로 傳來되어 多樣한 樣相으로 展開되었는데, 그중에서 梵字로 構成된 眞言陀羅尼가 中心을 이루게 되며, 그 自體가 信仰의 對象이 되기도 했다. 그래서 韓國 佛教史에서 眞言陀羅尼는 密教的인 特性을 가장 잘 보여주는 側面이기도 하다.

二 韓國 密教歷史

密教는 古代 印度 佛教 歷史에서 原始-部派-大乘에 이어 出現하였다고 할 수 있는데, 當時 佛教 教團의 限界, 힌두교의 盛行, 一般 民衆들로부터 쉽고 現實的 것으로 推定되고 있다. 大乘佛教에서는 어려운 教理보다 많은 사람들에게 聖音으로 信奉되던 陀羅尼를 中心으로 佛教 教理를 再構成하여, 누구나 理解하기 쉽고 功德을 쌓아 成佛할 수 있다는 理論과 修行法을 提示하였는데, 그러한 一切를 密教라 할 수 있다. 이러한 密教는 持續的인 發展을 거듭하는데 現生에서 成佛할 수 있다는 믿음의 卽身成佛을 前提하고 있으며, 菩提發心, 觀法, 實踐修行法 等을 通해 成佛에 이를 수 있다고 하였다.

韓國에서 密教는 佛教 傳來 直後에 流入된 것으로 推定되고 있다. 新羅는 527 年 異次頓의 殉教로 佛教를 公認했지만 墨胡子가 訥祇王(在位 417~458) 때 公主의 病을 고치기 위하여 香을 傳하고, 醫術로 病을 고쳤다고 한다. 當時 墨胡子는 先進的인 醫術을 배워 알고 있었으며, 香을 傳한 것으로 보아 密教的인 儀禮와 修行法 等을 重視했던 僧侶로 推定되고 있다. 그리고 新羅 善德女王(在位 632~647)은 安弘(579~640)과 慈藏의 建議에 依하여 皇龍寺 9 層木塔을 建立하였는데, 護國 信仰에 의한 것으로 密教 經典인『灌頂經』卷 6 의「塚墓因緣四方神呪經」등에 信仰的 바탕을 두고 있다고 할 수 있다. 또한 新羅가 四天王의 護持를 받는 佛國土임을 강조한 것도 密教 經典인『金光明經』四天王品에서 찾을 수 있다. 新羅 明朗은 中國 唐나라 遊學을 마치고 歸國하여 文豆婁秘法을 행하여 軍事들을 물리쳤다고 하는데, 當時 明朗이 行한 文豆婁秘法에 대한 具體的인 內容은 알 수 없지만『灌頂經』卷 7 의「灌頂伏魔封印大神呪經」에 依한 것이라 할 수 있다.『三國遺事』에 의하면, 新羅 僧侶 惠通은 唐에 留學하여 眞言宗의 開祖인 善無畏三藏으로부터 印訣을 받고 665 年 歸國하였다고 한다. 惠通은 新羅 最初의 國師에 任命되었는데, 密教的인 儀禮와 眞言陀羅尼의 效能과 그 信仰에 造詣가 깊었던 것으로 알려져 있다. 寶川은 新羅 五臺山信仰을 體系化한 人物로 傳해지고 있는데, 方位別로 부처가 管掌하고 있다는 四方佛 또는 五方佛 觀念을 信仰化하였다. 特히 寶川은 밤낮으로「隨求陀羅尼」를 念誦하였으며, 이 陀羅尼를 念誦하면 모든 罪의 업장이 消滅되고 疾病 等을 낫게 하며, 지니고 있으면 敵의 降伏을 받을 수 있다고 하였다. 그리고 寶川은 文殊菩薩로부터 灌頂을 받았다고 한다. 여기서 灌頂儀式은 代表的인 密教 儀式이기도 하다. 또한 寶川은 東臺 觀音房에서 密教的 性格이 강한 千手呪를 읽었으며, 東臺에서『金光明經』을 讀誦하였다고 한다. 이러한 것으로 보아 新羅時代에 密教가 傳播되어 있었음을 알 수 있다.

高麗時代에는 中央政府 次元에서 佛教가 國是로 採擇되면서 護國佛教的인 性格이 强하였으며, 王室에서부터 一般 百姓들에 이르기까지 佛教 信仰이 크게 盛行하였다. 그리고 遼, 金, 元 等 中國의 北方 여러 나라들과 밀접한 外交 關係가 形成되면서 密教가 擴散되었다. 또한 高麗 佛教는 在來의 民衆 信仰的 要素가 結合되거나 密教的인 儀禮가 反影되었으며, 그에 따라 密教의 所依經典이나 眞言陀羅尼 等이 各種 佛事나 法會에 活用되면서 점차 密教的 傾向을 强하게 갖게 되었다.

그리고 高麗 政府는 首都에 現聖寺를 세워 政府次元에서 密教의 根本道場으로 삼았다. 現聖寺는 936 年 創建된 神印宗의 中心 寺院으로 여러 國王들이 現聖寺에 행차하여 나라의 安寧과 福을 祈願하였다. 高麗 仁宗(在位 1122~1146)은 1130 年 나라의 禳災와 祈福을 爲한 齋를 現聖寺와 靈通寺에서 開催하도록 하였으며, 明宗(在位 1170~1197)은 現聖寺를 賢聖寺로 寺名을 바꾸었고, 高宗(在位 1213~1259)은 文豆婁道場을 開設하기도 했다. 또한 代表的인 密教 宗派로 神印宗과 摠持宗 等이 持續되면서 密教는 더욱 發展하게 된다. 高麗時代에는 多様한 種類의 密教 經典이 刊行 普及되었다. 代表的으로 『梵書摠持集』과 『密教大藏』 等이 刊行되면서 眞言陀羅尼를 비롯하여 各種 密教 儀禮가 擴散되었다. 特히, 高麗後期에는 現世求福的인 密教가 盛行하고, 眞言陀羅尼에 대한 信仰과 功德이 높아지면서 多様한 類型의 眞言陀羅尼 關聯 密教 經典이 刊行되어 널리 流通되었다.

이와 같이 高麗 佛教는 護國 佛教的 性格과 함께 現實 祈福的인 民衆 信仰이 結合되면서 國家的인 佛教 行事나 儀禮 등에 密教的인 要素가 많이 反影되었다. 또한 高麗는 密教的인 傾向이 强했던 中國의 遼, 金, 元 等 여러 나라들의 佛教와 密接하게 交流하였다. 이러한 여러 要因들에 依하여 高麗는 密教的인 要素가 强한 眞言陀羅尼가 널리 신앙되었다. 特히, 高麗後期에는 所依經典으로 密教 經典들이 널리 刊行되고 流通되었다.

朝鮮時代에는 抑佛崇儒 政策 基調에 따라 佛教界가 相當히 萎縮되기에 이른다. 特히 朝鮮 太宗(在位 1400~1418)이 1417 年 眞言密呪經이나 陀羅尼集 등 密教 典籍들을 불살라 버리게 하자 密教儀軌도 求하기 어렵게 된다. 그런데 政府에 의하여 佛教界가 萎縮되었지만 反對給付로 密教는 더욱 盛行하게 된다. 當時 一部 王室을 비롯하여 百姓들까지 眞言陀羅尼 信仰이 폭넓게 擴散된다. 이에 따라 多様한 類型의 眞言陀羅尼가 流通되었고, 眞言陀羅尼와 梵語를 體系的으로 整理한 文獻 等이 編纂되면서 密教 信仰의 様相이 儀禮와 함께 眞言陀羅尼 信仰을 中心으로 展開된다. 世宗(在位 1418~1450)은 末年에 病이 크게 惡化되자 大藏經 刊行 등 多様한 佛事와 法會를 實施하도록 하였는데, 1450 年 正月 救病水陸齋

를 베풀고 「佛頂心陀羅尼」를 大量으로 印刷하여 讀誦케 하였다. 이러한 일들은 『五大眞言集』을 비롯한 密敎 經典들이 刊行되는 繼起가 되었다. 朝鮮時代 密敎의 盛行과 關聯된 代表的인 것은 多樣한 『眞言集』의 刊行이다. 『眞言集』은 高麗時代부터 刊行되기 始作하였는데, 朝鮮時代 들어와 크게 盛行하였으며, 늦게 刊行된 『眞言集』일수록 더 많은 內容이 收錄되었다. 이는 朝鮮時代에 佛敎 儀禮나 法會時에 眞言陀羅尼를 많이 活用하는 계기가 되었으며, 梵語로 된 眞言陀羅尼가 各種 佛書뿐만 아니라 多樣한 造形物에 새겨지는 背景이 되었다.

朝鮮時代 多樣한 『眞言集』의 刊行은 當時 佛敎界가 密敎 行法과 節次를 理解하였으며, 眞言陀羅尼에 대한 信仰이 높았고, 密敎 觀法을 正確하게 行할 수 있는 僧侶들이 많았음을 示唆한다. 朝鮮時代에는 佛敎 儀禮에 쓰이는 多樣한 佛敎書들이 刊行되었고, 이들 經典들 중에는 眞言陀羅尼를 모은 『眞言集』, 梵語의 發音을 살리면서 音樂을 强調한 『梵音集』, 儀式에 焦點을 맞추어 編纂한 『秘密敎』 等이 普及되었다. 特히, 朝鮮時代 刊行된 密敎 經典들은 眞言陀羅尼의 呪術的인 힘과 祈福的인 性格 等을 많이 强調하였다. 그래서 朝鮮時代는 各種 『眞言集』과 陀羅尼經類가 36種 102會나 刊行되었고, 眞言陀羅尼와 關聯된 儀式集이 30種 118會 刊行된 것으로 把握되고 있다. 이처럼 朝鮮時代의 많은 佛敎 儀禮書에는 眞言陀羅尼가 收錄되었는데, 眞言陀羅尼는 梵語-漢字-한글이 함께 쓰여 널리 念誦되면서 密敎가 發展하는 밑바탕이 되었다.

【表-1】 朝鮮時代『眞言集』木版本

書 名	版 種	刊行 時期	卷 數	備 考
『眞言集』	木版本	1569年 安心寺	1冊	奎章閣 等
『眞言集』	木版本	1658년 新興寺	1冊	東國大學校 圖書館 等
『眞言集』	木版本	1688年 普賢寺	1冊	延世大學校 圖書館 高麗大學校 圖書館 等
『重刊眞言集』	木版本	1777年 萬淵寺	2卷 1冊	國學資料保存會 等
『眞言集』	木版本	1800年 望月寺	2卷 2冊	國學資料保存會 國立中央圖書館 等
『眞言集』	木版本	朝鮮 正祖代	2卷 2冊	日本 東洋文庫 等
『重刊眞言集』	木版本	朝鮮	2卷 2冊	日本 東洋文庫 等
『眞言集』	木版本	未詳	54卷 41張	韓國學中央研究院 等

三 韓國 密敎 文物 資料

(一) 三國과南北國

三國과 南北國時代에는 佛敎가 盛行하였는데, 當時 여러 類型의 陀羅尼經과 함께 密敎 經典들이 傳來되었다. 密敎 經典들은 佛事나 法會가 있을 때 儀禮에 適用되었다. 이에 따라 密敎 關聯 文獻과 여러 遺蹟과 遺物들이 傳해지고 있다. 新羅의 境遇『海東高僧傳』에 의하면, 眞平王(在位 579~632) 때인 605 年 西域僧으로 北天竺 烏長國의 毗摩羅眞諦와 農伽陀, 摩豆羅國의 佛陀僧伽 등이 皇龍寺에 머물며『栴檀香火星光妙女經』을 飜譯하여 出刊했다고 한다. 이 經典이 密敎 經典임을 알 수 있어, 7 世紀를 前後한 時期에 密敎 經典이 刊行되었음을 斟酌할 수 있다. 그리고 只今까지 여러 硏究에 依하면, 新羅時代 傳來되었거나 刊行된 密敎 經典으로『大日經』,『金剛頂經』,『灌頂經』,『金光明經』,『仁王經』,『蘇悉地經』,『般若理趣經』,『隨求陀羅尼經』,『無垢淨光大陀羅尼經』,『破地獄三種悉地眞言儀軌』,『占察經』,『發菩提心論』,『藥師經』,『十一面觀音經』,『千手觀音經』等이 있었던 것으로 推定되고 있다.

그리고 新羅時代 密敎와 關聯되어 있는 代表的인 寺刹로 四天王寺와 奉聖寺가 있었다. 四天王寺는 明朗의 文豆婁秘法과 關聯하여 創建된 寺刹이었으며, 奉聖寺는 密敎 僧侶였던 惠通이 神文王을 괴롭혔던 信忠의 解寃을 目的으로 創建되었다. 不可思議는 中國 唐에 留學하여 善無畏三藏으로부터 法을 받은 이후 歸國하여 零妙寺에 住錫했다. 이중에서 四天王寺는 確認되고 있지만, 奉聖寺와 零妙寺는 그 位置가 不分明한 狀態이다.

新羅 孝昭王이 692年 7月 神文王의 冥福을 빌기 위하여 皇福寺址 三層石塔을 세웠는데, 聖德王이 706年 5月에 이르러 神文王, 神睦太后, 孝昭王을 위하여 石塔을 解體하고 다시 그 안에 佛舍利 4 枚와 함께「無垢淨光大陀羅尼經」을 奉安하였다고 한다.「無垢淨光大陁羅尼經」은 唐의 彌陀山과 法藏에 의하여 704 年頃 漢譯된 陀羅尼經이었다. 그런데 706年 5月 重修된 新羅 皇福寺 三層石塔에「無垢淨光大陀羅尼經」이 奉安되었다는 것은 唐詩 新羅와 唐의 交流가 迅速하게 이루어졌으며, 地理的으로 떨어져 있었지만 거의 同時에 同一한 儀禮가 適用되었음을 알 수 있어 注目된다.「無垢淨光大陁羅尼經」의 主要 內容은 77 個 또는 99 個의 小塔을 製作하여 塔에 納入하면 그 功德으로 壽命이 延長되고, 極樂往生하며, 兜率天에 태어나는 福을 받을 수 있다고 한다. 이러한 密敎 儀禮에 따라 新羅의 여러 石塔에「無垢淨光大陀羅尼經」과 함께 小塔이 奉安된다. 佛國寺 釋迦塔에도「無垢淨光大陀羅尼經」이 奉安되었던 것으로 確認되었다. 이 陀羅尼經은 卷

子本 形態로 供養 目的으로 納入된 『造塔經』의 一種으로 本文과 眞言이 모두 漢字로 記錄되었다. 이 陀羅尼經은 751年 以前에 印刷되었음을 알 수 있어, 8世紀에 陀羅尼經의 流通이 널리 擴散되었음을 알 수 있다. 이외에도 慶州 羅原里 五層石塔, 奉化 西洞里 三層石塔, 襄陽 禪林院址 三層石塔 等에서 「無垢淨光大陀羅尼經」의 作法에 의한 小塔 奉安이 確認되었다. 그리고 慶州 昌林寺址 三層石塔에서는 「無垢淨經」이 發見되었으며, 浦項 法廣寺 三層石塔에서는 佛頂尊勝陀羅尼銘石製圓壺가 出土되었다. 陜川 海印寺 妙吉祥塔에서도 漢字音으로 記錄한 陀羅尼가 出土되었다. 「百城山寺前臺吉祥塔中納法探記」에 依하면 當時 吉祥塔 안에 眞言集錄 2卷과 眞言을 奉安했다고 密教 信仰의 推移를 斟酌할 수 있다.

또한 葛項寺址 東西 三層石塔 중 西塔에서 青銅瓶 等 여러 舍利具가 出土되었는데, 青銅 舍利瓶 안에서 梵字로 眞言陀羅尼를 새긴 白紙墨書가 發見되었다. 이 白紙墨書 眞言陀羅尼는 758年 石塔이 처음 建立될 當時에 奉安된 것으로 確認되어, 韓國에서는 現存하는 梵字 眞言陀羅尼의 最初 事例라 할 수 있다. 그리고 834年 海雲이 編纂한 『兩部大法相承師資付法記』에 의하면, 當時 中國에서 많은 密教 經典이 新羅에 傳來되었다고 한다. 이러한 것으로 보아 新羅時代 密教 經典들이 印刷되어 폭넓게 流通되었으며, 舍利具의 主要 奉安物로 佛塔에 納入되거나, 佛像의 腹藏物로도 活用되었다.

佛國寺 釋迦塔과 「無垢淨光大陀羅尼經」

葛項寺址 東西 三層石塔

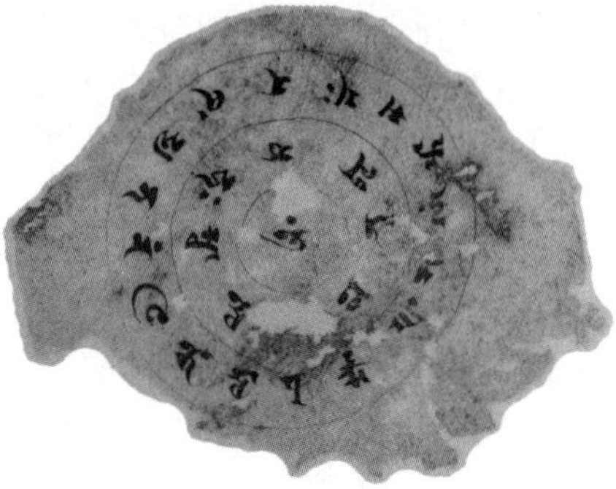

葛項寺址 西 三層石塔 出土「白紙墨書 眞言陀羅尼」

大邱 桐華寺 金堂庵 三層石塔과 陀羅尼小塔

(二)高麗

高麗時代에는 密教가 널리 傳播되면서 經典이나 關聯 記錄들이 相當數 傳해지고 있으며, 政府에서 公式的으로 刊行한 大藏經에도 密教 經典이 包含되어 있었다. 高麗 顯宗代(在位 1010~1031)와 文宗代(在位 1047~1083)에 造成된 初雕大藏經이 蒙古兵亂 때 燒失되어 남아있지 않은 關係로 正確한 內容은 알 수 없지만 中國 遼 大藏經 等을 參考하여 刊行한 것으로 보아 密教 經典들이 相當數 包含되어 있었을 것으로 推定되고 있다. 그리고 開泰寺 住持였던 守其가 撰述한 再雕大藏經의 大藏目錄에는 多數의 密教 經典(191 部 356 卷)들이 收錄되어 있다. 再雕大藏經에는 善無畏 5 部 17 卷, 金剛智 8 部 11 卷, 不空 109 部 152 卷 등 所謂 純密 經典에 속하는 122 部 188 卷의 譯出經이 確認되고 있다. 中國 宋代 密教 僧侶

들의 것으로 天息災 19部 58卷, 施護 115部 258卷, 法天 44部 73卷, 法賢 56部 91卷 等이 轉載되어 있으며, 遼의 『釋摩訶衍論』도 收錄되어 있다. 再雕大藏經에는 密教 經典이 총 191種 356卷에 달하는데, 이중에서 陀羅尼經典類가 168種 256卷으로 가장 많은 量을 차지하고 있다. 이외에도 『大日經略攝念誦隨行法』 1卷을 비롯하여 密教 儀禮의 作法과 關聯된 經典도 20種 21卷이 收錄되어 있다.

이러한 大藏經類 外에도 高麗時代에는 別途의 密教 經典들이 刊行되었다. 『楞嚴經』을 비롯하여 漢字나 梵字로 된 여러 經典들이 相當數 流通되었으며, 悉曇와 漢字로 構成된 『密教大藏』이 佛教界 全般에 걸쳐 傳播되어 있었던 것으로 確認되고 있다. 高麗時代 李齊賢(1287~1367)이 編纂한 『益齋亂藁』에 收錄된 「金書密教大藏序」에 의하면, 當時 『密教大藏』이 90卷으로 刊行되었는데, 나중에 40卷을 더하여 總 130卷으로 寫經하여 編成 刊行되었다는 內容이 있다. 이러한 것으로 보아 密教가 盛行하면서 眞言陀羅尼가 널리 신앙되었음을 알 수 있다. 高麗時代 刊行된 代表的인 密教 經典을 整理하면 아래의 【表-2】과 같다.

【表-2】 高麗時代 刊行 流通 密教 經典

刊行時期	王 代	經 典 名	備 考
1007年	穆宗 1年	寶篋印陀羅尼經	摠持寺
1050年	靖宗 11年	佛說解百生寃結陀羅尼經	金之成
1011—1088年		初雕大藏經	
1102年	肅宗 6年	藥師琉璃光如來本願功德經	教藏都監
1150年	肅宗 10年	梵書摠持集	廣濟鋪
1166年	毅宗 20年	大毗盧遮那成佛經等一代聖教中無上一乘諸經所說一切陀羅尼經	李世陜
1206—1219年		佛頂心觀世音菩薩大陀羅尼經	崔忠獻 一家
1218年	高宗 5年	梵書摠持集	開泰寺
1228年	高宗 15年	梵書摠持集	崔忠獻 一家
1235年	高宗 22年	楞嚴經	崔瑀 發願
1236年	高宗 23年	佛說梵釋四天王陀羅尼經	海印寺
1241年	高宗 28年	佛說長壽滅罪護諸童子陀羅尼經	崔怡 發願
1246年	高宗 33年	佛設預修十王生七經	

续表

刊行時期	王 代	經 典 名	備 考
1236～1251 年		再雕大藏經	
1275 年	忠烈王 1 年	不空羂索神變眞言經	寫經院
1278 年	忠烈王 4 年	佛說長壽滅罪護諸童子陀羅尼經	新荷寺
1282 年	忠烈王 8 年	慈悲道場懺法	李德孫 發願
1292 年	忠烈王 18 年	寶篋印陀羅尼經	官版
1293 年	忠烈王 19 年	大悲心陀羅尼經	仁興寺
1309 年	忠宣王 1 年	楞嚴經	官版
1316 年	忠肅王 3 年	詳校正本慈悲道場懺法	邊山
1328 年	忠肅王 15 年	密教大藏經 130 卷	官版
1330 年	忠肅王 17 年	佛頂尊勝陀羅尼經	寶城寺
1330 年	忠肅王 17 年	正本一切如來大佛頂白傘蓋摠持	寶城寺
1342 年	忠惠王 3 年	佛說長壽滅罪護諸童子陀羅尼經	官版
1352 年	恭愍王 1 年	佛說長壽滅罪護諸童子陀羅尼經	
1352 年	恭愍王 1 年	詳校正本慈悲道場懺法	官版
1365 年	恭愍王 14 年	正本一切如來大佛頂白傘蓋摠持	見巖寺
1370 年	恭愍王 19 年	楞嚴經	居士 林桂
1372 年	恭愍王 21 年	楞嚴經	青龍寺
1375 年	禑王 1 年	正本一切如來大佛頂白傘蓋摠持	無爲菴
1376 年	禑王 2 年	佛說長壽滅罪護諸童子陀羅尼經	
1378 年	禑王 4 年	佛說長壽滅罪護諸童子陀羅尼經	
高 麗 後 期		佛說長壽滅罪護諸童子陀羅尼經	中峰庵
		佛說天尊劫瘟癀神呪經	
		大佛頂陀羅尼	
		佛設預修十王生七經	
		佛頂心呪經	

高麗時代에는 眞言陀羅尼 信仰이 크게 盛行하면서 關聯 經典이 많이 印刷 普及되었다. 刊行 時期別로 보면, 1007 年 弘哲가 摠持寺에서 刊行한「一切如來心密全身舍利寶篋印陀羅尼經」, 1038 年 佛國寺 釋迦塔 重修 時에 納入된「寶篋印陀羅尼

經」, 1045 年頃에 刊行된 것으로 推定되는 「佛說解百生寃結陀羅尼經」, 1150 年 平壤의 廣濟鋪에서 思遠이 校訂하여 刊行한 「大毗盧遮那成佛經等一代聖敎中無上一乘諸經所說一切陀羅尼」(『梵書摠持集』), 1152 年 刊行된 「一切如來心密全身舍利寶篋陀羅尼」와 卍字形 「寶篋陀羅尼」, 1156 年 刊行된 「大毗盧遮那成佛經等一代聖敎中無上一乘諸經所說一切陀羅尼」, 1166 年 刊行된 「大毗盧遮那成佛經等一代聖敎中無上一乘諸經所說一切陀羅尼」, 1184 年 中原府에서 刊行된 「如意寶印大隨求陀羅尼梵字軍陀羅相」, 1218 年 開泰寺 仁赫大師가 刊行한 「大毗盧遮那成佛經等一代聖敎中無上一乘諸經所說一切陀羅尼」, 13 世紀頃에 刊行된 것으로 推定되는 安東 普光寺 木造觀音菩薩坐像 出土 胎藏界曼荼羅 形態의 「大隨求陀羅尼」, 13 世紀 後半頃에 刊行된 것으로 推定되는 胎藏界曼荼羅 形態로 製作된 「全身舍利寶篋印陀羅尼」, 1301 年 刊行된 「佛頂心觀世音菩薩姥陀羅尼」 等이 確認되고 있다. 이처럼 高麗時代 持續的으로 刊行된 陀羅尼들은 新羅의 「無垢淨光大陀羅尼經」보다 板刻이 精巧하고, 字體도 均一하며, 朝鮮時代까지 密敎의 眞言陀羅尼 信仰이 持續되도록 했다.

특히, 高麗時代의 『梵書摠持集』과 『密敎大藏』은 密敎의 盛行과 함께 眞言陀羅尼에 對한 信仰을 엿볼 수 있는 代表的인 經典이라 할 수 있다. 『梵書摠持集』은 眞言陀羅尼의 整理와 實質的인 活用과 功德에 焦點을 맞추었다면, 『密敎大藏』은 大藏經에 收錄되어 있는 모든 眞言陀羅尼를 整理했다. 두 經典은 高麗 仁宗代와 毅宗代를 지나면서 密敎의 盛行에 따라 多樣한 眞言陀羅尼가 널리 流布되었음을 示唆해 주고 있다.

「白紙墨書梵字眞言陀羅尼」(高麗, 三星美術館 Leeum)

陝川 海印寺 法寶殿
木造毗盧遮那佛坐像

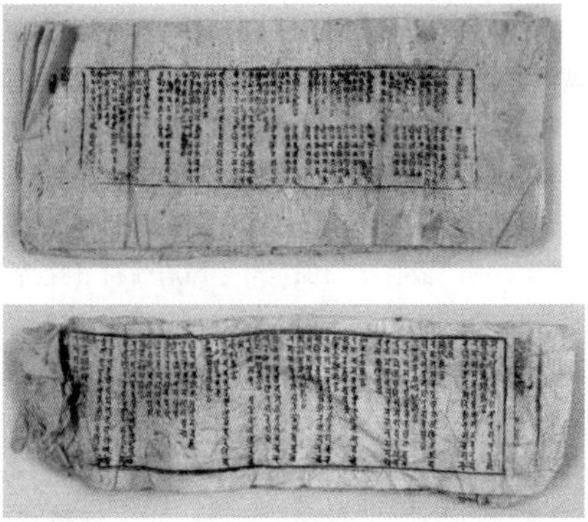

「大毗盧遮那成佛經等一代聖教中無上一乘諸經所說一切陀羅尼」(1150 年)

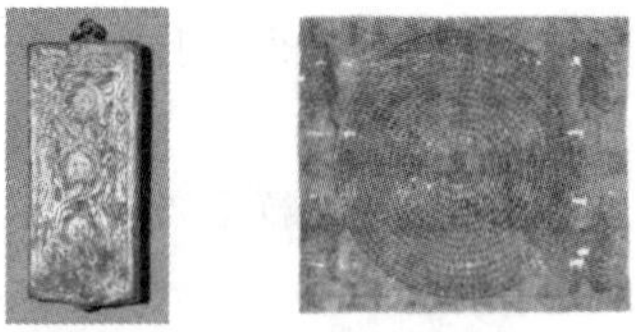

銀製唐草紋經匣과 陀羅尼
(高麗, 三星美術館 Leeum)

經匣과 「佛頂心呪」(1306 年, 國立中央博物館)

高麗時代에는 많은 密教 道場과 儀禮들이 開設되었는데, 代表的으로 文豆婁道場, 百高座仁王道場, 藏經道場, 金光明道場, 消災道場, 帝釋道場, 摩利支天道場, 佛頂道場, 龍王道場, 四天王道場, 藥師道場 等이 確認된다. 高麗時代 盛大하게 열렸던 燃燈會와 八關會도 넓은 意味에서 密教的인 性格을 가지고 있는 行事라 할 수 있다. 이러한 時代的 環境으로 인하여 高麗時代에는 密教的 性向을 가장 잘 보여주는 梵語로 된 眞言陀羅尼가 各種 造形物에 새겨지기도 했다.

（三）朝鮮

朝鮮時代 들어와 抑佛崇儒 政策 基調가 維持되면서 全體的으로 佛教界는 크게 萎縮되기에 이른다. 朝鮮 太宗이 密教 經典들을 불태워 없애도록 하지만 一部 王室의 信佛과 特定 王代의 佛教 振興 政策에 따라 佛教 信仰은 持續되며, 重要한 寺刹들은 佛事가 繼續된다. 特히, 朝鮮 世宗代(在位 1418~1450) 後半期와 世

祖代(在位 1455~1468)에는 積極的인 佛敎 振興 政策이 施行되면서 많은 佛經들이 刊行되었는데, 密敎 經典들도 相當數 普及되었다.

朝鮮時代에는 眞言陀羅尼에 대한 信仰이 크게 盛行했다. 그래서 眞言陀羅尼를 묶어 經典으로 刊行하였는데, 代表的으로 『佛頂心觀世音菩薩大陀羅尼經』과 『諸眞言陀羅尼』를 비롯하여 책처럼 묶은 『五大眞言』, 『眞言集』, 『密敎開刊集』(『秘密敎』) 等이 있다. 以外에도 多樣한 類型의 密敎 經典들이 朝鮮後期까지 꾸준하게 流通되었다. 이를 類型別로 보면 眞言集類(【표-3】), 陀羅尼經類(【표-4】), 儀式集類로 크게 分類된다. 그리고 儀式集類는 그 內容과 性格에 따라 日常儀式, 獻供儀式, 禮懺法, 說禪儀式, 放生儀式, 受戒儀式, 誦呪儀式, 水陸齋, 預修齋, 腹藏儀式, 梵唄儀式, 齋儀式, 茶毗禮, 喪禮 等으로 區分된다. 代表的인 密敎 經典은 『佛設預修十王生七經』, 『詳校正本慈悲道場懺法』, 『禮念彌陀道場懺法』, 『水陸無遮平等齋儀撮要』, 『天地冥陽水陸雜文』, 『天地冥陽水陸齋儀梵音删補集』, 『現行西方經』, 『觀音靈果』, 『准提淨業』, 『禪門祖師禮懺儀文』, 『佛說壽生經』 等이 있다.

【表-3】　朝鮮時代 刊行 流通 眞言集類

經典名	刊行處(刊行時期)
『五大眞言』	圓通庵(1484年), 王室發願(1485年), 鐵窟(1531年), 深源寺(1535 年), 龍泉寺(1538 年), 哲庵(1550 年), 雙溪寺(1634年)
『諸眞言集』	安心寺(1569年), 神興寺(1658年), 佛影臺(1688年), 萬淵寺(1777年), 望月寺(1800年)
『楞嚴經』	1401年版, 花巖寺(1433年), 無量寺(1488年, 1493年), 慈悲嶺寺(1489年), 石頭寺(1547年), 星宿寺(1559年), 松廣寺(1609 年), 圓寂寺(1609 年), 龍藏寺(1635 年), 雲興寺(1672年), 普賢寺(1682年), 龍興寺(1692年) 諺解 : 乙亥字(1461年), 刊經都監(1462年)
『佛說天地八陽神呪經』	神興寺(1549 年), 松廣寺(1609 年, 1791 年), 楞伽寺(1657 年), 天冠寺(1657 年), 鳳停寺(1769 年), 靑巖寺(1789年), 佛巖寺(1797 年, 1799 年), 熊神寺(1807 年), 修道庵(1833 年), 石臺庵(1839 年), 奉恩寺(1856 年), 磧川寺(1861年), 佛巖寺(1881年), 姜在喜施主(1908年)

续表

經典名	刊行處(刊行時期)
『聖觀自在求修六字禪定』	肅川府(1560年), 甘露寺(1563年), 鷲巖寺(1568年), 伽倻寺(1621年), 1567年版, 1908年版
『七大萬法』	叱方寺(1569年)
『觀世音菩薩靈驗略抄』	甘露寺(1716年), 證心寺(1721年), 釋王寺(1728年), 普賢寺(1728年), 新光寺(1732年), 伽倻寺(1762年)
『眞言要抄』	佛巖寺(1795年, 1797年)
『佛說天尊瘟𤸷神呪經』	1908年版

【表-4】 朝鮮時代 刊行 流通 陀羅尼經類

經典名	刊行處(刊行時期)
『大悲心陀羅尼經』	圓通庵(1484年), 雲門寺(1746年), 奉恩寺(1857年), 寶石寺(1881年)
『佛頂心陀羅尼經』	王室發願(1485年), 深源寺(1553年), 解脫庵(1561年), 楡岾寺(1570年), 奉佛庵(1631年), 梵魚寺(1642年), 新光寺(1711年), 寶晶寺(1876年), 三聖庵(1881年)
『隨求成就陀羅尼經』	雙溪寺(1569年), 普賢寺(1729年), 普光寺(1869年)
『長壽經』	1416年版, 長佛寺(1420年), 王室發願(1432年), 潤筆庵(1441年), 花巖寺(1443年), 止觀寺(1446年), 圓庵(1452年), 中臺寺(1460年), 萬魚寺(1468年), 花巖寺(1484年), 龍井寺(1486年), 首庇寺(1488年), 慈悲嶺寺(1495年), 深源寺(1536年), 俱中寺(1562年), 廣興寺(1562年), 天冠寺(1568年), 松方寺(1569年), 興福寺(1573年), 龍門寺(1629年), 華嚴寺(1699年), 大芚寺(1730年), 松廣寺(1768年), 佛巖寺(1796年), 普賢寺(1887年)
『佛說地心陀羅尼經』	神興寺(1670年), 潤月寺(1673年)
『光明王如來陀羅尼經』	國師庵(1903年)

朝鮮時代에는 功德을 쌓기 위한 眞言陀羅尼가 讀誦用과 修行을 위한 修法用으로 나누어져 刊行되었다. 또한 治病이나 消災 等을 爲한 實用的인 目的의 眞言陀羅尼도 많이 普及되었다. 이러한 眞言陀羅尼는 낱장으로 印刷되어 佛腹藏物로

奉安되거나 極樂往生을 念願하기 爲하여 무덤에 埋納되기도 했다. 이처럼 眞言陀羅尼가 天道에도 靈驗이 있다는 믿음이 形成되면서 密敎的인 靈駕 儀禮에도 많이 活用되었다.

그리고 密敎的인 儀禮에 따라 眞言陀羅尼가 佛腹藏物로 奉安된 事例로는 大邱 把溪寺 木造觀音菩薩坐像, 榮州 黑石寺 木造阿彌陀如來坐像, 平昌 上院寺 文殊童子像과 觀音菩薩坐像, 濟州 西山寺 木造菩薩坐像, 平昌 月精寺 獅子庵 木造毗盧遮那佛坐像 等에서 確認되고 있다. 이중에서 平昌 上院寺 文殊童子像에서 收拾된 「白紙墨書諸眞言」은 66 個의 眞言을 漢字와 梵語로 墨書하여 精誠스럽게 造成했음을 알 수 있다. 이외에도 相當히 많은 事例에서 密敎的인 儀禮에 따라 密敎經典과 眞言陀羅尼 等을 佛腹藏物로 奉安했음을 알 수 있다. 朝鮮時代에는 眞言陀羅尼 그 自體가 佛格으로 看做되어 佛菩薩을 象徵하기도 했다. 이에 따라 多樣한 眞言陀羅尼가 佛敎美術品을 비롯하여 各種 造形物에 彫刻되거나 表現되었다.

榮州 黑石寺 木造阿彌陀如來坐像(1458 年)

「佛頂心印陀羅尼」(朝鮮)

Ⅳ. 韓國 密敎 特徵과 意義

密敎는 秘密佛敎의 줄인 말로 부처님의 秘密스러운 境地를 드러낸 佛敎라는 意味를 가지고 있으며, 顯敎와 相對的인 槪念이자 用語라 할 수 있다. 顯敎가 敎說的, 論理的, 合理性 等을 爲主로 한다면, 密敎는 呪術的, 心情的, 神秘的인 것을 援用한 眞言, 陀羅尼, 儀軌 等을 中心으로 發展했다고 할 수 있다. 이렇게 나누는 基準은 모호하지만 禮佛 對象, 經典 根據, 法會와 儀式, 信仰 類型, 伽藍 構成, 美術品 等 여러 根據에 의하여 分類된다. 그러나 兩者를 明確하게 區分하는 것은 어렵다. 顯敎도 密敎的 性格을 多分히 가지고 있으며, 密敎의 境遇도 基本的

으로는 顯敎的 性格을 相當히 가지고 있기 때문이다. 그래서 顯敎와 密敎를 嚴格하게 區分하기는 어려운데, 東亞細亞에서 韓國의 密敎가 유난히 두 가지 性格을 同時에 많이 內包하고 있다고 할 수 있다. 韓國의 密敎는 어느 쪽에 比重을 두었는가 하는 点이 重要하다고 할 수 있다. 오늘날 韓國에는 代表的인 顯敎 系列 宗派로 曹溪宗, 天台宗, 太古宗 등이 있으며, 密敎 系列 宗派로는 眞覺宗, 摠持宗, 眞言宗 等이 있다.

그리고 韓國佛敎史에서 密敎的 傾向이 짙은 代表的인 宗派로 高麗時代에 神印宗과 摠持宗이 있었다. 神印宗은 各種 儀禮를 重視하며, 摠持宗은 眞言陀羅尼의 持誦을 爲主로 하는 宗派라 할 수 있다. 朝鮮時代 들어와 神印宗은 儀式作法의 重視에 따른 各種 儀式文集의 刊行으로 繼承되었고, 摠持宗은 眞言陀羅尼 持誦의 重視에 따른 眞言陀羅尼經의 刊行을 가져왔다. 그럼에도 불구하고 韓國佛敎史에서 佛敎와 密敎는 境界를 設定하기도 어렵고, 區分하기도 相當히 모호하다. 즉, 佛敎와 密敎가 別途의 信仰인지, 佛敎 안에 密敎가 있는 것인지, 密敎가 佛敎 속으로 들어와 區分하기 힘들만큼 融合되어 버린 것인지 등 區分하기 애매하다. 그래서 韓國佛敎史에서 佛敎와 密敎는 別途로 發展되어 온 것이 아니라 함께 해왔다고 할 수 있다.

高麗時代 密敎는 처음에는 政府次元에서 密敎 寺刹을 創建하고, 代表的인 密敎 宗派인 摠持宗과 神印宗 等이 設立되었다. 이에 따라 密敎는 中央政府와 연결되어 國家的인 密敎 儀禮 等을 設行하였다. 高麗 前期에는 遼의 大藏經 傳來와 流入으로 密敎 經典의 刊行과 流通이 持續되면서 遼 密敎의 影響을 많이 받았다. 그리고 高麗 武臣執權期에는 社會的 混亂과 外敵의 侵略을 저지하기 위한 多樣한 目的으로 國家 次元에서 密敎儀禮가 開設되었다. 또한 外部의 侵略과 混亂 등으로 不安한 民心을 消滅해 주는 呪術的이고 神異한 密敎 信仰이 盛行하였다. 이에 따라 密敎의 眞言陀羅尼 信仰이 發展하면서 多樣한 密敎 經典이 刊行 流通되었다. 眞言陀羅尼는 禪定과 修行 等의 方便으로도 認識되었다. 한편 高麗後期에는 國家的 密敎儀禮의 縮小와 함께 個人的인 密敎 儀禮가 많아지는 特徵을 보인다. 또한 高麗時代 代表的인 密敎 宗派였던 神印宗의 宗刹이라 할 수 있는 現聖寺는 高麗 太祖 19 年에 創建되었지만 별다른 注目을 받지 못하다가, 高麗 仁宗이 在位 8 年에 現聖寺에 親行하여 齋를 說하면서 歷史의 全面에 登場한다. 이러한 것으로 보아 高麗時代 密敎가 仁宗代(在位 1122.04～1146.06)와 毅宗代(在位 1146.06～1170.09)를 中心으로 盛行하면서 眞言陀羅尼에 對한 信仰이 널리 유포되고 密敎 宗派의 活動이 두드러지기 始作했던 것으로 파악된다.

한편 高麗後期까지 盛行했던 密敎는 朝鮮時代 들어와 抑佛崇儒 政策 基調에 따라 一大 轉換期를 맞이하지만 高麗時代부터 뿌리 깊게 이어져 온 密敎를 일순간에 없애는 것은 不可能한 일이었다. 密敎는 朝鮮時代 들어와서도 消滅되지 않고 持續되었으며, 오히려 抑佛崇儒 政策에 따라 密敎가 陰性的으로 더욱 發展하는 樣相을 보이게 된다. 高麗時代 代表的인 密敎 經典이라 할 수 있는『梵書摠持集』과『密敎大藏』이 朝鮮 建國 直後에도 刊行 流通되었으며, 곧 이어 各種 眞言集과 陀羅尼經, 佛敎 儀禮와 關聯된 密敎 經典들이 活潑하게 刊行 普及되었다. 이와 같이 朝鮮時代에 들어와 眞言集의 刊行과 流通이 盛行하면서 本來的 意味의 密敎 信仰도 展開되었지만 呪術的인 密敎도 發展했다. 이에 따라 眞言集이나 陀羅尼經의 刊行과 印出이 많이 이루어졌을 뿐만 아니라 梵字로 眞言陀羅尼가 새겨진 佛敎美術品도 活潑하게 造成된다.

朝鮮時代 刊行된 眞言集이나 陀羅尼經은 密敎의 根本 經典인『大日經』이나『金剛頂經』에 關한 것도 있지만 대부분 長壽, 罪滅, 救病, 安宅, 度厄, 加持, 往生 等과 關聯된 것이 主流를 이루고 있다. 이러한 것으로 보아 朝鮮時代에는 密敎 信仰의 傾向이 世間的 悉地와 깊게 聯關되어 있었음을 알 수 있다. 그래서 眞言陀羅尼가 널리 流通되고, 各種 儀式이나 法會 時에 많이 持誦되었던 것으로 보인다. 그리고 高麗時代 眞言陀羅尼를 收錄한 代表的인 密敎 經典이『梵書摠持集』이라면, 朝鮮時代는『眞言集』과『五大眞言』이라 할 수 있다. 또한 高麗時代에는 純粹한 側面의 密敎 經典이 刊行 普及되었다면, 朝鮮時代 들어와서는 密敎 信仰이 폭넓게 盛行하고 印刷術이 發展하면서 多樣한 類型의 密敎 經典이 總網羅되어 刊行 普及되었다고 할 수 있다.

오늘날 多樣한 眞言陀羅尼가 古墳, 塔, 佛像, 經匣이나 팔찌 등의 携帶用 所持品 등에 納入된 것으로 確認되고 있다. 眞言陀羅尼는 부처의 말을 含蓄하고 있어 呪文으로 暗誦하거나, 써서 지니고 다니는 사람들을 수호해 주거나 福을 내려주는 힘을 가지고 있었다고 믿었다. 眞言陀羅尼를 소리로서 念誦하고 記憶하면 끝없는 功德을 쌓고 追善할 수 있다고 하였다. 現世利益의 功德을 갖고 있는 眞言陀羅尼를 외우고, 造成 奉安하고, 携帶하고, 死後 副葬品으로 埋納할 경우 追福과 함께 極樂往生할 수 있다는 信仰이 있었다. 이처럼 韓國 密敎史에서 高麗와 朝鮮時代 密敎의 가장 큰 特徵은 現實에서의 祈福과 死後 追福을 爲한 眞言陀羅尼에 對한 信仰이 크게 盛行했다는 点이다.

四 結論

韓國의 密敎는 三國時代 佛敎의 傳來와 公認 直後에 流入되어, 時代와 地域에 따라 多樣하게 發展하면서 오늘날까지 持續되고 있다. 그런데 韓國 佛敎史에서 密敎는 여러 要素가 混合되어 있어 明確하게 區分하기 힘든 側面이 있는 것이 事實이다. 密敎가 傳來된 이후 多樣한 密敎 經典이 刊行되고 盛行하면서, 密敎的인 側面들이 有無形의 要素에 反影되어 오늘날까지 傳해지고 있다. 特히 여러 造形物에서 密敎的인 側面을 살필 수 있다.

이에 그동안 國內外를 莫論하고 여러 나라의 密敎 關聯 資料들을 實見하고 調査를 進行해 왔다. 이러한 調査를 通하여 韓國 密敎의 起源과 由來, 密敎 關聯 資料를 典籍과 陀羅尼, 木造建築, 瓦當과 塼, 石造美術, 佛像과 光背, 佛腹藏物, 繪畫, 銅鍾과 風鐸, 香爐와 淨甁, 金鼓와 銅鏡, 雲板, 古墳, 土器와 陶瓷器, 漆器, 服飾 等으로 分類하여 整理하여 보았다. 그리고 이러한 資料들을 時代別, 分野別, 類型別로 區分하여 記述하였으며, 可能한 範圍 內에서 寫眞, 圖面, 拓本 等을 실어 理解를 돕고, 研究 資料로 活用되도록 했다.

이러한 作業을 進行하면서 느낀 点은 密敎는 成佛을 爲한 多樣한 方便이 있으며, 그러한 方便이 民族이나 地域, 時代에 따라 變遷을 거듭하면서 繼承되고 있다. 그리고 密敎 修行의 核心은 부처를 現像으로 보는 것이 아니라, 마음으로 보아야 한다는 것이다.

云龙顺荡火葬墓群碑刻和经幢概述

杨伟林

摘　要：云龙顺荡火葬墓群是云南省乃至全国最大、保存最完整的火葬墓群，保留着数量较多的梵文墓碑和经幢，是研究白族历史和民族文化的重要实物资料，具有极高的历史价值、科学价值、艺术欣赏价值。

关键词：顺荡；火葬墓群；碑刻；经幢；陀罗尼咒

前　言

云龙县顺荡火葬墓群位于顺荡村南侧的莲花山上，是明代前期至中晚期的当地白族火葬墓群。墓葬区坐西朝东，顺山势缓缓而下。墓葬区占地1.5万平方米，现存墓葬近千塚，目前完好的梵文碑幢有92通。墓葬成横向排列，墓坑用石头砌成方、圆两种，一般有正、侧两个墓室，正室安放骨灰罐，侧室安放碗、玉壶春等器皿。墓葬地表用石块砌成方形或圆形小台，上竖经幢或梵文碑，多数只竖一块石雕作为标志。石碑多为圆首方身，经幢为八角形的三级圆形宝顶幢。碑和经幢底座分有须弥座、莲花座、赑屃座三种。背的阳面多为汉文，叙述死者的身份和年龄以及立碑时间，碑首多刻尊胜佛母、五方种子字（五方佛）或八个梵文种子字，纹饰有忍冬纹、缠枝纹等，阴面为梵文，内容为“佛顶尊胜陀罗尼经咒”“陀罗尼神咒”“般若波罗密咒语”“多心经”等，从发现的碑刻看，时间最早的为明永乐六年（1408），最晚为明嘉靖癸酉年（1573），时间跨度为165年。顺荡火葬墓群于2013年被国务院公布为第七批全国重点文物保护单位。

一 村落及火葬墓群概况

顺荡村位于沘江河畔的山坡台地上，隶属云龙县白石镇顺荡村委会。四周群山环抱，森林覆盖面积达75%以上，顺荡地处河谷，气候温和，古代产盐，是云南古代著名的盐井之一，属于“取卤煮盐”生产法，新中国成立后盐井收归国有，村民多数改为农民，从事农业生产，主要种植水稻、苞谷和经济林木，也从事畜牧业，养殖山羊。顺荡盐井历史悠久，顺荡自古就是非常富庶的古代村落之一，盐业带来的交通四通八达，留下了许多古桥梁、寺观、戏台和名居建筑群。目前，保存有全国重点文物保护单位彩凤桥（沘江古桥梁群）、省级文物保护单位顺荡古盐井遗址、县级文保单位“玄天阁”，等等。

顺荡井是云龙八大盐井之一，明朝洪武年间设顺荡井课司，任盐户杨生为土副使，并予以世袭。《明实录》载：“宣德六年（1431）二月，云南顺荡盐井课司土官副使杨星勇孙杨春等来朝贡马”，清雍正年间“改土归流”，后设为顺里。民国三年改属云龙县第二区，民国十九年属云龙县第三区，民国二十八年改为顺里乡。1949年11月改为顺里分区。1950年仍属第三区，后为白石乡，现属于白石镇顺荡村民委员会。

顺荡火葬墓群位于大理白族自治州云龙县白石镇顺荡村。火葬墓群坐西朝东，墓葬多为横向排列，整个墓地依山势缓缓而下呈等腰三角形台地，总面积1.5万平方米。墓地现存古墓千余冢，保留下来的梵文碑85通，梵文经幢7座。火葬墓群是当地白族墓葬，墓碑所刻死者多为杨、张、高、赵四姓，即现在顺荡居民的祖先坟茔，是云南省境内保存得较为完整的火葬墓群之一，多数梵文及碑刻均较为清晰，是研究古代历史和民族文化的重要史料。

顺荡火葬墓群旁边有大慈寺，也是建于明代，应与顺荡火葬墓群的最初产生有关，火葬需要寺庙僧人举行相应的丧葬礼仪，应当由阿吒力僧人来完成。大慈寺在新中国成立后被毁，现成为顺荡小学。

二 墓碑种类概述

墓碑几乎是圆形碑额的方形墓碑，以碑额所雕饰的纹饰和图案分为以下类型：

（一）单尊四臂尊胜佛母类型

1. 飞凤纹五字梵文种子字尊胜佛母（图1）

圆形碑额，周边雕饰缠枝花卉纹，中间圆圈内饰五字梵文种子字。碑额中间雕饰四臂尊胜佛母，端坐于须弥座上，两侧各饰有一只飞凤。方形碑身两侧饰有对称连枝纹，枝叶间圆圈内饰有藏八宝纹。中间留有方形牌位，内刻有墓主人名字、年代等。

图1

2. 五字梵文种子四臂尊胜佛母（图2）

圆形碑额周边雕饰花卉纹，中间五个圆圈内饰五字梵文种子字。碑额中间雕四臂尊胜佛母端坐于莲花纹底座上。碑身中间有方形框，内书写墓主人姓名及立碑年代等。

图2

3. 缠枝莲花纹四臂尊胜佛母（图3）

圆形碑额周边雕饰缠枝纹，连五朵肥大的莲花。中间雕四臂尊胜佛母端坐于莲台上。碑身两侧饰有对称连枝纹，枝叶间饰有藏八宝纹。中间雕饰牌位，内刻墓主人姓名。

图3

4. 飞天五字梵文种子四臂尊胜佛母（图4）

圆形碑额周边雕饰缠枝纹，枝叶间有五个圆圈，内饰五字梵文种子字。内雕四臂尊胜佛母端坐于须弥座上，两侧各雕饰一尊飞天，碑身两侧饰有对称连枝纹，枝叶间饰藏八宝纹。中间刻墓主人的姓名，两侧刻有地藏王菩萨名号以及立碑时间。

图 4

5. 四臂尊胜佛母（图 5）

碑额外侧无雕饰，中间留有葫芦形龛位，内雕四臂尊胜佛母，端坐于莲花座上。碑身中间雕饰一牌位，中刻墓主人姓名，两侧刻墓主人生卒年代。

图5

6. 缠枝荷花四臂尊胜佛母（图6）

圆形碑额，周边雕饰缠枝荷花纹，枝叶间饰有圆圈，圈中无梵文种子字，方形框中间雕饰四臂尊胜佛母，端坐于莲花座上。

图6

（二）单尊无量寿佛

1. 双塔八字梵文种子字无量寿佛（图7、图8）

Ⅰ型：圆形碑额，外饰缠枝纹，连八个圆圈，圈内雕八个梵文种子字。碑额中间雕饰端坐于须弥座上的无量寿佛，两侧各雕饰一窣堵坡式塔。方形碑身，内刻“佛顶尊胜陀罗尼神咒”。

图7

Ⅱ型：圆形碑额周边雕饰缠枝纹，枝叶间饰有八字梵文种子字。无量寿佛端坐于须弥座上，亭阁式双塔分列无量寿佛两侧，碑身为梵文。

图 8

2. 双凤祥云纹无量寿佛（图 9、图 10、图 11）

Ⅰ型：圆形碑额中间雕饰端坐在须弥座上的无量寿佛，两侧各饰一只飞凤，飞凤上下遍饰祥云纹。方形碑身，中间为莲花组成的牌位，中间刻墓主人姓名。

图9

Ⅱ型：双凤无量寿佛

圆形碑额，中央留有葫芦形，内雕无量寿佛，端坐于须弥座上，双凤呈飞舞状环绕无量寿佛两侧。碑身正中雕莲叶荷花形牌位，中间刻墓主人姓名。

图10

Ⅲ型：双凤连枝花卉纹无量寿佛

圆形碑额，外侧周雕饰缠枝花卉纹。正中雕无量寿佛，端坐于莲台上，双凤呈飞舞状环绕在无量寿佛两侧。碑身中间为宝盖型牌位，内刻墓主人姓名、两侧饰缠枝纹。

图11

3. 连枝纹八种子字无量寿佛（图12）

碑额周边雕饰有缠枝纹，连八个圆圈，内刻八个梵文种子字。碑额正中雕无量寿佛，端坐于须弥座上。方形碑身，刻梵文“佛顶尊胜陀罗尼神咒”。

图 12

4. 祥云纹纹无量寿佛（图 13）

碑额周边无纹饰，中间雕饰无量寿佛端坐于莲台上，外饰有葫芦形背光。佛像两侧遍饰祥云纹。方形碑身，刻墓主人姓名以及立碑年代、生卒年代。

图 13

5. 缠枝莲花纹八种子梵文字无量寿佛（图 14）

圆形碑额，周边雕饰缠枝纹莲花纹，枝叶中间饰八个圆圈，内刻八字梵文种子字，碑额中间雕饰无量寿佛，端坐于须弥座上。佛像两侧雕饰有向上盛开的圆形花朵，花朵中间纹饰不清。碑身为梵文。

图14

6. 莲花日月纹无量寿佛梵文碑（图15）

圆形碑额，周边饰云雷纹，中间雕无量寿佛端坐于莲台座上，佛像两侧各雕饰有一朵莲花，上部雕饰有云雷纹，中间书有日月字样。方形碑身，刻梵文。

图15

（三）尊胜佛母二菩萨

1. 双凤五字梵文种子字尊胜佛母二菩萨（图 16）

圆形碑额，周边雕饰缠枝花卉纹，中间饰五个圆圈，内刻五字梵文种子字。碑额中间雕尊胜佛母二菩萨坐像，尊胜佛母端坐须弥座上，两侧菩萨坐在莲花座上。佛母二菩萨下端雕饰两只立凤。方形碑身两侧饰有对称连枝纹，枝叶间饰有藏八宝纹。中间留有方形牌位，刻墓主人姓名，立碑年代等。

图 16

2. 五字梵文种子字须弥座尊胜佛母二菩萨（图 17）

圆形碑额，周边雕饰缠枝花卉纹，中间饰有五字梵文种子字。碑额中间雕端坐在须弥座上的尊胜佛母二菩萨。方形碑身两侧饰有对称连枝纹，枝叶间饰有藏八宝纹。中间留有方形牌位，刻墓主人姓名以及立碑年代等。

图 17

3. 五字梵文种子字莲花座尊胜佛母二菩萨（图 18）

圆形碑额，周边雕饰缠枝花卉纹，中间饰有五字梵文种子字。碑额中间雕着端坐在莲花座上的尊胜佛母二菩萨。方形碑身，两侧饰有对称连枝纹，枝叶间饰有藏八宝纹。中间留有方形牌位，刻有墓主人姓名及立碑年代等。

图 18

（四）三世佛（图19）

圆形碑额，周边雕饰云纹，碑额中间雕饰着端坐在须弥座上的三世佛，两侧无形象，外留葫芦形背光，由此来看，可能是佛像。方形碑身两侧饰有对称连枝纹，枝叶间饰有藏八宝纹。中间留有方形牌位，刻墓主人姓名以及立碑年代等。

图19

（五）观音雕像

双鹤日月纹观音像（图 20）

圆形碑额，周边雕饰云雷纹，中间留有葫芦形框边，内雕观音菩萨立像，两侧各雕饰有一立鹤，上部饰云雷纹，中间书有“日”“月”二字。方形碑身，刻梵文。

图 20

（六）铭文碑

1. 莲花纹方形碑铭（图21）

圆形碑额，周边雕饰云纹，碑额中间留有方形框边，刻有墓主人姓名，方形宽边两侧各雕有一朵莲花。碑身刻有梵文。

图21

2. 时思碑铭（图 22）

碑额中间留有长方形框，中间书有“时思”二字，碑身雕墓主人牌位。

图 22

3. 六字真言碑铭（图 23）

圆形碑额，刻六字真言，即唵嘛呢叭咪吽，唵字占上一行，嘛、呢、叭、哞、吽为下一行。墓主人名字直连于六字真言的下一行。

图23

4. 河南郡碑铭（图24）

圆形碑额，额顶上有小半圆，内饰如意纹，中间刻有“佛”字。碑额中间刻有“河南郡”三字，两侧刻立碑年代。碑身中间刻有墓主人姓名“亡室锦花之墓”，两侧书有立碑时间。

图 24

（七）其他

缠枝八字梵文种子字梵文碑（图25）

圆形碑额周边雕饰缠枝花卉纹，中间饰有八字梵文种子字。碑额中间雕饰有葫芦形背光，中间无造型，可能是立碑时来不及雕刻。碑身刻梵文。

图25

（八）经幢

1. 支柱圆底座宝顶八方形梵文经幢（图 26）

圆形底座，分为三层，下层雕饰为兽面的支柱，中间圆形外表雕饰有花结和兽面纹，上层雕饰一圈莲瓣纹。幢身为八方形，正面雕饰有端坐在莲花座上的四臂尊胜佛母像，佛母下方刻有墓主人名字，其他几面刻满了梵文经咒。三级宝顶，下一级为圆形，外表雕饰一圈云雷纹，朝上的内面雕饰莲瓣纹。中间一级为圆柱体，上为莲瓣型的伞盖。伞盖上面的为第三级，留有宝珠顶，上面刻有梵文。

图 26

2. 圆形底座宝顶八方形梵文经幢（图 27）

圆形底座，分为两层，下层为圆形，外表雕饰兽面纹，上层雕饰一圈莲瓣纹。幢身为八方形，正面雕饰有四臂尊胜佛母像，佛母下方刻有墓主人名字，其他几面刻满了梵文经咒。三级宝顶，下一级为圆形，外表雕饰一圈缠枝花卉纹，朝上的内面凹饰成莲瓣形。中间一级为宝珠形，上为莲瓣型的伞盖。伞盖上面的为第三级，留有宝珠顶。

图 27

3. 圆形底座八方形梵文残经幢（图 28）

圆形底座，分为两层，下层为圆形，外表雕饰有花结和兽面纹，上层为圆形两级递减的基座。幢身为八方形，正面雕饰有端坐在莲花座上的无量寿佛像，下方刻有墓主人名字，其他几面刻满了梵文经咒。宝顶残缺，只留一层圆残顶，外表雕饰一圈缠枝花卉纹。

图 28

三　墓碑和经幢的时代

顺荡火葬墓群一部分碑刻留有立碑的纪年，且纪年铭文非常清晰。有明永乐、宣德、正统、景泰、天顺、成化、弘治、嘉靖、万历等年号，具有完整的时代延续性。最早的一块碑为明“永乐六年”（1408），最晚的是《赵秋夫妇墓碑》，为万历元年（1573），墓葬时间跨度为 165 年。数量最多的是宣德、正统、景泰、天顺、成化、弘治、正德年间的墓碑。

有明确的纪年对研究墓葬所包含的历史文化具有非常重要的价值，以时间轴来对碑刻进行比较研究，可以窥探出明代早期白族的石刻艺术、取名习俗、语言文字、风俗习惯等诸多内容。

四 保存完好的火葬墓群

南诏中期至清初，大理地区一直实行火葬，留下了许多重要的火葬墓遗址。有大理市喜洲弘圭山墓葬群、剑川县中科山火葬墓群、鹤庆金墩火葬墓群、洱源凤羽狮子山火葬墓群、云龙顺荡莲花山火葬墓群、凤仪大丰乐火葬墓群等。其中喜洲弘圭山的墓葬从汉晋开始一直到现代，从未断过，其中明清火葬墓群是大理地区的集中代表，20 世纪 60 年代云南省博物馆的孙太初老师在弘圭山调查时，曾发出“山野碑林博物馆”的感慨，可惜在新建喜洲作邑水库时，人们到山上采集墓碑，修筑大坝，大车拉，人工抬，明清时期大量的碑刻遭到了破坏，后来山下庆洞等村新建生产队打场，村民又去山上将平整的碑刻取下后铺成生产队打场，从此，弘圭山明清碑刻几乎被毁坏殆尽。洱源狮子山在 20 世纪 90 年代还有近 30 通碑刻，由于碑刻在山郊野外，墓碑被盗殆尽，现在没有一块碑刻。其他的火葬墓群上墓碑也面临着同样的结局。遍布于大理的火葬墓群大都受到极大的破坏，只有云龙顺荡保存完好，因此，云龙顺荡火葬墓群就显得弥足珍贵和重要。

云龙顺荡火葬墓群还完整地保留了原来的风貌，地下的墓葬保存完好，地上的碑刻和经幢可能与地下墓葬发生了一些位置上的偏移，但还是保存下了原来的风格和特征，对将来考古发掘有着重要的价值。另外，保存下来数量庞大的梵文碑刻和经幢，字迹清晰，内容丰富，内涵深厚，对研究云南大理的历史文化有着重要的价值。

五 顺荡火葬墓群的价值

（一）对白族民族文化研究具有较高的价值

顺荡火葬墓群充分体现了民俗文化的特征。顺荡火葬墓群墓碑中存在部分方块白文碑，如“姑薄王”“高波罗”“酋执”“张罗俸酋”“ 伽保寺”“阿夜玉”“张观音保”“桂香”“ 桂秀”“满息”“ 大梅”“山玉”“女禾”“直早”“如三”“ 赵小得”“ 河南郡” 等。有许多是白族语言，如“姑薄”是白族“老人”之意，“波罗”就是老虎的意思。这些为我们研究当地的白族语言提供了重要的实物依据。

对大理地区的白族取名习俗研究也具有一定的价值和意义。白族人家一般都有两个名称，俗称大名和小名，一般小孩生下来后，父母或亲人取一个小名，村里的人都喜欢叫小名直至老去。小孩长大或上学后，父母取定一个大名，大名也称学名，小孩入学、户口登记、入职都一直用此名。而碑刻中有许多小名称呼，尤以女性居多，说明这一时期云龙顺荡女性文化程度、社会地位等普遍还是很低。

另外，从“河南郡”墓碑来看，河南郡为现今的河南省开封一带，立碑者是从河北省流落于顺荡的外来汉人。在清雍正《云龙州志》中有“州为彝壤，自设流迁治以后，汉人慕煎煮之利，多寓焉。久之，亦为土著”的记载。墓葬中只有两块这样的墓碑，说明汉族移民比例还是较少。

（二）对白族佛教密宗阿吒力教的研究具有较高价值

云龙顺荡火葬墓碑刻和经幢具有浓厚的佛教密宗文化特征，是白族密宗的重要史料，具有较高的研究价值。明代以前，白族主要信仰佛教密宗中的阿吒力教派，梵文碑和经幢是信奉密宗的信徒待其死后，在家族祖坟的墓地上竖立梵汉结合的梵文碑，墓碑上刻有梵文经咒，多为《佛顶尊胜陀罗尼神咒》，是为了超渡死者的亡灵，它是密宗仪轨中的一个重要内容。自南诏国中期开始，由于佛教密宗在大理地区的广泛传播，使火葬之风十分盛行，从南诏国的王室、贵族到民间的平民百姓都奉行火葬，这种习俗经大理国、元朝，一直延续到了清初。

顺荡火葬墓碑和经幢有诸多佛教密宗的内容，大多是大理本地风格，其中也包含有藏密的一些特征，如藏八宝纹、六字真言等。顺荡火葬墓群在短短150多年的历史发展中，在墓碑中留下来许多珍贵的梵文、汉文、图案、纹样等实物资料，对云南佛教密宗的传播和发展，对白族佛教密宗阿吒力教的研究具有较高的价值。

（三）对白族石刻艺术研究具有一定的研究价值

顺荡火葬墓群中的墓碑和经幢雕刻精美，碑和经幢身多采用浅浮雕，部分碑座采用圆雕，雕刻线条流畅，图案精美。图案和纹饰丰富多彩，有人物造型，无量寿佛、尊胜佛母、地藏菩萨、观音、其他佛像和菩萨等。有缠枝花卉纹、连枝花卉纹、莲瓣纹、莲叶纹、荷花云雷纹、如意纹、各式花卉纹等，式样众多、造型各异。碑的正面多为汉字，中间雕饰成牌位形式，内刻有死者的名字，碑额碑身两边大多雕有“五方佛种子母”及“八冥图案”。碑阴背面刻有梵文，多为“佛顶尊胜陀罗尼神咒”“佛说梵语多心经”。汉字和梵文都是一件件上好的书法艺术作品。碑和经幢的底座形态各异，有方形或圆形的莲花盘底座或各种动物饰图镂雕碑座，有狮子座、黄龙座、赑屃座、白鹤座等。充分体现出明代早期的时代特征，反映出明代早中期大理云龙工匠们精湛的石刻艺术水平。

（四）对梵文研究具有重要的价值

梵文碑刻是顺荡火葬墓群最为突出的价值体现，顺荡火葬墓群现存梵文碑刻92通，其中梵文碑85通，梵文经幢7通，是目前云南保留较完好、字迹清晰、数量较大的梵文资料库。众多的梵文碑刻为研究我国梵文历史提供了珍贵的实物资料。有种子字、经文、经咒等，内容丰富，是研究梵文的重要实物资料。另外，每一块梵文碑，其书法艺术各不相同，有着独特的艺术风格，具有较高的书法艺术水平。其次，每一块梵文都包含着各地的艺术风格，对研究梵文的传播、发展的历史和路线有重要的作用。因此，众多的顺荡梵文墓碑和经幢为研究我国梵文的历史、内容、书法艺术等提供了珍贵的实物资料，具有重要的研究价值。

结　语

云龙顺荡火葬墓群是我省乃至全国最大、保存最完整的火葬墓群，保留着数量较多的梵文墓碑碑刻和经幢，是研究明代白族历史和民族文化的重要实物资料，对研究梵文、白族语言文字、民族文化、石刻艺术、宗教信仰等具有重要的研究价值。

（杨伟林，云南大理州博物馆馆长）

密教神祇黑如嘎的图像学考察

［日］立川武藏

摘　要：印度的佛教密教由数目众多的诸佛世界构成，其中吸收了众多的印度教神祇，印度教的万神殿也多少受到新兴的佛教影响。佛教与印度教不仅在诸佛神祇的图像学方面，在教理、仪礼形态等方面也相互影响，相互渗透。以密教嘿如嘎的图像学考察为例，嘿如嘎属于嗔部的阿閦佛东方部族的神祇，以忿怒型男神形象为特征，有喜金刚、佛陀嘎布拉、大幻金刚、胜乐金刚四种形象，自成体系。但嘿如嘎很明显受到印度教湿婆形象的影响，湿婆曾有位侍者叫黑如嘎，他继承了湿婆的众多特质，而后成为佛教万神殿中的重要神祇，受到佛教徒的崇拜，这意味着佛教在历史发展中曾吸收过印度教神祇的形象。此外，与湿婆相像的黑如嘎经常脚踩湿婆，在某种程度上也体现出佛教徒们对印度教的反抗态度。

关键词：嘿如嘎；湿婆；恐怖形象；佛教密教；印度教

一　佛教密教与印度教

印度的佛教密教，由数目众多的诸佛世界构成，其中也从印度教万神殿中吸收了众多的神融入自己的体系。印度教的万神殿也多少受到了新兴的佛教的影响。佛教与印度教不仅在诸佛神祇的图像学方面，在教理、仪礼形态等方面也相互影响。由此可见，佛教与印度教之间存在着相互渗透作用。[①]

但是，佛教密教都受到了印度教的哪些影响呢？印度教又受到佛教密教的哪些影响呢？而这样相互渗透作用是建立在什么基础上呢？均不得而知。本文，将对佛教密教中众所周知的黑如嘎[②]（Heruka，也译赫鲁嘎，意译秘密佛、忿怒金刚、饮血金刚[③]）进行考察，并在此基础上探讨印度教对佛教密教的影响。

二 佛教万神殿中的黑如嘎

七、八世纪，是佛教密教在印度的兴盛期。当时的印度教继承古代吠陀的宗教传统，持续吸收地方宗教崇拜推动势力蓬勃增长。印度教以湿婆、毗湿奴、梵天和杜尔迦女神四神为主要崇拜对象。当时的佛教徒会从印度万神殿中吸收特定的神或神祇的一部分到佛教万神殿中。比如手持物、装饰品、坐骑等。而导入到佛教密教的“印度教神祇”中多以湿婆及其系统神祇为主。佛教密教中瑜伽占很大比重，湿婆的原型就是瑜伽神。与湿婆及其系统的诸神祇相比，毗湿奴、梵天以及其系统的诸神祇在佛教万神殿中的作用很小。

佛教万神殿中，受湿婆崇拜影响较强的诸神祇代表是黑如嘎。但想了解黑如嘎的性格和职能，必须了解佛教密教万神殿的整体结构。佛教密教，在七八世纪以后，形成了自己的万神殿图像学体系。佛教造像也开始在佛教密教的仪礼中使用。因为当时造像的塑造活动盛行，所以有必要制定图像学规范。佛像不仅用于供奉寺院等处供人们礼拜，同时也是僧侣们练习瑜伽、观想（禅修），或举行曼荼罗仪礼时的辅助或道具。

---

① 米尔恰·伊利亚德认为婆罗门正统说与瑜伽之间是“渗透作用”，其实印度教和佛教密教自己也可以使用这个词。（伊利亚德，1975：第一卷，第237页。或伊利亚德，1954，第144页）。

② 《西藏大藏经》中Heruka多是音写的黑如嘎，而意译是饮血者（khrag’ thun）。尼泊尔佛教的“胜乐金刚三三昧”中“He”是无因之意，“ru”是物质的消灭，“ka”的意思是哪里都不存在的东西。（山口 2005：186）

③ 括号内诸名称为译者按语。

瑜伽行者或者观想行者们，坐于诸尊图像或者雕像前，认真端详诸尊的图像学特征，而后在脑中冥想，同时观想其本尊真实在眼前显现，后与自己融为一体，直至达到“意志性显现”。这种“显现”像荧幕上的影像一样出现。出现在自己前方的神祇头戴什么样的宝冠、有几副面孔、每副面孔都是什么颜色，或者佩戴什么样的首饰、有几个手臂、手上都拿着什么手持物、是否怀抱女神、脚下踩着什么，这些都是行者必须知道的。在后期密教中详细的制定了这些图像学细节。密教行者们也纷纷形成各自的流派，并秘传给其弟子们。

在佛教密教中，“意志性显现”的方法，就是观想法（成就法）的一个体系，其代表性经典是《秘密集会怛特罗》[①]。这个怛特罗经典的形成年代尚不明确，大约形成于七世纪后半叶至八世纪初叶。该怛特罗是后期怛特罗经典部类中相对较早的，也是其后众多后期怛特罗经典的基础。该经典认为曼荼罗的主尊是金刚持。其后世经典中出现图 1，是“秘密集会”中黑如嘎的形象。此外，图 1 跟普通的黑如嘎不一样，手中没有象皮、三叉戟和装满血的头盖骨杯。

在该怛特罗中，行者坐在沙地等上用绳子做曼荼罗的外缘，然后自己坐其中央进行观想[②]。最初行者通过观想，在心中显现曼荼罗主尊。而后观想其主尊周围衍生出四佛，诸佛又衍生出各种各样的神祇，逐渐形成布满诸佛神祇的曼荼罗。

《秘密集会怛特罗》中说：“构成‘秘密集会怛特罗’的中心部五尊是阿閦、大日、阿弥陀、宝生和不空（成就）。”与金刚界曼荼罗的五佛相比，除了中尊和东面的佛的位置互换，其他都一样。这五佛是构成佛教万神殿的“族”的“主”（族主）。五佛均有明妃（智慧）相伴，并各率部族。五个部族分别名为嗔（dveṣa）、痴（moha）、贪（rāga）、如意宝珠（cintāmaṇi）和三昧耶（samaya，标志）。并且为了标示其所属部族，每位神祇的头上会戴有其族主的小像（化佛）[③]。

---

① 《秘密集会怛特罗》写本，参考：Bagchi，1965。或 Matsunaga，1978。日语译本参考：松长，2000。

② 参考 Bagchi1965：13 - 14。或松长 2000：14。

③ 巴塔查里亚 1932：130，或巴塔查里亚 1962：169。

图1 怀抱明妃的密集金刚
（藏于尼泊尔国家博物馆，加德满都）

五佛及其衍生的“五部族”的主要成员如表1所示[①]。部族的成员身上都能反映出其“部主”的性格。佛教密教的万神殿中，古参佛阿閦衍生出来的神祇，数目众多。这些属于嗔部的诸神祇基本都现“恐怖像”。大日部族的诸神祇多为温和像，“几乎都有女性的柔和感”[②]。阿弥陀部族的诸神祇的形象，多是看起来如观音、持花矢跳舞的女神——作明佛母等一样的柔和。因为宝生是新参，所以这个部族的诸神祇数目较少。柔和的男神宝藏神（黄财神）及其忿怒像乌丘沙摩明王就属于这个部族。不空的部族则都是度母等温和柔顺的神祇。由此可见，只有阿閦的部族是“恐怖的”的男神形象，而且其部族还有一组被称为黑如嘎的神祇。

① 巴塔查里亚 1962：170－191。

② Shakula，1958：30.

表 1 **五部族名及其各自部族诸佛神祇**

族名	嗔部	痴部	贪部	如意宝珠部	三昧耶部
五佛	阿閦	大日	阿弥陀	宝生	不空成就
明妃	佛母佛眼	金刚自在母	白衣明妃	我母	度母
菩萨	金刚手	普贤	莲花手（观自在）	宝手菩萨	金刚手菩萨

表 2a **黑如嘎的种类及其各自特征**

名称	明妃	面孔手臂数目	身色	面孔颜色	眼睛数目
（Ⅰ）喜金刚					
（a）饮血金刚	无我佛母	一面二臂	青		三眼
（b）	金刚亥母	一面四臂	青		三眼
（c）1	金刚锁菩萨	三面六臂	青	青（前），赤（左），白（右）	三眼
2	金刚锁菩萨	三面六臂	青	青（前），赤（左），白（右）	三眼
3	名称不详	三面六臂	青	青（前），赤（左），白（右）	三眼
（d）	无我佛母	八面十六臂	青	赤（左1），白（右1），其他均为青	三眼
（Ⅱ）佛陀嘎布拉金刚	质多斯那	一面四臂	青		三眼
（Ⅲ）玛哈玛雅（大幻金刚）	荼枳尼佛母	四面四臂	青	青（前），绿（左），黄（右）白（后）	三眼
（Ⅳ）金刚荼加					
防护童子	金刚亥母	一面二臂	青		三眼
防护童子	金刚亥母	四面十二臂	青	青（前），绿（左），黄（右）白（后）	三眼
七恶刹罗（又称防护童子）	金刚亥母	三面六臂	青	青（前），绿（左），黄（右）白（后）	三眼

表 2b　　黑如嘎的种类及其各自特征

左手手持物	右手手持物	装饰物	脚踏物	
（Ⅰ）（a）装血的头盖骨 （b）装血的头盖骨 （c）1. 铃、弓、头盖骨 2. 铃三叉戟 3. 卡章嘎（骷髅杖）、宝石 （d）铃、莲花、弓、卡章嘎（骷髅杖） 头盖骨、宝石、威赫印、索	金刚 金刚 金刚、矢、三叉戟 金刚、卡特里刀 金刚、剑 金刚、剑、矢、圆盘杯、棒、三叉戟、突棒	身披虎皮	尸体 尸体 尸体 尸体 尸体 梵天、毗湿奴、湿婆、因陀拉形态的四魔	NPY5 NPY5 NPY5 NPY8 SM243 NPY5
（Ⅱ）卡章嘎（骷髅杖）、头盖骨	小刀、手持鼓	佩戴头环		SM254
（Ⅲ）卡章嘎（骷髅杖）、弓	头盖骨、矢	涂灰、身披人皮	尸体	NPY9；SM239
（Ⅳ）（a）铃 （b）铃、象皮、卡章嘎（骷髅杖）、装血的头盖骨、索、梵天的头 （c）铃、人皮、卡章嘎（骷髅杖）	金刚 金刚、象皮、手持鼓、斥、小刀、三叉戟 金刚、人皮、三叉戟	佩戴头环、三日月 佩戴头盖骨环、三日月	大威德和黑暗天 大威德和黑暗天	NPY255 GDK，Vol4，p. 64；NPY12 SM251

三　诸男尊黑如嘎形象

男尊黑如嘎造像，并不一定都有明妃①。此外，黑如嘎通常没有固定的形象，一般根据其明妃的不同、脸的颜色，手臂的数目，手持物等对其

① 本文涉及的一面二臂黑如嘎有明妃相伴，手持象皮、手持鼓、三叉戟等。《怛特罗部集成》（［bSod nams rgya mthso 1983］［bSod nams rgya mthso and Tachikawa 1989］）中收录的 139 个曼荼罗中，以喜金刚黑如嘎为中尊的曼荼罗是第 99 号到 105 号。以马哈玛雅黑如嘎为中尊的曼陀罗是第 86 号，胜乐金刚曼荼罗是第 62 号到 66 号，以及第 70 号到第 76 号、78 号。［Bhattacharyya 1968：155～165］［de Mallmann 1975：183～190］［Gordon 1967：36m41，52，83，87，98］［Chögyam Trunpa 1975：88，106，112］［Getty 1962：142～145］［Dasgupta 1950：73，98，107，130］［Sierksma 1966：159～184，PL. 7 & 20］［Wayman 1973：8～11］［Bhattacharyya 1932：131～132］.

进行辨识。

黑如嘎，有（Ⅰ）喜金刚（Hevajra）（图2）、（Ⅱ）佛陀嘎布拉金刚（Buddhakapāla）（图3）、（Ⅲ）玛哈玛雅（大幻金刚）（Mahāmāyā）（图4）、（Ⅳ）金刚荼加（Vajraḍāka）四种。其中第（Ⅳ）组中的胜乐金刚（胜乐尊）（图5－7）在尼泊尔佛教和藏传佛教中很常见。他们各自的特征参照表2。

如表2及图2—7所示，黑如嘎的形象，一般是蓝色身体、身披象皮、腰缠虎皮裙、脚踏尸体或湿婆（或恐怖像大威德），而且常常怀抱明妃。发髻上插三日月头饰，有三只眼，手持三叉戟、卡章嘎（骷髅杖）、手持鼓、头盖骨杯、金刚、男神梵天的头、骷髅环，而且獠牙，通常都是恐怖的形象。大威德割掉梵天的第五个头的神话在婆罗门文献中有记载（立川2008：209）。由此可见，这些黑如嘎的特点，与印度教的诸神湿婆非常相似。可以说黑如嘎吸收了湿婆的图像学特征。

图2　喜金刚（加德满都帕坦市帕坦博物馆藏）

图 3　佛陀嘎布拉金刚
（《无上瑜伽鬘》第 10 章
佛陀嘎布拉金刚·曼荼罗的主尊）

图 4　玛哈玛雅（大幻金刚）
（《无上瑜伽鬘》第 9 章
玛哈玛雅·曼荼罗的主尊）

图 5　胜乐金刚（《无上瑜伽鬘》
第 12 章 胜乐金刚·曼荼罗的主尊）

图 6　怀抱明妃的胜乐金刚，身披象皮
（尼泊尔国家博物藏，加德满都）

图 7　手执象皮披于背后身 胜乐金刚尊

13 世纪前后，出土于东印度奥里萨邦，新德里国家博物馆藏。[①]

四　湿婆诸相

印度教，其诸神性格、职能以及“人气”等随着时代的变化而变化。湿婆也会随着时代而变化其职能、“人气”，甚至名字也会变化。《俱梨吠陀》中湿婆的原型叫鲁陀罗，鲁陀罗是集破坏之神、暴风雨之神，或者医疗疾病之神于一身的受尊敬的神，却没有因陀罗神和阿耆尼神出名，存在性相对边缘化。鲁陀罗的形象因此并不具体，鲁陀罗原本是包含很多非雅利安文化的神。《俱梨吠陀》中关于鲁陀罗的赞歌出现得较晚，可以说是新人赞歌。

直至犍陀罗艺术的出现，印度才有神像的雕刻，赞歌中也开始出现神

① 新德里国家博物馆中，有奥里萨邦出土的 13 世纪前后的作品，即印度次大陆是大乘佛教灭亡时期的造像。长、高、宽、厚度分别为 97 厘米、51 厘米、25 厘米，材质是质地坚硬的砂岩。编号为 60・1142。其形象特征与《无上瑜伽鬘》第 12 章“胜乐金刚曼荼罗”所描述的形象几乎一致。只是这尊像没有怀抱明妃，而《无上瑜伽鬘》中怀抱有明妃。这尊胜乐金刚像的中央和右侧第二张脸，以及左侧第一臂手握的三叉戟的上部分已经破损，除此以外，保存状态很好。巴特那博物馆所藏的胜乐金刚（标本编号 6505）和新德里国家博物馆所藏的胜乐金刚的构图都基本一致。

新德里国家博物馆所藏的雕像，多见于 12—13 世纪以后，均由头部、胸 - 腹部、臀 - 脚以及底座等四部分组成。梵语文学中关于神的容貌的记载顺序，是按照从头到脚的顺序记载，而说明人的容貌时，则是从脚到头的顺序。《无上瑜伽鬘》中描述胜乐金刚是按照从头到脚的顺序。

石像的最上部分的左右有拿着花环的飞天。下面是以象的皮做成的半圆形，宛如胜乐金刚的天盖。需要注意的是象皮并没有展开披在身后，而是展开套在身上。也许这样比身披象皮更具有明显的象征性效果吧。

《无上瑜伽鬘》中所描述的一样，有三张脸，右侧脸龇牙咧嘴。巴特那博物馆的像几乎完整保存，可见头盖骨上的发饰。

《无上瑜伽鬘》中胜乐金刚为十二臂或二臂，而新德里和巴特那的像均为十二臂，其手持物也与记载完全吻合。右侧第一臂手持金刚，左侧第一臂持铃，其两手交叠于胸前。右侧第二臂（最下侧臂）持斧，第三臂（第二臂正上面的手臂）持卡特里刀，第四臂持三叉戟，第五臂拿手持鼓，第六臂持象足皮。左侧第二臂持卡章嘎（骷髅杖），第三臂持头盖骨杯，第四臂持梵天头，第五臂持索，六臂持象足皮。此外，新德里国家博物馆的胜乐金刚像的右侧雕有象脸。象的其他两足垂于左右第二臂之下。

第三部分的臀・脚，其上装饰有人头环。环的外侧腰间挂着七个铃，成放射状下垂。胜乐金刚右脚踏着女神的骷髅身体。此女神右手持卡特里刀状物，左手持头盖骨杯。左足踩着男神，其右第一臂持头盖骨杯，右第二臂结与愿印，左第一臂持三叉戟，左第二臂拿手持鼓。

底座由二重莲花和唐草纹构成。新德里的造像的最下部分，雕有两个面向左侧的供养者，右侧刻有佛塔状浮雕。

的形象。并且用拟人的方式展现神佛的形象。

随着吠陀宗教逐渐失势，印度进入奥义书乃至叙事诗时代。湿婆和毗湿奴逐渐得势。此时关于湿婆和毗湿奴等诸神结婚、生子，以及各种功绩的“诸神的历史”开始出现。这些“诸神的历史”或者谱系《摩诃婆罗多》等叙事诗，在后世的《湿婆往世书》等往世书文献中都有记载。到公元二三世纪，湿婆的势力比《俱梨吠陀》中的鲁陀罗势力还大。然而湿婆神话真正成熟、完备却是在公元四百年前后的诗人迦梨陀娑的《王子的诞生》和其后的《湿婆往世书》等面世的时候。

六七世纪，印度教的神祇数目变得非常多。湿婆的形象也随之变得多样，并且会强调其各自的特征，由此便形成了数目众多造型迥异的湿婆。毗湿奴的化身中出现了乌龟和鱼等形象，湿婆虽然没有出现类似的化身，其化身却也可谓多姿多彩①。拉奥的《印度教图像学的诸元素》（拉奥1914）第二卷（第一部和第二部）中，系统阐述了湿婆诸相。书中收录了各种各样的湿婆相，以及与其相关的神话，并指出其图像学特征已经“定型”。拉奥认为湿婆诸相可分为：一是男根相；二是自男根降生相；三是饰月相；四是诛杀神相；五是施恩宠相；六是诸手舞之王相；七是布施相；八是骸骨相（骷髅相）等八种相。

复杂多面的湿婆造型中集合了狂暴与温和的形象，但其代表性的形象依然是狂暴相。湿婆的第四张脸是他与黑如嘎的关系中非常重要的因素。拥有第四张脸的湿婆，象征着诛杀各种已经完成苦行幻化成邪魔的魔物和邪恶的魔的杀戮神。描绘湿婆的杀戮、破坏的雕刻非常之多。拉奥列举了其中十二种。其中有“杀爱神相”“死神之敌”（kālāri）、“烧三都亡者”等相，还有“诛杀象形魔神相”（图8）、（割取梵天〈第五个〉头的相）等。

“诛杀象形象魔神相”，一般是多臂，手持三叉戟、剑、短枪、棒、枪、卡章嘎（骷髅杖）、蛇、头盖骨杯、鹿等，而第一左手和第一右手则是撑开象皮②。帕坦现存几个这种“诛杀象形象魔神相”的湿婆。此外，在埃罗拉石窟第十六窟中的湿婆造像也极为典型（图8）。其湿婆造像，手持三叉戟、剑、头盖骨杯等，还有两手撑开象魔神的皮，于头顶上方展开，右脚踩在众魔神身上。

---

① 参考立川1992：82-84。

② 参考拉奥1914：Vol.2，115。

图 8　诛杀象形魔神的湿婆

手执象魔神的皮，于头顶上方展开。照片左侧可见象头。除了埃罗拉石窟第 16 窟，加尔各答的印度博物馆也藏有类似的湿婆造像（图 9）。印度博物馆的湿婆像虽然跟埃罗拉石窟第 16 窟（图 8）的极为相似，但脚上的姿势却不一样。

图 9　诛杀象形魔神的湿婆相

奥里萨邦，10 世纪，加尔各答的印度博物馆，加尔各答“诛杀象形魔神相”也有其他不同的造像。比如南印度哈勒比德（Halebid）的霍沙勒斯哇拉（Hoysaleśvara）神庙中发现了一尊十六臂湿婆相（拉奥 1914：Vol. Ⅱ，PL. XXXⅢ）（图 9）。这尊湿婆像，手持金刚、手持鼓、卡章嘎（骷髅杖）、铃、弓、头盖骨杯等，并且头戴头盖骨冠。与图 8 一样，手执象魔神的皮披于头顶和背后，并在溃败的象魔神的头上跳舞。这种在象上跳舞的湿婆造像在南印度很常见。

图 10　十六臂湿婆（哈勒比德的霍沙勒斯哇拉神庙，摘自拉奥 1914：Vol. Ⅱ，PL. XXXⅢ）

此外，还一种“诛杀象形魔神相”造像。湿婆右脚抬起与左腿成直角式，右脚贴于左腿膝下内侧。左右第一只手扯开象皮，拧着裸体，从后下方才可能见到其脸（拉奥 1914：Vol. Ⅱ，PL. XXXI，XXXⅡ，Fg. 1&2）①。

手持物与黑如嘎有些相同，并且头戴黑如嘎也佩戴的头盖骨冠。此外，黑如嘎的脚的姿势也与图 8—图 10 湿婆的脚的姿势相似。这种相似有可能是受佛教影响的结果。但值得一提的是在佛教的黑如嘎形象固定前“诛杀象形魔神相”就已经存在。

大威德，也常用作体现湿婆的狂暴面的造像。形象大多手持卡章嘎（骷髅杖）、绳、枪、手持鼓、头盖骨、蛇等，怒目圆睁、口露獠牙、背后有火焰（拉奥 1914：178，PL XLI）（立川 2008：206－211）。这样的大威德形湿婆很可能与“诛杀象形魔神相”一样，很久以前受到过佛教密教的影响。但卡章嘎（骷髅杖）等特征在黑如嘎像定型前就已经是湿婆的典型特征。因此这类特征应该是从印度教导入教佛教万神殿的。而“大威德”这个名字也是在佛教密教兴盛前就已经存在。

五 黑如嘎与湿婆

表Ⅱ中列举的黑如嘎特征中的象皮、虎皮、三日月、三叉戟、卡章嘎（骷髅杖）、头盖骨杯、梵天的头、蓝色的身体、尸体、灰等在佛教密教没有受印度教影响前，都是湿婆的特征②。本文中，统一命名这些特征为“元素群 C”。

表Ⅱ中还存在一些不能定性为湿婆的特征的元素或相矛盾的元素群。例如：黑如嘎头戴刻有阿闳像的宝冠；黑如嘎脚踩湿婆；黑如嘎怀抱明妃交媾等。统一命名这些特征为“元素群 H”。值得一提的是，印度教男神的造像中没有佛教黑如嘎那样怀抱明妃交媾的造型。印度教中只有女神坐于男神左膝的造像。

---

① 相同的造像参考立川 2008：182。此外，齐默 1946：PL. 39～40 中也有，象皮展开如纵切的半个蛋壳状，套在跳舞的湿婆身上。蛋壳状的象皮让人联想到子宫。齐默 1988：口绘 39，40。

② 《摩诃婆罗多》是记录吠陀文献发展后期往世书过程的重要资料。关于象皮，请参考浦那版 XⅢ，17，163；18，37。三日月和三眼参考 XⅢ，14，19。蓝色身体参考 XⅢ，17，82。在墓地散步墓的内容参考 XⅢ，17，32。关于灰土的内容参考原 1968。三叉戟参考 Hopkins 1915：223。湿婆身披象皮参考公元四世纪前后迦梨陀娑著《王子的诞生》（5，67）（凯勒 1967：29）。

此外，湿婆还有一些表Ⅱ中没有的特征，本文将这一类特征命名为“元素群 S”。

如，头上垂落的恒河、乳白色的公牛坐骑、勃起的男根等。

表Ⅱ中还列举了金刚、索、棒等元素。这些都是湿婆和黑如嘎的多臂像中常见的手持物，是湿婆和黑如嘎的共同特点。但这些都不属于他们固有的手持物，其他印度教的诸神手中也常常会拿着这些手持物。比如，金刚曾是《俱梨吠陀》中因陀罗神的武器，在佛教万神殿中也有重要的作用[①]。本文中将这类在印度诸神中普遍存在的特征命名为“元素群 D”。

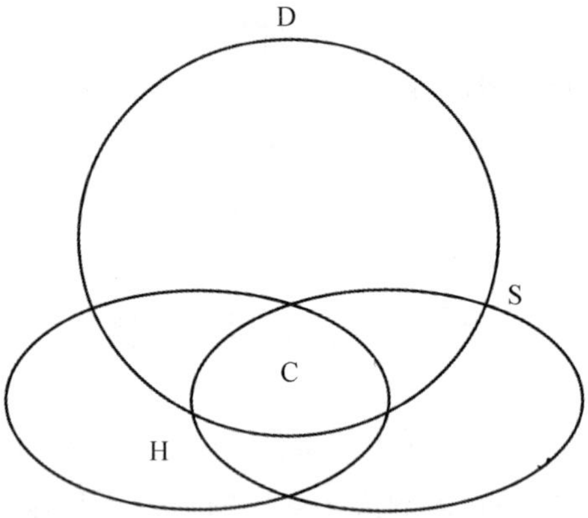

图 11　黑如嘎与湿婆的特征关系

H = 黑如嘎的特征　S = 湿婆的特征

C = 是黑如嘎与湿婆相同的特征

D = 是印度的诸神祇的普遍特征

以上所述的元素群 H、S、C、D 之间的关系如图 11 所示。以上四个元素群中，佛教密教兴盛前的元素群 C 是湿婆的特征。是从湿婆特征中吸收到黑如嘎的元素。在印度教的传统中，“黑如嘎”曾是湿婆侍者的名字[②]。不管怎么说，佛教中的黑如嘎都有 C 群的元素。

那么，湿婆崇拜中的 C 群元素为什么会被佛教吸收呢？无疑是因为

---

① “金刚”（vajra）是闪电的武器，象征钻石、真理、方便、男性原理、男性生殖器等。参考长尾 1956：664。

② 参考 Böthlink & Roth 1875：Vol. 7，1658；Apte1957：1765。

这对当时的佛教仪礼和实践具有积极作用。毕竟黑如嘎造像看起来与湿婆颇为相近。但可想而知，佛教徒面对这种与湿婆像相似却不是湿婆像的造像时，会对其设计者或制造者表示强烈的不满。如果事实并非如此的话，那么对接触黑如嘎造像的人们来说，相对于他们自身对印度教神像的排斥而言，制作与当时具有权威性影响力的湿婆像相似的本宗教“圣像”可以增强敬畏心。黑如嘎盛行于后期佛教密教，面对众多与印度教神像相似的诸佛神祇，当时的佛教徒们几乎没有强烈的排斥感。这也体现了印度教与佛教的融合程度。

佛教徒在造像上有类似于湿婆的造型。印度教的畏怖相湿婆造型，虽然有湿婆的图像学特征，但是乍一看很像融合了湿婆形象的黑如嘎。比如脚踩大威德的湿婆像。某神祇脚踩着谁，一般是表示该神拥有降服过其被踩者的“历史”。佛教徒为了表示对印度教徒的反驳，也会创造一些佛教诸神祇降服湿婆等印度教神祇的神话。比如，战败湿婆的金刚手和马头明王，他们的战斗神话很流行[①]。以此类推，造像上很像湿婆的黑如嘎，脚下踩着“湿婆”的造型，可能也是这么演变来的。这样一来，湿婆的图像学特征的象征意义在佛教徒们心里也随之发生了变化。

六　湿婆和黑如嘎的象征意义的区别

印度神祇的身体特征、装饰、手持物等，都与其各自的神话紧密相连，均具有象征作用。湿婆的蓝色身体、三眼、三日月、象皮、头盖骨等都有各自相对的意义。有些传承认为湿婆的三眼是“太阳、月、灯的意思”，而有些传承认为是“过去、现在、未来的意思”（达涅洛 1964：214）。佩戴三日月象征再创造的力量，头上垂落的恒河代表“仪礼性净化的意思”，身披虎皮象征“原物质力”，三叉戟象征纯质、翳质、激质等“世界三大组成元素”（立川 2013：51）（达涅洛 1964：215－216）。

湿婆与蛇的渊源颇深。后期瑜伽中的阴阳瑜伽理论认为，人体躯干内有数条如脊椎一样贯通中脉的神经丛，最下侧的神经丛林伽（lingam，男

---

① 参考 Tucci 1949：218；Chögyam Trunpa1975：104。

根)[①] 则象征湿婆。男根上缠绕并沉睡有“蛇”形态的军荼利（kuṇḍalinī)[②] 女神。如果瑜伽行者通过修炼唤醒军荼利女神，“蛇”就会通过中脉上升。今天印度的湿婆神宣传画中，经常可以看到湿婆的头上或手上缠着蛇。

一个宇宙的周期结束时，只剩下破坏了世界的湿婆。那时，湿婆会用尸体焚烧后的尸灰涂抹身体，用头盖骨串成串佩戴。而佛教的黑如嘎没有拿尸灰涂抹身体的传统，也没有黑如嘎在宇宙周期结束时烧毁世界的说法。

头盖骨环象征世界不断转动和人类的出现、灭绝（Danielou 1964：217 –218)。印度教认为是男性原理和女性原理的合体衍生出这个现象世界。上面的三角形象征男性原理，下面的倒三角象征女性原理。用两个三角形尖端对接象征两种原理的合体。湿婆的手持鼓也是两个三角形组合出来的形象化产物（达涅洛 1964：219)。手持鼓原本是用两个头盖骨杯做成，分别在两个盖骨杯杯底开个口，并将两个底口对接，同时在两个杯口蒙上皮做成鼓。手持鼓曾是萨满们用来请神的法器。

佛教神祇中的黑如嘎的各种手持物都有哪些象征呢？首先，佛教密教中的湿婆，象征佛教徒们最厌恶的“我执”（卓卡姆创巴 1975：88)。所以成为佛教万神殿一员的黑如嘎有脚踩湿婆的形象。此外，黑如嘎的身体为蓝色象征着不存在任何属性的宇宙原理，金刚和铃象征着慈悲（方便）与空性（般若的智慧）的不二性，黑如嘎与明妃的交媾也象征方便与般若的合一。象皮象征着无畏（卓卡姆创巴 1975：88)。马头明王与黑如嘎有很深的渊源关系，三眼象征着应身（报身)、法身与化身。刀象征着方便。手握的头盖骨念珠象征着储蓄力量。手持鼓的鼓声象征唤醒人们的无明。三叉戟象征灭尽贪嗔痴三毒。胸前缀的骷髅头念珠象征止息欲望（卓卡姆创巴 1975：112)。脚踩尸体，和脚踩湿婆一样都象征“我执”（卓卡姆创巴 1975：106)。由此可见，黑如嘎的各种手持物都与佛教教义相结合，并均赋予佛教的意义。这些意义与湿婆或湿婆的侍者的手持物的意义完全不同。总之，佛教徒只是吸收了印度教神祇的图像学特征，并且赋予它们完全不同的象征意义。

前文中命名的S、H、C、D四种元素群中，元素群C中的元素C1在

---

① 梵文为译者添加。

② 梵文为译者添加。

佛教密教中象征 B_1，在印度教中则象征 N_1。他们之间的关系请参考图12。例如，湿婆的三叉戟象征纯质、翳质、激质三种构成元素，但是在黑如嘎手中却象征贪、嗔、痴三种烦恼。湿婆脚踏尸体象征无属性的梵天①，而黑如嘎脚踩尸体则象征“我执”。由此可见，从元素 B_1 到元素 B_n 象征的内容都是佛教教理的内容。同样，从 H_1 到 H_n 象征的内容也是都是印度教教理的内容。所以，佛教徒虽然借用了印度教神祇的图像学特征，却赋予了佛教特有的，与印度教完全不同的象征意义。

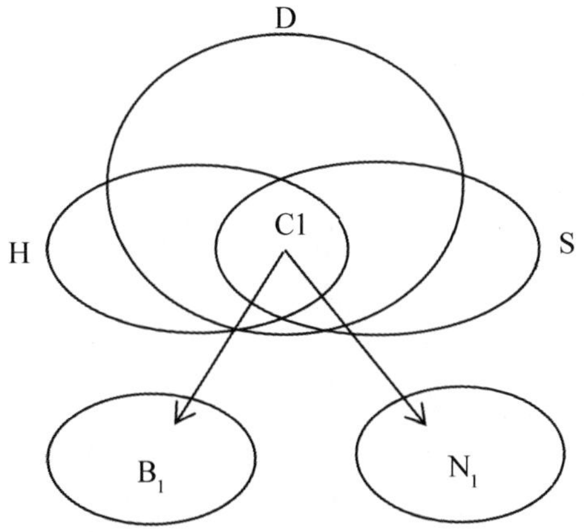

图 12　佛教密教与印度教密教

七　双重象征意义的形成

佛教曾是印度的异端。印度虽然诞生了佛教，但是他经常与其“哥哥”印度教争论，结局就是“哥哥”将“弟弟”驱逐到那些“妈妈”不了解的诸国。兄弟二人的关系虽然不好，但是毕竟都出生在印度，并在同样的土壤的孕育下成长。

印度教和其后诞生的佛教，必然吸收了诸多古印度的土著元素。湿婆的众多图像学特征以及其象征意义，是随着时间的流逝逐渐被湿婆吸收据

① 参考 Avalon 1922：46。其解释是一个学派的内容，并且意义学派也随着时代发生变化。

为己有。例如，湿婆手持的“装满血的头盖骨杯”，马克斯·韦伯[①]认为是吸收了古印度的“血供养”意思，并逐渐演化为湿婆崇拜的标识。

这种骨、血崇拜的元素在《俱梨吠陀》中虽然没有明确的记载，但《摩诃婆罗多》中把湿婆叫作“拿着头盖骨杯的东西”[②]。而湿婆与“血供牲”关系变得密切，则是在性元素疯狂强化的密教兴盛之后的事情。笔者认为“人头环”、卡章嘎（骷髅杖）等的演化历史基本与“盛满血的头盖骨杯”一致。手持鼓在《俱梨吠陀》和《摩诃婆罗多》时期也不是湿婆的特质，六七世纪的巴达米石窟中才出现拿着手持鼓的湿婆造像（图13）。

图13　跳舞湿婆（右第三只手持鼓，巴达米石窟，山口信夫摄影）

---

① 参考：韦伯1970：126，132；韦伯：322，326；海思汀：Vol. 11，91。

② *Mahābhārata*, Poona Edition, Bhandarkar Oritental Research Instutute, XIII, 17, 42; 100.

10、11 世纪以后南印度的作品，随后这种拿着手持鼓，在火焰轮中高抬脚跳舞的湿婆像，流传整个印度（图 14）。这种手持鼓很可能与欧亚大陆的萨满们手里拿的鼓是相同的法器，可能是受萨满体系影响的产物。

图 14　火炎中起舞的湿婆（右第二手持腰鼓，新德里国立博物馆藏）

湿婆身披象皮，是由古代宗教的入门仪式中“死而复生”时，受秘仪者身披毛皮演化而来（伊利亚德 1975：第一卷 p. 180）。《俱利摩往世书》（1・32・22）中有“历经千次轮回生即可得解脱，若身披象皮一生便可得解脱”。

血仪礼、萨满仪轨、古代宗教的入门仪式、性元素狂热等被湿婆崇拜次第吸收，这些元素又被黑如嘎赋予新的意义，但并没有完全失去它们自古以来就有的象征性意义。

不仅是黑如嘎，在佛教密教中，血一般都是象征般若智慧。但这种象征只针对进行实践观想法的佛教僧或者专家，对于一般大众和没有职业训练的僧侣来说，与其说“头盖骨杯的血”是般若智慧，还不如说是“自己身体中常有，日常却不可见，大量流出会导致死亡的液体”，以此使大家升起无常恐怖的念头。对于有训练经验积累的密教行者来说，血即是般若智慧的象征，也可用来升起恐怖念。古代“血供牲”中，认为血是生命的证明，是与死亡相邻的“圣物”。

头盖骨的念珠、人头环、象皮、手持鼓、卡章嘎（骷髅杖）等的吸收演化过程应该基本相同。这些手持物在古代的意义或作用，只是在佛教密教中体现得不明显，取而代之的是佛教教理浓郁的意义。尽管如此，在佛教色彩浓郁的意义的外衣下，依然残留了古代固有的象征意义和形态。

上述的“象征窜改”不仅存在于佛教，印度教中也存在。印度教和佛教的思想家和雕刻家们，都根据自己的教义赋予其新的意义，并认为诸神祇自古以来就存在这些象征意义。佛教密教在刚刚兴起的时候吸收了土著文化元素，不但要受职业的智慧的训练，非专业的知识也要学习。为此灵活运用视觉、听觉设备。雕像在视觉手段中最有效果。僧侣们将各种图像学特性赋予佛教教理，通过古代宗教和土著宗教的标识向普罗大众传递佛教教理。乔姆斯基称前者象征意义为“表面意义”（surface meaning），后者为“深层意义”（deep meaning），这种分类很出名。

具体分类请参考图15。

“男女区别”深层意义的象征，是指男性和女性代表生物学上根本性两极世界的两大体系。《俱梨吠陀》中有以二者融为一体来诠释现象世界的创造歌（X. 129）。但在印度教中演变成了湿婆和其明妃沙格蒂[①]的男女两大体系。

在构成印度教基础世界观的数论派思想中，世界发展的原物质因子是女性的活动，而男性象征着自身岿然不动地关注原物质运动的宇宙精神。

---

① 关于湿婆和沙格蒂两大原理的结合的众多诠释内容请参考：Subrahmanya Sastri and Srinivasan Ayyangar 1972：9～25；Kumar 1974：84～86。

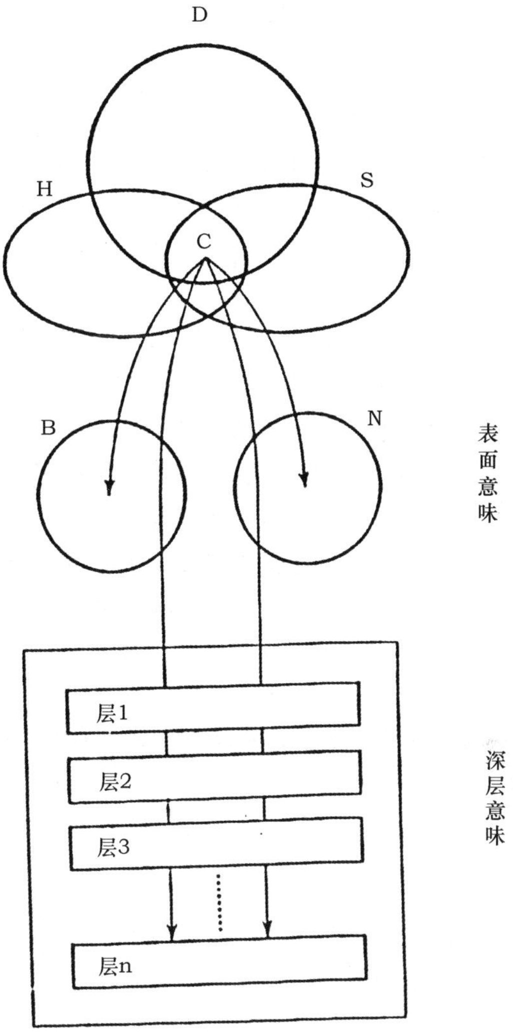

图 15　标识的表面意义和深层意义

在佛教中，般若智慧是非活动的女性，方便是活动的男性（达斯古普塔[①] 1950：113－118）。男、女的象征意义恰好相反，但在佛教和印度教中的深层意义上都存在“男女的区别”。

① 古普塔 1971：270。

八　结论

湿婆曾有位侍者叫黑如嘎，他继承了湿婆的众多特质，而后成为佛教万神殿中的重要神祇。乍一看很像湿婆，与湿婆非常相似的黑如嘎受到佛教徒的崇拜，这意味着佛教在历史发展中曾吸收过印度教神祇的形象。此外，与湿婆相像的黑如嘎经常脚踩湿婆，在某种程度上也体现出佛教徒们对印度教的反抗态度。

黑如嘎和湿婆的众多手持物中，佛教和印度教都各自赋予了他们相应的教理和象征意义。两种宗教经常赋予同一种手持物不同的意义。但是，密教中的佛教密教和印度教密教都吸收了"血供养""男女区别""古代宗教入门仪礼象征着重生"等古代宗教元素或区域文化元素，这一点二者具有共通性。通过古代宗教或区域文化的这些元素，密教行者们在领悟古代的深层意义的同时，融合自己的教义又赋予这些元素以新的意义。拥有双重意义的象征物的密教，即维持了现有的教理体系，同时又通过吸收古代宗教和区域文化的众多元素强化了自身影响。

（作者立川武藏，日本国立民族学博物馆名誉教授；译者赵新玲，高野山大学博士生）

密教仏ヘールカ尊の図像学的考察

立川武蔵

一　仏教タントリズムとヒンドゥー教

インドの仏教タントリズムは、夥しい数のほとけたちの世界（パンテオン）をつくりあげるに際してヒンドゥー教のパンテオンの一部を自分たちの尊格として受け入れた。ヒンドゥー教のパンテオンもまた新興の仏教から少なからず影響を受けた。神々の図像学的特徴のみならず、教理、儀礼形態等にあっても仏教とヒンドゥー教は互いに影響を与えたのである。このように、仏教とヒンドゥー教の間には相互の「浸透作用」が存在した①。

しかし、仏教タントリズムがどのようにヒンドゥー教より影響を受けたのか、その逆の影響はどのようなものであったのか、さらにはその相互浸透作用はどのような基盤に立つものであったかなどについては明らかになっていない。ここでは、仏教タントリズムにおいてよく知られたヘールカ②（Heruka）尊の性格を考察することによって、ヒンドゥー教が仏教タントリズムに与えた影響の一面を考察したい。

---

① エリアーデはバラモン正統説とヨーガの間に「浸透作用」という言葉を用いているが、ヒンドゥイズムと仏教タントリズムの間にもこの言葉を使うことができよう［エリアーデ 一九七五：第一巻二三七］［Eliade 1954：144］。

② 『西蔵大蔵経』では「ヘールカ」は「He ru ka」と音写されることが多いが、「血を飲む者」（khrag ’ thun）と訳されることもある。ネワール仏教の「チャクラサンヴァラ三三昧」では「ヘー」は無因のもの。「ル」は物質の消滅、「カ」はどこにも存在しないものを意味すると考えられている［山口　二〇〇五：一八六］。

二　仏教パンテオンにおけるヘールカ

インドの七、八世紀は仏教タントリズムの興隆期であった。一方、この時期は古代のヴェーダの宗教の伝統を受け継ぎ、地方の崇拝形態を吸収しつつあったヒンドゥー教が勢力を増大させていた時でもあった。この時期のヒンドゥー教では、シヴァ、ヴィシュヌ、ブラフマーおよびドゥルガー女神の四神を中心とする崇拝形態がすでに確立されていたと考えられる。このような状況の中で、仏教徒はヒンドゥー・パンテオンより特定の神を、あるいはその一部、つまり、持物、装飾、乗物等を受け取って仏教パンテオンの中に組み入れたが、仏教タントリズムの中に導入された「ヒンドゥーの神々」には、シヴァおよびその系統のものが多い。それは、シヴァは元来ヨーガの神であり、仏教タントリズムではヨーガが大きな位置を占めていることによると思われる。シヴァとその系統の神々に比べれば、ヴシュヌ、ブラフマーおよびその系統の神々が仏教パンテオンにおいて果たす役割は小さい。

仏教のパンテオンの中でシヴァ崇拝の影響を強く受けている「神々」の代表がヘールカであるが、ヘールカの性格や職能を知るためには仏教タントリズムのパンテオンの全体的構造を知ることも重要である。仏教タントリズムは、七、八世紀以降、自らのパンテオンの図像学的システムを整備した。これは、仏教の尊像が仏教タントリズムの儀礼において用いられるようになっており、また当時、尊像の造形活動が盛んとなっていたので、その図像学的規範を定める必要があったためと考えられる。仏像は寺院などに参拝に来る人々が礼拝の対象として用いられる一方で、僧たちがヨーガあるいは観想法を実習したり、マンダラ儀礼を行なう場合の補助あるいは道具ともなった。

ヨーガ行者あるいは観想法の実践者たちは、尊像の図あるいは彫像の前に坐し、その尊像の図像学的特徴を眼前にみつめたり思い出したりしながら、その尊自身が眼前に顕現し、ついには自分自身がその尊と一体となることができるまで、その尊像の「精神的産出」を行った。この「産出」はスクリーンに像を映すようにして行われる射影なのである。自分の前に立つほとけの宝冠はどのようなものか、顔（面）はいくつあるのか、それぞれの顔は何色か、首飾りはどのような形か、臂は何本あるか、手には何をもつのか、女神を抱いているか否か、足の下に何者を踏みつけているか、このようなことすべてを行者は知っていなければならない。後期タントリズムにおいては、このような図像学的細目が細かに定められ、密教行者たちはそれぞれ自分たちの流儀を定め、それを秘伝として弟子たちに教えたのである。

仏教タントリズムにおける「精神的産出」の方法、すなわち観想法（成就法）が一つのシステムとして示されている代表的な経典の例としてに『秘密集会タントラ』がある①。このタントラ経典の成立年代は明らかではないが、早くとも七世紀後半から八世紀前半であろう。このタントラは後期タントラ経典グループの内で、初期のものであり、これ以後のもろもろの後期タントラ経典の基点となったと考えられる。この経典が説くマンダラの中尊は金剛持（ヴァジュラ・ダラ）であり、経典自体の中に後世、図1に見られるような「秘密集会」と呼ばれる秘密仏のイメージが述べられているわけではない。またこの秘密仏は、ヘールカに一般的な象の皮、三叉戟、血に充たされた頭蓋骨杯などを有してはいない。

チャウニー・ネパール国立博物館蔵、カトマンドゥ

このタントラによれば、砂地などの上に坐った行者は綱を用いてマンダラの外枠を作り、その中央に坐って観想を始める②。最初に行者が観想によって心的に産出するのは、そのマンダラの主尊である。産み出された主尊が、四方にそれぞれ仏を生む。その仏たちがさらにさまざまなほとけたちを生む、という具合にマンダラを満たす諸尊が生まれてゆくのである。

『秘密集会タントラ』の説く「秘密集会マンダラ」の中心部を構成する五尊は、阿閦、大日、阿弥陀、宝生、不空〔成就〕である。金剛界マンダラの五仏と比べて、中尊と東の仏が入れ替わっている以外は同じ

---

① 『秘密集会タントラ』のテキストについては［Bagchi 1965］［Matsunaga 1978］参照。和訳にかんしては［松長　二〇〇〇］参照。

② ［Bagchi 1965：13～14］［松長　二〇〇〇：一四］

図1　妃を伴う秘密集会。

である。これら五仏は仏教パンテオンを構成する「族」の「主」（族主）となる。この五仏は、それぞれの妃（プラジュニャー、智慧）を伴い、それぞれの部族を率いる。それらの五部族とは瞋（dveṣa）、痴（moha）、貪（rāga）、如意宝珠（cintāmaṇi）および三昧耶（samaya、シンボル）の名で呼ばれる。すでに見たように、それぞれの部族に属する諸尊はその族主を示すために、その小さな像（化仏）を頭上に載く①。

五仏および彼らが産出した「五部族」の主要構成員は次の表1のごとくである②。部族の構成員はそれぞれ自分たちの「族主」の性格を反映している。仏教タントリズムのパンテオンにおいて古参の仏である阿閦から流出したほとけたちの数はすこぶる多く、またこの瞋部に属するほとけたちは一般に「恐ろしい形相」をしている。一方、大日の部族に属するほとけたちは柔和な相をしたものが多く、「ほとんどが女性的

① ［Bhattacharyya 1932：130］［バッタチャルヤ　一九六二：一六九］

② ［バッタチャルヤ　一九六二：一七〇～一九一］

な感じを与える」①。阿弥陀の部族に属する者たちの姿は一般に、観音や、花の矢をつがえて踊る女神クルクッラーなどに見られるように柔和である。宝生は新参のためか、彼の部族に属するほとけたちの数は少ない。柔和な男尊ジャンバラとその忿怒相であるウッチュシュマ・ジャンバラはこの部族に属している。不空の部族もまたターラー女神など柔和な尊格に満ちている。このように、阿閦の部族は「恐ろしい」形相の男尊をほとんど抱えているが、そのうちの一群がヘールカと呼ばれる尊格のグループなのである。

表Ⅰ　五部族名とそれぞれの部族のほとけたち

族名	瞋部	癡部	貪部	如意宝珠部	三昧耶部
ドヤーニ仏	アクショーブヤ	ヴァイローチャナ	アミターバ	ラトナサンバヴァ	アモーガシッディ
構成員	ヘールカ Yamāri（夜魔敵） Ekajaṭā（一髻女） Nairātmā（無我女） Hayagrīva	Mārīcī Vajravārāhī（金剛牝豚） Uṣṇīṣavijayā Śitātapatrā Aparājitā	Lokeśvara（世自在） Kurukullā Mahābala	Jambhala Vasudhārā	Khadiravaṇītārā Parṇaśavarī Mahāmāyūrī

表Ⅱa　ヘールカの種類とそれぞれの特徴

名称	配偶女神	面・臂の数	身体の色	面の色	眼の数
(I) Hevajra					
(a) Trailokyākṣepa	Nairātmā	一面二臂	青		三眼
(b)	Vajravārāhī	一面四臂	青		三眼
(c) 1°	Vajraśṛṅkhalā	三面六臂	青	青(前)，赤(左)，白(右)	三眼
2°	Vajraśṛṅkhalā	三面六臂	青	青(前)，赤(左)，白(右)	三眼
3°	名称不明の妃	三面六臂	青	青(前)，赤(左)，白(右)	三眼
(d)	Nairātmā	八面十六臂	青	赤(左第1)，白(右第1)，他は青	三眼
(II) Buddhakapāla	Citrasenā	一面四臂	青		三眼
(III) Mahāmāyā	Buddhaḍākinī	四面四臂	青	青(前)，緑(左)，黄(右)，白(後)	三眼
(IV) Vajraḍāka					
(a) Saṁvara	Vajravārāhī	一面二臂	青		三眼
(b) Saṁvara	Vajravārāhī	四面十二臂	青	青(前)，緑(左)，黄(右)，赤(後)	三眼
(c) Saptākṣara[1]	Vajravārāhī	三面六臂		青(前)，緑(左)，黄(右)	三眼

(1) Saptākṣara も Saṁvara と呼ばれることがある（*SM*251）.

① ［Shakula 1958：30］

表Ⅱb　　**ヘールカの種類とそれぞれの特徴**

左手の持物	右手の持物	飾　り	踏みつけているもの	
(Ⅰ)(a)　血の入った頭蓋骨	金剛	虎皮をつける	屍	*NPY* 5
(b)　〃	〃		屍	*NPY* 5
(c) 1°　鈴，弓，頭蓋骨	金剛，矢，三叉戟		屍	*NPY* 5
2°　鈴，三叉戟	金剛，カルトリ包丁		屍	*NPY* 8
3°　カトヴァーンガ，宝石	金剛，剣		屍	*SM* 243
(d)　鈴，蓮華，弓，カトヴァーンガ，頭蓋骨，宝石，立てた人差指，索	金剛，剣，矢，円盤，盃，棒，三叉戟，突棒		ブラフマン，ヴィシュヌ，シヴァ，インドラの姿をした四魔	*NPY* 5
(Ⅱ)　カトヴァーンガ，頭蓋骨	小刀，小鼓	頭の環で飾る		*SM* 254
(Ⅲ)　カトヴァーンガ，弓	頭蓋骨，矢	灰を塗る，人皮を着る	屍	*NPY* 9; *SM* 239
(Ⅳ)(a)　鈴	金剛	頭の環や三日月で飾る	Bhairava と Kālarātri	*NPY* 255
(b)　鈴，象の皮，カトヴァーンガ，血の入った頭蓋骨，索，ブラフマンの首	金剛，象の皮，ダマル，斥，小刀，三叉戟		Bhairava と Kālarātri	*GDK*,(2) Vol.4, p.64; *NPY* 12
(c)　鈴，人の皮，カトヴァーンガ	金剛，人の皮，三叉戟	頭蓋骨の環や三日月で飾る		*SM* 251

(2) *Rgyud sed kun btus*, Delhi, 1971, 30 vols.

三　男尊ヘールカの諸相

男尊ヘールカは、配偶女神を伴う場合もあれば伴わない場合もある①。また、ヘールカは常に同じ姿で表されるのではなく、配偶女神の種類、顔面や臂の数、持ち物の違いになどによって種々に呼ばれる。

ヘールカには（一）ヘーヴァジュラ（Hevajra）（図2）、（二）ブッダカパーラ（Buddhakapāla）　（図3）、　（三）マハーマーヤー（Mahāmāyā）（図4）、（四）ヴァジュラダーカ（Vajraḍāka）の四種がある。また（四）のグループにネワール仏教やチベット仏教においてよく知られたチャクラサンヴァラ（図5~7）が属する。それぞれの特徴を

---

① 本書IV. 1において扱った一面二臂のヘールカは、妃を伴っておらず、象皮、ダマル太鼓、三叉戟などを持つとは述べられていない。

表示すれば表2のようである①。

表2および図2～7に見られるように、ヘールカは身体が青く、象の皮を被り、虎皮の腰巻き（虎皮裙）を付け、死体あるいはシヴァ（あるいは、その畏怖相バイラヴァ）を踏みつけ、しばしば妃と交わるすがたで表わされる。髪には三日月の飾りをつけ、三眼で、手には三叉戟、カトヴァーンガ、ダマル太鼓、頭蓋骨杯、金剛、男神ブラフマーの首、生首の環などを持つ。そして、牙をむき、常に恐ろしい姿である。ちなみにバイラヴァがブラフマー神の第五の首を切り落とすという神話はすでにブラーフマナ文献に見られる［立川　二〇〇八：　二〇九］。これらのヘールカの諸性格は、ヒンドゥー教の主神シヴァのそれによく似ているのである。ヘールカはシヴァの図像学的特徴を受け取っていると思われる。

図2　ヘーヴァジュラ尊。パタン博物館、パタン市、カトマンドゥ

① 『タントラ部集成』［bSod nams rgya mthso 1983］［bSod nams rgya mthso and Tachikawa 1989］）に収められる一三九のマンダラの内、ヘーヴァジュラと呼ばれるヘールカを中尊とするマンダラにかんしては九九～一〇五番、マハーマーヤー・マンダラにかんしては八六番、チャクラサンヴァラ・マンダラにかんしては六二～六六番、七〇～七六番、七八番などを参照。［Bhattacharyya 1968：155～165］［de Mallmann 1975：183～190］［Gordon 1967：36m41，52，83，87，98］［Chögyam Trunpa 1975：88，106，112］［Getty 1962：142～145］［Dasgupta 1950：73，98，107，130］［Sierksma 1966：159～184，PL. 7 & 20］［Wayman 1973：8～11］［Bhattacharyya 1932：131～132］

図 3　ブッダカパーラ尊。『**完成**せるヨーガの環』
第 10 章「ブッダカパーラ・マンダラ」の中尊。ガウタム・R・バジュラーチャーリヤ画

図 4　マハーマーヤー尊。『**完成**せるヨーガの環』
第 9 章「マハーマーヤー・マンダラ」の中尊。ガウタム・R・バジュラーチャーリヤ画

図 5　チャクラサンヴァラ尊。『**完成**せるヨーガの**環**』
第 12 章「チャクラサンヴァラ・マンダラ」の中尊。
ガウタム・R・バジュラーチャーリヤ画

図 6　妃を抱くチャクラサンヴァラ**尊**。
象の生皮が尊の背後に見られる。
チャウニー・ネパール国立博物館、カトマンドゥ

図7　象の生皮を背後にひろげ持つチャクラサンヴァラ尊。

東インド・オリッサ、13 世紀頃。ニューデリー・国立博物館蔵。①

① ニューデリー国立博物館の表示によれば、これはオリッサ地方出土で一三世紀頃の作品である。つまりインド亜大陸から大乗仏教が滅亡しつつある時のものということになる。高さ、巾、奥行きはそれぞれ九七・五、五一、二五センチメートルで、材質は硬質の砂岩である。標本番号は六〇・一一四二。この像の特徴は『完成せるヨーガの環』第一二章「サンヴァラ・マンダラ」に述べられるサンヴァラのイメージとおおよそ一致する。ただし、この像は妃を伴ってはいないが、『完成せるヨーガの環』の場合は妃を伴っている。
このサンヴァラ像は中央と右の二面および左の第一臂にかかえられた三叉戟の上部が破損しているが、それ以外は保存状態もよい。パトナ博物館所蔵のサンヴァラ（標本番号六五〇五）は、ニューデリー国立博物館のものとほとんど同じ構図を有する。
ニューデリー博物館所蔵の彫像は、一二、三世紀以降の彫像に多く見られるように、頭部、胸・腹部、尻・脚部および基段部の四部分から構成されている。サンスクリット文学では神の容貌の説明は頭部から足へという順でなされるが、人の容貌の説明は逆に足から頭部へという順でなされる。『完成せるヨーガの環』におけるサンヴァラの説明も上（頭部）から下へとなされる。
石像最上部の左右には花環をもった飛天がいる。その下に象の生皮があたかもサンヴァラ尊の天蓋であるかのように半円を描いている。象の生皮を背中の背後に広げるのではなくて、自らの身体がすっぽりと入るように広げていることに注目したい。おそらくはその方が象の生皮を被ることのシンボリズムをより効果的に表現できたと思われる。
『完成せるヨーガの環』に述べられるように三面であり、右面は口を大きく開き、牙らしきものも認められる。パトナ博物館の像では三面がほぼ完全なかたちで残っており、頭蓋骨を連ねた髪飾りを付けているのがわかる。
『完成せるヨーガの環』は一二臂と二臂のサンヴァラを説明しているが、ニューデリーおよびパトナの像は一二臂であり、その持物もテキストの記述と一致する。右第一臂は金剛を、左第一臂は鈴を持って、両手を胸の前で組合わせる。右の第二臂（最も下の臂）は斧、第三臂（第二臂のすぐ上の臂）はカルトリ刀、第四臂は三叉戟、第五臂はダマル太鼓、第六臂は象の足の皮を持つ。左の第二臂はカトヴァーンガ、第三臂は頭蓋骨杯（カパーラ）、第四臂は四面を有するブラフマー神の首、第五臂は索、第六臂は象の足の皮を持つ。なおニューデリーの国立博物館チャクラサンヴァラ像の右の側面に象の面が彫られている。象の他の二本の足は左右第二臂の下に垂れさがっている。
第三の部分である尻・脚は切り取られた人間の首の輪によって飾られている。その環の外側には腰から七個の鈴が放射状に垂れている。サンヴァラの右脚の下には骨ばかりの身体の女神を踏む。この女神は右手にカルトリ刀らしきものを、左手に頭蓋骨杯を持つ。左足で踏みつけられた男神は右第一臂に頭蓋骨杯、右第二臂に与願印、左第一臂に三叉戟、左第二臂にダマルを有する。
基段部は二重蓮華と唐草模様によって構成されている。ニューデリーの像の最下部の向かって左には二人の供養者が見られる。右には仏塔らしきものが浮彫にされている。

四　シヴァの諸相

ヒンドゥー教の神々の性格、職能、「人気」などは時代によって変化してきたが、シヴァもまた時代によってその職能、「人気」さらには名称までも変化させてきた。『リグ・ヴェーダ』におけるシヴァの原型はルドラと呼ばれた。ルドラは破壊の神、暴風雨の神、あるいは病気治療の神として尊敬を集めていたが、インドラやアグニのような有名な神々の力に圧倒されて、いわば脇役的存在であった。ルドラのイメージもそれほどはっきりしたものではない。ルドラは元来、非アーリア的要素を多分に含んでいる神であった。『リグ・ヴェーダ』におけるルドラ讃歌は編纂時期が遅く、いわば新参者だったのである。

ガンダーラ美術の出現まで、神のすがたを彫刻に刻むことのなかったインドにおいては、讃歌の中で神のイメージに触れることはあっても、神あるいは仏を人に似たかたちに表現することはなかった。

ヴェーダの宗教が徐々に勢力を失い、ウパニシャッドの時代、さらには叙事詩の時代になると、シヴァとヴィシュヌとが勢力を得ていった。シヴァやヴィシュヌなどの神々も結婚し、子供を得て、種々の「手柄」をたてるにつれて「神々の歴史」が書かれた。そのような「神々の歴史」あるいは系譜は『マハーバータラ』などの叙事詩や、後世の『シヴァ・プラーナ』などのプラーナ文献の中に見られる。紀元二、三世紀までにシヴァの勢力は『リグ・ヴェーダ』のルドラのそれよりもかなり増大したが、シヴァ神話が成熟し、整備されるには紀元四〇〇年頃の詩人カーリダーサの『王子の誕生』（クマーラ・サンバヴァ）やそれ以後の『シヴァ・プラーナ』などを俟たねばならなかった。

六、七世紀になるとヒンドゥー教の尊像が数多く作られるようになった。その頃までにシヴァはますます多様な性格を獲得していたが、この神が彫像に表現される場合にはそれぞれの特徴が強調され、数多くの異なった相（ムールティ）が成立した。ヴィシュヌは亀や魚などの化身（アヴァターラ）としてその姿を現すことがあるが、シヴァは化身することはなく、さまざまな相を見せるのである[①]。G・ラオはその著『ヒンドゥー教図像学の諸要素』［Rao 1914］の第二巻（第一部および第二部）をシヴァの諸相の説明にあてている。この書において扱われている相はそれぞれ、シヴァに関する神話および図像学的特徴が「成長し終わった」かたちを示している。ラオに従えば、シヴァの諸相は、一、男根相、二、男根より生まれる相、三、月を飾りとする相、四、殺戮神としての相、五、恩寵を与える者としての相、六、舞り手たちの王としての相、七、恩恵を与える相（ダクシナー相）、八、骸骨相（カンカーラ相）などに分けられる。

このようにシヴァは極めて多様な側面を有し、狂暴な面と柔和な面を合わせもっているが、狂暴さを表現する代表的な相である、第四の殺戮神としての相がヘールカとの関係において特に重要である。この相におけるシヴァは、己れの苦行を邪魔したものや邪悪な魔を殺戮する神である。シヴァの殺戮・破壊の側面を描いた彫刻はすごぶる多く、ラオは一二の種類を挙げている。この中に「カーマを殺した者」、「死神カーラの敵」（kālāri）、「三都を焼き亡した者」などの相とともに、「象の姿をした魔神を殺戮する相」（図8）、「ブラフマー神の〔第五の〕頭を切り取った者（バイラヴァ）としての相」などの相がある。

「象の姿をした魔を殺戮する相」は一般に、多数の臂を有し、三叉戟、剣、短槍（シャクティ）、棒、槍、カトヴァーンガ、蛇、頭蓋骨杯、鹿などを持ち、第一の左手と右手は象の生皮を拡げて持っている[②]。この「象の魔神の殺戮者」のイメージには、いくつかのパターンがある。一つの典型はエローラ第一六窟にに見られる（図8）。ここでは、シヴァは手に三叉戟、剣、頭蓋骨杯などを持ち、象の生皮を上方におし広げている。右足を魔神たちの上に置いている。

これに似た構図のシヴァ像がコルカタのインド博物館に所蔵されている（図9）。

このインド博物館の像は、エローラ第一六屈の像（図8）の場合と似てはいるが、脚のポーズは異なっている。

---

① ［立川　一九九二：　八二～八四］。

② ［Rao 1914：Vol. 2，115］参照。

図8　象の姿をした魔神を殺戮する相のシヴァ。
象の魔神の生皮を上方で広げ持つ。象の頭が写真左に見られる。
エローラ第16石窟

「象の魔神の殺戮者」のイメージにはまた異なったパターンがある。すなわち、南インドのハーレービドゥ（Halebid）のホイサレーシュヴァラ（Hoysaleśvara）寺には、一六臂のシヴァ像が見られる［Rao 1914：. Vol. Ⅱ，PL. XXXIII］（図9）。この像は、金剛、ダマル太鼓、カトヴァーンガ、鈴、弓、頭蓋骨杯などを持ち、頭には頭蓋骨の冠をつけている。図8の場合と同様、象の魔神の生皮を上方背後でひろげ持ってはいるが、退治した象の魔神の頭の上で踊る。この象の上で踊る構図は特に南インドにおいてよく見られる。

また、次のような「象の魔神の殺戮者」のイメージもある。すなわち、シヴァはまっすぐのばした右脚で立ち、左の大腿を右脚と直角になるまで挙げ膝から下を大腿部につけ、第一組の左右の手は象皮を拡げて持ち、胴体をねじり、顔は後ろ下方を見ている（［Rao 1914：. Vol.

図 9　象の姿をした魔神を殺戮する相のシヴァ。
オリッサ、10 世紀。コルカタのインド博物館、コルカタ

Ⅱ, PL. XXXI, XXXII, Fg. 1&2］)①。

---

①　同様の構図の彫像にかんしては［立川　二〇〇八：一八二］参照。また［Zimmer 1946：PL. 39～40］の像にあっては、卵の殻を縦に半分にしたようなかたちに広げられた象の生皮の中にすっぽりとシヴァが入って踊っている。卵形の生皮は子宮を思い起こす［ツィンマー　一九八八：口絵 39、40］。

図10　十六臂のシヴァ。ハーレービドゥの
ホイサレーシュヴァラ寺。［Rao 1914：Vol. II，PL. XXXIII］より

ところでこれらの持ち物は、ヘールカの持ち物でもあり、頭蓋骨の冠はヘールカの頭をも飾っている。ヘールカの脚のかたちも図8～10に見られるようにシヴァの脚のポーズに似ている。この類似は仏教からの影響の結果であった可能性も考えられる。しかし、少なくとも「象の魔

神を殺戮する相」は仏教におけるヘールカのイメージが確立される以前に存在していたことは忘れられてはならない。

「バイラヴァ」は、シヴァが有するもろもろの狂暴な側面をよく表わしている相である。バイラヴァ像はしばしば、カトヴァーンガ、縄、槍、ダマル、頭蓋骨、蛇などを持ち、目をみひらき、牙をむき、背面に火炎を有する［Rao 1914：. 178, PL XLI］〔立川　二〇〇八：　二〇六～二一一〕。「象の殺戮者の相」の場合と同様に、このようなバイラヴァの彫像はむしろ仏教タントリズムの影響による仮想性もあるかもしれない。しかし、カトヴァーンガ等の特徴は、ヘールカ像の確立以前にシヴァの特徴的要素として確立されたものであるから、それらの特徴、性格自体はヒンドゥー教から仏教のパンテオンの中に導入された、と考えるべきであろう。「バイラヴァ」という呼称も仏教タントリズムの興隆以前に確立していたものである。

五　ヘールカとシヴァ

表Ⅱに挙げたヘールカの諸特徴のうち象皮、虎皮、三日月、三叉戟、カトヴァーンガ、頭蓋骨杯、ブラフマー神の首、青色の身体、屍、灰などは、仏教タントリズムがヒンドゥー教より影響を受ける以前にすでにシヴァの一般的特徴と考えられていたものである①。これらのもろもろの特徴を「要素群C」と名づけよう。

それとは別に、シヴァの特徴では決してない、あるいは相矛盾する要素群も表Ⅱに見られる。ヘールカがアクショーブヤの小さな図像がついた宝冠を載くこと、ヘールカが足の下にシヴァを踏みつけていること、ヘールカと女神が交接のすがたを採っていることなどである。これらを「要素群H」と名づけよう。ちなみにヒンドゥー教の男神たちは

---

① 『マハーバーラタ』はヴェーダ文献から後期プラーナへの歴史的経過を物語る最も重要な資料である。象皮についてはプーナ版 XIII, 17, 163; 18, 37を、三日月と三眼についてはXIII, 14, 19を、身体の青色についてはXIII, 17, 82を参照。墓場を歩くことにかんしてはXIII, 17, 32を、灰に関しては［原　1968］を、三叉戟にかんしては［Hopkins 1915：223］を参照。シヴァが象皮を被ることは、紀元四〇〇年ころのカーリダーサ著『王子の誕生』（五・六七）に見られる［Kale 1967：29 ］。

仏教タントリズムの仏たちのように妃と交接したすがたで表されることはない。ヒンドゥーの男神の左膝に女神の乗ることがあるのみである。

一方、シヴァの特徴でありながら表Ⅱには現れてこない諸要素（要素群S）がある。頭上に流れ落ちるガンガー川、乗り物としての牛ナンディン、起立した男根などである。

表Ⅱにはそのほか金剛、索、棒などの諸要素も見られる。これらは、シヴァやヘールカの多臂像に通常見られるという意味ではシヴァやヘールカに共通な特徴ではあるが、両者のみに固有なものではなく、他のヒンドゥー教および仏教の「神々」にもしばしば見られる。例えば、金剛は、元来は『リグ・ヴェーダ』の神インドラの武器であったが、時代を経るに従って多くの神々の手に握られるようになり、仏教パンテオンの中でも重要な役割を果たしてきた①。このようなインドの神々のもつ一般的諸特徴を「要素群D」と名づけよう。

さて、以上述べたH、S、C、Dの要素の四集合の関係を整理して図示すれば図11のようになろう。

すでに四において述べたように仏教タントリズム興隆以前に要素群Cはシヴァの特徴として確立されており、このことから「Cはシヴァからヘールカが得た要素である」ということができよう。ヒンドゥー教の伝統において「ヘールカ」とは、シヴァの従者の名称であったともいわれる②。ともあれ、Cの諸特徴を担った仏教の「神」ヘールカのイメージができあがったのである。

ところで、なぜCに含まれる諸要素がシヴァ崇拝から仏教に受容されたのか。それは、当時の仏教徒の儀礼・実践にとって有利だったからにちがいない。ヘールカの図像を見て、人々はそれがシヴァによく似ていると思ったであろう。しかし、シヴァに似てはいるがシヴァではない尊像を前にして、仏教徒たちは、ヒンドゥー教の神に似た像をつくりあげた者たち、あるいはそのようなイメージを提供した者たちに対して不満であったろうか。そうではなかろう。ヘールカの図像に接した人々

① 「金剛」（vajra）は武器としての稲妻、金剛石（ダイヤモンド）、真理、方便、男性原理、男性性器などの象徴意味を有する。［長尾　一九五六：六六四］参照。

② ［Böthlink & Roth 1875：Vol. 7，1658］［Apte 1957：1765］参照。

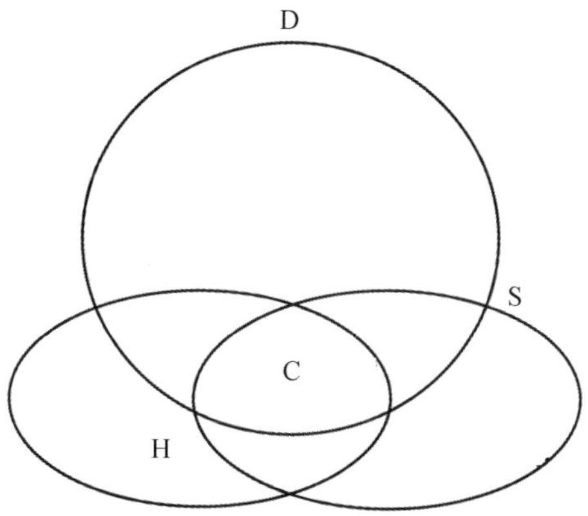

図 11　ヘールカとシヴァの特徴の関係

H＝ヘールカの特徴
S＝シヴァの特徴
C＝ヘールカとシヴァに共通な特徴
D＝インドの「神々」の一般的特徴

は、そのヒンドゥー教的なすがたの神に対する反発よりもむしろ当時、強大な権威をもっていたシヴァ像に似た自分たちの「聖なる」尊像に接して畏敬の念を深めたと考えるべきであろう。ヘールカなどが活躍する後期仏教タントリズムの時期においてはヒンドゥー教の主神に似た神が自分たちの神であることに仏教徒たちが大きな違和感を抱かないほどに、ヒンドゥー教と仏教の同化が進んでいた、と思われる。

だが、仏教徒はただ単に自分たちの尊像の一つのモデルとしてシヴァに似たものを選んだわけではなかった。彼らは、シヴァの図像学的諸特徴を有し、一見、シヴァとも思わせるヘールカにしばしば畏怖相のシヴァ、すなわち、バイラヴァを踏みつけさせたのである。ある「神」が足の下に何者かを踏みつけるのは、その「神」が踏みつけた者を降伏させていった「歴史」を表わす一般的な方法であった。仏教徒たちはヒンドゥー教への反抗的態度を示すために、仏教のほとけたちがシヴァなどのヒンドゥー教の神々より勝っていることを示すために神話を創っていった。例えば、シヴァを打ち負かした金剛手尊やハヤグリーヴァ

(馬頭) の戦いの神話は有名である①。

このように、シヴァに似たヘールカは、足の下に「シヴァ」を踏んでいるが、このようなことが可能になったのは、仏教徒たちがシヴァの図像学的特徴の象徴意味を変えたからである。

六　シヴァとヘールカの象徴意味の違い

インドの神々の身体的特徴、装飾、持物などは、それぞれの神に関する神話が整備されていくにつれて、シンボルとしての機能を確立させていった。シヴァの身体の青色、三眼、三日月、象皮、頭蓋骨などもそれぞれシンボルとして働き、象徴意味を持つようになった。

ある伝承によればシヴァの三眼は、ある伝承によれば「太陽、月、灯火を意味し」、他の伝承によれば、「過去、現在、未来を意味する」[Danielou 1964: 214]。三日月の飾りは再創造の力を意味し、頭上に落ちるガンガー川は「儀礼的浄化の手段」を、虎皮は「原物質の力」を、三叉戟は純質、暗質、激質という「世界の三構成要素（トリグナ)」[立川　二〇一三:　五一] を意味する [Danielou 1964: 215 ~216]。

シヴァと蛇との関係は深い。後期のヨーガの一種であるハタ・ヨーガの理論によれば、人体の中央を背骨のように貫く中脈には数個の神経叢（チャクラ、エネルギー・センター）があるが、それらの内、最も下の神経叢にはシヴァを象徴するリンガがある。そのリンガには「蛇」の姿を採る女神クンダリニーが巻き付いて睡っており、ヨーガ行者の修錬によってその眠りが醒まされるならば、その「蛇」は中脈を押し開きながら上昇するという。今日のインドで売られているシヴァ神のポスターには、蛇はしばしばシヴァの首や腕に巻き付いている。

一つの宇宙周期が終わり、世界が破壊されてシヴァのみが残るとき、彼は死体を焼いた後の灰を身体に塗り、頭蓋骨の環で身を飾るという。一方、仏教のヘールカ尊がその身体に灰を塗るという伝承はまずないであろう。宇宙周期の終わりにヘールカが世界を焼くという言い伝えもない。

---

① [Tucci 1949: 218] [[Chögyam Trunpa 1975: 104]

「頭蓋骨の環は、世界がたえず転変し、人間たちの出現と消滅が繰り返されること」を意味する［Danielou 1964：217－218］。ヒンドゥー教においては男性原理と女性原理の合体によってこの現象界が生まれると考えられているが、前者は頂点を上にした三角形によって、後者はいわゆる逆三角形によって表され、二原理の合体は二つの三角形の頂点同士が合わされたかたちで表される。シヴァのダマル太鼓はこの組み合わさった二つの三角形をかたどったものとされる［Danielou 1964：219］。元来、ダマル太鼓は二つの頭蓋骨杯を底に穴を開け、その穴同士を接合し、両側に皮を張ったものである。ダマル太鼓はシャーマンたちが神を呼び出すために用いた道具であった。

一方、仏教の尊格としてのヘールカの有するもろもろのシンボルの意味は何であろうか。仏教タントリズムにおいてはシヴァは、仏教徒にとって最も憎むべき「自我」のシンボルとなった［Chögyam Trunpa 1975：88］。このゆえに、仏教パンテオンの一員となったヘールカはシヴァを踏みつけるのである。また、「ヘールカの身体の色である青色は、すべての属性を欠いた空間という宇宙原理シンボル」であり、「金剛と鈴は慈悲（方便）と空性（般若の智慧）の不二性を意味し、ヘールカと妃との交渉も、方便と般若の合一を意味し」、「象の皮は無畏を意味する」［Chögyam Trunpa 1975：88］。ヘールカと深い関係にあるハヤグリーヴァ（馬頭）尊の三眼は、応身（報身）、法身、化身のシンボルとなっており、ナイフは方便を意味する。その手に握られる頭蓋骨の数珠は力の積集を意味し、ダマルの音は人を無明から目覚ませ、三叉戟は瞋、痴、貪の三つを止滅させる。数珠つなぎになって前面に垂れ下がる数多くの首は、止滅させられるべき心作用を意味する［Chögyam Trunpa 1975：112］。足下に踏みつけられる屍は、シヴァであるとともに、自我を意味する［Chögyam Trunpa 1975：106］。このように、ヘールカのもろもろのシンボルは仏教の教理に合わせて解釈されており、その意味は、シヴァあるいはシヴァの侍者が手にするもろもろのシンボルの意味と異なっている。つまり、仏教徒はイメージを主とする図像学的特徴のみをヒンドゥー教より受けとり、ヒンドゥー教におけるとはまったく異なった象徴意味を与えたのである。

先ほどわれわれが命名したS，H、C，Dの四要素群のうち、要素群

Cにおけるある要素（C_1）が仏教タントリズムにおいては意味 B_1 を有し、ヒンドゥー教においては意味・$_1$を有するとしよう。その関係は上のように図示することができる（図 12 参照）。例えば、シヴァの三叉戟は純真、暗質、激質の三構成要素を意味するが、ヘールカにあっては瞋、痴、貪の三煩悩を意味している。シヴァが踏みつける屍は「無属性のブラフマン」を意味するが①、ヘールカの踏みつける屍は、すでに述べたように自我のシンボルである。このようにして要素 B_1 より要素 Bn までを含むシステムは仏教のシンボリズムのそれであり、仏教教理のシステムをふまえたものである。同様に、H_1 よりHnまでを含むシステムはヒンドゥー教のシンボリズムのそれであり、ヒンドゥー教の教理のシステムをふまえている。このように、仏教徒がヒンドゥー教より「神々」の図像学的諸特徴を借りたのであるが、ヒンドゥーの象徴意味とは異なった象徴意味をそれらに与えることによって仏教の独自性を主張することができたのである。

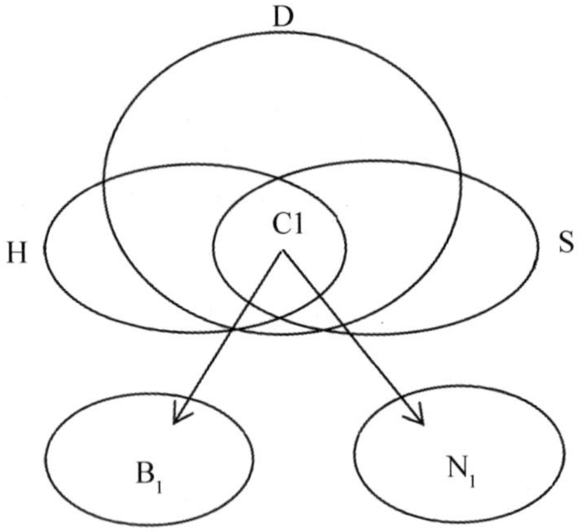

図 12　仏教のシンボリズムと
ヒンドゥー教のシンボリズム

---

①［Avalon 1922：46］参照。この解釈はもちろん一つの学派のものであり、学派さらには時代によって意味が変わるのはいうまでもない。

七　象徴意味の二重構造

仏教はインドの異端児であった。インドは仏教を産みはしたが、その子を「兄」のヒンドゥー教と戦わせ、結局は「母」の知らぬ国々に「弟」を追い払ってしまった。だが、これら二人の兄弟は仲がよくなかったとしても、共にインドの地に生まれ、インドという共通の土壌に育ったものであった。

ヒンドゥー教はもちろん、その後に生まれた仏教も、インドの、さらにはその他の地域の古代からの土着的要素を数多く受けついでいる。シヴァのもろもろの図像学的特徴およびそれらの象徴意味は、時代を経るに従ってシヴァが徐々に獲得したものである。例えば、シヴァが持つ「頭蓋骨杯に満たされた血」は、M・ウェーバーの指摘するように[①]古代の「血の供犠」をシヴァ崇拝が徐々に吸い上げてきたものと思われる。

このような骨・血崇拝の要素は『リグ・ヴェーダ』におけるルドラ（シヴァ）には明確な特徴としては現れてこないが、『マハーバーラタ』においてシヴァは「頭蓋骨杯をもつもの」と呼ばれている[②]。しかし、シヴァが「血の供犠」とより密接に結びつき、性的オルギーの要素を強くしたのはタントリズム興隆以後である。「人の首の環」、カトヴァーンガなども、「頭蓋骨杯に満たされた血」とほぼ同じ経過をたどったものと思われる。ダマル太鼓も『リグ・ヴェーダ』や『マハーバーラタ』の時代にはシヴァの特徴として確立されていなかったと思われるが、六、七世紀と推定されるバーダーミーの石窟にはダマルをもったシヴァ像が見られる（図13）。

一〇、一一世紀以降、南インドで作られるようになり、後には全インドで有名になった、火炎の輪の中で足を高くかかげて踊るシヴァのブロンズ像の手にはほとんどいつもダマルが握られている（図14）。この

---

① ［ウェーバー　一九七〇：一二六、一三二］［Weber：323，326］［Hasting：Vol. 11，91］参照。

② *Mahābhārata*，Poona Edition，Bhandarkar Oritental Research Instutute，XIII，17，42；100

図 13　踊るシヴァ。右（写真左）の上から第三の手はダマル太鼓を持つ。バーダーミー石窟。山口しのぶ氏撮影

ダマル太鼓はユーラシア大陸のシャーマンたちが手にする太鼓と同じものと考えられ、シャーマニズムの影響が考えられる。

シヴァが被る象の皮は、古代宗教における入門儀礼（イニシエーション）において秘儀を授けられる者が「儀礼において一度死に、再生する」［エリアーデ　一九七五：　第一巻一八〇］ときに被る毛皮を思いおこさせる。『クールマ・プラーナ』（一・三二・二二）には、「千回

図 14　火炎の中で踊るシヴァ。
右の第二臂がダマル太鼓を持つ。
ニューデリー国立博物館蔵

生まれ変わっても解脱はどこか他のところ（趣）で得られるか得られないかであるが、象皮を被れば一回の生において解脱を得ることができる」とある。

血の儀礼、シャーマニズム、古代宗教の入門儀礼、性的オルギーなどというシヴァ崇拝が順次受容してきた諸要素のシンボルは、ヘールカにおいては別の意味を与えられたが、それだからといって古代のシンボリズムをすべて失ったわけではなかった。

ヘールカの場合に限らず仏教タントリズムにおける血の象徴意味は一般に般若の智慧である。この象徴意味は、しかし、観想法を実践する仏教僧つまり専門家向けのものであり、一般大衆や、まだそれほど職業的訓練を積んでいない僧にとっては「頭蓋骨杯の血」は般若の智慧であるよりも、「自分たちの生命体の中に常にあるけれども、日常においてはほとんど見かけず、それの多量の流出は死を約束するもの」として恐怖あるいは畏怖の念を起こすものであった。訓練・経験を積んだタントリストにとってもまた、血は般若の智慧のシンボルであるとともに、今述べたような意味をも有したであろう。古代の「血の供犠」において、血は生命の証でありかつ死と隣り合わせの「聖なるもの」であったと考えられる。

頭蓋骨の数珠、人の首の環、象の皮、ダマル太鼓、カトヴァーンガなどの場合も同様に考えることができる。それらが古代において有していた意味あるいは機能は、仏教タントリズムの時代においては表面に現われなくなり、そのかわりに、仏教的教理の色彩の濃い意味が与えられたのである。とはいえ、その教理的色彩の濃い意味のシステムの下では、古代のシンボリズムがいくつかの層をなしながら明確なかたちではないにせよ根強く生き残ってきた。

今、述べたような「シンボリズムの操作」は、仏教におけるのみではなく、ヒンドゥー教においても行われた。ヒンドゥーや仏教の思想家あるいは彫刻家たちは、それぞれの教理のシステムに基づいてもろもろのシンボルに意味を与え、なおかつ、その「神々」のイメージをとおして古代の普遍的なシンボルの意味をも表現しようとしていたと考えられる。仏教タントリズムは、当時台頭してきていた土着の文化要素を吸い上げ、職業的な知的訓練を受けたものばかりではなく専門的知識のないものたちも参加できるものにならなければならなかった。そのために、視覚的・聴覚的装置がさかんに活用された。彫像は視覚に訴える手段としては最も効果的であった。不特定多数の図像学的特徴が、僧たちには仏教教理に即したシンボルの意味を、一般大衆には古代宗教や土着宗教のシンボルの意味を伝えたのである。チョムスキーのかの有名な呼び方にならって、今、前者のシンボルの意味（象徴意味）を「表面意味」（surface meaning）、後者のそれを「深層意味」（deep meaning）と呼ぶことにしよう。このようにしてわれわれは図15を得ることができる。

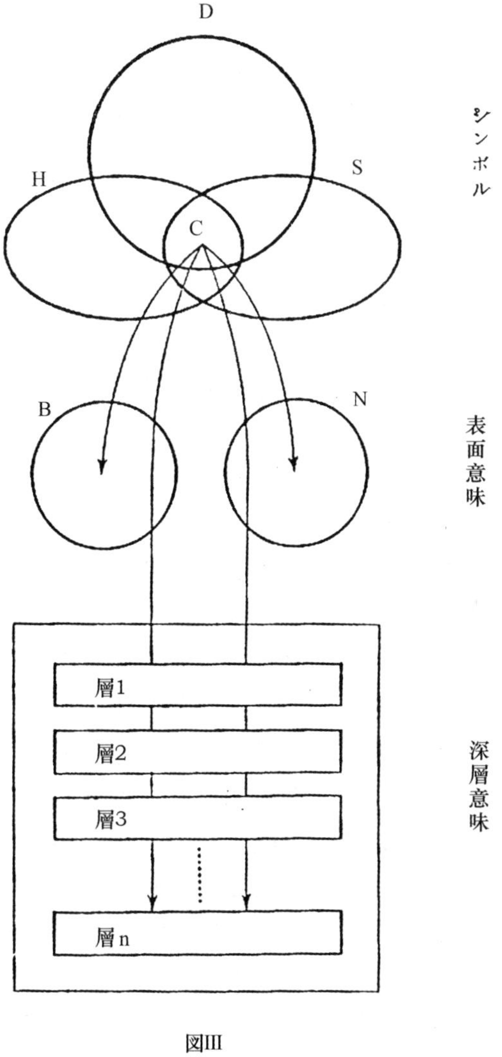

図15　シンボルの**表面意味と深層意味**

深層意味のひとつ「男・女の区別」のシンボリズムについていえ

ば、男性と女性という、生物にとって根本的な両極を世界の二大原理として立て、その二つの相即によって現象世界を説明することはすでに『リグ・ヴェーダ』の創造歌（X. 129）にも見られるが、ヒンドゥー教においてはシヴァとその妃シャクティ①が男・女の二大原理となる。

ヒンドゥー教の基礎的世界観となったサーンキャ思想においては、世界開展の資料因である原物質は女性で活動的であり、原物質の運動を見守り自らは動かない宇宙精神は男性と表象される。

一方、仏教では、般若の智慧は非活動的で女性、方便は活動的で男性である［Dasgupta 1950：113～118］②。このように、男・女の表象の仕方は逆であるが、仏教もヒンドゥー教もともに「男・女の区別」という深層意味を有しているのである。

八　むすび

元来シヴァの従者であったといわれるヘールカはシヴァの諸特徴を受けとり、仏教パンテオンの主要尊となった。一見してシヴァと思われるほどシヴァに似ているヘールカが仏教徒の間で崇拝されたことは、仏教の中においてもヒンドゥーの神のイメージが受容される歴史的状況があったことを意味している。また、シヴァに似るヘールカはしばしばシヴァを足で踏みつけているが、これは、仏教徒たちがヒンドゥー教に対してはある種の反抗的態度を示していたことを推定させる。

ヘールカやシヴァの持物などには仏教およびヒンドゥー教はそれぞれの教理に基づいた象徴意味を与えており、同一のシンボルに与えられた意味は、両者の間で異なっていることがしばしばである。しかし、タントリズムにおいては仏教タントリズムもヒンドゥー・タントリズムも、「血の供養」「男女の区別」「古代宗教のイニシエーション（入門儀礼）における再生のシンボリズム」などの古代宗教あるいは地方文化の諸要素を吸い上げた点で共通している。古代宗教あるいは地方文化の

---

① シヴァとシャクティという二大原理の結合に関する種々の解釈については、［Subrahmanya Sastri and Srinivasan Ayyangar 1972：9～25］［Kumar 1974：84～86］参照。

② ［Gupta 1971：270］

これらの諸要素のイメージを通してタントリストたちは古代の深層意味を読み取るとともに、自分たちの教理に合わせてシンボルを理解し表面意味を与えたのである。シンボルをこのように二重に用いることによってタントリズムは、当時それが有していた教理体系を維持するとともに古代宗教や地方文化の諸要素を自身の中に吸い上げて自身を強化することができた。

三宝三尊形式图研究：尼泊尔佛教万神殿中的佛法僧三尊图

[日] 释迦苏丹

摘　要：加德满都谷地的尼瓦尔佛教继承印度佛教传统，并以此为基础建立各种独特的宗教文化、仪式、教义以及图像，其中较为典型的图像有一面十二臂文殊菩萨、三面六臂持世菩萨以及释迦牟尼证悟后重返蓝毗尼图及108尊观世音像等，都是尼泊尔万神殿中颇受欢迎的神祇。

关键词：尼瓦尔佛教；三宝；三尊图式；曼荼罗；阿阇梨作法集

加德满都谷地尼瓦尔地区的佛教种姓主要来自释迦氏（Śākya），金刚行氏（Vajrācārya）与塔卡氏（Dhākvā），他们与不同佛教寺院（尼瓦尔语中的 vahā，vahī）相联系，并决定着尼泊尔佛教的发展方向。如今尼瓦尔佛教徒仍然保留及传承着各种佛教仪式，虽然这些仪式早在13世纪初即印度佛教衰落之后就已失去了其基础，但尼泊尔佛教仍然是唯一继承印度佛教而幸存下来的佛教。此外，他们所使用的大多数文本都是梵文刻本，这也就是为什么他们能够保留以梵文为基础的佛教之原因。有趣的是，他们的母语是非雅利安的汉藏语系藏缅语族的尼瓦尔语，因此，这种佛教也被称为尼瓦尔佛教。

在今天的尼泊尔佛教中，我们还可以见到一些传统文化的遗迹，并以此为基础建立了各种独特的宗教文化、仪式、教义以及图像。对于尼瓦尔地区的佛教徒来说，一天的生活以宗教活动为始，以祈祷为一天的圆满。皈依世尊 Bhagavānaśaraṇaṃ（Bhagavān）！和皈依多罗女神 Tāremāmaś araṇam！这些似乎是一些宗教用语，但实际上，这些用语就如同“你好”或“早上好”之类的问候语。漫步穿梭于加德满都山谷地的街道，就仿佛置身于中世纪的古城之中，此外，还可以看到成百上千幅带有铭文的各类佛、菩萨造像，这些造像不仅装饰在寺庙的墙壁、大门、窗户和柱子上，而且还被装饰在公众和私人房屋中。可以毫不夸张地说，佛教在尼泊尔更像是一种生活习俗，而非宗教。

本文主要介绍“三宝三尊形式图”，亦可称为“佛法僧形式图”，这是一组由释迦牟尼、般若波罗蜜多菩萨与观世音菩萨组合而成的三尊式样图。这类的三尊图通常被装饰在各个寺庙的墙上、走廊及拱门处，另外，还可在佛塔、佛经写本及碑刻中见到。下面笔者将重新考察与追溯这组图式在尼泊尔历史上的来源。

一　佛法僧三尊图及其演变

有很多典型的尼泊尔图像被认为是在尼瓦尔佛教文化的影响下发展起来的。其中较为典型的图像有一面十二臂文殊菩萨（Nāmasaṃgīti-Mañjuśrī，图 1），三面六臂女持世女菩萨（VasudhārāBodhisattva，图 2）以及释迦牟尼证悟后重返蓝毗尼图（图 3）及 108 尊观世音像等，这些都是尼泊尔万神殿中颇受欢迎的神祇。

图1　文殊菩萨（Nāmasaṃgīti- Mañjuśrī）

图2　持世菩萨（Vasudhārā Bodhisattva）

图 3　释迦牟尼重返蓝毗尼图

笔者一直致力于研究尼泊尔图像的起源，前期已对文殊菩萨（Nāmasaṃgīti-Mañjuśrī）[①]，持世尊（Vasudhārā deity）[②] 与释迦牟尼重返蓝毗尼图像进行了相关研究[③]，并对尼泊尔万神殿中的此类图像进行溯源及其演变进行研究。本文所考察的“三宝三尊形式图”（Tri-ratna-Icon），也称为“佛法僧形式图”（Buddha-Dharma-Saṃgha-Icon），这些图像研究是理解以梵文为基础的传统佛教的重要因素。

二　佛法僧曼荼罗之来源

在探讨本论的主题之前，笔者想先对佛法僧曼荼罗之来源略作总结[④]，这对于理解三宝三尊形式图（三位神祇）至关重要。

可以毫不夸张地说，曼荼罗的兴起被认为是佛教密教仪轨中最重要的组成部分之一。在尼泊尔佛教中，虔敬语“皈依三宝”通常在佛教仪式

① 文殊图像研究，详见 Shakya 2008。

② 持世女神的图像研究，详见 Shakya 2012。

③ 释迦牟尼重返蓝毗尼图像研究，详见 Shakya 2016。

④ 2017 年在大理国际密教会议上发表的三宝曼荼罗（Tri-ratnaMaṇḍala）的来源是《阿阇梨作法集》（*Ācāryakriyāsamuccaya*），“佛法僧图式”亦是从其发展而来的。详见 Shakya 2015。

开始时被唱诵，被认为可以净化身、语、意。在任何仪式中，三宝曼荼罗都被认为是敬供三宝的一部分，三宝曼荼罗（梵语：triratna-maṇḍala）或被制作成具体的图形展现，或用于观想。

八语自在曼荼罗通常也被认为是佛曼荼罗（Buddha-maṇḍala）、法曼荼罗（Dharma-maṇḍala）、僧曼荼罗（Saṃgha-maṇḍala），也可以用来观想。敬奉三宝祈求避难的仪式也被用于 Nitya-karma，Vrata 等复杂仪轨中。以下将进行相关概述。[①]

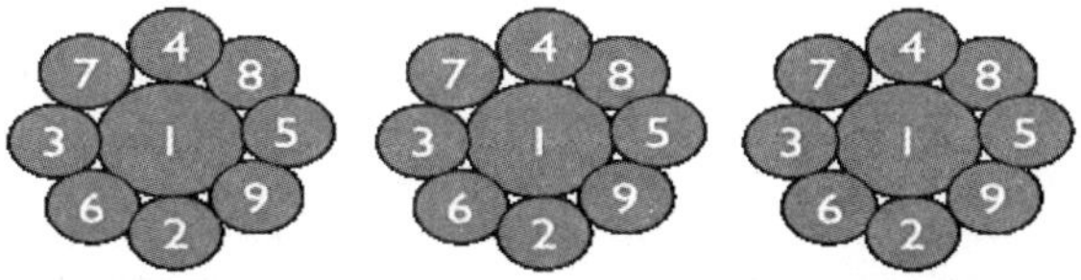

图4　佛曼荼罗　　法曼荼罗　　僧曼荼罗

表1　三宝曼荼罗及其神祇

曼荼罗方位	佛曼荼罗 Buddhamaṇḍala	法曼荼罗 Dharmamaṇḍala	僧曼荼罗 Saṃghamaṇḍala
中央 madhya	1. 毗卢遮那佛 Vairocana	1. 《般若波罗蜜经》 *Prajñāpāramitā*	1. 观音菩萨 Avalokiteśvara
东 pūrva	2. 阿闳佛 Akṣobhya	2. 《华严经·法界品》 *Gaṇḍhavyūha*	2. 弥勒菩萨 Maitreya
南 dakṣiṇa	3 宝生佛 Ratnasambhava	3. 《十地经》 *Daśabhūmika*	3. 虚空藏菩萨 Gaganagañja
西 paścima	4. 阿弥陀佛 Amitābha	4. 《三昧王经》 *Samādhirāja*	4. 普贤菩萨 Samantabhadra
北 uttara	5. 不空成就佛 Amoghasiddhi	5. 《入楞伽经》 *Laṃkāvatāra*	5. 金刚手菩萨 Vajrapāṇi

① 详见 Shakya 2015：212－217 页。

续表

曼荼罗方位	佛曼荼罗 Buddhamaṇḍala	法曼荼罗 Dharmamaṇḍala	僧曼荼罗 Saṃghamaṇḍala
东南 āgneya	6. 佛眼母 Locanā	6.《法华经》 *Saddharmapuṇḍarīka*	6. 文殊菩萨 Mañjughoṣa
西南 nairṛtya	7. 么莫枳 Māmakī	7.《如来秘密经》 *Tathāgataguhyaka*	7. 除盖障菩萨 Sarvanivāraṇavi ṣkaṃbhin
西北 vāyuvya	8. 白衣 Pāṇḍarā	8.《方广大庄严经》 *Lalitavistara*	8. 地藏菩萨 Kṣitigarbha
东北 aiśānya	9. 多罗 Tārā	9.《金光明经》 *Suvarṇaprabhāsa*	9. 虚空库菩萨 Khagarbha

正如图 4 所示，佛曼荼罗 ①毗卢遮那佛（Vairocana）位于中央，被②阿閦佛（Akṣobhya），③宝生佛（Ratnasambhava），④阿弥陀佛（Amitābha），⑤不空成就佛（Amoghasiddhi），⑥佛眼母（Locanā），⑦么莫枳（Māmakī），⑧白衣（Pāṇḍarā）与 ⑨多罗（Tārā）这 8 位神祇围绕。其中 4 位（②-⑤）是佛，另外 4 位（⑥-⑨）为女性神祇，他们位列的方向如表 1 所示。

在法曼荼罗中，则以经典取代神祇，如此①《般若波罗蜜经》（*Prajñāpāramitā*）位列中央，被②《华严经·法界品》（*Gaṇḍhavyūha*），③《十地经》（*Daśabhūmika*），④《三昧王经》（*Samādhirāja*），⑤《入楞伽经》（*Laṃkāvatāra*），⑥《法华经》（*Saddharmapuṇḍarīka*），⑦《如来秘密经》（*Tathāgataguhyaka*），⑧《方广大庄严经》（*Lalitavistara*），⑨《金光明经》（*Suvarṇaprabhāsa*）八部经典围绕，故在法曼荼罗中是一组经曼荼罗。另外，这组又被称为"Navagrantha"或"Navadharma"。这些是尼泊尔佛教的基础，接下来，笔者将例证出法曼荼罗即为 Navadharma 的源头。其位置如表 1。

在僧曼荼罗中，观音尊被置于中央，并被②弥勒菩萨（Maitreya），③虚空藏菩萨（Gaganagañja），④普贤菩萨（Samantabhadra），⑤金刚手菩萨（Vajrapāṇi），⑥文殊菩萨（Mañjughoṣa），⑦除盖障菩萨（Sarvanivāraṇaviṣkaṃbhin），⑧地藏菩萨（Kṣitigarbha）与⑨虚空库菩萨

Khagarbha 8 位菩萨围绕，如图 4 所示。

《阿阇梨作法集》（*Ācāryakriyāsamuccaya*）的作者是尼泊尔著名学僧 Jagaddarpaṇa，这部经典在 12—13 世的纪尼泊尔非常盛行，也是尼泊尔佛教寺院密教仪式所依之根本来源。正如笔者发表的上一篇论文所述，这部文本也是上文所提到三宝曼荼罗的来源。其中关于三宝曼荼罗内容如下：

在对瞿摩夷（Gomayagāthā）① 引用后，三宝曼荼罗展开。在佛曼荼罗中，阿闳佛被毗卢遮那佛、宝生佛、不空成就佛围绕。法曼荼罗中，Yoginīniruttara-tantra 被事部、行部、瑜伽部所围绕。僧曼荼罗中，世自在被弥勒菩萨、虚空藏菩萨、普贤菩萨、金刚手菩萨、文殊菩萨、除盖障菩

---

① 《金光明经》中有关于 Gomayagāthā 的解说，关于这一点详见笔者即将发表的文章《尼泊尔佛教中的〈金光明经〉》，释迦苏丹，2018，笔者在此对建瞿摩夷曼荼罗进行略说：

《金光明经》是大乘佛教中的一部经典，但其内容包含了密教仪轨。在此经第八品《辩才天女品》中描述了瞿摩夷曼荼罗（牛粪作坛），这是密教仪轨中的净化次第。即使是在今天，建制曼荼罗时，通常也会以牛粪红土相混合，故称为瞿摩夷曼荼罗（Gomayamaṇḍala）或瞿摸怛罗（Gomaṇḍala），在尼泊尔建此坛，是仪轨前所通用的净化步骤。

梵文文献，Bagchi 1967：56（*Suvarṇaprabhāsa - sūtra*，Sarasvatīdevīparivarta）

gomayamaṇḍalaṃ kṛtvā muktapuṣpāṇi sthāpayet/

suvarṇabhāṇḍe rūpyabhāṇḍe madhureṇa sthāpayet// 5 // varmitāśca puruṣāste catvāri tatra sthāpayet/

kanyāḥ subhūṣitāḥ nyastāścatvāro ghaṭadhāriṇyaḥ | //6 //

中译本：

昙无谶译（《金光明经·大辩天品》，《大正藏》No. 664，386c）：

以牛粪涂地，纵广七肘以为道场，以华散著道场中。

义净译（《金光明最胜王经·大辩才天女品》，《大正藏》No. 665，435a）：

若乐如法洗浴时，应作坛场方八肘。

可于寂静安隐处，念所求事不离心。

应涂牛粪作其坛，于上普散诸花彩。

对曼荼罗 maṇḍala 的翻译，昙无谶译为“道场”，义净译为“坛场”。此外，在《大日经》（*Mahāvairocanatatra*，《具缘品》，6—7 世纪）中也有建瞿摩夷曼荼罗的记载：牛粪（gomaya）和牛尿（gomūtra）混合并涂抹在地面上，然后按照下面香水的要求进行净化。*namaḥ samantabuddhānām apratisame gagamasame samantānugate prakṛtivi śuddhe dharmadhātuvi śodhane svāhā* //

善无畏译（《大毗卢遮那成佛神变加持经》卷 1，《大正藏》No. 848，5a）：

秘密主，如是所说处所，随在一地治令坚固，取未至地瞿摩夷及瞿摸怛罗，和合涂之。次以香水真言洒净。

即说真言曰：南么三曼多勃驮喃一，凡真言中有平声字，皆稍上声呼之，以下准此阿啰二合底丁以反，下同三迷二伽伽那三迷三三么多奴揭帝四钵啰二合吃雫二合底微输上睇五达摩驮睹微戍达六莎诃。

萨、地藏菩萨、智最上所围绕。①

在佛曼荼罗中，阿閦佛位于中央，被四佛所围绕，这组五佛最初出现在《一切如来真实摄大乘现证三昧大教王经》（*Sarvatathāgatatattvasaṃgraha*）金刚界曼荼罗中。但是值得一提的是，秘密集会曼荼罗（Guhyasamāja-maṇḍala）中位于中央的阿閦佛取代了金刚界曼荼罗中的毗卢遮那佛，再将四位女性神祇加入该组中，即组合成尼泊尔各种仪式中的九位神祇的“佛曼荼罗”。

同样，在法曼荼罗（Dharma-maṇḍala）中，Yoginīniruttara-tantra 被另外四密续所围绕，这组即五密续之名称。也可以说，任何神祇抑或是任何经典都可以置于曼荼罗中，即以特殊的大乘经典来表法曼荼罗。三宝曼荼最后一组是僧曼荼罗，这是一组由九位菩萨所构成的曼荼罗，世自在位于中央，其中只有智最上（Jñānottara）取代了虚空库菩萨（Ākāśagarbha）的位置。②

表2 《阿阇梨作法集》（*Ācāryakriyāsamuccaya*）中的三宝曼荼罗及其神祇体系

佛曼荼罗 Buddha-maṇḍala	法曼荼罗 Dharma-maṇḍala	僧曼荼罗 Saṃgha-maṇḍala
1. 阿閦佛 Akṣobhya	1. Yoginīniruttara-tantra	1. 观音 Lokeśvara
2. 毗卢遮那佛 Vairocana	2. Kriyā	2. 弥勒 Maitreya

① 此部分原写本文献，尼泊尔国立档案馆保存。（Moriguchi 1989：10；Mf. B103/11，237b4－8）与钱德拉 1977：159b（318）：

（237b4－8）*tato dānaṃ gomayagāthāpāthapūrvakaṃ trīṇimaṇḍalāni trīṇimaṇḍalāni kuryāt // tatra vairocanaratnasaṃbhvāmitābhāmoghasiddhirarivṛtākṣobhyanāyakaṃbuddhamaṇḍalaṃ // kriyācaryāyogayoginītantraparivṛtayo* ［*gi*］ *nīniruttaratantranāyakaṃdharmamaṇḍalaḥ // maitreyagaganagañjasamantabhadravajrapāṇimañjughoṣasarva－ṇīvaraṇaviṣkambhikṣitigarbhajñānottaraprivṛtlokeśvaranāyakaṃ saṃghamaṇḍalaṃ/*

② 在英国图书馆藏 霍奇森（Hodgson）文集中收录有相似的三宝三尊图梵文写卷（第26卷130－131叶）。关于该内容，笔者将在本文基础上另作对照研究。霍奇森文集目录详见下网址：http：// catalogue2. socanth. cam. ac. uk：8080/exist/servlet/db/Hodgson/chunkhtml/vol026. html（于2018年5月浏览）。

续表

佛曼荼罗 Buddha-maṇḍala	法曼荼罗 Dharma-maṇḍala	僧曼荼罗 Saṃgha-maṇḍala
3. 宝生佛 Ratnasambhava	3. Caryā	3. 虚空库 Gaganagañja
4. 阿弥陀佛 Amitābha	4. Yoga	4. 普贤 Samantabhadra
5. 不空成就佛 Amoghasiddhi	5. Yoginītantra	5. 金刚手 Vajrapāṇi
		6. 文殊音 Mañjughoṣa
		7. 除盖障 Sarvanivāraṇaviṣkaṃbhin
		8. 地藏 Kṣitigarbha
		9. 智最上 Jñānottara

三　三宝三尊形式图组合

如上所述，《阿阇梨作法集》（*Ācāryakriyāsamuccaya*）中三曼荼罗的构成与三宝三尊形式图相似。因此，当代尼泊尔传统佛教中所见的三宝三尊形式图是从《阿阇梨作法集》中的三曼荼罗发展而来。此外，尼泊尔当代流传最广的一种三宝三尊形式图（图5），是将释迦牟尼佛置于中央，其左边与右边分别是观世音与般若波罗蜜多菩萨，即是从这部经典而来。① 从尼泊尔所保留的种类繁多的图像资料来看，三宝三尊形式图也并非一定是由三尊构成，其方位亦不固定。

1. 图像资料中的三宝三尊形式图

无论是《阿阇梨作法集》（Ācāryakriyāsamuccaya）或是其他仪轨文献

① Shakya 2015：218 – 220.

资料中都有关于三宝三尊形式图的记载。因此我们需要凭借尼泊尔地区所保留的图像资料进行研究，本文选取部分图像资料呈现。

2. 不同样式的释迦三宝三尊形式图：释迦牟尼佛、般若波罗蜜多与观音菩萨

在大多数三宝三尊形式图中，释迦牟尼佛位于中央，般若波罗蜜多菩萨与观世音菩萨在其左侧与右侧，形成三宝三尊图（图 5）。最初，释迦牟尼佛结触地印（bhūmisparsa-mudrā），有时释迦牟尼带冠（图 6），如帕坦地区的 Ukubaha 寺院木门（梵文 toraṇa）上所刻。

图 5　尼泊尔金庙佛法僧形式图：般若波罗蜜、释迦牟尼佛、观音

尼泊尔，帕坦

如图 5 所示，释迦牟尼右侧是般若波罗蜜多菩萨，此处非常有必要说明，般若波罗蜜多菩萨在法曼荼罗中占中央地位，她有四臂，前两臂持说法印（dharmacakramudra），后两臂一手持念珠，一手持经典。

同样，释迦牟尼佛左侧是观世音菩萨，亦称“六字观音”（Śaḍākṣara－Avalokiteśvara）。四臂观音前两臂持合掌印（añjalimudrā），后两臂右手持念珠，左手持莲花。三尊皆金刚跏趺坐（Vajraparyaṃka）。

由于释迦牟尼佛与般若波罗蜜、观音一同出现在三式图中，所以可以将其命名为尼泊尔式三尊图，也被视为三宝三尊形式图中传统图式。但有时两尊菩萨仅以两臂样态出现，通常般若波罗蜜菩萨手持经典，而观音持莲花为基本特征，这一样式在尼泊尔所发现三尊图中都可以看到。

图 7 中彩绘释迦牟尼佛三尊图式是 18 世纪所存留下来的图像资料，

图6　佛法僧形式图：般若波罗蜜、释迦牟尼佛、观音

Ukubaha 寺院木门，帕坦

现在被住在帕塔（Lalitpur）的 Baregam 个人收藏。图像中的般若波罗蜜多菩萨是红色，观音是白色。图 8 是赫拉特塔（Hāratī Pagoda）上释迦牟尼佛三尊。图 9 是石塔上刻释迦牟尼三尊。图 10 是 Svayambhū 院内赫拉特（Hāratī）塔身上的三尊像。这些都与图 5 一样，属于传统样式的三尊图式。

图7　《般若波罗蜜多经》（*Prajñāpāramitā*）写本中的释迦牟尼佛三尊

图8　释迦牟尼佛三尊塔
尼泊尔帕坦

图9　释迦牟尼佛三尊
斯旺那布寺（Svayambhū）

释迦牟尼佛三尊图式还可见于碑刻上（图 11），其上的碑铭刻有尼泊尔 779 年（公元 1659）题款，现保存于斯旺那布寺庙（Svayambhū）的博物馆中。

图 12 释迦牟尼佛与左侧 4 臂般若波罗蜜多菩萨与右侧 2 臂观世音菩萨排列，此为另一样式的释迦牟尼三尊图式。

图 13 石刻三尊图被尼泊尔国立博物馆所保存，是另外一种新样式的三尊图。释迦牟尼佛结触地印，般若波罗蜜多四臂，与传统图式相似，观音为两臂，右手结与愿印，左手持莲花。有趣的是，图 14 为彩绘图，绘于《金光明经》（Suvarṇaprabhāsa）写本封面上，中央尊是蓝色，般若波罗蜜多菩萨是橙色，观音是红色。从中央所绘佛像颜色上来判断，因为阿闳佛，这与上面所提到的《阿阇梨作法集》（Ācāryakriyāsamuccaya）极为相似。红色观音也成为莲华手菩萨（Padmapāṇi），是变化观音中流传较广的一种。

图10 赫拉特塔（Hāratī Pagoda）上释迦牟尼佛三尊

斯旺那布寺（Svayambhū）

有趣的是图 14 似乎是依照图 13 而彩绘的版本，图 14 为《金光明经》（Suvarṇaprabhāsa）写本封面，中央尊是蓝色，般若波罗蜜多菩萨是橙色，观音是红色。从中央所绘佛像颜色上来判断，因为阿闳佛，这与上面所提到的《阿阇梨作法集》（Ācāryakriyāsamuccaya）极为相似。同样，观音左手持莲华，成为莲华手菩萨（Padmapāṇi），是尼泊尔流传较广的变化观音之一。

图 15 是刻在加德满都寺庙拱形门上的图像，与 14 图较为相似。图 16 刻于托拉那（Toraṇa），是另一种形式的释迦牟尼佛三尊图式，中央尊持触地印，观音位于其右侧，般若波罗蜜多菩萨在其左侧，也就是说这两位菩萨也会变化位置。

在图 17 中，中央尊是法界语自在曼荼罗（Dharmadhātuvāgīśvara-maṇḍala）中所描述的四面八臂毗卢遮那佛，其左右侧分别是般若波罗蜜多菩萨与观世音菩萨，所以也可以称为毗卢遮那佛三尊式图。图 18 是公元 1125 年所流传下来刻画在银制《般若波罗蜜多经》的封面上的图像，其中央尊是 Bodhyagra 毗卢遮那佛，其手印为右手握紧左手食指式。这一毗

图 11　释迦牟尼佛三尊石刻

斯旺那布寺（Svayambhū）

卢遮那佛图式即 Vrata 仪轨文献及其他文献中所述的三宝三尊形式图。

此外，图 19 与图 20 是加德满都寺院中所见的《文殊真实名义经》文殊三尊图。其中央尊为 12 臂文殊菩萨，此尊取代了释迦牟尼佛、阿闳佛及

图 12 佛法僧形式图：释迦牟尼佛、般若波罗蜜、观音

图 13 释迦牟尼佛三尊石刻像

尼泊尔国立博物馆，加德满都

图 14　《金光明经》写本封面上的释迦牟尼佛三尊

私人藏，帕坦

图 15　托拉那（Toraṇa）彩绘释迦牟尼佛三尊式

图 16　托拉那（Toraṇa）彩绘释迦牟尼佛三尊式

图 17　加德满都毗卢遮那佛三尊式图

图 18　《般若波罗蜜多经》写本封面释迦牟尼佛三尊式

帕坦

毗卢遮那佛，文殊菩萨是从《文殊真实名义经》而来，然而经典中并没有与图像相对应的描述。在《文殊真实名义经》中，文殊菩萨被描述为本初佛、原初佛，同时，他又被诠释为法界语自在（Dharmadhātuvāgiśvara），有时他会替代毗卢遮那佛。《文殊真实名义经》的图像是受尼泊尔宗教文化影响应运而生的（见释迦 2008）。

图 21、图 22 是七尊式图。此类组合通常可以在尼泊尔佛教寺院，特

图 19 加德满都《圣妙吉祥真实名经》文殊师利（Nāmasaṃgīti-Mañjuśrī）三尊式

图 20 加德满都《圣妙吉祥真实名经》文殊师利（Nāmasaṃgīti-Mañjuśrī）三尊式

别是加德满都地区寺院的墙壁上看到。中央的五尊即金刚界曼荼罗中的毗卢遮那佛、阿閦佛、宝生佛、阿弥陀佛、不空成就佛五佛，毗卢遮那佛位于中央，五佛左、右侧分别是观音菩萨与般若波罗蜜多菩萨。这组也代表上文所提到的佛法僧形式图中的佛曼荼罗。

图21 佛法僧形式图：般若波罗蜜（右），五佛（中央），观音（左）

金庙墙壁，帕坦

图22 佛法僧形式图：般若波罗蜜（右），五佛（中央），观音（左）

Bu-baha 墙壁，帕坦

结　论

如上所述，本文探讨了共11种类型的三宝三尊形式图，这11类以表格形式概括如下：

表3　　　　　　　　　　**三宝三尊图式类型**

类型	图式	右	中央	左	备注
类型1	释迦牟尼三尊图，图5，8，9，10，11	般若波罗蜜，四臂	释迦牟尼佛	四臂观音	托兰那（Toraṇa）（图5）；佛塔墙壁（图8）；塔（图9）；石刻（图10）；碑刻（图11）
类型2	释迦牟尼三尊式，图6	四臂般若波罗蜜多	释迦牟尼佛，戴冠	四臂观音	托兰那（Toraṇa）
类型3	释迦牟尼三尊式，图7	红色四臂般若波罗蜜多	释迦牟尼佛，赭色	白色四臂观音	彩绘写本
类型4	释迦牟尼三尊式，图12	释迦牟尼	四臂般若波罗蜜多	二臂观音	托兰那（Toraṇa）
类型5	释迦牟尼三尊式，图13	四臂般若波罗蜜多	释迦牟尼佛	二臂观音	石刻
类型6	释迦牟尼三尊式，图14，15	橙色四臂般若波罗蜜多	释迦牟尼佛（阿閦佛）	红色二臂观音	写本封面（图14），托兰那（Toraṇa）（图15）
类型7	释迦牟尼三尊式，图16	二臂观音	释迦牟尼佛	四臂般若波罗蜜多	托兰那（Toraṇa）
类型8	Vairocana Triad 图17	二臂观音	毗卢遮那佛，四面八臂	四臂般若波罗蜜多	托兰那（Toraṇa）
类型9	毗卢遮那佛三尊式，图18	四臂般若波罗蜜多	毗卢遮那佛，一面二臂	二臂观音	写本封面

续表

类型	图式	右	中央	左	备注
类型10	《文殊真实名义经》中的文殊菩萨三尊式，图19，20	二臂观音	《文殊真实名义经》中的文殊菩萨，一面十二臂	二臂般若波罗蜜多	托兰那（Toraṇa）
类型11	图21，22	四臂般若波罗蜜多（图21） 二臂（图22）	五佛	四臂观音（图21）；二臂观音（图22）	寺庙墙壁

在三宝三尊形式图或佛法僧形式图中我们可以看到，其中央尊格即代表佛曼荼罗的主尊佛会被换成其他佛，而三尊式图中代表法曼荼罗与僧曼荼罗的般若波罗蜜菩萨与观音菩萨的位置也会互换。虽然释迦牟尼佛三尊图式是传统三宝三尊形式图，但除此之外还衍生出如阿闳佛尊式、毗卢遮那佛尊式、文殊菩萨尊式及七佛菩萨尊式图，这些独特组合图式都源自12—13世纪《阿阇梨作法集》（*Ācāryakriyāsamuccaya*），或其他仪轨文献如日常礼拜仪式 Nityakarma 与其他复杂仪式中所记载的三宝三尊形式图，这些图像及文献资料对尼泊尔佛教的发展有着极大的意义和价值。

（作者释迦苏丹，种智院大学教授；译者王小蕾，陕西省社会科学院研究人员）

A Study on the Tri-ratna-Icon: The Buddha-Dharma-Saṃgha Triad Found in Nepalese Buddhist Pantheon

Sudan Shakya

The major Buddhist castes from the Newar community in Kathmandu Valley are Śākya, Vajrācārya, Dhākvā, who are associated with various Buddhist monasteries (*vahā*, *vahī* in Newar language), and are responsible for the present state of Nepalese Buddhism. The Newar Buddhists still involve in various Buddhist rituals, which lost their foundation after the decline of Buddhist traditions in the early 13th century in Indian. Nepalese Buddhism is the only survival Buddhism that inherits Indian Buddhism. Again, most of texts they used are scribed in Sanskrit. That is why they are able to maintain the Sanskrit-based Buddhist esoterism as well. Interestingly, they speak their mother tongue Newari, the non-Aryan Tibeto-Burma language, and thus this Buddhism is also called Newar Buddhism.

In Nepalese Buddhism, we can find several typical expansions, and based on them various unique religious culture, rituals, doctrines as well as icons are established. For the Newar Buddhists, the day begins with religious act and ends with praying. "Bhagavānaśaraṇaṃ!" (Refuge to Bhagavān; 帰依世尊) and "Tāre māmaśaraṇam" (I take refuge to Tārā deity; 帰依多羅女尊) seems to be some religious phrases. However, these are words of greeting such as "Hello" or "Good morning". Strolling through the streets of Kathmandu valley, one can explore the medieval landscape. In addition, you can see thousands of *buddhas*, *bodhisattvas* together with various sculptures of religious motifs, which decorate not only walls, gates, windows and pillars of the monasteries but also the public and private houses. It will not be exaggeration to say that in Nepal the Buddhism is therefore a custom in life rather than as a religion.

This paper focuses on the Tri-ratna-Icon (Three Jewels-icon; 三宝三尊形式図), which is also known as Buddha-Dharma-Saṃgha-Icon (仏法僧形式図), a set of three deities where Śākyamuni appears in a triad with Prajñāpāramitā and Avalokiteśvara. These are dotted across the walls and arched doorways (Skt. *toraṇa*) of various Buddhist monasteries, as well as in *stupā*, the manuscripts and inscriptions. I will reconsider its source and analyze the types of this set icon that exists in Nepal.

The Buddha-Dharma-Saṃgha-Icon and its Variation

There are many typical Nepalese icons that are believed to have been developed under the influence of Newar Buddhist culture. The one-faced twelve-armed Nāmasaṃgīti- Mañjuśrī (Plate1), three-faced six-armed female deity Vasudhārā (Plate 2), the icon of Śākyamuni's Lumbini-visit after his enlightenment (Plate 3), a group icons of Hundred-eight Avalokiteśvaras, etc. are some of them which are vey much popular icons in Nepalese Buddhist Pantheon.

Plate 1 Nāmasaṃgīti- Mañjuśrī

Plate 2 Vasudhārā

Plate 3 The Icon of Śākyamuni's Lumbini visit

I have been involving in exploring the Nepalese origin icons, and among them I have already studied on the icons of Nāmasaṃgīti-Mañjuśrī,[①] Vasudhārā deity[②] and the Śākyamuni's Lumbini-visit[③], and revealed the source and variation of those icons found in the Nepalese pantheon. Moreover, this paper dealt with the Tri-ratna-Icon also called Buddha-Dharma-Saṃgha-Icon. These are important elements to understand the change and continuity of Sanskrit-based Buddhist tradition.

The source of Tri-ratna Maṇḍala

Before discussing on the main topic of this article, I would like to summarize[④] on the source of Tri-ratna Maṇḍala, as it is essential to understand the Tri-ratna-Icon, set of three deities.

① For detail on the icons of Nāmasaṃgīti-Mañjuśrī, see Shakya 2008.

② For detail on the icons of female deity Vasudhārā, see Shakya 2012.

③ For detail on the icons of Śākyamuni's Lumbini-visit, see Shakya 2016.

④ In my last presentation at the International Esoteric Conference 2017 held at Dali, I had already revealed that the source of the Tri-ratna Maṇḍala (三宝曼荼罗) is *Ācāryakriyāsamuccaya* (阿阇梨作法集) and the 'Buddha-dharma-saṃgha-icon' is also developed from them. For detail, see also Shakya 2015.

It is no exaggeration to say that erection of Maṇḍala is one of the basic components of rituals in esoteric Buddhism. In Nepalese Buddhism, the devotional phrase "namo ratnatrayāya" (refuge in three jewels 归依三宝) is chanted especially at the beginning of esoteric rite, and is believed to purify the body, speech and mind. Prior to constructing the root maṇḍala in any ritual, as a part of devotional action to take refuge in the three jewels, three kinds of maṇḍalas (*Skt.* triratna-maṇḍala、三宝曼荼罗) are either sketched on the designated site (ground) or visualized in mind. These are eight-spoked maṇḍalas which are known as the Buddha-maṇḍala (仏曼荼罗), Dharma-maṇḍala (法曼荼罗), and Saṃgha-maṇḍala (僧曼荼罗). This devotional act to take refuge the three jewels is still practiced in various complex rites such as Nitya-karma, Vrata etc, the following gives an outline of its content. ①

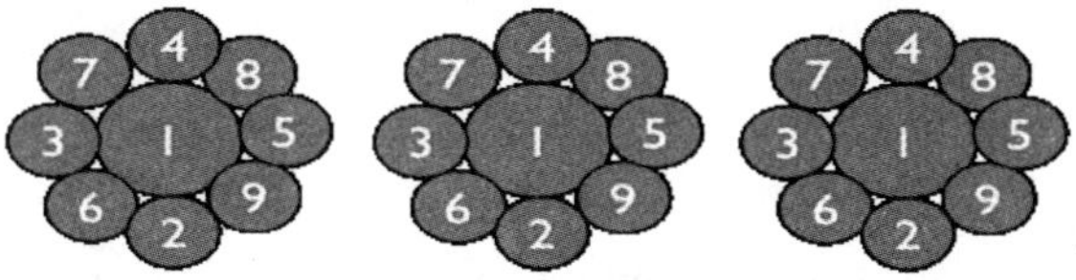

Plate. 4 The Buddha-maṇḍala The Dharma-maṇḍala The Saṃgha-maṇḍala

Table 1 Three-jewels-maṇḍalas and their Deities

曼荼罗 / 方向	仏曼荼罗 Buddhamaṇḍala	法曼荼罗 Dharmamaṇḍala	僧曼荼罗 Saṃghamaṇḍala
中央 madhya	1. 毘卢遮那仏 Vairocana	1. 『般若波罗蜜経』 *Prajñāpāramitā*	1. 观音菩萨 Avalokiteśvara
东 pūrva	2. 阿閦仏 Akṣobhya	2. 『华厳経』「法界品」 *Gaṇḍhavyūha*	2. 弥勒菩萨 Maitreya
南 dakṣiṇa	3. 宝生仏 Ratnasambhava	3. 『十地経』 *Daśabhūmika*	3. 虚空蔵菩萨 Gaganagañja
西 paścima	4. 阿弥陀仏 Amitābha	4. 『三昧王経』 *Samādhirāja*	4. 普贤菩萨 Samantabhadra
北 uttara	5. 不空成就仏 Amoghasiddhi	5. 『入楞伽経』 *Laṃkāvatāra*	5. 金刚手菩萨 Vajrapāṇi

① For detail see Shakya [2015: 212 - 217].

续表

曼荼罗 / 方向	仏曼荼罗 Buddhamaṇḍala	法曼荼罗 Dharmamaṇḍala	僧曼荼罗 Saṃghamaṇḍala
东南 āgneya	6. 仏眼 Locanā	6. 『法华経』 Saddharmapuṇḍarīka	6. 文殊菩萨 Mañjughoṣa
南西 nairṛtya	7. 么莫枳 Māmakī	7. 『如来秘密経』 Tathāgataguhyaka	7. 除盖障菩萨 Sarvanivāraṇaviṣkaṃbhin
西北 vāyuvya	8. 白衣 Pāṇḍarā	8. 『方広大荘厳経』 Lalitavistara	8. 地蔵菩萨 Kṣitigarbha
北东 aiśānya	9. 多罗 Tārā	9. 『金光明経』 Suvarṇaprabhāsa	9. 虚空库菩萨 Khagarbha

As shown in the Plate 4, in the Buddha-maṇḍala, ①Vairocana Buddha is its central deity, who is surrounded by the following another eight deities: ②Akṣobhya, ③Ratnasambhava, ④Amitābha, ⑤Amoghasiddhi, ⑥Locanā, ⑦Māmakī, ⑧Pāṇḍarā and ⑨Tārā, consisting four (② – ⑤) Buddhas and four (⑥ – ⑨) female deities, and their directions are shown in Table 1.

In the Dharma-maṇḍala, instead of the deities, the Scriptures are installed or visualized. In this case, the ①*Prajñāpāramitā* occupies the central position, and following eight Mahāyāna Scriptures surround it: ②*Gaṇḍhavyūha*, ③*Daśabhūmika*, ④ *Samādhirāja*, ⑤ *Laṃkāvatāra*, ⑥ *Saddharmapuṇḍarīka*, ⑦ *Tathāgataguhyaka*, ⑧*Lalitavistara*, ⑨*Suvarṇaprabhāsa*. Thus the Dharma-maṇḍala is the group of nine scriptures. Again, this very group is known as the "Navagrantha" or "Navadharma", which are the foundation of Nepalese Buddhism. Here it will be sufficient to point out that Dharma-maṇḍala is the source of the "Navadharma" . For direction see Table 1.

Moreover, ①Avalokiteśvara is placed at the center of Samgha-maṇḍala, who is surrounded by following *bodhisattvas* ②Maitreya, ③Gaganagañja, ④Samantabhadra, ⑤Vajrapāṇi, ⑥Mañjughoṣa, ⑦Sarvanivāraṇaviṣkaṃbhin, ⑧Kṣitigarbha and ⑨Khagarbha as shown in Plate 4.

The *Ācāryakriyāsamuccaya* (『阿阇梨作法集』), authored by Jagaddarpaṇa, a scholar-monk from Nepal flourished in 12 – 13CE, is a fundamental source for the esoteric rituals practiced at Nepalese Buddhist monasteries. As already revealed in my last presentation, this very text is the source of above-mentioned the Tri-ratna Maṇḍala that states as follow:

After completing the recitation of Gomayagāthā[①], the three maṇ ḍ alas should be undertaken. Ak ṣobhya surrounded by Vairocana, Ratnasambhava, Amitābha and Amoghasiddhi is the Buddha-maṇḍala. The Yoginīniruttara-tantra circled by Kriyā Caryā, Yoga, and Yoginītantra is the Dharma-maṇḍala. Lokeś vara surrounded by Maitreya, Gaganagañja, Samantabhadra, Vajrapāṇi,

---

① *The Suvarṇaprabhāsa* explains about the Gomayagāthā about which I had mentioned in my the forthcoming paper ("*The Suvarṇaprabhāsa* in the Nepalese Buddhism" Shakya2018). And I summarized here about the Gomayagāthā that is recited to make Gomayamaṇḍala.

The *Suvarṇaprabhāsa-sūtra*『金光明経』is a Mahayana Buddhist scripture, but it is also known as a scripture that describes esoteric rituals. On its eighth Chapter *Sarasvatīdevīparivarta* (弁財天女品) it describes on making Gomayamaṇḍalaṃ (a cow dung maṇḍala), which is a kind purification process. Even today, before erecting a maṇḍala on ground, it is smeared with the mixture of 'fresh' cow dung and red soil, which is knows as 'Gomayamaṇḍala' or 'Gomaṇḍala'. In Nepal, this is the purification process before conducting any kind of ritual on the ground.

Sanskrit Text, Bagchi 1967: 56 (*Suvarṇaprabhāsa-sūtra*, Sarasvatīdevīparivarta) *gomayamaṇḍalaṃ kṛtvā muktapuṣpāṇi sthāpayet/*

suvarṇabhāṇḍe rūpyabhāṇḍe madhureṇa sthāpayet// 5 //*varmitāśca puruṣāste catvāri tatra sthāpayet/*

kanyāḥ subhūṣitāḥ nyastāścatvāro ghaṭadhāriṇyaḥ | //6 //

Chinese Translations

宝貴訳 大正 No. 664, 386c:

以牛糞塗地。縱廣七肘以爲道場。以華散著道場中。

義浄訳 大正 No. 665, 435a:

若欒如法洗浴時　應作壇場方八肘

可於寂静安隱處　念所求事不離心

應塗牛糞作其壇　於上普散諸花彩

As for the translation of maṇḍala, 宝貴 translates as "道場", while 義浄 translates as "壇場". Again in the *Mahāvairocanatatra* (『大日経』「具縁品」6-7C), it also describe about making the Gomayamaṇḍala, which says that the cow dung (gomaya) and cow urine (gomūtra) should be mixed and smeared on the ground. Then it should be purified with following mantra of perfume:

"*namaḥ samantabuddhānām apratisame gagamasame samantānugate prakṛtiviśuddhe dharmadhātuviś odhane svāhā* //"

For Chinese Tranlstion, see 大正 No. 848, 5a:

祕密主如是所説處所。隨在一地治令堅固。

取未至地瞿摩夷及瞿摸怛羅。和合塗之。次以香水真言灑浄。即説真言曰南麼三曼多勃馱喃(一凡真言中有平聲字皆稍上聲呼之准此阿

钵囉（二合）底（丁以反下同）三迷（二）伽伽那三迷（三）三麼多奴揭帝（四）钵囉（二合）吃毟（二合）底微輸（上）睇（五達摩馱睹微戍達儞（六）莎訶。

Mañjughoṣa, Sarvanīvarṇaviṣkaṃbhin, Kṣitigarbha, and Jñānottara is the Saṃgha-maṇḍala. ①

Thus in the Buddhamaṇḍala, Akṣobhya is the central deity surrounded by the other four Buddhas, and this group of five Buddha is firstly appeared in the Vajradhātumaṇḍala of *Sarvatathāgatatattvasaṃgraha*. But it is noteworthy to mention that the central deity is Akṣobhya as seen in the Guhyasamāja – maṇḍala, where Akṣobhya replaces Vairocana inheriting the Vajradhātu – maṇḍala. Again when the four female deities are added in this group, it will become nine deities of the Buddha – maṇḍala as explained in various rites practiced in Nepal. Similarly, in the Dharma – maṇḍala, the Yoginīniruttara – tantra is surrounded by four other Tantras, and these are the name of five classes of Tantra. i. e. neither any the deities nor any Scriptures are placed in the maṇḍala. At present when visualizing the Dharma – maṇḍala, as stated above particular Mahāyāna Scriptures are placed. Finally in the Saṃgha – maṇḍala the group of nine bodhisattvas is appeared, where Lokeśvara presides as the central deity, only Jñānottara replaces the position of Ākāśagarbha. ②

① For the textual source, see the manuscript kept in the Nepal National Archives (Moriguchi 1989: 10; Mf. B103/11, 237b4 – 8) and Chandra 1977: 159b (318):

(237b4 – 8) *tato dānaṃ gomayagāthāpāthapūrvakaṃ trīṇimaṇḍalāni kuryāt // tatra vairocanaratnasaṃbhvāmitābhāmoghasiddhirarivṛtākṣobhyanāyakaṃ buddhamaṇḍalaṃ // kriyācaryāyogayoginītantraparivṛtayo [gi] nīniruttaratantranāyakaṃ dharmamaṇḍalaḥ // maitreyagaganagañjasamantabhadravajrapāṇimañjughoṣasarva – ṇīvaraṇaviṣkambhikṣitigarbhajñānottaraparivṛtlokeśvaranāyakaṃ saṃghamaṇḍalaṃ/*

② In the Hodgson Collection kept in British Library, it contains Sanskrit manuscripts [vol. 26fol (s) 130 – 131] with similar illustration describing the deities of the Tri-ratna-Icon. The detailed analysis of this material comparing with this present paper will discuss in next article. For the catalogue of Hodgson Collection see the following website:

http://catalogue2.socanth.cam.ac.uk:8080/exist/servlet/db/Hodgson/chunkhtml/vol026.html (browsed on 2018 May)

Table: 2 Three-jewels-maṇḍalas and their Deities described in the *Ācāryakriyāsamuccaya*

Buddha-maṇḍala 仏曼荼羅	Dharma-maṇḍala 法曼荼羅	Saṃgha-maṇḍala 僧曼荼羅
1. 阿閦仏 Akṣobhya	1. Yoginīniruttara-tantra	1. Lokeśvara 観音
2. 毘盧遮那仏 Vairocana	2. Kriyā	2. Maitreya 弥勒
3. 宝生仏 Ratnasambhava	3. Caryā	3. Gaganagañja 虚空庫
4. 阿弥陀仏 Amitābha	4. Yoga	4. Samantabhadra 普賢
5. 不空成就仏 Amoghasiddhi	5. Yoginītantra	5. Vajrapāṇi 金剛手
		6. Mañjughoṣa 文殊音
		7. Sarvanivāraṇaviṣkaṃbhin 除蓋障
		8. Kṣitigarbha 地蔵
		9. Jñānottara 智最上

The set of three deities Tri-ratna-Icon

As stated above, the composition of three maṇḍalas described in the *Ācāryakriyāsamuccaya* resemble with the Three-jewels-maṇḍala. And thus the Three-jewels-maṇḍala practiced in present Nepalese Traditional Buddhism is the developed form of three maṇḍala described in the *Ācāryakriyāsamuccaya*. Again one of the popular forms of Tri-ratna-Icon [Plate 5], placing Śākyamuni at middle and the two *bodhisattvas* Prajñāpāramitā and Avalokiteśvara in right and left sides respectively, is developed from it. [1] On surveying the various icons preserved in Nepal, it comes to know that the Tri-ratna-Icon is not always a set of three deities, and their direction is also varied.

The Iconographical Description of Tri-ratna-Icon

Neither in the *Ācāryakriyāsamuccaya* or in the other ritual Texts detail about the appearance of the deity Tri-ratna-Icon. Therefore we have to rely on the various icons themselves preserved in Nepal, and this paper shows only the selected icons.

Various Śākyamuni Triads: Śākyamuni, Prajñāpāramitā and Avalokiteśvara

In most of Tri-ratna-Icon, Ś ākyamuni appears at the center with Prajñāpāramitā and Avalokiteśvara in the left and the right, representing the Tri-ratna-maṇḍala (Plate: 5). At first, Śākyamuni depicts in the earth touching gesture (bhūmisparsa – mudrā, 触地印) while, sometime this Śākyamuni bears crown as shown in [Plate 6], the wooden gateway (Skt. toraṇa) at the Ukubaha monastery of Patan.

Plate 5　The Buddha-dharma-saṃgha-Icon: Prajñāpāramitā, Śākyamuni , Avalokiteśvara, Golden Temple, Patan

As seen in the Plate 5, at the right of Śākyamuni, it is Prajñāpāramitā, the

① For the detail on the source and iconography development of the Buddha-dharma-saṃgha-icon, see Shakya 2015: 218 – 220.

female deity in the *bodhisattva* formed, and it is necessary to note that this is the iconized figure of *Prajñāpāramitā* Scripture that occupies the central position in Dharma-maṇḍala. Among the fours arms, the first pair of arms show preaching gesture (dharmacakramudra, 説法印). The second pair of arm hold rosary (Japamālā 念珠) in the right and scripture (経典) in the left.

Plate 6 The Buddha-dharma-saṃgha-Icon: Prajñāpāramitā, Śākyamuni, Avalokiteśvara Ukubaha, Patan

Similarly at the left of Śākyamuni we can see the four-armed Avalokiteśvara which is also known as Śaḍākṣara-Avalokiteśvara (六字観音). The first pair of arms depicts in the praying gesture (añjalimudrā; 合掌印) and outer pair holds rosary in the right and lotus in the left. All three deities are seated in the cross-legged position (Vajraparyaṃka; 金剛結跏趺坐).

Since Śākyamuni appears in a triad with Prajñāpāramitā and Avalokiteśvara, it can be named as Śākyamuni triad of Nepalese origin and it is the orthodox form of the Tri-ratna-Icon. But some time two *deities* when always appear with only two arms, Prajñāpāramitā definitely holds scripture while Avalokiteśvara holds lotus, which are their basic iconographical characteristic. This can be traced in various Śākyamuni triad found in Nepal.

The Plate 7 shows the coloured Śākyamuni triad found in the manuscript

(18C), which is in the private possession of Baregam, Lalitpur, where Prajñāpāramitā appears in red while Avalokiteśvara in white. The Plate 8 is the Śākyamuni triad in a Stūpa, Plate 9 is a stone carving and Plate 10 is the wall of Hāratī Pagoda at Svayambhū courtyard all depicted in the orthodox form as in Plate 5.

Plate 7　The Śākyamuni Triad in *Prajñāpāramitā* Manuscript

Plate 8　The Śākyamuni Triad in Stūpa, Patan

Plate 9　The Śākyamuni Triad, Svayambhū

Plate 10 The Śākyamuni Triad at the wall of Hāratī Pagoda, Svayambhū

The Śākyamuni Triad can also be seen in the inscription [Plate 11] too, and it reads that it is inscribed on Nepal Samvat 779 (CE1659). At present it is preserved at the Museum in Svayambhū courtyard.

In the Plate 12, Ś ākyamuni appears in a triad with four-armed Prajñāpāramitā and two-armed Avalokiteśvara who are lined up in a row from left to right. This is the another version of Śākyamuni triad.

The stone carving preserved at the National Museum of Nepal shows the new variation of the Śākyamuni Triad as seen at the Plate 13. Śākyamuni in earth touching gesture and Prajñāpāramitā with four arms is similar to the orthodox one; while Avalokiteśvara is depicted on two arms. His right arm is in the wish-granting gesture (Varada-mudrā、与願印) and left arm holds a lotus.

Interestingly, the Plate 14 is seemed to be the coloured form of Plate 13. This is the wooden cover of *Suvarṇaprabhāsa* Manuscript bundle, where the central deity appears in blue, Prajñāpāramitā in orange and Avalokiteśvara in red. Judging from the colour of the central deity, he can be called as Akṣobhya, and it is similar to the above-mentioned description of *Ācāryakriyāsamuccaya*. Simi-

Plate 11 The Śākyamuni Triad in the Inscription, Svayambhū

larly, the red Avalokiteśvara holding lotus (蓮華) with left hand can be called Padmapāṇi (蓮華手), which is another popular form of Avalokiteśvara in Nepal.

Plate 12 The Buddha-dharma-saṃgha-Icon: Śākyamuni, Prajñāpāramitā, Avalokiteśvara

Plate 13 The Stone Śākyamuni Triad preserved at Nepal National Museum, Kathmandu

The Plate 15 is the wood carving of the arched doorways of the monastery of Kathmandu that bears a resemblance to the Plate 14. Again the Plate 16 is another form of Śākyamuni Triad carved in *toraṇa*. The central deity is in earth touching gesture with Avalokiteśvara at right while Prajñāpāramitā in left, that is

Plate 14 The Śākyamuni Triad seen in the cover of Manuscripts of Suvarṇaprabhāsa, Private possession, Patan

to say the two *bodhisattva*s interchanged their position.

Plate 15 TheColoured Śākyamuni Triad in Toraṇa

In the Plate 17, the four-faced and eight-armed Vairocana, described in the Dharmadhātuvāgīśvara-maṇḍala, appears in a triad with Prajñāpāramitā and Avalokiteśvara, and thus it can be called Vairocana Triad. The Plate 18 is again the silver cover of the *Prajñāpāramitā* manuscript first scribed in 1125CE. It is also the Vairocana triad, but central deity Vairocana in Bodhyagra, the gesture of covering the forefinger of the left hand by the right clinched hand. This Vairocana triad is the representation of the central deities of the Tri-ratna-Maṇḍala de-

Plate 16 The Śākyamuni Triad in Toraṇa

Plate 17 TheVairocana Triad in Kathmandu

scribed in rituals texts of *Vrata* and others.

Furthermore, the Plate 19 and 20 are Nāmasaṃgīti-Mañjuśrī Triad seen in

Plate 18 The Śākyamuni Triad in the cover of *Prajñāpāramitā* manuscript, Patan

the toraṇa of monasteries in Kathmandu. The central deity is the twelve-armed Nāmasaṃgīti-Mañjuśrī, replacing Śākyamuni, Akṣobhya and Vairocana as seen above. Nāmasaṃgīti-Mañjuśrī is said to be developed from the *Nāmasaṃgīti*, though there does not exit any iconographical explanation in the scripture. In the *Nāmasaṃgīti*, Nāmasaṃgīti-Mañjuśrī deity is described as Ādibuddha, the primordial one. Meanwhile he is interpreted as Dharmadhātuvāgiśvara too, and thus sometimes he replaces Vairocana. This Nāmasaṃgīti-Mañjuśrī icon is developed in Nepal under the influence of its religious culture in Nepal (Shakya 2008).

Plate 19 TheNāmasaṃgīti-Mañjuśrī Triad in Kathmandu

Plate 20 TheNāmasaṃgīti-Mañjuśrī Triad in Kathmandu

The Plate 21 and 22 is the Tri-ratna-Icon with seven deities. This group of deities can be mostly seen in the wall of the Buddhist monasteries of Nepalese Buddhism especially in the Kathmandu valley. The five middle deities are no other than the five Buddhas (Vairocana, Akṣobhya, Ratnasambhava, Amitābha and Amoghasiddhi) of Vajradhātumaṇḍala, where Vairocana appears at the central position with Prajñāpāramitā and Avalokiteśvara at the right and left respectively. They also represent the Buddha-maṇḍala as in above-mentioned Buddha-Dharma-saṃgha-Icon.

Plate 21 The Buddha-dharma-saṃgha-Icon: Prajñāpāramitā (Right), Five Buddhas (Middle) and Avalokiteśvara (Left), The wall of Golden Temple, Patan

Plate 22 The Buddha-dharma-saṃgha-Icon: Prajñāpāramitā (Right), Five Buddhas (Middle) and Avalokiteśvara (Left), The wall of Bu-baha, Patan

Conclusion

As explained above, this paper considered on 11 types of Tri-ratna Icons, which are summarized as follows:

Type	Plates	Right	Centre	Left	Remark
Type 1	Śākyamuni Triad Plate 5, 8, 9, 10, 11	Prajñāpāramitā Four-armed	Śākyamuni	Avalokiteśvara Four-armed	Toraṇa (Plate 5), Stupā (Plate 8), Stone Statue (Plate 9), Wall of Pagoda (Plated 10), Inscription (Plate 11)
Type 2	Śākyamuni Triad Plate 6	Prajñāpāramitā Four-armed	Śākyamuni with crown	Avalokiteśvara Four-armed	Toraṇa
Type 3	Śākyamuni Triad Plate 7	Prajñāpāramitā Four-armed Red	Śākyamuni Ocher	Avalokiteśvara Four-armed White	Incoloured form, Manuscript
Type 4	Śākyamuni Triad Plate 12	Śākyamuni	Prajñāpāramitā Four-armed	Avalokiteśvara Two-armed	Toraṇa
Type 5	Śākyamuni Triad Plate 13 .	Prajñāpāramitā Four-armed	Śākyamuni	Avalokiteśvara Two-armed	Stone carving
Type 6	Śākyamuni Triad Plate 14, 15	Prajñāpāramitā Four-armed Orange	Śākyamuni (Akṣobhya) Blue	Avalokiteśvara Two-armed Red	Manuscript cover (Plate 14), Toraṇa (Plate 15)
Type 7	Śākyamuni Triad Plate 16	Avalokiteśvara Two-armed	Śākyamuni	Prajñāpāramitā Four-armed	Toraṇa
Type 8	Vairocana Triad Plate 17	Avalokiteśvara Two-armed	Vairocana Four-faced, Eight-armed	Prajñāpāramitā Four-armed	Toraṇa
Type 9	Vairocana Triad Plate 18	Prajñāpāramitā Four-armed	Vairocana One-faced, Two-armed	Avalokiteśvara Two-armed	Manuscript cover
Type 10	Nāmasaṃgīti- Mañjuśrī Triad Plate 19, 20	Avalokiteśvara Two-armed	Nāmasaṃgīti- Mañjuśrī One-faced, Twelve-armed	Prajñāpāramitā Two-armed	Toraṇa

续表

Type	Plates	Right	Centre	Left	Remark
Type 11	Plate 21, 22	Prajñāpāramitā Four-armed (Plate 21) Two-armed (Plate 22)	Five Buddhas	Avalokiteśvara Four-armed (Plate 21) Two-armed (Plate22)	Wall of the monastery

In the Tri-ratna-Icons or the Buddha-dharma-saṃgha-Icon the change can be seen in the central deity representing the Buddha-maṇḍala. On the other hand Prajñāpāramitā and Avalokiteśvara though interchanges their position, they stubbornly represent the Dharma-maṇḍala and Saṃgha-maṇḍala. Thought the Śākyamuni triad is the orthodox form of Tri-ratna-maṇḍala, while there are Akṣobhya triad, Vairocana triad, and Nāmasaṃgīti – Mañjuśrī triad together with the set of seven deities. These variations are the unique derivation of Tri-ratna-maṇḍala described in *Ācāryakriyāsamuccaya* of the 12 – 13 century as well as in the other ritual literatures like the *Nityakarma* (the daily devotional exercises) and other varieties of complex rites that support the ritual aspect of Nepalese Buddhism.

佛塔与密教

张文卓

摘　要：佛教密教的形成与发展源于现实宗教活动的需要和推动，其中最重要的就是佛舍利塔崇拜。伴随佛塔崇拜，逐渐形成关于如何建塔、礼拜、供养等相关仪轨，为密教仪轨的形成奠定了基础。公元1世纪前后，佛像兴起，佛塔崇拜出现塔像融合的新趋势，支提窟成为典型表现形式，为密教曼荼罗的形成提供了现实蓝本。尽管后来佛像地位抬升，但佛舍利塔作为佛教的象征依然广受崇奉，延续至今。

关键词：佛舍利塔；密教；陀罗尼；佛像；曼荼罗

现实宗教活动是刺激和推动密教发展的根本原因，而佛塔崇拜则是早期佛教最重要的宗教活动。释迦灭度是佛教史上的一个重要转折。释迦灭度后，佛舍利塔成为信徒礼拜的对象和活动场所，并形成了各种仪轨。佛舍利塔崇拜开启了佛教仪轨化发展的方向，刺激和推动了密教的起源与发展。密教的众多密法内容，如陀罗尼法、像法、坛法、护摩法、曼荼罗法等都与礼拜佛塔有密切关系。佛教石窟寺中的支提窟也是佛塔信仰的典型表现。支提窟加剧了塔像融合的趋势，塔成为众神围绕的中心，成为密教曼荼罗形成的现实基础。尽管不能说密教直接起源于佛塔崇拜，但佛塔崇拜确实对密教的起源与发展产生了重要影响。

一　关于密教

关于密教的定义，众说纷纭，大致可以概括为两类：一类观点倾向于用怛特罗（tantra）来表述，另一类主张用佛教密教、秘密佛教、密教来表述。

> 一些学者在完全可替换意义上使用秘密佛教和怛特罗这两个概念，这一术语涵盖了从3世纪或4世纪以来流传于亚洲的一股独具特色的发展潮流。
>
> 对一些学者而言，秘密佛教是指大乘佛教的一个分支，早于怛特罗，也有别于怛特罗。在这个定义中，怛特罗是形成于8世纪、融合意象与实践的一个特殊体系，通常称为唯信仰主义，其与成就法运动的兴起密切相关。
>
> 对一些学者而言，秘密佛教是佛教怛特罗的同义词，不早于6世纪，之前形成的诸如真言、曼荼罗、护摩等要素通过灌顶和秘密护法共同构成一个综合体系。
>
> 第四种立场否定在前现代东亚怛特罗作为一个有效范畴，并认为中国的秘密佛教可以理解为一系列的连贯运动、学派或者宗派，是大乘佛教技术层面的延伸。[1]

本文所说密教仅限于佛教密教或者秘密佛教，其发端于原始佛教，发展于部派佛教，与大乘佛教共同发展并逐渐后来居上，公元7世纪后成为佛教主流，是一个自成体系、独具特色的佛教流派。[2] 密教的几个关键内容释迦时期就已经出现，如咒术、结界、曼荼罗等。尤其以咒术来看，释迦牟尼虽然反对咒术的使用，但在一些特殊场合也使用咒术，如降妖除魔、治病救人等，为密教咒术的滥觞发展埋下了伏笔。又比如结界，即划定一个特定区域或范围，以标示某种特殊的用途，在早期僧团活动中就经常出现。佛陀灭寂之后，失去了中心和最高权威，佛教分裂为众多派别。由于经典尚未统一，再加上区域差异及信众的背景混杂，佛教开始向多元化方向发展，印度一些地区的原始宗教和民间信仰融入佛教，一些部派开

---

① Introduction: Esoteric Buddhism and the Tantras in East Asia: some methodological consideration, *Esoteric Buddhism and the Tantras in East Asia*, edited by Charles D Orzech, Henrik Hjort Sørensen and Richard Karl Payne, Handbuch der Orientalistik, Vierte Abteilung, China, Bd. 24, Leiden, 2010, p. 5.

② 参见吕建福《中国密教史》（修订版），中国社会科学出版社2011年版，第1—15页。

始编纂《咒藏》《禁咒藏》《持明咒藏》等。

佛教密教与怛特罗，二者有联系，比如佛教密教也包含一部分怛特罗文献（汉文多译为“大教王经”），不能排除其与印度教及其他密教传统的瓜葛。但二者的区别更为明显：首先，怛特罗传统属于印度宗教传统，佛教、印度教、耆那教都有怛特罗文献；其次，在印藏佛教中怛特罗更多地是指一种文献类型，而非一种宗教形态，而佛教密教则指一种自成体系、独具特色的宗教形态或宗教派别；最后，对于怛特罗的起源、历史等并没有明确统一的说法，但是佛教密教有清晰可考的形成与发展的历史与逻辑。

二　佛塔

印度历史上的塔在佛教诞生之前早已有之，但塔的盛行却肇始于佛教，佛教信仰所及之处皆立有佛塔。虽然佛教经典提到过去佛的冢塔，但这种说法更多还是一种宗教叙事，不能完全作为史实看待。历史意义上最初的佛塔是释迦牟尼灭度后，众人收其遗骨舍利，藏于塔中，供信众瞻仰。塔是存放舍利之处，舍利藏于塔中，因此塔与舍利一开始就密不可分。因为佛塔安放释迦遗骨，对佛教信众而言意义非凡，瞻仰礼拜的信众络绎不绝。塔逐渐成为佛教的象征与标志，佛教信仰所及之处都有佛塔。

梵文表达佛塔的词汇主要有三个，Stūpa，Caitya 和 Dhātugarbha。Stūpa 是梵文中最常见的表达“塔”的词汇，有堆积、坟堆、坟冢等意思，[①] 汉文常音译为窣堵波。《一切经音义》载：“窣覩波，上音，孙骨反，梵语也，唐云高显，亦曰方坟，或安身骨，或安舍利，即砖浮图塔也。古译或苏偷婆，或云偷婆，或曰塔婆。秦言好略，或云塔，皆讹略不正，窣覩波正梵音也。”[②] 又说：“窣覩波，上苏没反，古译云薮斗婆，又云偷婆，或云兜婆，曰塔婆，皆梵语讹转不正也。此即如来舍利砖塔也，或佛弟子、缘觉、声闻及转轮王等身皆得作塔，或石，或砖，或木塔是

① Sir Monier Monier-Williams, *A Sanskrit-English Dictionary*, Oxford: The Clarendon Press, 1899, p. 1259; Vaman Shivram Apte M. A., *The Practical Sanskrit-English Dictionary*, Poona: Shiralkar & Co., Book-Sellers &c. &c. Budhwar Peth, 1890, p. 1145.

② （唐）慧琳撰《一切经音义》卷二九，《大正藏》第54卷，第500页下。

也，或曰方坟，或曰庙，皆一义耳也。"[①] 一般来说，有塔的地方不一定有寺，但有寺的地方绝大多数都有塔。

Caitya，汉译为支提、招提、制多、制底等。《一切经音义》云："支提，梵语也，或云脂帝浮都，或云浮图，皆讹也，正梵音际多或曰制，此云聚相，谓累宝及砖石等高以为相也。"[②] 支提和窣堵坡所指大致相同。"制多，梵语也，此云聚相，谓聚累砖石高以为相。旧曰支提，或云制底，或云脂帝，或曰浮图，皆前后翻译梵语讹转也。此即标记如来化迹之处皆置大塔，或名窣覩波也。"[③] 也有经典认为窣堵波和支提有区别，安放佛舍利者是窣堵波，无舍利者称制底。如《摩诃僧祇律》说："有舍利者名塔，无舍利者名枝提，如佛生处、得道处、转法轮处、般泥洹处、菩萨像、辟支佛窟、佛脚迹，此诸枝提得安佛华盖供养具。"[④]《翻译名义集》也说："有舍利名塔，无舍利名支提。"[⑤] 但是越到后来，塔与支提并无太大区别，都是作为佛教的一种标志而已。各地石窟寺中出现支提窟，作为开展佛教活动的重要场所，也可见佛塔崇拜的影响。

关于 Dhātugarbha，基本意思是盛放遗骨或者骨灰的容器。[⑥] 这是个梵文复合词由 dhātu 和 garbha 构成。藏语中，"界"（dhātu）一般用 Khams 表达，也译为 dbyings；"法界"（dharmadhātu）也译为 chos kyi dbyings。"胎藏"多译为 snying po。"法界胎藏"常译为 khams kyi snying po。dhātu 汉译一般为"界""法界"，garbha 汉译一般为"藏""胎藏"，合起来应该理解为"界藏"或者"法界胎藏"。从音译来看，Dhātugarbha 可能对应汉文佛经中的"塔婆"，简称"塔"。Lokesh Chandra 也认为这个梵文可能对应汉文的"塔"。[⑦] 汉译经典中也出现"法界塔婆"，如《如意宝珠转轮秘密现身成佛金轮咒王经》载："结法界塔婆印"[⑧]。

---

① （唐）慧琳撰《一切经音义》卷 13，《大正藏》第 54 卷，第 386 页中。

② （唐）慧琳撰《一切经音义》卷十，《大正藏》第 54 卷，第 368 页中。

③ （唐）慧琳撰《一切经音义》卷十三，《大正藏》第 54 卷，第 387 页上。

④ （东晋）佛陀跋陀罗、法显译《摩诃僧祇律》卷 33，《大正藏》第 22 卷，第 498 页中。

⑤ （宋）法云编《翻译名义集》卷七，《大正藏》第 54 卷，第 1168 页上。

⑥ BHSD, p. 284.

⑦ Lokesh Chandra, Introduction, Giuseppe Tucci, *Stupa*: *Art*, *Architectonics and Symbolism*, New Delhi: Aditya Prakashan, 1992, p. xvii.

⑧ （唐）不空译《如意宝珠转轮秘密现身成佛金轮咒王经》，《大正藏》第 19 卷，第 333 页下。

胎藏界，梵文应是 Garbhadhātu。Dhātugarbha 与胎藏界密法似乎有千丝万缕的联系。《大日经》有“法界胎藏”的说法，经载：“时薄伽梵广大法界加持，即于是时住法界胎藏三昧。”① 《金刚顶经》也有“虚空界胎藏”说法，经载：“善修习故，金刚萨埵三摩地、一切虚空界胎藏所成，一切世界遍满等量出生大金刚宝形，住佛掌中。从彼金刚宝形出一切世界微尘等如来身，出生已，作一切如来灌顶等，于一切世界作一切如来神通游戏。虚空界胎藏妙出生故、金刚萨埵三摩地极坚牢故，聚为一体，生虚空藏大菩萨身，住世尊毗卢遮那佛心，说此嗢陀南……”② 经典中也有“法界藏”的说法，经载：“往昔吾与一切菩萨一切众生修学观照同入佛性，圣智菩提道达本源，自性清净照用，还入毗卢遮那五智佛地心之根源体性根本真如法界藏，入金刚不坏性，达圣智菩提地，速成佛果。”③

《菩萨璎珞本业经》载：“是故，于一法界中有三界报。一切有为法，若凡若圣、若见着、若因果法，不出法界。唯佛一人在法界外，然后为复来入法界藏中，为无明众生示一切善恶道果报差别无量。”④《究竟一乘宝性论》载：“‘无始世界性’者，如经说言：‘诸佛如来依如来藏，说诸众生无始本际不可得知故。’所言‘性’者，如《圣者胜鬘经》言：‘世尊！如来说如来藏者，是法界藏、出世间法身藏、出世间上上藏、自性清净法身藏，自性清净如来藏故。’”⑤

在梵本般若经类中频见 tathāgatadhātugarbha stūpa（如来界藏窣堵波）。⑥ 如来藏，梵文 tathāgatagarbha，与这两词也有很大关联。经典中也出现过“如来藏塔”之说，如《菩提场庄严陀罗尼经》载：“造作一大窣堵波，写此陀罗尼并经置于相轮樘中。如我先譬喻说，满三千大千世界微尘数量法身舍利、法界舍利、骨舍利、肉舍利。彼善男子善女人即成造如

---

① （唐）善无畏、一行译《大毗卢遮那成佛神变加持经》卷2，《大正藏》第18卷，第12页下。

② （唐）不空译《金刚顶一切如来真实摄现证大教王经》卷上，《大正藏》第18卷，第209页下至第210页上。

③ （唐）不空译《大乘瑜伽性海曼殊室利千臂千钵大教王经》卷7，《大正藏》第20卷，第758页上。

④ （姚秦）竺佛念译《菩萨璎珞本业经》卷一，《大正藏》第24卷，第1016页下。

⑤ （后魏）勒那摩提译《究竟一乘宝性论》卷4，《大正藏》第31卷，第839页上。

⑥ P L Vaidya, *Aṣṭasāhasrikā prajñāpāramitā*, Darbhanga: Mithila Institute of Post-Graduate Studies and Research in Sanskrit Learning, 1960.

上尔所微尘舍利等数量窣堵波，即成一切如来舍利藏窣堵波，即成佛曼荼罗窣堵波，即成一切如来藏塔。”① 此中“一切如来藏塔”应该对应梵文 sarvatathāgarbha stūpa。

法界藏，梵文 dharmadhātugarbha。《大宝积经》认为如来藏等同于法界藏，说：“如来藏者是法界藏，是法身藏、出世间藏、性清净藏，此本性净。”②《渐备一切智德经》也支持此说，经载：“又彼佛子，菩萨以入如是地道，入于菩萨不可思议所立脱门，有名无盖门，净境界门，有名普照脱门，又号如来藏，号莫能当藏，号入三世，号法界藏，号解脱道场光明照远，号遍入至无余菩萨脱门，是为菩萨造十脱门，不可称计。”③“garbha”译为“藏”“胎藏”，因此“法界藏”与“法界胎藏”内涵一致。

法界胎藏是胎藏界秘法的重要概念。可以看出，“法界藏”“法界胎藏”“虚空界胎藏”“如来藏”“胎藏界”的内涵极其相似，核心都在“藏”（garbha）。“藏”其实就是塔的功能，塔是法身舍利所藏之处。这也反映出佛塔崇拜对后来佛教思想的重要影响。

塔为存放舍利而建，舍利藏于塔中，所以佛塔崇拜本质上是佛舍利崇拜。塔是外在的形式，舍利是核心。释迦灭度之后，舍利成为维系信徒佛教信仰的重要媒介，舍利塔崇拜逐兴。部派佛教时期，舍利塔崇拜越发浓烈，并引发了关于供养制多有无功德问题的争论，甚至成为部派分裂的原因之一。《异部宗轮论》说：“制多山部、西山住部、北山住部，如是三部本宗同义，谓诸菩萨不脱恶趣，于窣堵波兴供养业不得大果，有阿罗汉为余所诱，此等五事及余义门所执多同大众部说。”④ 此中说到制多山部、西山住部、北山住部三个部派的一致认可的主要观点，其中一条认为供养窣堵波不得大果，即没有大功德。但是法藏部反对此说，认为供养窣堵波有大功德，如《异部宗轮论》载：“其法藏部本宗同义，谓佛虽在僧中所摄，然别施佛果大非僧，于窣堵波兴供养业获广大果。”⑤ 双方的争论在于供养佛舍利有无功德、能否成就佛果，

① （唐）不空译《菩提场庄严陀罗尼经》，《大正藏》第19卷，第672页下。

② （唐）菩提流志译《大宝积经》卷119，《大正藏》第11卷，第677页下。

③ （西晋）竺法护译《渐备一切智德经》卷五，《大正藏》第10卷，第491页中。

④ （唐）玄奘译《异部宗轮论》卷1，《大正藏》第49卷，第16页上。

⑤ （唐）玄奘译《异部宗轮论》卷1，《大正藏》第49卷，第17页中。

成为部派分裂的重要原因，也反映出舍利塔崇拜一开始就成为关乎佛教发展的重要问题。大乘佛教时期，佛塔信仰依然兴盛，诸多经典中都单独设有“塔品”“护塔品”“造塔功德品”等。佛塔信仰对密教的形成与发展更有重要影响。

三　塔与密教

密教以佛教思想为理论基础，以曼荼罗为核心，以仪轨为主要内容，形成具有鲜明特色的佛教流派。密教的形成与发展无疑是多种因素合力作用的结果，其中佛舍利塔崇拜有重要影响。舍利塔是佛教偶像崇拜的开始，是佛陀灭度后佛教的重要活动中心，围绕礼拜佛塔形成了种种仪轨，刺激了密教的形成。以佛塔为中心的支提窟的出现以及塔像融合的新趋势，成为诸佛菩萨集会的艺术表达，为密教曼荼罗的形成提供了依据。佛塔崇拜成为密教思想与实践的重要来源。

（一）塔与陀罗尼

陀罗尼并不能简单等同于咒，但是密教中的陀罗尼主要还是作为咒术使用。[①] 密教的咒术比较复杂，涉及 dhāraṇī（陀罗尼），vidyā（明），mantra（真言）几个关键词。细究起来，各有不同，在密教史不同阶段扮演着不同角色。但笼统地看，都属于咒术，陀罗尼被称为陀罗尼咒，明也被称为明咒。陀罗尼由一个、多个乃至一串字母组成，是通过诵读来达到某种愿望的神秘宗教行为。

佛教关于咒术使用合法性的问题早在释迦时代已经提出。佛教一般反对咒术的使用，尤其坚决反对黑巫术性质咒术的使用。《十诵比丘尼波罗提木叉戒本》载：“若比丘尼读诵种种咒术，波夜提。若比丘尼教白衣读

① 参见吕建福《中国密教史》（修订版），中国社会科学出版社 2011 年版，第 24—36 页；Ronald M. Davidson, Studies in Dha¯raṇi¯ Literature I: Revisiting the Meaning of the of the Term “Dha¯raṇi¯”, *Journal of Indian Philosophy*, Vol. 37, No. 2 (April 2009), pp. 97 - 147; Studies in Dha¯raṇi¯ Literature II: Pragmatics of Dharanīs, *Bulletin of the School of Oriental and African Studies*, 77/1 (Feb. 2014): 5 - 61.

诵种种咒术，波夜提。"[①] 但是在一些特殊情况下，比如治病救人等，出于某种善意的目的咒术使用却不算犯戒。如《十诵律》说："不犯者，若读诵治齿。咒腹痛咒、治毒咒，若为守护安隐，不犯。"[②] 又说："不犯者，教读诵治齿咒、腹痛咒、治毒咒，若为守护安隐故，不犯。"[③] 释迦灭度后，失去了最高权威，佛教逐渐形成不同派别，咒术也有了发展空间。在诸多经典中出现对咒的论述，如《大明度经》说："所以然者，斯定诸佛神咒，咒中之王矣"[④]，与后来译出的《心经》中的"是大神咒，是大明咒，是无上咒，是无等等咒"相似。

在诸多密教陀罗尼经典中，出现陀罗尼与塔的结合，强调在有塔之处念诵陀罗尼。《陀罗尼杂集》载："此陀罗尼法，应静处专精礼拜绕塔，诵是陀罗尼万二千遍，当见观世音菩萨。一切所愿随意皆得。"[⑤] 又载："若在塔中，若空闲地，净洁洗浴，着新净衣，七日七夜受持八戒，六时行道，于一一时中七遍诵此陀罗尼。"[⑥] 藏文经典中也有专门论述绕塔功德的经典，如《右绕佛塔功德经》（*mchod rten bskor ba'i tshigs su bcad pa*），[⑦]而且塔在藏传佛教中更加流行[⑧]。

配合绕塔礼拜，甚至出现了旋塔陀罗尼。《陀罗尼杂集》载："佛说旋塔陀罗尼：那慕佛陀蛇，那慕檀摩蛇，那慕阿利蛇，波路枳底，奢婆罗蛇，菩提萨埵蛇，摩诃萨埵蛇，呿罗婆帝，仇呵婆帝，伽婆帝，伽婆帝，莎呵。"[⑨] 在《陀罗尼杂集》中有"旋塔陀罗尼"，对比可知，与《种种杂咒经》中的"旋塔灭罪陀罗尼"内容一致，只是音

---

① （刘宋）法显集《十诵比丘尼波罗提木叉戒本》卷一，《大正藏》第 23 卷，第 485 页下。

② （后秦）弗若多罗、鸠摩罗什译《十诵律》卷四六，《大正藏》第 23 卷，第 337 页中。

③ （后秦）弗若多罗、鸠摩罗什译《十诵律》卷四六，《大正藏》第 23 卷，第 337 页中。

④ （三国吴）支谦译《大明度经》卷二，《大正藏》第 8 卷，第 484 页上。

⑤ 失译《陀罗尼杂集》卷一，《大正藏》第 21 卷，第 633 页下。

⑥ 失译《陀罗尼杂集》卷一，《大正藏》第 21 卷，第 585 页上。

⑦ Derge Kanjur, D321, vol. 71, sa 198b5 – 201a5.

⑧ 参见［意］图齐著，魏正中、萨尔吉主编《梵天佛地》第一卷"西北印度和西藏西部的塔和擦擦——试论藏族宗教艺术极其意义"，上海古籍出版社 2018 年版。

⑨ 失译《陀罗尼杂集》卷一，《大正藏》第 21 卷，第 581 页中。

译用字不同。[1]

《陀罗尼集经》是一部关于陀罗尼的早期密教摘译文献，其中也反映出塔与陀罗尼的结合。《陀罗尼集经》载："此咒法云，于舍利塔前种种香花供养毕已，候日月蚀时诵此跋折啰咤诃娑咒乃至日月还放如故，然后方休，其法即成。"[2]

在金刚智、不空等人的译经中也有塔与陀罗尼紧密联系的例子。如金刚智译《佛说七俱胝佛母准提大明陀罗尼经》："复有一法，若于转法轮塔前，或佛生处塔前，或佛从忉利天下宝阶塔前或舍利塔前，于如是等诸塔之前念诵，右绕满七七日，即见阿钵罗是多菩萨及呵利底菩萨，随其所愿皆悉满足。"[3] 不空译《大宝广博楼阁善住秘密陀罗尼经》亦载："若诵持根本陀罗尼者，不假拣择时日宿曜，不限斋戒，但诵满一万遍已。然后佛前或舍利塔前，于白月十五日洁净洗浴，着鲜净衣，随力供养，燃四盏灯，散诸香华。受持陀罗尼者，食三白食，旋绕制底一百八匝，诵陀罗尼一百八遍，便于当处寝息。天欲晓时如来即现其身，执金刚手菩萨亦现于前，所有愿者皆得如意。"[4]

佛教经典中经常出现的所谓宝塔、七宝塔、宝楼阁、七宝楼阁等，原型就是舍利塔。如《广大宝楼阁善住秘密陀罗尼经》载："尔时十方诸佛如来皆共供养塔中舍利，诸菩萨等亦同供养，尊重赞叹，散花烧香，涂香

① 关于《陀罗尼杂集》，《开元录》载：右一咒集《大周录》中为大乘单本，复云失译者。不然。寻捡其文，乃是此方抄集，而非梵本别翻。所以知者，如《七佛神咒经》及《陀邻尼钵经》等并是入朝所翻，《护诸童子陀罗尼经》元魏菩提留支所译，又《陀隣尼钵经》共《最胜灯王经》二是同本，如此等经并皆集入，故非梵本所传，必是此方撰集。未知的是何人所撰，故此述也。（智升撰《开元释教录》卷十三，《大正藏》第 55 卷，第 624 页中。）《种种杂咒经》，《大唐内典录》《开元释教录》均有著录，明确记载为北周阇那崛多于益州所译。对比《陀罗尼杂集》与《种种杂咒经》，二者内容相似度极高，如《陀罗尼杂集·旋塔陀罗尼》与《种种杂咒经·旋塔灭罪陀罗尼》相当，又如《陀罗尼杂集·观世音所说随心所愿陀罗尼》与《种种杂咒经·观世音随心咒四首》相当，二者均为音译，只是用字不同，其余并无二致。既然《种种杂咒经》确定是翻译作品，那么说《陀罗尼杂集》是"非梵本所传，必是此方撰集"并不准确。其为撮要翻译或者编译均有可能，但内容来自梵文应该无疑。这也说明南北朝时期陀罗尼经典广为流行，出现了各种陀罗尼集合，也导致同一陀罗尼咒出现在不同文本中。非但中土如此，印度也是这样的情况。

② （唐）阿地瞿多译《陀罗尼集经》卷八，《大正藏》第 18 卷，第 860 页上。

③ （唐）金刚智译《佛説七俱胝佛母准提大明陀罗尼经》卷八，《大正藏》第 20 卷，第 174 页下。

④ （唐）不空译《大宝楼阁善住秘密陀罗尼经》卷上，《大正藏》第 19 卷，第 624 页下。

粖香，悬缯旛盖，奏诸音乐。时诸天龙药叉乾闼婆阿素罗紧那罗迦楼罗人非人等，一切会众咸悉瞻仰奇异希有，言：此宝塔从何而来？高声赞言：奇哉希有！旋绕歌咏幢及宝塔，既旋绕已，合掌顶礼。时彼幢中出微妙声唱言：汝诸大众可观空中。众闻此声，咸观空中，复见大琉璃宝云在彼空际，其宝云中以金为字书此广大宝楼阁秘密善住陀罗尼咒，于虚空中。复出声曰：汝等咸可读此陀罗尼咒。出此声已，其十方恒河沙同来诸佛一一佛前皆现琉璃宝云。以金为字书此陀罗尼咒。复出如是声曰：南无释迦牟尼如来！今可开彼舍利塔门，彼宝塔中有三如来全身舍利，由彼舍利现大神变殊胜之相。彼全身如来于此会中，当具说此陀罗尼咒并漫荼罗成就明法。"①

陀罗尼经常也被置于塔中，成为密教的一种特殊宗教实践。《无垢净光大陀罗尼经》："佛言除盖障此是根本陀罗尼咒。若欲作此法者，当于月八日或十三日或十四日或十五日，右绕舍利塔满七十七匝，诵此陀罗尼亦七十七遍，应当作坛于上护净，书写此咒满七十七本。尊重法故，于书写人以香花饮食净衣洗浴涂香熏香而为供养，或施七宝或随力施，当持咒本置于塔中，供养此塔，或作小泥塔满足七十七，各以一本置于塔中而兴供养，如法作已。"② 影响很大的《佛顶尊胜陀罗尼经》也有类似做法，经载："于四衢道造窣堵波，安置陀罗尼，合掌恭敬，旋绕行道，归依礼拜。天帝！彼人能如是供养者，名摩诃萨埵，真是佛子持法栋梁，又是如来全身舍利窣堵波塔。"③

陀罗尼与密教的起源有重要关系，陀罗尼密教也是密教发展的最初阶段。从上面的论述可以看出，礼拜佛塔往往与持诵陀罗尼紧密联系，或者强调绕塔礼拜时持诵陀罗尼。而且还出现了旋塔陀罗尼，都表明陀罗尼与佛塔的密切关系。同时也说明，陀罗尼并非独立发展，而是配合佛教佛塔崇拜，佛塔崇拜刺激了陀罗尼的发展。

（二）塔与像融合

佛陀灭度后，佛舍利塔成为佛教信徒崇拜的对象。现存较早的如桑奇

---

① （唐）菩提流志译《广大宝楼阁善住秘密陀罗尼经》卷上，《大正藏》第 19 卷，第 638 页中、下。

② （唐）弥陀山译《无垢净光大陀罗尼经》，《大正藏》第 19 卷，第 718 页中。

③ （唐）佛陀波利译《佛顶尊胜陀罗尼经》，《大正藏》第 19 卷，第 351 页中。

佛塔（公元前3世纪），塔门门柱及门楣上刻有佛教内容的浮雕（公元1世纪早期）。[①] 公元1世纪前后，以犍陀罗、秣菟罗、阿马拉瓦蒂等地为中心兴起佛像。[②] 佛像的出现是佛教史上的一个重要转折。最早出现的并非人形佛像，而是通过法轮、菩提树、脚印等形象象征佛或者佛法，后来则直接出现了人形佛像、菩萨像以及各种神祇造像，加剧了佛教的偶像崇拜。

佛塔与佛像的结合则是一种新趋势。诸佛菩萨以舍利塔为中心集会，尤其表现在支提窟或者中心塔柱窟。中心塔柱窟以方形塔柱为核心，塔四面开龛，正面开大龛，侧面开双层龛，塔柱底下有金刚力士，塔顶有伎乐菩萨，四周另有各种佛菩萨环绕。像这样众神以某种特定的排列汇聚在一起，实际上与密教曼荼罗的功用别无二致。

东汉安世高译《大比丘三千威仪》中有关于佛塔的诸多论述，反映出塔与像的融合。《大比丘三千威仪》载："扫塔上有五事：一者不得着履上、二者不得背佛扫塔、三者不得取上墡土持下弃、四者当下佛像上故花、五者当且过澡手自持净巾还。"[③] "不得背佛扫塔"，此中"佛"应指佛像，意思是不能背对着佛像。又载："复有五事：一者天雨当脱履塔下乃上礼佛。"[④] 此中"佛"当指佛像，而且说明佛像在塔上面，"二者不得持上塔佛像前"[⑤] 也说明佛像在塔上。佛像出现在佛塔中，塔像结合，是佛塔崇拜的一个新变化，对密教也有重要影响。[⑥]

塔中安像在诸多早期密教经典中都有反映。如《陀罗尼杂集》说："若于塔中若空静处。安置佛像烧香散华离众愦闹。"[⑦] 又如《七佛八菩萨

---

① *The Art of Indian Asia*, volume 2, completed and edited by Joseph Campbell, Manufactured in the U. S. A. by Kingsport Press, Inc., Kingsport, Tennessee, 1955, plate 8-24.

② *The Art of Indian Asia*, volume 1, completed and edited by Joseph Campbell, Manufactured in the U. S. A. by Kingsport Press, Inc., Kingsport, Tennessee, 1955, p. 337.

③ （东汉）安世高译《大比丘三千威仪》卷二，《大正藏》第24卷，第923页中。

④ （东汉）安世高译《大比丘三千威仪》卷一，《大正藏》第24卷，第915页下。

⑤ （东汉）安世高译《大比丘三千威仪》卷一，《大正藏》第24卷，第916页中。

⑥ 《大比丘三千威仪》是一部翻译教早的小乘佛教戒律经典，《祐录》卷四有著录，题为《大比丘威仪经》，两部四卷，列入"新集续撰失译杂经录"。《长房录》题为《大僧威仪经》四卷，并认为该经就是《祐录》所言《大比丘威仪经》。到了《开元录》，题为《大比丘三千威仪经》，二卷，认为是安世高所译。《中华大藏经总目录》也列出《大比丘三千威仪》，二卷，后汉安世高译。

⑦ 失译《陀罗尼杂集》卷二，《大正藏》第21卷，第589页上。

所说大陀罗尼神咒经》所载："若于塔中若空静处安置佛像。"①《陀罗尼集经》载："当觅有佛舍利塔处，即安文殊师利像，在塔东面，像面向西。若无大塔，应以小塔安置文殊师利像后以面向西。设种种香华种种饮食及果子等三时供养。"②《佛说华积陀罗尼神咒经》："当以香华灯烛于形像前而修供养，并诵华积陀罗尼咒。"③《一字奇特佛顶经》中也反复强调塔前立像，如说："又法，于有舍利窣堵波安本尊像，饮乳麦，随力供养，诵真言三洛叉，即能破迷乱痴等事。"④

塔像融合在石窟寺中也有表现，佛像造于佛塔之上，而且也出现了大量以佛塔为中心的支提窟。"印度的石窟寺，自古以来就有两种类型。一类是支提窟（祠堂窟），以窣堵波（佛塔）作为礼拜的主体，雕凿在洞窟的后部。另一类是毗诃罗窟（僧院窟），备有僧众起居的住室，窟内中央辟为厅堂。后来又在窟室后部另加安放佛像的佛堂，向着支提窟与毗诃罗窟相结合的形式发展。"⑤

公元2世纪阿马拉瓦蒂的佛塔中出现佛像，形成塔像融合的趋势：

图1⑥

图2⑦

① 失译《七佛八菩萨所说大陀罗尼神咒经》卷二，《大正藏》第21卷，第548页上。

② （唐）阿地瞿多译《陀罗尼集经》卷六，《大正藏》第18卷，第839页上。

③ （三国）支谦译《佛说华积陀罗尼神咒经》，《大正藏》第21卷，第875页上。

④ （唐）不空译《一字奇特佛顶经》卷二，《大正藏》第19卷，第297页下。

⑤ ［日］长广敏雄：《中国的石窟寺》，《敦煌莫高窟》第一卷，《中国石窟》文物出版社1982年版，第3页。

⑥ *The Art of Indian Asia*, volume 2, completed and edited by Joseph Campbell, Manufactured in the U. S. A. by Kingsport Press, Inc., Kingsport, Tennessee, 1955, plate 96, 98.

⑦ *The Art of Indian Asia*, volume 2, completed and edited by Joseph Campbell, Manufactured in the U. S. A. by Kingsport Press, Inc., Kingsport, Tennessee, 1955, plate 96, 98.

佛塔上已经出现佛像，虽然还不是特别起眼，但反映出塔像融合的新趋势。在后来的佛像石窟中，出现在佛塔上的佛像更大，更显眼。如：

图3①

图4②

图3是阿旃陀石窟（Ajantā Cave XIX）著名的支提窟，推定为公元6世纪。

图4是埃拉罗石窟（Elūrā Cave）第10窟，推定为公元8世纪。可以看出，此时出现在佛塔上的佛像非常显眼，大有喧宾夺主之势。

支提窟中国各大石窟中均有表现，如克孜尔石窟、敦煌石窟、云冈石窟、龙门石窟等中均有出现，往往被称为中心柱窟或塔庙窟，多见于北朝时期各大石窟。③ 这种形制是塔像融合的典型。“在我国各地的北朝石窟中常见的中心塔柱式洞窟，应当是和在印度被称作支提（Chaitya）的石窟形制同类。同时，它也与当时我国盛行的一种以塔为寺院中心的佛寺布局十分相似。”④ “这种有中心塔柱、把全窟布置成前后两个空间的形式，是同当时的宗教活动密切相关的。显然，前部可供僧徒聚集，相当于下面

① *The Art of Indian Asia*, volume 2, completed and edited by Joseph Campbell, Manufactured in the U. S. A. by Kingsport Press, Inc., Kingsport, Tennessee, 1955, plate 183.

② *The Art of Indian Asia*, volume 2, completed and edited by Joseph Campbell, Manufactured in the U. S. A. by Kingsport Press, Inc., Kingsport, Tennessee, 1955, plate 196.

③ 马世长：《克孜尔中心柱窟主室券顶与后室的壁画》，《克孜尔石窟》二，《中国石窟》，文物出版社1982年版，第175页。

④ 萧默：《敦煌莫高窟的洞窟形制》，《敦煌莫高窟》第二卷，《中国石窟》，文物出版社1982年版，第189页。

将要谈到的印度支提窟中的‘礼堂’；后部专为僧徒作回绕中心塔进行礼仪活动而设。”① 中心柱四面开龛，龛中安置佛菩萨像。僧人和信众可以绕中心柱礼拜，与旋塔礼拜异曲同工。“从它们建筑式样和所处位置看，无疑是对佛塔的一种模仿，是窟内艺术的主体，不言而喻，也是僧徒巡礼观像的主要对象。”②

佛塔与佛像的融合主要表现为支提窟或者中心柱窟，塔柱四壁开龛，龛中供养佛像，塔柱周围绘有各种壁画。塔柱正面佛龛供养佛像，菩萨像胁侍左右，塔柱下部有金刚力士等护法神。这种整体布局以塔柱为中心，塔像结合，佛、菩萨、力士、伎乐等同时出现，③ 与密教的曼荼罗结构极其相似。

支提窟也符合密教拣择处所的标准，极有可能是举行密教活动的重要场地。如《大宝广博楼阁善住秘密陀罗尼经》亦载：“若诵持根本陀罗尼者，不假拣择时日宿曜，不限斋戒，但诵满一万遍已。然后佛前或舍利塔前，于白月十五日洁净洗浴，着鲜净衣，随力供养，燃四盏灯，散诸香华。受持陀罗尼者，食三白食，旋绕制底一百八匝，诵陀罗尼一百八遍，便于当处寝息。天欲晓时如来即现其身，执金刚手菩萨亦现于前，所有愿者皆得如意。”④ 在佛塔前持诵陀罗尼，香花供养，绕塔，乃至晚上于制底处歇息。

随着佛像的兴起和流行，佛像逐渐成了中心。佛像出现在毗诃罗（vihara）中折射出塔像分离的趋势，阿旃陀石窟第 17 窟应是所见佛像最早出现在毗诃罗中的实物资料。⑤ 佛像流行的原因，一方面由于佛像更加直观形象，更受信徒喜爱；另一方面塔最初备受崇奉的原因在于佛舍利，但是后世大多数塔不可能有佛舍利，因此佛像愈加流行。就隋朝时期的莫

① 萧默：《敦煌莫高窟的洞窟形制》，《敦煌莫高窟》第二卷，《中国石窟》，文物出版社 1982 年版，第 189 页。

② 姚士宏：《克孜尔石窟部分洞窟主室正壁塑绘题材》，《克孜尔石窟》三，《中国石窟》，文物出版社 1982 年版，第 178 页。

③ 段文杰：《早期的莫高窟艺术》，《敦煌莫高窟》一，《中国石窟》，文物出版社 1982 年版，第 177 页。

④ （唐）不空译《大宝楼阁善住秘密陀罗尼经》卷上，《大正藏》第 19 卷，第 624 页下。

⑤ Lars Fogelin, Material Practice and the Metamorphosis of a Sign: Early Buddhist Stupas and the Origin of Mahayana Buddhism, *Asian Perspective*, Vol. 51, No. 2, by the University of Hawai’i Press, 2014.

高窟来看，“新出现的巨型雕塑像成为洞窟的主体，中心柱已退居次要地位”[①]。但是塔依然发挥着重要作用，不仅密教思想与塔有联系，很多密法活动依然围绕佛塔开展，如寺地宫出土文物中的五重佛舍利石塔以及大理三塔所出密教文物，都印证了塔与密教的密切关系。

（三）塔与曼荼罗

曼荼罗是密教的核心，其重要功能就是将众神以特定的秩序组织起来，使其各在其位，各司其职，赋予特定的佛教内涵，实现某种特殊的宗教目的。曼荼罗的出现有两个必要条件，一是众神出现，二是组织众神。佛塔对组织众神起到了重要作用，尤其体现在佛教早期。

塔的形制主要有两种，一种是圆形，如桑奇佛塔，另一种是方形，多数佛塔为方形。曼荼罗虽千变万化，常见的也是方形院落结构和圆形结构，方形如胎藏界曼荼罗，圆形如金刚界曼荼罗。《一切如来大秘密王未曾有最上微妙大曼拏罗经》载：“复次，金刚手白世尊言，外曼拏罗当云何名？佛言，金刚手外曼拏罗名，如彼大寺中有殿塔，必有垣墙以为外护，外曼拏罗亦复如是。”[②] 也反映出塔与曼荼罗的联系。

在诸多密教曼荼罗法中都有塔的痕迹。《一字佛顶轮王经》载：“又于山顶作随心坛，正于坛心置舍利塔，常于塔前面东趺坐，每日一咒莲华，一置塔前，满一洛叉，能转短命薄福之人福寿增倍。”[③] 又如《金刚顶瑜伽三十七尊出生义》载：“是以由大圆镜智厥有金刚平等现等觉身，则塔中方东阿閦如来也。由平等性智厥有义平等现等觉身，即塔中方之南宝生如来也。由妙观察智厥有法平等现等觉身，即塔中方之西阿弥陀如来也。由成所作智厥有业平等现等觉身，即塔中方之北不空成就如来也。由四如来智出生四波罗蜜菩萨焉。盖为三际一切诸圣贤生成养育之母，于是印成法界体性智自受用身，即塔之正中毗卢舍那如来也。”[④]

三重院落结构是常见的曼荼罗形制，内院画八叶莲花，莲花中心安置

---

① 李其琼：《随带的莫高窟艺术》，《敦煌莫高窟》二，《中国石窟》，文物出版社 1982 年版，第 162 页。

② （宋）天息灾译《一切如来大秘密王未曾有最上微妙大曼拏罗经》卷一，《大正藏》第 1 卷，第 543 页中。

③ （唐）菩提流志译《一字佛顶轮王经》卷五，《大正藏》第 19 卷，第 258 页下。

④ （唐）金刚智译《金刚顶瑜伽三十七尊出生义》，《大正藏》第 18 卷，第 298 页上。

佛塔，八叶依次画八大菩萨。如《成就妙法莲华经王瑜伽观智仪轨》载："其坛三重，当中内院画八叶莲华，于华胎上置窣覩波塔。于其塔中画释迦牟尼如来、多宝如来同座而坐。塔门西开。于莲华八叶上，从东北隅为首右旋布列安置八大菩萨，初弥勒菩萨，次文殊师利菩萨，药王菩萨，妙音菩萨，常精进菩萨，无尽意菩萨，观世音菩萨，普贤菩萨……"①

后期密教大教王类经典中依然可见塔的影响。宋代慈贤译《妙吉祥平等秘密最上观门大教王经》载："先于内院中安佛舍利塔，东释迦牟尼如来，左羽仰于心，微曲于方指，右羽竖右奶，微曲于戒指，名为最胜印，南毗卢遮那佛，西无量寿佛，北阿閦佛。此四佛及舍利居坛内院，次第粉布。复有八菩萨，观自在菩萨妙、吉祥菩萨、金刚手菩萨、虚空藏菩萨、大悲菩萨地藏菩萨、金刚萨埵菩、萨弥勒菩萨，此八菩萨次第粉布，居内院四门外佛前左右而坐（印契如经）……"②

除了以上引用，以佛塔为中心来组织诸佛菩萨的曼荼罗结构在经典中还有很多，大致类似。佛塔往往作为曼荼罗的中心，以此为基准排列诸佛菩萨的座次。从早期的陀罗尼经典到后期的大教王类经典，曼荼罗法中都有佛塔的痕迹。

（四）佛塔与供养法

供养法也是密教的重要内容之一，是现实中佛塔供养抽象化、神秘化的产物。如金刚界曼荼罗三十七尊中有八尊供养菩萨，即嬉、鬘、歌、舞、香、花、灯、涂，代表了八种不同的供养形式，被赋予神秘内涵。

释迦在世之时，接受人们提供的饮食起居等生活资料的供养，但是反对佛教徒观看歌舞伎乐等世俗活动。《优婆塞戒经》载："善男子！受优婆塞戒，复有二事所不应为：一者摴蒱、围碁、六博，二者种种歌舞伎乐。如是二事，汝能离不？"③ 又如《四分律》载："尔时，婆伽婆在罗阅祇耆阇崛山中，时国人俗节会日伎乐嬉戏，时六群比丘尼往看，时诸居士见皆共讥嫌：此诸比丘尼不知惭愧习不净行，外自称言：我知正法。如

① （唐）不空译《成就妙法莲华经王瑜伽观智仪轨》，《大正藏》第19卷，第595页中。

② （宋）慈贤译《妙吉祥平等秘密最上观门大教王经》卷四，《大正藏》第20卷，第924页下至第925页上。

③ （北凉）昙无谶译《优婆塞戒经》卷三，《大正藏》第24卷，第1048页下。

是有何正法？乃共看此种种戏事，与淫女贼女何异？诸比丘尼闻，其中有少欲知足、行头陀、乐学戒、知惭愧者，嫌责六群比丘尼：云何汝等共看戏事？时诸比丘尼往白诸比丘，诸比丘往白世尊。世尊尔时以此因缘集比丘僧，呵责六群比丘尼：汝所为非，非威仪、非沙门法、非净行、非随顺行，所不应为。云何汝等共看戏事？时，世尊以无数方便呵责六群比丘尼已，告诸比丘：此六群比丘尼多种有漏处，最初犯戒，自今已去与比丘尼结戒，集十句义乃至正法久住，欲说戒者当如是说：若比丘尼往观看伎乐者，波逸提。”①

但是释迦灭度后，歌舞伎乐等却成了供养佛塔的重要方式，甚至受到戒律的保障。《摩诃僧祇律》载：“伎乐供养者，佛住舍卫城，时波斯匿王往诣佛所，头面礼足却住一面而白佛言：世尊！得持伎乐供养佛塔不？佛言：得。迦叶佛般泥洹后，吉利王以一切歌舞伎乐供养佛塔，今王亦得。佛言：若如来在世、若泥洹后，一切华香、伎乐、种种衣服、饮食尽得供养，为饶益世间令一切众生长夜得安乐故。若有人言：世尊无淫怒痴，用此伎乐供养为？得越比尼罪，业报重。是名伎乐法。”② 以佛陀的名义，通过戒律的形式确定了以歌舞伎乐等供养佛塔的合法性。

供养的兴盛，尤其作为一种法门或者教法的供养法的形成，始于释迦灭度及佛舍利塔崇拜。《长阿含经》载：“阿那律曰：‘汝等欲以香花伎乐供养舍利，竟一日已，以佛舍利置于床上，使末罗童子举床四角，擎持幡盖，烧香散花，伎乐供养，入东城门，遍诸里巷，使国人民皆得供养；然后出西城门，诣高显处而阇维之。而诸天意欲留舍利七日之中，香花伎乐，礼敬供养；然后以佛舍利置于床上，使末罗童子举床四角，擎持幡盖，散花烧香，作众伎乐，供养舍利。入东城门，遍诸里巷，使国人民皆得供养；然后出城北门，渡凞连禅河，到天冠寺而阇维之。是上天意，使床不动。’”③ 类似的说法也见于《大般涅盘经》卷二三。

发展到密教，这种源于佛塔的现实的供养活动神化为特定的神祇来表达，如金刚界八大供养菩萨。供养法的情况在石窟寺中也有表现，尤其支

① （后秦）佛陀耶舍、竺佛念译《四分律》卷二五，《大正藏》第22卷，第740页上、中。

② （东晋）佛陀跋陀罗、法显译《摩诃僧祇律》卷三三，《大正藏》第22卷，第498页下。

③ （后秦）佛陀耶舍、竺佛念译《长阿含经》卷四，《大正藏》第4卷，第27页下。

提窟，其中所谓的飞天持有各种乐器的形象，就是以伎乐供养佛塔的象征。通过对现实礼拜活动的抽象和神化，进而出现表达特定内涵的密教神祇，是密教发展的一种普遍趋势。释迦身体各部位都独立成为神祇，典型的如佛顶佛，而且与佛陀生前有关的器物等都泛化成神祇。如白伞盖佛顶，其实源于现实中佛塔的一个重要部分——塔顶伞盖。

四　结语

塔的崇拜本质是佛舍利崇拜，佛舍利代表佛，也被认为是佛的法身。围绕塔的崇拜形成了诸多仪轨，比如如何建塔，如何礼拜，如何供养，关于塔的禁忌，[①] 等等。出现以佛塔为中心的支提窟，中国佛教石窟也保存了大量中心柱窟或塔庙窟。塔与像的结合使众神会聚，为密教曼荼罗的形成提供了现实的蓝图。总之，正是现实的宗教活动和宗教实践的需要推动着佛教发展，也正是这种现实的需要催生了密教的形成与发展。法显所载那竭国醯罗城佛顶骨崇拜的真实场景也印证了这一认知。

那竭国醯罗城佛顶骨崇拜非常兴盛，就连国王也是每天早晨先朝拜舍利，然后才上朝听政。邻国遣使前来供养佛顶骨舍利，说明佛顶骨舍利崇拜影响波及周边地区。佛顶骨舍利供养于城中心的专门精舍，舍利塔建在精舍中，朝拜和供养具有固定仪轨。每日由八个豪姓力士同时符印相对方能开启存放舍利的精舍，先打开门户。必须以香汁洗手，才能取出佛顶骨舍利。取出之后，放在精舍外的高座上，周围七宝严饰，砧下以琉璃覆盖，香花等种种供养。再由精舍僧人登上高楼，击鼓，吹蠡，敲铜钵，鼓乐吹笙。国王先朝拜，从东门入，西门出。[②] 唐代供奉法门寺佛指舍利的

---

① （后秦）佛陀耶舍译《四分律比丘戒本》，《大正藏》第22卷，第1021页中、下。

② “西行十六由延，至那竭国界醯罗城。城中有佛顶骨精舍，尽以金薄七宝挍饰。国王敬重顶骨，虑人抄夺，乃取国中豪姓八人，人持一印，印封守护。清晨，八人俱到，各视其印，然后开户。开户已，以香汁洗手，出佛顶骨，置精舍外高座上，以七宝圆砧，砧下琉璃钟覆上，皆珠玑挍饰。骨黄白色，方圆四寸，其上隆起。每日出后，精舍人则登高楼，击大鼓，吹蠡，敲铜钵。王闻已，则诣精舍，以华香供养。供养已，次第顶戴而去。从东门入，西门出。王朝朝如是供养礼拜，然后听国政。居士长者亦先供养，乃修家事，日日如是，初无懈倦。供养都讫，乃还顶骨于精舍中。有七宝解脱塔，或开或闭，高五尺许，以盛之。精舍门前朝朝恒有卖华香人，凡欲供养者种种买焉。诸国王亦恒遣使供养。精舍处方三十步，虽复天震地裂，此处不动。”［（东晋）法显记《高僧法显传》卷1，《大正藏》卷51卷，第858页下。］

盛况应该与此相似。

供奉佛顶骨舍利的仪轨与早期密教佛顶部密法非常相似，表现在：第一，佛顶舍利存放和佛顶法曼荼罗都是方形院落结构。佛顶骨舍利供养在塔之中，塔在精舍中，精舍在城中，城开四门。《陀罗尼集经》中的佛顶八肘坛也是三重院结构，内院画八叶莲花，中间坐主尊。每重院开四门，四角各以金刚定印封之。胎藏界曼荼罗的中台八叶十三院也是方形院落结构。第二，佛顶舍利供养在七宝解脱塔中，佛顶法中七宝楼阁是瑜伽观想的重要内容。据法显记载，佛顶骨存放于七宝解脱塔中。《菩提场所说一字顶轮王经》《大佛顶广聚陀罗尼经》《一字顶轮王念诵仪轨》等经典都强调修佛顶法时要做瑜伽观想，观想须弥山上有七宝楼阁。佛顶法观想的七宝楼阁是存放舍利的七宝解脱塔的演变，经典中提到的七宝楼阁、宝楼阁、宝塔等，都是舍利塔的衍生。第三，现实中以香花、伎乐等供养佛顶舍利，佛顶法中有香、花、灯、幔及歌舞菩萨作为供养菩萨。信众以香花等供养佛顶舍利，精舍僧人鼓乐供养。在佛顶法乃至整个密教中，香、花、灯、幔等围绕主尊，称为四供养菩萨，金刚界密法更有巴供养菩萨，均源于佛舍利塔供养仪轨。第四，佛顶舍利供养仪式与佛顶法仪轨相通。佛顶骨舍利的保存、迎请、供养等，都有固定行程。密教佛顶法的仪轨则更加烦琐，更加神秘，更具仪式感。由此可见，早期密教佛顶法的兴起与佛顶骨舍利的崇拜有直接关系，也说明密教的形成与发展源于现实的宗教活动，是现实中宗教活动抽象化、神秘化的结果，其中舍利塔崇拜扮演了最重要的角色。

（张文卓，浙江工业大学副教授）

历史与现状

李元琮在不空三藏弘扬密教过程中发挥的作用

——以其与不空三藏的关系为依据

［日］岩崎日出男

摘　要： 李元琮出身于粟特系突厥人，因功受赐唐皇室李姓，以陇西为故里。初为北衙禁军宿卫，后由武举任官，进入左右羽林军右龙武军，扈从玄宗幸蜀。安史之乱，以镇压叛乱有功，赐宝应功臣，加官晋爵，位至从一品。又外任水族放生使、京城修功德使等五种司使，将修功德获得福报作为不空三藏宣扬密教的有效方法，在以之实现护国、护主及密教兴盛的过程中发挥了至关重要的作用。

关键词： 李元琮；侍卫军；功德使；不空；护国

前　言

拙作《修功德在不空三藏密教弘法中的作用与意义——从哥舒翰迎请不空三藏到长安密教弘传的开展及其特色》中详细阐述了如下观点：因在因果报应信仰的消灾祈福的修法和效果得到高度评价，使当时社会大幅度接受不空三藏所传的密教。[①] 早在塚本善隆博士的《唐中期以来的长安功德使》一文中就已经提出，基于因果报应信仰的消灾祈福需要通过积累功德的“修功德”来实现，这与管理和监督修功德事业的“功德使”

---

① ［日］岩崎日出男《修功德在不空三藏密教弘法中的作用与意义——从哥舒翰迎请不空三藏到长安密教弘传的开展及其特色》，《密教学研究》44，2012 年版。

成为不空三藏将密教导入兴盛的原因与动力。①

本文将对被认为是最早担任功德使的李元琮的生平事迹进行考察，在此基础上明确其在不空三藏的密教弘法活动中所发挥的作用。

一　李元琮的生平事迹

众所周知，李元琮不仅是不空三藏的在家弟子，也是其最热诚的支持者。在不空三藏托付后事的遗书中可以看出其对李元琮的器重："俗弟子功德使李开府，依吾受法三十余年，勤劳精诚，孝心厚深。河西南海，问道往来，净影鸿胪，躬亲供养。瑜伽五部，先以授之，十七五身，更增秘密。吾银道具五股金刚杵、三股、独股铃，并留与开府，作念受持，速证悉地。"②

然而，对于在不空三藏弘法中起到重要作用的李元琮，上述《不空三藏表制集》、不空三藏相关传记以及《旧唐书》等文献之中仅有只言片语，其出身、生平，与密教的关系、年龄等事都不得而知。幸而近年，李元琮的墓志——前左领军卫兵曹参军翰林待诏赵迁述《大唐故宝应功臣开府仪同三司右龙武军将军知军事上柱国凉国公李公墓志铭并序》被发现，一直以来的很多谜团也被解开。关于李元琮的墓志，拙作《关于新发现的前左领军卫兵曹参军翰林待诏赵迁述〈大唐故宝应功臣开府仪同三司右龙武军将军知军事上柱国凉国公李公墓志铭并序〉》对墓志原文进行了校订，作出了日文翻译、词句解释和白话文翻译，并附上年谱详述了李元琮的生平事迹。③ 为了便于下文论述，此处将李元琮年谱列举如下。

李元琮（707—776）年谱

中宗　景龙二年（707）	父李景晖、母何氏，作为中子出生。（一岁）

① ［日］塚本善隆《中国中世佛教史论考》，《塚本善隆著作集》第三卷。

② （唐）不空撰《三藏和上遗书》，《不空三藏表制集》卷3，《大正藏》第52卷，第844页中。

③ ［日］岩崎日出男《关于新发现的前左领军卫兵曹参军翰林待诏赵迁述〈大唐故宝应功臣开府仪同三司右龙武军将军知军事上柱国凉国公李公墓志铭并序〉》，《高野山大学大学院纪要》18，2019年。

玄宗	开元中（719～741）	从金刚智三藏得授灌顶。（十三岁～三十五岁） 从属于北衙禁军。（？～三十五岁）
	天宝初（742～747）	由武举成为禁军正员。（三十六～四十一岁）此时母亲亡故，向佛之心日深。
	天宝十一年（752）	奉命前往南海。 从滞留此地的不空三藏受金刚顶经教法。（四十六岁）
	天宝十三年（754）	不空三藏受河西节度使哥舒翰之邀在武威开元寺弘扬密法时，得以入坛灌顶，受五部法。（四十八岁）
	天宝十五年（756）（至德元年）	玄宗蒙尘入蜀，随行。（五十岁）（七月十七日从马嵬驿出发，七月二十八日到达成都）此时担任折冲都尉及郎将。
	至德二年（757）	十月二十三日，肃宗还京长安后，得肃宗信任。（五十一岁）
	乾元二年（759）	任水族放生使。（五十三岁）为纪念肃宗诏命放生，颜真卿所写的《天下放生池碑铭》碑文中记有李元琮官职“左骁卫中郎将”或“左骁卫左郎将”。
	乾元三年（760）（上元元年）	闰四月十四日，向朝廷上表《请于兴善寺置灌顶道场状一首》，祈请于不空三藏所住大兴善寺内设置灌顶道场，以此功德平息安史之乱。此时官职为“宫苑都巡使御侮校尉左内率府率员外同正员赐紫金鱼袋内飞龙驱使臣史元琮”。（五十四岁）
代宗	宝应元年（762）	四月十七日，作为射生军将兵镇压代宗即位时发生的谋反，同年五月因其功绩赐名“宝应功臣”。（五十六岁） 此时，被授予陇西县开国伯，爵位，正四品上；云麾将军，武散官，从三品上；凉国公，爵位，从一品。
	广德元年（763）	因十月七日后退而后持续到十二月十九日的吐蕃入侵，军费耗尽，为此卖掉私宅等筹措军费，为调配兵粮和武器而奔走。（五十七岁）
	永泰元年（765）	此时任龙武军将军（六月十八日牒《杜中丞请回封入翻译制》，《不空三藏表制集》卷一）。（五十九岁）

大历三年（768）	京城诸寺观修功德使。（六十二岁）＊李元琮成为京城诸寺观修功德使的时间不详，推测至少是在大历三年五月三十日（六月一日）至大历四年（769）十月。（参见藤善真澄《不空教团的发展三：宦官李元琮》，第375页及注24，《镰田茂雄博士还历记念论集 中国佛教与文化》，大藏出版，1988）
大历九年（774）	五月七日，受不空三藏托付后事。 七月七日，安置不空三藏的受法弟子，受敕令建造灵塔（舍利塔）。（六十八岁）
大历十年（775）	四月十七日，受敕令任法高为大兴善寺都维那。（六十九岁）
大历十一年（776）	十一月十七日，卒于私邸。（七十岁）留下遗言，命子濬、甥远如自己生前一样管理和供养修功德道场以及不空三藏舍利塔。 十二月二十六日，葬于神和原。 追赠太子少保，职事官，从一品。

由年谱可知，李元琮生于中宗景龙二年（707），卒于大历十一年（776）十一月十七日，享年七十岁。其师不空三藏生卒年分别为神龙元年（705）和大历九年（774），享年七十岁。二人虽为师徒关系，但年龄仅差两岁。此外，李元琮被部分学者认为是宦官①，实则为武官（蕃将）。从墓志中还能看出，其与密教和不空三藏的接触，早在不空三藏师父金刚智三藏在世时就已经开始了。

就这样，作为武官（蕃将）的李元琮与密教邂逅，其在与几乎同龄的不空三藏的交往中对不空三藏的弘法活动发挥了重要作用。而明确年谱中所述李元琮所任职务在当时军制和官制下的内容和作用，对于阐明此事具有重要意义。下文将梳理李元琮的出身和历任官职情况，然后对其所受阶（文武散官）、官（职事官）、勋（勋官）、封（封爵）以及诸司使（使职、令外官）和赐号等进行考察，探讨他的这些经历与不空三藏密教

① 详细内容可参考藤善真澄《不空教团的发展 三 宦官李元琮》，《镰田茂雄博士还历纪念论集：中国佛教与文化》，大藏出版，1988年。

弘法之间的关系。

二　李元琮的出身和所任军职情况

（一）李元琮的出身

墓志记述说，“公讳元琮，阴山之贵族也。以功高命氏，列籍帝枝，今为陇西人也”。此前的研究认为“史元琮”和“李元琮”是同一人物，原为史姓粟特人，后因有功被唐朝赐姓为李。① 但是，墓志记载的出生地“阴山”是现内蒙古自治区从乌拉特中旗到东部四王子旗中间280公里的地带，临近突厥。从武则天时代的西突厥人继往绝可汗阿史那斛瑟罗被记载为“阴山贵种”来看，李元琮可能是突厥人②。再后来的唐末军阀突厥人李克用也被记载为“阴山贵胤”，③ 因此“阴山”应是突厥人记录出身的词汇之一。综上所述，李元琮的出身应该是“粟特系突厥”（用粟特姓的突厥人）。④ 而且，“列籍帝枝，今为陇西人也”，表明史元琮因被唐室赐予李姓而将唐室李氏的故地陇西作为自己的出身之地。

（二）李元琮的武官任职经历

墓志中说“仕不因媒，道无苟合……开元中，早宿卫北军。天宝初，以武艺入仕”，可知李元琮在开元中（719—741）任北衙禁军宿卫，天宝初（742—747）由武举而任官。其中，北衙禁军为皇帝的近卫军，当时由左右羽林、龙武四军组成，被称为“北门四军”。根据墓志题记中的官

① 见于中田美绘《不空在长安佛教界的崛起以及粟特人（2）李抱玉、罗伏磨、史元琮、辛云京、史元琮》，《东洋学报》第89卷号，2007年。关于唐朝的粟特人，可参考山下将司《隋唐建国与居住中国的粟特人》（《亚洲游学》137，2010）、齐藤达也《中国粟特姓的历史》、森部丰编《粟特人与欧亚东部的文化交流》（《亚洲游学》175，2014）。

② 王连龙《李元琮墓志及相关问题考论》，《吉林师范大学学报》（人文社会科学版）2014年第6期。另外，由唐太宗赐予东突厥可汗阿史那思摩李姓一事来看，李元琮应为阿史那思摩的后裔。樊婧《唐李元琮墓志考释》，《唐史论丛》第18辑，陕西师范大学出版，2014年。

③ “李克用代漠强宗，阴山贵胤，呼吸而风云作气，指麾而草树成形。”（《旧唐书》卷二十上，本纪二十上，昭宗大顺元年）

④ 中田裕子《唐代六胡州的粟特系突厥》（《东洋史苑》72号，2009年）“粟特系突厥”是指“突厥化的粟特人”，广义上来说包含成为东西突厥成员的突厥人、粟特人、突厥粟特混血（参考森安孝夫编《从粟特到维吾尔》第1部，19p、22p，及古书院，2011）。鉴于李元琮出身被记载为“阴山之贵族”，本文采用中田的解释。

衔“右龙武将军”来看，李元琮所进入的是左右羽林、龙武四军中左右龙武军的一支。墓志中“十五年，扈从巴蜀……”（天宝十五年，756，为避安禄山之乱，随从玄宗皇帝逃亡蜀地成都）的记载也佐证了这一点，玄宗在蜀蒙尘时担任随行护卫的正是龙武大将军陈元礼率领的龙武军。当时随行护卫士兵不过数百，玄宗抵达成都时，据说总共只有官吏军士一千三百名，宫女二十四名。而在前文的年谱载有代宗永泰元年（765）李元琮任龙武将军一事，毫无疑问是隶属于左右龙武军的一支。李元琮所属的龙武军是在开元二十六年（738）由羽林军的选拔兵“羽林万骑”独立而成的，属于当时最为精悍的禁军。[1] 而且龙武军主要是由因肃清意图毒杀中宗独揽大权的皇后韦氏一派而被授予“唐元功臣”称号者的子弟构成。墓志中说，李元琮进入龙武军时“仕不因媒，道无苟合……开元中，早宿卫北军。天宝初，以武艺入仕”，表明其因武艺入伍，而非为“唐元功臣”子弟的缘故。后来，李元琮作为在代宗即位中发挥重大作用的射生军一员而被赐予“宝应功臣”称号一事（后文详述）也能佐证此事。

三　关于所受阶官勋封以及诸司使

（一）阶（文武散官）

御侮校尉：武散官，品阶为从八品上。

定远将军：武散官，品阶为正五品上。在正史记载中，以前没有出现李元琮被授予武散官一职者。按照墓志记述顺序来看，授官是在肃宗时期。

云麾将军：武散官，品阶为从三品。在正史记载中，先于李元琮被授予武散官者，有武则天时期的王同皎和张宗昌、玄宗开元二年在突厥之战中得胜的郭虔瓘和郭知运、开元二十八年攻破吐蕃而立功的王忠嗣、天宝

① 关于左右龙武军，可参考林美希《唐左右龙武军的盛衰——唐元功臣及之后的禁军》（《史滴》33号，2011）。关于北衙禁军的兴衰，可参考林美希的一系列研究，包括《唐代前期宫廷政变中北衙的动向》（《史观》164号，2011）、《唐代前期北衙禁军的发展和宫廷政变》（《史学杂志》121号7，2012）、《唐代前半叶的闲厩体制和北衙禁军》（《东洋学报》94卷4号，2012）、《唐王朝的官僚制度和北衙禁军——以唐代前半叶为中心》（《多元文化》7，2017）、《唐代前期的蕃将形态和北衙禁军的变迁》（《东洋史研究》75卷4号，2017）、《唐长安城的禁苑和北衙》（《唐代史研究》20号，2017）。

十二年王忠嗣和哥舒翰麾下击败吐蕃的王思礼、镇压安禄山叛乱立功的李光弼，其中武则天时期的王同皎和张宗昌被除官，其余皆为能力优秀而有功绩的武将。依据墓志记述顺序来看，授官应该是在代宗宝应元年（762）到广德元年（763）。

开府仪同三司：文散官，品阶为从一品。

特进：文散官，品阶为正二品。

（二）官（职事官）

折冲（都尉）：这是墓志中记载最早的授官，职务是“贮糟米介胄备武事，征发人民充府兵，每岁上兵部卫士帐，掌应征发”，时间应为玄宗蒙尘入蜀之时。折冲都尉是折冲府的长官，依兵员数目分为上中下府，品阶分别为正四品上、从四品下、正五品下。只是李元琮所受折冲都尉品阶不明，根据其后所受郎将品阶为正五品上这一史实，推知应是下府品阶正五品下。

郎将：此武官属于禁中十六卫（执掌宫廷护卫等），左右卫、左右骁卫、左右武卫、左右威卫、左右领军卫、左右金吾衙等十二卫中皆有此职，品阶为正五品上。授予时间与折冲都尉同时，可能是上述十二卫中“左骁衙”的郎将，具体在后文“水族放生使”部分中详述。

左右骁卫（左郎将、中郎将）：禁中十六卫之一，掌管宫廷警卫，中郎将为正四品下。

左内率府率：东宫属官，掌管仪卫、警护等职务的府衙，其长官“率”品阶为正四品上。根据墓志记述顺序，授官时间应该为肃宗时期。

右龙武军将军：龙武军为北衙四军中的一支，也就是上述“2. 李元琮武官任职经历”中所说的随行玄宗入蜀的近卫军。品阶为从三品，授官与左内率府率同时，应为肃宗时期。此外，李元琮任将军时的龙武军在安禄山叛乱时处于瓦解状态，随着肃宗新设左右神策军，其作为禁军的重要性降低。①

太子少保：品阶为从二品，欠员之官。教导太子，晓谕其担任训导辅佐的太师、太傅、太保之三师的德行，奉侍太子，观三师之道德。

---

①　参考 435 页脚注①，林美希《唐左右龙武军的盛衰——唐元功臣及之后的禁军》（《史滴》33 号，2011）。

（三）勋（勋官）

上柱国：品阶为正二品，最高的勋官。

（四）封（封爵）

陇西县开国伯：开国伯为正四品上，是开国封号中继开国郡公、开国县公、开国侯之后位列第四的爵位。按照墓志记载顺序，授爵时间为代宗宝应元年（762）到广德元年（763）。“开国”原为授予开国功臣的封号，李元琮因拯救国难之功绩而被授予此爵。“陇西县”一词，与“1. 李元琮的出身”中所说因被唐室赐予李姓而将陇西作为出身之地一事有关。另外，在正史记载中，行于李元琮没有被授予开国伯武散官者。

凉国公：凉国公为国公爵位，品阶为从一品。按照墓志记述顺序来看，授爵时间是在代宗宝应元年（762）至广德元年（763）。在正史记载中，先于李元琮被授此爵位的有如下数人：内附唐朝的铁勒诸部之一、以凉州为据点的契苾部落首领契苾何力（？—677）、突厥吐蕃战事中立功的长子契苾明（649—695）和契苾明之子契苾崇（？—720），[①] 于太宗贞观六年（632）授爵，与李元琮同时的哥舒翰在天宝十二年（753）授爵，平定安禄山之乱中立功而与郭子仪并称的李光弼在代宗广德二年（764）授爵，被肃宗赐予李姓、在安禄山之乱和吐蕃战事中立功的北衙禁军右羽林大将军、代宗时曾任宰相的李抱玉也被授爵。

四　诸司使（使职、令外官）

（一）水族放生使

乾元二年（759）三月，受肃宗敕令，与中使张庭玉等在全国州县临江带郭之地，自洋州、兴道至升州、江宁县秦淮河太平桥等八十一处设置放生池，水族放生使即是此时监督放生池和放生会等事的诸司使之一。诸司使原来是为通过三省六部九寺五监的律令官制实现皇帝意志而出现的，

---

① 关于契苾，可参考蔡智慧《唐前期羁縻支配的形态之一——以契苾何力一族为例》（《历史文化社会论讲座纪要》15：1－15，2018）一文。

在原本的律令官制不能应对国内种种情况时临时设置，是直属皇帝的令外官。[①] 关于“水族放生使”这种诸司使在正史中没有记载，而有唐一代，曾出现过四十种以上的诸司使，若将短期设立的也算在内的话数量则更多。放生池和放生会早在南朝梁武帝时就很盛行，其后天台大师智觊也曾大力推动此事，直至唐代也盛行于曾受天台大师影响的江南地区。其中，天宝初年（742—747）贺知章曾设放生池和放生会，长安城东西市僧法成和太平公主也曾创立过——总体来说是由某个人物或在特定地域一时设立。相比来说，乾元二年的放生池和放生会是由皇帝设立，且规模是全国性的，是中国佛教设立放生池和放生会的历史中划时代的事件。[②]

（二）都巡宫苑使

《不空三藏表制集》卷二的《请于兴善寺置灌顶道场状》一首（《大正藏》第 52 卷，第 829 页下）中官职标为“都巡宫苑使”或“宫苑都巡使”，与水族放生使一样属于诸司使之一，在正史中没有记载。但“宫苑使”在正史中有载，职能为“掌苑内宫馆园池”，实际上还包括宫禁门户等事务。[③] 所以，无论叫作“都巡宫苑使”还是“宫苑都巡使”，其职能都是“巡警禁中宫禁门户”，宦官李辅国就曾担任宫苑使。墓志中肃宗朝的部分记述说“禁卫警于昼夜”，应是指“都巡宫苑使”的职务。

（三）内飞龙驱使

水族放生使和都巡宫苑使都属于在正史中没有记载的诸司使之一。但是“飞龙使”“内飞龙使”在正史中有记载，职能为“掌管飞龙厩”。“飞龙厩”是指饲养皇帝专用御马军马的闲厩中，马匹最为优良的闲厩。其位于禁中、玄武门北、重玄门附近等处，便于皇帝居所与宫外间的联络，且容易把握宫内外的情况变化。所以，这是宫中发生事变或政变时，

---

① 关于诸司使，可参考赵雨乐《唐代内诸司使的构成：成立时间与机构初期调整》（《东洋研究》50 号 4 卷，1992）和松岛才次郎《关于唐代频繁使用“使”一事》（《信州大学教育学部纪要》18，1967）。

② 参考中村裕一《中国古代的每年定例活动仪式》第二册夏，“四月 三七 颜真卿《天下放生池碑》”（第 226—233 页，2009，及古书院）和川胜守《东亚放生仪式的文化史》，第 19—20 页（《九州大学东洋史论集》21，1993）。

③ 参考本页脚注①，赵雨乐，（4）宫廷地域的管理者 b、宫苑史（五坊史），第 137 页。

掌控内外形势且能随机应对、守护皇帝和防卫禁中的极为重要的闲厩。[①]李元琮在世时，掌管飞龙厩的飞龙使有玄宗左右担任三宫（大明宫、兴庆宫、太极宫）飞龙使的宦官高力士、肃宗时担任飞龙厩副使的宦官程元振、代宗时被任命为飞龙厩副使的鱼朝恩等，可知这是手握重权的宦官所承袭的诸司使。另外，当时专横的李辅国据说也是出身于飞龙厩。由上述飞龙使的职能及其在宫中担任的角色来看，“内飞龙驱使”中的“内”是指宦官，“驱”则表示“军队的编排”，进而推测这是“在宦官的飞龙使之下，统率飞龙厩马队”的事务官一类的诸司使。[②]

（四）梨园使

开元二年由玄宗创始，掌管“教授法曲”，与“教坊”一样以培养演奏宫廷音乐的乐人等为职责，从一开始是由诸司使设立和掌管。墓志中“京城修功德使”之前为“梨园使”的记载来看，李元琮任梨园使应是代宗大历年间前后。经过安禄山叛乱，长安、洛阳两京被占，宫中礼仪不可或缺的乐器、乐师衣服等皆被夺去。两京光复之后，宫中礼仪实施不便，作为乐人等活动场所的禁中离宫、苑囿也在战乱中荒废，故而当时亟须复原整修，[③] 这是李元琮被授此官职的背景。

（五）京城修功德使

“京城修功德使”在《不空三藏表制集》中记为“京城诸寺观修功德使”，《贞元释教录》中则记为“京城寺观修功德使”，是“总监长安内

① 参考赵雨乐《唐代的飞龙厩和飞龙使——特别是以大明宫防卫为中心》（《史林》74号4卷，1991）。

② 中田美绘在《唐朝政治史上的〈仁王经〉翻译和法会——内廷势力专权的过程和佛教》（《史学杂志》115—3，2006）中推测，“内飞龙驱使”可能是“掌管飞龙厩的飞龙使”。但在当时，包括飞龙厩在内的闲厩全体掌管者是宦官李辅国，从同为宦官的程元振担任“飞龙闲厩副使”一事来看（参考赵雨乐《唐代的飞龙厩和飞龙使》第135页⑦，《史林》74号4卷，1991），飞龙厩的最高掌管者是李辅国，而程元振为副官，而“内飞龙使驱使”可能仅仅是“飞龙闲厩副使宦官程元振手下统率飞龙厩马队”的事务官。

③ 具体可参考“天宝十五载，玄宗西幸，禄山遣其逆党载京师乐器乐伎衣尽入洛城。寻而肃宗克复两京，将行大礼，礼物尽阙”（《旧唐书》卷二八 志八 音乐一）以及“其后巨盗起，陷两京，自此天下用兵不息，而离宫苑囿遂以荒堙，独其余声遗曲传人间，闻者为之悲凉感动”（《新唐书》卷二十二 志十二 礼乐十二）。

佛道造寺、造像、讲经等修功德（宗教善行）”的诸司使。“修功德使”作为诸司使之一设置的时期不详，而李元琮被任命为京城诸寺观修功德使的时间也不明确，推测至少是在大历三年（768）五月三十日（六月一日）到大历四年（769）十月之间，① 而京城修功德使则可能是在代宗时期作为诸司使设立的。

五 赐号

宝应功臣：宝应元年（762）四月十七日，张皇后为夺权而排挤宦官李辅国和程元振，为阻止代宗即位而命令越王系谋反。但李辅国和程元振事前察觉，将越王系手下百余人逮捕，防止了反乱发生。此时，镇压谋反的射生军因其功绩而在同年五月被赐予“宝应功臣”的名号。“射生军”是由善于骑射的士兵编成，因功绩又被称作“宝应军”。②

赐紫金鱼袋：出入宫廷所用的鱼形符契和袋子，赐紫金鱼袋为三品以上。依据墓志记载顺序，授官时间为随行玄宗入蜀期间。此时的李元琮品阶为折冲都尉（下府、正五品下）和禁中十六卫中的郎将（正五品上），由此可知授予赐紫金鱼袋意味着给予品阶以上的资格。

六 从李元琮的经历看其在朝廷内的地位和评价

以上明确了李元琮的出身和担任武官的经历，其次详细考察了所授阶（文武散官）、官（职事官）、勋（勋官）、封（封爵）以及诸司使（使职、令外官）和赐号等。要探讨其在朝廷内的地位和评价，应首先提到被授“阶”中的云麾将军一职。如上文所述，与李元琮同时且被授此官的王忠嗣、王思礼、李光弼都是《新、旧唐书》所记载的能力不凡、功绩出众的武将，可见李元琮也是与之并列的武官。其次，“官”中除折冲都尉和太子少保之外，从所授郎将、左骁卫（左郎将、中郎将）、左内率

① 参考第 433 页注①所举藤善真澄的论文《三宦官李元琮》以及注脚 24。

② 关于射生军，可参考黄楼《唐代射生军考》（《史林》2014—1）、第 438 页注①中赵雨乐论文《三飞龙使制的内部构造》以及第 434 页注①所引中田美绘论文第二章《粟特人在宦官军事力量强化中的作用射生军》②。

府率、右龙武军将军来看，李元琮一直隶属于皇帝的近卫军中，其中都巡宫苑使和内飞龙驱使则是直接参与守护皇帝和宫中安保，可以评价说其作为武官的地位不逊于云麾将军一职。李元琮不仅在肃宗时期受重用，代宗朝也是如此。从宝应元年（762）四月十七日由肃宗到代宗的继位中生变时，其作为射生军一员参与肃反，且因立功，同年五月被赐“宝应功臣”一事可见其作为武官的功绩。再者，关于“封”要着重提及授爵凉国公一事。与李元琮同时的哥舒翰、李光弼、李抱玉在击败吐蕃和平定安禄山之乱中建立了极大的功绩，而且当时集名望于一身的武将授爵凉国公一事，也表明李元琮作为武将享有极高的评价。诸司使中的水族放生使、都巡宫苑使、内飞龙驱使、梨园使、京城修功德使等五种职务属于令外官，不设品阶，故而不用考虑担任者品阶，只是选取胜任此职之人。从诸司使的特征来看，曾任上述五职可以证明，李元琮是能够应对除武官事务之外的其他朝内事务的优秀人物。进而在朝廷中享有如此地位和评价的李元琮，与不空三藏弘扬密教有着什么关系呢？下文将对李元琮的佛教信仰和密教修学经历进行考察。

七　李元琮的佛教信仰和密教修学经历

墓志记述道李元琮“尤好释典”，其后又说“曾于金刚三藏得授灌顶，初入真言之阃阈也”，可知其从不空三藏之师金刚智三藏处得灌顶。众所周知，金刚智三藏于开元七年（719）来唐，真正开始弘扬密教是从开元十一年（723）翻译带来的密教经典开始，此时李元琮十七岁。其后，到开元二十九年（741）圆寂之前的约二十年间，金刚智三藏在长安、洛阳两京的常住寺院翻译密教经典并进行灌顶。假如李元琮在长安曾从金刚智三藏得授灌顶，金刚智三藏居住长安的时间就是在开元十一年（723）、十六年（728）、十八年（730）以及二十四年（736）十月到二十九年（741）七月。其中开元十六年（728），金刚智三藏在长安大荐福寺曾举行过灌顶，[①] 此时李元琮二十二岁。由此可见，李元琮信仰佛教以及邂逅密教至少是在二十岁前后，最晚应在三十五岁之前。而且，可以推

① 关于金刚智三藏的传法活动，可参考拙作《金刚智三藏在唐的活动——以毗卢遮那塔的建立以及与道教的关系为中心》注脚9，《密教学会报》29，2000。

测这时已经与金刚智三藏的后继者不空三藏有过会面。

进入天宝年间，李元琮通过武举成为北衙禁军正式成员。虽然其间经历了母亲亡故和经济困窘问题，但从墓志中“常以俸料奉献佛僧，追思网（罔）极，辱身求法，积行奉时”的记载可见，其从未因此动摇过对佛教的信心。这也正是不空三藏从印度求法归来长安之时（天宝五年，746），不空三藏的遗书《三藏和上遗书》一首（《不空三藏表制集》卷三，《大正藏》第52卷，第844页中）中记述的“净影、鸿胪，躬亲供养”一句所表明的，李元琮对不空三藏进行了慷慨支持。而且《三藏和上遗书》还说道“俗弟子功德使李开府，依吾受法三十余年……”而从不空三藏圆寂（774）上溯三十多年正是天宝初年（742—747），即不空三藏赴印求法返回长安之时（天宝五年，746），当时李元琮就已经成为不空三藏的在家弟子，前文的“净影、鸿胪，躬亲供养”正是对师父不空三藏的恭敬供养。这时不空三藏四十二岁，李元琮四十岁。其后，墓志又记述说：“十一年，奉使南海。入珠翠宝货之窟，羽毛齿革之乡。典职在斯，视同草芥。于三藏和尚处，咨询真谛，得三十七智修证理门。持执是经，乃昌言曰，斯即真宝，金玉何为。议者高服其道。”也就是说，天宝十一年（752），李元琮奉命到南海，并从滞留此地的不空三藏处得授金刚顶经教法。这里的“南海”并非南方之意，而是指当时属于岭南道的南海郡（现广东省广州市），与不空三藏所在的岭南道韶州（现广东省韶关市一带）直线距离190公里。然而，李元琮奉使南海的原因不详，可能是有禁军近卫兵相关公务。同时，墓志说在此期间其从不空三藏处得金刚界三十七尊法。而天宝十一年（752），是不空三藏离开长安的三年以后。其后，李元琮继续修学密教，墓志记载说“十三年，大师奉使往武威郡。公以味道不足，更往求之，授金刚界五部之法，漫荼罗、印、瑜伽指归、五智、四明、护摩要诀，无不该究。实所谓登最上之乘，游密严之国，开解脱妙藏，获菩提心宝。公授法中夜，叩心玄圣曰：佛隐岁久，所传之道，得无累乎！愚情未达，垂示真境。道场之地，随言振动，斯至诚之感也”。即天宝十三年（754），不空三藏应河西节度使哥舒翰之请到武威开元寺时，李元琮不满足于韶州所学，追随其后，得以“授金刚界五部之法，漫荼罗、印、瑜伽指归、五智、四明、护摩要诀，无不该究”，接到金刚界法正传，毫不逊于僧人得授之法。关于此次武威开元寺受法，《不空三藏行状》说“与僧弟子含光，授五部法。次与今之功德使开府李元琮，授五部灌顶并授金刚界大曼荼罗”（《大正藏》第50卷，第293页中），可知与不空三藏同去印度求法且资历最深的僧弟子含光也得受金刚界法灌顶。通过李元琮与含光一同受法一事，再结合前文得授金刚界法的记载，可以认为此次灌顶中李元琮得到了金刚界法的全部正传。

综上所述，李元琮至少是在二十多岁时信仰佛教，邂逅密教是在三十五岁前师从金刚智三藏入坛得授灌顶时开始。而且，这时应与不空三藏有过会面，其后天宝五年（746）不空三藏赴印求法返回长安之时成为其在家弟子。再到天宝十一年（752），受命奉使南海，从滞留此地的不空三藏处得授金刚界三十七尊教法；然后在天宝十三年（754）于武威开元寺以在家弟子的身份得以“授金刚界五部之法，漫荼罗、印、瑜伽指归、五智、四明、护摩要诀，无不该究”，得金刚界法正传，并“授五部灌顶并授金刚界大曼荼罗”，至此可以认为李元琮的密教修学（金刚界法）完成。从天宝五年（746）成为在家弟子师从不空三藏，到天宝十三年（754）在武威开元寺得授金刚界五部灌顶，其间共有九年随不空三藏学习密教。虽然到目前为止，唐代密教的具体学修内容和过程不甚明了，但通过上述李元琮的密教学修历程，可以窥见当时在家弟子的授法情况，对于了解唐代密教学修来说具有重要意义。

八　李元琮在弘扬密教过程中发挥的作用

从李元琮的佛教信仰和密教学修经历可以判断，李元琮作为信仰虔诚的佛教徒，不仅仅是为不空三藏弘法提供经济支持的施主，更是常诵佛教经典、实践不空三藏密教教法的在家弟子。而这种修行经历以及其近卫武官任职等事与不空三藏弘扬密教有着怎样的联系呢？要解答这个问题，需要考察李元琮任职“修功德使”的情况。如在前言中所提及的塚本善隆博士的文章与拙作《修功德在不空三藏密教弘法中的作用与意义——从哥舒翰迎请不空三藏到长安密教弘传的开展及其特色》（《密教学研究》44，2012）中所言明的，修功德思想及实践是不空三藏弘扬密教成功的核心，也是密教兴盛的原因。而明确监督管理修功德事业的修功德使李元琮的任职经历，对于研究李元琮在不空三藏弘扬密教事业中所扮演的角色来说至关重要。

李元琮担任“修功德使”的原因以及对于弘扬密教的意义

关于李元琮为何担任修功德使这一问题，之前一直没有探讨的空间，但随着其墓志被发现而成为一个重要的课题。李元琮成为修功德使的时间可以推定为大历三年（768）五月三十日（六月一日）到大历四年（769）十月，而在这之前的事迹都很明确。其中，最值得注意的是乾元二年（759）三月作为水族放生使，受肃宗敕令与中使张庭玉从洋州兴道开始，到升州江宁县秦淮河的太平桥等全国州县临江带郭的八十一处设立放生池。尽管设立放生池的原因不明，但是作为佛教善行，其目的也不外乎积累善行以获得福报。颜真卿曾为纪念放生会而作《天下放生池碑铭》（《颜鲁公集》卷四），碑文中说“岂若我今日，动者植者，水居陆居，举天下以为池，罄域中而蒙福，乘陁罗尼加持之力，竭烦恼海生死之津”，表明放生会正是修功德事业。由此可知，李元琮在肃宗朝担任北衙禁军近卫兵的同时也从事修功德，即担任修功德使之前就已经参与到修功德事业中了。拙作中也提到，担任水族放生使的次年乾元三年（760）闰四月，李元琮为在大兴善寺开设灌顶道场而上书《请于兴善寺置灌顶道场状》一首并墨敕（《不空三藏表制集》卷一，《大正藏》第52卷，第829页中）；代宗永泰元年六月，杜冕将俸禄捐赠给不空三藏作为译经经费时，李元琮担任管理责任人且作《杜中丞请回封入翻译制》一首（《不空三藏表制集》卷一，《大正藏》第52卷，第831页下至第832页上）——这都是修功德的佛教事业。依据上述内容推测，大历初年李元琮担任修功德使的最主要原因是，其任职前已经参与过水族放生使一类的修功德事业，且有一定的实际功绩。同时也因为李元琮既有佛教信仰，又是了解不空三藏所传密法的在家弟子。拥有如上经历的修功德使李元琮，将修功德获得福报作为不空三藏宣扬密教的有效方法，在以之实现护国、护主及密教兴盛的过程中发挥了至关重要的作用。

结　论

以上通过对李元琮出身、任武官经历（所授阶、官、勋、封、诸司使及其在朝内的地位和评价）、佛教信仰和密教学修经历、在弘扬密教中发挥的作用（被授予修功德使一职的原因和意义）的考察，重新认识了其在不空三藏弘法事业中扮演的角色。李元琮在玄宗、肃宗、代宗三朝作为宫中北衙禁军近卫兵侍卫皇帝，尤其是得到肃宗、代宗的信任。这不仅从授官的阶、官、勋、封中可以看出，墓志记述也反映了这一点：其与肃宗“君臣契义，鱼水适心。输忠纳诚，入出卧内。职务惟剧，渥恩日深。帝曰家臣，无间然矣”；而代宗朝，因代宗即位时的功绩而被授予“宝应功臣”的称号，及其死时“帝（代宗）哀之曰，惜哉，贞臣。赠缣布弍百端匹”的记载都可见一斑。毋庸赘言，肃宗、代宗时期是不空三藏所传密教为朝廷接受并发展兴盛的时期，而对唐朝皇帝对待宗教的态度上具有绝对性的影响。此时作为皇帝左右的近卫兵而受器重的李元琮又被任命为修功德使一事，对不空三藏以修功德事业为动力的弘法事业影响巨大。其次，从李元琮的出身和武官经历可以看出，其人际关系对于不空三藏宣扬密教产生过影响。例如，李元琮一直担任北衙禁军的近卫兵，其与实际控制北衙禁军的李辅国和鱼朝恩等宦官之间是禁军长官与部下的关系，而李辅国和鱼朝恩也有佛教信仰。其中，关于李辅国本人有“辅国不茹荤血，常为僧行，视事之隙，手持念珠，人皆信为善”（《旧唐书·李辅国传》，卷一八四）的记载，反映出其信仰佛教的一面；而肃宗上元元年（760）八月，其也曾参与敕许不空三藏和弟子三人在智炬寺修功德（《智炬寺修功德制书》一首，《不空三藏表制集》卷一，《大正藏》第 52 卷，第 829 页下）一事之中。关于鱼朝恩，从“鱼朝恩署牙将李（元）琮为两街功德使……”（《旧唐书·郗士美传》，卷一五七）的记载可知李元琮为鱼朝恩的牙将，也就是左右部下，而鱼朝恩个人的佛教信仰情况不详，只是在大历二年（767）时为代宗母亲章敬太后祈福而建立了章敬寺。李辅国和鱼朝恩两人的共同之处是与李元琮都曾隶属射生军，且被赐予“宝应功臣”称号。虽然三人具体关系并不明确，但是李元琮与宦官的关系也应考虑在不空三藏弘法的影响因素之内。再者，与李元琮出身相关的人际关系也需要考量。假如李元琮是粟特人的话，对于粟特人与密教是否相关一事，有文章就指出在不空三藏弟子中有出身粟特而担任北衙禁军、右羽林军大将军的人物，而且不空三藏圆寂时，粟特出身且是平定安史之乱的功臣的宰相李抱玉曾奉上祭文。这和上文所述的与肃宗和代宗的关系、任职功德使、与宦官的关系等都在不空三藏弘扬密教的过程中发挥过某种作用。

综上所述，关于“李元琮在不空三藏弘扬密教的过程中发挥的作用”

这一问题可以认为，如果没有李元琮，不空三藏的密教事业就不可能达到兴盛局面。

以上主要讨论了作为不空三藏顺利弘法的重要因素——李元琮与皇帝、宦官、军阀的特殊关系。今后从这一角度考察不空三藏的弘法及成功原因的话，必须要以墓志记载的李元琮出身、经历等内容为基础进行研究。

（作者岩崎日出男，园田学园女子大学教授；译者释来海，高野山大学博士生）

不空三蔵の密教布教における李元琮の果たした役割について一その経歴から見た不空三蔵との関係を根拠として一

岩崎日出男

はじめに

不空三蔵の密教が当時の社会に受け入れられ成功を収めた理由は、当時の一般社会において実際に行われた善悪応報信仰に基づく得福除災において、密教の実践とその成果が高く評価されたためであったことは、すでに「不空三蔵の密教宣布における修功徳の役割とその意義一哥舒翰の不空三蔵招聘から長安における密教宣布の展開とその特質一」(『密教学研究』44　2012）の拙論において明らかにしたところである。また、この善悪応報信仰に基づく得福除災は、それを実現させるために功徳を積む「修功徳」によって実現することと、その「修功徳」事業を管理・監督する「功徳使」の存在が不空三蔵の密教を隆盛に導くことの原因となり原動力ともなったことを、夙に塚本善隆博士は「唐中期以来の長安の功徳使」（『塚本善隆著作集第三巻　中国中世仏教史論攷』）の研究によって明らかにされている。

そこで、この小稿では「修功徳」事業を管理・監督する「功徳使」となった最初の人物と考えられる李元琮について、その経歴と生涯を考察しその内容の検討を通して不空三蔵の密教布教に果たした役割について明らかにすることを目的とする。

李元琮の経歴とその生涯

李元琮は周知のように不空三蔵の俗弟子にして最も熱心な支援者であったことは、不空三蔵が後事を託すべく書き残した遺書の中、李元琮に遺言して「俗弟子功德使李開府、依吾受法三十餘年、勤勞精誠、孝心厚深。河西・南海問道往來、淨影・鴻臚躬親供養。瑜伽五部先以授之、十七五身更增秘密。吾銀道具五股金剛杵・三股・獨股鈴、並留與開府。作念受持、速證悉地。」（俗弟子の功德使・李元琮、私から密教の法を受けてより三十餘年、［この間］勤勞精誠にして［私に対する］孝心は厚く深かった。河西・南海に密教の教えを問うて往來し、淨影寺と鴻臚寺では自ら懇ろに供養してくれた。瑜伽五部の教えは先ず以て貴方に授け、十七五身は更に秘密を增した。私の銀の法具である五股金剛杵・三股・獨股鈴、全てを貴方に留め与えることとする。作念受持して速やかに悉地を證しなさい。）（『不空三蔵表制集』三、「三藏和上遺書一首」大正五二、八四四中）という三藏自身の言葉からも明らかであろう。

ところで、このような不空三蔵の密教布教にとって極めて重要な人物である李元琮その人については、前掲の『不空三蔵表制集』や不空三蔵に関する伝記等、また『旧唐書』などに断片的に記されるのみであって、李元琮自身の出自や経歴等については勿論、密教との関係や年齢等についてもまったく詳らかにしなかった。ところが、近年この李元琮の墓誌である「前左領軍衛兵曹参軍翰林待詔趙遷述　大唐故寶應功臣開府儀同三司右龍武軍將軍知軍事上柱國涼國公李公墓志銘并序」が発見されるに及び、これまで不明とされた上記の事柄の多くが判明することとなった。この李元琮の墓誌についてはすでに、「新出、前左領軍衛兵曹参軍翰林待詔趙遷述「大唐故寶應功臣開府儀同三司右龍武軍将軍知軍事上柱國涼國公李公墓志銘并序」について」（『高野山大学大学院紀要』18、2019）の拙稿において墓誌本文の校訂及び書き下し文・語釈・現代語訳を行い、さらに年譜を付して李元琮の経歴とその生涯について明らかにした。そこで、以降の論述の便宜上あらためて李元琮の経歴とその生涯について上記拙稿で作成した年譜によって示せば以下のようになる。

【李元琮（七〇七～七七六） 年譜】

中宗・	景龍二年（七〇七）	：父・李景暉、母何氏の中子として生まれる。（一歳）
玄宗・	開元中（七一九～四一）	：金剛智三蔵から灌頂を授得する。（一三歳～三五歳） ：北衙禁軍に属す。（？～三五歳）
	天宝初（七四二～四七）	：武挙により禁軍の正員となる。（三六～四一歳）この頃、母が亡くなる。また、仏教への信心を深める。
	天宝十一年（七五二）	：南海に使命を奉じて行く。この時、この地に滞在していた三蔵から金剛頂経の教えを教授される。（四六歳）
	天宝十三年（七五四）	：不空三蔵が河西節度使哥舒翰の招請を受け武威・開元寺において密教の布教を行ったが、この地における灌頂において入壇し五部法を授かる。（四八歳）
	天宝十五年（七五六） （至徳元年）	：玄宗の蜀への蒙塵に随行。（五〇歳） （七月一七日馬嵬駅を出発し七月二八日成都に到着した。） この頃、折衝都尉及び郎将となる。
	至徳二年（七五七）	：一〇月二三日、粛宗が長安に還京した後、粛宗の信頼を得るようになる。（五一歳）
	乾元二年（七五九）	：水族放生使となる。（五三歳）なお、粛宗の命で行われた放生を記念して作成された顔真卿の「天下放生池碑銘」の碑文には、李元琮の肩書きとして「左驍衛中郎将」もしくは「左驍衛左郎将」と記される。
	乾元三年（七六〇） （上元元年）	：閏四月一四日、朝廷に「請於興善寺置灌頂道場状一首」を 上表し、不空三蔵居住の大興善寺に灌頂道場を置きその功徳によって安史の乱の終息を願った。なお、そのときの肩書きは「宮苑都巡使禦侮校尉左内率府率員外同正員賜紫金魚袋内飛龍駆使臣史元琮」（五四歳）
	代宗・寶應元年（七六二）	：四月一七日、射生軍将兵として代宗即位に関わる謀反鎮圧に加わり、同年五月その功績により「宝応功臣」の名を賜る。（五六歳）

	：この頃、隴西県開国伯　爵位・正四品上、雲麾将軍　武散官　従三品上、涼国公　爵位・従一品を授官される。
広徳元年（七六三）	：一〇月七日から後退した一二月一九日までの吐蕃の入寇によって軍事費の枯渇が懸念されたことから、私邸を売り払うなどして軍費を捻出し兵糧と武器の調達に奔走。（五七歳）
永泰元年（七六五）	：この時、龍武軍将軍。（六月一八日牒「杜中丞請迴封入翻譯　制一首」『不空三蔵表制集』巻一）（五九歳）
大暦三年（七六八）	：京城諸寺観修功徳使（六二歳）＊李元琮が何時から京城諸寺観修功徳使となっていたかは不明であるが、少なくとも大暦三年五月三〇日（六月一日）から大暦四年（七六九）十月までの間には就いていたことが推測されている。（藤善真澄「不空教団の展開」三　宦官李元琮　三七五頁及び注（二四）参照。『鎌田茂雄博士還暦記念論集　中国の仏教と文化』大蔵出版　一九八八）
大暦九年（七七四）	：五月七日、不空三蔵から後事を託される。
	：七月七日、不空三蔵から受法した遺弟への処置、また霊塔（舎利塔）建立の勅命を受ける。（六八歳）
大暦十年（七七五）	：四月一七日、法高を大興善寺の都維那とすることの勅命を受ける。（六九歳）
大暦十一年（七七六）	：十一月一七日、私邸において薨ず。（七〇歳）遺言として子の濬と甥の遠に、自分の生前のように修功徳道場及び不空三蔵の舎利塔の維持管理と供養を命ずる。
	：一二月二六日、神和原に葬られる。
	：太子少保　職事官　従一品が追贈される。

以上から、李元琮の生誕は中宗・景龍二年（七〇七）、その没年は大暦十一年（七七六）十一月一七日で享年七十歳であったが、この生没年と享年は、師であった不空三蔵の生没年と享年である神龍元年（七〇五）~大暦九年（七七四）・七十歳を比べた時、その差は僅か二歳年下であって、師弟とは言いながらほぼ同年齢であったことが知られ

る。また、李元琮は一部において指摘されていたような「宦官」[①] ではなく純然たる武官（蕃将）であること。密教及び不空三蔵との出会いは、不空三蔵の師である金剛智三蔵の在世中から始まったこともこの墓誌によって知られることとなった。

さて、このような武官（蕃将）・李元琮と密教との邂逅及びほぼ同年齢であった不空三蔵との関りのなかで、李元琮の不空三蔵の密教布教に果たした役割を考えるとき、上記の年譜に記した経歴について、その李元琮自身の経歴が当時の軍制や官職においてどのような内容と役割及び意味を持ったものであったかを明らかにすることは重要である。そこで以下に、まず李元琮の出自と武官として任官した経緯を考察し、次いで授官された階（文・武散官）・官（職事官）・勲（勲官）・封（封爵）及び諸司使（使職・令外官）と賜号等について考察し、そしてそれらの経歴が不空三蔵の密教布教にどのような関りを持ったのかを考察していく。

李元琮の出自と軍人として任官した経緯

1. 李元琮の出自

墓誌によれば、「公諱元琮、陰山之貴族也。以功高命氏、列籍帝枝、今爲隴西人也。」（公の諱は元琮といい、陰山の貴族の出身である。国への高い功績により皇帝から李姓を贈られ、皇帝の一族に籍を列ねる人となり、今は隴西出身の人とされる。）と記されており、その出自については、これまで「史元琮」と「李元琮」を同一人物と同定した上で史姓のソグド人と理解され唐朝への功績により李姓を賜ったと考えられている[②]。ただ、墓誌が記す出身地の「陰山」は現在の現在の内モン

① 藤善真澄「不空教団の展開」三　宦官李元琮を参照。（『鎌田茂雄博士還暦記念論集　中国の仏教と文化』大蔵出版　一九八八）

② 中田美絵「不空の長安仏教界台頭とソグド人」（2）李抱玉・羅伏磨・史元琮・辛雲京 c、史元琮（『東洋学報』89 巻号、2007）を参照。また、唐朝におけるソグド人については、山下将司「隋唐の建国と中国在住ソグド人」（『アジア遊学』137、2010）斉藤達也「中国におけるソグド姓の歴史」森部豊編『ソグド人と東ユーラシアの文化交渉』（『アジア遊学』175、2014）を参照。

ゴル自治区・烏拉特中旗から東の四王子旗に及ぶ二八〇キロにわたる突厥に隣接した地域であり、則天武后時代の西突厥人の継往絶河汗・阿史那斛瑟羅が「陰山貴種」と記されることから、墓誌に「陰山之貴族」と記される李元琮は突厥人であるとの指摘もある①。時代は下るが唐末の軍閥である突厥人の李克用も「陰山貴胤」と記されており②、「陰山」は突厥人の出自を記すときに使われる文辞の一つとも考えられる。そこで、以上のことを総合して改めて李元琮の出自を考えた場合、いわゆる「ソグド系突厥」（ソグド姓を名乗る突厥人）というのが相当するものと考えられる③。なお、「帝枝に列籍して、今は隴西の人と為すなり。」とは、史元琮が唐室の李姓を賜ったことから、唐室李氏の故地である隴西を自らの出自の地としたということの意である。

2. 李元琮が武官になった経緯

墓誌に「仕不因媒、道無苟合。……開元中、早宿衛北軍。天寶初、以武藝入仕。」（仕官するのに便宜を図ってくれる人や縁故に頼ることはなく、道理に従って人に諂い迎合するようなことは無かった。・・・開元中：719 ~ 741、早くも北衙禁軍の宿衛となった。天宝の初め：742 ~ 747、武芸によって仕官することとなった。）と記されることから、開元中（719 ~ 741）に北衙禁軍の宿衛となり、天宝の初め（742 ~ 747）頃に武挙によって仕官したことがわかる。なお、北衙禁軍とは皇帝の近衛兵団であり、この当時の北衙禁軍は左右の羽林・龍武の四軍であり北門

① 王連龍「李元琮墓誌及相関問題考論」（『吉林師範大学報』人文社会科学出版　第六期　二〇一四）。また、東突厥の河汗である阿史那思摩が太宗から李姓を賜ったことを根拠として、李元琮は阿史那思摩の後裔とする。樊婧「唐李元琮墓誌考釈」（『唐史論叢』第一八輯　陝西師範大學出版　2014）

② 「李克用代漠強宗、陰山貴胤、呼吸而風雲作氣、指麾而草樹成形。」（『旧唐書』巻二十上　本紀二十上　昭宗　大順元年）

③ 中田裕子「唐代六胡州におけるソグド系突厥」（『東洋史苑』72 号、2009）。なお、「ソグド系突厥」という概念については、「突厥化したソグド人」もしくは、さらに広範囲に東西突厥国の構成員となった突厥人・ソグド人・突厥とソグドの混血全てを含む概念とする立場がある（森安孝夫編『ソグドからウイグルへ』第 1 部 19p・22p 参照、汲古書院　2011）。ここでは、李元琮の出自が「陰山之貴族」と記されていることに鑑み、中田の概念解釈に従った。

四軍と呼ばれた禁軍である。また、李元琮は左右羽林・龍武の北衙四軍の何れに入ったのかであるが、墓誌の題記に記された肩書である「右龍武将軍」から左右何れかの龍武軍に所属したことが推測される。この推測はまた、墓誌に「十五年、扈従巴蜀、……。」（天宝十五年・七五六、安禄山の乱を避けて蜀の成都に逃れた玄宗皇帝に随行した。）と記されていることからも裏付けられる。すなわち、玄宗が蜀に蒙塵した時に、その随行護衛を担ったのは龍武大将軍・陳元礼が率いた龍武軍であったからである。ちなみに、この時に随行護衛した兵士の数は数百人のみといった千名にも満たない数であり、玄宗が蜀・成都に辿り着いたときには、官吏軍士は合わせて千三百名、宮女は二十四名に過ぎなかったといわれている。さらには、前掲した年譜にも記載したが代宗の永泰元年（七六五）の時点においても龍武将軍であったことから左右何れかの龍武軍に所属したことは間違いのないことと考えられる。ところで李元琮が所属した龍武軍であるが、開元二十六年（七三八）に羽林軍の選抜部隊兵である「羽林万騎」が独立してできたものであり、当時最も精強な兵士の属する禁軍であった[①]なお、この龍武軍の人的構成は、中宗を毒殺して弑逆し権力を独占しようとした皇后韋氏とその一派を粛清した功績により「唐元功臣」の称号が与えられた者の子弟の任官が中心であったが、墓誌の李元琮の龍武軍入隊について触れた「仕不因媒、道無苟合。……開元中、早宿衛北軍。天寶初、以武藝入仕。」という記載から、「唐元功臣」の子弟といった縁故等によるものではなく、まったく武芸の実力のみで入隊したことが知られる。このことはまた、後に代宗即位に大きな功績を上げげた射生軍の一員として「宝応功臣」（後述する）の称号を賜ったことからも裏付けられるであろう。

---

① 左右龍武軍については、林美希「唐・左右龍武軍の盛衰ー唐元功臣とその後の禁軍ー」（『史滴』33 号、2011）を参照。また北衙禁軍全体の消長については、同じく林美希の一連の研究として「唐代前期宮廷政変をめぐる北衙の動向」（『史観』164 号、2011）「唐代前期における北衙禁軍の展開と宮廷政変」（『史学雑誌』121 号 7、2012）「唐前半期の閑廐体制と北衙禁軍」（『東洋学報』94 巻 4 号、2012）「唐王朝の官僚制と北衙禁軍ー唐前半期を中心に」（『多元文化』7、2017）「唐代前期における蕃将の形態と北衙禁軍の推移」（『東洋史研究』75 巻 4 号、2017）「唐・長安城の禁苑と北衙」（『唐代史研究』20 号、2017）を参照。

授官された階（文・武散官）・官（職事官）・勲（勲官）・封（封爵）及び諸司使（使職・令外官）について

1. 階（文・武散官）

・禦侮校尉武散官、品階は従八品上。

・定遠将軍武散官、品階は正五品上。正史等には、李元琮以前にこの武散官を授官された者の記載はない。授官された時期は、墓誌の記述の順序から粛宗の時代と考えられる。

・雲麾将軍武散官、品階は従三品。正史等には、李元琮以前にこの武散官を授官された者は、則天武后の時代に王同皎と張宗昌、玄宗の開元二年に突厥との戦いで勝利し功績を上げた郭虔瓘と郭知運、開元二八年に吐蕃攻略で大功を立てた王忠嗣、天宝十二載には王忠嗣と哥舒翰に仕え吐蕃攻略に活躍した王思礼、安禄山の乱の鎮圧に大功のあった李光弼がおり、則天武后の時代に王同皎と張宗昌の授官を除けば、いずれも武将として秀でた能力と功績のあった人物が授官されている。授官された時期は、墓誌の記述の順序から代宗の宝応元年（七六二）から広徳元年（七六三）までの間であると考えられる。

・開府義同三司文散官、品階は従一品。

・特進文散官、品階は正二品。

2. 官（職事官）

・折衝（都尉）　墓誌に最初に記載される授官であり、「糟米介冑を貯えて武事に備え、人民を徴発して府兵に充て、毎歳衛士帳を兵部に上って徴発に応ずることを掌る」官であるが、その授官された時期は玄宗が蜀に蒙塵した時と推測される。折衝都尉は折衝府の長官であり、兵員の数により上中下の府に別れ、それぞれ品階も正四品上・従四品下・正五品下となる。ただし、李元琮が授官された折衝都尉の品階は不明であるが、この後に授官された郎将の品階が正五品上であることから下府の品階である正五品下と考えられる。

・郎将　この武官は禁中十六衛（宮廷の警護等を掌る）の内、左右衛・左右驍衛・左右武衛・左右威衛・左右領軍衛・左右金吾衛の十二衛にそれぞれあり品階は正五品上である。なお、授官され時期は折衝都尉の授官と同じ時期であると考えられ、また上記十二衛の内、朗将となった衛は「水族放生使」で後述するように「左驍衛」の可能性が考えられる。

・左驍衛（左郎将・中郎将）　禁中十六衛の一つ。宮廷の警護等を掌る。中朗将は正四品下。

・左内率府率東宮の属官、儀衛・警護等を掌る府であり、その長官である「率」の品階は正四品上。授官された時期は、墓誌の記述の順序から粛宗の時代と考えられる。

・右龍武軍将軍龍武軍は北衙四軍の一軍で、上記「ⅱ李元琮が武官になった経緯」で触れたように玄宗の蜀の蒙塵に随行した近衛兵の軍である。品階は従三品。授官され時期であるが、左内率府率の授官と同じく粛宗皇帝の時代と考えられる。なお、李元琮が将軍となった龍武軍であるが、安禄山の乱で瓦解状態となり、粛宗により新たに左右神策軍が創設されるに及び禁軍としての重要度は低下したとされる①。

・太子少保品階は従二品。則闕の官。太子の師範となり訓導輔翼する太師・太傅・太保の三師の徳行を明らかにして皇太子に諭し、太子を奉じて三師の道徳を観ることを掌る。

3. 勳（勳官）

・上柱国品階は正二品。最上位の勲官。

ⅳ封（封爵）

・隴西県開國伯　開國伯は正四品上で、開國の封号では開國郡公・開國県公・開國候に次ぐ四番目の爵位である。授爵の時期は、墓誌の記述の順序から代宗の宝応元年（七六二）から広徳元年（七六三）までの間に授爵されたものと考えられる。「開國」は本来国家創業の功臣に与えられる封号であるが、李元琮の経歴から国難に功績のあった功臣と

① p449の註①の林美希「唐・左右龍武軍の盛衰—唐元功臣とその後の禁軍—」（『史滴』33号、2011）を参照。

して授官したものと考えられる。また隴西県であるが、「ⅰ李元琮の出自」でも触れた唐室から李姓を賜ったことにより、その出自を隴西とすることに関係するものとも思われる。なお正史等には、李元琮以前にこの開國伯の武散官を授爵された者の記載はない。

・涼国公涼国公は国公の爵位で品階は従一品。授爵された時期は、墓誌の記述の順序から代宗皇帝の宝応元年（七六二）から広徳元年（七六三）までの間に授爵されたものと考えられる。正史等には、李元琮以前にこの爵位を授爵された者は、太宗の貞観六年（632）に唐に内附した鐵勒諸部の一つで涼州を本拠とし契苾部落の長であった契苾何力（？ ~677）、またその長男で突厥・吐蕃攻略で大きな功績を上げた契苾明（649 ~ 95）、父と同様の功績を上げたその息子の契苾崇（？ ~720）[①]、また李元琮と同時代人として哥舒翰が天宝十二載（753）に授爵され、安録山の乱の平定に多大な貢献をし、その功績において郭子儀と並び称された李光弼が代宗の広徳二年（七六四）に授爵され、同じく安録山の乱の平定と吐蕃攻略に大きな功績を立て、粛宗から李姓を賜り北衙禁軍の右羽林軍大将軍や代宗の時には宰相にもなった李抱玉が授爵されている。

諸司使（使職・令外官）

1．水族放生使

乾元二年（七五九）三月、粛宗の勅命を受けて中使の張庭玉等と天下の州県の臨江帯郭の所、洋州・興道より始め昇州・江寧県秦淮河の太平橋にいたる八一箇所に放生池を設けたが、水族放生使はこの際の実務監督官として放生池の設置と放生会の差配を任務とする諸司使の一つと考えられる。ちなみにここに言う諸司使とは、本来、皇帝の意思は三省六部九寺五監という律令官制により実現するものであるが、諸司使は従来の律令官制では対応しきれない国内の様々な状況に対して、臨機応

---

① 契苾については、蔡智慧「唐前期の羈縻支配の一類型　—契苾何力一族の例を手がかりとして—　」（『歴史文化社会論講座紀要』15：1—15、2018）を参照。

変に対応するため臨時に設置された皇帝直属の令外官である[①]。なお、この水族放生使という諸司使は、正史等には一切記載のない諸司使であるが、唐代には四十種以上の諸司使の存在が知られ短期に設置された諸司使を含めるとさらにその数は多数に上るとされる。なお、乾元二年の放生池・放生会であるが、この放生池・放生会以前の放生池・放生会は、南朝・梁の武帝に始まって以来盛んとなり、その後は天台大師・智顗が熱心に行った後、唐代では江南地方において天台大師・智顗の影響もあって盛んであったことが知られる。また賀知章が天宝の初め（七四二~七）に設けたことや、長安城中の東西の市に僧の法成や太平公主によって作られたものが知られるが、全体としては特定の人物や地域にその時々に設置されていた程度であったとされており、それに比してこの乾元二年の放生池・放生会の設置は、その主催者が皇帝であり、その規模においても全国的なものであることから、中国仏教史における放生池・放生会において画期的なものであったとされるものである[②]。

2. 都巡宮苑使

『不空三蔵表制集』巻二、「請於興善寺置灌頂道場状一首」（大正五二・八二九下）の肩書きでは「都巡宮苑使」は「宮苑都巡使」と表記されるが、これもまた水族放生使と同じく諸司使の一つと考えられ、正史等には一切記載のない諸司使である。ただし、「宮苑使」については正史等に記載があり、その職掌は「苑内の宮館園池のことを掌る」のであるが、「宮館園池」の管理とは実際には宮禁門戸の事務をも含む[③]。このことから「都巡宮苑使」と言い「宮苑都巡使」と言っても、その職掌は「禁中の宮禁門戸を巡警する」ことを内容とする使職と考えら

---

①　諸司使については、趙雨楽「唐代における内諸司使の構造：その成立時點と機構の初歩的整理」（『東洋史研究』50号4巻、1992）と松島才次郎「唐代に於ける「使」の頻用について」（『信州大学教育学部紀要』18、1967）を参照。

②　中村裕一『中国古代の年中行事』第二冊夏、「四月　三七　顔真卿の「天下放生池碑」（二二六~二三三頁。2009 及古書院）と川勝守「東アジアにおける放生儀礼の文化史」p19~20（『九州大学東洋史論集』21、1993）を参照。

③　本ページの①の趙雨楽、（4）宮廷地域の管理に当たったもの b、宮苑使（五坊使）p137を参照。

れる。なお、宮苑使には宦官の李輔国もなっている。また墓誌の粛宗の時代の記述に「禁衛警於晝夜 禁衛晝夜に於て警る」(宮廷を昼夜に警護した)と記すのは、この「都巡宮苑使」の使職に就いていたことを指すものと考えられる。

3. 内飛龍駆使

水族放生使・都巡宮苑使と同じく諸司使の一つと考えられ、正史等には一切記載のない諸司使である。ただし、「飛龍使」「内飛龍使」については正史等に記載があり、その職掌は「飛龍厩を管掌する」することをその内容とする。なお、「飛龍厩」とは皇帝専用の御馬・軍馬を飼養する「閑厩」の中で質量ともに最も優れた御馬・軍馬を保有した閑厩であり、またその位置した場所が禁中・玄武門の北、重玄門の付近であったため、皇帝の居所と宮外の連絡をつけるのに至便であるとともに宮内・宮外の情報や変化もその把握が容易であった。そのため、宮中で異変や政変が発生した時には内外の情勢を把握して臨機応変に対応して皇帝を守護し禁中を防衛することができたことから極めて重要な閑厩であったことが知られる①。このようなことから、李元琮の在世中にこの飛龍厩を管掌する飛龍使には、玄宗の側近で宦官の高力士が三宮(大明・興慶・太極)飛龍使となったことや、粛宗皇帝の時に同じく宦官であった程元振は飛龍厩副使となり代宗の時には魚朝恩も任命されているなど、大きな権力を持った宦官に継承された諸司使であった。ちなみに、当時専横を恣にした李輔国も飛龍厩の出身といわれている。以上のことから、飛龍使の職掌とその宮中での役割から改めて「内飛龍駆使」の職掌を考えた場合、その内容は内飛龍駆使の「内」が宦官を示し「駆」に「軍隊の排次」の意味があることから「宦官の飛龍使のもと、飛龍厩馬部隊の統率を掌る」実務官としての諸司使であったと考え

① 趙雨楽「唐代における飛龍厩と飛龍使―特に大明宮の防衛を中心として」(『史林』74号4巻、1991)を参照。

られるであろう①。

4. 梨園使

開元二年、玄宗の創始になり、その職掌は「法曲を教授する」ことであり、「教坊」とともに宮廷音楽を演奏する楽人等の養成をその内容とし、当初から諸司使が設けられ掌られていた。なお、李元琮が梨園使となった時期については、墓誌に「京城修功徳使」の前に「梨園使」が記載されていることから、代宗の大歴前後頃が推測される。また、李元琮が梨園使を授官した背景として、安録山の乱によって長安・洛陽両京が占拠され、その折宮中から儀礼等に欠かせない楽器や楽士の衣服等がことごとく奪われたことから、両京が復した後の宮中儀礼の実施において多くの支障が生じたことや、楽人等の活動の場である禁中の離宮・苑囿が同じく安録山の乱以降荒廃した②ことから、その復旧・整備が必要であったことが推測される。

5. 京城修功徳使

「京城修功徳使」は『不空三蔵表制集』では「京城諸寺観修功徳使」、『貞元釈教録』では「京城寺観修功徳使」と表記される諸司使で、その職掌は「長安内の仏・道における造寺・造像・講経などの修功徳（宗教的善行）を総監する」ことをその内容とする。なお、「修功徳使」は諸司使の一つとして何時頃設けられたかは定かではなく、また李元琮

① 中田美絵氏は「唐朝政治史上の『仁王経』翻訳と法会—内廷勢力専権の過程と仏教—」（『史学雑誌』115—3、2006）で「内飛龍駆使」は「飛龍厩の管掌者である飛龍使のことであろう」と推測されている。しかし、この当時、飛龍厩を含む閑厩全体の管掌者は宦官の李輔国であり飛龍厩については同じく宦官の程元振が「飛龍閑厩副使」であることから（趙雨楽「唐代における飛龍厩と飛龍使」p135⑦参照・『史林』74号4巻、1991）、飛龍厩においてもその管掌者のトップは李輔国であり副官として程元振が管掌していたことは明らかであるので、「内飛龍駆使」はあくまで「宦官の飛龍閑厩副使であった程元振のもと、飛龍厩馬部隊の統率を掌る」実務官であったとすべきであろう。

② 「天寶十五載、玄宗西幸、祿山遣其逆黨載京師樂器樂伎衣盡入洛城。尋而肅宗克復兩京、將行大禮、禮物盡闕。」（『旧唐書』巻二八　志八　音楽一）及び「其後巨盜起、陷兩京、自此天下用兵不息、而離宮苑囿遂以荒堙、獨其 餘聲遺曲傳人間、聞者為之悲涼感動。」（『新唐書』巻二二　志十二　礼楽十二）を参照。

が京城諸寺観修功徳使となった時期は明確には知られないのであるが、少なくとも大暦三年五月三〇日（六月一日）から大暦四年（七六九）十月までの間には就いていたことが推測されている①ことから、「京城修功徳使」それ自体の使職も代宗の時代になって設けられた諸司使の可能性が考えられる。

賜　号

・宝応功臣　宝応元年（七六二）四月一七日、張皇后は権力を詐取するため宦官の李輔国と程元振を排除し、代宗の即位を阻止するため越王係に命じて謀反を起こそうとした。しかし、それを事前に察知した李輔国と程元振により、越王係以下百余人が捕らえられ謀反が防がれた。この時、謀反鎮圧に当たった射生軍はその功績をもって同年五月に「宝応功臣」の名を賜ることとなった。なお、「射生軍」とは騎射に優れた兵士によって編成された軍であり、またこの時の「射生軍」は、上記の功績によって「宝応軍」とも呼ばれた②。

その他

賜紫金魚袋　宮廷の出入に用いる魚形の符契とそれを入れた袋。賜紫金魚袋は三品以上。授官された時期は墓誌の記述の順序から玄宗の蜀蒙塵に随行していた時期と考えられる。なお、この時期の李元琮の品階は折衝都尉（下府・正五品下）と禁中十六衛中の郎将（正五品上）であることから、賜紫金魚袋の授与は品階以上の資格が与えられたことを意味する。

---

①　p447の註①の藤善前掲論文「三宦官李元琮」及び注（24）を参照。

②　16. 射生軍については、黄楼「唐代射生軍考」（『史林』2014—1）、p453の註①の趙雨楽前掲論文「三飛龍使制の内部の構造」及びp448の註①の中田前掲論文「第二章宦官の軍事力強化におけるソグド人の役割②射生軍」を参照。

経歴から見た李元琮の朝廷内での立場とその評価

以上、李元琮の出自と武官として任官した経緯を考察し、次いで煩瑣を厭わず授官された階（文・武散官）・官（職事官）・勲（勲官）・封（封爵）及び諸司使（使職・令外官）と賜号等について考察した。そこで、朝廷内での立場とその評価に関わるものとして先ず「階」では、「雲麾将軍」の授官されたことが特筆される。その理由は、前述したように特に李元琮と同時代人でこの「雲麾将軍」を授官された王忠嗣・王思礼・李光弼は、いずれも新旧両唐書にも記載されるように武人として秀でた能力を持ちその功績においても他に抜きん出た人物が授官されていることは、李元琮もまたそのような人物に並ぶ武官としての評価を得ていたことを窺わせる証左となるものである。次に「官」では折衝都尉と太子少保は別として、授官された郎将・左驍衛（左郎将・中郎将）・左内率府率・右龍武軍将軍から、李元琮は一貫して皇帝の近衛兵軍隊に所属していたのであり、中でも都巡宮苑使と内飛龍駆使は皇帝の守護と宮中の保安に直接関与する使職であることからも李元琮の武官としての評価は「雲麾将軍」を授官されたことと同様高かったことが考えられる。このような武官としての評価は、粛宗の時代とともに代宗の時代においてもそうであったことは、宝応元年（七六二）四月一七日、粛宗から代宗への儲君継位に関わる政変のおり射生軍の一員として加わり、その功績から同年五月に「宝応功臣」の名を賜ることになったことからも裏付けられるであろう。また「封」では、涼国公を授爵されたことが特筆すべきことと考えられる。その理由は、李元琮と同時代人として哥舒翰・李光弼・李抱玉といった吐蕃攻略や安録山の乱の平定に極めて大きな功績を残し、且つまたその当時の名望を一身に集めた武将も涼国公を授爵されていることは、李元琮の武将としての評価が極めて高かったことを示す有力な証左となすものであると考えられる。諸司使では、水族放生使・都巡宮苑使・内飛龍駆使・梨園使・京城修功徳使の五つの使職に任じられたが、そもそも諸司使は令外官で品階に伴う官職ではないため、使職に当てられる人の品階を考慮する必要がないことから、その使職にとって最も相応しい能力のあるものが選ばれることになる職である。

そのような諸司使の特徴から上記五つの使職を歴任したことは、李元琮が武官としては勿論、それ以外の朝廷内の業務に対しても優れた実務能力を有した人物であったことを証明するものであろう。そこで、このような李元琮の朝廷内での立場とその評価は、実際に不空三蔵の密教布教にどのような関わりがあるのかを李元琮の仏教信仰と密教修学の経緯とその内容を踏まえ以下に考察していきたい。

李元琮の仏教信仰と密教修学の経緯及びその内容

墓誌によれば、李元琮は「尤好釋典」（とりわけ仏教の典籍を好み）と記され、その直後に「曽於金剛三藏得授灌頂、初入眞言之閫閾也。」（かつて金剛智三藏から灌頂を授得して、初めて眞言（密教）の教えの門に入ることとなった。）と記されるように不空三蔵の師である金剛智三蔵の灌頂を受けたことを明らかにしている。周知のように、金剛智三蔵は開元七年（719）の来唐し、その本格的な密教布教の活動は開元十一年（723）に将来した密教経典を翻訳することに始まるのであるが、この開元十一年（723）は李元琮の年齢では十七歳となる。その後の金剛智三蔵の活動は、開元二十九年（741）の入寂までのほぼ二十年間、長安・洛陽の両京において止住の寺で密教経典の翻訳を行いまた必ず灌頂を行ったのであるが、仮に李元琮が長安で金剛智三蔵より灌頂を受けたとするならば、金剛智三蔵の長安在住時期は開元十一年（723）・十六年（728）・十八年（730）、そして二十四年（736）十月以降二十九年（741）七月までの期間が該当する。この内、開元十六年（728）は金剛智三蔵が長安・大薦福寺で灌頂を行ったことが明らかとなっており①、この時李元琮の年齢は二十二歳である。このようなことから、李元琮の仏教への信仰や密教との邂逅は少なくとも二十代前後から遅くとも三十代の前半までが考えられる。またこのことは、この期間に金剛智三蔵の後継者であった不空三蔵ともすでに面識を持っていたで

① 金剛智三蔵の活動については、拙稿「金剛智三蔵の在唐中の活動について一毗盧遮那塔建立及び道教との関係を中心に一」注（9）『密教学会報』29、2000）を参照。

あろうことが推測されるという事でもある。

天宝時代に入り、李元琮は武挙によって北衙禁軍の正員となった。そのころ母を亡くす不幸と経済的な問題を抱えていたが、そのような時にあっても「常以俸料奉献佛僧。追思网（罔）極、辱身求法、積行奉時。」（日頃から俸給を仏僧に献上して父母の恩を追慕し、身を屈めて仏法を求め善行を積むのに時を捧げた。）と墓誌に記され、仏教への信仰は揺らぐことがなかったことを知るのであるが、この時期は丁度、不空三蔵が印度求法から長安に戻った時期（天宝五載：746）でもあり、不空三蔵の遺書である「三蔵和上遺書一首」（『不空三蔵表制集』巻三、大正五二、八四四中）に「淨影・鴻臚躬親供養。」（淨影寺と鴻臚寺では自ら懇ろに供養してくれた。）と言い、李元琮が不空三蔵に対して手厚い支援をしていたことを知るのである。またこの時期は、同じく「三蔵和上遺書一首」に「俗弟子功德使李開府、依吾受法三十餘年、…」とあることから、不空三蔵の入寂（774）の三十数年前は天宝初年（742～47）に当たり、まさに不空三蔵が印度求法から長安に戻った時期（天宝五載:746）に重なることから、この時に李元琮は不空三蔵の俗弟子となったのであり、前述した「淨影・鴻臚躬親供養。」とは、まさしく李元琮の師・不空三蔵に対する供養に他ならないことであったことを知るのである。因みにこの時、不空三蔵は四十二歳、李元琮は四十歳である。その後、墓誌によれば「十一年、奉使南海。入珠翠寶貨之窟・羽毛齒革之鄉。典職在斯、視同草芥。於三藏和尚處、咨詢眞諦、得三十七智修證理門。持執是經、乃昌言曰、斯即眞寶金玉何爲。議者高服其道。」（十一年：天宝一一・七五二、南海に勅命を奉じて行った。［南海は］美しい婦人や珍奇な宝物に溢れた土地であるが、そのようなところに行っても、職務を掌るのに忠実であったので［美しい婦人や珍奇な宝物も］草や芥ほどの取るに足りないつまらない物としか見なかった。不空三蔵のところにおいて真理を問い諮り、金剛界三十七尊の智恵を得て修行し悟りを得た。金剛頂経を執り持って、そこで褒め称えて言った、「これこそ真の宝である、金や玉といった世俗の宝物などにどのような価値があろうか」と。）と記されるように、天宝十一年（七五二）に南海に勅命を奉じて行き、この時、この地に滞在していた不空三蔵から金剛頂経の教えを教授されるのであるが、ここで記された

「南海」は単に「南の地方」といったことを意味するのではなく、具体的な地名とするならば当時嶺南道に属す南海郡（現在の広東省広州市）となる。不空三蔵の滞在した同じく嶺南道に属する韶州（現在の広東省韶関市一帯）とは直線距離で190キロほど離れている。なお、李元琮の南海郡への「奉使」の内容と理由は一切詳らかにしないが、禁軍の近衛兵であることから何らかの使職を帯びてのことであったとも考えられる。そして、南海での奉使の間に不空三蔵から教授された教法であるが、上記墓誌の記述から金剛界三十七尊に関わる法の伝授であったことが知られる。なお、この天宝十一年（七五二）は不空三蔵が長安を離京（天宝八年：七四九）してから三年後のことである。さらに李元琮の密教修学は続き、墓誌ではその様子を「十三年、大師奉使往武威郡。公以味道不足、更往求之、授金剛界五部之法。漫荼羅・印・瑜伽指歸、五智・四明・護摩要訣、無不該究。實所謂、登最上之乘、遊密嚴之國、開解脱妙藏、獲菩提心寶。公授法中夜、叩心玄聖曰、佛隱歳久、所傳之道、得無累乎。愚情未達、垂示眞境。道場之地、随言振動、斯至誠之感也。」（十三年：天宝一三・七五四、不空三蔵は勅命により武威郡に向かったのであるが、公は道［真理］を味わい体得することの十分でないことのために更に武威郡の不空三蔵のもとに行き法を求めた。［そこで不空三蔵から］金剛界五部法・曼荼羅・印・瑜伽指帰、五智・四明・護摩要訣を授かってすべてに亘って極めないということはなかった。これはまことに所謂、最上の乗［最も優れた教え］に登り、密厳の国［大日如来の仏国土］に遊び、解脱の妙蔵［悟りのたえなる教えの蔵］を開き、菩提の心宝［さとりという心の宝］を獲得したということである。公が授法の中夜、仏菩薩に胸を打って切実に訴えて言うには、「仏が入滅されて長い年月を経たが、伝えられた密教の教えは、［心の］悩み心配を無くしてくれるものなのであろうか。愚かな私の心はまだそのような境地に達してはいないので、［どうか］偽り穢れのない真理の有様を教え示してはもらえないだろうか」と。［その時］道場の地は、その言葉に随って揺れ動いた。これはまさに公の真実無妄の極致への感応である。）と記し、韶州での密教修学に満足せず、師の不空三蔵が天宝十三年（七五四）に河西節度使・哥舒翰の招請によって武威・開元寺に向かい住するに伴い、李元琮もまたその後を追いその地において「授金剛界五部之法。漫荼羅・印・瑜伽指歸、五智・四明・護摩要訣、無不該究。」と記されるような僧侶の受法にも見劣りしないほどの本格的な金剛界法を教授されたことが知られる。なお、この武威・開元寺での受法は、『不空三蔵行状』では「與僧弟子含光、授五部法。次與今之功徳使開府李元琮、授五部灌頂并授金剛界大曼荼羅。」（大正293中）と記され、不空三蔵の最古参の僧弟子にして印度求法にも同行した含光とともに金剛界法の灌頂を授けられており、前記した墓誌の金剛界法教授の内容と併せ考えるならば、この灌頂はまさに李元琮の金剛界法皆伝を意味するものとも考えられるであろう。

以上、李元琮の仏教信仰と密教修学の経緯及びその内容をまとめれば、李元琮は遅くとも二十代のころから仏教への信心を持ち、密教との邂逅は三十代の前半までに金剛智三蔵の灌頂に入壇したことを始まりとすることが明らかとなった。また、この頃に不空三蔵とは面識を持っていたことが考えられ、その後不空三蔵が印度求法から長安に戻ってきた天宝五載（七四六）に俗弟子として師事したことが確認された。そして、天宝十一載（七五二）に勅命により南海に奉使するに及んで、その間この地に滞在していた不空三蔵に金剛界三十七尊に関わる教法を教授され、さらに天宝十三載（七五四）に武威・開元寺において俗弟子でありながら「授金剛界五部之法。漫荼羅・印・瑜伽指歸、五智・四明・護摩要訣」といった僧侶の受法にも見劣りしないほどの本格的な金剛界法を教授され、且つまた「授五部灌頂并授金剛界大曼荼羅」を授けられるに至り、李元琮の密教（金剛界法）修学が終了し完成したと考えられるであろう。天宝五載（七四六）に俗弟子として師事してから天宝十三載（七五四）に武威・開元寺における金剛界五部灌頂の授受にいたるまで、およそ九年間にわたる不空三蔵からの密教修学が明らかとなったのである。なお、以上の李元琮の密教修学の様子はまた、その具体的な内容について全く不明であった唐代の密教修学の内容や過程を考える上において、俗弟子への授法とはいえその一端が知られたことは極めて重要なことであると考えられる。

密教宣布における李元琮の果たした役割

李元琮の仏教信仰と密教修学の経緯及びその内容から判明したことは、李元琮が仏教の篤信者にして不空三蔵の密教を経済的に支援するだけの単なる檀越・パトロンではなく、仏教の典籍を好んで読み不空三蔵から教授された密教の教法を自ら実践する、まさしく「俗弟子」と呼ばれるのに相応しい人であったことが明らかとなったのであるが、この仏教信仰と密教修学の経歴は近衛武官としての経歴とともに、不空三蔵の密教布教にどのように関わっていたのであろうか。そこで、この課題を考える手始めとして李元琮の「修功徳使」の任官について考察を行うことが必要である。なぜなら、「はじめに」でも触れたように夙に塚本善隆博士が指摘し、かつ「不空三蔵の密教宣布における修功徳の役割とその意義―哥舒翰の不空三蔵招聘から長安における密教宣布の展開とその特質―」（『密教学研究』44、2012）の拙稿でも再び明らかにしたように、修功徳思想とその実践が不空三蔵の密教宣布成功の核心であり隆盛の理由であったからである。この修功徳思想の実践である修功徳事業を管理・監督する修功徳使に李元琮はどのような経緯をもって任官したのかを明らかにすることは、不空三蔵の密教宣布における李元琮の果たした役割を考えるうえで最も重要な要件の一つである。

李元琮はなぜ「修功徳使」となったのか　―その理由と密教宣布における意義―

李元琮はなぜ「修功徳使」となったのかといった疑問は、これまで考えることの余地の無い疑問であったが、墓誌の出現によって重要な課題として考えられるべきものとなった。なぜなら、李元琮が修功徳使となったと推定される大暦三年五月三〇日（六月一日）から大暦四年（七六九）十月以前の行動が明らかになったからである。その明らかになった行動の中で特に注目されるべきは、水族放生使として乾元二年（七五九）三月、粛宗の勅命を受けて中使の張庭玉等と天下の州県の臨江帯郭の所、洋州・興道より始め昇州・江寧県秦淮河の太平橋にいたる八一箇所に放生池を設けたことである。粛宗が勅命をもって放生池を設けた理由は定かではないが、放生会が仏教的善行である以上、その目的は善行の果報たる福徳の獲得にあったことは疑いがないからであり、そのことはこの放生会を記念して顔真卿が讃述した「天下放生池碑銘」（『顔魯公集』巻四）の碑文中、「豈若我今日、動者植者、水居陸居、挙天下以為池、罄域中而蒙福、乗陁羅尼加持之力、竭煩悩海生死之津。」（どうして、私は今日、動物や植物の水辺で住まうもの陸に住まうものに、世の中がこぞって皆池を造ることで天下のすべてが福を受け、陀羅尼の加持の力によって煩悩の海・生死の津を無くすことに及ぶものがあろうか、及ぶものはないのである。）と言うことからも、この放生会は「修功徳」事業と言っても過言ではないからである。このことから、李元琮は粛宗皇帝の時代から北衙禁軍の近衛兵であるとともに「修功徳」に関わる事業にも携わっていたということが知られるのであり、この事実は李元琮が修功徳使になったと推定される以前にも「修功徳」事業に関わっていたことが確認されるということでもある。なおこのような例は、水族放生使となった翌年の乾元三年（七六〇）閏四月に大興善寺に灌頂道場開壇を李元琮自身が請うた「請於興善寺置灌頂道場状一首并墨勅」（『不空三蔵表制集』巻一、大正五二・八二九中）や代宗・永泰元年六月、杜冕が自らの封給を不空三蔵の翻訳事業の経費に寄付した際の管理責任者となった「杜中丞請迴封入翻訳制一首」（『不空三蔵表制集』巻一、大正五二・八三一下～八三二上）といった事例にも確認され、これらはいずれも修功徳の一環として行われた仏事事業であったことはすでに前掲した拙稿において明らかにしたところである。以上のことから、改めて李元琮が大暦初年に「修功徳使」となった理由を考えるならば、その最も大きな理由の一つとして、修功徳使になる以前から水族放生使に代表されるような「修功徳」に関わる事業に携わっていたという、言わば「実績」ともいうべきものがあったことに存在すると考えられるであろう。また、この実績の背景として李元琮が仏教の篤信者にして不空三蔵の密教をよく理解した優れた俗弟子でもあるということも、この際その理由の一因であったことは当然であろう。以上のような経緯をもって修功徳使となった李元琮は、不空三蔵が密教宣布の有力な手段として推進した修功徳の実践による得福によって、護国と聖躬安穏及び密教興隆の実現という目的の達成に最大の役割を果たしたということができるであろう。

まとめ

以上、李元琮の出自・武官としての経歴（授官された階・官・勲・封・諸司使及び李元琮の朝廷内での立場とその評価）・仏教信仰と密教修学の経緯及びその内容・密教宣布における李元琮の果たした役割（修功徳使授職の理由とその意義）の考察を通して、改めて不空三蔵の密教布教における李元琮の果たした役割についてまとめるならば以下のようになろう。すなわち、李元琮は玄宗・粛宗・代宗の三代にわたる皇帝に仕えた宮中北衙禁軍の近衛兵であり、殊に粛宗・代宗両皇帝の信任厚き武官であった。このことは、授官された階・官・勲・封からだけでなく、例えば粛宗との関係の場合、墓誌に「君臣契義、魚水適心。輸忠納誠、入出卧内。職務惟劇、渥恩日深。帝曰家臣、無間然矣。」（君臣の義を誓い、［両者は］魚が水と離れられないように不離の関係となり、それは粛宗皇帝の心に適うことであった。［公は］忠を尽くして誠をいたし、皇帝の寝室にまでも出入りした。職務は実に困難ではあったが、粛宗皇帝からの厚い恵みは日に日に深まった。粛宗皇帝が言った、我が家臣は非の打ち所がない、と感心した。）と記され、また代宗との関係では、これも同じく墓誌に「宝応功臣」の称号が記されているように代宗の皇帝即位に功績があったことや、その死に際して「帝哀之曰、惜哉、貞臣。贈縑布弐百端匹。」（代宗皇帝はその死を哀れんで言った、惜しいことであるよ、操正しく忠義を守った臣下であった、と。縑布二百端匹が贈られた。）と記されることからも十分に裏付けられるであろう。この粛宗・代宗両皇帝の時代は、贅言するまでもなく不空三蔵の密教が朝廷に受け入れられ発展・興隆する時期であったが、この時期に李元琮が皇帝の近衛兵として両皇帝の身近にあり信頼厚い武官として修功徳事業を管理監督する功徳使となったことは、唐朝における宗教への対応において皇帝の裁量が極めて大きな力と影響を有していたことから、この修功徳事業が不空三蔵の密教興隆の原動力となったという事実において極めて大きな役割を果たしたといえるであろう。また、李元琮の出自・武官としての経歴から、李元琮を取り巻く人間関係も不空三蔵の密教宣布に何らかの役割を果たした可能性は推測される。例えば、李元琮は終始北衙禁軍の近衛兵であったことから、当時この北衙禁軍を実質的に支配していた李輔国や魚朝恩といった宦官との関係、すなわち禁軍における上官と部下との関係、及び仏教への信仰もこの際考慮すべきことかもしれない。具体的には李輔国の場合、輔国自身に「輔国不茹葷血、常為僧行、視事之隙、手持念珠、人皆信為善。」（『旧唐書』巻一八四、李輔国伝）と記されるような仏教への信仰を窺わせる側面があることと、粛宗の上元元年年（七六〇）八月に不空三蔵と弟子三人が智炬寺で修功徳を行う勅許（「智炬寺修功徳　制書一首」『不空三蔵表制集』巻一、大正五二・八二九下）に関わっていることが知られること。また魚朝恩については「魚朝恩署牙将李（元）琮為両街功徳使、…」（『旧唐書』巻一五七、郗士美伝）、同様のことが「時魚朝恩以牙将李（元）琮為両街功徳使、…」（『新唐書』巻一四三、郗士美伝）にも記されており、李元琮が魚朝恩の牙将、すなわち側近の部下として記されていることや、魚朝恩自身の仏教信仰は詳らかにしないが大歴二年（七六七）に代宗の母・章敬太后の追福のために章敬寺を建立したこと。また、李元琮との関係における李輔国・魚朝恩の両者に共通することとして、両宦官は上述した李元琮も属しその功績によって「宝応功臣」の称号を賜った射生軍を配下においていたことが知られるなど、その具体的な関わりの実際は不明であるが、このような李元琮と宦官との関わりも不空三蔵の密教宣布とその興隆の一端に関わっていた可能性は考えられるであろう。さらに李元琮を取り巻く人間関係における不空三蔵の密教宣布への関わりとして、すでに指摘がある李元琮の出自に関わる人間関係が存在する。それは李元琮の出自をソグド人と仮定した上で、ソグド人と密教の関わりを推測したものであり、具体的には不空三蔵の弟子として出自がソグド人で北衙禁軍・右羽林軍大将軍の肩書きを有する者がいたことや、不空三蔵の入滅に際しソグド人の出自で安史の乱平定に大功があり宰相にもなった李抱玉が祭文を奉げたことなどが指摘されてい。このような人的関係も上述した、粛宗・代宗との関係・功徳使の任官・宦官との関係と同様、不空三蔵の密教宣布に何らかの役割を果たした可能性は存在したと思われる。

以上、縷々考察を重ねてきたが、「不空三蔵の密教宣布における李元琮の果たした役割」をまとめるならば、不空三蔵の密教興隆は李元琮の存在なくしてなし得なかっと言っても過言ではない、ということが理解されるのであり結論ともなるであろう。

なお、これまで不空三蔵の密教興隆の有力な原因として皇帝や宦官・軍閥との特殊な関わりが論じられてきたが、今後仮にこのような視点から不空三蔵の密教宣布とその興隆の理由を考察しようとするならば、墓誌によって明らかとなった李元琮の出自・経歴・活動等を踏まえて考察していくことが必要となるであろう。

註

1. 藤善真澄「不空教団の展開」三　宦官李元琮を参照。(『鎌田茂雄博士還暦記念論集　中国の仏教と文化』大蔵出版　一九八八)

2. 中田美絵「不空の長安仏教界台頭とソグド人」(2) 李抱玉・羅伏磨・史元琮・辛雲京 c、史元琮 (『東洋学報』89 巻号、2007) を参照。また、唐朝におけるソグド人については、山下将司「隋唐の建国と中国在住ソグド人」(『アジア遊学』137、2010) 斉藤達也「中国におけるソグド姓の歴史」森部豊編『ソグド人と東ユーラシアの文化交渉』(『アジア遊学』175、2014) を参照。

3. 王連龍「李元琮墓誌及相関問題考論」(『吉林師範大学報』人文社会科学出版　第六期　二〇一四)。また、東突厥の河汗である阿史那思摩が太宗から李姓を賜ったことを根拠として、李元琮は阿史那思摩の後裔とする。樊婧「唐李元琮墓誌考釈」(『唐史論叢』第一八輯　陝西師範大學出版　2014)

4. 「李克用代漠強宗、陰山貴胤、呼吸而風雲作氣、指麾而草樹成形。」(『旧唐書』巻二十上　本紀二十上　昭宗　大順元年)

5. 中田裕子「唐代六胡州におけるソグド系突厥」(『東洋史苑』72 号、2009)。なお、「ソグド系突厥」という概念については、「突厥化したソグド人」もしくは、さらに広範囲に東西突厥国の構成員となった突厥人・ソグド人・突厥とソグドの混血全てを含む概念とする立場がある (森安孝夫編『ソグドからウイグルへ』第 1 部 19p・22p 参照、及古書院　2011)。ここでは、李元琮の出自が「陰山之貴族」と記されていることに鑑み、中田の概念解釈に従った。

6. 左右龍武軍については、林美希「唐・左右龍武軍の盛衰―唐元功臣とその後の禁軍―」（『史滴』33号、2011）を参照。また北衙禁軍全体の消長については、同じく林美希の一連の研究として「唐代前期宮廷政変をめぐる北衙の動向」（『史観』164号、2011）「唐代前期における北衙禁軍の展開と宮廷政変」（『史学雑誌』121号7、2012）「唐前半期の閑厩体制と北衙禁軍」（『東洋学報』94巻4号、2012）「唐王朝の官僚制と北衙禁軍―唐前半期を中心に」（『多元文化』7、2017）「唐代前期における蕃将の形態と北衙禁軍の推移」（『東洋史研究』75巻4号、2017）「唐・長安城の禁苑と北衙」（『唐代史研究』20号、2017）を参照。

7. 註6、林美希「唐・左右龍武軍の盛衰―唐元功臣とその後の禁軍―」（『史滴』33号、2011）を参照。

8. 契苾については、蔡智慧「唐前期の羈縻支配の一類型　―契苾何力一族の例を手がかりとして―　」（『歴史文化社会論講座紀要』15：1—15、2018）を参照。

9. 諸司使については、趙雨楽「唐代における内諸司使の構造：その成立時點と機構の初步的整理」（『東洋史研究』50号4巻、1992）と松島才次郎「唐代に於ける「使」の頻用について」（『信州大学教育学部紀要』18、1967）を参照。

10. 中村裕一『中国古代の年中行事』第二冊夏、「四月　三七　顔真卿の「天下放生池碑」（二二六～二三三頁。2009及古書院）と川勝守「東アジアにおける放生儀礼の文化史」p19～20（『九州大学東洋史論集』21、1993）を参照。

11. 註9趙雨楽、（4）宮廷地域の管理に当たったもの b、宮苑使（五坊使）p

137を参照。

12. 趙雨楽「唐代における飛龍厩と飛龍使―特に大明宮の防衛を中心として」（『史林』74号4巻、1991）を参照。

13. 中田美絵氏は「唐朝政治史上の『仁王経』翻訳と法会―内廷勢力専権の過程と仏教―」（『史学雑誌』115—3、2006）で「内飛龍駆使」は「飛龍厩の管掌者である飛龍使のことであろう」と推測されている。しかし、この当時、飛龍厩を含む閑厩全体の管掌者は宦官の李輔国であり飛龍厩については同じく宦官の程元振が「飛龍閑厩副使」であることから（趙雨楽「唐代における飛龍厩と飛龍使」p135⑦参照・『史林』74号4巻、1991）、飛龍厩においてもその管掌者のトップは李輔国であり副官として程元振が管掌していたことは明らかであるので、「内飛龍駆使」はあくまで「宦官の飛龍閑厩副使であった程元振のもと、飛龍厩馬部隊の統率を掌る」実務官であったとすべきであろう。

14.「天寶十五載、玄宗西幸、祿山遣其逆黨載京師樂器樂伎衣盡入洛城。尋而肅宗克復兩京、將行大禮、禮物盡闕。」（『旧唐書』巻二八　志八　音楽一）及び「其後巨盜起、陷兩京、自此天下用兵不息、而離宮苑囿遂以荒堙、獨其餘聲遺曲傳人間、聞者為之悲涼感動。」（『新唐書』巻二二　志十二　礼楽十二）を参照。

15. 註1藤善前掲論文「三宦官李元琮」及び注（24）を参照。

16. 射生軍については、黄楼「唐代射生軍考」（『史林』2014—1）、註12趙雨楽前掲論文「三飛龍使制の内部の構造」及び註2中田前掲論文「第二章宦官の軍事力強化におけるソグド人の役割②射生軍」を参照。

17. 金剛智三蔵の活動については、拙稿「金剛智三蔵の在唐中の活動について一毗慮遮那塔建立及び道教との関係を中心に一」注（9）『密教学会報』29、2000）を参照。

空海何时从长安启程

［日］武内孝善

摘　要：空海从唐朝归国的时间有不同看法，本文认为应在元和元年（806）2月初，其根据是朱千乘赠给空海的送别诗不是写于长安，而是写于越州，又从长安到越州的日程约需50天，而高阶远成收到的下赐文书的日期为“元和元年正月二十八日”。

关键词：空海；归国；越州；朱千乘；高阶远成

前　言

空海入唐求法三年的足迹，有些记载很详细，有些记载则相对模糊。[①] 记载详细的有延历二十四年（805）6月至8月空海师从惠果和尚受法密教。[②] 延历二十三年（804）7月6日，空海从肥田前浦起航，8月10日飘至福州赤岸镇，同年12月23日抵达长安城的经历，这些在遣唐大使藤原葛野麻吕的归国报告书中均有翔实的记录。[③]

---

① 关于空海入唐时延历遣唐使，在年表风的《延历遣唐使关系年表》中有翔实可靠的记载。空海入唐求法三年的详情，请参考拙作《弘法大师空海的研究》，第316—326页，2006年2月。

② 空海从惠果和尚受法的经纬，请参考空海回国报告书《御请来目录》［《定本弘法大师全集》（以下简称《定本全集》）第1卷，第35—36页］。

③ 延历遣唐使，尤其是大使等一行人的足迹在遣唐大使藤原葛麻吕的回国报告书中有详细记载，参见《日本后纪》卷第12，延历二十四年（805）6月8日条。《新订增补国史大系》（以下简称《国史大系》）第3卷，第41—43页。

然而，关于空海从长安启程到回国的过程，却没有任何记载。比如：

1. 何时从长安启程？

2. 何时抵达明州港口？

3. 何时抵达日本？在哪儿上岸？

因为没有可靠的史料，学界无法对空海归国的过程进行推测。唯一的史料就是元和元年（806）4月空海写的“与越州节度使求内外经书启”，[①] 这一篇是空海拜托越州节度使帮忙搜集对提升日本国民素质有助益的经书史籍的委托性信件。那么到底空海曾得到了多少帮助以及曾在当地搜集到哪些书籍等，如今已不可考。[②] 由此可见，空海归国的过程，依然是个谜团。

本文，将就这个谜团中的“空海何时从长安启程”问题，阐述自己的观点。

一　研究综述

关于空海何时从长安出发及其归途。学界的主要观点可以参考以下四部空海传记。

1. 守山圣真编《从文化史上看弘法大师传》，1933年8月。

2. 渡边照宏、宫坂宥胜著《沙门空海》，1967年5月。

3. 栉田良洪著《空海的研究》，1981年10月。

4. 高木訷元著《空海生涯及相关问题》，1997年4月。

---

① 《遍照发挥性灵集》（以下简称《性灵集》）卷第5，《与越州节度使求内外经书启》，《定本全集》第8卷，第81—85页。

② 《弘法大师行化记》群书类从本、行遍本、深贤本的大同一年（806）条项中，均记载在法藏《金师子章并缘起六相圆融义》的跋文中，提到元和元年空海拜谒越州华严和尚神秀。全文详见《弘法大师传全集》（以下简称《传全集》）第61—62、96—184页。内容如下所示：

《金师子章并缘起六相圆融义》　　沙门法藏述

右章批曰：大唐元和元年于越州华严和尚法讳神秀公边得此章，沙门空海记。

《金师子章并缘起六相圆融义》，即《御请来目录》《论疏章等》中的《金师子章并缘起六相》一卷（《定本全集》第1卷，29页）。此外，关于《金师子章并缘起六相圆融义》和华严和尚，请参考拙作《空海在越州——华严和尚是谁》，《密教学会报》，第46—47合并号，第52—75页，2009年3月。

这四部空海传记均认为元和元年（806）3月，空海依然在长安。其中，高木訷元先生指出了空海出长安的具体时间为“三月下旬”。

长安的文人墨客和青龙寺、西明寺等诸寺的同法道友纷纷告别，互赠饯别诗文等。

空海与高阶判官一行一同离开长安，其时应为元和元年（806），即我国的延历二十五年三月下旬。①

那么，这个“三月下旬”是否可靠呢，笔者持否定态度。笔者认为空海离开长安的时间应为元和元年（806）2月上旬，更具体地说应是“2月初”。下文将对此进行详细论述。

二　“元和元年二月初启程说”的依据

空海于元和元年（806）2月初从长安启程的证据有三点，如下所示：

1. 朱千乘赠给空海的送别诗不是写于长安，而是写于越州。

2. 从长安到越州的日程约需50天。

3. 高阶远成收到的下赐文书的日期为“元和元年正月二十八日”。

接下来逐一进行分析。

1. 朱千乘的诗叙（“元和元年三月”的出处）

朱千乘赠给空海的送别诗并非写于长安，而是写于越州。前人的研究认为“元和元年三月，空海还在长安”。时间节点“元和元年三月”，就是依据朱千乘的诗叙中的记载推测而来。很多人只关注“元和元年三月”，却遗漏了重要的内容，最重要的应该是这个“诗叙”写于何处。笔者认为空海和朱千乘于元和元年三月相逢于越州，并在此交换诗词。

首先，来看一下朱千乘的诗叙。诗叙的题目为：“送日本国三藏空海

① 高木訷元：《空海生涯及相关问题》，第97—98页，吉川弘文馆，1997年4月。

上人朝宗我唐兼贡方物而归海诗叙”。[1] 具体内容如下所示：

【资料1】朱千乘诗叙（《大师全集》首卷，第118—119页）

（1）滄溟無限，極不可究

（2）海外緇侶，朝宗我唐

（3）即日本三藏空海上人也

（4）能梵書，工八體

（5）繕俱舍，精三乘

（6）去秋而来，今春而往[2]

（7）反掌雲水，扶桑夢中

（8）他方異人，故国羅漢

（9）蓋乎凡聖不可得以測識

（10）亦不可以智知

（11）勾践[1]相遇，对江問程

（12）那堪此情，離思增遠

（13）願願珍重珍重

（14）元和元年春沽洗之月聊序[2]

（15）当時少留詩云（下划线由作者添加）

由此诗叙可得到两点信息。一是据“元和元年春沽洗之月聊序”，可知该诗文写于“元和元年三月”。二是空海和朱千乘的相逢是“勾践相遇”。也就是“相遇于越州”。前者，没什么问题。但是后者足以说明该诗写于何处，进而成为推测空海从长安启程时间的重要信息。

---

① 圣贤撰《高野大师御广传》（以下简称《御广传》）上（《弘法大师全集》，以下简称《大师全集》首卷，第118—119页。《传全集》第1卷，第239页）。《御广传》中收录了五人的送别诗叙，其五人的姓氏、身份以及诗词的题目，如下所示（摘自《大师全集》首卷，第119—120页。《传全集》第1，第239页）：

（1）前试卫尉寺丞朱千乘《送日本国三藏空海上人朝宗我唐兼贡方物而归海东诗叙》

（2）越府乡贡进士朱少瑞《送空海上人朝谒后归日本国》

（3）大唐国沙门昙清《奉送日本国使空海上人橘秀才朝献后却还》

（4）大唐沙门鸿渐（同右）

（5）郑壬　字申甫（同右）

② “去秋而来，今春而往”一句，从空海的足迹来看，这句话是不准确的。但朱千乘的诗词原文也可能是“去岁朝秦阙，今春赴海东”。由此可见，朱千乘知道空海是前年秋天入唐，今年春天回国。如果这是描述曾赴长安的空海的话，无疑是准确的。这一点，也是朱千乘与空海并非相逢于长安而应是越州的佐证。

文中提到要确认空海和朱千乘相逢于越州。[①]“勾践相遇”的“勾践”是春秋时代的越王勾践，此处代指越州。[②]也就是说“相遇”之地为越州，并且是偶然相遇。由此可见，空海与朱千乘并非旧相识，只是在越州偶然相逢。

空海与朱千乘相逢于越州，并在此交换诗词，还有两个旁证。第一，此时，与朱千乘一同曾赠诗给空海的还有越府乡贡进士朱少瑞。[③]“越府乡贡进士”，是经州县的掌管推荐，通过官吏考试的进士。[④]由此可知，越府乡贡进士朱少瑞，曾获得越州长官的推荐并参加官吏考试，同时也可推知朱少瑞住在称为“越府”的越州府。朱千乘的诗叙中的“勾践相遇”，加上朱少瑞身份的佐证，可以推断，朱少瑞的诗也写于越州。第二，与朱千乘一同曾赠诗给空海的大唐国沙门昙清，[⑤]也就是《宋高僧传》中“唐衡岳寺昙清传”中的昙清。[⑥]关于“昙清传”，王勇在论文中写道：

---

① 朱千乘等赠送空海的诗词写于越州。这一观点是参考王勇的观点。具体内容参考请王勇的“唐人赠空海送别诗”，《亚洲游学》，第27号，第83—93页，勉诚出版，2001年5月。在此转述其观点，以表谢意。此外，王勇的论文中不仅收录了朱千乘赠给空海的送别诗，同时还收录其三首失逸诗。这些均摘抄自进奉给嵯峨天皇的《朱千乘诗》一卷。即从弘仁三年（812）7月29日写的《献杂文表》中，以《急就章》一卷开篇的十个诗集里的《朱千乘诗》一卷中摘抄。

② 勾践，春秋时期的越王，曾败于吴王夫差，被捕受辱后放归越国，与忠臣范蠡合力，恢复国力，大败吴国（《角川大字源》“勾践”条，第228页，1992年2月）。即典故“卧薪尝胆”。详细内容请参考《史记》卷41，“越王勾践世家第11”（《史记》第5册，第1739—1756页，中华书局）。

③ 参考477页注1。

④ 关于“乡贡进士”，请参考诸桥徹次《大汉和辞典》第十一卷“乡贡进士”，同书第11842—11843页，以及“进士”条目（同书92页）。

⑤ 参考467页注1。

⑥ 《宋高僧传》卷第15“唐衡岳寺昙清传”（《大正新修大藏经》第50卷，第804页上、中）：释昙清，未详何许人也。幼持边幅，罔或迷方，以谨昏㗇，究穷佛旨。乃负笈来吴，北院道恒宗师法会，与省躬犹滕、薛之前后也。旋留南岳化徒，适会元和中阆州龙兴寺结界，时义嵩讲素新疏，杰出辈流因云：“僧祇律云，齐七树相去，尔所作羯磨者名善作羯磨。准此四面皆取六十三步等，如是自然界约，令作法界上僧”。须尽集时，清遂广征难，如是往返，经州涉省，下两街新旧章南山三宗共定夺，嵩公亏理。时故相令狐楚犹为礼部外郎，判转牒，据两街传律，断昙清义为正。天下声唱，勇执纪纲，清能干城矣。后著记号，显宗焉。

系曰：清公南山宗，崛起别峰，人咸景仰。与嵩、悟二公遇于必争之地，清果得俊。矧夫阃苑也，僻用律文，三隅不反。既成图状，学者流传，致其嵩公，如填海底。至大中，中玄畅公荐加褒贬，贬嵩之转沈尾闾中矣。

> 昙清，初于吴北院师事道恒，与省躬多有往来，旋留南岳化徒。元和年间，与逐州（今四川省中逐县附近）的龙兴寺高僧义嵩诤论，朝廷判定昙清讲义为正。①

由此可知，昙清是活跃于江南地区的僧侣。如果他与赠空海送别诗的昙清是同一个人的话，空海也应与他相逢于江南，也就是越州。

最后，还有一点需要指出是，昙清赠空海的送别诗的题目是“奉送日本国使空海上人橘秀才朝献后却还”。② 也就是昙清在给空海赠诗的时候，橘逸势应该也在场。逸势的归国叹愿书“为橘学生与本国使启”③ 是空海代笔。空海和逸势随高阶远成一起回国，这一点在《旧唐书》④《册府元龟》⑤ 中有明确记载。与橘逸势在一起这一点，也可以佐证该诗赠予越州。⑥

小结：以上是关于朱千乘等人赠送的诗文的论述。元和元年 3 月，空海与朱千乘等人在越州相遇，并互赠诗词。这一点朱千乘的诗叙中有明确记载，从朱少瑞等人的身份也可以肯定这一点。

2. 从长安到越州的日程约需 50 天

空海从长安启程的时间是元和元年 2 月初的第二个证据，是从长安到越州约需 50 天行程。如果真如前人研究所说，空海 3 月下旬还在长安的

---

① 王勇（第 479 页注 3）论考，第 88 页。王勇对昙清和省躬的交友情况，又参考在同书的“唐吴郡双林寺志鸿传”，其中记述了昙清和省躬的交友关系，同时也提及昙清与江南志鸿的交往。此外，还有一份相关资料，但王勇没有涉及，即《宋高僧传》卷第 15 中收录的“唐扬州慧照寺省躬传”，《大正藏》第 50 卷，第 802 页中、下。

② 参考 477 页注 1。

③ 《性灵集》卷 5“为橘学生与本国使启”。《定本全集》第 8 卷，第 87—88 页。

④ 《旧唐书》卷一百四十九上（列传第一百四十九上），东夷“日本”（《旧唐书》第 16 册，第 5341 页，中华书局版）：贞元二十年遣使来朝，留学生橘逸势、学问僧空海，元和元年日本国使判官高阶真人上言：前件学生艺业稍成，愿归本国，便请与臣同归。从之。

⑤ 《册府元龟》卷九百九十九，外臣部“请求”（《册府元龟》第 12 册，第 11724 页，1960 年 6 月，中华书局版）：德宗贞元二十年，日本国留住学生橘逸势、学同僧空海，至元和元年正月，司本国使判官高阶真人奏：

前件学士等艺业稍成，愿归本国，使请与臣同共归国。从之。

此外，该段内容《新唐书》《大平御览》中也有收录。

⑥ 如果空海和橘逸势是一起去长安留学的话，因为僧俗有别，那么留学的目的也不同。理所当然，也不会住在一起。从长安启程之后，在高阶远成的安排下就很可能同住，而这期间就很自然的会有送别诗词。反之，从送别诗词的内容来看，很难看出是赠予长安。

话，那么在越州给节度使呈递文书的时间无论如何都至少是 4 月。

> 三教之中，经、律、论、疏、传记，乃至诗赋、碑铭、卜医、五明所摄之教，可哟发蒙济物者，多少流传远方。[①]

可见文书内容，是空海向节度使求助，恳请帮忙收集在长安没有得到的书籍。然而书写时间却完全对不上。也就是说，从长安到越州至少也需要五十天左右。如果遣唐使藤原葛野麻吕等人于延历二十四年（805）2 月 11 日从长安出发，那么 3 月 29 日可以抵达越州永宁站。[②] 实际为 47 日的行程。对于日本的官方使者来说，这个速度并不慢。通常情况下，朝廷会派遣监送使一路监护送到使团归国的出海口。藤原葛野麻吕大使一行人的监送使王国文就是一路护送他们抵达越州。[③] 无疑监送使从远成、空海离京之际开始就一直同行。

此外，还有一个线索就是承和遣唐使藤原常嗣。常嗣于承和六年（839）闰正月 4 日从长安启程，2 月 12 日抵达位于扬州北侧的楚州，历时 37 日。[④] 而长安和楚州的距离是长安和越州距离的五分之三左右，由此推算，葛野麻吕一行的行进速度似乎相对较快。

小结：综上所述，如果空海 3 月下旬尚在长安的话，4 月末无论如何都不可能抵达越州。种种证据表明，3 月空海已经在越州与朱千乘等人相逢，互赠诗词。即便互赠时间是 3 月下旬，逆推 50 天的话，空海从长安启程的时间应该是 2 月初。

3. 告身下赐时间

高阶远成收到的下赐告身的日期为“元和元年正月二十八日”。告身，是唐皇帝钦授远成官职中大夫试太子中允时的正式文书，也称为位

---

① 《性灵集》卷 5“请越州节度使内外经书启”，《定本全集》第 8 卷，第 84—85 页。

② 《日本后纪》卷 12，延历二十四年 6 月 8 日条款（《国史大系》第 3 卷，第 42 页）。

③ 同上注。王国文同行监护的资料如下所示，通常监送使会同行监护到使团回国出发的港口。但王国文因故在明州将下赐书函交给大使，将监护任务移交其他监送使，自己返回长安。具体记载如下所示：二月十日监使高品宋惟澄来，领答信物。（中略）事毕首途。敕内使王国文监送，至明州发遣。三月二十九日，到越州水宁驿。越州即观察府，监使王国文于驿馆唤臣等，勅附书函，便还上都。越州更差使监送，至管内明州发遣。（下划线为笔者添加）

④ 参考《圆仁入唐求法巡礼行记》的开成四年（839）2 月 20 日、27 日内容（小野胜年《入唐求法巡礼行记研究》第 1 卷，第 405—415、432—444 页）。

记。这份告身是推算空海从长安出发时间的极为有力的史料，也是告身问题研究上的珍贵史料。① 因为唐王朝授予外国使节的告身中，这几乎是唯一一份保存完整的资料。

“高阶远成告身”的全文收录于《朝野群载》的“异国赐本朝人位记”，全文内容如下所示：

【资料2】《朝野群载》卷20，“高阶远成告身”（《国史大系》第29卷上、第457—459页）：

① 关于高阶远成的告身的论文，如下所示：（1）神田喜一郎《支那古文书研究（三）—高阶远成的告身—》（《历史与地理》第9卷第4号，1922年4月），后被《东洋学说林》（弘文堂，1948年12月刊）再收录，《东洋学说林》之后，又收录到《神田喜一郎全集》（第1卷，第125—137页，同朋舍出版，1986年1月刊）。（2）仁井田升①《告身》（同氏著《唐宋法律文书研究》，第793—806页，东方文化学院，1937年3月出版），随后东京大学出版会复印，1983年2月出版。（3）大庭修　①《唐告身古文书学研究》（《西域文化研究》第3，第279—371页，法藏馆，1960年3月出版）；②《高阶远成的告身的研究—遣唐使的告身与位记—》（《法制史研究》10，第331—332页，1960年3月）；③《唐元和元年高阶真人远成告身的研究—遣唐使的告身与位记—》（《高桥先生远历纪念东洋学论集》第77—94页，关西大学东西学术研究所，1967年12月）；④“两位遣唐使判官—伊吉连博德和高阶真人—”（横田健一、网乾善教编《讲座：飞鸟的历史与文学①》第149—176页，1980年3月，关西大学千寿会）。（4）中村裕一①《告身》（同氏著《唐代官文书研究》第153—281页，中文出版社1991年版）。关于唐朝颁发的高阶远成以外的告身论文，如下所示：（5）石浜纯太郎《流沙遗文小记》（《龙谷史坛》第2卷第2号，第1—6页，1929年2月）。（6）内藤乾吉①《唐的三省》（《史林》第15卷第4号，第42—49页，1930年10月）；②《敦煌出土的骑都尉秦元的告身》（《东方学报》京都第3册，第218—262页，1933年3月）。其后，①②均收录于同氏著《中国法制史考证》（有斐阁，1963年3月）。（7）仁井田陞①《敦煌出土的唐公式假宁两令》（《法学协会杂志》第50卷第6号，第69—79页，1932年6月）。（8）泷川政次郎①《西域出土唐公式令断片年代考》上、下（《法学新报》第42卷第8、10号，第54—70、31—51页，1932年8、10月），随后收录于同氏著《支那法制史研究》（有斐阁，1940年4月出版）；②《唐告身与王朝位记》（1）—（3）（《社会经济史学》第2卷第4—6号，第1—14，第47—64、29—45页，1932年7—9月）。（10）西川宁《张令晓得告身考》（《书道》第9卷第2号，1940年2月）。（11）须羽源一《唐宋告身刻石》（《书道》第9卷第2号，1940年2月）。（12）小笠原宣秀、大庭修《龙谷大学所藏吐鲁番出土的张怀寂告身考》（《龙谷大学论集》第359号，第73—87页，1958年7月）。（13）大庭修①《建中元年朱巨川奏授告身与唐考课》上（《史泉》第11号，第1—8页，1958年8月）。（14）中村裕一①《唐代制勅研究的现状》《发日敕书》（同氏著《唐代制敕研究》第24—31页，第385—405页，汲古书院，1991年2月出版）。此外，关于告身的研究还有天理大学图书馆藏的《景龙3年（709）张君义告身》一卷（《天理图书馆稀书目录　和汉书之部》第3，口绘写真，第196—197页，1960年10月出版）。

日本国使判官正五品上兼行镇西府大监高阶真人远成

右可中大夫试太子中允。余如故。

敕 日本国使判官正五品上兼行镇西府大监高阶真人远成等

奉其君长之命，趋我[①]会同之礼。越溟浪而万里，献方物于三险所。

宜褒奖并赐班荣，可依前件。

[②]元和元年正月廿八日

中书令 阙

中书侍郎平章事臣 郑续 宣

中书舍人 卢景亮 奉行

奉

敕如右。牒至奉行。

元和元年正月 日

检校司空兼侍中 使

门下侍郎平章事 黄裳

给事中 登

月 日 时 都事

左司郎中

吏部尚书 阙

吏部侍郎 宗儒

吏部侍郎 阙

尚书左丞平章事 在中书

告日本国使判官正五品上兼行镇西府大监高阶真人远成。奉敕如右。符到奉行。

主事 荣同

员外郎 次元 令史 总初

书令史

元和元年正月 日下

迄今为止，这份告身都没有得到重视。高木讷元认为旁线部分①的

“会同之礼”的特别之意，在于高阶远成入唐是为了祝贺新皇帝即位。[①] 而笔者对此观点持否定态度，因为高阶远成的船是四艘遣唐使船中的第四艘船，[②] 特意授予为恭贺新皇即位而来的高阶远成告身很不合常理。授予外国来朝贡的使节位记是惯例，且不说“会同之礼”一词，远成的告身中真正值得注意应是下划线②的日期“元和元年正月廿八日”。这个日期是很重要的，因为使节临从长安启程前才会被授予告身。

【在长安启程前夕授告身】

本段的结论，是远成的告身日期“元和元年正月廿八日”，就是远成、空海一行从长安启程的前夕。换句话说，离开长安的日期应该就是二十八日的数日之后，大约就是二月初。

其根据就是高阶远成的告身的授予，和遣唐大使藤原葛野麻吕的情况相同，是在其从长安启程前夕举行。《日本后纪》的延历二十四年（805）6月8日开始，记载了遣唐大使藤原葛野麻吕一行人从元旦朝贺到二月十日告身下赐的过程。[③]

①延历二十四年（805）正月元日，列席含元殿朝贺仪式。

②皇帝德宗翌2日生病，同月23日驾崩，同28日参列葬仪，着三日丧服。

可见，正月里应该没有其他安排。

③正月28日，顺宗即位。

④2月10日监护宦官（高阶监使）宋惟澄来宿坊（宣阳坊的官宅），送皇帝赠送给日本国天皇的回礼，以及授予大使们的告身，并宣读诏书。诏书内容如下：

---

① 高木訷元①《兜率山·高野之行》（松长有庆、高木訷元、和多秀乘、田村隆照著《高野山》，第118—119页，1984年1月，法藏馆）；②“会同之礼的使者派遣”（高木著《空海生涯及相关问题》第94—96页，1997年4月，吉川弘文观）。

② 请参考拙稿《归国船诸问题考》，其中有详细论述（拙著《弘法大师空海的研究》第278—315页，2006年2月，吉川弘文馆）。最初刊载于《高野山大学大学院纪要》创刊号，1996年3月。

③ 《日本后纪》第12卷，延历二十四年6月8日条（《国史大系》第3卷，第42页），原文如下所示：廿一年正月元日于含元殿朝贺，二日天子不予，廿三日天子雍王仿崩，春秋六十四。廿八日臣等于承天门杖立，始著素衣冠。是日，太子即皇帝位。谅闇中，堪万机。皇太后王氏，临朝称制。臣等三日内，于使院朝夕举哀。其诸蕃三日，自余廿七日就后吉。二月十日监使高品宋惟澄，领答信物来，兼赐使人告身。

⑤ 卿等衔本国王命，远来朝贡，国家遇丧事。须缓缓将息归乡，卿等频奏早归缘。兹因赐缠头物（祝仪品），兼设宴，宜知之。却回本乡，传此国丧。欲相见拟、此重丧缘、非得宜。好去好去。[①]（下划线笔者添加）

这段内容明确的记载："唐王朝值遇丧事，下令使臣调整休息后归国。而大使们频频上奏表示速归本国。因此命人送来祝仪品，并设宴慰劳。"

《日本后记》中记载道"事毕首途"[②]。就是大使一行人于翌日的十一日离开长安。这与空海在《御请来目录》中的记载符合，可见事实确实如此。其内容如下所示：

廿四年二月十日，敕准配住西明寺。

廿四年仲春十一日，大使等旋牺本朝。空海孑然敕准，留住西明寺永忠和尚故院。[③]

这里产生一个问题，就是为何大使们要上奏速归本国呢？笔者认为，遣唐使船从日本出发是为了赶上正月朝贺，同样，其回程也应该是事先规划的。这样才更符合承和五年（838）出发的承和遣唐使的立场。

然而，这批遣唐使却是持续入唐的使团的最后一波，就是遣唐大使葛野麻吕的七之常嗣率领的使团，被称为"最后的遣唐使"。

此外，从同行的天台宗请益僧圆仁的《入唐求法巡礼行记》中可以看到，大使一行是承和5年12月3日抵达长安，落脚于左街礼宾院。[④] 在长安城完成遣唐任务后，于翌年承和6年闰正月4日离开长安。[⑤]

重新梳理一下藤原葛野麻吕与常嗣大使等遣唐使一行从长安启程的日

① 同469页注③。

② 同469页注④。参照画线部分。

③ 《御请来目录》（《定本全集》第1卷，第3·35页）。

④ 《入唐求法巡礼行记》开成四年（839）1月21日条（小野胜年《入唐求法巡礼行记的研究》第1卷，第369—374页）。

⑤ 《入唐求法巡礼行记》开成四年（839）2月27日条（小野胜年《入唐求法巡礼行记的研究》第1卷、第432—444页）。

期，如下所示：

藤原葛野麻吕一行人等——延历二十四年（805）2月11日

常嗣一行人等——承和六年（839）润正月4日

葛野麻吕一行人，上奏提出速归本国，很可能是皇帝丧事告一段落后的2月10日得到下赐的国家信物和告身，便于次日（11日）快速离开长安。数次上奏，却意外遭遇皇帝驾崩，促使离京日期大幅度的超出预期，那么原定离京日期是什么时候，从长嗣的启程日期也许可以得到启发，也就是4日。

小结：综上所述，日本遣唐使最迟于前年12月抵达长安，列席正月的元旦朝贺，其后的一个月逗留于长安，并按照预计在2月离开长安。[①]

结　论

一直以来，笔者都模糊的认为空海于长安启程的时间应该是2月，综上所述，可以确认空海从长安启程的时间就是延历二十五年（806）2月初。根据就是远成的告身日期“元和元年正月廿八日”。按照遣唐大使的惯例来看，启程前夕需要接受皇帝赐予的国信物和告身。换句话说，这是遣唐大使在唐最后两个环节的活动。

此外，2月初，还有以下两份文献资料。

其一，《册府元龟》九百九十九“外臣部”中有如下记载：

> 德宗贞元二十年，日本国留住学生橘逸势、学问僧空海，元和元年正月至，日本国使判官高阶真人奏：前件学生等艺业稍成，愿归本国，使请臣同共归国。从之。[②]

由此可知，1月中旬高阶远成曾上奏过归国申请。

其二，4月在越州写《与越州节度使求内外经书启》，文章中恳请越

① 一直以来，遣唐使从日本出发是为了参加正月朝贺都是定论，但对于回国日期却一直没有具体说法。如本文所述，藤原葛野麻吕等人仪礼性的列席诸活动，后婉拒唐皇帝让在长安休息调整的好意而急忙归国，是因为必须按期归国。

② 同468页注10。

州节度使帮忙收集有利于培养人文素质的内典、外典，带回日本。

由此可见，空海从长安启程的时间是元和元年（806）2 月初。

后记

1. 本论《空海何时从长安启程》，是将 2007 年 2 月出版的《高野山大学论丛》第 42 卷的同名论文进行大幅度改编。

2. 笔者关于空海入唐求法的论文，列表如下，请参考。

①《越州的弘法大师》，空海赴长安之路访中团编《空海赴长安之路报告书》，第 88—99 页。《空海赴长安之路报告书》实行委员会，1985 年 3 月。

②《入唐的目的》，参见拙著《弘法大师空海的研究》，第 146—211 页，吉川弘文馆，2006 年 2 月。

③《空海出家与入唐》（同上，第 212—277 页）。

④《归国船诸问题考》（同上，第 278—315 页）。

⑤《另一入唐动机》，《高野山时报》，第 3059 号，2006 年 1 月。

⑥《空海何时从长安出发》，《高野山大学论丛》，第 42 卷，第 1—21 页，2007 年 2 月。

⑦《越州的空海—华严和尚身份考—》，《密教学会报》第 46、47 合并号，第 52—75 页，2009 年 3 月。

⑧《最澄、空海与灵仙》，《遣唐使船的时代—目睹时空超人—》（角川选书四七九），第 49—175 页，KDKAWA，2010 年 10 月。

⑨《空海如何蜕变为“空海”》（角川选书 552），第 254 页，KDKAWA，2015 年 2 月。

10《解读惠果和尚语言中蕴含的思想》，《空海研究》第 3 号，第 1—36 页，2016 年 3 月

（作者武内孝善，高野山大学教授；译者赵新玲，高野山大学博士生）

空海はいつ長安を出立したか

武内孝善

はじめに

空海の足かけ3年にわたる入唐求法の旅には、その足跡を比較的詳しく辿ることができる部分とそうでない部分が混在する。① 前者の例としては、延暦24年（805）6月から8月にかけての恵果和尚からの密教受法があげられる。② また、延暦23年（804）7月6日に肥前田浦を出帆し、8月10日福州赤岸鎮に漂着してから、同年12月23日に長安城に到るまでの足どりも、遣唐大使・藤原葛野麻呂の詳細な帰国報告書③から、ある程度おさえることができる。

これらに対して、長安を出立し帰国するまでの経緯は、明確ではない。たとえば、

①長安を出立したのはいつか、

②明州の港を解纜（かいらん）したのはいつか、

---

① 空海が入唐したときの延暦の遣唐使に関する確実視できる記録を年表風に整理した「延暦の遣唐使関係年表」を、かつて作成したことがある（拙著『弘法大師空海の研究』316～326頁　2006年2月　吉川弘文館）。足掛け三年にわたる空海の入唐求法の事跡は、これをご覧いただきたい。

② 恵果和尚からの受法の経緯については、空海の正式の帰国報告書である『御請来目録』が詳しい（『定本弘法大師全集』〈以下、『定本全集』と略称す〉第1巻、3・35～36頁）。

③ 延暦の遣唐使、特に大使一行の足跡については、遣唐大使・藤原葛野麻呂の帰国報告書のなかに、詳細に記されている（『日本後紀』巻第12、延暦24年（805）6月8日条〈『新訂増補国史大系』（以下『国史大系』と略称す）第3巻、41～43頁〉）。

③わが国のどこに・いつ帰着したのか、

などは、信頼できる史料がないことから、推測の域をでるものではない。唯一、確実視できるのは、元和元年（806）4月「越州の節度使に与えて内外の経書を求むる啓（与越州節度使求内外経書啓）」[①] を草し、わが国の人々を裨益できる書物の蒐集に理解と協力をお願いされたことである。これに関しても、どれほどの助力がえられたのか、またこの地で入手できた書物のリストなどは、皆目わからない。[②] したがって、空海の帰国にかかわる事績は、いまだ謎につつまれているといっても過言でない。

本日は、これらの謎のなか、①空海はいつ長安を出立したか、について、私見を述べてみたい。

一　先行研究

空海は、いつ長安を出発して帰国の途についたか。

従来、どのように考えられてきたか。参考までに、4つの空海伝の説を紹介しておきたい。

1. 守山聖真編著『文化史上より見たる弘法大師伝』1933年8月。
2. 渡辺照宏・宮坂宥勝著『沙門空海』1967年5月。
3. 櫛田良洪著『空海の研究』1981年10月。
4. 高木訷元著『空海　その生涯と周辺』1997年4月。

---

① 『遍照発揮性霊集』（以下、『性霊集』と略称す）巻第5「越州の節度使に与えて内外の経書を求むる啓」（『定本全集』第8巻、81～85頁）。

② 『弘法大師行化記』群書類従本・行遍本・深賢本の大同1年（806）の条には、法蔵述の『金師子章并縁起六相圓融義』の跋文に、元和元年、越州の華厳和尚神秀の辺において求めえた、と空海が記しているとある。その全文をあげると、つぎの通りである（『弘法大師伝全集』〈以下、『伝全集』と略称す〉第2、61～62・96・184頁）。金師子章并縁起六相圓融義　沙門法蔵述　　右章批曰。大唐元和元年於₌越州華厳和尚法諱神秀公邊₋得₌此章₋。沙門空海記。　　この『金師子章并縁起六相圓融義』は、『御請来目録』「論疏章等」のところに「金師子章并縁起六相一巻」と記録されている（『定本全集』第1巻、29頁）。なお、この『金師子章并縁起六相圓融義』と華厳和尚については、以前に論じたことがある。拙稿「越州における空海—華厳和尚とはだれか—」『密教学会報』第46・47合併号、52～75頁、2009年3月。

これら4つの空海伝は、いずれも元和元年（806）3月の時点で、空海はまだ長安にとどまっていたとみなす。そのなかで唯一、長安を出立した具体的な日時を記すのが高木訷元先生であり、

長安の文人墨客や、青龍寺、西明寺など諸寺の同法らに別れを告げ、餞別の詩文などの交換もあって、空海が高階判官らの一行とともに長安の都を後にしたのは、元和元年（八〇六）、わが国の延暦二十五年三月も下旬のころであったろう。①

といい、その出発を「3月下旬のころ」とみなされた。

この3月下旬の出立は信じてよいか。私は「否」と考える。私は、元和元年（806）2月上旬、より限定していえば、「2月初めであった」と考える。項を改めて、詳述したい。

二　「元和元年二月初め出立説」の根拠

空海が長安を出立したのは元和元年（806）2月初めであった、と考える根拠は、つぎの3つである。

①朱千乗が空海に送別の詩を贈ったのは長安ではなく、越州であったこと。

②長安から越州までは、約50日の行程であったこと。

③高階遠成が賜わった告身の日付が「元和元年正月廿八日」であったこと。

以下、順次詳しくみていこう。

1. 朱千乗の詩叙―「元和元年三月」の典拠―

第一の根拠は、朱千乗が空海に送別の詩を贈ったのは長安ではなく、越州であったことである。先行研究が、元和元年（806）3月の時点で、空海はまだ長安にとどまっていたとみなす、「元和元年3月」の典拠が、朱千乗の「詩叙（しじょ）」であった。多くの方が「元和元年3月」にだけ注目し、重要なことを見落としていた。重要なこととは、この「詩叙」はどこで書かれたのか、である。結論から記すと、空海と朱千乗は元和

---

①　高木訷元著『空海その生涯と周辺』97～98頁、1997年4月、吉川弘文館。

元年3月、越州で出逢い、漢詩を取り交わしたのであった。

朱千乗の「詩叙」をみてみよう。「詩叙」は、正式には「日本国の三蔵・空海上人、我が唐に朝宗（ちょうそう）し、兼て方物（ほうぶつ）を貢（こう）じて海[1]東に帰るを送る詩叙（送日本国三蔵空海上人朝宗我唐兼貢方物而帰海東詩叙）」という。読み下しと要約を併記しておく。

【資料1】朱千乗「詩叙」（『大師全集』首巻、118～119頁）

1. 滄溟に限り無く、極め究むべからず。　　　滄溟無限、極不可究

2. 海外の緇侶、我が唐に朝宗す。　　　海外緇侶、朝宗我唐

3. 即ち日本三蔵の空海上人なり。　　　即日本三蔵空海上人也

4. 梵書を能くし、八體に工（たく）みなり。　　　能梵書、工八體

5. 倶舎を繕（よく）し、三乗に精（くわ）し。　　　繕倶舎、精三乗

6. [3]去秋に来りて、今春に往く。[2]　　　[3]去秋而来、今

---

① 聖賢撰『高野大師御広伝』（以下、『御広伝』と略称す）上（『弘法大師全集』〈以下、『大師全集』と略称す〉首巻、118～119頁、『伝全集』第1、239頁）。『御広伝』は、「詩叙」

につづいて五人の送別の詩を収載する。その五人の氏名・肩書きと詩の題名をあげてみく（『大師全集』首巻、119～120頁、『伝全集』第1、239頁）。

（1）前試衛尉寺丞朱千乗「送ル[下]日本国ノ三蔵空海上人朝[二]宗我唐[一]ニ兼テ貢[二]ジテ方物[一]ヲ而帰[中]海東[上]ニ詩ノ叙」　（2）越府郷貢進士朱少瑞「送[三]空海上人朝謁ノ後帰[二]日本国[一]ニ」（3）大唐国沙門曇清「奉[レ]ル送[二]リ日本国使空海上人橘秀才朝献ノ後却還[一]スルヲ」（4）大唐沙門鴻漸「同右」

（5）鄭壬　字申甫「同　右」

② この「去秋に来りて、今春に往く」は、空海の足跡からは誤りと考えられるけれども、朱千乗は詩の本文でも「去歳に秦闕に朝して、今春は海東に赴かん」と記している。これより、朱千乗は一貫して、空海は前年の秋に入唐しこの春に帰国する、と認識していたことが知られる。もし、長安で空海の活躍の有様をみていたのであれば、このような誤認はなかったであろうと考えると、この点からも、朱千乗と空海との出逢いそのものが長安ではなかった、すなわち越州であったことの傍証となろう。

春而往

7. 雲水は反掌のごとく、扶桑は夢の中なり。　　反掌雲水、扶桑夢中

8. 他方の異人にして、故国の羅漢なり。　　他方異人、故国羅漢

9. 蓋し凡と聖は以って測り識るべからず。　　蓋乎凡聖不可得以測識

10. 亦た智を以って知るべからず。　　亦不可以智知

11. [①]勾践に相遇し、江を対てて程を問う。　　[①]勾践相遇、対江問程

12. 此の情に堪えがたく、離思は遠きとともに増す。那堪此情、離思増遠

13. 願わくは珍重を重ねられんことを。　　願願珍重珍重

14. [②]元和元年春沽洗之月に聊か序す。　　[②]元和元年春沽洗之月聊序

15. 当時に少しく詩を留めて云わく。　　当時少留詩云

（傍線筆者）

【要約】

1. 果てしなくつづく大海原、そのはてを訪ねることはできない。

2. 海外から僧が、天子への使いとしてわが唐国にやって来た。

3. その人は日本国の三蔵・空海上人。

4. 梵書をよくし、八体の書法にたくみなり。

5. 倶舎論をよくし、三乗の教えに精通している。

6. [③]昨年秋に来て、この春還ろうとする。

7. 雲水は容易なことであろうとも、われらにとって日本は夢のまた夢の地。

8. あなたは他国の異人にして、すでに阿羅漢なり。

9. 思うに、凡人と聖人とをたやすく識別できるものではない。

10. また、智恵だけをもって知ることもできない。

11. [①]越州にて思いがけなく出逢い、長江を例としその行程をお尋ねした。

12. （受法への）高邁真摯な御心を想うと、遠きゆえ別れ難きおも

いがいや増すばかり。

13. くれぐれもご自愛くださるよう願いあげまする。

14. [2]元和元年三月、心の一端を申しのべました。

15. いま少しばかり詩文を書きとめておきます。

この「詩叙」からは二つのことを知りうる。一つは、「元和元年春沽洗之月に聊（いささ）か序す」とあって、この詩文は「元和元年3月」に書かれたことである。あと一つは、空海と朱千乗の出逢いを「勾践（こうせん）に相遇し」、すなわち「越州にて思いがけなく出逢った」と記すことである。前者は、それほど問題はない。しかるに後者は、この「詩叙」がどこで書かれたかと密接なかかわりがあり、空海がいつ長安を出立したかを考えるうえで、極めて重要となる。

そこで、空海と朱千乗が出逢ったのは越州であった、このことを確認しておきたい。[1]「勾践（こうせん）に相遇し」の「勾践」は、春秋時代の越王勾践のことで、越州の地をさすと考えられる。[2] ついで「相遇」とあって、越州の地で、「たまたま思いがけなく出逢った」とある。つまり、空海と朱千乗たちは旧知の間柄ではなく、越州で偶然に出逢ったのであった。

空海と朱千乗らが越州で出逢い、この地で詩文の交換をしたことの傍証が二つある。第一は、このとき、朱千乗とともに詩文を空海に贈った朱少瑞の肩書「越府郷貢進士（えっぷきょうこうしんし）」である。[3]

---

①　朱千乗らが空海に送った詩文が書かれたのは、越州の地であった。このことに関しては、すでに王勇氏が指摘されている。王勇「空海に贈られた唐人の送別詩」（『アジア遊学』第27号、83～93頁、2001年5月）。以下の論述は、この論考を参照させていただいた。記して謝意を表する。なお、王氏は、送別の詩だけでなく、これら送別の詩を贈ったときの中心人物であった朱千乗の逸詩三首についても報告する。これらの詩は、弘仁3年（812）7月29日付「雑文を献ずる表」で、『急就章一巻』をはじめとする十種の詩集などとともに嵯峨天皇に奉進された『朱千乗詩一巻』から抄出されたものの一部とみなす。

②　・勾践は、「春秋時代の越の王。初め呉王の夫差に捕らえられて恥辱を受けたが、のち許されて帰り、忠臣の范蠡（はんれい）と力を合わせて国力を回復し、ついに呉を滅ぼした」（『角川　大字源』「勾践」の項、228頁、1992年二月）ことと「臥薪嘗胆」で著名である。詳しくは『史記』巻41「越王句践世家第11」をみていただきたい（『史記』第5冊、1739～1756頁、中華書局）。

③　p477の註①参照。

「郷貢進士」は州県の長官の推薦で官吏登用試験の進士科に応じた者をいう。[1] これより、「越府郷貢進士朱少瑞」とは、一つには、越州府長官の推薦をうけて官吏登用試験に応じた朱少端と解され、いま一つは、この「越府」を越州府に住んでいる、と解することもできよう。

朱千乗の詩叙に「勾践に相遇し」と記すことから考えると、むしろ後者のように解した方が素直と考えられる。とすると、朱少瑞の詩も越州で書かれたとみなすことができるのである。

もう一つの傍証は、同じく朱千乗とともに空海に詩文を贈った「大唐国沙門曇清」である。[2]『宋高僧伝』に「唐衡嶽寺曇清伝」を収載された曇清が、その人と考えられている。[3] この「曇清伝」を王　勇氏は

曇清は初め呉北院の道恒に師事し、省躬と親しく交遊していたが、のちに南嶽にとどまって弟子を教え、元和年間は逐州（今の四川省中逐県あたり）の龍興寺にいた名僧の義嵩と論争を引き起こし、朝廷は曇清の学説を正しいと判定した。[4]

---

① 「郷貢進士」については、「諸橋徹次『大漢和辞典』第十一巻「郷貢進士」（『同書』11842～11843 頁）、および「進士」（『同書』92 頁）の項目を参照した。

② p477の註①参照。

③ 『宋高僧伝』巻第 15「唐衡嶽寺曇清伝」の項（『大正新脩大蔵経』第 50 巻、804 頁上～中）。

釈曇清。未レ詳二何許人一也。幼持二邊幅一茜二或迷一レ方。以謹二昏一幀究二仏旨一。乃負レ笈来二呉北院道恒宗師法会一。与省躬猶二勝薛之前後一也。旋留二南嶽一化レ徒。　適会二元和中逐州龍興寺結界一。時義嵩講二素新疏一傑二出輩流一。因云。僧祇律云。斉二七樹相去一。爾所レ作羯磨者名二善作羯磨一。準レ此四面皆取二六十三步一等。如レ是自然界約令レ作二法界上僧一。須二盡集時一清遂広徵難。如レ是往返経レ州渉レ省。下二両街新旧章南山三宗一共定奪。嵩公虧レ理。時故相令孤楚猶為二礼部外郎判転一。牒二抛両街伝律一断二曇清義一為レ正。天下声唱。勇二執紀綱一清能干城矣。後著レ記号二顕宗一焉。系曰。清公南山宗崛二起別峰一。人咸景仰。与二嵩悟二公一遇二于必争之地一。清果得レ俊。矧夫逐苑也僻二用律文一三隅不レ反。既成二図状一。学者流伝致三其嵩公如レ填二海底一。至二大中中一玄暢公荐加二褒貶一貶レ嵩。之転沈二尾閭中一矣。

④ 王勇前掲（p479の註①）論考、88 頁。王氏はつづいて、曇清と省躬との交遊について、「また同書の「唐呉郡雙林寺志鴻伝」には、曇清と省躬の交遊関係に言及した記述があり、曇清が江南の志鴻とも交遊していたことを示唆する」と記す。王氏はふれていないが、『宋高僧伝』巻第15に「唐揚州慧照寺省躬伝」が収載されていることを附記しておく（『大正新脩大蔵経』第 50 巻、802 頁中～下）。

と解された。ともあれ、曇清は江南の地で活躍した僧であったことが知られる。空海に送別の詩文を贈った曇清

が同一人物であるならば、空海が彼と出逢ったのは江南の地、すなわち越州で

あったことは間違いない。

最後に、もう一つ指摘しておきたい。それは、空海に送別の詩文を贈った曇清以下三名の詩の題名に

「日本国使空海上人・橘秀才、朝献の後却還するを送り奉る（奉送日本国使空海上人橘秀才朝献後却還在）」[①]

とあって、詩文を贈られたとき、橘逸勢が一緒にいたと考えられることである。逸勢の帰国嘆願書である「橘学生、本国の使に与ふる為の啓（為橘学生与本国使啓）」[②] は空海の代作であった。空海と逸勢が、高階遠成とともに帰国したことは『旧唐書』[③]『冊府元亀』[④] からも間違いない。この逸勢が一緒であったことも、これらの詩文が越州で贈られた一証左といえる。[⑤]

---

① p477の註①参照。

② 『性霊集』巻第5「橘学生、本国の使に与ふる為の啓」（『定本全集』第8巻、87～88頁）。

③ 『旧唐書』巻一百四十九上（列伝第一百四十九上）　東夷「日本」（『旧唐書』第16冊、5341頁、中華書局）。貞元二十年遣レ使来朝、留学生橘免（ママ）勢、学問僧空海、元和元年日本国使判官高階真人上言、前件学生、芸業稍成、願レ帰ニ本国一、便請ニ与レ臣同帰一、従レ之、

④ 『冊府元亀』九百九十九　外臣部「請求」（『冊府元亀』第12冊、11724頁、1960年6月、中華書局出版）。徳宗貞元二十年日本国留住学生橘免執（ママ）学同（ママ）僧空海、至ニ元和元年正月一司本国使判官高階真人奏、前件学士等芸業稍成願レ帰ニ本国一、使レ請ニ与レ臣同共帰一レ国、従レ之、なお、『新唐書』『大平御覧』にも同じ内容に文章が収載されている。

⑤ 空海と橘逸勢とは同じく長安で留学生活を送っていたとはいえ、僧俗に分かれていたうえに、留学の目的も異なっていたので、当然、宿舎は別々であったと考えられる。安を出立する直前には、高階遠成が滞在していた宿舎に合流していたであろうから、この間に送別の詩文を送ったとも考えられよう。しかるに、贈られた詩文の内容からは、長安での贈答とは考えがたい。

〔小結〕

以上、朱千乗らから贈られた詩文について検討した。元和元年3月の時点で、朱千乗たちと出逢い、詩文を交換したのが越州の地であったことは、朱千乗の詩叙に「越州の地で偶然に出逢った」と明記されていることをはじめ、朱少瑞の肩書などからも首肯されよう。

2. 長安から越州までの行程は約五十日

空海が長安を出立したのは元和元年2月初めであった、とみなす第二の根拠は、長安から越州までは、約五十日の行程であったことである。先学がいうように、3月下旬まで長安に滞在していたならば、どのように考えても、4月の時点で、越州において、節度使に書状をおくり、

三教の中、経・律・論・疏・伝記、乃至（ないし）詩賦・碑銘・卜医・五明所摂の教の、以って蒙を発（ひら）き、物を済う可き、多少（そこばく）遠方に流伝せしめよ。①

と、長安で求めえなかった書籍の蒐集に助力を懇請することはできなかった。時間的に齟齬をきたすことは明ら

かである。要するに、長安から越州まで移動するには、少なくみても50日前

後の日数を要したのである。

たとえば、遣唐大使・藤原葛野麻呂らは、延暦24年（805）2月11日に長安を出発し、3月29日に越州永寧駅に到着している。② 実に47日の行程であった。日本からの正式の使者とはいえ、勝手な行動はゆるされなかった。監視役をかねた監送使が、出帆する港まで同道するのが

① 『性霊集』巻第5「越州の節度使に与えて内外の経書を求むる啓」（『定本全集』第8巻、84~85頁）。

② 『日本後紀』巻第12、延暦24年6月8日条（『国史大系』第3巻、42頁）。

常であった。大使一行のときは、王国文が監送使として越州までつき従った。[①] おそらく、遠成・空海の離京に際しても、監送使がつき従ったことは間違いない。

もう一つ、例示してみよう。それは、藤原常嗣を大使とする承和の遣唐使の場合である。常嗣は、承和 6 年（839）閏正月 4 日に長安を出立し、2 月 12 日に楊州の北方に位置する楚州に到っており、この間、37 日を要している。[②] 長安と楚州との距離は、長安と越州間にくらべて五分三くらいであるから、葛野麻呂のときより若干遅いペースであったといえよう。

〔小結〕

以上より、3 月下旬まで長安にいたとすれば、どのように考えても、4 月末までに越州に到着することは不可能であった。何よりも、すでに3 月の時点で、越州において、朱千乗らと出逢い漢詩の贈答を行っていた。この贈答が、たとえ3 月下旬であったとしても、長安の出立は 50 日遡らさせなければならないから、2 月初旬の出発となるのである。

3. 告身の授与は出立の直前

第三は、高階真人遠成が賜わった告身の日付が「元和元年正月廿八日」であったことである。告身とは、遠成が唐の皇帝から「中大夫（ちゅうだいふ）試太子（したいし）中允（ちゅういん）」なる官職（かんしょく）を授与されたときの正式の文書であり、位記ともいう。この告身は、空海が長安を出立した時期を推定する上で、極めて有力な史料と考える。そればかりでなく、告身そのものを研究する上でも、極

① 註②に同じ。王国文が同行した一節をつぎにあげる。本来であれば、監送使は出港地まで同道するのが常であったけれども、王国文は好便があったことから、明州で勅書の函を大使に付して長安に還り、明州からは別の監送使がつき従ったことを記す。二月十日監使高品宋惟澄（そういちょう）、答信物を領して来たる。（中略）事畢りて首途（かどで）す。勅して、内使王国文をして監送せしむ。明州に至りて発遣す。三月二十九日越州の水寧駅に到る。越州は即ち観察府なり。監使王国文、駅館に於て臣等を喚（よ）びて、勅書の函を附し、便に上都に還る。越州更に使を差して監送せしむ。管内の明州に至りて発遣す。（傍線筆者）

② 円仁『入唐求法巡礼行記』開成 4 年（839）2 月 20 日・同 27 日の条（小野勝年『入唐求法巡礼行記の研究』第 1 巻、405 ~ 415・432 ~ 444 頁）。

めて貴重な史料とみなされている。① なぜなら、唐朝から外国の使節に授与された告身のなか、ほぼ完全な形でのこる唯一のものであるからである。

ともあれ、『朝野群載』所収の「異国賜本朝人位記」によって、その全文をあげてみよう。

【史料3】『朝野群載』巻20所収「高階遠成告身」（『国史大系』第

① 高階遠成の告身に関する論考に、つぎのものがある。（1）神田喜一郎「支那古文書の研究（三）―高階遠成の告身―（『歴史と地理』第9巻第4号、1922年4月、のち『東洋学説林』〈弘文堂、1948年12月刊〉に収載。『東洋学説林』はのちに『神田喜一郎全集』第1巻に収録〈125~137頁、同朋舎出版、1986年1月刊〉）。（2）仁井田陞①「告身」（同氏著『唐宋法律文書の研究』793~806頁、東方文化学院、1937年3月刊、のち東京大学出版会から復刊〈1983年2月刊〉）。（3）大庭　脩①「唐告身の古文書学的研究」（『西域文化研究』第3、279~371頁、法蔵館、1960年3月刊）、②「高階遠成の告身について―遣唐使の告身と位記―」（『法制史研究』10、331~332頁、1960年3月）、③「唐元和元年高階真人遠成告身について―遣唐使の告身と位記―」（『高橋先生還暦記念東洋学論集』77~94頁、関西大学東西学術研究所、1967年12月）、④「二人の遣唐使判官―伊吉連博徳と高階真人遠成―」（横田健一・網干善教編『講座　飛鳥の歴史と文学①』149~176頁、1980年3月、関西大学千寿会）。（4）中村裕一①「告身」（同氏著『唐代官文書研究』153~281頁、中文出版社、1991年12月刊）。なお、唐朝が発給した告身で、高階遠成以外のものを取扱った論考に、つぎのものがある。（6）石浜純太郎「流沙遺文小記」（『龍谷史壇』第2巻第2号、1~6頁、1929年2月）。（7）内藤乾吉①「唐の三省」（『史林』第15巻第4号、42~49頁、1930年10月）、②「敦煌出土の騎都尉秦元の告身」（『東方学報』京都第3冊、218~262頁、1933年3月、①②とものち同氏著『中国法制史考証』に収録〈有斐閣、1963年3月〉）、（8）仁井田陞①「敦煌出土の唐公式・假寧両令」（『法学協会雑誌』第50巻第6号、69~79頁、1932年6月）、（9）瀧川政次郎①「西域出土唐公式令断片年代考」（上）・（下）（『法学新報』第42巻第8・10号、54~70頁、31~51頁、1932年8・10月、のち同氏著『支那法制史研究』に収録〈有斐閣、1940年4月刊〉）、②「唐の告身と王朝の位記」（1）~（3）（『社会経済史学』第2巻4~6号、1~14・47~64・29~45頁、1932年7~9月）、（10）西川　寧「張令暁告身について」（『書道』第9巻第2号、1940年2月）、（11）須羽源一「唐宋告身の刻石」（『書道』第9巻第2号、1940年2月）、（12）小笠原宣秀・大庭　脩「龍谷大学所蔵吐魯番出土の張懷寂告身について」（『龍谷大学論集』第359号、73~87頁、1958年7月）、（13）大庭　脩①「建中元年朱巨川奏授告身と唐の考課」（上）（『史泉』第11号、1~8頁、1958年8月）、（14）中村裕一①「唐代制勅研究の現状」「発日勅書」（同氏著『唐代制勅研究』24~31・385~405頁、汲古書院、1991年2月刊）。　右にあげた諸論考でとりあげられていない告身に、天理大学図書館蔵の「景龍3年（709）張君義告身」一軸がある（『天理図書館稀書目録　和漢書之部』第3、口絵写真・196~197頁、1960年10月刊）。

29 巻上、457 ~ 459 頁)

日本国使判官正五品上兼行鎮西府大監高階真人遠成
右可中大夫試太子中允。余如故。
勅。日本国使判官正五品上兼行鎮西府大監高階真人遠成等
奉其君長之命。趨我①会同之礼。越溟浪而万里。献方物於三険所。
宜褒奨並錫班栄。可依前件。

②元和元年正月廿八日
中書令　闕
中書侍郎平章事臣　鄭纉　宣
中書舎人　盧景亮　奉行
奉
勅如右。牒至奉行。
元和元年正月　日
検校司空兼侍中　使
門下侍郎平章事　黄裳
給事中　登
月　日　時　都事
左司郎中
吏部尚書　闕
吏部侍郎　宗儒
吏部侍郎　闕
尚書左丞平章事　在中書
告日本国使判官正五品上兼行鎮西府大監高階真人遠成。奉
勅如右。符到奉行。
主事　栄同
員外郎　次元　令史　摠初
書令史
元和元年正月　日下

これまでにも、この告身が注目されなかったわけではなかった。高木訷元先生は、傍線部①の「会同之礼」に特段の意味をみいだし、高

階遠成が唐に遣わされたのは、新しく即位した皇帝に祝意を表するためであった、とみなされた。[①] 残念ながら、私はこの説に賛意を表することはできない。なぜなら、私は、高階遠成の船は四隻からなる遣唐使船の第四船であった、と考えるからである。[②]

何よりも、新しい皇帝の即位を祝するために派遣されたため、特別に、高階遠成だけに告身が授与された訳ではなかった。外国から朝貢してきた使節の主だった人には、恒例として位記が授与されたのであった。

「会同之礼」はさておき、遠成の告身にはもう一つ注目すべきところがある。それは、傍線部②の日付「元和元年正月廿八日」である。なぜ、この日付が重要かといえば、告身は使節が長安を出立する直前に授与されたのではなかったか、と考えるからである。

【告身の授与は長安出立の直前】

ここで結論的なことを記すと、この遠成の告身の日付け・元和元年正月廿

八日は、遠成・空海一行が長安を出立した日にきわめて近い日であった。いいかえると、長安を離れたのは、二十八日から数日以内の二月初めでは

なかったか、と考える。

その根拠は、高階遠成への告身の授与は、遣唐大使・藤原葛野麻呂のとき

と同様、長安を出立する直前におこなわれた、と考えるからである。『日本後紀』延暦 24 年（805）6 月 8 日条から、遣唐大使・藤原葛野麻呂たち一

---

① 高木訷元①「兜率の山・高野への歩み」（松長有慶・高木訷元・和多秀乗・田村隆照著『高野山』118 ~ 119 頁、1984 年 1 月、法藏館）、②「会同の礼の使者派遣」（高木著『空海生涯とその周辺』94 ~ 96 頁、1997 年 4 月、吉川弘文館）。

② 拙稿「帰国の船をめぐって」で詳述したので、これをご覧いただきたい（拙著『弘法大師空海の研究』278 ~ 315 頁、2006 年 2 月、吉川弘文館）。初出は『高野山大学大学院紀要』創刊号、1996 年 3 月。

行の元旦の朝賀から二月十日に告身を賜うまでを書き出してみよう。[1]

①延暦 24 年（805）正月元日、含元殿における朝賀の儀式に列席した。

②皇帝徳宗が翌2 日から病気となり、同月23 日に崩御、同28 日の葬儀

に参列し三日間の喪に服する。

とあって、正月以降の予定は変更を余儀なくされたものと思われる。

③正月 28 日、順宗が新しく即位したこともあって、

④2 月 10 日監視をかねた世話役の宦官（監使高品〈かんしこうひん〉）の宋惟澄（そういちょう）が、日本国天皇への答信物、すなわち皇帝からの返礼の贈り物を持って宿舎（宣陽坊の官宅）に来り、あわせて大使らに告身をたまわった。

そうして、使者の宋惟澄は、つぎのような勅書を奉読したという。

⑤卿等（けいとう）本国の王命を銜（ふく）み、遠く来たりて朝貢するに、国家の喪事（そうじ）に遇う。須らく緩々（かんかん）将息（しょうそく）して帰郷すべし。卿等頻（しき）りに早く帰らんことを奏するに縁（よ）ればなり。茲（これ）に因りて纏頭物（てんとうのもの＝祝儀の品）を賜いて、兼ねて宴を設く。宜しく之を知るべし。本郷に却廻（きゃくかい）して、此の国の喪（そう）を伝えよ。相見ることを欲（ほっ）せんと擬するも、此の重喪（じゅうそう）に縁りて、宜しきを得ず。好く去れ好く去れ、と。[2]（傍線筆者）

ここには、唐朝は「国家の喪事に遇い（疲れているだろうから）、

---

① 『日本後紀』巻第 12　延暦 24 年 6 月 8 日条（『国史大系』第 3 巻、42 頁）。本文はつぎの通りである。　　廿一年正月元日含元殿に於て朝賀す。二日天子不予なり。廿三日天子雍王膓崩ず。春秋六十四。廿八日臣等承天門に於て杖を立つ。始めて素（しろ）の衣冠を著す。是の日、太子皇帝位に即く。諒闇の中、万機に堪えず。皇太后王氏、朝に臨みて制を称す。臣等三日の内、使院に於て朝夕挙哀（こあい）す。其の諸蕃は三日、自余は廿七日にして後吉に就く。二月十日監使高品宋惟澄（そういちょう）、答信物を領して来たる。兼ねて使人に告身を賜う。

② p481の註②に同じ。

ゆっくり休

息をとってから帰りなさい」といったのに、大使らがしきりに早く帰りたいと奏上してきたから、本日、祝儀の品をたまい、慰労の宴を設けたの

である、と記されていた。

『日本後紀』は、つづいて「事畢（おわ）りて首途（かどで）す」① と記しており、

大使一行はおそらく翌十一日、長安をあとにしたと思われる。このことは、空海が『御請来目録』に、

廿四年二月十日、勅に准じて西明寺に配住す。

廿四年仲春十一日、大使等轙（かなえ）を本朝に旋（めぐ）らす。ただ空海のみ孑然（けつぜん）として勅に准じて、西明寺の永忠和尚の故院に留住す②

と記すことと符合することから、事実とみなしてよいであろう。

ここで問題となるのは、なぜ、大使らがしきりに早く帰りたいと奏上したの

か、である。私はつぎのように考える。すなわち、遣唐使船の日本を出発する

日程が、正月の朝賀に合わせてほぼ決められていたように、帰りも同様に、ある程度決められた日程によって行動したのではなかったか、と。

このことを考える上で一つの示唆をあたえてくれるのが、承和5年(838)

に出発した承和の遣唐使の場合である。このときの遣唐使は、二百年あまりつづいた唐朝への遣使の最後にあたることから「最後の遣唐使」ともよばれ、

遣唐大使は葛野麻呂の七男・常嗣であった。

それはさておき、このとき、同行した天台宗の請益僧・円仁の

① p481の註③に同じ。傍線部参照。

② 『御請来目録』（『定本全集』第1巻、3・35頁）。

『入唐求法巡礼行記』によると、大使の一行は承和5年12月3日に長安城に到着し、左街の礼賓院に落ちついた。[①] そうして、都における一連の役目を終え、長安をあとにしたのは翌承和6年閏正月4日であった、という。[②]

もう一度整理すると、藤原葛野麻呂と同常嗣を大使とする遣唐使一行が長安を出立した日は、

・葛野麻呂ら一行……延暦24年（805）2月11日

・常嗣ら一行…………承和6年（839）閏正月4日

であった。葛野麻呂らは、しきりに早く帰りたいと奏上し、おそらく皇帝の喪事が一段落した2月10日に国信物と告身を賜わり、翌11日、脱兎のごとく長安をあとにしたのであった。数度にわたる奏上は、皇帝の崩御という予想外のできごとに遭遇し、離京の予定日を大幅に越えていたからではなかったかと考える。予定日とはいつか。このことを考えるヒントになるのが、常嗣らの出立の日、すなわち4日である。

〔小結〕

上来述べてきたことを勘案すると、日本からの遣唐使は、遅くとも前年の12月（最終の月）に長安にはいり、正月元旦の朝賀に列席し、その後約1ヶ月を長安で過ごし、2月（翌月）早々に都をあとにする、といった日程が設定されていたのではなかったか、と考える。[③]

おわりに

私自身、これまで、空海が長安を出立したのは2月であった、と漠

① 『入唐求法巡礼行記』開成4年（839）1月21日条（小野勝年『入唐求法巡礼行記の研究』第1巻、369～374頁）。

② 『入唐求法巡礼行記』開成4年（839）2月27日条（小野勝年『入唐求法巡礼行記の研究』第1巻、432～444頁）。

③ 遣唐使が正月の朝賀に合わせてわが国を出発したことは定説のように云われているけれども、帰りの日程がほぼ決められていたことについては寡聞にして知らない。本文中に述べたように、なぜ藤原葛野麻呂らが儀礼的なものであったとはいえ、唐帝のことばを振り切るように帰国を急いた裏には、帰りの日程も設定されていたのではなかったかと愚考するものである。

然と考えてきたけれども、上来述べてきたことが首肯されるならば、空海の長安出立は延暦25年（806）2月初めであった、といえる。

その前提となるのが、遠成に授与された告身の日付け「元和元年正月廿八日」であった。遣唐大使の例から推察すると、出発の直前に国信物と告身を賜わっており、いいかえると、遣唐使の最後の行事がこの二つではなかったか、と考える。

また、この2月初めは、つぎの二つのこととも、時間的に齟齬を来たさない。一つは、『冊府元亀』九百九十九「外臣部」に、

徳宗の貞元二十年、日本国留住学生橘逸勢、学問僧空海、元和元年正月に至って、日本国使判官高階真人奏す。前件の学生等、芸業稍（ようや）く成り、本国に帰らんことを願う。使請う、臣と同じく共に国に帰らんと。之を従（ゆる）す。①

とあり、1月中に帰国の申請をおこなっていたことである。

もう一つは、さきにふれた4月の時点で、越州において、「越州の節度使に与えて内外の経書を求むる啓」を草し、内典・外典をとわず、わが国に持ちかえり、人々に利益をあたえることのできる典籍の蒐集に理解と協力を懇請されたことである。

以上より、空海の長安出立は元和元年（806）2月初めであった、と私は考える。

〔附記〕

1、本稿は、拙稿「空海はいつ長安を出立したか」(『高野山大学論叢』第42巻、2007年2月）を全面的に改編したものであることをお断わりしておく。

2、筆者には、空海の入唐求法について論じたものがいくつかある(下記参照)。それらも合わせて参照していただければ幸いに存じます。

①「越州の弘法大師」空海・長安への道訪中団編『空海・長安への道　報告書』88～99頁、「空海・長安への道」実行委員会、1985年3月

②「入唐の目的」拙著『弘法大師空海の研究』146～211頁、吉川

---

①　p. 480の註⑤に同じ。

弘文館、2006 年 2 月

③「空海の出家と入唐」（『同　上』212 ~ 277 頁）

④「帰国の船をめぐって」（『同　上』278 ~ 315 頁）

⑤「もう一つの入唐の動機」『高野山時報』第 3059 号、2006 年 1 月

⑥「空海は長安をいつ出立したか」『高野山大学論叢』第 42 巻、1 ~ 21頁 2007 年 2 月

⑦「越州における空海　—華厳和尚とはだれか—」『密教学会報』第 46・47 合併号、

52 ~ 75 頁、2009 年 3 月

⑧「最澄・空海と霊仙」『遣唐使船の時代　—時空を賭けた超人たち—』（角川選書四七九）149 ~ 175 頁、KDKAWA、2010 年 10 月

⑨『空海はいかにして空海となったか』（角川選書 552）254 頁、KDKAWA、2015 年 2 月

⑩「恵果和尚のことばに思想を読み解く」『空海研究』第 3 号、1 ~ 36 頁、2016 年 3 月

空海《秋日观神泉苑》中暗含的讽谏

［日］南昌宏

摘　要：空海的《秋日观神泉苑》，自古以来认为都是在赞颂神泉苑、赞颂天皇仁德，因而其解释往往牵强附会，与作者原意有违和感。本文认为这首诗并不是赞美神泉苑，反而是一首彻头彻尾批判神泉苑的诗，也是一首讽谏天皇的政治性诗词。从写作背景来看，有两种可能，一真正的谏言，二虚拟的诗词，即蕴含谏言与赞颂正、反两种意义，其用意在于教化天皇。有的注释者也注意到这一点，因而以言外之意来掩饰。

关键词：空海；神泉苑；注解；讽谏；赞颂

前　言

《遍照发挥性灵集》（以下简称为《性灵集》）第一卷中，有一首弘法大师空海（以下简称空海）的《秋日观神泉苑》，内容如下所示：

彳亍神泉观物候，心神怳惚不能归。
高台神构非人力，池镜泓澄含日晖。
鹤响闻天驯御苑，鹄翅且戢几将飞。
游鱼戏藻数吞钩，鹿鸣深草露沾衣。
一翔一住感君德，秋月秋风空入扉。
衔草啄粱何不在，跄跄率舞在玄机。

坂田光全述《性灵集讲义》(第27—29页，以下简称《讲义》) 中对其进行了注解。但其注解只是参考了古人的注解思想，基本承袭自运敞《遍照发挥性灵集便蒙》(《真言宗全书》第42卷，第20页〔总第26页〕下至第22页〔总第28页〕上。以下简称《便蒙》) 的注解思想。自古以来，都认为该诗句句都是在赞颂神泉苑、赞颂天皇仁德。本文将对此提出异议，并对该诗进行重新解读。

一 问题点

笔者认为《讲义》《便蒙》对最后一句（第十二句）“跄跄率舞在玄机”的解释很牵强。其关键在于“玄机”二字。《讲义》认为“玄机”义在“云天子之政”。而《便蒙》认为“或曰‘玄机’谓机微也。……是万机德化之所致也”。其实《讲义》只是把《便蒙》的“万机德化之所致”换个表达方式而已。

“机微”（几微）意为重要且微妙，也可延伸为政治上的微妙“万机”。《汉书·萧望之传》中曾用此二字，内容如下所示：

> 愿陛下选明经术，温故知新，通于几微谋虑之士以为内臣，与参政事。

由此可见，将“万机”解释为“天子之政”毫无违和感。问题是《便蒙》直接把诗词中的“玄机”演变为“万机”。这明显是替换概念。然而，《讲义》却不但没有批判反而引用了《便蒙》的解释。

“玄机”一词原义是指代宇宙的根源性法则（玄妙法则）。带有强烈的道教色彩，但是儒家也常使用。其在诗词中也常出现，以下三首诗词出自《全唐诗》：

> 玉牒启玄机（张说《道家四首奉敕撰》）
> 松间留我谈玄机（李嘉祐《题张公洞》）
> 玄机隐隐应难觉（牟融《游淮云寺》）

此外，《大正新修大藏经》中也频繁出现该词，由此可见佛教也常常使用该词。但是，“玄机”意同“万机”的诗句却是前所未闻。由此可见，第十二句中“玄机”一词应遵循原义解释。

“跄跄率舞”引用于《书经·益稷》的“鸟兽跄跄……百兽率舞”。孔安国注其义为“鸟兽化德相率而舞跄跄然”。

综上所述，第十二句的解释应为“鸟兽因帝德化，双双率舞之姿溢满整个世界”。在此语境下，“玄机”一词有整个世界、整个宇宙之意，同时比喻神泉苑。但这句话有很明显的违和感。因为相对于“玄机”（全宇宙）词义的高广深远而言，神泉苑不过是小小的庭园而已。

由此一来，不得不对第十一句“衔草啄粱何不在”也产生疑问。《讲义》注解为“没有任何不平不满”。那么真是这个意思么？诗文回答第十一句“何不在”的正是第十二句的“在玄机”。也就是说，“何不在”意为：何处会没有鸟兽呢？不，何处都会有。这就是诗文表达的意思：是的，整个宇宙到处都是生命（在玄机）。最后两句，作者空海的思维已经超越了神泉苑这个小小的人工庭园，跳跃到大自然、大宇宙之中。

若该诗词的意境真如上文所述，那么又会衍生出新的问题。也就是说，如果最后两句否定了神泉苑，那么就与前面连续赞美神泉苑的十句诗词产生了矛盾。这究竟是怎么回事？答案只有一个。这首诗并不是赞美神泉苑，反而是一首彻头彻尾批判神泉苑的诗。因此，本文有必要彻底重新解读《秋日观神泉苑》。

二　全诗再探讨

重新探讨的结果是，全诗基本都是在批判神泉苑，下面我们逐一进行介绍。该诗前半部分多少有些牵强附会之意，自古以来的注释也是非常牵强，真正明确批判的语言主要体现在该诗的后半部分。因此我们要根据后半部分内容逆推来诠释前半部分内容，从而达到重新探讨该诗的目的。本文的核心内容是第七、八句。

1. 第一、二句“彳亍神泉观物候，心神怳惚不能归”

“怳惚”，《讲义》解释为“同恍惚，陶醉之意”。《便蒙》解释为“不明貌”。《便蒙》引用扬雄《法言》中的“神心怳惚”。汪荣宝《法言义疏·法言序》中为“神心忽恍”，而据汪荣宝解释，怳·恍、惚·忽·曶可以通用。此外，《法言义疏》引用司马光的注“忽恍，无形”，然而追溯到王弼注《老子》的话,[①]“无形”为“茫漠”之意，也就是今天的“恍惚”之意。“恍惚”客观的意思为“头脑不清晰”，其包含正反两种意思。对此《讲义》明确的解释为正面含义，而《便蒙》则解释得相对暧昧，保留了一定程度的负面意义。

在《文选》的六臣注中，心、身、魂为同义词。班孟坚《西都赋》(《文选》第一卷）中有“魂怳怳以失度”。司马长卿《长门赋》(《文选》第一六卷）中有“魂踰佚而不返……神怳怳而外淫”。《西都赋》的注中有“怳，失意也”。《西都赋》中是用神明台来体现高楼之高。有“头晕几度失魂”之意。虽然是负面性的词汇，但也会用来比喻正面的意思。如《长门赋》中的：“魂逾佚而不反兮”。体现失宠的皇后因思慕皇帝而心不在焉的样子，其画面的描绘形象、客观，却没有一丝负面的痕迹。还有谢玄晖《郡内登望》(《文选》第三十卷）中的“惝怳魂屡迁”，体现了因为乡愁而精神不振的样子。

“不能归”，《便蒙》没有对其进行解释，《讲义》解释为“恍惚间陶醉于灵气，乃至于忘记回家”。也可认为这是对“怳惚”的负面理解（不能回家)。那么，该诗“不能归”的主语是指代作者么？我们看接下来的第二句就知道其主语应该是“心神”。在《文选》中类似“魂踰佚而不返”的表达很常见。宋玉《招魂》是《楚辞》中的作品，收录于《文选》第三三卷。其行文中反复吟唱“魂兮来归……魂兮归来”，使全文充满凄婉、悲壮之感。如果“心身”是空海的魂的话，从语境上来看就是一个茫然自失的空海。但是也存在其他可能性。例如《文选》第一卷中张平子《西京赋》中有“百禽……丧精亡魂失归忘趋”。由此可见，“心神”也可解释为鸟兽之魂。“不能归”也可指代“因被捕捉而不能回家的鸟兽”。《西京赋》是感叹西京豪奢的诗赋，同时也描绘了捕捉鸟兽的凄惨画面。《后汉书·张衡传》评价此赋：

> 衡乃拟班固两都，作二京赋，因以讽谏。

由此可见，空海在行文中也运用张衡的讽谏。

---

① 道之为物惟恍惟惚，惚兮恍兮其中有象，恍兮惚兮其中有物。老子《道德经》第二一章。

2. 第三、四句“高台神构非人力，池镜泓澄含日晖”

“高台”，《讲义》解释为“神泉苑中假山筑山”。《便蒙》则引用《尔雅》，内容如下：

> 《尔雅》曰“大阜曰丘”。非人力为之，自然也。

《便蒙》解释为“非人力”。《尔雅·释丘》以及其注释中有相似内容。字面上的意思是自然的山丘，而《讲义》和《便蒙》则错会其意。但如果理解为“人力不可企及的壮观”的话，就相对贴切。因此《便蒙》在“或曰”中总结如下：

> 此一联比君天纵圣怀明德也。

那么，这个解释是否准确呢。此句中“高台”与“池镜”对仗。其实“丘”与“池”不仅对仗，还有包含其他重要的意思。不仅《文选》六臣注中常常引用，桓谭《新论·琴道》中也常出现。虽然《新论》已经失逸，但在《汉书》和《三国志》等注中可见一二。例如，《三国志·郄正传》中的“雍门援琴而挟说”详细地引用了裴松之注。其内容如下所示：

> 桓谭《新论》曰：雍门周以琴见，孟尝君曰：“先生鼓琴，亦能令文悲乎?”对曰：“臣之所能令悲者，先贵而后贱，昔富而今贫，摈压穷巷，不交四邻……若此人者，但闻飞鸟之号，秋风鸣条，则伤心矣。……水戏则……鼓钓乎不测之渊……置酒娱乐，沈醉忘归……”

其中“飞鸟之号”“秋风”“钓乎……渊”“忘归”等，都是《秋日观神泉苑》中使用的词语。虽然《秋日观神泉苑》中没有出现乌鸦，但出现了鸟类。此外，“忘归”可意为“乐而不归之醉客乐”，这样一来，显然之前的解释难以通达。此外，雍门周说道：

> 雍门周曰：“天道不常盛，寒暑更进退，千秋万岁之后，宗庙必

> 不血食；高台既已倾，曲池又已平，坟墓生荆棘，狐狸穴其中，游儿牧竖踯躅其足而歌其上曰：‘孟尝君之尊贵，亦犹若是乎！’”……孟尝君遂歔欷而就之曰：“先生鼓琴，令文立若亡国之人也。”

《文选》四度引用下划线部分内容。[①] 而“踯躅”的意思与第一句“彳亍”的意思相通。该文章意在告诫“高台”与“曲池”不可久存。这个词的使用可追溯至晏子，参见《晏子春秋·景公有疾梁丘据裔款请诛祝史晏子谏》《史记·齐太公世家》《春秋左氏传·昭公二十年》。其中《春秋左氏传》应是最早使用的。相关内容如下所示：

> 其适遇淫君，外内颇邪，上下怨疾。动作辟违，从欲厌私。高台深池，撞钟舞女。斩刈民力，输掠其聚。以成其违，不恤后人。暴虐淫从，肆行非度。无所还忌，不思谤讟，不惮鬼神。神怒民痛，无悛于心。

文章意在指责君主广筑“高台深池”是不道德的。

接下来我们看“神构非人力”。其年代相近的柳宗元在《晋问》中也使用了“神造非人力”。其文章意在赞叹当地的特产——盐。此外，其他诗文中使用“非人力”，也多是为了体现自然的美妙与壮丽，其中也有意味深远的文章。例如应劭《风俗通义·京》，其内容如下所示：

> 《尔雅》“丘之绝高大者为京”，谓非人力所能成，乃天地性自然也……今京兆、京师，其义取于此。

《便蒙》引用《尔雅》中文字的解释，“巨大之丘”便为“京”，即“非人力所能成”。其中，曹子建《杂诗六首》（《文选·卷二九》），以及李善注的内容则如下所示：

> 高台多悲风，朝日照北林

---

① 参见江文通《恨赋》，虞子阳《咏霍将军北伐》，沈休文《冬节后至丞相第诣世子车中》，丘希范《与陈伯之书》。

（《新语》曰①）“高台”喻京师，“悲风”言教令，“朝日”喻君之明，“照北林”言狭，比喻小人。

由此一来，“高台神构非人力”应该理解为“京都”。此外，班叔皮《王命论》（《文选》卷五二）中也有相关内容，如下所示：

> 故淮阴留侯谓之“天授非人力也”。

这是淮阴侯韩信为体现汉高祖刘邦的权威所说，《史记》《汉书》等经典中反复用这样的语言来强调皇权的依据。由此可见，第三句的意思，其实不是指高台这样的建筑物，而应理解为京都乃至握有皇权的人。皇位既为天授，那么它也可以牵制天皇的行为。

此外，暂时没有发现关于“泓澄”“含日晖”的负面使用案例。

3. 第五、六句“鹤响闻天驯御苑，鹄翅且戢几将飞”

《便蒙》的注释如下所示：

> 《毛诗》曰“鹤鸣于九皋，声闻于天”。又曰“鸳鸯在梁，戢其左翼”。笺曰“‘戢’，敛也。鸳鸯休息梁，明王之时，人不惊骇。敛其左翼，以右翼掩之，自若无恐惧”。

之后又解释道“或曰”“秀一艺者はこ如采用，非在野遗贤”。《讲义》的注释与此几乎相同。那么，事实果真如此吗？《毛诗·鸳鸯》的注释书（即郑玄的笺）在诠释“戢”的同时，认为《毛诗》中的《鹤鸣》是赞叹明王治世诗。按照这个逻辑来看空海的诗句，虽然行文中没有出现“鸳鸯”，但发现空海巧妙地用“鹤”替换了“鸳鸯”。那么这里为什么不用“鹤”呢？

《毛诗·小雅·鹤鸣》内容如下：

> 鹤鸣于九皋，声闻于野。鱼潜在渊，或在于渚。乐彼之园，爰有树檀，其下维萚。它山之石，可以为错。

① 参见王利器《新语校注》，第179页。

这是著名的典故“他山之石”。《毛诗》中的每首诗都附有对其进行简单介绍的《小序》。《鹤鸣》的小序中有说到“诲宣王也”。注释诗《毛传》说：“教宣王求贤人之未仕者”。而对于《鸿雁之什》中的《鹤鸣》，《毛传》的诠释如下：

宣王承厉王衰乱之敝而起，兴复先王之道，以安集众民为始也。

由此可知，该诗并没有非难宣王。因为空海的诗中也有“驯御苑”，《便蒙》《讲义》皆认为这是启用贤人之意。第六句为“鹄……几将飞”。《讲义》诠释为“何度飞去……去难”。但是，“将”的意思很明确就是表示未来和意志，意为鹄（贤臣）即将飞去。再来看“几将”的用法，有“几将沦绝”（《魏书・乐志》）、“几将顿仆”（《旧唐书・李渤传》）、“几将毁灭”（王仲宝《褚渊碑文并序》，《文选》卷58）等，均与状态消极的动词词汇一起出现。这里的“几”不是表示“不定的数目”，而是“将近、相去不远”之意。

4. 第七、八句：“游鱼戏藻数吞钩，鹿鸣深草露沾衣”

“游鱼”的出处与第五句相同，均为《鹤鸣》，并且与第四句相呼应。《便蒙》列出其相关的典故和用法，如陆士衡《文赋》（《文选》卷16）、谢玄晖《游东田》（《文选》卷23）、张平子《归田赋》（《文选》卷15），而后说道：“或曰，此言使臣、专介衔命不辱，优游自得。”《讲义》的内容与其如出一辙。那么，该句中的“吞钩”到底是想表达什么呢？鱼如果吞了鱼钩则非死即伤。空海应该不太使用这样的词语。而《便蒙》在诠释时，为了避开这个词，引用《文赋》中的“若游鱼衔钩而出重渊之深”中的“衔钩”来替换“吞钩”，而后又替换为“衔命”。最早在《归田赋》中有“贪饵吞钩”，其前一句是“触矢而毙”。如果认真品味的话，就会发现《便蒙》只看到了这首诗文字表面的意思，因此其在诠释这首诗的时候，只挑选相应溢美之词来诠释。

例如，《为亡弟子智泉达嚫文》（《续遍照发挥性灵集补阙抄》卷八）中有“广投教网，漉沉沦之鱼”。捕鱼时的“漉”正是“掬”，是与空海极其相似的表现手法。在日语中此字与“救”的意思相同。《大正新修大藏经》中也有类似“如鱼吞钩”的套话，用来表示贪欲。因此这应该不是在赞美神泉苑，应该理解为鹤和鹄（贤臣）即将飞去取而代之的是游鱼（佞臣）群寄。

批判神泉苑最明显的当属第八句“鹿鸣深草露沾衣”。说到“鹿鸣”让人立即联想到《诗经·小雅·鹿鸣》。《便蒙》在言及《诗经·小雅·鹿鸣》的同时，还引用了其他经典对其进行注释。

> 《毛诗》曰“呦呦鹿鸣，食野之苹”。传曰“兴也。苹，大蓱也。鹿得蓱草，呦呦然鸣而相呼，恳诚发于中。以兴嘉乐宾客，当有恳诚相招呼，以盛其礼也。”鲍和诗曰“鹿鸣思深草”。[①] 或曰“燕群臣嘉宾，盛礼厚恩，故言‘露沾’。《蓼萧》[②] 诗笺曰：‘露者天所以润万物，喻王者恩泽不为远则不及也’”。[③]

注释的简直让人不知其所云，《讲义》的内容也基本与此雷同，均有很多异议。该诗句的注解，毋庸置疑应重点参考《鹿鸣》，但其后的“故言‘露沾’”则注释的毫无理论依据，将“露”解释为“王者恩泽”，最后总结得也很生硬。因为没有指出“沾衣”的典故，所以并没有完全理解行文中从“鹿鸣”到“沾衣”的真正含义。而这个疑问只需要找到恰当的典故就可以解决。本句其实引用的是《史记·淮南衡山列传》中淮南王刘安的传记，原文如下：

> 被怅然曰：“上宽赦大王，王复安得此亡国之语乎？臣闻子胥谏吴王，吴王不用，乃曰‘臣今见麋鹿游姑苏之台也’。今臣亦见宫中生荆棘，露沾衣也”。王怒，系伍被父母，囚之三月。

麋鹿、荆棘、露沾衣的词语是与“鹿鸣深草露沾衣”相对的内容。其前后文的画线部分多是“亡国”“怒”“系……父母”“囚之三月”等不安定的词汇。由此可见，此句并不是赞美神泉苑。此外，“姑苏之台”正式吴国灭亡的象征，这在《史记·吴世家》等文献中均可见到。

---

① 鲍照《别鹤操》中虽然有“鹿鸣在深草”，但是《文镜秘府论·地卷》中引用时变为“思”字。

② 《诗经·小雅》的诗词。

③ 郑玄注《诗经》。虽然稍有异同，但与现存版本基本一致。

《秋日观神泉苑》第三句的“高台”，正是在暗喻“姑苏之台”。左太冲《吴都赋》(《文选》卷四）中有“造姑苏之高台，临四远而特建。带朝夕之濬池，佩长洲之茂苑”，由此可知高台与池是对仗。此外，还可参考左太冲《魏都赋》(《文选》卷四）的“故荆棘旅庭也……故麋鹿寓城也”、阮元瑜《为曹公作书与孙权》(《文选》卷四二）的“是故子胥知姑苏之有麋鹿”。

那么，空海的诗词中使用“麋鹿……荆棘……露沾衣”也就是“鹿鸣深草露沾衣”到底是想表达什么呢？我们通过《史记》的一段文字来进行诠释。因为原文过长，在此进行简要概括，内容如下：

往昔，伍子胥数度谏吴王灭越，吴王枉然不闻，后越灭吴。

约350年后，汉淮南王刘安未协武帝讨伐匈奴遣兵。武帝不顾群臣意见，削其二县领土以示惩罚，采宽大措置。

淮南王臣下伍被，伍子胥子孙。淮南王抱怨武帝，伍被等练谋反计划。是时相谈，呼伍被至淮南王处，曰“将军上座”。

其后的“被怅然曰……”前文已经引用。大概就是伍被长篇大论地阐述了自己的意见：圣人是人否？周文王何处优秀？为何人人信赖之？秦政如何残酷，如何让人们尽尝艰辛，灭吴越是逆天道否？灭亡日并非失天下也，失天下即灭亡。而后，伍被流泪而去。

伍被的谏言无论在质与量上都有极具的感染力。而空海仅仅用“鹿鸣深草露沾衣”七字表达的意思几乎与《史记》中九百字表达的意思相匹敌。

5. 第九、十句“一翔一住感君德，秋月秋风空入扉”

《便蒙》中“或曰”的内容也承袭自《讲义》，其内容如下所示。

> 臣庶感恩，无不欣戴。故言“翔住感化”。
> 国无苛禁，关无征法，往来自由。喻风月入扉无妨碍焉。

认为这是在说国家安定，实则不然。“君德”中也有恶德。与君善相应，“一翔一住”(有飞走有留下)。《便蒙》因“虚”而停不下，直接将“空”字随意解释为“无妨碍”。“秋”是风雅的季节，而同时也有杀伐的气氛。解读第二句时，曾引用过“秋风鸣条，则伤心矣”。以及“高台多悲风，朝日照北林”。其注解中有“‘悲风’言教令”。因此第十句的

"秋风"也可以解释为"皇之教令"或"向帝谏言"。

6. 第十一、第十二句"衔草啄粱何不在，跄跄率舞在玄机"

结束语中，如前所述引自《书经·益稷》。舜、禹是为了展示太平盛世，描绘了自由的跳舞的鸟兽之姿。而若把鸟兽圈禁在神泉苑如此狭窄的庭园，还描绘他们的栩栩如生的舞姿？该诗则应是在诉说鸟兽的悲哀。

三　写作背景

综上所述，可以明确《秋日观神泉苑》暗含讽谏。那么，自古以来将其解释为赞美神泉苑的注释真的都是误解么？想必不是这么简单。从写作的背景来看，有两种可能：一是真正的谏言；二是虚拟的诗词。

首先，分析真正的谏言。谏言是一种赌命的行为，但这对空海来说做这种谏言有何意义呢？毕竟对于空海而言，最优先的事是弘扬真言密教。但匡扶帝王治世也是重要的菩萨行，那么，如何既能上奏谏言，又不会罔顾性命呢？想必空海正是思及至此，才写了这首蕴含正反两种意义的诗词吧！天皇接受了谏言固然好，若是不接受，当作一首赞美神泉苑的诗词也很好。即便是天皇震怒责罚，也可以辩驳说"这是一首赞颂诗"。实际上，诗中的"鹤响闻天""鹿鸣""跄跄率舞"等词，乍一看很容易理解成溢美之词，所以空海才会这样写诗的吧！

那么，天皇究竟有没有注意到诗文中暗含的谏言呢？谏言的内容从表面看似乎并不具体。诗词主题是"姑苏之台"（吴国灭亡），那么，其内容就应是暗示天皇不要重蹈吴王阖闾、夫差的覆辙，不要奢靡、过于溺爱宠妃。全篇诗词，模糊地看可以直接反映天皇精神思想，延伸的话也可以借天人相关说影响自然灾害等。有一段时间天皇有心改过，其契机很可能就是《秋日观神泉苑》。

其次，虚拟的诗词。这首诗词可能是天皇想要的诗词，讽谏是汉语言的一种行文体裁。当时的天皇有可能想要这种体裁的诗词，因此向空海提出了这样的愿望，希望空海写一首讽谏诗。如果这是首真正的讽谏诗，说明此时空海与天皇的关系比较亲密，如果只是一首虚拟的作品，说明当时空海与天皇的关系虽然不亲密，但也不是很疏远。

四　古人的注释

自古以来的注释者们难道真的都没有注意到这是一首讽谏诗么？想必并非如此，显然有人注意到了，为此才会在注释时屡次用“替换”一词。

《性灵集》的开篇有以下几首诗：①游山慕仙诗，②秋日观神泉苑，③赠野陆州歌并序，④喜雨歌。自古以来的注解，简单总结为：①讴歌大自然，②赞颂人工庭园神泉苑，③赞颂终结陆奥混乱的友人，④咏皈依佛法的天皇的祈雨。从结构上来看，收录②很不合理。但如果把②作为讽谏体裁的诗来看，这种违和感就不存在。其逻辑结构就是①讴歌大自然（佛法），②批判人工庭园（天皇的精神思想），③提出治安恶化（天皇治世）的问题，④通过皈依佛教来影响自然界和政治。在《喜雨歌》的最后一句是“无为无事忘帝功”，可见其前后思想连贯，结构是以天皇教化为基础。其中《秋日观神泉苑》正有教化天皇这层思想，想必这是该诗成为《性灵集》开卷第二首诗的真正意义。

但是对于真言宗来说，空海与皇室的关系非常重要。如果祖师曾向天皇谏言的话，一旦有问题出现，可能就会直接涉及真言宗的存亡。为了避免这种局面，前人直接将该诗作为赞颂神泉苑的诗词来对待。《性灵集》的注释者们这样考虑问题也不无道理。

从另一面来说，《便蒙》的编撰者运敞正是想传达诗词的真意，又不屑于接受误解的批判，为此想出一条遮掩计策。引导误解的是“或曰”。“或”中假托解释其为赞颂诗，但运敞的真正意思并非如此。他认为这是一首彻头彻尾的讽谏诗，所以他才会在注释中用言外之意来诠释该诗。

结　论

空海的诗词，基本为宗教性诗词。如果本文解读无误的话，《秋日观神泉苑》则属于一首政治性的诗词。而且是一篇充满儒家文化的政治性诗词。希望今后能看到从空海的诗词中解读出政治性的相关研究，我们需要不受古人的注释影响，无局限性地解读《性灵集》。

（作者南昌宏，高野山大学教授；译者赵新玲，高野山大学博士生）

空海《秋日観神泉苑》が秘める諌言

南昌宏

はじめに

《遍照発揮性霊集》（以下、《性霊集》と称する）巻第一に《秋日観神泉苑》という弘法大師空海（以下、空海と称する）の漢詩がある。

彳亍神泉観物候/心神怳惚不能帰/高臺神搆非人力/池鏡泓澄含日暉/鶴響聞天馴御苑/鵠翅且戢幾将飛/游魚戯藻数呑鉤/鹿鳴深草露霑衣/一翔一住感君徳/秋月秋風空入扉/銜草啄粱何不在/蹌蹌率舞在玄機

坂田光全述《性霊集講義》（二七～二九頁。以下、《講義》と称する）には注釈・解釈が付されているが、古来のものを参照したと思われる。とりわけ運敞《遍照発揮性霊集便蒙》（《真言宗全書・第四二巻》。二〇頁〔総二六頁〕下～二二頁〔総二八頁〕上。以下、《便蒙》と称する）をほぼ踏襲している。従来、この詩は神泉苑を賞讃するものであり、一句一句に天皇の徳を讃歎するものと理解されて来た。本稿は、その解釈に異を唱えるものである。

一　問題の所在

《講義》《便蒙》を参照した際、筆者は最後の句（第十二句）“蹌蹌率舞在玄機”の解釈に違和感を感じた。その原因は“玄機”という語にある。“玄機”について、《講義》は“云天子之政”とする。《便蒙》は次のように記す。“或曰。‘玄機’謂機微也。……是万機徳化之所致也。”《講義》は、《便蒙》の“万機徳化之所致”を翻案したのであろう。“機微”（幾微）とは〈その微妙さ故に重要な事柄〉を意味し、延いては〈政治上の微妙な部分〉となり“万機”に通じる。用例としては、次のものがある。

願陛下選明經術，溫故知新，通於幾微謀慮之士以為內臣，與参政事。(《漢書・蕭望之伝》)

“万機”を“天子之政”と解することには何の支障もない。問題は、詩の“玄機”を、《便蒙》が“万機”と言い換えたことである。それはむしろすり替えと言ってよい。《講義》は、あまりにも無批判に《便蒙》に依拠している。

そもそも“玄機”とは、宇宙の根源的な法則のようなもの（玄妙なる機関）を指す言葉である。道家色が強いものの、儒教でも用いる。詩での用例には次のものがある。“玉牒啓玄機”（張説《道家四首奉敕撰》)、“松間留我談玄機”（李嘉祐《題張公洞》)、“玄機隱隱應難覺”(牟融《遊淮雲寺》。三首いずれも《全唐詩》所収)。《大正新修大蔵経》にも頻出するので、仏教でも積極的に利用した語彙だと分かる。しかし、“玄機”が“万機”と同義であるという例は寡聞にして知らない。したがって、第十二句は“玄機”を文字通りに解するべきである。

また、“蹌蹌率舞”は、《書経・益稷》の“鳥獸蹌蹌……百獸率舞”に基づく表現である。孔安国の注では“鳥獸化德相率而舞蹌蹌然”と説明する。

そうすると、第十二句は次のような解釈になる。“鳥獣は帝に徳化され、その互いに率い舞う姿が全世界に満ちあふれている。”この場合、“玄機”は全世界、更には全宇宙を意味し、神泉苑の比喩表現となる。違和感の正体はここにある。“玄機”（全宇宙）という語彙の持つ高大さ深遠さに対し、神泉苑はあまりにもちっぽけな庭園に過ぎない。

このように考えると、第十一句“銜草啄粱何不在”にも疑問を感じる。《講義》は“何の不平不満もなき有り様”と解している。果たしてそうであろうか。ここは、第十一句の“何不在”という問い掛けに対して、第十二句で“在玄機”と答えているのではないか。したがって、“何不在”は“どこかに〔鳥獣が〕存在しない場所があろうか、いやどこにでも存在する”と解すべきであろう。その答が“そのとおり、全宇宙に〔生命は〕満ちあふれている”（在玄機）なのである。最後の二句において、作者である空海の意識は神泉苑という小さな人工庭園を超え、大自然・大宇宙へと向かっている。

この詩は右のように締め括るべきだが、その場合、問題が生じる。最後に神泉苑の存在を否定すれば、前の十句で神泉苑を讃え続けてきた美辞麗句との間に矛盾を生じてしまう。これはどういうことか。答は一つである。この詩は神泉苑を賞讃したものではなく、徹頭徹尾、神泉苑を批判する詩であったと考えざるを得ない。《秋日観神泉苑》は、今一度、解釈を根底から見直す必要がある。

二　全句の再検討

詩を検討した結果、ほぼすべての句に神泉苑への批判が読み取れたので、以下、順を追って説明する。ただ、前半はやや牽強付会と思われるかもしれない。それは、明確に批判を示す言葉が後半にあり、そこからさかのぼって前半を解釈したからである。再検討の中核は第七・八句にあるので、そこさえ納得してもらえれば、筆者の意図は通じよう。もっとも、牽強付会は従来の解釈にも甚だしいものがある。

1. 第一・二句“彳亍神泉観物候/心神怳惚不能帰”

“怳惚”について、《講義》は“恍惚に同じく、うつとりとすること”とする。《便蒙》は“不明貌”とする。《便蒙》は、揚雄《法言》に“神心怳惚”とあることも指摘する。汪栄宝《法言義疏・法言序》には“神心忽恍”となっているが、汪栄宝によれば、怳・恍、惚・忽・曶は通用するとのことである。また、《法言義疏》は司馬光の注を引いて“忽恍，無形”と言うが、更にさかのぼれば《老子[①]》の王弼注[②]に行き着く。“無形”とは、すなわち〈茫漠としている〉ということ

---

① 道之為物惟恍惟惚。惚兮恍兮其中有象。恍兮惚兮其中有物。（《老子道徳経・二一章》）

② 恍惚無形不繫之歎。以無形始物不繫成物。万物以始以成而不知其所以然。（《老子道徳経・二一章》王弼注）

とであり、そこから現在も使う“恍惚”の意味になる。“恍惚”とは、客観的には〈頭の働きが明晰でないこと〉であり、正負両方の意味を持つ。正負で分ければ、《講義》は明確に正と解しているが、《便蒙》は曖昧であり、負の解釈をする余地を残している。

《文選》の六臣注を見れば、心・神・魂は同義語として通用することが分かる。そして、班孟堅《西都賦》(《文選・第一巻》)には“魂怳怳以失度”、司馬長卿《長門賦》(《文選・第一六巻》)には“魂踰佚逸而不返……神怳怳而外淫”の句がある。《西都賦》の注には“怳，失意也”とある。《西都賦》は、神明臺という高楼の高さを表現したものであり、〈頭がクラクラして魂が度を失う〉という意味である。本来は負の表現の語が、比喩に用いると正の表現となる例である。《長門賦》は、嫉妬心の強い皇后が皇帝のことを思い、〈心ここにあらず〉という様子を詠っている。〈魂が体を抜け出たまま帰らない〉というのは客観的表現だが、敢えて言えば負の表現と言えよう。また、謝玄暉《郡内登望》(《文選・第三〇巻》)には“惝怳魂屢遷”の句がある。郷愁のあまり精神が不安定な様であり、負の表現と言える。

“不能帰”について、《便蒙》に注はなく、《講義》は“恍惚として霊気に酔い帰宅することを忘るるほどである”と解する。“怳惚”に対して負の解釈をしても〈帰宅することができない〉という理解はできる。ただ、“不能帰”の主語は作者なのだろうか。第二句を素直に読めば、主語は“心神”であろう。しかも、先に挙げた《文選》の例に限らず、〈抜け出た魂が体に帰らない〉という表現は珍しくない。宋玉《招魂》は《楚辞》の詩であるが、《文選・第三三巻》にも収められている。それは“魂兮来帰……魂兮帰来”と繰り返し叫ぶ、悲壮感の漂うものである。これらを参照すれば、茫然自失の空海が見えて来よう。この解釈は“心神”を空海の魂としたが、別の可能性もあるので、次にそれを記したい。

《文選・第一巻》に張平子《西京賦》があり、そこに“百禽……喪精亡魂失帰忘趨”と言う。これを踏めば、“心神”は鳥獣の魂と解釈でき、“不能帰”とは〈捕らわれて帰る場所を失った鳥獣〉を指しているのかもしれない。《西京賦》は豪奢な西京（にしのみやこ），西京を讃える賦であるが、同時に鳥獣を捕らえる凄惨な場面も描く。この賦について、《後漢書・張衡伝》は次のように記す。

衡乃擬班固兩都，作二京賦，因以諷諫。

空海は、この張衡の諷諫をほのめかしているようにも感じられる。

2. 第三・四句“高臺神搆非人力/池鏡泓澄含日暉”

“高臺”について、《講義》は“神泉苑の中の築山を指す”と言う。《便蒙》は《爾雅》を引いて次のように言う。

《爾雅》曰“大阜曰丘。非人力為之。自然也。”

《便蒙》は“非人力”までを含んで解釈している。《爾雅・釈丘》および注釈に類似の文がある。文字通り自然の丘を意味していたとすれば、《講義》と《便蒙》とは食い違っている。ただし〈人力とは思えぬほどに素晴らしい〉と理解すれば、一致しているとも言える。そして、《便蒙》は“或曰”として次のようにまとめる。

此一聯、比君天縦聖懷明徳也。

しかし、果たしてこの解釈で良いのか。この句は“高臺”と“池鏡”とを対にする。実は、ただ丘と池とを並べたわけではなく、ここに重大な意味がある。《文選》六臣注がしばしば引用するものに、桓譚《新論・琴道》の文章がある。《新論》は散佚したが、《漢書》注や《三国志》注などに同じものが見える。今、最も詳細な《三国志・郤正伝》の“雍門援琴而挾説”に付けた裴松之注から引用する。

桓譚《新論》曰：雍門周以琴見，孟嘗君曰：“先生鼓琴，亦能令文悲乎?”對曰：“臣之所能令悲者，先貴而後賤，昔富而今貧，擯壓窮巷，不交四鄰……若此人者，但聞飛鳥之號，秋風鳴條，則傷心矣。……水戲則……鼓釣乎不測之淵。……置酒娛樂，沈醉忘歸……。”

ここに見えるのは、“飛鳥之号”“秋風”“釣乎……淵”“忘帰”など、《秋日観神泉苑》に共通する語彙である。《秋日観神泉苑》にカラスは出ないが、鳥類一般と見なすことは出来よう。また“忘帰”は〈楽しさのあまり酔客が帰らない〉ことであるから、前述の解釈とは異なる。雍門周の言葉は更に続く。

雍門周曰：“……天道不常盛，寒暑更進退，千秋萬歲之後，宗廟必不血食；高臺既已傾，曲池又已平，墳墓生荊棘，狐狸穴其中，游兒牧豎躑躅其足而歌其上曰：‘孟嘗君之尊貴，亦猶若是乎!’”……孟嘗君遂歔欷而就之曰：“先生鼓琴，令文立若亡國之人也。”

下線部が《文選》に四度引用①される。また、“躑躅”は第一句の“彳亍”に通じる。“高臺”と“曲池”とが永遠には続かないものであることを言う戒めの言葉である。更にさかのぼれば、《晏子春秋・景公有疾梁丘拠裔款請誅祝史晏子諫》、《史記・斉太公世家》、《春秋左氏伝・昭公二十年》に、共通する晏子の言葉がある。《春秋左氏伝》が原初の形を残していると思われるので左に引く。

其適遇淫君。外内頗邪。上下怨疾。動作辟違。從欲厭私。高臺深池。撞鍾舞女。斬刈民力。輸掠其聚。以成其違。不恤後人。暴虐淫從。肆行非度。無所還忌。不思謗讟。不憚鬼神。神怒民痛。無悛於心。

“高臺深池”を誇る君主の不道徳を説く。

次に“神搆非人力”について考えておく。近い用例としては、柳宗元《晋問》に“神造非人力”があり、これは特産物の塩を賞讃する文の一節である。その他、“非人力”の用例は自然の妙や絶景を讃える表現に多く見られ、その中に興味深い例がある。応劭《風俗通義・京》は次のように記す。

《爾雅》“丘之絕高大者為京。”謂非人力所能成乃天地性自然也。……今京兆、京師，其義取於此。

① 以下に見える。江文通《恨賦》、虞子陽《詠霍将軍北伐》、沈休文《冬節後至丞相第詣世子車中》、丘希範《与陳伯之書》。

《便蒙》が引いた《爾雅》とは文字の異同があり、〈巨大な丘〉を“京”とし、“非人力所能成”と釈する。そして、曹子建《雑詩六首》(《文選・巻二九》) および李善注には次のようにある。

高臺多悲風、朝日照北林

(《新語》曰①)“高臺”喩京師。“悲風”言教令。“朝日”喩君之明。“照北林”言狭、比喩小人。

これらに基づけば、“高臺神搆非人力”とは、京(みやこ)，京全体を指しているとも考えられる。更に、班叔皮《王命論》(《文選・巻五二》)に、次のような例もある。

故淮陰留侯謂之“天授非人力也。”

これは、劉邦 (漢の高祖) の権威の根拠について、韓信 (淮陰侯) が発した言葉に拠る。《史記》《漢書》等では、王権の根拠を言う時に繰り返し用いる。したがって、第三句が意味するものは、建築物としての高臺に留まらず、京師、延いては王権の有り様なのだと理解できる。皇位を天授のものとし、天皇の個人的な振る舞いを牽制しているのである。

“泓澄”“含日暉”については、特に負の用例は見つからない。

3. 第五・六句“鶴響聞天馴御苑/鵠翅且戢幾将飛”

《便蒙》は次のとおりである。

《毛詩》曰“鶴鳴于九皐、声聞于天。”又曰“鴛鴦在梁。戢其左翼。”箋曰“‘戢’斂也。鴛鴦休息梁。明王之時、人不驚駭。斂其左翼、以右翼掩之。自若無恐懼。”

この後、“或曰”として、〈一藝に秀でた者はことごとく採用されるので、在野の遺賢はいない〉という解釈を示す。《講義》もほぼ同じ

① 王利器《新語校注》一七九頁の説に従い、“新語曰”は衍字と考える。

である。しかし、果たしてそうであろうか。

《毛詩》に《鶴鳴》の詩があることを指摘し、"戢"を説明するために《毛詩・鴛鴦》の注釈（鄭玄の箋）を引き、明王の治世を讃える。順当に読み解いているように見えるが、実は空海の詩に"鴛鴦"は現れない。"鶴"は巧みに"鴛鴦"にすり替えられている。なぜなら、"鶴"では不都合だからである。

《毛詩・小雅・鶴鳴》は次のような詩である。

鶴鳴于九皐/聲聞于野/魚潛在淵/或在于渚/樂彼之園/爰有樹檀/其下維擇/它山之石/可以為錯

有名な"他山之石"の出典である。《毛詩》の各詩には《小序》と呼ばれる簡略な解説が付いている。《鶴鳴》の小序には"誨宣王也"とある。注釈である毛伝は"教宣王求賢人之未仕者"と言う。また、《鶴鳴》を含む《鴻鴈之什》について、毛伝は次のように説明する。

宣王承厲王衰亂之敝而起，興復先王之道，以安集眾民為始也。

なるほど、宣王は非難されているわけではない。空海の詩にも"馴御苑"とあるので、既に賢人は登用されていると《便蒙》《講義》は解するのであろう。ところが、第六句では"鵠……幾将飛"と言う。これを《講義》は"何度か飛び去ろうとするが……去り難き様子"と説明する。しかし、"将"は明瞭に未来・意志を示しているのであり、鵠（賢臣）は飛び去ろうとしているのである。"幾将"の用例を見れば、その多くが"幾将淪絶"（《魏書・楽志》）、"幾将頓仆"（《旧唐書・李渤伝》）、"幾将毀滅"（王仲宝《褚淵碑文并序》　《文選・巻五八》）等、明らかに望ましくない動詞とともに用いられる。"幾"は"表示不定的數目"ではなく、"將近、相去不遠"の意味である。

4. 第七・八句"游魚戯藻数呑鉤/鹿鳴深草露霑衣"

"游魚"は、第五句の出典である《鶴鳴》および第四句から連なる語であろう。《便蒙》は、陸士衡《文賦》（《文選・巻一六》）、謝玄暉《遊東田》（《文選・巻二三》）、張平子《帰田賦》（《文選・巻一五》）を典故・用例として示した後、"或曰，此言使臣、専价銜命不辱，優游自得”と言う。《講義》も同様である。さて、この“呑鉤”という表現、いかがなものか。魚が釣り針を呑めば傷つき死ぬ。空海がこのような語句を好んで使うはずがない。それを避けたいがため、《便蒙》は《文賦》に“若游魚銜鉤而出重淵之深”とあるのを利用して“呑鉤”を“銜鉤”とし、“銜命”にすり替えたのである。もっとも、《帰田賦》の“貪餌呑鉤”の直前には“触矢而斃”とある。注意深く読めば、《便蒙》は文字の表面を追っているだけであって、必ずしも讃美に相応しい例を選んでいないことが分かる。

例えば、《為亡弟子智泉達嚫文》(《続遍照発揮性霊集補闕抄・巻八》)には“広投教網，漉沈淪之魚”と言う。魚を捕る時は“漉”すなわち“掬”こそ、空海に似つかわしい表現であろう。特に日本語では“救”にも通じる。《大正新修大蔵経》にも“如魚呑鉤”に類する語は常套句であり、貪欲を意味する。これが神泉苑を讃歎する語とは考えられない。むしろ、飛び去ろうとする鶴や鵠（賢臣）に替わって、群がり寄る游魚（佞臣）と見なすべきである。

さて、神泉苑批判が最も顕著なのが第八句“鹿鳴深草露霑衣”である。“鹿鳴”と言えば、すぐ思い付くのが《詩経・小雅・鹿鳴》であろう。《便蒙》も当然そこに言及し、更に他の出典も示しながら解釈する。

> 《毛詩》曰“呦々鹿鳴、食野之苹。”伝曰“興也。苹，大蓱也。鹿得蓱草、呦々然鳴而相呼。懇誠　発於中。以興嘉楽賓客、当有懇誠相招呼以盛其礼也。”鮑和詩曰“鹿鳴思深草[①]。”或曰“……燕群臣嘉賓、盛礼厚恩。故言‘露霑’。《蓼蕭[②]》詩箋曰‘露者天所以潤万物。喩王者恩沢不為遠則不及也’[③]。”

一見、非の打ち所がない注釈のようである。《講義》もこの記述に

① 鮑照《別鶴操》に“鹿鳴在深草”とあるが、《文鏡秘府論・地巻》は“思”と引用する。

② 《詩経・小雅》の詩。

③ 鄭玄による《詩経》の注釈。少し異同があるが、現存するものとほぼ同じ。

基づいているが、この注釈には大いに問題がある。《鹿鳴》に着目するのは当然として、そこから“故言‘露霑’”とつなげるには、論理的な根拠は何もない。それにも関わらず“露”を“王者恩沢”と解し、強引に句を総括する。“霑衣”の出典を提示しないので、“鹿鳴”から“霑衣”への流れが、実はよく分からないままである。この疑問は、適確な典故を示すことで解消する。それは《史記・淮南衡山列伝》に見える淮南王・劉安の伝記である。先ず、その原文を示す。

> 被悵然曰、上寛赦大王、王復安得此亡国之語乎。臣聞子胥諫呉王、呉王不用、乃曰、臣今見麋鹿游姑蘇之臺也。今臣亦見宮中生荊棘、露霑衣也。王怒、繫伍被父母、囚之三月。

□が“鹿鳴深草露霑衣”に該当する部分である。その前後に見えるのは、下線部“亡国”“怒”“繫……父母”“囚之三月”等、不穏な言葉が多い。明らかに、この句も神泉苑を賞讃するものではない。そして“姑蘇之臺”こそは、呉国滅亡の象徴として《史記・呉世家》などに見えるものである。《秋日観神泉苑》第三句の“高臺”とは、“姑蘇之臺”を暗示するものであった。左太沖《呉都賦》(《文選・巻四》)には“造姑蘇之高臺，臨四遠而特建。帶朝夕之濬池，佩長洲之茂苑。”と見え、高臺と池とが対になっている。また、左太沖《魏都賦》(《文選・巻四》)に“故荊棘旅庭也……故麋鹿寓城也”、阮元瑜《為曹公作書与孫権》(《文選・巻四二》)に“是故子胥知姑蘇之有麋鹿”の句も見える。

それでは、“麋鹿……荊棘……露霑衣”すなわち“鹿鳴深草露霑衣”に込めた空海の意図は何か。《史記》が記す内容はあまりにも長いので、要約を左に記す。

> その昔、伍子胥は、越を滅ぼすよう何度も呉王を諫めたが、聞き入れられず、結局自害した。その後、呉は越に滅ぼされてしまった。
>
> 三五〇年ほど後、漢の時代、淮南王・劉安は武帝の政策である

匈奴討伐に協力せず、兵を派遣しなかった。武帝は群臣の意見に反対し、懲罰として領土の二県を削るに留め、寛大な措置を採った。

淮南王の臣下に伍被という人物がいた。伍被は伍子胥の子孫とされる。武帝に怨みを抱く淮南王は、伍被らと謀反の計画を練っていた。ある時、相談のため、伍被は淮南王に呼ばれた。王は“将軍よ、座りなさい”と言った。

以下、“被悵然曰……”という先に挙げた文が続くのだが、この後も、伍被は自分の意見を長々と述べる。聖人とはどんな人間か。周の文王はどこが優れており、なぜ人々の信頼を得られたのか。秦の政治がいかに酷いもので、人々はどれほどの苦しみを嘗めたか。呉・越が滅んだのは天道に逆らい、時を知らなかったからだ。滅亡の日に天下を失うのではない。既に天下を失っていたから滅亡したのだ。そして、涙を流しつつ伍被は立ち去る。

伍被の諌言は、質・量ともに類を見ないほどの迫力を持つ。“鹿鳴深草露霑衣”わずか七字に込めた空海の思いは、《史記》の九百字に匹敵するのである。

5. 第九・十句“一翔一住感君徳/秋月秋風空入扉”

《便蒙》に見える“或曰”の内容は次のとおりであり、《講義》もそれを踏襲する。

臣庶感恩，無不欣戴。故言“翔住感化”。国無苛禁、関無征法、往来自由。喩風月入扉無妨碍焉。

真に平穏な国情であるかのように解釈するが、そうではない。“君徳”には悪徳もある。君の善悪に応じて“一翔一住”する（ある者は立ち去り、ある者は留まる）のである。“空”字を、《便蒙》は素直に〈虚(むな)しく〉ととれないため、“無妨碍”という無理な解釈をする。“秋”は風雅な季節であるが、同時に殺伐とした雰囲気も持つ。第二句を読解した際、“秋風鳴條，則傷心矣”という語を引用した。また、“高臺多悲風，朝日照北林”の句も引用し、その注には“‘悲風’言教令”とあった。第十句の“秋風”は、〈帝による教令〉とも〈帝への諌言〉とも解釈できる。このように考えれば、“空”を素直に〈虚（むな）しく〉と読める。

6. 第十一・第十二句“銜草啄梁何不在/蹌蹌率舞在玄機”

結びの句には、前述のとおり《書経・益稷》の語を用いる。舜・禹が実現した太平の世を示すためである。同時に、自由に舞い跳ぶ鳥獣の姿を描くことで、神泉苑という狭い庭園に閉じ込められたものたちの悲哀を訴えていると思われる。

三　作詩の情況

以上の考察によって、《秋日観神泉苑》が諫言であることが明らかになった。それでは、神泉苑を讃美したものという従来の解釈は誤りだったのか。あながちそうとも限らないとも思える。ここでは、作詩の情況について、二つの場合を考えてみたい。一つは真に諫言だった場合、もう一つは擬作だった場合である。

先ず、真に諫言だった場合について。諫言は命を賭けて行うものである。しかし、空海にとってそれほどに意義ある諫言はあり得たか。空海が最優先するのは、真言密教の宣布であろう。しかし、帝の治世を正すこと、これもまた重要な菩薩行である。では、諫言を奏上し、かつ命を危険に晒さずに済む方法はあるか。そこで考え出したのが、相反する二重の意味を持つ詩を作ることだったのではないか。帝が諫言に気付き、受け容れてくれれば良し。諫言に気付かれず、神泉苑を讃歎する詩と取られても良し。帝が諫言に怒って処罰しようとした時には、“これは讃美の詩でございます”と説明すれば良い。実際、詩に“鶴響聞天”“鹿鳴”“蹌蹌率舞”といった目に付きやすい美辞を用いているのは、そのためではないだろうか。

この場合、果たして帝は隠された諫言に気付いたのだろうか。諫言の内容は具体的ではない。“姑蘇之臺”（呉の滅亡）が主題になっていることから、呉王であった闔閭・夫差の二の舞を避けるよう、奢侈や寵姫に溺れぬようにという忠告だろうか。仮に漠然とした内容であっても、王の内面性が政治に直接反映し、延いては自然災害の有無にも影響するという天人相関説が根底に窺われる。ある時期から帝が改心したという事実があれば、その契機が《秋日観神泉苑》だった可能性はあろう。

次に、擬作だった場合について。これは帝が所望した詩だったかもしれない。諷諫は漢文の様式として確立している。時の帝が空海に諷諫詩を要望し、作らせた可能性もある。諫言だったとすれば、作詩の時期は帝との関係が成熟していた頃に限られるが、擬作だった場合、帝との関係が未熟であっても差し支えはない。

四　旧来の注釈

過去の注釈者たちは、誰も諫言に気付かなかったのだろうか。恐らくそうではなく、彼らは気付かぬフリをしていた節がある。ここまで〈すり替え〉という語を何度か用いたのは、そのためである。

《性霊集》冒頭の構成は次のようになっている。①遊山慕仙詩、②秋日観神泉苑、③贈野陸州歌并序、④喜雨歌。これを旧来の理解で簡潔に言えば、以下のようになる。①で大自然への思いを謳い、②で神泉苑という人工庭園を讃歎する。③で陸奥の混乱を収束せんとする友人を称え、④で仏法に帰依した天皇の祈雨を詠む。構成上、②の収まりが悪い。しかし、②が諫言の詩であれば、この違和感は解消する。すなわち、①大自然（仏法）への思慕、②人工庭園（天皇の内面）への批判、③治安悪化（天皇の治世）への問題提起、④仏教に帰依することによる自然界・政治への影響。しかも、《喜雨歌》の末尾は、「無為無事忘帝功”である。構成が、天皇教化という一貫した流れに基づいていることが分かる。《秋日観神泉苑》は、天皇教化の諫言という側面があればこそ、《性霊集》開巻第二の詩としての意義を持つのである。

しかし、真言宗にとって空海と皇室との関係は重要である。もし祖師が帝に諫言していたとなれば、いつ何時それを問題にされ、真言宗の存亡に関わる事態を招くやも知れぬ。ここは神泉苑を讃歎する詩として処理するに越したことはない。《性霊集》の注釈者たちがそのように考えたとしても無理はない。

反面、詩の真意を伝えたいとも思い、また誤読との批判を受けることも潔しとしなかったのではないか。そこで、《便蒙》の撰者である運敞は一計を案じた。誤読に導くのは、決まって“或曰”である。“或”に仮託して讃美の詩と解釈するものの、運敞の真意はそこにはない。この詩はあくまでも諫言なのだと、紙背に語っているのである。

おわりに

空海の詩は、基本的には宗教詩である。ただ、本論のような読み方が可能となれば、そこに政治的側面が現れる。詩に政治性を認めるのは、儒教文化にあっては当然のことである。今後、空海の詩から政治性を読み解くという研究も期待される。また、旧来の注釈に依拠して《性霊集》を読むことについては、その限界を知る必要がある。

主要参考文献：

《遍照発揮性霊集》《定本　弘法大師全集》第八巻　密教文化研究所　平成八年

坂田光全述《性霊集講義　平成新訂》　高野山出版社　平成一五年（昭和一七年初版）

運敞《遍照発揮性霊集便蒙》《真言宗全書　校訂版》第四二巻　続真言宗全書刊行会　昭和五二年復刊（昭和九年初版）

《漢書》中華書局　一九六五年

《御定全唐詩》文淵閣本《欽定四庫全書》所収

《大正新修大蔵経》大正新修大蔵経刊行会

《重刊宋本　十三経注疏　附校勘記》

汪栄宝《法言義疏》中華書局　一九八七年

《老子道徳経》《王弼集校釈》所収　中華書局　一九八〇年

《六臣注文選》《四部叢刊初編》所収

中島千秋《文選（賦篇）》上　明治書院　新釈漢文大系 97　昭和五二年

高橋忠彦《文選（賦篇）》下　明治書院　新釈漢文大系 18　平成一三年

内田泉之助・網祐次《文選（詩篇)》下　明治書院　新釈漢文大系51　昭和三九年

原田種成《文選（文章篇)》上　明治書院　新釈漢文大系28　平成六年

《後漢書》中華書局　一九六五年

《三国志》中華書局　一九五九年

《唐宋八大家文》文淵閣本《欽定四庫全書》所収

応劭《風俗通義》《四部叢刊初編》所収

王利器《新語校注》　中華書局　一九八六年

《魏書》中華書局　一九七四年

《旧唐書》中華書局　一九七五年

鎌田正《春秋左氏伝》四　明治書院　新釈漢文大系33　昭和五六年

青木五郎《史記十二（列伝五)》　明治書院　新釈漢文大系29　平成一九年

法全——还原唐密的研究

［日］佐藤隆彦

摘　要：青龙寺座主法全是晚唐时期的密教大阿阇梨，是继惠果之后对日本密教影响最大的人物。其法脉中最为出名的弟子当数圆仁、圆珍和宗叡，其中圆珍从法全先受三昧耶戒，次入坛接受胎藏法受明灌顶，再学习胎藏《青龙轨》上中下次第供养法，再次得授秘密八印等，最后传授金刚界九会大曼荼罗道场，学习金刚界法和苏悉地法。其胎藏灌顶法是五瓶灌顶，并没有五部或三部之说。金刚界称其为五部灌顶，是因为受金刚界受明灌顶的金刚界法必须要学习苏悉地和诸尊瑜伽。传法灌顶得佛，是因为由五部大教大阿阇梨位灌顶而被称为“五部”，与其名字“五部”没有具体联系，都是在胎藏曼荼罗上投花。宗叡从汴州玄庆受金刚界灌顶，后随青龙寺法全受胎藏法灌顶，其受法内容与圆珍有一定程度的差异。

关键词：法全；圆珍；宗叡；五瓶灌顶；五部

一　前言

法全，青龙寺座主，晚唐时期的密教大阿阇梨。传说于惠果（746—805）圆寂后出家为僧，现存惠果像旁侍立的童子就是法全。《阿娑缚抄》《入唐求法巡礼行记》《海云、造玄血脉》等中有关于法全的记载。法全法脉中，最为出名的弟子当数圆仁、圆珍和宗叡。

法全是继惠果之后，对日本密教影响最大的人物。但关于法全的研究却非常少。本文以法全传授圆珍、宗叡的胎藏界法的顺序为中心进行探讨。① 希望以此为头绪还原唐密的本来面貌。

二 传授圆珍胎藏法

圆珍，天台密教巨匠，入唐求法师从法全传承密教法灯。关于圆珍传记的研究众多，因此，其师从法全受法的内容和具体过程也被研究得很清楚。本文首先探讨法全传法圆珍胎藏法的过程。

圆珍，仁寿三年（853）年入唐，唐大中九年（855）五月抵达长安。大中九年七月十四日在法全座下受三昧耶戒。七月十五日入坛接受胎藏法灌顶，学习胎藏法。对此，《大悲胎藏瑜伽记》中有粗略记载，内容如下所示：

> 大中九年七月十五日，长安城左街新昌坊青龙寺法全阿阇梨院入学法灌顶坛。八月四日开法，三个日间授蒙上卷。七日午后出寺，二十七日还诣，二十八、二十九两个日受得中卷。三十日九月初一日，受得下卷了。三日五更，御曲禅师圆觉（俗姓谷口）等灌顶。是日圆珍等（圆载同受）留阿阇梨道场内，授与秘密八印，并根本大日尊印、百光遍照王印。②

根据此文可以清楚地了解到法全授法圆珍的顺序。即七月十四日授三昧耶戒，七月十五日授胎藏学法灌顶。其后，八月四日、五日、六日授《青龙轨》上卷，二十日、二十九日授《青龙轨》中卷，八月三十日、九月一日授《青龙轨》下卷。《御请来录》中也能看到学法灌顶名，相当于持明灌顶或受明灌顶。总之，学胎藏法，首先要授受明灌顶。然后，根据《青龙轨》传授供养法。胎藏次第出自《青龙轨》，因

① 关于法全的研究并不多，其相关论文列表如下所示：高见宽恭《入唐八家的密教相承考》三（《密教文化》130，1980—3），甲田宥吽《惠果和尚后的密教僧众》（《密教文化研究所》，2002—02）。此外，在圆仁、圆珍研究的著作中，也有涉及法全的内容。书目列表如下所示：小野胜年《入唐求法行历的研究》（法藏馆，1982—5），佐伯有清《智证大师传的研究》（吉川弘文馆，1989—11）、《圆珍》（吉川弘文馆，1990—7）。

② 《大日本佛教全书》第 27 册，第 964 页（名著普及会，1978—5）。

此要从受学法灌顶开始学习胎藏大法。其学习方法，依照《青龙轨》的上中下卷次第学习。但不用连续传授，每卷学两天或三天，每传授完一卷，可以有间歇时间。

大中九年九月三日早上，圆觉等人灌顶结束。当天，法全阿阇梨将圆珍等人留在道场内，授秘密八印、根本大日尊印以及百光遍照王印。圆珍曾在《胎藏瑜伽轨》中讲过关于秘密八印的事情："又语话中曰，辨弘阇梨未得八印，故用汴州门下八印。"①

此外，在《胎藏瑜伽轨》中记载了法全给圆珍授灌顶的过程。

> 又灌顶时，弟子安于道场东第三门外。和尚入堂作法，作法后引入弟子。持帛覆面，如法加持。越过象背至坛门，种种加持。次引至正坛，近门投华（结印），抛之定尊。加持开眼，便顺回转至坤坛。[云青龙入坛作法] 左脚坛缘踏莲华，踏右脚莲台，便上坐（五更始行）。和尚教结五佛印，持五佛瓶五度（一瓶一度）灌顶。便讫，即出坛下向大坛，向南方。向坛授五股杵（颂）、法赞、镜、轮（轮置两足间），说各偈（授杵）。次持杵中股点眼，引至大坛西门，向东方礼佛（坛上佛），三方然。法事毕，至师巽方，赞叹学人（如灌顶仪），回向。②

通过这段记载，可以了解到法全授圆珍灌顶时的做法。

首先，让弟子在道场东的第三门外面等候，和尚入堂作法。作法完毕引入弟子。用棉布蒙上弟子的脸。过香像走到坛门，接受种种加持后，领到正坛。在坛门附近投花（结印）。以投花所得确定本尊。随后进行加持，并取下蒙面棉布睁开眼睛。接着顺时针绕坛，行至坤（西南）坛（应为正觉坛），左脚踩在坛边的莲花上，右脚踩在莲台上，继而坐于坛上。现在东密的野泽诸流的胎藏界正觉坛位于巽位，而法全却是在坤位建坛。

和尚教弟子结五佛印，手持五佛瓶做五次灌顶。其五佛印是指金胎哪个五佛印不得而知，但至少可以确认三部灌顶中没有这一步。可以称为五

---

① 《大日本佛教全书》第 27 册，第 955 页。

② 《大日本佛教全书》第 27 册，第 956 页。

瓶灌顶。五瓶灌顶结束后，出坛下走到大坛南侧，面向坛唱诵，授五股杵，而后授法赞、镜、轮。这里的法赞可能是法螺的误写。将轮置于两脚中间，向其传授“偈”。在注解中写道，授杵，而后以杵的中股点弟子的眼睛。这个相当于金錍的使用过程。而后，将弟子引至大坛西门，面朝东方，顶礼坛上佛。而后依次面朝其他三方逐一礼拜。一切法事结束后，师行至巽方，继而赞叹弟子并做回向。

这个学法灌顶的内容很受重视。时至今日的灌顶也基本是采用这个次第。然而，日本密教最重视的授印可过程，这里却没有记载。

十月三日，圆珍入金刚界九会大曼荼罗道场，学习金刚界法和苏悉地法。这个过程在《金刚界私记》[①] 中有记载。十一月三日，圆珍拜访法全，希望自己能够得到传教灌顶。于是在十一月四日、五日的两天圆珍得到传法灌顶。圆珍的《青龙寺求法目录》中有如下记载：

> 大中九年七月十五日，入大悲胎藏五瓶灌顶，得般若波罗蜜菩萨，便授学胎藏大教毕。至十月三日，入金刚界五部灌顶，得金刚波罗蜜菩萨，便金刚界、苏悉地并诸尊瑜伽，授学近一百余本毕。又至十一月五日，入五部大教大阿阇梨位灌顶道场，得曼荼罗菩萨。

此外，小野胜年曾评价法全的书法“运笔简朴”“可见颇有学僧气质，其书法风格与敦煌文书中的中晚唐时期书法风格一脉相承”[②]。佐伯有清在“法全执笔的求法证明书”中也引用了这一评价。

如果细读关于法全的这段记载，会发现这个胎藏灌顶是五瓶灌顶，并没有五部或三部之说。金刚界称其为五部灌顶，是因为受金刚界受明灌顶的金刚界法必须要学习苏悉地和诸尊瑜伽。传法灌顶，是因为由五部大教大阿阇梨位灌顶而被称为“五部”。其中涉及的“得佛”的问题在这里稍作介绍。胎藏灌顶得佛般若菩萨，金刚界灌顶得佛金刚波罗蜜，阿阇梨位灌顶得佛曼荼罗菩萨。其中最重要的是阿阇梨位灌顶得佛曼荼罗菩萨。得佛曼荼罗菩萨需要投花至胎藏曼荼罗。也就是说，五部大教大阿阇梨位灌

① 《大日本佛教全书》第 27 册，第 966 页。

② 小野胜年《入唐求法行历的研究》，智证大师圆珍篇，下。佐伯有清《圆珍》，第 141 页。

顶，内容与其名字“五部”没有具体联系，都是在胎藏曼荼罗上投花。而后圆珍在灌顶中得佛般若菩萨、虚空藏菩萨、转法轮菩萨，这是意识理念上的三部灌顶，即胎藏、金刚、阿阇梨位灌顶的得佛。笔者认为前人把这一系列灌顶顺序混淆了，没有梳理清楚。

经过前文所述，已经基本了解到唐密中法全授法圆珍的具体过程。

三　传授宗叡胎藏法

宗叡，贞观四年（862）入唐，贞观七年（865）回国。在唐汴州玄庆座下受金刚界灌顶，后随青龙寺法全受胎藏法灌顶。胎藏的传承与圆珍一样，都是传承于法全。

东密的资料中关于宗叡的记载很少。但台密的安然在自己的作品《胎对受记》中引用的“正僧正说”中对宗叡有一定程度的记载。是关于宗叡和圆珍同受法于法全，但受法内容却有一定程度的差异。具体内容如下所示：

四无量观的有无

《胎对受记》的第十、三昧耶印中记载，圆珍、宗叡均在（入佛）三昧耶印前传授九重月轮观。但是否使用四无量心观，两人说法不一。圆珍不用四无量观，而宗叡则用无量心观。但在《胎藏瑜伽记》中关于是否用无量心观，圆珍的态度则有些暧昧。而今在事相传承对于忠实师承看得非常重要，但是从这段记载可知，当时事相还没有正式形成。

十波罗蜜的印言

是否使用虚空藏院的十波罗蜜菩萨的印言，两人的说法也不一样。圆珍主张用，而宗叡主张不用。《胎对受记》中记载道：“正僧正不说十波罗蜜，青龙寺三卷别本仪轨不载故，是为正僧正彼禀传之仪轨。”[①] 也就是说，宗叡请来的青龙寺仪轨中没有十波罗蜜菩萨，圆珍请来的却有十波罗蜜菩萨。杲宝也曾注意到这一个问题。也就是说《大正藏》收录的《青龙寺仪轨》，就像《玄法寺轨》一样，应该还存在别本，并且二者存在差异。这一点从圆珍和宗叡的传授上也能反映出来。这也是值得关注和研究的问题。

---

① 《大正藏》第75册，第78页下。

诸院的配置

圆珍和宗叡的最大区别就是诸院的配置不同。圆珍根据《青龙寺仪轨》，其顺序是遍知院、观音院、文殊院、除盖障院、地藏院、虚空藏院、金刚手院、持明院、释迦院、最下院。而宗叡的顺序，是遍知院、观音院、金刚手院、持明院、释迦院、文殊院、除盖障院、地藏院、虚空藏院、最下院。宗叡的配置更加接近现图曼荼罗。这种区别到底是源于法全还是源于宗叡呢？笔者推测宗叡的配置很可能是根据法全的提议做出来的。

以上，是对宗叡受法内容的探讨。今后还会对此进行更加详细的研究，以此还原法全授法的具体内容。这也是还原唐密的研究。

（作者佐藤龙彦，高野山大学教授；译者赵新玲，高野山大学博士生）

法全ついて一唐密の復元研究一

佐藤隆彦

一　はじめに

法全は青龍寺の座主であり、晩唐における密教の大阿闍梨である。恵果（七四六～八〇五）の入寂後出家したといわれる。恵果の影像に侍立する童子は法全といわれている。法全の伝歴については『阿娑縛抄』『入唐求法巡礼行記』『海雲造玄血脈』等に記載がある。法全の付法としては、円仁、円珍、宗叡が著名である。

法全は、恵果に次いで日本密教に多大な影響を与えた人物である。しかし、未だ十分な研究がなされていない。本発表では法全が円珍、宗叡にどのように胎蔵界法を伝法したのかを中心として検討するi。このことを解明することによって唐密の具体的なありかたを解明する端緒をひらきたい。

二　円珍に対する胎蔵法伝授

円珍は天台密教の学匠であり、入唐して法全から密教の法灯を継承している。円珍の伝記については研究がかなり進んでいる。それに伴って、法全からの受法内容やその具体的な方法についても明らかにすることが出来る。今回の発表ではまず、法全がどのようにして円珍に胎藏法を授けたのかについて検討する。

円珍は、仁寿三年（853）年に入唐し、唐の大中九年（855）五月に長安に到着した。大 中九年七月十四日法全にしたがって三昧耶戒を受けた。七月十五日胎蔵学法潅頂に入壇し、その後胎藏法を学んでいる。その時の事情について『大悲胎蔵瑜伽記』から略出すると次の如くある。

> 大中九年七月十五日。長安城左街新昌坊青龍寺法全阿闍梨院において学法潅頂壇にいる。八月四日開法。三箇日間上巻を授け蒙りおわんぬ。七日午後寺を出て二十七日還り詣る　二十八、二十九両箇日中巻を受得す。三十日九月初一日下巻を受得し了る。三日五更御　曲禅師円覚（俗姓谷ロ）等潅頂にいりおわんぬ。その日阿闍梨道場内に於て円珍等（円　載同じく受く）を留め、秘密八印并びに根本大日尊印、百光遍照王印を授与しおわんぬii。

この文を検討すると法全から円珍への授法の仕方がよくわかる。すなわち、まず七月十四日に三昧耶戒を授け、七月十五日に胎蔵学法潅頂を授けている。

その後、『青龍軌』にもとづいて上巻を八月四日五日六日に授け、中巻を二十八日、二十九日に授け、下巻を八月三十日、九月一日に授けている。学法潅頂の名は空海の『御請来録』にも見られ、持明潅頂、あるいは受明潅頂に相当する。つまり、胎藏法を学ぶについてまず受明潅頂を授け、次に『青龍軌』にしたがって供養法を伝授している。『青龍軌』は、胎蔵次第の典拠となる儀軌であるので、学法潅頂を受けてから胎蔵大法を学んだことになる。その学び方についても、『青龍軌』の上中下巻を連続して一気に授けず、各巻をそれぞれ二日ないし三日かけて授け、各巻ごとの伝授についても、その間があいている。

大中九年九月三日の早朝に円覚等が潅頂に入り終わった、その日法全阿闍梨は道場内に於て円珍等を留めて、秘密八印并びに根本大日尊印、百光遍照王印を授与したという。円珍は『胎蔵瑜伽軌』の中で秘密八印について「又語話の中にいわく。辨弘闍梨未だ八印を得ず。故に汴州門下八印を用いることを解せず。iii」といっているのはこの事情を物語ったものである。

『胎蔵瑜伽軌』には法全が円珍にどのように潅頂を授けたかについても説かれる。

又潅頂時、弟子を道場東第三門の外に安じ、和尚堂に入り作法。作法おわって引入。帛をもって面を覆う。加持は法の如し。象の背の上より過ぎ去り引いて壇門にいたる。種種加持。次引いて壇正壇に至る。門に近づき華を投げる（印を結ぶ）。これを抛つて尊を定めよ。加持して眼をひらけ。便ち順に迴り転じて坤壇に至る。［青龍入壇作法に云う］左脚壇縁の蓮華を踏み、右脚蓮台を踏め。便ちその上に坐せよ（これは五更はじめに行ず）。和尚五仏の印を結び教えて、五仏瓶をもって五度（一瓶一度）潅頂。便訖って、即ち壇下に出て大壇南方に向かう。壇に向って五股杵を授く（頌あり）。法讃。鏡。輪（輪両足の間に置く）。おのおの偈を説く（杵を授ける。次杵中股をもって眼を点ず）。引いて大壇西門に至り東方に向かって仏を礼す（壇上の仏なり）。三方またまた然り。法事おわって師巽方に至り、学人を讃歎す（潅頂儀の如し）。及び回向すiv。

以上の文から法全が円珍に潅頂を授けた時の作法を伺い知ることができる。

まず、弟子を道場の東第三門の外に待たせて、和尚は堂に入り作法を行う。その作法がおわって弟子を引入する。その時は、帛をもって弟子の面を覆う。香象を越えて壇門にいたり、種種に加持して、引いて正壇に至る。門に近づいて華を投げ（印を結ぶ）。これを抛つて所得の尊を定める。次に加持して覆面を取って眼をひらく。次に、壇の周りを順に迴って、坤（南西）壇（正覚壇に当たると考えられる）に至って、左足は壇縁の蓮華を踏み、右足は蓮台を踏んで、その上に坐る。現在東密においては野沢諸流通じて胎界の正覚壇は巽に置くが法全は坤に建壇していたことがわかる。

和尚は五仏の印を結びそれを弟子に教えて、五仏瓶をもって五度潅頂している。この五仏の印が金胎いずれの五仏の印を指すかについてはわからないが少なくとも三部潅頂では無いことは明らかである。これによって、五瓶潅頂の名前が付いているものと思われる。五瓶潅頂が終って、壇下に出て大壇南方に行って、壇に向って弟子に五股杵を頌を唱えて授ける。さらに、法讃。鏡。輪を授ける。ここでいうところの法

讃は恐らく法螺の誤記であろう。輪については両足の間に置くと記している。これらについてはいずれも、偈

があリそれを弟子に説く。注記には、杵を授け、次に杵の中股をもって眼を点ずとあるが、これは金錍にあたるのであろう。

弟子を導いて大壇の西門に行って東方に向かって壇上の仏を礼する。次に、三方それぞれについて上述のようにして礼する。すべての法事が、おわって師は巽方に至って、弟子を讃歎し回向する。

これは、学法潅頂の内容であるが注目すべきは今日行われる潅頂の項目がほぼ網羅されていることである。しかし、日本密教で最も重視される印可を授けることについは特段記されていない。

円珍は、十月三日金剛界九会大曼荼羅道場に入り、金剛界法、蘇悉地法を学んだ。この時の聞書に相当するのが『金剛界私記』vである。さらに、十一月三日、円珍は法全のもとを訪れ伝教潅頂を受けたいと願い出て、十一月四日から五日にかけて伝法潅頂を受けた。円珍の『青龍寺求法目録』には、

> 大中九年七月十五日。大悲胎蔵五瓶潅頂に入り般若波羅蜜菩薩を得、便ち胎蔵大教を授学しおわんぬ。また、十月三日に至り金剛界五部潅頂に入り金剛波羅蜜菩薩を得、便ち金剛界蘇悉地并びに諸尊瑜伽。近（ほとん）ど一百餘本を授学しおわんぬ。また、十一月五日に至り五部大教大阿闍梨位潅頂道場に入り曼荼羅菩薩を得。

とある。この部分について、小野勝年氏は法全の書として「簡素な運筆」で、「学僧らしい面目が見られ、その書風には敦煌文書の中晩唐期のそれとも一脈通ずるところがあった」といわれているvi。佐伯有清氏は「法全からの求法証明書」とまでいっている。いかにこの記述が重要なのかがわかる。

法全のこの記述を注意して読むと、胎蔵潅頂に関しては五瓶潅頂といっており、五部でも三部でも無いことに注意すべきである。金剛界については五部潅頂と云っている。そして、金剛界の受明潅頂を受けて金剛界法は勿論のこと蘇悉地や諸尊の瑜伽を学んでいる。伝法潅頂については、五部大教大阿闍梨位潅頂といわれ五部という言葉が認められる。

次に得仏について検討する。胎蔵潅頂では般若菩薩を、金剛界潅頂では金剛波羅蜜を、　阿阇梨位潅頂では曼荼羅菩薩を得仏していたことがわかる。このことに関して一番重要なことを指摘すると、阿阇梨位潅頂では曼荼羅菩薩を得仏していることである。曼荼羅菩薩を得仏したと云うことは胎蔵曼荼羅に投華したことになる。つまり、五部大教大阿阇梨位潅頂は、五部という名前にもかかわらず胎蔵曼荼羅に投華していたことになる。後になると、円珍は伝法潅頂で、般若菩薩、虚空蔵菩薩、転法輪菩薩を得仏したというが、これは三部潅頂を意識した上のことで、すでに述べた胎蔵、金剛、阿阇梨位の潅頂の得仏が混同した結果によるものと発表者は考えている。

以上の考察から、唐密において具体的に法全が円珍にどのように伝授したのかがかなり具体的にわかる。

三　宗叡に対する胎蔵法伝授

宗叡は貞観四（862）年入唐し貞観七（865）年に帰朝した。唐に於ては、汴州の玄慶から金剛界の潅頂を受け、その後青龍寺法全にしたがって潅頂をうけ胎藏法を学んだ。胎蔵の相伝に関しては円珍と同じく法全から相伝している。

宗叡の説を詳しく記した東密側の文献は少ないが、台密の文献である安然のものといわれる『胎対受記』には「正僧正説」として引用されている。その内容と円珍の説とを比較してみたい。すると、宗叡は円珍と同じく法全から受法しているにもかかわらず少なからず相違点が認められるので次にそのことを指摘したい。

○四無量観の有無

『胎対受記』「第十、三昧耶印」には円珍、宗叡ともに（入仏）三昧耶印の前に九重月輪観を説くが、四無量心観の用否については説が分かれる。円珍は四無量観を用いず、宗叡は四無量観を用いる。但し、『胎蔵瑜伽記』には四無量観のことを説いているので円珍の説もかなり揺れていることがわかる。現代では、事相は師伝を忠実に継承していくことが大切にされるが、事相が固まる以前は必ずしもそうで無いことがわかる。

〇十波羅蜜菩薩の印言

虚空蔵院の十波羅蜜菩薩の印言を用いるか否かについて両説に分かれる。円珍はこれを用い、宗叡はこれを用いない。『胎対受記』には、「正僧正この十波羅蜜印を説かず。青龍寺三巻別本儀軌この十波羅蜜菩薩を載せざる故に、これ正僧正彼の儀軌によって稟伝する故にvii」とある。すなわち、宗叡請来の青龍寺儀軌には十波羅蜜菩薩が無く、円珍請来のものには十波羅蜜菩薩の記述がある。このことは、杲宝も注目している。すなわち、『青龍寺軌』と云っても『大正蔵経』所収の一本では無く『玄法寺軌』のように別本が存在していたのである。また、この違いが、伝授内容にも反映していることがわかる。このような視点を取り入れることが今後必要である。

〇諸院の配置

円珍と宗叡の最大の違いは諸院の配置の仕方にある。円珍は『青龍寺軌』にもとづいて、遍知院、観音院、文殊院、除蓋障院、地蔵院、虚空蔵院、金剛手院、持明院、釈迦院、最下院の順序を用いる。それに対して宗叡は、遍知院、観音院、金剛手院、持明院、釈迦院、文殊院、除蓋障院、地蔵院、虚空蔵院、最下院の順序を用いる。宗叡の説はより現図曼荼羅に近づけている。これが、法全によるものか宗叡によるものかは決しがたいが法全のアドバイスがあった可能性は高い。

以上、宗叡の説を検討してみた。今後さらに詳細に検討を加えることによって法全の授法の内容を具体的に復元することが出来ると考える。この研究は、唐密復元の研究ともなると考える。

1. 先行研究として法全をあつかったものは多くない。論文としては、

高見寛恭「入唐八家の密教相承について（三）」（密教文化1301980—3）

甲田宥吽「恵果和尚以後の密教僧たち」（密教文化研究所 2002—02）

その他、円仁、円珍研究の著書の中においても法全は触れられる。小野勝年『入唐求法行歴の研究』（法蔵館 1982—5）

佐伯有清『智証大師伝の研究』（吉川弘文館 1989—11）

佐伯有清『円珍』(吉川弘文館 1990—7)

2. 『大日本仏教全書』27(名著普及会 1978—5)964 頁

3. 『大日本仏教全書』27955 頁

4. 『大日本仏教全書』27956 頁

5. 『大日本仏教全書』27966 頁

6. 小野勝年『入唐求法行歴の研究』智証大師円珍篇下佐伯有清『円珍』141 頁

7. 大 正 7578 下

清宫密教信仰浅见

——简述故宫养心殿佛堂

罗随祖

摘　要：北京紫禁城内的养心殿，是雍正、乾隆朝以来集中“理政召对”“秘修佛法”和“寝居生活”三位一体功能的殿堂，是紫禁城中最为特殊和重要的地方。其西暖阁仙楼佛堂，自乾隆十一年（1746）乾隆皇帝皈依三世章嘉国师，即作为秘修藏传佛教“无上瑜伽”部诸法的佛堂。其内部陈设佛像与唐卡，在章嘉活佛指导下按乾隆所修习法门安置摆放。由于空间局限，楼上楼下“小中见大”，主次有别，布置无上父部、母部和无二部，中心设置无量寿弥陀塔。

关键词：养心殿；乾隆；章嘉；无上瑜伽；藏传佛教

北京紫禁城内的养心殿，与宫内其他建筑略显不同，带有神秘感。笔者1989年因组织赴日文化展，假编写图录综述之契机，进入养心殿西暖阁佛堂仙楼，对于养心殿东、西暖阁建筑格局、东暖阁雨窗、西暖阁佛堂陈设，尤其是三希堂、佛堂西部梅坞、挂有“容膝”横额的长春书屋，以及仙楼二层结构、西暖阁二层延伸，做了细致的观察和了解。以后又探访过养心殿后殿寝宫，以及体顺堂、东围房等，还有正殿前后殿连廊和主殿屏风与书架组成的复杂结构。发现养心殿建筑群具有特别复杂的通信通道系统。最近因为养心殿建筑群大修工程，得以进入施工中的养心殿内部，得到了部分照片资料，阅读了部分研究者的有关文章，特别是系统的重读了吕建福教授所著《中国密教史》，乘兴写下一点浅见。笔者不是专门从事宗教研究的，这只是些许摸索的浅陋见解，请读者批评指正。

一　关于宫廷与密教信仰

（一）中国古代的宗教信仰与国家统治密切相关

中国历史悠久，在上古时期由巫觋发展为祭祀媚悦神灵，完成第一个转变。到了西周时期更将“天命靡常”转化为民本的民意思想，敬天惠民有了更多的社稷统治概念。至春秋战国，当时在宗教崇拜上，君臣庶民唯敬“百神”，而秦的统一使宗教崇拜统一至上神“帝”的观念。由此可见，中土的宗教信仰，都与国家统治甚至形态相关。而先秦的方术之士，以及其后的道、释传播，很重要的一个内容便是关乎江山社稷、君王寿祚、战争的胜负，其修习和供奉的主体，一直紧密与宫廷相关。

佛教在东汉明帝时，由天竺僧摄摩腾等来洛阳，初便落脚住在官舍性质的衙署——鸿胪寺，其后更将此处建筑改建，称白马寺，后世沿袭以“寺”为佛教建筑的通称。佛教传入中国，经过改造成为中华传统文化的一个重要组成部分，并且因之“东渐”传入朝鲜半岛和日本列岛。唐宋年间，虽然历经数度兴佛灭佛，其兴衰缘由无不与统治阶层修习好恶息息相关。从文化传承体系的角度而言，佛教自传入中土，方得成绩典籍，生根开花，并发扬光大。在佛教经典、寺院建筑、宗教仪轨、僧人服饰等方面，安住重焕，与儒道相结合。又因中华民族是由多民族以文化为核心的融合共同体，其吸收包容性，本身就是民族发展动力之一，对于后续传入的各宗教、流派、学说、修习方式，都能包容并蓄、改造适应，从而成为传统文化的一个部分。

（二）元明以来的内廷宗教信仰

元代是蒙古人内迁建立的政权，元人居北地时，藏传佛教萨迦派的大德班智达贡嘎坚赞在1246年，便携其侄八思巴等到凉州，会见蒙古汗王阔端。接受了西藏并入蒙古版图条件，由此换取在西藏的统治地位。迄后八思巴被封为“大元帝师”，受命创制了元“国书”——八思巴文。萨迦派先后有14位僧人受拜国师，在内廷中有着举足轻重的地位。藏传佛教的另一位大德噶玛拔希也与元代关系密切，曾受到忽必烈召见，得蒙哥汗赐以金边黑帽。元至顺二年（1331）饶迴多吉得到元文宗赐予的噶玛拔希金印，并因邀入大都，受封国师。至元二年（1336），饶迴多吉再到大都，向皇帝大臣传授噶举教法，在大都修建了噶尔寺，传授胜乐五佛的护法，并圆寂于上都。至正二十年（1360）四世噶玛巴活佛到达大都，受“持律兴教大元国师”称号，向皇帝后妃灌顶。

据明史载籍，永乐年间噶举派五世活佛得银协巴受封“万行具足、十方最胜、圆觉妙智、慧善普应、佑国演教如来，大宝法王、西天大圣自在佛，领天下释教”，这是有明一代敕赐的最高封号。宗喀巴是藏传佛教格鲁派的创建者，其法脉早期源于阿底峡大师，达赖和班禅两系的转世系统，都出于该派传承，格鲁派有教授《密集》为主的密宗院和时轮院。永乐六年（1408）宗喀巴受到明廷邀请，1414 年其派遣弟子释迦也失往谒明廷，受到永乐的礼遇，接待规格仅次于大乘法王，后封为“妙觉圆通、慧慈普应、辅国显教、灌顶弘善、西天佛子、大国师”，赐之诰命。由此，藏僧纷纷来内地传法，在京番僧曾达千人以上，成为朝廷度支负担，逐渐引起不满。嘉靖十五年（1536）实行崇道灭佛，从禁苑佛殿中拆掉 169 座金银佛像，从内搜出上万斤舍利，焚之于街。藏传佛教受到打击，一蹶不振。明隆庆、万历期间（1567—1620）土默特蒙古向明廷乞请佛教经典及僧人，由此藏传佛教，尤其是“黄教”广传于蒙古。更因之黄教和清朝——后金建立了密切的联系，藏传格鲁派独领天下。

（三）清宫内廷的佛教信仰

有清一代从紫禁城内佛堂的陈设以及清宫档案来看，基本保持了满族原始文化，设有“堂子”等机构，崇拜多神并重供奉的习俗。佛教主体信奉使藏传格鲁派独大，清代前期在北京入册的藏传佛教寺院就有 30 余座，包括弘仁寺、嵩祝寺、福佑寺、妙应寺、东西黄寺、隆福寺、阐福寺、崇福寺、雍和宫等。而承德有 11 座寺院，在五台山以菩萨顶文殊寺（真容院）为中心，有 25 座寺院居住藏传佛教僧人，其中八座为藏传佛教寺院，另外沈阳也有一些藏传寺院。清代北京、五台山、热河三地是藏传密教在内地的三个中心，据清宫档案《理番院则例》中所载，其规定的住寺法定人数为 2156 名，其中雍和宫便有五百名。据《大清会典事例》（卷九）记载，乾隆三年（1736）颁给喇嘛的度牒，在京各寺庙原有度牒之喇嘛、格隆、班弟共 959 名，后增福佑等寺食钱粮之隆格、班弟共

340 名，皆未得度牒，而既无食粮又无度牒的竟有 675 人。可见法定僧数之外的在住僧和游方僧人数是相当可观的。

清代的紫禁城是皇帝理政、生活起居的场所，集“前朝”“后寝”，“左祖”“右社”，是国家典章制度、宗教礼仪、人文教化、伦理纲常的一个示范，一个样本。所以，紫禁城内事无巨细关乎国体，在宗教信仰上，紫禁城内的佛事活动，其所反映出来的就是清朝皇室的宗教政策。

清代在紫禁城内的佛教活动可以分成两类，一类是参与人数比较多的佛事，例如祈福、延寿法会等活动；另一类是皇帝或者包括极少数亲近贵戚、皇子在内的密宗修习活动，是后妃等妇女无缘知晓的。前者集体宗教活动有两处较为集中的佛殿，一个是慈宁宫大佛堂，另一个是建福宫花园——延春阁之前的地区，慈宁宫大佛堂专供后妃们礼佛进香、清净修习的庄严佛殿；建福宫花园等区域是供喇嘛们“跳布扎”进行集体宗教活动，从事祈福、延寿，即所谓佛教四业——息、增、怀、诛法事活动的。而供密宗修习的“秘殿”分散在不同宫室，有七处暖阁佛堂，以及雨花阁、梵华楼这样大型的“秘殿”，是供皇帝修行密法，以及专门用于活佛大德灌顶、传法等庄严佛事的。这些地方专供修密所设，宫内人员包括后妃都是不能涉足的，这其中尤其如雨花阁和梵华楼，是在三世章嘉国师直接规划下，仿照西藏阿里的托林寺坛城修建的，现在托林寺坛城殿早已毁而不存，在藏地的四部神殿已经绝迹。我们在此着重讨论后者。

紫禁城内这些秘殿所供养的佛像，多是呈忿怒相，拥抱明妃的胜乐金刚、喜金刚、密集金刚和大威德金刚。以及尊胜佛母、作明佛母、吉祥天女、不空羂索菩萨等。清代前期康熙三十六年（1697），宫廷设立专门管理宗教活动的机构——中正殿念经处，后来乾隆朝又有雍和宫念经处，其大臣都由亲王担任。紫禁城中独立的佛堂就有三十多处，主要集中在西北部。清宫佛堂与民间寺院不同，在使用上严格因人而设，其规模、形式各有不同。因为供皇帝修行、后妃拜佛念经，喇嘛参与的佛事、宗教活动，都要分别在不同的场所。现在故宫博物院所庋藏的藏传佛教陈设及文物，佛堂文物约有两万件，库房中存有铜造佛像八千余尊，各种法器七千余件，藏文等佛经两万八千余册，这些巨量的文物是研究藏传佛教的宝库。

藏传佛教在清代成为实际的“国教”，在内廷其所传授的都是基于金刚乘无上瑜伽部的“密法”。其供奉的主尊是以金刚界曼荼罗毗卢遮那佛为中心的密教五方五智佛，所修法基本是无上瑜伽部的法，故称为总集轮。在无上瑜伽密法法系中，格鲁派最注重的是胜乐、密集和大威德三尊。胜乐金刚又称上乐金刚，藏语称“登巧”，是藏密无上瑜伽部母续的本尊。密集金刚，又称密聚金刚，藏名为“桑顿多杰”，属无上瑜伽部父续。在藏传佛教中，尤其是格鲁派教法中非常重视密集金刚之法的观修。也有说密集金刚是从密宗五方佛中的东方阿閦佛化身演变而来的，在藏传佛教格鲁派教法中，据说密集金刚也是格鲁派创始人宗喀巴大师的守护神。大威德金刚是格鲁派密宗所修本尊之一，因其能降服恶魔，故称大威，又有护善之功，故又称大德，藏语为“多吉久谢”，也叫阎曼德迦、怖畏金刚、牛头明王。一般大威德金刚依藏密认为是文殊菩萨的忿怒相，属教令轮身，是事业的根本。于无上瑜伽部中，与胜乐金刚、密集金刚同为主要的本尊。其次还有母续部的喜金刚，是藏密萨迦派最重要的本尊，亦即以喜金刚为本尊所修的生圆二次第的“道果”法。

二　紫禁城内的养心殿

（一）养心殿在清宫档案中的记载

养心殿之名始见于明嘉靖十六年（1537）正月，在明史档案史料中所见《皇明嘉隆两朝闻见记》等有所提及，其后重要的重建与修缮记录除顺治进京重整紫禁城以外，有雍正元年（1723）、乾隆十五年（1750）和同治十二年（1873）。

养心殿居于内廷西六宫之南，与乾清宫毗邻而居，距满汉“军机处”不远（附图1）。养心殿因处于西六宫的最南端，依宫殿营造法式在其正门之前，开设横向的通道，向东设拐角影壁开“遵义门”，正对中轴线西侧的“月华门”，直通乾清宫后三宫，是紫禁城中轴线两侧重要的附属建筑。尤其是在用于分割前朝后寝的乾清门前横街之北，极为靠近中轴线（后寝宫室以靠近中轴线，靠南为尊）。总体来看，紫禁城内建筑，靠西北的宫室建筑较早，使用率高，因其更接近于“三海宫苑”，也更处于“皇城”的中心。虽说养心殿之名始见于嘉靖十六年（1537），而在此紫禁城建成后的 117 年内，此处宫殿建筑的格局、名称，我们知道得还很少。仅据明清档案，大略知养心殿南原有御膳房、井亭，再南又有“南库”。明代嘉靖皇帝在此建无梁殿，设炼丹之场所，这里有用火取水之便，地处西六宫之南，从其主殿藻井规格所见，可以推断：这里一直是规格很高的皇帝备寝、次于乾清宫，私密修行的一处殿宇。

明末李自成攻入紫禁城后，居停四十日，清初顺治帝进京，全面整饬修复紫禁城，从修复的时间上来看，李自成对于紫禁城建筑的焚毁破坏是有限的，所以顺治得以很快据守紫禁城，而且后寝的很多宫室都沿用了明代的旧称（附图2），养心殿亦然。养心殿在乾隆朝以前的情况我们粗略知道顺治、康熙时期，养心殿已经作为一处理政之所。至于宫史所载康熙二十八年（1689）于养心殿置“造办处”，需注意的是：养心殿所建“造办处”，是“处”还是“作”，前者是内府机构，后者是“作坊”，两者性质是完全不同的。康熙时期曾将养心殿作为“临幸晏息”之所，也就是理政之余时而再次小憩休息，这是康熙朝养心殿功用的零散记录。

康熙晏驾，雍正即位，作为“守孝倚庐”之所的养心殿，在雍正元年进行了修葺。但是三年“除服”以后，雍正并未搬回乾清宫，而是在养心殿住下了，并且将东暖阁题为“长春方丈”室，这里的“长春”便是道家全真派“长春真人”的借用。雍正曾因身体健康的原因，广求释道，并且因此重道抑佛，并因此在雍正八年（1730）在养心殿西暖阁建“斗坛”，供奉“斗母”拜祭。这是在他的寝宫设坛，迄后拆除斗坛，再炼丹砂，并且在其他的地方寝宫都设有丹炉，最终雍正毙于圆明园。这是雍正朝养心殿有限记录下，可以推测其作为皇帝秘密修行，兼炼丹之寝宫。

1736年乾隆在即位的第一年十月，即书“长春书屋”横额装饰养心殿西暖阁。“长春书屋”的由来，据《养吉斋丛录》说：“长春书屋”原为圆明园“九洲清晏”别室，雍正扩建圆明园，尝使弘历（乾隆）随侍左右，记一时问答语，并赐号“长春居士”。故乾隆即位以后，为追慕先帝，往往将自己所御之处，以“长春”命名，这其中“长春”也有入道修行之意。乾清宫西暖阁是乾隆最早的“长春书屋”，也是其即位伊始对自己寝宫最用心的修葺。这一亲自精心设计的装饰修缮工程，耗时两年，维持了十年的时间，殿内部装饰，主要是借用油画通景画的形式，扩大室内的空间感。尤其是雍正、乾隆朝以来，这里集中了“理政召对”“秘修佛法”和“寝居生活”三位一体的重要功能。由此，其他宫室莫能代之，成为紫禁城中最为特殊和重要的地方。

（二）乾隆信奉藏密精心营造养心殿佛堂

养心殿西暖阁仙楼佛堂的形成以及陈设，始自乾隆十一年（1746），这是因为此前乾隆皈依了三世章嘉国师，因为秘修藏传佛教“无上瑜伽”部诸法的需要，所以将这里改建成佛堂。藏传密教的修习特点，是“四皈依”视“上师”等同于佛，上师秘密传授，随时引导指轨。藏密“甚深修法”学习的过程和目的是“我佛为一”，因此，修习的途径是身、口、意“三密相应”。一般简单形式是：修持者作跏趺坐、手打契印（身）、口诵真言咒语（口），同时观想映照（意），三者能够随变化协调一致，互有感应便可成佛。由此可知，如果没有上师阿阇黎（意即轨范导师）随时的指导带引，是没有办法学习的。因之，习密的地方不同于显宗的佛殿，或者藏传寺院的“大经堂”，众僧齐声唱经诵咒，这是集中做法事的地方。秘修的地方需要小空间，本尊佛像、唐卡环绕，不同方位、朝向，修习不同的“法”。这样的空间，除了修习者和他的金刚上师阿阇黎，是绝对不允许其他人践足侵扰的，这便谓之“习密”。

作为佛堂之前的西暖阁，原来题作“长春书屋”，这里的“长春”本来有雍正帝问病求道，修炼仙家，转以赐赠太子弘历为“居士”的别号。乾隆登基，为缅怀先帝之德，以此题为“书屋”，由此可知这个书屋不一定就是“书斋”，其原本初始便含有“修行”的意义在内。乾隆装饰佛堂，是从其十二年（1747）正月开始的，先从阐福寺移来二十四幅唐卡，由档案中可知，当年造办处奉旨依样制作了高一丈二尺六寸，紫檀木七层八角楼阁式“弥陀无量寿塔”，此时也安置在佛堂中间。乾隆十六年（1751）又增置了一批唐卡佛像，按目前实际统计，佛堂共有唐卡55件，楼上下由窗、隔扇分割开的空间有十一间（这里不是建筑结构意义上的开间），这里一切的设置，都是由三世章嘉国师设计确定的。而在楼下佛堂靠西南有一个独立的小空间，开门北向，进深1.5米，宽2米，只有一炕坐东向西，面对0.5米见方小窗，面积仅有3平方米，炕罩顶上，挂着“长春书屋”的匾额，炕内上部有道光题写的“容膝”两字横额。可知这里绝非书斋，而似修行省悟的独处之地，因这里狭窄空间和采光的不便，有理由推测：养心殿西暖阁始建的“长春书屋”，就是躬身反省、悟道修行的空间。

三　乾隆的养心殿与三世章嘉活佛

藏传佛教的格鲁派，早在清人入关以前，便通过蒙古传到东北满族地区，逐渐和满族的“后金”政权建立了紧密的联系。据《满文老档》记载：天命六年（1621）努尔哈赤接见并礼待了科尔沁的囊苏喇嘛等人，并礼为师尊，后来囊苏喇嘛圆寂于辽东。皇太极立都盛京后曾致书达赖，邀高僧来后金传法。顺治九年（1652）清廷再邀达赖进京，建黄寺以礼待之。康熙时期，尊崇青海“章嘉”活佛体系，曾召见来京的二世章嘉阿旺却丹，并且亲自改“张家”为“章嘉”并授以“呼图克图”称号，其遂为在京八大呼图克图之首。后又加封二世章嘉活佛“灌顶普善广慈大国师”，赐纯金八十八两八钱八分“大国师印”，自此在北京等地广传“密集、胜乐、大威德”诸法。

（一）三世章嘉活佛若必多吉在清宫内廷长大

三世章嘉活佛若必多吉（1717—1786），或称“若白多杰”，这是他藏语密宗的法号，意为“戏乐金刚”；又称“益西丹贝仲美”，是他显宗的法号，意为“智慧教法明灯”。因1723年青海蒙古和硕特部首领罗卜藏丹津叛清，清廷授派年羹尧为抚远大将军进剿，青海大乱，许多寺院被焚毁，僧人散亡。雍正二年（1724）年仅七岁的三世章嘉若必多吉，被清军找到并护送进京，自此年幼的三世章嘉活佛，留在清廷并依止二世土观活佛和七世达赖喇嘛及其师阿旺曲丹，以及六世班禅，广学显密经论及本派教法。同时三世章嘉活佛在清廷的庇护培养下，还学习除藏语以外的汉、蒙、满等诸语言，又因其天性聪慧，从而成长为有清一代学识最为渊博的佛教大德。

三世章嘉活佛在成长过程中，与作为皇子的弘历，多有交谊，他比乾隆皇帝小六岁，据传两人有“同窗之谊”。三世章嘉活佛在乾隆九年（1744），参与主持改建雍正王府为雍和宫，成为北京最大的藏传佛教寺院。并设立显、密、因明、医明四大学院，召集蒙、藏、土、汉各族僧人五百名为定额僧，请西藏三大寺院及上下密院派喇嘛主持各扎仓。[①] 乾隆

① 吕建福：《中国密教史》（修订版）第六章，中国社会科学出版社2011年版。

十年（1745），依孝圣皇太后懿旨，改北海北岸原明代“太素殿”行宫，乾隆初年曾为“先蚕坛”的建筑为“阐福寺”，作为乾隆腊月降香祈福之场所。[①] 这一年，对乾隆而言是非常重要的，信仰发生重要变化的一个时间节点。

（二）乾隆与章嘉活佛的换位

乾隆十年（1745），是藏历的“木牛年”，在此之前乾隆曾向三世章嘉国师要求秘密听受佛法，受传“自我皈依指导”以及宗喀巴《菩提道次第论》等，并指示章嘉国师写成《甚深中观修习明炬》一书。这一年的九月，雍和宫改建工程在章嘉国师以及在京的众多藏传佛教高僧参与下完工，年底章嘉国师闭关14天后，受到乾隆皇帝的召见。关于这次召见，土观·洛桑却吉尼玛在他的《章嘉国师若必多吉传》（以下简称《章嘉传》）中，有比较详尽的记述。据说：召见中，乾隆要求章嘉向他传授入乘法灌顶和本尊神胜乐灌顶法，得到三世章嘉的应允，于是，灌顶所用器具都由乾隆皇帝备齐，章嘉国师给乾隆传授全部“胜乐铃五神灌顶法”。灌顶时章嘉国师坐在高高的法座上，乾隆则坐在较低的坐垫上，灌顶后，乾隆奉献了一具镶嵌奇珍异宝约百两重的“金曼扎”，由此，通过“灌顶”仪式，乾隆正式成为三世章嘉国师的“佛弟子”。

据《章嘉传》叙述说：在灌顶后行抛掷齿木的验证，乾隆口诵咒语，深信不疑地抛出齿木，齿木稳稳地落在曼扎中间，向上竖起来，令乾隆惊喜不已。又在灌顶前的晚上，章嘉国师在自己房中念诵七字咒的声音，被乾隆在御榻上清晰听到。因这种种的“殊异”显现，乾隆皇帝对于三世章嘉国师更加崇信，言听计从。乾隆曾表示：“章嘉国师从前是朕的上师，现在成为朕的金刚阿阇黎”，三世章嘉国师由此也登上了“居于狮子座，饶益政教事业”的顶峰。此后，乾隆又接受了“吉祥轮胜乐深奥二道次教授及分支”等法，坚持每天上午修证道次，下午修证胜乐二次第，每月初十日举行坛城修供、会供轮、供养等活动。藏传佛教被称作“藏密”，因为他们传习的方式是“秘传”，与汉地禅宗等有所不同。其皈依方式是“四皈依”，是指皈依“上师、佛、法、僧”，传习法理、规矩的

① 土观·洛桑却吉尼玛撰《章嘉国师若必多吉传》，陈庆英、马连龙译，民族出版社1988年版。

过程中，需要随时由“上师”口传身授的学习。所以，修习的环境也要求是封闭、私密的空间，这正是乾隆十一年（1746）重新装修养心殿西暖阁为仙楼佛堂的最直接的原因。

三世章嘉国师曾说：从前在藏历的水牛年，八思巴大师传“喜金刚灌顶法”与元皇帝忽必烈；现在我给皇帝传授“吉祥轮胜乐灌顶法”是木牛年，虽然天干不同，但地支都是牛年。暗示他的前世曾是宗喀巴，乾隆的前世曾是忽必烈，两人存在供施关系。章嘉国师还有在向乾隆传法过程中，出现很多殊胜的“异象”的叙述（均见《章嘉传》）。在《章嘉传》中也有记述说：乾隆皇帝在秘密听受瑜伽空行母、金刚等佛法过程中，曾将坐垫收起，跪在地上，以头触三世章嘉国师之足，行“顶足礼”。还有，作为三世章嘉近侍的两个大喇嘛，在给乾隆灌顶过程中，暂充行茶僧时，乾隆对他们说：“我们都是具有三昧耶关系的秘法师兄弟”，并赐给敕书等很多赏赐。① 三世章嘉若必多吉活佛，几乎是在清廷的保护与精心教育培养下，成长为藏传佛教格鲁派的四大法王的，其在清政府对于西藏、蒙古地区的政治关系中，曾扮演过重要的政治角色，对西藏、蒙古地区的稳定有重要的贡献。他与乾隆的关系，从近似于同窗，到受拜上师，进而受到乾隆皇帝崇信、膜拜，尊崇为“金刚阿阇黎”，直到乾隆五十一年（1786）三世章嘉国师在京圆寂。他的僧袍曾奉祭于养心殿佛堂，在雨花阁东配殿塑像建影堂。

（三）养心殿西暖阁成为佛堂有传统

目前故宫博物院对于养心殿所进行的大修，是自见于记载“养心殿”之名的嘉靖十六年（1537）至今，相隔480余年后得又一次大修。从清顺治进京残拾修葺紫禁城，及雍正元年（1723）将养心殿设作理政之所，兼为寝宫，距今天也将近300年。这300年来，养心殿的建筑格局没有大的更动，在宫室建筑中，内部的装饰与功用是有紧密联系的。养心殿尤其是西暖阁，内部挑空的仙楼、由槛窗隔扇分割出复杂的隔间，这样的建筑格局，原本并非是用作佛堂的。但雍正求医问道，设炉炼丹，乾隆修持藏密，每日早晚功课，皆以这里为便捷。于是历经雍、乾两朝皇帝改而又改，终于兼顾了“三位一体”的理政、寝居、宗教修行的三者和谐相处。

---

① 以上均见《章嘉国师若必多吉传》第11章。

宫殿建筑原本就是一个国家的象征，并不完全为了“宜居”，而养心殿这一组建筑，居然能使皇帝感到难得的便捷和自在。在偌大的紫禁城宫殿之内，能寻觅到类似的空间实在并不多见。

清代宗室的佛教，主要是藏传格鲁派深受皇室推崇。清初顺治帝“万几余暇，留心内典”，自以为僧人转世，屡派大臣、喇嘛往五台山修祝国佑民道场。康熙亦多次派喇嘛到五台山修佛事；雍正帝自小喜读内典，拜二世章嘉为国师，谈论佛法；乾隆更尊崇佛教，受三世章嘉国师灌顶，奉为“金刚阿阇黎”，学藏语方便与喇嘛对话，修妙应寺白塔，亲书佛经。乾隆寝陵中浮雕五方佛、刻藏文经咒，可以说这一切都与养心殿西暖阁有着或多或少的联系。养心殿西暖阁的佛堂，从乾隆十一年乾隆皇帝皈依三世章嘉国师，为修行需要重新装饰内部。一方面与他向乾隆传授的“无上瑜伽部”的佛法有着直接的关系，另一方面，其中的所有内部陈设，佛像与唐卡，一定都是在章嘉活佛的直接指导下，按照乾隆所修习的法门，安置摆放的。而这种安置摆放，直到末代皇帝溥仪出宫，基本都没有什么更动。但是可惜佛堂中按部装饰，为修持藏传佛教所陈设的佛塔、造像、唐卡等，晚清时已经在宫中荒落。大约道光时期，这里的仙楼陈设，已经成为“先帝祖典”所遗，再无人虔诵密咒，懂得修持了。在末代皇帝溥仪的回忆录中，称养心殿西暖阁的佛堂仙楼为“迷宫”，自述曾在这里捉迷藏，徒令人扼腕感叹也。

四　养心殿佛堂佛像唐卡的陈设

紫禁城内的诸多秘殿，例如原中正殿周边的雨花阁、梵宗楼，慈宁花园区域的咸若馆、吉云楼，宁寿宫附近的养心殿西暖阁、梵华楼等（见附图 1），都不是一般的显宗性质的普通佛殿，这些秘殿的陈设内容都是专为修习密宗所用。

（一）养心殿西暖阁佛堂的布局

养心殿西暖阁，与紫禁城内其他秘殿，既有相似联系，同时自有其特殊性，这主要表现在位置的特殊和空间的局限。其位置的特殊性主要在于养心殿宫殿群就是皇帝理政之所，兼为寝居宫室，已经很局促了。内再设佛堂虽然是皇帝所需，但是这种“三位一体”又是极其特殊的。其空间的局限在于：原本非佛堂建筑，勉强布局，事在便利。而这样的特殊性，在痴迷崇信藏传佛教和三世章嘉国师的乾隆皇帝看来，因陋就简和持之以恒的习惯，反而使之成为殊胜无比的理想修行之所。甚至乾隆在三十年后的乾隆四十一年（1776），居然完全仿照养心殿西暖阁的佛堂，在紫禁城的东面修建了“养性殿”以及佛堂（再10年后三世章嘉国师圆寂），这真是乾隆皇帝的癖好。

养心殿佛堂的布局由于空间的局限性，楼上楼下“小中见大”，三世章嘉国师居然主次有别的布置下了无上瑜伽部的三个子部，即父部、母部和无二部。至于有研究者认为佛堂是按照“曼荼罗”型式布局的，缺乏证据。因为藏密所推崇的根本密法，是围绕“金刚界、胎藏界”两部曼荼罗，而无上瑜伽部，又是源于金刚界的“金刚乘”发展而来，是以毗卢遮那即大日如来佛为根本中心，其他菩萨、金刚、护法环绕封闭为环才行。而佛堂仙楼中间所置为“无量寿弥陀塔”，而且，北面临墙大窗，挑空直上二层，不能成为完整循环。另外，从清宫档案和土观·洛桑却吉尼玛所著《章嘉国师若必多吉传》中，所记述清宫所作最多的法会便是“延寿”佛事，这是汉地最习见和举行最多的祈福活动，因此，佛堂中心设置无量寿弥陀塔，也可以认为是三世章嘉国师对于清廷皇室的尊重和变通。

这里佛堂仙楼上下所有的装饰陈设佛像、唐卡，还有一些特点，例如：所有唐卡都不使用藏式装裱的“边子”形式，而经过清宫造办处重新装裱，以汉地绫缎装“帖落”形式，装裱固定在墙上；也有装框悬挂的。其次，有些唐卡的绘制，并不完全出于藏地僧人，按照藏传佛教“工巧明”《度量经》唐卡绘制的程序、仪轨和方式制作。有些唐卡是内地制作的，还有内府制、苏州绣以及缂丝。这些制作及装裱，严格讲并不可能完全依照密宗仪轨制作，故也可以视为一种通融的办法。楼上正中挂有“大圆觉”三字的横额，两侧为“妙谛六如超众有”“善根三藐福群生”的对联。

依据清宫大库的档案可知，从乾隆十一年正月拆除旧有装饰开始，用了两年的时间，佛堂基本就绪。迤后除乾隆期间对佛堂内陈设进行补充以外，一直到1924年年底溥仪出宫，这179年期间，基本保持着当时装修陈设的样子。至今又过了96年的时间，故宫博物院对养心殿内的保护，最大限度地保持了原貌。养心殿西暖阁佛堂仙楼，是养心殿内部装饰和宫殿文化思想最为重要和特殊的内容，270 余年来，这里就像等待着考古发掘，留给了我们一个抽丝剥茧，研究发现的惊喜。

（二）从佛堂佛像及唐卡的陈设看乾隆习密内容

养心殿佛堂仙楼除楼下“无倦斋”所置 5 件唐卡外，楼上共有唐卡 50 件（见附图 2）。二层中间挑空的仙楼，陈设唐卡有佛像的隔间，总体呈“U”形的曲尺三面围抱状。在“U”形的西南方向，多出一块空间，我们暂命名为“西南别室”，此中布置了 7 件唐卡。除去此“别室”，楼上则是一个正长方形格局对称的空间。由于建筑北墙及开窗采光的限定，楼上是三面阁楼围栏的形式，清代宫室陈设，纵使巨大到紫禁城，或五十五开间的太和殿、小至养心殿后部的寝宫，都是对称布局的。这是宫殿营造法式所总结传承下“威仪”建筑的特色，在清代的陈设布局中，相比于以前历代，对称感又更为突出，或者机械一些。因此，我们将楼上正间（正长方形空间）看作一个整体，另外西南别室算作一个独立空间，楼下的无倦斋看作第三个空间。由这三个独立的空间，探讨唐卡布置规律，即清宫内藏传佛教瑜伽部修习，以及乾隆皇帝、三世章嘉国师传习藏传佛教的特点和文化内涵。

楼上正间坐南向北的部分暂称为“南中室”，两侧如雁翅展开的暂称东、西侧室，以及它们与南中室之间形成的东南耳室、西南耳室组成了一个完整的长方形，大概从建筑装修隔断粗略统计有 11 个空间。在中室内南壁两侧约 1/8 宽的位置，又以室深 1/2 的隔扇和门框，做了小的分割，但仍然是作为坐南向北正面陈设的主要空间。这里增加的两个小的垂直隔扇，实际上扩大了正面安放主尊的壁宽，可以多放四幅护法菩萨，同时隔挡了耳室面向主尊的开门，使之不相冲，这是一种非常巧妙的设计。

中室的正中为藏传密教金刚界五方佛，又称五智五方如来。正中间是毗卢遮那佛（图标 1），其左右两侧（按照藏传佛教的规则，以中心佛尊的左右相称，叙述时先右后左），右侧（东）依次是东方阿閦佛（标 2）、西方阿弥陀佛（标 3）。左侧（西）依次是南方宝生佛（标 4）、北方不空成就佛（标 5）；这五方佛唐卡的前上方横梁上，又挂了三个黑色小镜框，中间是阿弥陀佛（标 6）、右边是唐卡白度母（标 7），左侧是绣像白度母（标 8），这三件小型的佛像，似乎是后悬挂上去的，其与正中的五智五方如来，略有不和谐感。五智五方佛的右侧（东）隔扇向内装饰一幅六臂玛哈噶拉（标 9），隔扇背面向东悬挂一幅自在观音菩萨（标 10），南壁面北悬挂尊胜佛母（标 11）。五智五方佛的左侧（西）隔扇向内悬挂六臂白玛哈噶拉（标 12），隔扇背面为尊胜佛母（标 13），北壁正面为不空罥索菩萨（标 14）。这是楼上中室正面最主要的唐卡陈设。

东西两面的侧室，可以看作环护中室主尊的侧卫，其唐卡陈设：东侧室正面东壁自南向北依次为：文殊（标 15）、金刚手（标 16）、观音（标 17）、地藏（标 18）四大菩萨，南面与耳室相隔的壁上面北悬挂吉祥天母护法（标 19）。侧室南面，因北墙与侧室间有隔扇（楼栏杆东侧），也形成一个三面空间，其北墙向南中间陈设密集金刚（标 20），右首大金刚手金刚（标 21），左首作哞金刚（标 22），隔扇面东为作明佛母（标 23），东壁面西为六臂大威德金刚（标 24）。

西侧室唐卡陈设与东侧室完全对称，其西壁面东自南向北依次为：普贤（标 25）、弥勒（标 26）、虚空藏（标 27）、除盖障（标 28）四大菩萨，南面与耳室相隔的壁上面北悬挂马头金刚护法（标 29）。北墙向南中间陈设时轮金刚（标 30），右首密集金刚（标 31），左首大威德金刚（标 32）三大金刚坛城。右手西壁悬挂金刚亥母（标 34），隔扇向内悬挂无我佛母（标 33）。

中室与东西两间侧室的夹角，形成了两个东南、西南耳室，两个耳室北面靠近中间隔扇开门，另外南墙边上还有两个小门开向中室，这样通过中室左右的隔扇，形成了环绕流通的四方空间。东南耳室东壁正中是一幅大的“间堂”唐卡：胜乐王金刚三尊（标 35），对面小门侧隔扇上悬挂喜金刚（标 36），左侧南壁上悬挂一件胜乐金刚（标 37）。

西南耳室西壁正面悬挂大幅间堂：五方密集金刚三尊（标 38），对面隔扇上为大威德金刚（标 39），因为这间耳室南壁还开有一扇门的通道，通向西南别室，所以南壁没有悬挂唐卡。另外在挑空的仙楼四角隔扇向内方向，还悬挂了四件护法天王唐卡，东南为东方持国天王（标 40），西南为西方广目天王（标 41），东北为南方增长天王（标 42），西北为北方多闻天王（标 43），这样便形成了一个完整的密殿布局。

西南别室陈设，这是一个略呈南北长方形的独立空间，因为门开在北面，所以形成了东西对称的佛菩萨唐卡布局。其西侧的正面壁上为三尊唐卡，中间密集金刚（标 44），右首（南）大威德金刚（标 45），左首（北）胜乐金刚（标 46），对面东壁上同样三幅唐卡，中间为白胜乐王金刚（标47），左右分别为四臂玛哈噶拉（标48、标49），室内南壁正对门悬挂一幅大威德金刚（标50）。这一间别室的陈设，无论是建筑空间位置或是内部唐卡装饰，显然独立于外面正室的布局，而在乾隆四十一年（1776）修建的养性殿西暖阁佛楼，则没有这一间的装饰布置，说明这一空间是比较特殊额外的修密空间。

佛楼一层无倦斋建筑空间的北侧，也有一个面南三面环绕的小空间陈设唐卡。北壁为三坛城：中间时轮金刚（标51），右首密集金刚（标52），左首大威德金刚（标53），这与二层西侧室北壁正面陈设相同（这两处都是无二部），但其左右两侧壁上则右（西）为红阎魔王（或称红阎魔敌）唐卡（标54），左侧（东）为吉祥天母唐卡（标55），这一空间的佛像装饰，也是独立的。无倦斋建筑格局同样是曲尺形，中部的东西贯通，南向临门，门内的西侧是床榻，床榻依南壁设座靠垫，对面有桌儿，上置胜乐金刚铜佛造像，北壁设通高大镜，座垫后壁有悬挂镜框的铜托件，至于原来曾悬挂什么，目前还不得而知。

（三）关于养心殿佛堂的几点推断

根据以上佛堂仙楼内部的装饰陈设位置，我们参见清宫档案和有关史料，以及三世章嘉国师、达赖、班禅等在内地，尤其是京畿地区弘传藏传密教的记述，可以得出几点推断：

（1）仙楼二层长方形主室供奉的是以毗卢遮那佛（大日如来）为中心的金刚界诸尊，也就是说三世章嘉国师所设计引导乾隆皇帝所修持的，是以金刚乘为中心的无上瑜伽密教，这里布置陈设的佛像唐卡，基本涵盖了无上瑜伽部的所有主尊、护法和诸神，这与乾隆接受三世章嘉灌顶一致。这里的主尊包括了无上瑜伽部中“父部”“母部”和“无二部”的三个子部所有佛、菩萨、金刚、护法，由此形成了无上瑜伽部完整的世界。

例如东南耳室供奉的是以母续部胜乐金刚、喜金刚为主尊的环境；西南耳室供奉的是以父续部密集金刚、大威德金刚为中心的环境。按照密教的修行仪轨，修什么法，要跏趺坐于主尊环绕下，才能方便“我佛不二”“三密相应”，所以这里的不同空间，就是为修持和引导修行所布置陈设的。楼上的所有布置，由于建筑空间的局限性，并没有构成四部坛城形式，但是简约地形成了显密并重，先显后密，平面四部的格局，这正是格鲁派宗喀巴一系特别重视的教法。并且相比较于藏地的寺院佛殿，这里还做了适当的便宜通融。

（2）楼上的西南别室是一个独立的空间，在佛像唐卡的装饰方面，父续部、母续部相对并置。西墙密集金刚、大威德金刚和胜乐金刚三尊并列，这是格鲁派最为重视的五大“密持”体系中的三尊。对面主尊是白胜乐王，胜乐金刚有四面脸，分为白、黄、红、蓝各色，每脸有3目，有12臂，主臂左手持金刚铃，右手持金刚杵，两手同时拥抱明妃金刚亥母。

一般的胜乐金刚肤色为蓝色，表示“气”，明妃金刚亥母为红色，表示“血”，血气相融便可成就。而白面胜乐也被尊称为母续之王，为亿万空行总主。而两侧玛哈嘎拉是佛教三根本的化身，四臂玛哈嘎拉，又是胜乐金刚所化现，总摄诸佛之身、口、意、功德、事业，为主修胜乐金刚的密乘行者之护法神。由此可见总体偏向于母续部的主尊，这里应该是一处特别的，修持某种母续胜乐密法的特殊地方。在相应的养性殿佛堂仙楼，唯独不见照搬这里的布局装饰，或是有特定的原因，值得研究。

（3）楼下东次间“无倦斋”唐卡装饰，以“无二部”时轮乘瑜伽为主，中心是时轮金刚坛城，在这一环境下修持的一定是“时轮金刚乘”，相较于无上瑜伽部的各种密法，时轮金刚的法理形成最晚。其根本经典就是《时轮经》，其中心思想是由时间和车轮两个概念组成。时轮修行者认为：穷极的时间和森罗万象现实世界的车轮，都包含在人的身体内，与生俱有，所以只要进行自身的瑜伽修行，就能实现时与轮、智慧与方便、众生与佛的统一和结合。时轮教派与“觉囊”教派关系密切，也是觉囊派的根本法理。觉囊派曾经出过很多大德，修建过极其宏伟的寺院，他们主要持“大中观他空见说”，因不肯放弃教法，被格鲁派僧人主要是达赖喇嘛，以武力逐出藏地，格鲁派也修习此法，但不采取“他空见”说。

中间时轮金刚等三坛城右首，设置红阎魔王，在整个佛堂装饰上，有不少唐卡是重复的，只有在这里见到唯一的一件红阎魔，这是格鲁派的主要护法，藏地叫“曲嘉”，法王的意思，格鲁派有三文殊的说法，a. 宗喀巴大师是文殊菩萨的化身，称上师文殊。b. 大威德金刚也是文殊菩萨的化身，称金刚文殊。c. 红阎魔王也是文殊菩萨的化身，叫作护法文殊。左侧的吉祥天母，她是藏密重要的女性护法神，也是西藏的保护神，拉萨大昭寺的大护法，在藏地受到特殊的尊崇。

（4）在三个部分中主次分明，仙楼的二层主室，是整个内部装饰的核心。而其中又以南壁为中心，左右对称延伸展开八大菩萨，所有唐卡佛像，皆趋向于以毗卢遮那佛为中心的五智五方如来。两侧有六臂玛哈噶拉、自在观音、尊胜佛母，以及对应的：六臂白玛哈噶拉、尊胜佛母和不空羂索菩萨护持，这两边的护持几乎是完全对称相同的。而对于母续、父续部，则均等分列右侧和左侧（东南、西南耳室），而楼上多出一间秘修的空间，可以看出稍偏重于母续部的修持。而无二部则相对弱化，这与宗喀巴创立的格鲁派教法一致。三世章嘉国师“若必多吉”，这是他密宗的法号，意即“戏乐金刚”，由此可见这与其习法修持也是相一致。

（四）佛像唐卡中译名称谓和清宫记述的异同

藏传佛教传入内地，其译名翻译无论是藏文或者梵文，因为历史的原因，一直没有统一。在明清时期，藏传佛教大量内传，在五台山、京畿、承德东北地区等都有藏传的寺庙和大量僧人活动，由于派别和翻译的差距，往往形成同一名称不同的译法。目前故宫博物院所存藏传佛教文物，在绝大部分唐卡、佛造像、法器等上，往往有内廷的白笺或黄笺，甚至悬挂象牙签，上面书写佛像的名称。即使如此，时代稍有差别或者来源不同，同一佛像便有不同的称谓，这往往是因译音不同所致，在今天这一现象仍然存在。

例如三世章嘉活佛若必多吉，有译作诺白多杰，其本出身于青海湟中县的宗喀张家村，故称“张家活佛”，二世章嘉被康熙召见进京，以为“张家”不雅，钦定名为“章嘉活佛”，这样的人名译音不同，都是很典型的例子。至于佛名则更为复杂，例如“不空羂索菩萨”，又称“不空羂索观音”或者“成锁观音”；大威德金刚，过去有译作“威瓦罗”，但是现在这名称很少用了，一般说“大威德金刚”普遍都知道形象，懂得是文殊菩萨的忿怒相；至于“作哞金刚”曾译作“大威吼声金刚”；“无我佛母”称作“无哉佛母”；“作明佛母”称作“智行佛母”等，常常是旧译和今天通行称谓的差别。

再如六臂玛哈噶拉，清宫笺条称“六臂勇护法”，这便成了意译，“玛哈”在藏语中是“大的黑色”意思，“噶啦”有天空的含义，所以有些密教包括日本东密称为“大黑天”，但是也有白色的玛哈噶啦，叫作“白大黑天”，显然也不是很顺畅，所以我们还是使用在藏地普遍通行的音译“玛哈噶啦”。以之，在佛菩萨的名称称谓上，我们普遍改用现在藏传佛教汉译的称谓，目的是使人较为易于唤起形象概念，不相混淆，通俗易懂。

另外，我们前面提及佛堂中大量的唐卡佛像，全部拆除了藏式装裱的“边子”，改为装框悬挂，或者以绫边、金丝缎边，甚至纸边重新装裱组合，制成整面墙壁式的“布装”或“贴落”，固定在墙面或隔扇上。由于裱工匠人组合前后的原因，几件不同佛像唐卡，相互之间会有绫边、缎边的明显分割。也有的因地方狭窄，数件唐卡之间没有包边“隔水”，但其实是多件唐卡的组合，例如“四大菩萨”“三大金刚”、三件坛城。在交予太监或监工上墙的过程中，清宫档案有记为一件的，有作为几件的。我们在统计研究中，统一按照唐卡内容编号，因此，目前统计养心殿西暖阁佛堂仙楼上下，共有佛像唐卡 55 件，有遗存装饰痕迹，但唐卡无存，不能确知内容的，暂且阙如，这与故宫博物院研究人员过去发表文章，统计数目有所不同。

总之，养心殿西暖阁佛堂仙楼，关乎建筑、关乎室内装饰与人文，关乎藏传佛教，更关乎清代的重要历史，这里是养心殿建筑中重要的、具有特殊性的、历史文化意义尤其鲜明的一处空间。两百七十余年来，这里难得有人进入，更不要说一探奥秘了。近年随着故宫研究工作的扩展，这里开始吸引了建筑、陈列、藏传佛教研究者的目光。今年假借故宫博物院对养心殿建筑进行大修的工程，我们得以进入目窥，进行研究、解剖，这样的机缘实在难得。人生短暂，以 30 年一代人统计，九代人接力才得以一睹真容，希望我们今天的细节探索、文献发掘，为我们的后人留下完整、宝贵的，能够经受时间考验并有价值的史料。

在本文的纂述过程中，特别要感谢青海吾屯下寺罗桑三宝金刚上师所给予的大力指导和无私帮助，包括唐卡佛像的译名、解释、含义，相关组合关系等，由衷表示无上的敬意！

（罗隋祖，故宫博物院研究员）

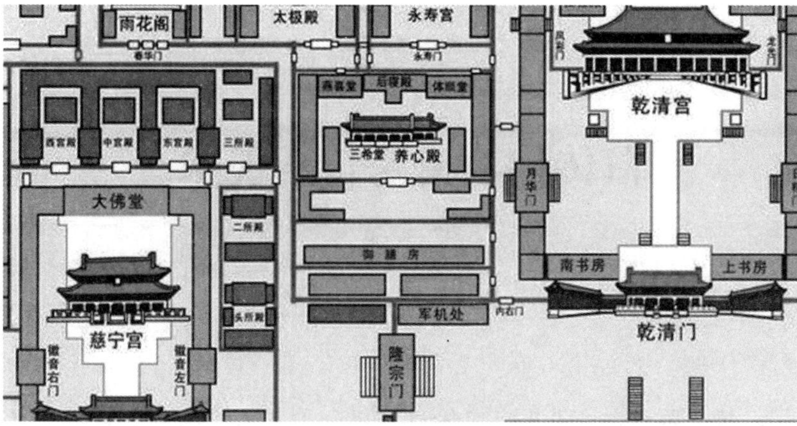

附图 1：紫禁城宫殿布局图

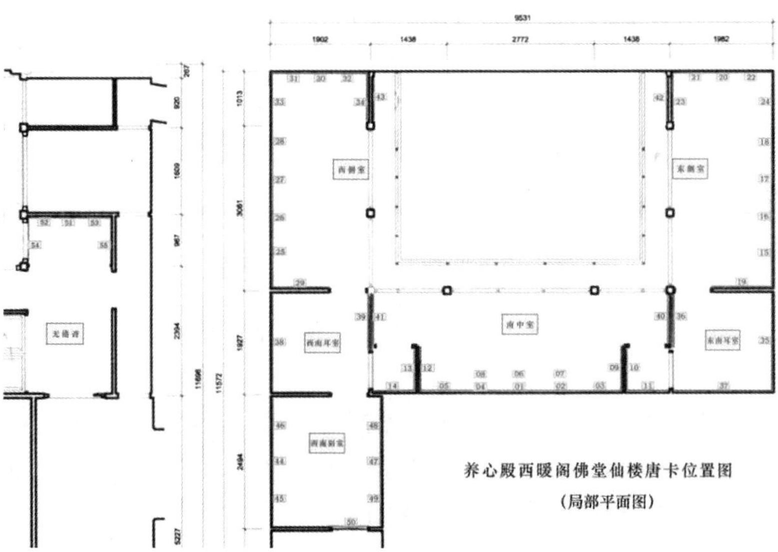

附图 2：养心殿西暖阁佛堂仙楼唐卡位置图

白传佛教密宗传承现状

张　笑

摘　要： 白传佛教密宗俗称“阿吒力”教，简称白密。最早由印度传入，大理国中后期始形成体系，主要流传于皇室、上层贵族以及寺院。至元初，开始走向社会，流向民间，并受到汉传科仪佛教影响，一直传承至今。2003 年大理佛教信徒的 90% 为白密信众，人数达 22.5 万之众，其中仅剑川县至 2015 年时，阿吒力师僧 43 名，全县“妈妈会”组织 34 个，信众 1.4 万余人。师僧是白密的神职人员，俗称“师主薄”，其传承分家传、师传两种。“莲池会”“妈妈会”是白密的佛教基层组织，主要由农村各村社 40 岁以上妇女构成。阿吒力法事行持大体分寺庙、借地、庭院行持几种，包括公共法事和民间法事两大类。公共法事遇重大灾害后在寺院、本主庙行持，民间法事主要分荐亡、祈福两大类。

关键词： 白密；师僧；妈妈会；公共法事；民间法事

白传佛教密宗，又称“白族佛教密宗”，俗称“阿吒力”教，简称白密。云南密教最早由印度传入①。大理国中后期始形成自成体系的，以白族群体信仰为主的中国白传佛教密宗流派。

---

① 见剑川石钟山石窟沙登箐区 12—17 窟。其中：第 12 窟造像题记“囫王天启十一年”，为南诏劝丰祐“天启”年号，时公元 850 年。

一　白密源流及研究

大理国中后期，云南正式形成白密，但这一时期的白密主要在皇室、上层、寺院流行①。元初，白密开始走向社会，流向民间，并一直保留至今。元、明、清、民国各时期，国家专门设立阿吒力僧纲司、僧会司，设置僧官，对白密宗教组织实施管理，尤其在 20 世纪 50—60 年代和改革开放的 40 年，针对白族地区现存白密实际情况，政府宗教管理部门不断深入实地，界定宗教活动范围，明确宗教活动场所或采取建立管理委员会，或建立管理小组，规范白密宗教活动，使大理地区白密信仰得以规范地健康传承和保护。事实证明，白密教派是一个一直受到国家承认、保护的合法佛教组织。

南诏初，印度佛教进入云南，成为王室尊崇的教派。其时，南诏王曾经梦想建立“圣教”②，但直至大理国中后期，始正式形成“白密”。如同印度佛教进入中原后，经过与汉文化长期融合才形成汉传佛教那样，白传佛教同样经历了长时期的外来佛教与白族文化的相融互济，最终才形成了与中国佛教中的汉密、藏密文化之间有明显差别的、独树一帜的白传佛教密宗。

蒙古宪宗二年（1252），忽必烈攻克大理，随之，原先集中于大理崇圣寺、昆明地藏寺、剑川石钟寺等寺院中的阿吒力师僧悉数被解散，从上层寺院走向社会，于民间四处寻找重修场所。一时云南各地尤其是大理的各村社白族民众广泛地开始接触和接受了白传佛教密宗思想理念，纷纷奔走于建庙塑佛的活动之中。由此，大理地区白密信仰一改原先只有皇室和部分权贵信仰白密的状况而转型为白族群体共同信仰白密的社会现象。

元至元十七年至二十年间（1280—1283），时任西台御史的郭松年巡视大理，在其《大理行记》中载道：“此邦之人，西去天竺为近，其俗多尚浮屠法。家无贫富，皆有佛堂，人不以老壮，手不释珠，一岁之间，斋戒几半，绝不茹荤饮酒，至斋毕乃已。沿山寺宇极多，不可殚记。”又写道：“凡诸寺宇，皆得道居之，得道者，非师僧之比也。师僧有妻子，然

① 参见《宋时大理国描工张胜温画梵像》卷图、文。

② 参见中兴二年（899）《南诏中兴画卷》图文。

往往读儒书。段氏而上，有国家者设科取士，皆出此辈，今则不尔。而得道者，戒行精严，日中一食，所诵经律，一如中国。”① 郭松年《大理行记》距忽必烈攻克大理已达30年之久，由此证明，当时大理地区白密信仰已形成广泛的社会信仰状况，这与元初的社会制度是完全有关的。正因如此，这一时期的大理才真正形成“妙香佛国”的气候。郭松年《大理行记》还揭示出，当时大理白密阿吒力师僧分两种：一为“得道”师僧，这种“得道者”住持于寺宇，“戒行精严”。二为“师僧”，即在家修行的阿吒力僧。这些师僧娶妻生子，平时在家修行，而且还读儒书，与时下白族民间的阿吒力僧的持修形式一致。由此证明，白族地区现存在家持修的阿吒力僧们的持修方式即宋、元两代直至今天的白密持修方式的延续与传承。同时也证明了白密师僧持修方式，为信仰性佛教中的一种独特持修方式，与汉密、藏密的持修方式完全不同。

另据台湾故宫博物院李玉珉先生《梵像卷释迦佛会·罗汉及祖师像之研究》所言：“元初，滇地几乎已无禅法，玄鉴不得已只好（派门人)② 到浙江天目山拜临济宗中峰禅师为师。玄鉴的门人返回云南后，大力弘扬临济禅，自此云南临济禅的势力才日趋蓬勃……”③ 李玉珉先生所举，说明了直至元初，白传密教在云南“一枝独秀”的格局才被打破。

然而白密教派根深蒂固，一直深受白族基本群众的欢迎，因此，到了明清时期，云南许多大中城市的佛教寺院虽然大多已经转为禅宗住持，但广大农村的庙宇和家庭的佛教信仰，依然以白密为主。或许是为了稳固白密根基，抑或是受临济禅持修原理的影响，明代中后期的白密阿吒力僧传渡职衔名号，以及他们为白族民众“禳灾祈福”法式中所施行的科仪忏法与临济宗“参禅与密教瑜伽的观想”法之间形成了紧密的联系，出现了明代以前的阿吒力行持手法与明代中后期行持手法之间的一些变异。此后，白密文化一直在白族阿吒力师僧内部传承，并在白族村社中保留至今。

据2005年《大理州志·宗教》所载：“2003年大理州佛教协会成立

① 引自《云南史料丛书》卷三，云南大学出版社1998年版，第136页。

② 原文“玄鉴只好到浙江天目山……”笔者改注为“玄鉴只好（派门人）到浙江天目山”。

③ 引自2002年剑川县石钟山石窟国际学术研讨会，李玉珉先生参会论文《梵像卷释迦佛会·罗汉及祖师像之研究》。

时，全州信仰佛教的群众共有 25 万余人，占全州信仰五大宗教群众人数的 66%。”[①] 据笔者调研，2003 年大理州信仰佛教群众（未含协会外信众）人数的 66% 中，除显宗僧侣、居士外，90% 的群众均为白密信众，即大理各村社“妈妈会”、“莲池会”群众，均为在家信佛而不是住持于寺庙的僧侣或受戒为“居士”的佛教信众。这些白密信仰人数达 22.5 万人之众。尤其剑川县以及洱源、丽江、云龙、兰坪、鹤庆等白族乡镇至今还有一部分经过传度、受戒的阿吒力师僧存在。

白族社会群体共同信仰的白密，其文化内容相当广泛。它包括白密形成的历史沿革、教派教义及遵奉的法会、法事类别及其经典源流，教派自创神祇，艺术成就，教派组织形式，法饰、法器、法坛设置（包括石钟寺石窟中白密自创的曼荼罗）、仪轨，经典仪文及释经手段、模式，还有教派形成直至现代的文化传承等。

改革开放以后，赵朴初先生在中国最早提出了对密宗阿吒力进行研究的提示。1983 年，为恭求鸡足山“祝圣寺”匾额墨宝，时任云南省委统战部长李谨专程赴北京拜望赵朴初先生，谈论中赵朴初先生对李谨部长说：“云南佛教历史悠久，密教曾经在白族信众中盛行一时，明代以后，云南密教衰落，已不知道现在白族地区的密教文化状况，应动员学术界对其认真挖掘和研究。”为此，李瑾部长将赵朴初先生的意见，专门向时任大理州副州长的张旭先生作了传达。此后，大理州史学界根据赵朴初先生的意见，对密教阿吒力文化开始了研究。至此，大理地区及云南一大批学者专家针对白密文化采取了或专门研究，或独辟蹊径的研究方式，将白密研究推向了社会。这些研究成果中有关白族地区对白密信仰的历史演变、信仰范围、白密神祇、寺院（如崇圣寺、观音塘、三月街观音胜迹、凤仪北汤天法藏寺、昆明地藏寺、剑川石钟寺、兴教寺、石龙寺、觉明庵、报国寺等）的建筑艺术等，已经形成若干专著和论文，为白密的研究提供了众多资料，取得了很大成果。

2008—2018 年，为进一步对白密进行系统研究，剑川县组成一个研究小组，深入全县，并赴兰坪、大理、鹤庆、洱源、昆明等地进行实地调查。调查发现，受历史演变影响，大理地区南诏至元代的许多原有白密经

---

① 参见《大理白族自治州州志》（1978—2005 年）卷 4，云南人民出版社 2018 年版，第 468 页。

典大多毁失，加之“文化大革命”以后，昆明、大理等地的阿吒力僧已还俗灭迹，仅存村社“莲池会”“妈妈会”民间佛教团体，以及白密寺庙、观音庙、本主庙等文化遗存。至今，洱海流域的“莲池会”“妈妈会”虽然没有阿吒力师僧参与，但这些佛会会友，仍然在各自村社自行活动。白密文化元素较为完整，并得以传承的县份，只剩剑川县及边缘各县少数乡镇。调查证明，剑川一带现存白密文化与整个白族社会信仰文化息息相关。尤其剑川阿吒力师僧和“妈妈会”组织所承传与保留的“白密”文化元素，以多个角度和众多活生生的客观事实折射出至今仍然存在的剑川白密文化就是整个白族社会信仰文化的代表。

为了深化对白密文化的研究，2014 年 11 月 2—3 日，剑川县白密文化研究组专门邀请了《中国密教史》作者、国家社科基金重大项目密教文献文物资料整理与研究首席专家、陕西师范大学宗教研究中心主任、博士研究生导师吕建福教授，中国佛教图像学专家、国家博物馆李翎研究员及杭州赖天兵研究员，至剑川石钟山石窟、兴教寺白密文化展馆进行实地考察和调研。根据对剑川石窟造像文物和现有梵文碑碣的考证，根据兴教寺白密系列实物资料与汉密、藏密文化主要特征的对比，吕教授一行认为“剑川县白密文化研究组提出的‘白族密教自成体系’的观点是成立的”。同时建议：“鉴于白密自成体系，原有白族密宗阿吒力教的提法应当予以规范，其规范性的称谓应称‘白传密教’，简称‘白密’。”吕教授等专家提出的建议，为我们深入研究“白密”文化，全面了解白密文化的历史和现状起到了积极的作用。①

“阿吒力”一词为梵语译音，最早见宋大理国元亨二年（1186）《兴宝寺德化铭》②，其含义为“导师”“正行者”或“规范师”，白语含义为“师主簿”。唐宋两代，密宗师僧住持寺院，服务于上层。元、明以后，阿吒力师僧离开上层寺院，把白传密宗文化传到民间，阿吒力师僧形成强调“修心不修身”，“修今生，不修来世”；强调“地、水、火、风、空、识”六大本体，体现“众生与佛平等”理念，并以各村社“妈妈会”“莲池会”为基础，以阿吒力法坛为平台，传播白密文化思想。

---

① 见《白族》2015 年第 2 期，（总 14 期），大理白族自治州白族学会编，张笑《剑川石钟山石窟、兴教寺白族密宗文化展馆考察纪实》。

② 见《云南史料丛刊》第 2 卷 467 页，云南大学出版社 1998 年版。

明洪武二十四年（1391）起，遵照规定，白族阿吒力师僧行持所用佛经、科仪文本改为国家规范文本，但寺庙神祇塑造、法坛设置等则继续沿用自宋代形成的白密制式，至今，除昆明地藏寺经幢、石钟山石窟、兴教寺壁画及《张胜温画卷》等文物充分保留和展示出白密神祇、法坛等文化内容外，白族村社中许多佛教寺庙神祇，依然是白密神祇制式。由于历史上的白族民众不懂汉文，不懂汉语，阿吒力师僧在科仪行持中往往使用白语经诵、白语腔口穿插、衔接释读经书，在白族民间形成了以白族语言为释经方式和以白族自创的行持法式的特殊行持手段。这一传统的释经方式和行持方式已成为白密阿吒力文化核心，并形成了明代至今白密的固定行持手段和行法模式。

二　阿吒力组织形式

白传密教源于唐代佛教密宗胎藏界，大理国建立后，最终形成莲华、金刚相融互济的佛教密宗体系。白族阿吒力师僧以《大日经》《金刚顶经》等为持修原理。坚持以菩提心为因，以大悲为根本，以方便为究竟的密宗教义。将平常心修至清净无染，以“理智合一”“莲金圆融”的密法作为修成正果的基础条件，以身、口、意表现手法，完成显明心性、直心入道，获得成就，取得正果，到达彼岸，共修成佛的目的。据不完全统计，至2015年，剑川县经传度受戒成为阿吒力法师的师僧共43名，全县“妈妈会”组织34个，信众1.4万余人。

1. 阿吒力师僧为白密神职人员。白族群众称为“师主簿”。阿吒力师僧的传承，分家传、师传两种。明代以前阿吒力师僧多为儒学根底较深者。明代云南实行科举制以后，凡有“功名”者（秀才以上），不得传习阿吒力，违者革除功名。此后阿吒力僧大多为一般学子，社会地位不高。阿吒力僧娶妻生子、带发修行，长年在家研修，实行半僧半农、半佛半工制，一年365天中，大半凭社会劳动自食其力，每年固定法会约80天，百姓专请建房安宅、丧葬法事约60天。参加法事报酬以天数计算，年收入2000元—4000元。阿吒力僧主要为本村社百姓“祈福禳灾”，不经邀请，一般不跨界行持。行持中，注重设坛供奉，诵咒、放焰口等科仪程序，尤其对科仪中的身法、心法、意法十分讲究，行持法事时“口诵真言、心观尊佛、手结印契”的形式表现出信仰性佛教的特殊文化含义。

剑川阿吒力职衔传渡分两支。一支字派为“兴元广续，本觉昌隆，能仁圣果，湛寂普通”。这一宗派至2015年已传到“湛”字辈。另一支字派为“学通真正教，密悟师祖心，妙法宏玄照，真如实柑生，圆明大势至，湛寂古观音”。这一宗派民国之前曾经传至洱源、鹤庆、丽江等地，现已失传。

2. “莲池会”“妈妈会”是信仰白密的佛教基层组织。“莲池会”“妈妈会”等佛会，主要由农村各村社40岁以上妇女构成。为财务安全起见，各村佛会都需请村中信用度高，有文化水平的少数男性参与佛会财务管理，但这些男性财务管理人员不入会。佛会会员只需崇佛，无须受戒，自愿参会，一旦入会后不再退出，直至老死。佛会会员平时不戒荤，每月初一、十五吃素。各村社佛会多以自然村为单位组成，下分若干组。自然村较小，则每设一、二组，若干村又联合组成一个“莲池会”“妈妈会”。这些佛会组织独立门户、除受邀请配合其他村社之外不能越逾村社、相互干扰。各村佛教寺庙、本主庙产权属村社集体所有，管理权交“莲池会”“妈妈会”管理。“莲池会”“妈妈会”会首称“当家母”（白语称“主得嫫”［zvpdedmox］），由信众民主产生，主管佛会的一切行政事务和掌管佛会的财物使用权。“莲池会”“妈妈会”的财务管理严格，也较民主，透明度高，凡收入主要用于庙宇修缮、神祇塑造、师僧行持工资和守护庙宇人员的生活补助、香火祀奉开支、会伙人员外勤费用等。“莲池会”“妈妈会”的当家母、经母和全体会员，除享受集体伙食之外，一律不收取补助或报酬。每个佛会中有“经母”若干人。“经母”无须受戒，平时跟随阿吒力师僧学习经文、科仪程序，诵经曲目。掌握后，再组织信众学习。经母熟背各种经文，科仪曲目咏唱十分娴熟，较好地传承和保护了白族阿吒力佛腔科仪。“经母”虽不受戒，但一年四季吃长斋。各种佛会活动及一切公益性服务时，参加活动的“当家母”“经母”和全体会员除享受集体伙食之外，一律不收取报酬，自觉为法会公益服务。

三　白密法事及其他

明代以后，白密阿吒力法事行持彻底面向社会，走向民间。阿吒力法事行持大体分寺庙行持、借地行持、庭院行持几种。这几种行持可分为公共法事和民间法事两类。公共法事（七天、九天、二十一天不等），一般于寺院、本主庙行持，如遇重大灾害侵扰或重大人为伤害之后必须择时借地行持。民间法事主要分荐亡、祈福两大类。凡三天以内法事大多于阿吒力寺院或本主庙内设坛行持，白族信众大多借法会禳灾祈福，了却心愿。另一种则为家庭法事，为家庭荐亡、驱邪了愿等。

阿吒力祈祀法事的门类较多，其中最有代表性者为二月八太子会。一为纪念太子甘为大众奉献的精神；二为祈求福禄，祈愿天下太平。对于社会和谐稳定和安定团结有积极的促进作用。

阿吒力荐亡法事中，公共荐亡法事规模较大，几年甚至数十年才组织一次。平时则主要服务于乡村家庭荐亡。剑川白族的家庭荐亡法事，白语称“舍神”［seio send］（施食），此法事只能为母性行持，以示对母亲一辈子辛苦的回报。男性只行诵经，不行“舍神”科仪中的渡桥、往生灯、瑜伽焰口等程式。白密荐亡法事，其文化的核心是教育子女报本追源，敬老尽孝，尤其要报答母亲用奉献的一生，历尽艰难困苦，为后辈儿孙造福的大德大恩，有深刻的社会教育意义。

白密法坛

白密法坛俗称“阿吒力法坛”，是传播白传佛教文化的平台。明代以后，剑川阿吒力道场神祇尊名排序、法坛内外设置、法衣法器使用，供养制作模式、辞章咏诵格调，真言、神咒与手印加持，白语腔口调式、音乐舞蹈配置等，均按“理智合一”“莲金圆融”的密法实施。程序规范严谨，地方宗教特点突出，民族宗教文化内涵丰富，为珍贵的非物质文化遗产。

剑川阿吒力遵循白传佛教“胎藏坐坛，金刚行法”原则，坚持“随方设醮”制式。法会设坛白语称“摆坛”。

“随方设醮”：一是先按胎藏界本尊定位，再围绕中央本尊逆时针方向排序，此为正坛。

排序从右至左。首先以金刚、莲华合二为一的设坛制式，围绕本尊主位，再分上下左右和内外，分列出佛、菩萨、护法及其他神祇位置。二是“因事设坛”，以“方便为究竟”为宗旨，以“为民祈福禳灾”为手段。尊此原则，阿吒力法坛并不固定于寺庙殿堂，可于家居庭院、旷野坪场等以法事活动实际需要而设置所在。

本尊及各类佛、菩萨以画像、旗幡所标示的神祇表示，充分体现

“获得本质”的宗教理念。

阿吒力法坛于行持时按祈、荐、瘟、火、虎、土、杂等门类科目分类设置，神祇因事变幻，各类法事神祇设置不一。

无论大小法事，只有法坛规模大小、神祇主次之分。但正坛、外坛则一律按法事性质分别设置。

规模较大的公众法事，设正坛（曼荼罗道场）、外祖坛，并严格按法事规格完成一应科仪。

此类法事，正坛按正中佛部，左右金刚、莲华两部坛设置，其余神祇还有升天无极元始燃灯古佛、清静法身毗卢遮那佛等53尊。同时，设置礼请神祇，此为法坛主神所请客坐佛、罗汉、神王、眷属等，大多以画像、圣牌表示。

祖师坛，设祖师达摩像，八部天龙护法及赵公元帅、阿利国王护法神等，分层次设置。

如家庭小型法事，则神祇规模较小，主神设置变化不同。

法坛供养器物、师僧使用的法器、法饰，依法事大小变化而变化，与显宗和汉密、藏密不同。阿吒力袈裟由9条至25条缎布拼接缝制，颜色分一等黄，二等朱红。法冠以红为尊，黄为贵，黑者次之。

法坛使用法器专一、独特，白密风格明显，充分体现出汉密、藏密、白密三者之间法器法物理念的完全不同。

法事行持过程中的供养变化多端，民族特色突出。

遵循科仪典要，法事行持中，密法“手结印契，口诵真言，心观想本尊，心往三摩地”的“心、口、意”手段及理念表现得相当充分。密咒、手印加持与科仪文本结合紧凑，与法事程序匹配得体。

科仪中的白语经诵、白语密腔、密乐韵调节奏或起伏婉转，或高昂刺激，或低沉悲哀，与法事科仪情节配合默契，感人肺腑，使白密的信仰性佛教行持行为得到了充分的体现。

阿吒力组织结构，神坛布置理念，以及阿吒力行持手法等文化表明，白传佛教密宗文化与汉密、藏密文化之间有着明显的差异。

为什么数百年间，这一宗教信仰能够扎根于民间，赢得90%以上的白族信众？

一是阿吒力法事行持方便于民，使百姓心理得到极大抚慰。荐亡，为百姓完成了忏悔、尽孝的自慰心理。祈福，使百姓增添了增福加寿的生活信念。安宅奠土，让百姓获得了安居乐业的稳居信心。

就此，封建时代的明太祖朱元璋就指出：“禅与全真，务以修身养性，独为自己。教（密）与正一专以超脱，特为孝子慈亲之设，益人论，厚风俗，其功大矣。”

这种白传佛教密宗的持修理念和行持法式，充分体现了以追求现世利益及逃避地狱惩罚为主要目标的信仰性佛教行为，成就出了一片以“奉献、详和”为具体表现的白族民间爱国爱教，维护国家利益，民族团结，促进和巩固和谐社会的社会现象。

二是阿吒力行持中所用语言均为白语，所用腔调均为道地白族长期耳闻目染的佛腔。所用斋醮器物、祭品均白族密宗法器法物以及家庭常用器皿、自产物种。加上朗朗上口的白语经文意简情深。因此，阿吒力教派受到了白族持久广泛的欢迎。

实践证明，只有保护好维护国家利益、维护民族团结的传统宗教文化，才能促进社会的平稳与安定。

如同许多文化遗产伴随历史的进程而不断流失或消亡那样，由于佛教内部宗教派别一直存在的相互抑制和排挤，再加上近现代一些非科学研究手段的粗暴排斥与否定，白传佛教密宗阿吒力的文化长期受到歧视、压制，不断被削弱、淡化，应引起社会的关注、保护。

（张笑，云南省大理白族自治州剑川县县志办公室主任）

学术动态

第四届中国密教国际学术研讨会综述

一　会议报道

2019 年 10 月 17—21 日，在浙江省绍兴市上虞区举行了“第四届中国密教国际学术研讨会暨国家社科基金重大项目‘密教文献文物资料整理与研究’成果总结会议”。会议由陕西师范大学宗教研究中心主办，浙江省绍兴市上虞区普净寺协办，中国、日本、韩国学者共 50 余人参加。其中国内著名学者有北京大学张保胜教授、故宫博物院罗随祖研究员、中国社会科学院世界宗教研究所李建欣编审、法门寺博物馆馆长姜捷研究员，白传密教专家上海师范大学侯冲教授、云南大理大学张锡禄教授、李学龙教授、剑川县志主编张笑先生、大理博物馆馆长杨伟林研究员等。日本著名密教学者有高野山大学校长乾龙仁教授、珍宝馆原馆长静慈圆名誉教授、空海研究所所长武内孝善名誉教授、密教文化研究所所长佐藤隆彦教授、南昌宏教授，大正大学苫米地诚一名誉教授，园田女子学园大学的岩崎日出男教授，种智园大学释迦苏丹教授等，韩国著名学者檀国大学严基杓教授等。

会议分三个阶段，18 日举行国家社科基金重大项目“密教文献文物资料整理与研究”总结会议，由首席专家吕建福教授做课题总结报告，各子课题负责人汇报各自承担的项目完成情况。19 日举行学术研讨会，分 A、B、C、D 四个小组，分别就密教课题、密教文献、密教文物图像、中外密教文化交流等分论题进行研讨，最后举行大会汇报会和闭幕式。汇报会由侯慧明教授主持，分别由王小蕾、宁艳红、左金众、李博四位博士生对四个小组的研讨情况进行汇报。闭幕式由吕建福教授总结和致谢，吕建福教授总结说，本次会议总结国家社科基金重大项目，国内外学者通力合作，取得15项成果，达到预期目的。学术研讨会围绕江浙地区中外文化交流为主题，并广泛探讨密教经典文献、文物图像以及历史传承，在诸多领域取得新的进展，对于推进佛教密教研究以及中日韩密教学术交流必将产生一定的影响。

10月20日上午，全体参会人员前往普净寺作学术考察，观摩普净寺佛像及护摩仪式，普净寺住持方丈智正法师热情接待，并与会议代表合影，随后重点考察唐代顺晓阿阇梨传密法于日本天台宗祖师最澄的峰山道场，原浙江文旅局何思源先生详细介绍了发现峰山道场遗址的情况以及唐代遗留的佛头像残留遗迹。（王安报道）

二　分组讨论

A组：

（1）日本国立民族学博物馆名誉教授立川武藏先生的《密教神祇黑如嘎的图像学考察》一文认为，密教在公元七八世纪以后，形成了自己的万神殿图像学体系。此时密教经典中代表性经典是7世纪后半叶至8世纪初叶的《秘密集会》，这部经典也是众多后期密教的基础，其曼荼罗的主尊是黑如嘎。立川先生从这一经典出发，对黑如嘎及印度神祇湿婆的种类及其特征进行图像学的梳理。印度神祇中，湿婆神的其中一位侍者也叫黑如嘎，他继承了湿婆的众多特质，而后成为佛教万神殿中的重要神祇。与湿婆非常相似的黑如嘎受到佛教徒的崇拜，这意味着佛教在历史发展中曾吸收过印度教神祇的形象。此外，与湿婆相像的黑如嘎经常脚踩湿婆，在某种程度上也体现出佛教徒对印度教的反抗态度。通过这两种宗教中的两位神祇的对比研究，包括黑如嘎和湿婆的众多手持物等对比，佛教和印度教都赋予了各种相应的教理和象征意义，两种宗教经常赋予同一种手持物不同的意义。但是密教中的佛教密教和印度教密教都吸收了“血供养”等古代宗教元素，这一点二者具有共通性。通过古代宗教或区域文化的这些元素，密教行者们在领悟古代的深层意义的同时，融合自己的教义又赋予这些元素新的意义。拥有双重意义的象征物的密教，即维持了现有的教理体系，同时又通过吸收古代宗教和区域文化的众多元素强化自身影响。

（2）高野山大学名誉教授静慈圆先生在《高野山平安时代（794—1192）的密教宝藏目录》一文提到，自从高野山开创1200年以来，高野山一直被视为信仰之山、学问之山，在日本历史上占有重要地位。各个时代日本中央政权的统治者、皇室等都与高野山关系密切，其中很多人都曾来此朝拜，而且每次都有朝礼布施的记载流传下来，这些记载就成为研究日本历史的第一手资料。自空海之后的1200年间，高野山保存的密教文物难以计数，因此时至今日都没有形成一个完整的目录。静先生从这方面出发，对平安时代高野山遗留下来的珍本文献及珍宝文物进行了目录整理及对部分佛教写本做了编号，这些写本主要来自高野山大学图书馆所藏光明院、金刚三昧院、三宝院、持明院、宝城院、高台院、真别所、龙光院、正祐寺等委托保管的写本。灵宝馆所藏的寄存写本主要来自金刚峰寺、宝寿院等。静先生所作的整理（这项工作）对于日本历史研究及佛教研究提供了一手资料，对整个学界的学术研究有着极为重要的意义和价值。

（3）檀国大学校教授严基杓先生的《韩国密教文物资料整理与研究》一文，对于韩国密教的起源进行了梳理，密教相关典籍和陀罗尼做了整理，还按照木造建筑、瓦当佛像、佛腹藏物等珍贵文物进行分类整理。据研究朝鲜在7世纪前后，就已经有密教经典的刊行。根据研究可知，新罗时代传来并刊行的密教经典有《大日经》《金刚顶经》等。文章着重对三国与南北国时期、高丽、高丽后期及朝鲜时期所遗留下来的各种陀罗尼及密教经典做了整理，并对各个时代流行密教经典进行了特征及意义概述。他认为高丽时期刊印的多样种类的密教经典，代表性的有《梵书总持集》和《密教大藏》等，还有各种真言陀罗尼。到了高丽时代后期，现世求福特点的密教盛行，对于真言陀罗尼的信奉日趋多样化，因而使得各种真言陀罗尼等密教经典得以大量的刊行流通。朝鲜时代刊行的密教经典特别强调真言陀罗尼的力量和祈福的特点。朝鲜时代一共刊印了各种《真言集》和陀罗尼经类经典36种，次数有102次。其中与真言陀罗尼有关的仪式集有30种，刊印了118次。这一时期刊行的真言集或者陀罗尼经大都与密教的根本经典《大日经》或者《金刚顶经》有关，大部分是为了祈求长寿、罪灭、救病、安宅、度厄、加持、往生等，这些是主流。由此可知，朝鲜时代的密教信仰的倾向是面向世间的，有着深刻的关联。所以各种真言陀罗尼广泛流通，各种仪式和法会也时常举行。严教授这篇论文对我们了解整个朝鲜佛教及密教的发展提供了清晰的脉络，其目录对学术界研究密教有着极为重要的参考意义和价值。

（3）韩国东国大学郭磊《高丽时代密教经典的刊印》一文，以高丽时代刊印的密教经典为中心，对这一时期所刊行的密教文献进行了考察与研究。论文中说密教自新罗传入以来，到了高丽时代得以普及与弘扬。而高丽初期密教的展开与王室对密教信仰的保护是同步的，且将佛教思想作为建国理念，将密教修行定期化，并全力支援各种佛事活动。因此高丽时代佛教是以祈福攘灾、镇护国家为主要特征。由于密教信仰，形成了对多种密教文献的收集、整理以及刊印和流通。高丽王室共计编撰了两次大藏经（初雕、再雕），从现存版本传入的高丽时代密教文献来看，可以分为两种。一是国家主导的版刻活动，大部分收藏在高丽大藏经中。二是私人或寺庙主导的经典刊印。《初雕大藏经》《再雕大藏经》中包含的密教文献共计有356部、660卷。关于《初雕大藏经》的实物资料，根据之前的调查可知，散见于韩国国内的157种、214册，收藏在日本南禅寺的548种、1763册。该文对《初雕大藏经》《再雕大藏经》及高丽后期刊刻的密教经典分别做了详细的整理。

（4）日本高野山大学赵新玲博士生《〈诸阿阇梨真言密教部类总录〉的诸写本》一文，延续第三届中国国际密教会议的论文《〈诸阿阇梨真言密教部类总录〉再撰本的形成》，介绍近两年新找到的诸版本，并进行系统梳理。开篇对《真言密教总目录》（《诸阿阇梨真言密教部类总录》）进行说明，这部总录是密教传入日本后，天台宗安然对密教经典、论疏、仪轨、梵字、曼荼罗等资料进行系统分部类整理的密教资料专题目录。根据《大正藏》中《真言密教总目录》的序载，其最初成书时间为元庆九年（885）1月28日。其序2为："延喜二年5月11日叙"，校对者在脚注中写道："延喜二年5月11日。"延喜二年是902年，而仁和元年是改年号的元庆9年，即885年。这两个记载有出入，经过赵新玲考证得出，元庆九年（885）之前，安然编纂完成《贞元新入目录真言教并真言》《贞元录前译陀罗尼法抽录》《真言新宗三藏等所译经法入藏录》，并于元庆九年（885）1月28日完成16部类《真言密教总目录》初稿。而后为立真言密教一家之教言，把以上几部目录合而为一，形成了20部类《真言密教总目录》，并且撰写序2。最晚在德川时期就有人撰写"往生院记云"，并将其与16部类初稿的序文1和二十部类的序文2合体置于20部类《真言密教总目录》文本前，也就是我们今天看到《大日本佛教全书》第2卷版原型德川时代刊本。赵新玲博士《〈诸阿阇梨真言密教部类总录〉的诸写本》一文，通过对日本今藏古籍文献各个版本的对比、梳理及研究，对《真言密教总目录》的撰写、形成时间而进行再界定，对文献及历史方面研究有非常大的价值。

（5）大正大学名誉教授苫米地诚一《六卷本〈略出念诵法〉考——以百八名赞为中心》一文与前面赵新玲博士撰写《真言总录》一文的情况相同，也是继第三届中国密教国际学术研讨会中发表的《六卷本〈略出念诵法〉与〈金刚顶经义诀〉》的论文中，对传到日本的六卷本《略出念诵法》诸写本和六卷本《略出念诵法》注释《金刚顶经大瑜伽秘密心地法门义诀》（金刚顶经义诀）的校对结果进行再考证。首先苫米地先生对六卷本《略出念诵经》进行简述，此本是由圆仁、惠运、宗睿请到日本。其中圆仁请来本抄写本众多，成为流通本。另两个写本只发现东寺本和四卷石山本。上一篇论文中提到石山本底本的《略出念诵法》圆仁请来本和东寺本的形成过程，并推测该底本曾与金刚智译四卷本《略出念诵经》进行过校对、修订，从而形成石山寺四卷本《略出念诵法》。圆仁本最初是六卷本译本，石山本是把圆仁本的一部分换成金刚智译的四卷本。石山寺的第四卷内容与金刚智译四卷本内容相同，推测是先译本圆仁本与金刚智译本四卷本校对，替换其中一部分，作成石山本的可能性比较高。而此次论文重新比较圆仁请来本和金刚智译文，进而考察圆仁本和石山本之间的关系。圆仁本完整本与金刚智译四卷本的比较，形成了《略出念诵法》完整写本。本文中与四卷本相异的地方很多，包括用词、金刚智翻译的“密语”和《金刚顶经义诀》中的“真言”在这里翻译为“陀罗尼”，还有“三摩耶”在这里变成“三摩地”等。还可以看到百八名赞中加入十六大菩萨出世的内容，其内容与圆仁本的出生段内容相近，与金刚智译四卷本和根本坦特罗的汉译三卷本，在词句上有很大差异。此外，百八名赞中十六大菩萨出世段内容的混入，是圆仁本、东寺本的六卷本的特殊性。其他汉译经轨类在还没有出现类似情况。在金刚宝、金刚光菩萨段落中，可见出自八十卷《华严经》的偈颂，而在其他菩萨处却没有看到这种情况。这些引用自汉译《华严经》的内容，是否从《华严经》混入，至今还不能断定。但是从词句上来看应该是引自《华严经》。石山本的大部分内容与六卷本一致，并且在《金刚顶经义诀》引用部分和百八名赞的内容上，与金刚智译四卷本一样都进行过修订。

（6）高野山大学大学院博士生释宏涛《〈总释陀罗尼义赞〉略考》，

由于《义赞》未录入不空《三朝所翻经请入目录流行表》、圆照《贞元录》以及空海《御请来目录》，加之其教判思想有来自般若译《大乘理趣六波罗蜜多经》的成分，是以可推断此文并非不空亲作。但其中对密教佛身观的认知，以及依显教唯识经论来理解“陀罗尼”之总持义，依密教诸经轨义理来解释“真言、密言、明”之四义的教说方式确与不空思想有诸多共通之处，甚或是将密教定义为“真言陀罗尼三密门”的观点更是直接源自不空，可推测其文应是不空之弟子托名而作。在不空之后，其弟子慧琳所撰《一切经音义》出现了与《义赞》对“陀罗尼、真言、明咒”的相似解读，虽未成严谨体系，但也可视为《义赞》所述真言陀罗尼思想的萌芽。此后，不空再传弟子智慧轮在其著作《明佛法根本碑》中大量植入了《义赞》原文，这不免让人联想到智慧轮与《义赞》作者之间的关系。另外，从“不空—慧琳—智慧轮”之师承关系的可能性，以及智慧轮亦曾在所传《建立曼荼罗仪轨》中引用慧琳集《建立曼荼罗及拣择地法》文言的事迹来看，则更加佐证了《义赞》或为慧琳撰写的推测。在目前已知的文献中，《义赞》是唯一一部对诸如“陀罗尼、真言、密言、明”等散见于各类显、密经典中的用语进行体系化整理，并试图通过词义的解读来彰显密教之判教思想的著作。其对真言陀罗尼门之总持义的总结和阐发不仅直接影响了晚唐密教，辽代时道㲀所著《显密圆通成佛心要集》亦承接其真言思想，并引发了元、明时期“准提独部法”的流行。（王小蕾汇报）

B 组：

（1）日本高野山大学乾龙仁教授发表的论文题为《日本流传的大日如来像宝冠五佛考》，日本中世纪时期是研究金胎两部密教如何在日本社会和文化中扎根的重要时期，两部不二思想是其中的中心概念之一，也是日本密教特色。因此，乾教授此文主要围绕两部不二形式的大日如来像展开讨论。这种形象主要是顶戴胎藏界五佛冠、手结智拳印的金刚界大日像，与顶戴金刚界五佛冠、手结法界定印的胎藏界大日像。文中重点探讨了两方面的内容：第一个方面，大日如来像五佛宝冠的由来是出自金刚顶经系经轨，乾教授据此对灌顶时受灌顶者在正觉坛前所戴宝冠的两种说法的由来进行了分析，第一种是金刚界灌顶用胎藏五佛宝冠、胎藏灌顶时用金刚界五佛宝冠，第二种是金胎灌顶均用金刚界五智如来宝冠。基于五佛冠出自金刚顶经系经轨，乾教授推测，最早的灌顶应是依据第二种说法，而阐释金胎不二理论的第一种说法应该是在日本形成的，并且对日本大日如来的宝冠造像产生过影响。第二个方面，文中展示了多幅珍贵的日本两部不二形式的大日如来像，并在文末介绍了高野山根本大塔和西塔的五佛造型变化。二塔分别为胎、金两部五佛，后来随着两部不二思想，根本大塔五佛演变为胎藏大日与金刚四佛配置；宝冠由金胎不二形式到近年雕刻的西塔金刚界大日像宝冠没有五佛像，这种变化也是非常值得关注和研究的问题。

（2）日本高野山大学博士生释来海的论文《瑜伽焰口施食仪轨编纂者不动金刚考》，研究对象是宋代西夏僧人不动金刚，又称释不动，他依据唐译瑜伽施食仪轨编撰了焰口施食法。学界对此人尚未作过系统研究。释来海博士依据现存的焰口仪轨、相关汉文文献，以及近年被公开和解读的西夏文文书中的相关历史资料，梳理了不动金刚的生平事迹，并对其著作、著作特点以及研究价值进行系统论述。

（3）山西师范大学侯慧明教授的论文《法门寺地宫两组八大明王图像相关问题研究》，以法门寺出土的四十五尊宝函和捧真身菩萨上的八大明王像作为实物依据，探讨并论证了两个重要学术问题：第一个是《大妙佛顶经》与《八曼荼罗经》《佛顶尊胜陀罗尼念诵仪轨法》三经之间的继承关系，论据有三点：一是这三经中八大菩萨名号一致，《大妙佛顶经》使八大菩萨完全转变为忿怒像；二是《佛顶尊胜陀罗尼念诵仪轨法》与《八曼荼罗》中所记八大菩萨排布顺序完全一致；而《大妙佛顶经》中虽没有记载方位问题，但是通过法门寺的文物——四十五尊宝函上的八大明王得到了印证，八大明王的排布与上述两经中正法轮身八大菩萨的方位排布完全一致。三是《八曼荼罗经》比《佛顶尊胜陀罗尼念诵仪轨法》增加了手印、真言、观想之修法，这种过程反映了八大菩萨曼荼罗道场在修法上的发展变化，即产生了修法的准备阶段——曼荼罗洁净道场，也就是请神护持的准备法门。第二个学术问题是比较了捧真身菩萨与四十五尊宝函上的八大明王像，从形象上看，前者比后者更多头、多臂、多持物，从所依据的经典上看，捧真身菩萨八大明王像所依据的经典，在形象表现上更具本性变化，因此判定时间上出现晚些。通过这些造像所反映的信息，可以在缺乏文字记载的情况下，成为论证经典本身以及经典之间关系的有力证据，体现了这些实物的文化与文物价值。

（4）浙江工业大学张文卓副教授的论文阐释了《佛塔与密教》的关

系。首先，对“佛塔”“胎藏”的梵文、藏文及汉文进行了比较，对梵文文本与汉译文本中记载的佛塔与密法内容进行了比较，分析得出佛塔与胎藏界密法之间的联系。其次，以现实宗教活动论证佛塔与密教之间的密切关系，如礼拜佛塔与持诵陀罗尼相互配合，佛塔崇拜刺激了陀罗尼发展；佛塔与佛像逐渐结合，尤其是在支提窟与中心塔柱窟上表现出诸佛、菩萨以舍利塔为中心进行集会，逐渐发展至以佛塔为中心组织曼荼罗、以供养佛塔演化为以特定神祇来表达（如金刚界八大供养菩萨），这些内容都成为密教曼荼罗形成的现实基础。最后，早期密教佛顶法的兴起与佛顶骨舍利崇拜有直接关系，而这其中舍利塔崇拜扮演了最重要的角色。

（5）陕西师范大学宗教研究中心博士生左金众的论文《唐代尊胜墓志咒石释考——兼论墓志中所见唐人密教信仰》，考释对象为尼坚固尊胜神道咒石和徐景威尊胜墓志咒石，这是唐代为数不多见的刻有尊胜陀罗尼的墓志，是尊胜陀罗尼信仰、塔铭与墓志相融合的产物。这两方刻有尊胜咒的墓志为探讨唐代墓志铭题材与密教信仰提供了新的案例。左金众博士在此基础上广泛搜集唐代有关密教信仰的墓志，以此为实物依据，对唐人密教信仰情况进行了整体性的梳理和探究。

（6）陕西法门寺博物馆姜捷馆长、李发良研究员的论文《法门寺地宫出土唐咸通十二年密教造像》，着眼于唐咸通十二年前后唐政教关系的发展形势，提出咸通十二年开始发生的诸如佛指舍利的重新面世、长安密教僧团为供养佛指舍利敬造大宗法物，以及咸通十四年迎请佛指舍利的盛世，具有深厚的政治背景，是唐懿宗致力于国家治理的重要举措。文中从文献学与图像学角度阐释了唐咸通十二年的重要密教文物，指出，这些精心设计和制作的密教造像强有力地证明了唐代密教在经历武宗灭佛的巨大打击后，仍然顽强生存，对皇家和僧俗信众产生巨大影响，此外还反映了晚唐长安密教的重要特征，即金刚界和佛顶尊胜曼荼罗信仰在长安密教的主导地位。这些密教文物还是追寻唐至南诏大理、巴蜀、辽国乃至日本密教发展足迹的重要例证，彰显了长安作为唐代和东亚文化与宗教中心的崇高地位。

（7）陕西省考古研究所王仓西研究员发表了三篇力作，一篇是《宋、金、元时期法门寺佛藏经的搜集整理概说》，1982—1985 年两次清理法门寺佛塔，其中遗存有宋、金、元时期的佛经残卷，且上塔时未作整理，经卷版次卷号散乱，王仓西研究员对此进行了全面梳理，包括宋版《毗卢藏经》、元版《普宁藏》《秘密经》以及23卷有别于宋元各版藏经款式的特别版式经卷。第二篇《鎏金银捧真身菩萨上的密教造像及其文化内涵》对捧真身菩萨像的造像经过及造像内容进行了详细解说，此像集唐代胎藏曼荼罗、金刚界曼荼罗及八大菩萨曼荼罗于一体，是晚唐密教曼荼罗的集大成者。与此同时，此尊造像将唐懿宗与法门寺佛骨真身舍利紧密联系在一起，在唐懿宗咸通年间迎奉佛骨盛典中起到了其他金银宝器无法替代的重要作用。第三篇《唐银质鎏金舍利塔反映的密教文化》对法国波尔多收藏的一座中晚唐银质鎏金舍利塔进行了考释，塔身刻东方五会曼荼罗、基座刻八大菩萨曼荼罗，其题材内容与造像形式，源于汉地密教但又有所差异；塔体形制上，具有南亚早期窣堵波塔遗风，又开创后世喇嘛塔形的先河。此尊造像为研究唐代密教提供了新资料。（宁艳红汇报）

C组：

（1）北京大学东语系张保胜教授于耄耋之年，在缅怀故长者张东荪先生之际，对35年前的6张《白文经疏》图片进行初步释读。张宝生教授在释读过程中，独辟蹊径，采用字形、汉文字义和梵文音译释的相结合的方法，总结出了《白文经疏》书写的7种书写规律，①借用汉语文字，主要是草书和行书；②借用汉字的偏旁；③借用汉字字素够成白文词汇；④借用汉字音读，附白文词义；⑤利用汉语的“反切”注音；⑥用汉字和自造字为梵文注音；⑦习语首一二字，后用省略号，或只用首字；⑧白文经疏中的括号的字，表非肯定义。⑨括号内的“?”号数目，表非释读字数，等等。此外，张保胜教授还表示，历史上除经疏外，白族还留下其他一些白文遗迹亦有待进一步发掘。

（2）云南大理州剑川张笑先生在《白传佛教密宗传承现状》中，首先，对详细考证白密源流、发展和现状；其次，对阿吒力组织予以记述，阿吒力师僧为白密神职人员，有家传、师传两种，同时阿咤力职衔传渡曾分两支派，今独剩其一；其基层组织为“莲池会”“妈妈会”，并有完善的会首制度、财政制度、法事制度。再次，对白密法事门类、法坛及其神祇设置予以陈述。最后指出经语、器物的白族化，抚慰民众心理以及保护好维护国家利益、维护民族团结的功能，是阿吒力教之所以流行于白族的三大主要原因，同时也提到了白密发展所面临的困境。

（3）云南大理州博物馆杨伟林研究员，在《云龙顺荡火葬墓群碑刻和经幢概述》一文中指出，建于明永乐六年（1408），至明嘉靖癸酉年（1573），纵跨 165 年的云南顺荡县顺荡村火葬墓群占地 1.5 万平方米，现存墓葬近千冢，是全国最大、保存最完整的火葬墓群。目前墓葬区保存完好的梵文碑 85 通，梵文经幢 7 座。墓碑几乎皆为圆形碑额方形碑身状，并根据以碑额所雕饰的纹饰和图案分为：①单尊四臂尊胜佛母类型：四飞凤纹五字梵文种子字尊胜佛母、五字梵文种子四臂尊胜佛母、缠枝莲花纹四臂尊胜佛母、飞天五字梵文种子四臂尊胜佛母、四臂尊胜佛母、缠枝荷花四臂尊胜佛母；②单尊无量寿佛：双塔八字梵文种子字无量寿佛（圈内雕八个梵文种子字形、枝叶间饰有八字梵文种子字形）、双凤纹饰无量寿佛（双凤祥云、双凤飞舞环绕、双凤连枝花卉纹）、连枝纹八种子字无量寿佛、祥云纹无量寿佛、缠枝莲花纹八种子梵文字无量寿佛、莲花日月纹无量寿佛梵文碑；③尊胜佛母二菩萨：双凤五字梵文种子字尊胜佛母二菩萨、五字梵文种子字须弥座尊胜佛母二菩萨、五字梵文种子字莲花座尊胜佛母二菩萨；④三世佛；⑤观音造像碑，双鹤日月纹观音像；⑥铭文碑，莲花纹方形碑铭、“时思”字碑铭、六字真言碑铭、河南郡碑铭；⑦其他类形碑，缠枝八字梵文种子字梵文碑；⑧经幢，支柱圆底座宝顶八方形梵文经幢、圆形底座宝顶八方形梵文经幢、圆形底座八方形梵文残经幢，等等，共计 8 类 26 种 31 型。并表示顺荡火葬墓碑刻对研究明代白族历史和民族文化的重要实物资料，对研究梵文、白族语言文字、民族文化、石刻艺术、宗教信仰等具有重要的研究价值。

（4）剑川白族学会的张旭东先生的《石龙寺水陆神谱与阿吒力科仪的对应》报告中，以云南剑川石龙寺的两堂清代中后期至民国的卷轴水陆神谱为中心，通过对水陆神谱绘制的艺术特色及神祇内容分析，认为白密水陆神谱始于明代，是儒释道与白族文化融合产物；并指出白密水陆神谱与其他佛教水陆画在用途上的不同，体现在行持法事、手印、密咒等对应程序上等方面；同时还强调水陆神谱是根据白密阿吒力科仪法事，按照职能、地位等级组织，把儒、释、道三教神祇安排在各自神谱系统之中的，因此，水陆神谱与白密科仪具有相对应性。

（5）故宫博物院罗随祖研究员，在《故宫养心殿佛堂及清宫藏密信仰》一文中，通过对清宫廷藏传密教信仰的历史与政治渊源梳理，重点剖析了养心殿佛堂演变形成作出梳理，认为养心殿西暖阁始建的“长春书屋”，就是躬身反省、悟道修行的空间；并指出养心殿作为宫廷重要藏传密教信仰场所，与乾隆和三世章嘉活佛有着密切联系；此外，通过对养心殿西暖阁佛堂仙楼布局的分析，推断三世章嘉活佛引导乾隆皇帝所修持的，是以金刚乘为中心的无上瑜伽密教，总体偏向于母续部的主尊，修持的一定是“时轮金刚乘”，并稍偏重于母续部的修持。

（6）青海民族大学党措副教授的《青海省果洛州拉加寺十七种彩砂曼荼罗密法仪轨的调查与研究》，通过对拉加寺彩砂曼荼罗制作过程以及密法仪轨修持过程的完整跟踪调查和分析后，认为拉加寺粉砂曼荼罗具有：①曼荼罗形式皆为三昧耶曼荼罗；②绘画方式独特，倒画图像技艺高超；③从密法实践的角度看，僧众谦虚精进，力求完美；④延续了7世纪印度密教传承，承上启下，连接印藏佛教，展现出较为完整的密法传承；⑤保持格鲁派所特有的独勇大威德曼荼罗；⑥不大肆宣传宣扬，只为修心祈福等六种特点。

（7）兰州大学敦煌学研究所博士生段鹏的《九、十世纪敦煌斋会的密教化》报告，以敦煌文献《结坛散食文》为中心，探讨十世纪敦煌斋会的密教化问题，段鹏教授指出，集中出现于九十世纪的斋会文本，是隋唐以来佛教完成中国化，并与社会进一步融合的产物；斋会文本是认识中古时期密教在敦煌传播的重要材料；并强调斋会是九十世纪密教传播的一种重要形式；斋会吸收利用密教的“结坛”“真言”“诵咒”等因素以促成斋功圆满，从而使这一时期的斋会则体现出明显的密教化特征。

（8）种智院大学的释迦苏丹教授的《三宝三尊形式图研究——尼泊尔佛教万神殿中的佛法僧三尊》，通过对尼泊尔佛教万神殿中的佛法僧“三宝三尊形式图”文化遗迹的实地调研，在回顾佛法僧曼荼罗的来源的基础上，探讨了11种类型的三宝三尊形式图，指出其中有：①中央尊格即代表佛曼荼罗的主尊佛会被换成其他佛。②三尊式图中代表法曼荼罗与僧曼荼罗的般若波罗蜜菩萨与观音菩萨的位置也会互换。③释迦牟尼佛三尊图式是传统三宝三尊形式图，此外还衍生出如阿閦佛尊式、毗卢遮那佛尊式、文殊菩萨尊式及七佛菩萨尊式图等有三种特殊图式。释迦苏丹教授认为，这些独特组合图式是源于十二、十三世纪《阿阇梨作法集》，或其他仪轨文献中，甚至是日常礼拜仪式 Nityakarma 与其他复杂仪式中所记载的三宝三尊形式；而这些图像及文献资料对尼泊尔佛教的发展有着极大的意义和价值。（左金众汇报）

D 组：

（1）浙江省文旅局何思源先生《佛教东传与浙江》发表长文，讨论浙江佛教与日韩佛教的文化渊源。首先考察了魏晋时期浙东的六家七宗，接着考察了最澄在浙东的求法及回国创立天台宗的过程，然后对天台宗传入朝鲜的过程做了梳理。就国内而言，对明州、杭州、绍兴等地有影响的寺院都做了简明扼要的介绍。最后，何先生指出浙东线不仅有许多日韩高僧来此求学，也有许多大德高僧赴日本弘法，受到日本人民的尊敬。由此，从文化传播地角度讲，当用历史的眼光和世界的视觉发掘发展浙东文化旅游线，可以让世界更加认知中国。

（2）日本园田学园女子大学岩崎日出男教授发表《李元琮在不空三藏弘扬密教过程中发挥的作用》一文，对被认为是最早担任功德使的李元琮的生平事迹进行考察，在此基础上明确其在不空三藏的密教弘法活动中所发挥的作用。基于因果报应信仰的消灾祈福需要通过积累功德的“修功德”来实现，这与管理和监督修功德事业的“功德使”成为不空三藏将密教导入兴盛的原因与动力。

（3）日本高野山大学武内孝善教授是弘法大师空海研究的专家。其大著《弘法大师空海的研究》详细介绍了空海大师在唐求法三年的详细情况。这次《空海何时从长安启程》一文首先考察了学界已有的空海的四种传记，针对其中提出的返程时间即元和元年（806）3 月，将空海离开长安的时间推定到元和元年（806）2 月初，之后展开了一系列详细的论证。将元和元年 3 月，空海与朱千乘等人在越州相遇，并互赠诗词作为重要的时间线索，从长安到越州的日程约需 50 天。由此如果空海 3 月下旬尚在长安的话，4 月末无论如何都不可能抵达越州。种种证据表明，3 月份空海已经在越州与朱千乘等人相逢互赠诗词。即便互赠时间是 3 月下旬，逆推 50 天的话，空海从长安启程的时间应该是 2 月初。此外武内孝善先生还发现了唐王朝授予外国使节的告身：“高阶远成告身”的全文，而这几乎是唯一一份保存完整的资料，是考证空海的离开时间的关键材料。

（4）高野山大学南昌宏教授发表《空海〈秋日观神泉苑〉》一文，空海的诗词基本是宗教性诗词。但南昌宏解读《秋日观神泉苑》则属于充满讽谏的政治性诗词，该诗以往均认为是赞颂神泉苑，赞颂天皇的仁德，南昌宏先生主要针对该诗的注解《遍照发挥性灵集便蒙》和《性灵集讲义》中最后一句“跄跄率舞在玄机”提出怀疑。该诗最后两句否定了神泉苑，就与前面十句诗连续的赞美形成了矛盾。南昌宏先生由此认为该诗词有必要另外解读。该诗的核心是第七、八句子：“游鱼戏藻数吞钩，鹿鸣深草露沾衣。”南昌宏先生引用《史记》中有关伍子胥数度谏言吴王灭越一事解读了该句诗词的深层次含义便同样是向帝谏言。确定谏言之后，至于该诗是真实的谏言还是形式的虚拟谏言，我们并不能确定，但是，南昌宏先生指出古人有可能已经注意到了该诗暗含的讽喻，因为空海和皇室特殊的关系，一旦谏言出现问题，便直接关系到真言宗的存亡。为避免这种局面，注释者才会采用言外之意来诠释该诗。最后，南昌宏先生也提醒大家解读空海这类诗词时尽量不局限于古人的注释影响。

（5）高野山大学佐藤隆彦教授《法全——还原唐密的研究》，法全是继惠果之后对日本影响最大的人物。佐藤隆彦先生以法全之法脉圆珍、宗叡的胎藏界法的顺序为中心进行探讨，来还原唐密本来的面貌。作者梳理传授圆珍的受法过程，认为传法灌顶，是因为由五部大教大阿阇梨位灌顶而被称为“五部”。介绍胎藏灌顶得佛般若菩萨，金刚界灌顶得佛金刚波罗蜜，阿阇梨位灌顶得佛曼荼罗菩萨。其中最重要的是阿阇梨位灌顶得佛曼荼罗菩萨。得佛曼荼罗菩萨需要投花至胎藏曼荼罗。也就是说，五部大教大阿阇梨位灌顶，内容与其名字“五部”没有具体联系，都是在胎藏曼荼罗上投花。而后，圆珍在灌顶中得佛般若菩萨、虚空藏菩萨、转法轮菩萨，这是意识理念上的三部灌顶，即胎藏、金刚、阿阇梨位灌顶得佛。作者认为前人把这一系列灌顶顺序混淆，没有梳理清楚。而对于宗叡的受法，因资料较少，作者从四无量观的有无、十波罗蜜印言、圆珍和宗叡最大的区别就是诸院的配置不同。宗叡的配置最接近现图曼荼罗，对唐密法全的授法做了基本的还原。

（6）西北政法大学彭瑞花副教授发表《三昧耶戒的形成及其东传日本研究》一文，认为三昧耶戒以发三种菩提心为戒，是密教发展到真言密教和瑜伽密教时期形成的戒律，多用于密教传法灌顶仪式之时。三昧耶戒从本质上看属于菩萨戒，借鉴了传统菩萨戒的受戒仪轨，摒弃了传统菩萨戒重戒、轻戒相分的模式，仅保留重戒，并根据梵网十重戒提出了不同的三昧耶十重戒，其中以不舍菩提心为根本戒。三昧耶戒对传统菩萨戒进行密教化改造，既有三昧耶咒，还有三昧耶印，形成独特的密教戒律体系。三昧耶戒虽然形成于中国，但没有形成完整的体系。日僧最澄入唐求法，将三昧耶戒传入日本。空海则对三昧耶戒进行了系统改造，使之形成完整体系，广泛流行于日本。后来，三昧耶戒又形成了金刚界三昧耶戒仪和胎藏界三昧耶戒仪以及适用于不同时期和需求的三昧耶戒仪。

（7）李益民先生《近代唐密真言密教的回传发展的回顾与展望》一文，旨在论述近代唐密真言宗回归后的发展与展望。该文胪列了简要清晰的历史脉络，回顾了唐密真言宗回传的历史沿革。该文从大唐盛世对唐密真言密教影响、印度密教的兴起和向唐密真言密教的转化、唐代密教向日本等地的传播和发展，尤其是唐密真言密教的回传和发展，重点回顾了持松法师、王弘愿等高僧大德在回传密教时期做出的贡献和努力。最后指出了目前两系法脉的传承面临道场问题。

（8）西安沣盛寺释法严发表《僧一行住锡的金峰寺与观星台现状》一文，指出以“一行祖师住锡的金峰寺与观星台现状”为题，就是想凸显人与境这两者的关联与地位。而恰恰这两者在历史的进程中似乎都被忽略了。说到唐代汉传佛教之密宗，“开元三大士”金刚智、善无畏、不空三位祖师占尽了光芒，说到密宗祖庭，大兴善寺与青龙寺又成为人们认知中的高地。而事实上，唐代密宗实际上是由“开元三大士”即金刚智、善无畏及其弟子一行祖师共同所创建，而位于陕西西安鄠邑区的金峰寺是比肩大兴善寺与青龙寺的又一密宗古刹，这一事实有待人们去发现认识。（李博汇报）